BA KOMPAKT

Reihenherausgeber

Martin Kornmeier, Duale Hochschule Baden-Württemberg, Mannheim

Gründungsherausgeber

Martin Kornmeier, Duale Hochschule Baden-Württemberg, Mannheim
Willy Schneider, Duale Hochschule Baden-Württemberg, Mannheim

Weitere Bände siehe: www.springer.com/series/7570

Dirk Piekenbrock • Alexander Henning

Einführung in die Volkswirtschaftslehre und Mikroökonomie

2., aktualisierte und erweiterte Auflage

Prof. Dr. Dirk Piekenbrock
Prof. Dr. Alexander Henning
DHBW Mannheim
Mannheim, Deutschland

ISSN 1864-0354
ISBN 978-3-7908-2891-7   ISBN 978-3-7908-2892-4 (eBook)
DOI 10.1007/978-3-7908-2892-4

Die Deutsche Nationalbibliothek verzeichnet diese Publikation in der Deutschen Nationalbibliografie; detaillierte bibliografische Daten sind im Internet über http://dnb.d-nb.de abrufbar.

Springer Gabler
© Springer-Verlag Berlin Heidelberg 2008, 2013
Das Werk einschließlich aller seiner Teile ist urheberrechtlich geschützt. Jede Verwertung, die nicht ausdrücklich vom Urheberrechtsgesetz zugelassen ist, bedarf der vorherigen Zustimmung des Verlags. Das gilt insbesondere für Vervielfältigungen, Bearbeitungen, Übersetzungen, Mikroverfilmungen und die Einspeicherung und Verarbeitung in elektronischen Systemen.

Die Wiedergabe von Gebrauchsnamen, Handelsnamen, Warenbezeichnungen usw. in diesem Werk berechtigt auch ohne besondere Kennzeichnung nicht zu der Annahme, dass solche Namen im Sinne der Warenzeichen und Markenschutz-Gesetzgebung als frei zu betrachten wären und daher von jedermann benutzt werden dürften.

Lektorat: Stefanie Brich, Margit Schlomski

Gedruckt auf säurefreiem und chlorfrei gebleichtem Papier

Springer Gabler ist eine Marke von Springer DE. Springer DE ist Teil der Fachverlagsgruppe Springer Science+Business Media
www.springer-gabler.de

Vorwort zur 2. Auflage

Wir freuen uns sehr darüber, dass nun der wirtschaftswissenschaftlich renommierte Springer Verlag unter dem Imprint SpringerGabler die Verantwortung für den Vertrieb der Reihe BA Kompakt übernommen und entschieden hat, dieses im Jahre 2008 erschienene Lehrbuch „Einführung in die Volkswirtschaftslehre und Mikroökonomie" neu aufzulegen.

Da bei den volkswirtschaftlichen Curricula für Bachelor-Studiengänge seit Konzipierung dieses Einführungswerkes für das erste und zweite Semester keine wesentlichen Stoffänderungen und -ausweitungen zu verzeichnen sind, haben wir die altbewährten Lehrinhalte ebenfalls beibehalten. Die Neuauflage wurde aber nach bestem Wissen von errata befreit und hinsichtlich verschiedener Quellenangaben und Gesetzesänderungen aktualisiert.

Eine wesentliche Neuerung ist jedoch die Co-Autorenschaft von Prof. Dr. Alexander Hennig von der Dualen Hochschule Baden-Württemberg in Mannheim, mit dem der Erfolg und die Weiterentwicklung dieses Lehrbuches durch den Stabwechsel vom Ruheständler an einen jungen aktiven Kollegen langfristig gesichert werden soll.

Die bei den Lesern bewährten Ergänzungen und Übungsaufgaben mit Musterlösungen sind unter http://www.springer.com/978-3-7908-2891-7 im Internet zu finden.

Mannheim, im Juli 2012

Dirk Piekenbrock und Alexander Hennig

Vorwort

> *„Wenn die Knappheit der Produktionsmittel,*
> *die für die Befriedigung menschlicher Bedürfnisse eingesetzt werden können,*
> *als das zentrale ökonomische Problem bezeichnet wird,*
> *so ist damit nichts weiter gemeint als die simple Tatsache,*
> *dass wir nicht im Schlaraffenland leben."*
>
> *Egon Sohmen in Allokationstheorie und Wirtschaftspolitik 1976*

Wenn es im Bücherwald Parzellen mit einem dichten Bestand alter und neuer Werke gibt, sodass man „den Wald vor lauter Bäumen nicht mehr sieht", dann zählen Lehrbücher der Volkswirtschaftslehre zweifellos dazu. Warum dann noch einen Baum pflanzen im Umfeld zum Teil hervorragender heimischer und ausländischer Konkurrenz?

Den Anlass dazu gab ganz einfach eine „Baumlücke" durch einen neuen Bedarf, der durch die Akkreditierung zahlreicher wirtschaftswissenschaftlicher Bachelor-Studiengänge mit ihren neu konzipierten Curricula auch im Pflichtfach Volkswirtschaftslehre entstanden ist. Der Inhalt dieses Lehrbuches ist genau auf das VWL-Modul „Einführung in die Volkswirtschaftslehre und Mikroökonomik" des 1. und 2. Semesters der betriebswirtschaftlichen Bachelor-Studiengänge an den Berufsakademien Baden-Württembergs zugeschnitten. Sein Stoff deckt sich aber auch weitgehend mit den volkswirtschaftlichen Lehrplänen anderer akkreditierter Bachelor-Studiengänge, sodass es sich auch dort als Lehrbuch empfiehlt.

Wie ein erstes Durchblättern zeigt, konnten wir uns im Interesse einer präzisen Darlegung relativ komplizierter modelltheoretischer Zusammenhänge der mathematischen Darstellungsmethode nicht ganz entziehen. Da wir aber als Student „am eigenen Leib" erfahren haben, wie schwer man sich mit mathematischen Herleitungen tut, die ohne Darstellung der Zwischenschritte, aber mit der zynischen Bemerkung „wie man leicht sieht, folgt daraus:" gleich mit dem Ergebnis konfrontieren, haben wir uns bemüht, auch die zum Verständnis erforderlichen Zwischenzeilen zu schreiben. Außerdem haben wir mit insgesamt 127 Abbildungen jede Gelegenheit zur graphischen Veranschaulichung der funktionalen Zusammenhänge genutzt. 21 Tabellen und tabellarische Übersichten vermitteln darüber hinaus den Stoff synoptisch.

Fast alle Graphiken sind als numerische Beispiele durch ein Tabellenkalkulationsprogramm erstellt worden, die wir im Internet zur Verfügung stellen und mit denen durch Parametervariationen eigene Simulationsrechnungen durchgeführt werden können. Außerdem findet man dort unter http://www.springer.com/978-3-7908-1985-4 auch zahlreiche Übungsaufgaben mit Musterlösungen.

Eine Besonderheit dieses Lehrbuches ist auch die „Bebilderung" des dogmenhistorischen Überblicks durch zahlreiche Porträts fast aller Persönlichkeiten, die theoriegeschichtlich in der Volkswirtschaftslehre „Rang und Namen" haben. Sie dienen in der Verknüpfung mit dem Text dazu, sich ein besseres Bild von den Charakteren und Lehrmeinungen dieser dogmenhistorischen Größen zu machen.

Großen Wert haben wir als passionierter Lexikon-Autor auch auf „saubere" Begriffsabgrenzungen gelegt. Als Ergänzung zu diesem Lehrbuch dürfen wir auch „uneigennützig" auf unser *Gabler Kompakt-Lexikon Volkswirtschaft* hinweisen, das in seiner für den Herbst geplanten 3. Auflage die in diesem Lehrbuch enthaltenen ökonomischen Grundbegriffe, aber auch alle sonstigen wichtigen VWL-Begriffe von A – Z erklärt.

Herzlich danken möchte ich abschließend meiner Kollegin Frau Prof. Dr. Irene Rößler für ihre Hilfestellung bei der Lösung spezieller mathematischer Probleme und nicht zuletzt Frau Brigitte Hörner, Lehrbeauftragte der Berufsakademie Mannheim, ohne deren EDV-technische Unterstützung bei der Überwindung akuter Formatierungs- und Speicherprobleme die letzte Fassung des Manuskriptes kaum gelungen wäre. Ein besonderes Dankeschön geht auch an meine beiden Professorenkollegen Dr. Martin Kornmeier und Dr. Willy Schneider, die mich als Herausgeber der BA-KOMPAKT-Reihe mit Rat, Tat und Aufmunterungen unterstützt haben.

Schließlich sind wir dem Team des Physica-Verlags, nämlich Frau Diplom-Volkswirtin Katharina Wetzel-Vandai, MA, und Frau Gabriele Keidel, für die geduldige Betreuung zu besonderem Dank verpflichtet.

Mannheim, im März 2008

Dirk Piekenbrock

Inhaltsverzeichnis

Teil A 1

1 Grundbegriffe der Volkswirtschaftslehre 3
    1.1 Studienschwerpunkt „Wirtschaft" 3
    1.2 Wirtschaften im funktionellen und institutionellen Sinne 3
    1.3 Wirtschaftlichkeits- und Rationalprinzip 4
    1.4 Opportunitätskosten unwirtschaftlichen Verhaltens 4
    1.5 Gut, Bedürfnis und Bedarf 5
    1.6 Nutzen, Grenznutzen und Sättigung 5
    1.7 Knappe und freie Güter 9
    1.8 Güterarten 13

2 Abgrenzung der Volkswirtschaftslehre 15
    2.1 Gegenstand der Wirtschaftswissenschaften 15
    2.2 Grobgliederung der Volkswirtschaftslehre 16
    2.3 Fragestellungen und Teilgebiete der Mikroökonomie 17
    2.4 Fragestellungen und Teilgebiete der Mesoökonomie 18
    2.5 Fragestellungen und Teilgebiete der Makroökonomie 18
    2.6 Abgrenzungen der Wirtschaftstheorie und Wirtschaftpolitik 19
    2.7 Abgrenzung der Finanzwissenschaft 20

3 Methoden der Volkswirtschaftslehre 21
    3.1 Methodologische Ansätze 21
    3.2 Werturteilsfreiheit der Wissenschaft 22
    3.3 Fachspezifische Methoden 23
        3.3.1 Methodologischer Individualismus und
              Homo Oeconomicus 23
        3.3.2 Marginalanalyse 23
        3.3.3 Partialanalyse und Ceteris-paribus-Klausel 24
        3.3.4 Totalanalyse 24
        3.3.5 Ex-post- und Ex-ante-Analyse 24
        3.3.6 Gleichgewichtsanalyse 24

>   3.3.7 Statische, komparativ statische, dynamische und
>   evolutorische Analyse 25
>
> 3.4 Darstellungsmethoden 25
>   3.4.1 Verbale Darstellung 25
>   3.4.2 Mathematische Darstellung 26
>   3.4.3 Tabellarische Darstellung 26
>   3.4.4 Graphische Darstellung 27
>   3.3.5 Mathematische, statistische und ökonometrische
>   Methoden 27

4 Knappheit und Produktionsmöglichkeiten 29
    4.1 Ermittlung und Interpretation der Transformationskurve 29
    4.2 Strategien im Umgang mit der Knappheit 31
        4.2.1 Kurzfriststrategien bei gegebener Transformationskurve 31
        4.2.2 Langfriststrategien zur Reduzierung der Knappheit 32

5 Wirtschaftssysteme 35
    5.1 Zentrale versus dezentrale Lenkung 35
    5.2 Merkmale der Zentralverwaltungswirtschaft 37
    5.3 Merkmale der Marktwirtschaft 38

6 Wirtschaftsordnung der Bundesrepublik Deutschland 42
    6.1 Ordoliberale Grundlagen der sozialen Marktwirtschaft 42
    6.2 Weiterentwicklung der ordoliberalen Konzeption
        durch Müller-Armack 44
    6.3 Wirtschaftsordnung und Grundgesetz 45
    6.4 Säulen der aktuellen Wirtschaftsordnung 47

7 Einführung in die volkswirtschaftliche Dogmengeschichte 50
    7.1 Sinn der Auseinandersetzung mit der Geschichte der
        Volkswirtschaftslehre 50
    7.2 Vorläufer der Nationalökonomie: Antike bis Mittelalter 51
        7.2.1 Xenophon, Platon und Aristoteles 51
        7.2.2 Kirchenväter und Scholastik 53
        7.2.3 Die Schule von Salamanca 54
        7.2.4 Die Reformatoren 55
    7.3 Merkantilismus und Physiokratie 56
        7.3.1 Merkantilismus in Frankreich, England und Deutschland 56
        7.3.2 Physiokratie: Wirtschaftskreislauf und Verteilung 58

7.4 Klassischer Liberalismus 59
    7.4.1 Adam Smith: Die „invisible hand" der Konkurrenz 59
    7.4.2 Malthus und Ricardo: Pessimismus statt Harmonie............ 60
    7.4.3 Jean-Baptiste Say: Klassische Lehre in Frankreich................ 61
    7.4.4 John Stuart Mill: Sozialer Liberalismus................................ 62
7.5 Utopischer und wissenschaftlicher Sozialismus 63
7.6 Historische Schulen, Methoden- und Werturteilsstreit 64
    7.6.1 Friedrich List als Vorläufer 64
    7.6.2 Ältere Historische Schule 65
    7.6.3 Jüngere Historische Schule 65
    7.6.4 Jüngste Historische Schule... 66
7.7 Grenznutzenlehre... 68
    7.7.1 Vorläufer und die Begründer: Dupuit und Gossen 68
    7.7.2 Die Wiener Grenznutzenschule 69
    7.7.3 Die Lausanner Schule 69
    7.7.4 Die Cambridger Richtung 70
7.8 Neoklassik: Gleichgewichtstheorie und Welfare Economics............ 70
    7.8.1 Zur Abgrenzung der Neoklassik... 70
    7.8.2 Begründer der Neoklassik: Marshall, Walras und Cassel 71
    7.8.3 Neoklassische Wohlfahrtsökonomie 73
    7.8.4 Neoklassische Verteilungs- und Wachstumstheorie............. 75
    7.8.5 Neue Institutionenökonomik und
          Neue Politische Ökonomie 76
7.9 Die Keynessche „Revolution" und die „Gegenrevolution"
    des Monetarismus 77
    7.9.1 Das zeitgeschichtliche Umfeld 77
    7.9.2 Die Botschaft der „General Theory"..................................... 77
    7.9.3 Neoklassische Synthese 78
    7.9.4 Die „Phillipskurve": Inflation oder Beschäftigung? 79
    7.9.5 Die Gegenposition des Monetarismus................................. 80

Teil B... **83**

8 Einführung in die Mikroökonomie **85**
   8.1 Abgrenzung und Teilgebiete der Mikroökonomie........................... 85
   8.2 Problemstellungen der Haushaltstheorie 86
   8.3 Problemstellungen der Unternehmenstheorie................................ 88
   8.4 Problemstellungen der Markttheorie 89

9 Theorie des Haushalts 91
9.1 Abgrenzung des Untersuchungsgegenstandes 91
9.2 Konsumgüternachfrage des Haushalts 92
    9.2.1 Modellannahmen und Problemstellung 92
    9.2.2 Abgrenzung des Lösungsraumes 93
    9.2.3 Nutzenfunktion und Präferenzordnung 94
    9.2.4 Bestimmung des Haushaltsgleichgewichts 98
    9.2.5 Interpretation der Tangentenlösung
          (2. Gossensches Gesetz) 98
    9.2.6 Lösungen bei alternativen Indifferenzkurven 99
    9.2.7 Herleitung und Diskussion von Nachfragekurven 102
    9.2.8 Analytische Bestimmung des optimalen Konsumplanes 114
    9.2.9 Kritik der „normalen" Tangentenlösung 119
9.3 Arbeitsangebot des Haushalts 122
    9.3.1 Entscheidungsproblem und analytische Lösung 122
    9.3.2 Graphische Lösung und Arbeitsangebotskurve 123
    9.3.3 Reallohnabhängigkeit des Arbeitsangebots 125

10 Theorie der Unternehmung 127
10.1 Abgrenzung des Untersuchungsgegenstandes 127
10.2 Grundlagen der Produktionstheorie 128
    10.2.1 Produktionsfunktion: Begriff, Eigenschaften und Typen 128
    10.2.2 Möglichkeiten der Faktorvariation im Überblick 131
    10.2.3 Partielle Faktorvariation, Produktivitäten und Elastizitäten. 131
    10.2.4 Proportionale Faktorvariation 138
10.3 Grundlagen der Kostentheorie 140
    10.3.1 Fundamentale Kostenbegriffe 140
    10.3.2 Bestimmung der Minimalkostenkombination 142
    10.3.3 Analytische Herleitung der Optimalbedingung 143
    10.3.4 Kostenfunktionen bei Cobb-Douglas-Technologie 144
    10.3.5 Kostenfunktionen bei konstanten Skalenerträgen 146
    10.3.6 Kostenfunktionen bei zunehmenden Skalenerträgen 152
    10.3.7 Kostenfunktionen bei abnehmenden Skalenerträgen 156

11 Begriffliche Grundlagen der Markttheorie 162
11.1 Marktdefinitionen 162
    11.1.1 Vorbemerkungen 162
    11.1.2 Notwendige Begriffsmerkmale 163
    11.1.3 Allgemeine Marktdefinition 165

11.2 Marktbeziehungen 165
    11.2.1 Elementare Marktbeziehungen 165
    11.2.2 Symmetrische und asymmetrische Marktbeziehungen.......... 166
    11.2.3 Wettbewerbs- und Kartellbeziehungen......................... 169
    11.2.4 Direkte und indirekte Marktbeziehungen 170
    11.2.6 Aktuelle und potenzielle Marktbeziehungen 172
    11.2.7 Marktmachtbeziehungen... 173
11.3 Marktabgrenzungen 174
    11.3.1 Vorbemerkungen 174
    11.3.2 Sachliche Marktabgrenzung....................................... 174
    11.3.3 Persönliche Marktabgrenzung................................... 177
    11.3.4 Zeitliche Marktabgrenzung....................................... 178
    11.3.5 Räumliche Marktabgrenzung.................................... 179
11.4 Marktformen.. 181
    11.4.1 Vorbemerkungen 181
    11.4.2 Marktformen nach Anbieter- und Nachfragerzahl.............. 181
    11.4.3 Marktformen nach Anbieterzahl und
             Produktbeschaffenheit.. 183
    11.4.4 Marktformen nach Verhaltensweisen........................ 184
    11.4.5 Marktformen nach Vollkommenheitskriterien 184
    11.4.6 Marktformen nach Wettbewerbsbeschränkungen 185

12 Preisbildung bei vollkommener Konkurrenz 187
12.1 Abgrenzung der Marktform 187
12.2 Marktnachfrage.. 187
    12.2.1 Begriff und Determinanten... 187
    12.2.2 Individuelle Nachfragefunktionen und -kurven............ 189
    12.2.3 Aggregation der Individualnachfragen 194
12.3 Marktangebot... 196
    12.3.1 Begriff und Determinanten... 196
    12.3.2 Individuelle Angebotsfunktionen 198
    12.3.3 Kurzfristiges Gesamtangebot des Marktes 202
12.4 Marktpreisbildung 203
    12.4.1 Kurzfristiges Marktgleichgewicht 203
    12.4.2 Kurzfristige Marktpreisdeterminanten 205
    12.4.3 Langfristiges Marktgleichgewicht 207
12.5 Konsumenten- und Produzentenrente 213
12.6 Praktische und theoretische Bedeutung der Marktform.................. 216

13 Preisbildung im Monopol **217**
  13.1 Kurzbeschreibung der Marktform 217
  13.2 Preis-Absatz-Funktion des Monopolisten 217
  13.3 Erlösfunktion des Monopolisten 218
  13.4 Erlösmaximaler Monopolpreis 219
  13.5 Kurzfristig gewinnmaximale Preispolitik im Monopol 221
    13.5.1 Bei steigenden kurzfristigen Grenzkosten 221
    13.5.2 Bei konstanten Grenzkosten 222
    13.5.3 Graphische Bestimmung des Cournot-Punktes 222
    13.5.4 Zahlenbeispiel 224
  13.6 Kurzfristige Preisreaktionen im Monopol 225
    13.6.1 Bei kurzfristig steigenden Grenzkosten 225
    13.6.2 Bei kurzfristig konstanten Grenzkosten 226
  13.7 Bestimmung des langfristigen Monopolgleichgewichts 227
    13.7.1 Bei langfristig konstanten Grenzkosten 227
    13.7.2 Bei langfristig sinkenden Grenzkosten
      (natürliches Monopol) 229

14 Preisbildung im Oligopol **235**
  14.1 Homogenes Oligopol 235
    14.1.1 Kurzbeschreibung der Marktform 235
    14.1.2 Individuelle Preis-Absatz-Funktionen der Oligopolisten 235
    14.1.3 Cournot-Preise und -Mengen bei paralleler Preispolitik 240
    14.1.4 Gleichgewichtsmodelle im homogenen Oligopol ... 241
    14.1.5 Bertrand-Nash-Gleichgewicht bei konstanten
      Grenzkosten 242
    14.1.6 Kooperationslösung und Gefangenendilemma 243
    14.1.7 Bertrand-Nash-Gleichgewicht bei steigenden
      Grenzkosten 245
    14.1.8 Einfluss von Fixkosten auf die Bertrand-Lösung ... 246
    14.1.9 Kein Nash-Gleichgewicht bei ungleichen Grenzkosten 249
    14.1.10 Zwischenbilanz und Kritik des Bertrand-Modells .. 250
    14.1.11 Ein Tankstellen-Dyopol als realistisches Beispiel ... 252
    14.1.12 Preisbildungsprozesse bei Marktzutritt 255
  14.2 Heterogenes Oligopol 265
    14.2.1 Kurzbeschreibung der Marktform 265
    14.2.2 Preis-Absatz-Funktionen im heterogenen Dyopol .. 266
    14.2.3 Optimale Reaktion auf einen gegebenen Konkurrenzpreis . 274
    14.2.4 Bertrand-Nash-Gleichgewicht bei konstanten Grenzkosten 276
    14.2.5 Kooperationsgleichgewicht bei paralleler Preispolitik 279
    14.2.6 Gewinnvergleich und Stackelberg-Lösung? 281

15 Faktormärkte **284**
   15.1 Arten von Faktormärkten 284
   15.2 Beispiel Arbeitsmarkt 286
      15.2.1 Arbeitsnachfrage bei vollkommener Konkurrenz 286
      15.2.2 Gleichgewicht auf einem vollkommenen Arbeitsmarkt 291
      15.2.3 Ungleichgewicht und Arbeitslosigkeit durch
             Mindestlöhne 293
      15.2.4 Das Modell der abgeleiteten Arbeitsnachfrage 294

16 Marktunvollkommenheiten: Marktversagen und Staatseingriffe ..299
   16.1 Arten von „Marktunvollkommenheiten" 299
   16.2 Externe Effekte 300
      16.2.1 Begriff und Arten „externer Effekte" 300
      16.2.2 Internalisierung externer Effekte (nach Pigou und Coase) .. 302
      16.2.3 Öffentliche Güter 306
   16.3 Asymmetrische Information 307
      16.3.1 Bedeutung der Information für die Marktteilnehmer 307
      16.3.2 Effekte asymmetrischer Information 308
      16.3.3 Adverse Selektion 308
      16.3.4 Moral Hazard 311
      16.3.5 Das Prinzipal-Agent-Problem 312
   16.4 Marktmacht und natürliche Monopole 312
      16.4.1 Preispolitische Marktmacht 312
      16.4.2 Wohlfahrtsverluste im Monopol und homogenen
             Oligopol 314
      16.4.3 Natürliche Monopole und Oligopole 318
   16.5 Marktversagen und Staatsversagen 322

17 Wettbewerbspolitik und Wettbewerbstheorie **324**
   17.1 Wettbewerb und Wettbewerbspolitik 324
      17.1.1 Bedeutung des Wettbewerbsprinzips 324
      17.1.2 Wettbewerbsdefinitionen 325
      17.1.3 Wettbewerbspolitik und ihre Beziehung zur
             Wettbewerbstheorie 326
      17.1.4 Ansatzpunkte wettbewerbspolitischer Normierungen 327
   17.2 Wettbewerbspolitische Konzeptionen 330
      17.2.1 Konzeptionen des freien Wettbewerbs 330
      17.2.2 Vollkommene Konkurrenz als normatives
             Referenzmodell 334
      17.2.3 Funktionsfähiger Wettbewerb (Workable Competition) 335
      17.2.4 Sonstige Wettbewerbstheorien und -konzepte 337

17.3 Grundzüge der deutschen und europäischen Wettbewerbspolitik.. 339
    17.3.1 Vor- und Entstehungsgeschichte 339
    17.3.2 Träger der Wettbewerbspolitik 339
    17.3.3 Deutsches Wettbewerbsrecht 341
    17.3.4 Europäisches Wettbewerbsrecht 350

Literaturverzeichnis 353

Abbildungsverzeichnis 358

Tabellenverzeichnis 361

Symbolverzeichnis 362

Stichwortverzeichnis 364

Teil A

1 Grundbegriffe der Volkswirtschaftslehre

Lernziele — Dieses Kapitel vermittelt:

- Eine Abgrenzung des für ein wirtschaftswissenschaftliches Studium fundamentalen Begriffes „Wirtschaften"
- und aller weiteren Grundbegriffe, die zum Verständnis für das „ökonomische Prinzip" im Umgang mit „knappen Gütern" notwendig sind.

1.1 Studienschwerpunkt „Wirtschaft"

Wenn Sie den Stoffplan Ihres im Bereich **Wirtschaft** ausgewählten Bachelor-Studiengangs genauer analysieren, so gilt unabhängig von der als Schwerpunkt gewählten **Wirtschaft**sbranche und Speziellen Betriebs**wirtschaft**slehre, dass **wirtschaft**liches Denken und Handeln die Schlüsselqualifikation Ihrer Ausbildung sein sollen. **„Wirtschaft"** bildet also den inhaltlichen **Schwerpunkt** Ihres Studiums. Auch die **„Wirtschaft" um die Ecke** ist für Studenten der Volks**wirtschaft**slehre von großer Bedeutung, da man nirgendwo besser als am Stammtisch populäre Lehrmeinungen über das Funktionieren der **Wirtschaft** hören und nicht zuletzt die Geltung der Grenznutzentheorie des Bierkonsums (bis hin zur Sättigungsgrenze und darüber hinaus) am eigenen Leibe erfahren kann. Insofern ist es wichtig, von **„Wirtschaften"** zuallererst ein klares Begriffsverständnis zu bekommen.

1.2 Wirtschaften im funktionellen und institutionellen Sinne

Wirtschaften im funktionalen Sinne wirtschaftlichen Verhaltens (Denkens, Entscheidens und Handelns) heißt nach dem **Wirtschaftlichkeitsprinzip** und **Regionalprinzip** mit **knappen Gütern** umgehen.

Wirtschaften im institutionellen Sinne sind einzelne Wirtschaftseinheiten als Träger wirtschaftlichen Verhaltens (**Einzelwirtschaften**) oder Zusammenfassungen von Wirtschaftseinheiten (**Wirtschaftsaggregate**) bis hin zur **Volkswirtschaft** oder gar **Weltwirtschaft**.

1.3 Wirtschaftlichkeits- und Rationalprinzip

Unter dem **Wirtschaftlichkeitsprinzip** (oder ökonomischen Prinzip) versteht man den Grundsatz, einen bestimmten Erfolg mit dem geringstmöglichen Mitteleinsatz (**Minimalprinzip**) bzw. mit einem bestimmten Mitteleinsatz den größtmöglichen Erfolg (**Maximalprinzip**) zu erzielen.

(1) Maximalprinzip (Z = Ziel, M = Mittel):

$$Z(\overline{M}) \stackrel{!}{=} \max \quad \text{für } M = \overline{M} = \text{konstant} \qquad [1\text{-}1]$$

(2) Minimalprinzip:

$$M(\overline{Z}) \stackrel{!}{=} \min \quad \text{für } Z = \overline{Z} = \text{konstant} \qquad [1\text{-}2]$$

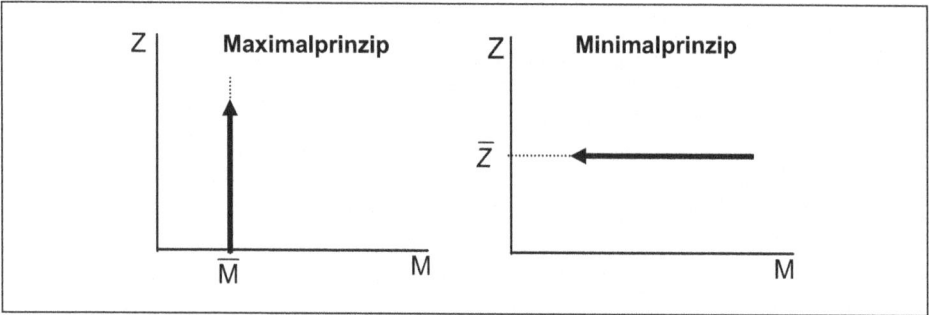

Abb. 1-1: Maximal- und Minimalprinzip

Da sich das Wirtschaftlichkeitsprinzip nicht auf komplexere Entscheidungssituationen anwenden lässt, in denen weder ein bestimmter Mitteleinsatz noch ein bestimmter Zielwert bereits vorgegeben sind, sondern ein optimaler Zielwert bei variablem Mitteleinsatz zu bestimmen ist, ist eine Ergänzung des Maximal- und Minimalprinzips durch das **Rationalprinzip** sinnvoll.

(3) Rationalprinzip:

Grundsatz für das Verhalten von Wirtschaftssubjekten in Entscheidungssituationen, wonach zur Erreichung eines maximalen oder minimalen Zielwertes durch Anwendung von **Ziel-Mittel-Rationalität** ein **optimaler Mitteleinsatz** zu wählen ist (**Optimalprinzip**).

1.4 Opportunitätskosten unwirtschaftlichen Verhaltens

In diesem Zusammenhang ist es wichtig, sich klar zu machen, dass jeder **Verstoß gegen das Rationalprinzip** absolute und relative Zielverluste bewirkt, d.h. vorhandene Zielerfolgsmöglichkeiten nicht voll ausgeschöpft werden. Solche durch ein suboptimales Verhalten entgangenen Werte werden in der Ökonomie als **Opportunitätskos-**

1 Grundbegriffe der Volkswirtschaftslehre

> **Lernziele** — Dieses Kapitel vermittelt:
> - Eine Abgrenzung des für ein wirtschaftswissenschaftliches Studium fundamentalen Begriffes „Wirtschaften"
> - und aller weiteren Grundbegriffe, die zum Verständnis für das „ökonomische Prinzip" im Umgang mit „knappen Gütern" notwendig sind.

1.1 Studienschwerpunkt „Wirtschaft"

Wenn Sie den Stoffplan Ihres im Bereich **Wirtschaft** ausgewählten Bachelor-Studiengangs genauer analysieren, so gilt unabhängig von der als Schwerpunkt gewählten **Wirtschaft**sbranche und Speziellen Betriebs**wirtschaft**slehre, dass **wirtschaft**liches Denken und Handeln die Schlüsselqualifikation Ihrer Ausbildung sein sollen. **„Wirtschaft"** bildet also den inhaltlichen **Schwerpunkt** Ihres Studiums. Auch die **„Wirtschaft" um die Ecke** ist für Studenten der Volks**wirtschaft**slehre von großer Bedeutung, da man nirgendwo besser als am Stammtisch populäre Lehrmeinungen über das Funktionieren der **Wirtschaft** hören und nicht zuletzt die Geltung der Grenznutzentheorie des Bierkonsums (bis hin zur Sättigungsgrenze und darüber hinaus) am eigenen Leibe erfahren kann. Insofern ist es wichtig, von **„Wirtschaften"** zuallererst ein klares Begriffsverständnis zu bekommen.

1.2 Wirtschaften im funktionellen und institutionellen Sinne

Wirtschaften im funktionalen Sinne wirtschaftlichen Verhaltens (Denkens, Entscheidens und Handelns) heißt nach dem **Wirtschaftlichkeitsprinzip** und **Regionalprinzip** mit **knappen Gütern** umgehen.

Wirtschaften im institutionellen Sinne sind einzelne Wirtschaftseinheiten als Träger wirtschaftlichen Verhaltens (**Einzelwirtschaften**) oder Zusammenfassungen von Wirtschaftseinheiten (**Wirtschaftsaggregate**) bis hin zur **Volkswirtschaft** oder gar **Weltwirtschaft**.

1.3 Wirtschaftlichkeits- und Rationalprinzip

Unter dem **Wirtschaftlichkeitsprinzip** (oder ökonomischen Prinzip) versteht man den Grundsatz, einen bestimmten Erfolg mit dem geringstmöglichen Mitteleinsatz (**Minimalprinzip**) bzw. mit einem bestimmten Mitteleinsatz den größtmöglichen Erfolg (**Maximalprinzip**) zu erzielen.

(1) Maximalprinzip (Z = Ziel, M = Mittel):

$$Z(\overline{M}) \overset{!}{=} \max \quad \text{für } M = \overline{M} = \text{konstant} \qquad [1\text{-}1]$$

(2) Minimalprinzip:

$$M(\overline{Z}) \overset{!}{=} \min \quad \text{für } Z = \overline{Z} = \text{konstant} \qquad [1\text{-}2]$$

Abb. 1-1: Maximal- und Minimalprinzip

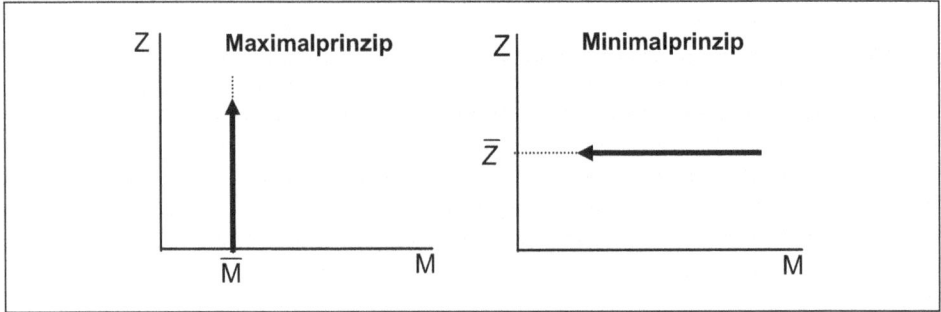

Da sich das Wirtschaftlichkeitsprinzip nicht auf komplexere Entscheidungssituationen anwenden lässt, in denen weder ein bestimmter Mitteleinsatz noch ein bestimmter Zielwert bereits vorgegeben sind, sondern ein optimaler Zielwert bei variablem Mitteleinsatz zu bestimmen ist, ist eine Ergänzung des Maximal- und Minimalprinzips durch das **Rationalprinzip** sinnvoll.

(3) Rationalprinzip:

Grundsatz für das Verhalten von Wirtschaftssubjekten in Entscheidungssituationen, wonach zur Erreichung eines maximalen oder minimalen Zielwertes durch Anwendung von **Ziel-Mittel-Rationalität** ein **optimaler Mitteleinsatz** zu wählen ist (**Optimalprinzip**).

1.4 Opportunitätskosten unwirtschaftlichen Verhaltens

In diesem Zusammenhang ist es wichtig, sich klar zu machen, dass jeder **Verstoß gegen das Rationalprinzip** absolute und relative Zielverluste bewirkt, d.h. vorhandene Zielerfolgsmöglichkeiten nicht voll ausgeschöpft werden. Solche durch ein suboptimales Verhalten entgangenen Werte werden in der Ökonomie als **Opportunitätskos-**

ten bezeichnet. Da sie die negativen Folgen unwirtschaftlichen Verhaltens sind, kann man **wirtschaftliches Verhalten** auch als **Vermeidung von Opportunitätskosten** definieren.

Dies gilt jedoch nur unter der Vorrausetzung, dass es in diesem Zusammenhang um „knappe" Güter geht oder umgekehrt formuliert die Verfügbarkeit dieser „Güter" nicht so („unendlich") groß ist, dass selbst bei „verschwenderischem" Umgang mit diesen Gütern gar keine Opportunitätskosen entstehen. Um den Ausgangs- und Schlüsselbegriff „Wirtschaft" vollständig abzugrenzen, sind im nächsten Schritt die Begriffe **„Güter" und „Knappheit"** und die hierfür notwendigen Erklärungsbegriffe **zu definieren**.

1.5 Gut, Bedürfnis und Bedarf

Unter einem **„Gut"** versteht man ein materielles oder immaterielles Mittel zur Befriedigung menschlicher Bedürfnisse. Ein **Bedürfnis** wiederum ist das Empfinden eines Mangels verbunden mit dem Bestreben nach Mangelbeseitigung (Bedürfnisbefriedigung). **Bedarf** nennt man schließlich das im Hinblick auf ein bestimmtes Gut als Mittel zur Befriedigung konkretisierte Bedürfnis.

1.6 Nutzen, Grenznutzen und Sättigung

Güter müssen aus der Sicht des Bedürfnis- und Bedarfsträgers einen positiven **Wert** haben, damit sie ein Mittel zur Bedürfnisbefriedigung und Bedarfsdeckung sein können. Als subjektives Maß für diese Fähigkeit eines Gutes verwendet man in der Wirtschaftstheorie den Begriff **Nutzen** (U als Abk. für utility). Berücksichtigt man die Möglichkeit, dass ein beliebiges Bewertungsobjekt (in irgendeiner Menge) positiv, negativ oder als wertlos eingeschätzt werden kann, gibt es hierfür **drei Bewertungsmöglichkeiten** (vgl. Abb. 1-2):

Abb. 1-2: Nutzen als notwendige Bedingung

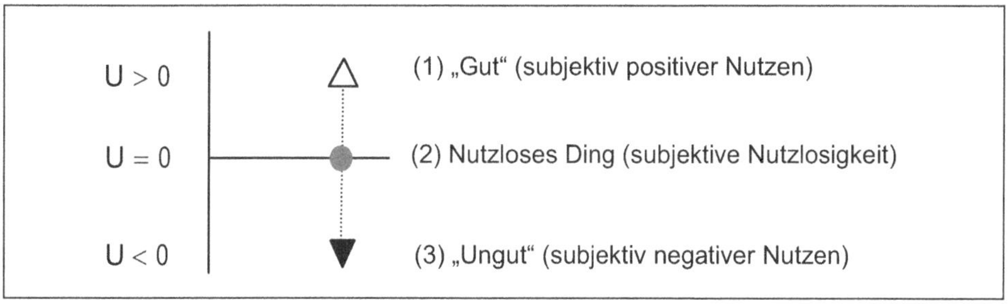

$U > 0$	△	(1) „Gut" (subjektiv positiver Nutzen)
$U = 0$	●	(2) Nutzloses Ding (subjektive Nutzlosigkeit)
$U < 0$	▼	(3) „Ungut" (subjektiv negativer Nutzen)

Während **„Güter"** einen positiven Aufforderungscharakter besitzen (Man findet sie „gut", da sie als „nützlich" eingestuft werden.), ist es rational, **„Ungüter"** (z.B. den

Verzehr von „ekelig" schmeckenden oder als absolut „schädlich" angesehenen Lebensmitteln) grundsätzlich zu vermeiden (**Aversion**).

„**Nutzlose**" **Dinge** lösen demgegenüber normalerweise Gleichgültigkeit (**Indifferenz**) aus, es sei denn, ihr Besitz verursacht Opportunitätskosten bezüglich der alternativ möglichen Güternutzung. Zum Beispiel können von einem Studenten Stapel von nicht mehr aktuellen und daher „wertlos" gewordenen Fernsehprogramm-Zeitschriften negativ bewertet werden, weil sie in seiner kleinen Bude den Platz für wertvolle Lehrbücher wegnehmen. Der rationale Student entwickelt – wenn er in der 1. VWL-Vorlesung a) anwesend war und b) zugehört hat – nach Kalkulation der dadurch für ihn entstehenden Opportunitätskosten, einen aktiven Entledigungswillen, stuft die inzwischen „wertlos" gewordenen Zeitschriften subjektiv als „Abfall" ein und entsorgt sie ordnungsgemäß in die vom Entsorgungsunternehmen hierfür vorgesehene „Wertstoff"-Tonne.

Was lehrt uns dieses Beispiel?
1. „Güter" sind zeitlich abzugrenzen: Was gestern noch ein „Gut" war, kann morgen schon wertlos und übermorgen gar ein „Schlecht" sein.
2. Was ein Individuum (schon) als „Nicht-Gut" ansieht, kann für ein anderes (noch) ein „Gut" sein.

Bleiben wir bei unserem Studenten: Nachdem er sich die ganze Woche von seiner „Lieblingsspeise" Nudeln ernährt hat, wird er von seiner Freundin („lieb gemeint"!) am Wochenende zum Spagetti-Essen eingeladen. Er wünscht sich stattdessen aber Bratkartoffeln, da er sich an Nudeln in dieser Woche schon „satt" gegessen hat. Dieses Beispiel zeigt uns eine weitere mögliche Güter- und Nutzeneigenschaft:

3. Der Nutzen eines „Gutes" kann von der in einer Periode konsumierten Menge abhängig sein und bei zunehmendem Konsum bis zur „Sättigung" führen.

Der Ökonom **Hermann Heinrich Gossen (1810-1858)** hat dieses (zumindest für den Verbrauch von Lebens- und Genussmitteln regelmäßige) Phänomen **1854** in seinem Werk „*Die Entwicklung der Gesetze des menschlichen Verkehrs und der daraus fließenden Regeln für das menschliche Handeln*" folgendermaßen beschrieben: „*Die Größe eines und desselben Genusses nimmt, wenn wir mit der Bereitung des Genusses ununterbrochen fortfahren, fortwährend ab, bis zuletzt Sättigung eintritt*". Später hat man diesen Zusammenhang „**Erstes Gossensches Gesetz**", „**Sättigungsgesetz**" oder „**Gesetz vom abnehmenden Grenznutzen**" genannt.

Der Zusammenhang zwischen der Konsummenge eines Gutes und dem individuellen Gesamtnutzen eines Gutes wird in der **Nutzentheorie** traditionellerweise durch eine **individuelle Nutzenfunktion** beschrieben, wobei der **Grenznutzen**, d.h. der durch den Konsum einer zusätzlichem Gütereinheit empfundene **zusätzliche Nutzen** (mathematisch **der Wert der 1. Ableitung der Nutzenfunktion** nach der individuellen Konsummenge) theoretisch positiv, negativ oder Null sein kann.

1.6 Nutzen, Grenznutzen und Sättigung

$$U_i = U_i(x_i) \text{ mit } \frac{dU_i}{dx_i} \gtreqless 0 \quad \textbf{individuelle Nutzenfunktion} \quad [1\text{-}3]$$

Gilt das **Sättigungsgesetz**, dann muss der Grenznutzen (die 1. Ableitung) zunächst positiv sein, ab „irgendeiner" Menge (≥ 2) aber kleiner werden (negative 2. Ableitung) und bei Erreichen der Sättigungsgrenze muss der Grenznutzen gerade gleich Null sein. Dies gilt zumindest für **stetige Nutzenfunktionen**, d.h. für infinitesimal kleine Mengenänderungen oder für eine „vollständige" Teilbarkeit der Mengen des betrachteten Konsumgutes. Die beiden **Nutzenkurven** in Abb. 1-3 weisen im Falle (a) im Gipfelpunkt und im Falle (b) im Anfangspunkt des Plateaus ein **Nutzenmaximum** und damit einen **Sättigungspunkt S** mit einem Grenznutzen von Null auf. Die untere Nutzenkurve (**Typ 2**) weist dabei im Unterschied zu der oberen (**Typ 1**) im ersten Mengenabschnitt zunächst einen zunehmenden Grenznutzen und erst ab den Wendepunkt W einen abnehmenden Grenznutzen auf. In beiden Fällen gilt, dass für die **„Sättigungsmenge" a_i** der **Grenznutzen = Null** ist.

Bei unteilbaren ganzzahligen Gütermengen („Stückgütern") mit abnehmendem Grenznutzen gilt zwar auch, dass mit der nutzenmaximalen Stückzahl >1 eine **Sättigungsmenge** erreicht wird. Der in diesem Fall nur in diskreten Schritten messbare **Grenznutzen der letzten zum Maximalwert führenden Einheit** ist in jedem Fall **aber positiv**, sonst wäre dieser von dem niedrigeren Nebenwert ausgehend nicht erreichbar.

Ein in der Realität bei unteilbaren Gebrauchsgütern relativ häufiger Fall, der die Normalinterpretation des 1. Gossenschen „Gesetzes" in Frage stellt, ist der, dass bereits die zweite Gütereinheit einen Grenznutzen von Null haben kann (**Typ 3**), z.B. zur Deckung eines bestimmten Bedarfs im Haushalt nur einmal notwendige Ausrüstungsgegenstände (Fernseher, Kaffeemaschine, Knoblauchpresse, Küchenspüle, Nussknacker, Staubsauger etc.), sodass bereits mit dem Gebrauch der ersten Gütereinheit die Sättigungsmenge erreicht wird (vgl. Abb. 1-4). Der maximale Gesamtnutzen und der positive Grenznutzen der ersten Mengeneinheit sind hier identisch. Grundsätzlich gilt dies auch für Informationsgüter. Würde man unserem Musterstudenten zusätzlich zu der aktuellen Fernsehprogramm-Zeitschrift ein zweites identisches Exemplar schenken, wäre der Grenznutzen dieses zweiten Stücks Null. D.h. die Sättigungsmenge von identischen Informationen ist wegen der Redundanz aller weiteren identischen „Informationen" bereits mit der Erstinformation erreicht. Insofern wäre es auch in diesem Fall unzutreffend, die Sättigungsmenge erst bei der mit einem Grenznutzen von Null verbundenen Zweitinformation zu ziehen.

Abb. 1-3: Sättigung bei stetigen Nutzenfunktionen

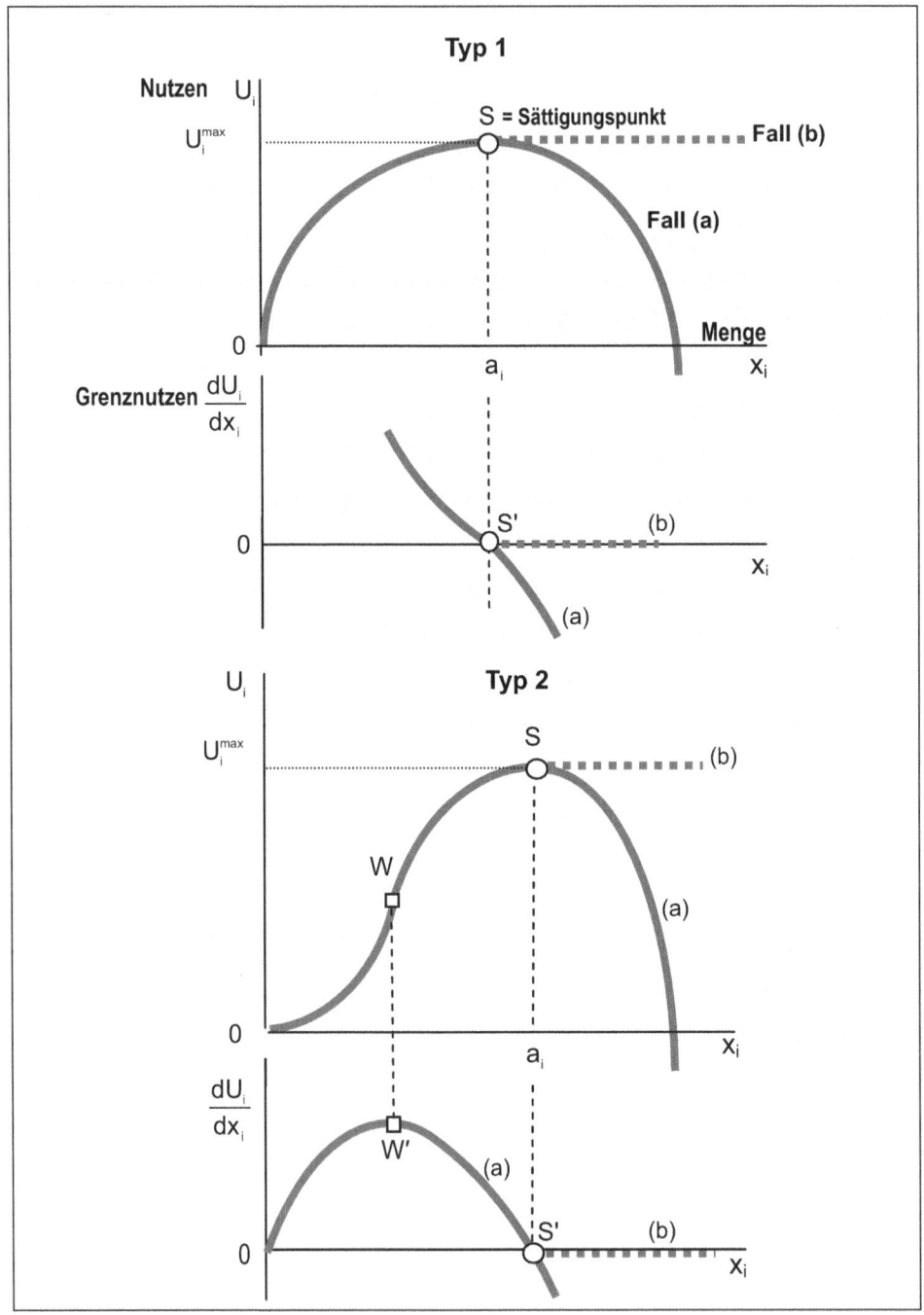

Abb. 1-4: Sättigung bei unteilbaren (ganzzahligen) Gebrauchgütern

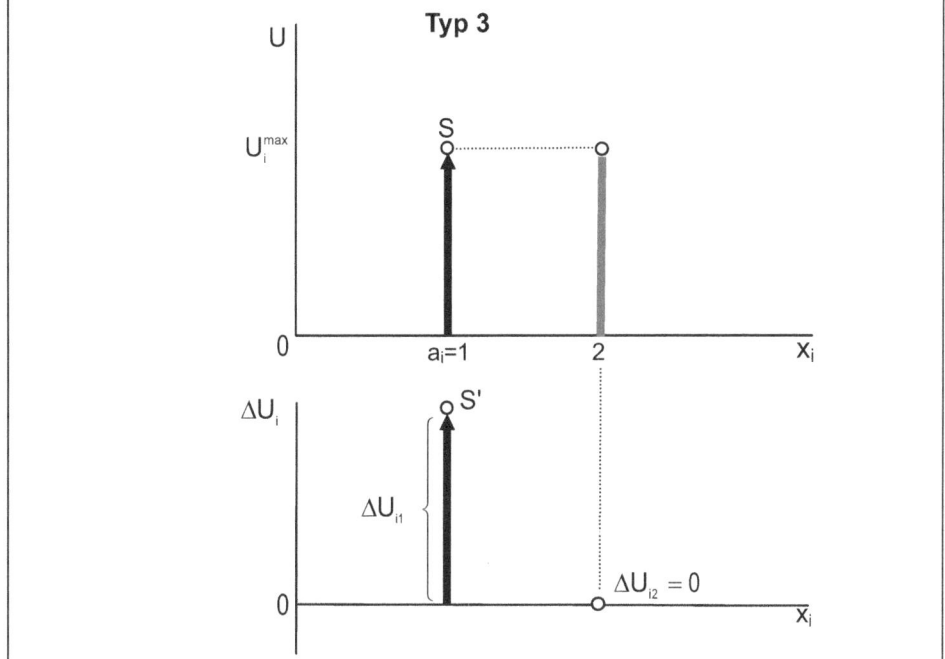

1.7 Knappe und freie Güter

Aufgrund dieser Vorüberlegungen sind wir nun in der Lage, „knappe" und „freie" (= nicht knappe) Güter präzise zu definieren, in dem wir **die in einer bestimmten Periode und in einem bestimmten Raum** zur Deckung eines bestimmten Bedarfes insgesamt **verfügbare Gütermenge x^*** mit dem **maximalen Bedarf x_B^{max}** vergleichen, der theoretisch „unendlich" oder „endlich" sein kann. **Knapp** ist ein Gut sinnvoller Weise dann, wenn die **Verfügbarkeit eines Gutes geringer** ist **als der maximale Bedarf.** Letzterer ergibt sich als die Summe der maximalen individuellen Bedarfsmengen aller zeitlich und räumlich abgegrenzten **Bedarfsträger N**.

Trifft ein **unendlich großer Bedarf** auf eine nur **endliche Verfügungsmenge**, kann man dies als eine nicht zu überwindende **„absolute" Knappheit** bezeichnen. Sie entsteht immer dann, wenn die individuelle Nutzenfunktion mindestens eines der Bedarfsträger durch „Unersättlichkeit" („I can't get no satisfaction!") gekennzeichnet ist. D.h. der Nutzen steigt mit zunehmendem Konsum und positivem Grenznutzen an, ohne aber einen Maximalwert zu erreichen (vgl. in Abb. 1-5 die Nutzenfunktionen vom **Typ 4 und 5**), sodass **keine Sättigungsgrenze** erreicht werden kann.

Abb. 1-5: Nutzenfunktionen bzw. -kurven ohne Sättigungsgrenzen

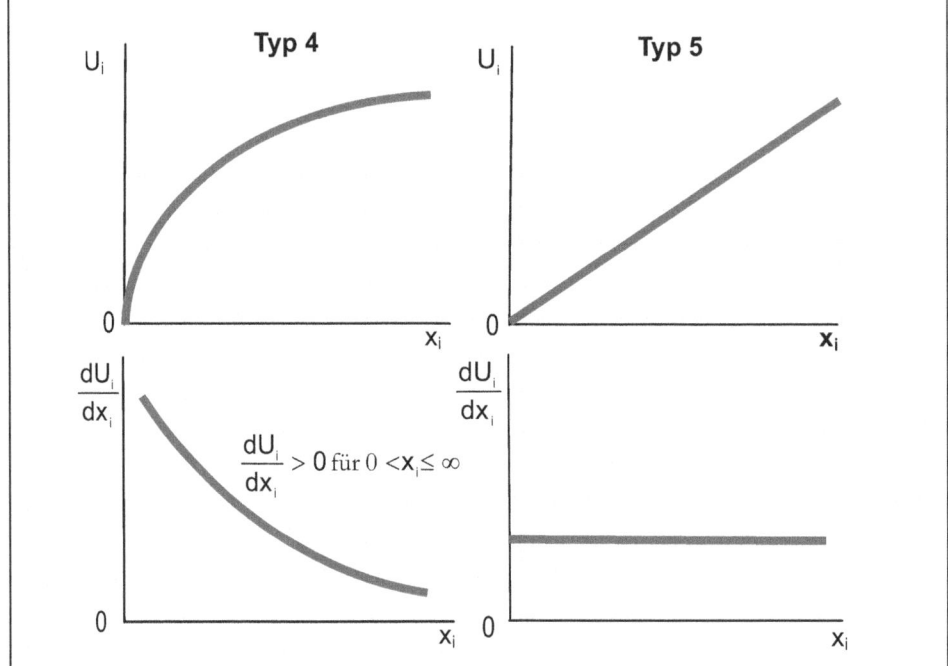

Obwohl Knappheit ein relativer Begriff ist, kann in diesem hoffnungslosen Extremfall sinnvoll von **„absoluter" Knappheit** gesprochen werden.

$$\infty > x* < x_B^{max} = \sum_{i=1}^{N} x_i^{max} = \infty \quad \textbf{absolut knappes Gut} \quad [1\text{-}4]$$

Sind dagegen die maximalen individuellen Bedarfsmengen aller Bedarfsträger „endlich", also nur individuelle Sättigungsmengen $0 < a_i < \infty$ vorhanden, herrscht „nur" eine grundsätzlich überwindbare **relative Knappheit** vor, wenn die **verfügbare Gütermenge** endlich und **kleiner ist als die Summe aller individuellen Sättigungsmengen**:

$$\infty > x* < a = \sum_{i=1}^{N} a_i < \infty \quad \textbf{relativ knappes Gut} \quad [1\text{-}5]$$

Umgekehrt sind **„freie" Güter** dadurch gekennzeichnet, dass die (endliche oder unendlich große) **verfügbare Gütermenge** genau oder mehr als **ausreicht**, um den maximalen Bedarf aller Bedarfsträger abzudecken.

1.7 Knappe und freie Güter

Ist der **maximale Bedarf für ein Gut grenzenlos,** muss **auch die verfügbare Gütermenge unbegrenzt** sein, wenn sie zur vollständigen Bedarfsdeckung ausreichen soll:

$$\infty = x* = x_B^{max} = \sum_{i=1}^{N} x_i^{max} = \infty \qquad \textbf{absolut freies Gut} \qquad [1\text{-}6]$$

Wenn der **maximale Bedarf** jedoch in Höhe aller Sättigungsmengen **endlich** ist, muss die **verfügbare Gütermenge** entweder **größer oder wenigstens genauso groß** sein wie diese:

$$\infty \geq x* \geq x_B^{max} = \sum_{i=1}^{N} a_i < \infty \qquad \textbf{relativ freies Gut} \qquad [1\text{-}7]$$

Indiz für ein knappes Gutes ist ein positiver Preis (Tauschwert), weil niemand bereit sein wird, für ein im Überfluss vorhandenes Gut einen Preis größer Null zu zahlen. **Charakteristikum für ein „freies" Gut ist dagegen ein Preis von Null.**

Beispiele für freie Güter:

Da in unserer zeitlichen und räumlichen Wirklichkeit fast alle Güter ihren (positiven) Preis haben und daher offensichtlich knappe Güter sind, lassen sich die zum Nullpreis erhältlichen Güter an einer Hand abzählen. **Luft** ist jedenfalls dort, wo sie „kostenlos" und „unbegrenzt" eingeatmet werden kann, „natürlich" ein freies Gut. Für die Besatzung (personelle Abgrenzung) in einem Unterseeboot (räumliche Abgrenzung) gilt dies während der Tauchphase (zeitliche Abgrenzung) allerdings nicht, es sei denn, das U-Boot verfügt über eine technische Anlage, die aus „unbegrenzt" verfügbarem **Meerwasser** ausreichend Sauerstoff gewinnt. Auch in einem Linienflugzug ist in normaler Flughöhe Atemluft offensichtlich knapp und ihre Verfügbarkeit im Flugpreis abzugelten. „Gute" Luft im Sinne sauerstoffreicher und nicht durch Schadstoffe belasteter Luft ist nicht überall erhältlich und hat in Luftkurorten ihren positiven Preis.

Abb. 1-6: Grenze zwischen relativ freien und knappen Gütern

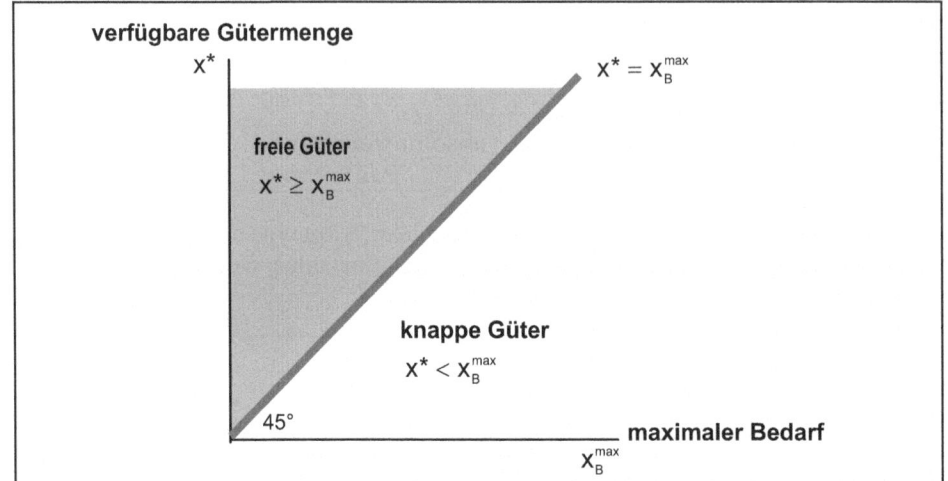

Sand als Baumaterial ist in unseren Regionen aufgrund mangelnder Verfügbarkeit nicht zum Nullpreis zu erhalten, in der Sandwüste kann man dafür keinen Cent erzielen. Auf dem Ozean ist **Meersalz** im Überfluss vorhanden und zweifellos ein freies Gut, während es in Zentralafrika als weißes Gold hoch gehandelt wird. **Trinkwasser** hat sowohl in der Wüste als auch auf dem Meer einen besonders hohen Knappheitsgrad, wohingegen es im Regenwald oder in der Arktis und Antarktis in Form von Eis „unbegrenzt" zur Verfügung steht. **Licht** und **Wärme** liefert uns die Sonne unbegrenzt, nur nicht an jedem Ort der Erde gleichzeitig.

Wie diese Beispiele zeigen, kann ein und dasselbe Gut je nach regionaler und zeitlicher Abgrenzung des Vergleichs von (unabhängig vom Preis) gewünschten und verfügbaren Gütermengen sowohl knapp als auch frei sein. Knappheit kann insofern auch „nur" ein **räumliches und/oder zeitliches Verteilungsproblem** der Gütermengen einerseits und der Zahl der Bedarfsträger andererseits sein. Selbst in einem durch allgemeinen Güterüberfluss gekennzeichneten **Schlaraffenland** könnte eine Bevölkerungsexplosion der Schlaraffen das märchenhafte Zeitalter (relativ) freier Güter durchaus beenden und mehr oder weniger große Knappheit herbeiführen.

Kaum gestellt wird in diesem Zusammenhang auch die Frage, was genau die **„Verfügbarkeit" von Gütern** bedeutet. Das bloße Vorhandensein einer Gütermenge kann hierfür nicht ausreichen, da diese zur Bedarfsdeckung zur Nutzung „verfügbar" sein müssen. Damit stellt sich die Frage nach der **Verfügungsgewalt** sowie den **Eigentums- und Nutzungsrechten von Gütern**. Theoretisch könnte ein „freies" Gut durch einen Machthaber, der alle Gütermengen für sich in Beschlag nimmt („beschlagnahmt"), privatisiert werden und dadurch für den Rest der Bedarfsträger ein knappes Gut werden. Insofern kann Knappheit auch ein **personelles Verteilungsproblem** sein.

Wenn man nach Beispielen für **freie Güter** sucht, stößt man nicht zufällig immer nur auf **Naturgüter**, die uns die Umwelt in (noch) „unerschöpflicher" Menge **zum Nullpreis** zur Verfügung stellt.

Anthropogene Güter dagegen sind **„von Natur aus" knapp**, weil sie grundsätzlich **mit knappen Ressourcen hergestellt** werden müssen. Da Produktionsfaktoren aufgrund ihrer Knappheit einen positiven **Preis als Gradmesser der Knappheit** haben, ihr Einsatz Kosten verursacht und in einer arbeitsteiligen Wirtschaft langfristig niemand bereit ist, die hergestellten Güter unter den Stückkosten zu verkaufen, ist kaum damit zu rechnen, dass Güter in einer so großen Menge produziert werden, dass sie auf den Gütermärkten zum Sättigungspreis von Null angeboten und damit „frei" werden. Entscheidend in diesem Zusammenhang ist aber, dass Gütermärkte zwar bestens zum Ausgleich und Abbau von Knappheit geeignet sind, es aber ein **„Marktversagen"** in dem Sinne gibt, dass eine von den Her- und Bereitstellungskosten abhängige **Restknappheit über Märkte nicht zu beseitigen** ist.

1.8 Güterarten

Neben der grundlegenden Einteilung von Gütern in freie und knappe Güter wurde für die Wirtschaftsgüter eine umfangreiche **Systematik von Güterarten** nach verschiedenen Kriterien entwickelt, die wir ohne Anspruch auf Vollständigkeit in Tab. 1-1 zusammengefasst haben.

Tab. 1-1: Güterarten

Merkmal	Bezeichnungen	Eigenschaften	Beispiele
Nutzen	Gut	Mittel zur Bedürfnisbefriedigung; positiver Nutzen	Auto, Arztleistung, Brot, Getränke, Haus
	wertlose Dinge	kein Nutzen (mehr)	fehlender Bedarf (Sättigung erreicht)
	Ungut („Schlecht")	negativer Nutzen	Abfall, Schadstoffe, Übersättigung
Verfügbarkeit	knappes Gut Wirtschaftsgut	verfügbare Menge kleiner als Sättigungsmenge bzw. maximaler Bedarf	Lebensmittel, Rohstoffe, alle Güter mit positivem Preis
	freies Gut	„unbegrenzt" verfügbar	Luft, Sand in der Wüste, Meerwasser
Verwendungszweck	Konsumgut	deckt ein Konsumbedürfnis direkt	Banane, Fernseher, Zahnpasta,
	Investitionsgut	Gut zur Erhöhung von Vermögenswerten, nur mittelbar bedürfnisbefriedigend	Bau-, Lager-, Bildungs- und Portfolioinvestition
	Produktivgut	Mittel zur Herstellung von Gütern	Werkzeugmaschine, Arbeitsleistung
Stofflichkeit	materielles Gut	greifbares Sachgut	Automobil, Baustoffe, Lebensmittel, Textilien,
	immaterielles Gut	stoffloses Gut	Dienstleistungen, Rechte, Informationen
Nutzungsrecht	Privat-/Individualgut	Nutzung durch „Dritte" ausschließbar	Eigentums- oder Mietwohnung
	öffentliches Gut	allgemein nutzbar, Nutzung nicht ausschließbar	Äußere Sicherheit, öffentlicher Park
Beweglichkeit	Ware	bewegliches Sachgut	Autoreifen, Butter, Nussknacker,
	Immobilie	unverrückbares Gut	Grundstück, mit dem Boden fest verbundenes Gebäude
Ursprung	Produkt	hergestelltes (anthropogenes) Gut	Buch, Haus, Kaffeemaschine, Papier, Pizza,
	Naturgut, Umweltgut	naturgegebenes Gut	Boden, Luft, Walderdbeere, Wasser
Verwendungsdauer	Verbrauchsgut	nur einmal verwendbar	Dienstleistung, Lebensmittel, Einmal-Geschirr
	Gebrauchsgut	mehrfach nutzbares Gut	Ausrüstungsgegenstände: Kühlschrank, Telefon
Verwendungsbeziehung	Substitutionsgut	(funktional) austauschbar, konkurrierend	Butter und Margarine, Auto und Bahn
	Komplementärgut	ergänzende Verwendungsmöglichkeit	Grillkohle und -anzünder, Auto und. Treibstoff
Einkommensabhängigkeit	inferiores Gut	Konsum sinkt bei steigendem Einkommen (absolut i. G.) o. steigt nur unterproportional (relativ i. G.)	Kartoffeln und sonstige Grundnahrungsmittel
	superiores Gut	Konsum steigt mit dem Einkommen (abs. s.G.) oder überproportional (relativ s. G.)	Luxusgüter, hochpreisige Güter
Preisreagibilität	preiselastisches Gut	Nachfrage geht bei Preiserhöhung zurück	Güter, die Käufer dann nicht mehr oder weniger kaufen
	preisunelastisches Gut	Nachfrage bleibt bei Preiserhöhung gleich	starrer Bedarf wie kurzfristig bei Heizöl
Präferenzenverzerrung	meritorisches Gut	Nutzen wird unterschätzt	Bildung, Gesundheitsvorsorge, Bücher
	demeritorisches Gut	Nutzen wird überschätzt	Alkohol, Tabak und sonstige Drogen

2 Abgrenzung der Volkswirtschaftslehre

Lernziele — Dieses Kapitel vermittelt:

- welches wissenschaftliche Untersuchungsobjekt die Volkswirtschaftslehre hat,
- in welche drei Ebenen sie sich grob gliedern und durch welche konkreten Fragestellungen sie sich noch tiefer in zahlreiche Theorie- und Politikgebiete auffächern lässt und
- wie die Trias der volkswirtschaftlichen Hauptgebiete Wirtschaftstheorie, Wirtschaftspolitik und Finanzwissenschaft abzugrenzen ist.

2.1 Gegenstand der Wirtschaftswissenschaften

(1) Als **Kerndisziplin der Wirtschaftswissenschaften** hat die Volkswirtschaftslehre mit anderen wirtschafswissenschaftlichen Disziplinen **Wirtschaften** im funktionalen und institutionellen Sinn als **Erkenntnisobjekt** gemeinsam. **Ausgangsproblem** ist das Phänomen der **Güterknappheit** und die damit verbundene **Frage, wie damit umzugehen und wie diese zu überwinden ist.**

Da knappe Güter überwiegend vom Menschen erst hergestellt werden und auch natürliche Ressourcen zumindest im Sinne von Abbau und Ernte „produziert" werden müssen, geht es dabei im Kern um die Frage, wie die **Güterproduktion** an die Dringlichkeit der Bedarfe angepasst werden kann. Die schon in der Antike (vgl. Kapitel 7) gewonnene Erkenntnis, dass **Arbeitsteilung** und **Spezialisierung** bei der Herstellung von Gütern die **Produktivität** und damit die verfügbaren Gütermengen steigern lassen, aber auch eine **Verteilung** der arbeitsteilig hergestellten Güter notwendig machen, führt für den deutschen Nationalökonomen **Walter Eucken** zu folgender **Grundfrage der Ökonomie**:

> Was wird wofür, wann, wie und wo produziert?

Wie die Menschheit diese Frage in der Vergangenheit gelöst hat, ist Gegenstand der **Wirtschaftsgeschichte** als Grenzdisziplin zur Geschichte.

Gegenstand der Volkswirtschaftslehre sind die mit dieser Grundfrage verbundenen **Wirtschaftspläne der Wirtschaftssubjekte**, ihre Entscheidungsprobleme, Koordination und Realisierung im tatsächlichen Wirtschaftsablauf und schließlich die Prozess- und Strukturergebnisse ihres Zusammenwirkens. Der analytische **Blickwinkel** reicht dabei **von der** kleinsten wirtschaftenden **Mikroeinheit bis zum Makroaggregat „Gesamtwirtschaft"**. Dagegen richtet die **Betriebswirtschaftslehre** ihren Focus ausschließlich auf den Betrieb als Wirtschaftseinheit, hat jedoch mit der volkswirtschaftlichen Unternehmenstheorie große Schnittmengen.

2.2 Grobgliederung der Volkswirtschaftslehre

Die (seit der Historischen Schule) synonyme Verwendung der Begriffe Volkswirtschaftslehre und **„Nationalökonomie"** deutet daraufhin, dass man die **Volkswirtschaft** räumlich als die **Gesamtwirtschaft in den Grenzen eines Nationalstaates** und damit als einen **Teil der Weltwirtschaft** begreift. Die gesamtwirtschaftliche Perspektive wird auch als **Makroökonomie** bezeichnet. Sie umfasst jedoch nicht nur die in den staatlichen Grenzen liegende **Binnenwirtschaft**, sondern auch die **Außenwirtschaft**, d.h. die gesamten wirtschaftlichen Beziehungen des Inlandes mit dem Ausland.

Tab. 2-1: Makro-, meso- und mikroökonomische Perspektiven der VWL

Weltwirtschaft			
Volkswirtschaft (Inland)		**Ausland**	
(1) Makroökonomie			ohne Wirtschaftsbeziehung zum Inland
Binnenwirtschaft	Außenwirtschaft		
(2) Mesoökonomie			
Wirtschaftsregion A	Wirtschaftsregion B mit Außenbeziehung		
Wirtschaftssektor A	Wirtschaftssektor B mit Außenbeziehung		
Binnensektor	Exportsektor des Inlands	Importsektor des Auslands	
	Importsektor des Inlands	Exportsektor des Auslands	
(3) Mikroökonomie			
Markt A	Markt B mit Außenbeziehung		
Einzelwirtschaft A	Einzelwirtschaft B mit Außenbeziehungen		

Auf der mittleren Ebene der Volkswirtschaft untergliedert sich die **Mesoökonomie** in **Wirtschaftsregionen** (räumliche Teilgebiete der Binnenwirtschaft) und in **Wirtschaftssektoren** (funktionale Teilbereiche der Binnenwirtschaft). Deren Wirkungsbereich kann rein binnenwirtschaftlich sein (**Binnensektor**), durch Exporte (**Exportsektor**) oder Importe (**Importsektor**) aber auch grenzüberschreitend sein. Die unterste Ebene der **Mikroökonomie** hat als niedrigste Aggregationsstufe **Märkte und** schließlich als kleinste Einheiten auch **Einzelwirtschaften im Blickwickel**, wobei diese wiederum als Ex- und Importeure auch außenwirtschaftliche Beziehungen haben können. Da der Abstraktionsgrad der Analyse von der mikro- bis zur makroökonomischen Ebene zunimmt, ist es ein vernünftiges didaktisches Prinzip der Volkswirtschaftslehre auf dem relativ „einfachen Niveau" der Fragestellungen der Mikroökonomie einzusteigen.

2.3 Fragestellungen und Teilgebiete der Mikroökonomie

Tab. 2-2: Fragestellungen und Teilgebiete der Mikroökonomie

Nutzentheorie: Was bestimmt den subjektiven Güternutzen eines Haushaltes?	
Güternachfragetheorie: Welche Mengen soll der Haushalt bei Nutzenmaximierung, gegebenen Präferenzen, Güterpreisen und gegebenem Budget auf den Konsumgütermärkten nachfragen?	**Haushaltstheorie**
Arbeitsangebotstheorie: Wie viele Arbeitsstunden soll der Haushalt bei Nutzenmaximierung unter Abwägung des Freizeitnutzens anbieten?	
Produktionstheorie: Welche Produktionsmöglichkeiten besitzt die Unternehmung bei unterschiedlicher Kombination von Produktionsfaktoren?	
Kostentheorie: Welche Produktionskosten ergeben sich für die Unternehmung bei gegebener Technologie und gegebenen Faktorpreisen?	
Faktornachfragetheorie: Welche Faktormengen soll die Unternehmung bei Gewinnmaximierung nachfragen?	**Unternehmenstheorie**
Güterangebotstheorie: Welche Gütermengen soll die Unternehmung z. B. auf Konsumgütermärkten bei unterschiedlichen Preisen anbieten?	
Marktformenlehre: Mit Hilfe welcher Kriterien lassen sich Märkte abgrenzen und der Form nach systematisieren?	
Preistheorie: Wie bilden sich in unterschiedlichen Marktformen Preise?	**Markttheorie**
Wettbewerbstheorie: Welche Marktbedingungen gewährleisten einen „funktionsfähigen" Wettbewerb?	

2.4 Fragestellungen und Teilgebiete der Mesoökonomie

Mesoökonomische Fragestellungen stehen nicht im besonderen Focus der Volkswirtschaftslehre, in den meisten Gliederungssystemen taucht die Mesoökonomie nicht einmal auf. Dennoch sind ihre Probleme eigener Art, da Wirtschaftsregionen und Wirtschaftssektoren einerseits nur Teile der Gesamtwirtschaft sind, andererseits aber mehr als einen Markt umfassen, also **zwischen Mikro- und Makroökonomie angesiedelt** sind.

Wirtschaftliche Probleme und wirtschaftspolitischer Handlungsbedarf ergeben sich vor allem aus dem **regionalen und sektoralen Strukturwandel**, der zu unbefriedigenden Wirtschaftsstrukturen und Anpassungsproblemen (**Strukturkrisen**) führen kann. Während die **Allokationstheorie** nach den Ursachen dafür fragt, versucht die **Strukturpolitik** den strukturellen Wandel „in den Griff zu bekommen".

Tab. 2-3: Fragestellungen und Teilgebiete der Mesoökonomie

Fragestellungen	Teilgebiete
Was bestimmt die regionale und sektorale Wirtschaftsstruktur einer Volkswirtschaft und deren Wandel?	**Allokationstheorie**
Wie lässt sich strukturellen Ungleichgewichten und Fehlentwicklungen des strukturellen Wandels entgegenwirken?	**Strukturpolitik**

2.5 Fragestellungen und Teilgebiete der Makroökonomie

Auch auf gesamtwirtschaftlicher Ebene betreffen die (ohne Anspruch auf Vollständigkeit zusammengestellten und sich selbst erklärenden) Fragestellungen sowohl Gebiete der **Wirtschaftstheorie** als auch hierauf bezogene Gebiete der **(theoretischen) Wirtschaftspolitik**.

Tab. 2-4: Fragestellungen und Teilgebiete der Makroökonomie

Fragestellungen	Teilgebiete
Was bestimmt die Verteilung des Volkseinkommens auf die Anbieter der Produktionsfaktoren (Arbeit, Boden und Kapital)?	**Verteilungstheorie**
Wie lässt sich die Einkommens- und Vermögensverteilung „gerecht" gestalten?	**Verteilungspolitik**
Welche Funktionen erfüllt das Geld und welche Wirkungen gehen von ihm aus?	**Geldtheorie**
Mit welcher Zielsetzung und welchen Instrumenten soll die Steuerung der inländischen Geldmenge erfolgen?	**Geldpolitik**
Was sind die Ursachen für zyklische Schwankungen gesamtwirtschaftlicher Aktivitäten (Produktion, Beschäftigung)?	**Konjunkturtheorie**
Welche Instrumente sind zur Vermeidung von Konjunkturschwankungen geeignet?	**Konjunkturpolitik**

Fortsetzung Tab. 2-4: Fragestellungen und Teilgebiete der Makroökonomie

Fragestellungen	Teilgebiete
Welche gesamtwirtschaftlichen Einflüsse gehen von der staatlichen Aktivität (Abgaben- und Ausgabenpolitik) aus?	Finanztheorie
Wie lassen sich staatliche Aktivitäten zur Ereichung gesamtwirtschaftlicher Ziele einsetzen?	Finanzpolitik
Wodurch werden die gesamtwirtschaftliche Beschäftigung und Arbeitslosigkeit bestimmt?	Beschäftigungstheorie
Welche globalen Mittel sind zur Bekämpfung der Arbeitslosigkeit geeignet?	Beschäftigungspolitik
Welche Bestimmungsgründe hat das Wachstum des gesamtwirtschaftlichen Produktionspotenzials?	Wachstumstheorie
Wie lässt sich das Wachstum des gesamtwirtschaftlichen Produktionspotenzials steigern?	Wachstumspolitik
Welche Bestimmungsgründe, Strukturen und Implikationen für die Wohlfahrt im Inland hat der internationale Handel?	Außenhandelstheorie
Durch welchen Auf- bzw. Abbau von Handelshemmnissen lassen sich der internationale Handel und die nationale Wohlfahrt steigern?	Außenhandelspolitik
Was sind die Ursachen für ein außenwirtschaftliches Ungleichgewicht?	Außenwirtschaftstheorie
Wie lässt sich ein außenwirtschaftliches Ungleichgewicht vermeiden?	Zahlungsbilanzpolitik

2.6 Abgrenzungen der Wirtschaftstheorie und Wirtschaftpolitik

Während die **Wirtschaftstheorie** grob in die **mikro- (meso-) und makroökonomische Theorie** untergliedert wird, hat sich diese prinzipiell auch auf die theoretische Wirtschaftspolitik anwendbare Systematik (nämlich nach der wirtschaftspolitischen Einflussebene) nicht durchgesetzt. Stattdessen wird die **Staatliche Wirtschaftspolitik** grob in die **Ordnungspolitik, Prozesspolitik und Strukturpolitik** untergliedert. Während die Strukturpolitik zwingend auf mesoökonomischer Ebene eingreift, lassen sich Ordnungs- und Prozesspolitik auf allen drei volkswirtschaftlichen Aggregationsebenen betreiben.

Darüber hinaus verwendet man **objekt- oder zielbezogene Abgrenzungen (z.B. Außenhandelspolitik**, Beschäftigungspolitik, Konjunkturpolitik, Verteilungspolitik, Wachstumspolitik, Wechselkurspolitik, Wettbewerbspolitik, Zahlungsbilanzpolitik) oder **mittelbezogene Abgrenzungen (z.B. Ausgabenpolitik**, Geldpolitik, Subventionspolitik, Steuerpolitik, Zollpolitik). Parallel dazu werden die Theoriegebiete, die diese Politikbereiche theoretisch fundieren, analog benannt, so dass sie (wie in Tab. 2-4 dargestellt) jeweils **paarweise Komplemente** bilden (**Geldtheorie und Geldpolitik**, Konjunkturtheorie und Konjunkturpolitik, Wachstumstheorie und Wachstumspolitik usw.). Dabei lässt sich beispielsweise auf die Geldpolitik wiederum die Unterscheidung zwischen **Geldordnungspolitik** (Notenemissionsmonopol und Autonomie der Zentralbank, Münzregal) und **Geldprozesspolitik** (Geldmengen- und Zinspolitik der Zentralbank) anwenden.

2.7 Abgrenzung der Finanzwissenschaft

Neben der Wirtschaftstheorie und Wirtschaftspolitik wird die **Finanzwissenschaft,** die **„Ökonomie des öffentlichen Sektors"** als eigenständiges **Teilgebiet der Volkswirtschaftslehre** behandelt. Sie hat im Bereich öffentlicher Unternehmungen und in der betrieblichen Steuerlehre **Überschneidungen mit der Betriebswirtschaftlehre.**

Die **Finanzpolitik** – unterstützt durch eine sie fundierende **Finanztheorie** – wird traditionellerweise in die drei Bereiche **Stabilisierung, Allokation und Distribution** eingeteilt, wobei die konjunktur- und stabilisierungspolitischen Maßnahmen im Sinne der Keynesianischen Lehre (Steuerung der gesamtwirtschaftlichen Nachfrage durch Einnahmen-, Ausgaben- und Verschuldungspolitik) als (antizyklische) auch als **Fiskalpolitik (fiscal policy)** bezeichnet wird. Während die **Allokationspolitik** eine optimale Aufteilung der volkswirtschaftlichen Ressourcen zur Deckung privater und öffentlicher Bedürfnisse (Bildung, Gesundheit, Sicherheit etc.) anstrebt, versucht die **Distributionspolitik** durch Besteuerung und Transferleistungen eine **„gerechte" personelle Einkommens- und Vermögensverteilung** zu erzielen.

3 Methoden der Volkswirtschaftslehre

> **Lernziele** | Dieses Kapitel vermittelt:
>
> - einen Kurzüberblick über die drei wichtigsten methodologischen Ansätze der Volkswirtschaftslehre aus wissenschaftstheoretischer Sicht und
> - ausgewählte fachspezifische Analyse- und Darstellungsmethoden, die überwiegend zum Standard der klassischen und neoklassischen Wirtschaftstheorie gehören.

3.1 Methodologische Ansätze

Die Frage nach den Methoden der Volkswirtschaftslehre ist eingebettet in die umfassendere Frage nach der **Methodik der wissenschaftlichen Erkenntnisgewinnung** überhaupt, die wiederum **Gegenstand der Wissenschaftstheorie** als Wissenschaft von der Wissenschaft (Metatheorie) ist. (vgl. hierzu Kornmeier, M.: **Wissenschaftstheorie und Wissenschaftliches Arbeiten**. Eine Einführung für Wirtschaftswissenschaftler, Heidelberg 2007). Die Wissenschaftstheorie systematisiert die Methodenvielfalt und versucht eine allgemeingültige Methode zur Theoriegewinnung zu entwickeln. Die verschiedenen (nicht nur in der Volkswirtschaftslehre vertretenen) Methodologien lassen sich in drei Gruppen einteilen: die rationalistische, empirische und synthetische Methodologie (vgl. Piekenbrock, 2009, S. 278).

(1) Der **Rationalismus** als wissenschaftstheoretischer Ansatz stützt sich auf die Vernunft (*ratio*) als Erkenntnisquelle. Danach werden Theorien von Annahmen und Definitionen ausgehend durch **logische Ableitung (Deduktion)** gebildet und müssen daher widerspruchsfrei und beweisbar sein. Eine **Widerlegung (Falsifikation)** der auf diesem Wege gewonnenen Theorien kann nur durch den Nachweis des Verstoßes gegen die logischen **Ableitungsregeln (Axiome)** erreicht werden.

(2) Der **Empirismus** als Gegenbewegung des Rationalismus gewinnt seine gesetzesmäßigen (nomologischen) Aussagen aus empirisch erfassbaren Tatbeständen. Seine Theorien werden durch Schlussfolgerungen gewonnen, die von Einzelbeobachtungen auf allgemeine Zusammenhänge gezogen werden (**Induktion**). Die Falsifikation empiristischer Theorien erfolgt durch die der Allgemeingültigkeit von Sätzen und „Gesetzen" widersprechende Beobachtung sowie durch die Feststellung eines historischen Wandels.

(3) Die **synthetische Methodologie** versucht den Widerspruch der deduktiven und induktiven Methode aufzuheben, der zwischen ihren Vertretern den in der volkswirtschaftlichen Dogmengeschichte berühmten **„älteren" Methodenstreit** zwischen der Österreichischen (Grenznutzen-)Schule und der deutschen Historischen Schule ausgelöst hat (vgl. Abschnitt 7.6.3). Zu diesen Methoden „zählt zum Beispiel die Hegel'sche Methode der **Dialektik**, die eine **Aussage (These)** mit einer **Gegenaussage (Antithese)** konfrontiert. In der dialektischen Verarbeitung beider Thesen wird die ausschließliche Gültigkeit jeder Einzelnen verworfen und aus den gemeinsamen Elementen eine **neue These (Synthese)** entwickelt. Diese besitzt so lange Gültigkeit, bis ihr eine neue Antithese entgegengestellt wird und ein neuer **dialektischer Prozess** beginnt.

Die bedeutsamste synthetische Methodologie ist die Methode des **kritischen Rationalismus**, die eine Vereinigung von rational entwickelter Hypothese und empirischen Beobachtungssätzen anstrebt. Die kritisch rationale Variante der **Verifikation** erhebt die Hypothese zur gültigen Theorie, wenn ihre empirische Bestätigung einmal erfolgt ist. Die von **Popper** entwickelte **Gegenvariante der Falsifikation** fordert die ständig  erneute Überprüfung der Hypothese anhand empirischer Beobachtungen, um sie zu Fall zu bringen. So lange dies nicht gelingt, darf die Hypothese als **vorläufig gültige Theorie** gelten" (Piekenbrock, 2009, S. 279). Der wissenschaftstheoretische Ansatz des kritischen Rationalismus mit dem Postulat der logischen **Widerspruchsfreiheit** und dem vorstehenden **Popper-Kriterium** der Falsifizierbarkeit können heute als **dominierender wissenschaftstheoretischer Ansatz** im Bereich der Wirtschaftswissenschaften angesehen werden.

3.2 Werturteilsfreiheit der Wissenschaft

Der sog. **„jüngere" Methodenstreit** (vgl. ebendort, S. 278), der innerhalb der Historischen Schule ausgetragen wurde (vgl. Abschnitt 7.6.4), bezog sich auf die methodologische Frage, ob und in welchem Umfang **subjektive Wertungen** in eine wissenschaftliche Aussage einfließen dürfen oder auf der Grundlage subjektiver Werturteile **normative Aussagen** zulässig sind.

Dass die Volkswirtschaftslehre überhaupt normative Aussagen in Form von **Handlungsempfehlungen** treffen darf und sogar sollte, ist wohl heute unumstritten, wenn es um Aussagen über die **ökonomische Ziel-Mittel-Rationalität** im Hinblick auf explizit vorgegebene Zielsetzungen von Wirtschaftssubjekten geht. Insbesondere die zielorientierte Gleichgewichts- und Wohlfahrtsökonomik und nicht zuletzt die Theoretische Wirtschaftspolitik sind normativ im Hinblick auf die „optimale" Lösung individueller und kollektiver Entscheidungsprobleme.

Das Postulat der Werturteilsfreiheit macht insofern nur Sinn, wenn man darunter die **Ablehnung aller versteckten subjektiven** Werturteile in „wissenschaftlichen" Aussagen versteht.

3.3 Fachspezifische Methoden

3.3.1 Methodologischer Individualismus und Homo Oeconomicus

Neben den allgemeinen wissenschaftstheoretisch fundierten Methoden der Volkswirtschaftslehre lassen sich verschiedene methodologische Ansätze finden, die als charakteristisch für das Fach gelten können. Im Zusammenhang mit dem **methodologischen Individualismus** der Klassik – „Forschungsleitend ist die Idee, dass die Grundbestandteile der sozialen Welt Individuen sind (**Individualismus**), so dass soziale Prozesse und Institutionen unter Rückgriff auf theoretische Aussagen über individuelles Verhalten bzw. Handeln erklärt werden müssen" (Piekenbrock, 2009, S. 279) – wurde der **„Homo oeconomicus"** erschaffen. Sein Hauptmerkmal ist die Fähigkeit zu uneingeschränkt rationalem Verhalten (**Ziel-Mittel-Rationalität**). Handlungsbestimmend ist das Streben nach **Nutzenmaximierung**, das für Konsumenten und Produzenten (in der speziellen Ausprägung der **Gewinnmaximierung**) gleichermaßen angenommen wird. Zusätzliche charakteristische Annahmen sind eine **lückenlose Information** über sämtliche Entscheidungsalternativen und deren Konsequenzen sowie eine **vollständige Markttransparenz**.

Die Annahmen des Homo-oeconomicus-Modells (böse Zungen sprechen von einem **„Homunculus"**) sind aus Sicht des kritischen Rationalismus zunehmend kritisiert worden (Vorwurf des **Modellplatonismus**), weil sie sich der empirischen Überprüfung entziehen und kein realistisches Bild vom wirtschaftenden Menschen zeichnen. Das Konstrukt des ohne Emotionen wirtschaftlich rational handelnden Subjektes begründet jedoch letztlich die Ökonomie als eigenständige Wissenschaft.

3.3.2 Marginalanalyse

Als **„Marginalanalyse"** wird die Methode der **Grenzbetrachtung** bezeichnet. Sie ist Methode der modernen, insbesondere der neoklassischen Wirtschaftstheorie, bei der die Effekte einer „marginalen (= infinitesimal kleinen) Änderung einer oder mehrerer Variablen untersucht werden. Neben dem bereits kennen gelernten **Grenznutzen**, sind der **Grenzertrag** eines Produktionsfaktors oder die **Grenzkosten** weitere Beispiele. Unter der Annahme stetiger Funktionen bedient man sich dabei der Differenzial- und Integralrechnung. Die Marginalanalyse geht auf **Antoine Augustin Cournot (1801-1877)**, den Begründer der mathematischen Schule der Volkswirtschaftslehre, zurück. Er löste mit der marginalanalytischen Methode die Frage nach dem Unternehmensgleichgewicht in allen wichtigen Marktformen (Monopol, Dyopol und Polypol). Marginalanalytische Ansätze finden sich aber auch schon in der **Grenzproduktionstheorie** von **Johann Heinrich von Thünen (1783-1850)**.

3.3.3 Partialanalyse und Ceteris-paribus-Klausel

Die **„Partialanalyse"** beschränkt ihren **Blickwinkel** auf einen **„Teil des Ganzen"**. Zum Beispiel wird auf mikroökonomischer Ebene untersucht, wie das einzelne Wirtschaftssubjekt (Haushalt oder Unternehmen) sich in den über Märkte vermittelten Tauschprozess einfügt bzw. wie solche Wirtschaftssubjekte auf einem einzelnen Produktmarkt zusammenwirken.

Das Klassische **Instrument** der Partialanalyse ist die **Ceteris-paribus-Klausel**. Wirken mehrere (Ursachen-)Variablen auf eine ökonomische (Wirkungs-) Größe ein, versucht man diesen komplexen Wirkungszusammenhang systematisch zu zerlegen: Zunächst wird in einem **Gedankenexperiment** nur eine Variable geändert, während alle anderen Variablen (gedanklich) konstant gehalten werden. Dann werden nach der gleichen Methode die Wirkungsweisen der anderen Variablen analysiert. **Mathematisch** wird die **1. partielle Ableitung** einer Funktion mit mehreren unabhängigen Variablen gebildet. Die Ceteris-paribus-Methode soll im sozialwissenschaftlichen Modell die naturwissenschaftliche Methode des Experimentes ersetzen, das sich in der sozialen Wirklichkeit nicht durchführen lässt.

3.3.4 Totalanalyse

Die **„Totalanalyse"** stellt demgegenüber eine **ganzheitliche Betrachtungsweise** dar. Um die Gesamtwirkung in einem funktionalen Zusammenhang mit mehreren Variablen zu ermitteln, wird mathematisch das **totale Differential** gebildet. Eine Totalanalyse auf mikroökonomischer Ebene stellt die **allgemeine Gleichgewichtstheorie** für mehrere Märkte dar. Auf Makroebene wird im gesamtwirtschaftlichen **Totalmodell** untersucht, wie die Teilökonomien einer Volkswirtschaft zusammenwirken.

3.3.5 Ex-post- und Ex-ante-Analyse

Die **„Ex-post"**-Analyse ist in der Wirtschaftswissenschaft eine Methode, die eine Beschreibung und Diagnose der wirtschaftlichen **Vergangenheit** umfasst. Sie wird vornehmlich in der **Wirtschaftsgeschichte, Wirtschaftsstatistik und empirischen Wirtschaftsforschung** angewendet.

Die **„Ex-ante"**-Analyse bezieht sich dagegen auf die **Zukunft**. Die empirische Wirtschaftsforschung verwendet sie zur Entwicklung von **Prognosen** über wirtschaftliche Entwicklungen. In der **Wirtschaftstheorie** stellt sie „die" Methode zur Erklärung des Verhaltens ökonomischer **Planungs- und Entscheidungsträger** dar.

3.3.6 Gleichgewichtsanalyse

Ein **„Gleichgewicht"** kennzeichnet einen Beharrungszustand, in dem **Wirtschaftssubjekte** keine Veranlassung haben, ihr Verhalten zu ändern, weil sie sich an die relevanten Daten **optimal angepasst** haben. Eine Revision wird nach dieser Sicht erst dann wieder vorgenommen, wenn sich die „Daten" exogen ändern. In der **Mikroökonomie** wird das Gleichgewichtskonzept auf Individuen (**Haushalts- und Unternehmensgleichgewicht**) sowie auf der Marktebene im Sinne des Produkt- oder Faktormarktes (**partielles Marktgleichgewicht**) oder auf das Marktsystem als Ganzes (**allgemeines Gleichgewicht**) in der Totalanalyse angewendet. In der **Makroökonomie** werden partielle Gleichgewichte auf einzelnen gesamtwirtschaftlichen Märkten (**Arbeits-, Geld- und Gütermarktgleichgewicht**) sowie im makroökonomischen Totalmodell das **gesamtwirtschaftliche Gleichgewicht** ermittelt. Die Gleichgewichtsanalyse erstreckt sich dabei auch auf die **Stabilität von Gleichgewichten**.

3.3.7 Statische, komparativ statische, dynamische und evolutorische Analyse

Im **Umgang mit der Zeit** unterscheidet man **vier Analyse-Methoden** (vgl. Piekenbrock, 2009, S. 10):

(1) Bei der **statischen Analyse** beziehen sich bei gegebenen funktionalen Beziehungen alle untersuchten Variablen auf den gleichen Zeitpunkt bzw. die gleiche Zeitperiode, so dass das **Zeitproblem ausgeklammert** wird.

(2) Bei der **komparativ-statischen** Analyse werden **statische Gleichgewichtszustände miteinander verglichen**. Auch hier kommt nur eine Daten-Variation, nicht aber die Zeit ins Spiel.

(3) In der **dynamischen Analyse** wird zwar ein **Ablauf in der Zeit simuliert**, aber es bleibt bei der rein **physikalischen Zeit** im Sinne Newtons.

(4) Erst bei der **evolutorischen Analyse** wird die **historische Zeit berücksichtigt**, d.h. es werden auch Irreversibilitäten und somit Veränderungen der funktionalen Beziehungen durch prozessendogene Entwicklungen (z.B. Lernprozesse) und Pfadabhängigkeiten thematisiert.

3.4 Darstellungsmethoden

3.4.1 Verbale Darstellung

Beispiel: Eine „**Kostenfunktion**" beschreibt den Wirkungszusammenhang zwischen den **Produktionsmengen** x und den **Produktionskosten** K, die sich im Regelfall aus (mengenunabhängigen) „**fixen**" **Kosten** K^F und (mengenabhängigen) „**variablen**" **Kosten** zusammensetzen. Bei einer „**linearen**" Kostenfunktion nehmen die **Totalkosten** mit jeder zusätzlich produzierten Gütereinheit um den gleichen Betrag zu. Diese durch die Produktion einer weiteren Gütereinheit verursachten Kosten werden als „**Grenzkosten**" oder „**marginale**" **Kosten** bezeichnet.

3.4.2 Mathematische Darstellung

(1) Allgemeine Charakterisierung der Eigenschaften einer linearen Kostenfunktion mit Fixkosten durch die **Definitionsgleichung** der Totalkosten als Summe von fixen und variablen Kosten sowie durch das **Vorzeichen der 1. und 2. Ableitung** der Kosten nach der Produktionsmenge:

$$K = K(x) = K^F + K^v(x) \qquad \text{Kostenfunktion} \qquad [3\text{-}1]$$

$$\frac{dK}{dx} = K_x > 0 \text{ und } \frac{d^2K}{dx^2} = K_{xx} = 0 \quad \text{konstante Grenzkosten} \qquad [3\text{-}1a]$$

Anmerkung zur Notation von Ableitungen:

Für die **1. Ableitung** der Kostenfunktion nach x schreiben wir alternativ und vereinfachend K_x und für die **2. Ableitung** nach x entsprechend K_{xx}.

Die gleiche **Schreibweise** verwenden wir **für partielle Ableitungen bei Funktionen mit mehreren Veränderlichen**: Ist z eine Funktion von x und y, wofür wir nach volkswirtschaftlicher Manier schreiben $z = z(x,y)$, gelten folgende **Notationen**:

1. partielle Ableitungen: $\quad z_x = \dfrac{\partial z}{\partial x}$ und $z_y = \dfrac{\partial z}{\partial y}$

2. partielle Ableitungen: $\quad z_{xx} = \dfrac{\partial^2 z}{\partial x^2}$ und $z_{yy} = \dfrac{\partial^2 z}{\partial y^2}$

Kreuzableitungen: $\quad z_{xy} = \dfrac{\partial z}{\partial x \partial y}$ und $z_{yx} = \dfrac{\partial z}{\partial y \partial x}$

(2) Numerische Formulierung ($K^F = 100, K_x = 10$)

$$K = K(x) = 100 + 10x \qquad \text{Kostenfunktion} \qquad [3\text{-}2]$$

$$\frac{dK}{dx} = K_x = 10 \text{ und } \frac{d^2K}{dx^2} = K_{xx} = 0 \quad \text{konstante Grenzkosten} \qquad [3\text{-}2a]$$

3.4.3 Tabellarische Darstellung

Tab. 3-1: Kosten in Abhängigkeit von der Produktionsmenge

x	0	10	20	30	40	50	60	70	80	90	100
K^F	100	100	100	100	100	100	100	100	100	100	100
$K^v(x)$	0	100	200	300	400	500	600	700	800	900	1000
$K(x)$	100	200	300	400	500	600	700	800	900	1000	1100
K_x		10	10	10	10	10	10	10	10	10	10

3.4.4 Graphische Darstellung

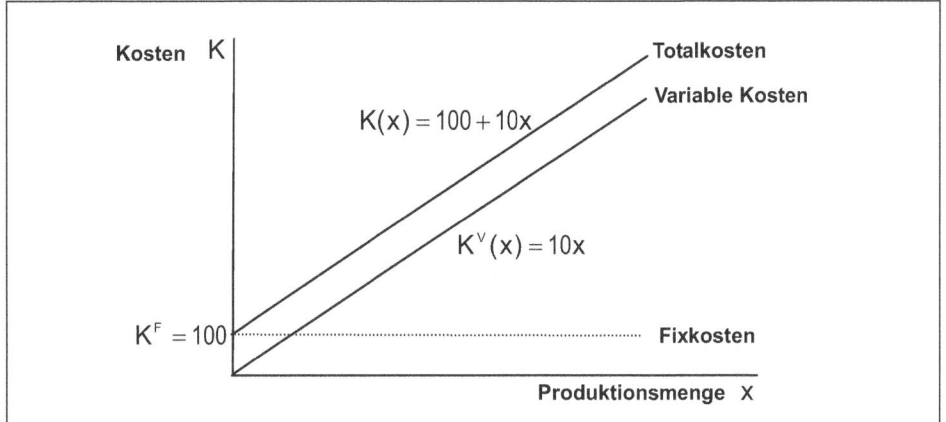

Abb. 3-1: Lineare Kostenkurve mit Fixkosten

3.3.5 Mathematische, statistische und ökonometrische Methoden

(1) Mathematischer Methoden bedient sich die Volkswirtschaftslehre insbesondere im Bereich der Wirtschaftstheorie und hier wiederum im Zusammenspiel von Marginal- und Gleichgewichtsanalyse, die wir hier aber im Einzelnen nicht vorstellen können. Sie sind Gegenstand des propädeutischen Studienfaches **Mathematik für Wirtschaftswissenschaftler** im Grundstudium. Der Lehrstoff behandelt als in der Volkswirtschaftslehre angewandte mathematische Methoden **elementaren Grundlagen** (Aussagenlogik, Mengenlehre, Arithmetische Grundoperationen, Gleichungen und Trigonometrie), **Funktionen** (Definition und Darstellung, elementare Funktionen, Umkehrfunktion, Verkettung und Eigenschaften von Funktionen, ökonomische Funktionen, Grenzwerte und Stetigkeit von Funktionen), **Differentialrechnung** (Ableitungen und Anwendungen), **Integralrechnung** (unbestimmtes und bestimmtes Integral und Anwendungen), **lineare Algebra** (Vektoren, Matrizen und lineare Gleichungssysteme), **Funktionen mit mehreren Veränderlichen** (partielle Ableitungen, totales Differential, Extremwerte ohne und mit Nebenbedingungen) sowie **Finanzmathematik** (Zins- und Tilgungsrechnung).

(2) Statistische Methoden finden vor allem in der empirischen Wirtschaftsforschung Anwendung, wobei sich insbesondere im Rahmen der Ex-post-Analyse, z.B. in der Volkswirtschaftlichen Gesamtrechnung, die **deskriptive Wirtschafsstatistik** als Grenzdisziplin herausgebildet hat. Darüber hinaus werden Methoden aus dem Bereich der **induktiven Statistik** herangezogen. Auch diese werden in jedem wirtschaftswissenschaftlichen Grundstudium im **Studienfach Statistik** angeboten, so dass wir auch hierauf nicht näher eingehen müssen. Hier umfasst der Lehrstoff abgesehen von **Grundlagen**, die **deskriptive Statistik** (univariate und bivariate Verteilungen), die **Wahrscheinlichkeitsrechnung** (Wahrscheinlichkeiten, Zufallsvariablen und Verteilungen, Stichprobenfunktionen und die Normalverteilung als Stichprobenverteilung), **Induktive Statistik** (Schätz- und Testverfahren) und **wirtschaftsstatistische Anwendungen**.

(3) Ökonometrische Methoden werden ebenfalls im Rahmen empirischer Analyse ökonomischer Phänomene verwendet. Die **Ökonometrie** hat sich durch die Kombination mathematischer Statistik und (vornehmlich mathematischer) Wirtschaftstheorie in den 30iger Jahren durch Gründung der Econometric Society in den USA als eigenständige **Teildisziplin der Wirtschaftswissenschaften** etabliert. Ihre zentrale Aufgabe besteht in der Bildung **ökonometrischer Modelle**, die eine numerische Konkretisierung ökonomischer Modelle darstellen. (vgl. Piekenbrock, 2009, S. 321) Da ihre hoch spezialisierten Methoden nicht zur wirtschaftswissenschaftlichen Grundausbildung gehören, können wir hier auch auf jede weitere Vertiefung verzichten.

4 Knappheit und Produktionsmöglichkeiten

Lernziele Dieses Kapitel vermittelt:

- welche Möglichkeiten eine Volkswirtschaft bei gegebenen Ressourcen besitzt, um knappe Güter zu produzieren und
- welche Strategien kurz- und langfristig zur Verfügung stehen, um mit dem Knappheitsproblem umzugehen und es zu überwinden.

4.1 Ermittlung und Interpretation der Transformationskurve

Wie groß das **Knappheitsproblem** einer Volkswirtschaft ist und wie es „gelöst" werden kann, hängt bei gegebenen Bedürfnissen seiner Wirtschaftssubjekte entscheidend von den Möglichkeiten ab, die knappen Güter zu produzieren. Um zu zeigen, welche Optionen sich für die **volkswirtschaftliche Güterproduktion** ergeben, beschränken wir uns auf einen **Zwei-Güter-Fall**. Nimmt man an, dass (1) jedes Gut seine eigene **Produktionsfunktion** hat, d.h. ein funktionaler **Zusammenhang zwischen den produzierten Gütermengen** x_1 bzw. x_2 **(Output) und den eingesetzten Produktionsfaktoren** (Inputs) existiert, und dass (2) kurzfristig nur der **Arbeitskräfteeinsatz** n von Null bis zur **Vollbeschäftigung des Arbeitskräftepotentials** n^* variiert werden kann, während die restlichen zur jeweiligen Produktion notwendigen und verfügbaren Faktoren F^* (Arbeitszeit pro Arbeitskraft, Boden, Energie, Realkapital, Humankapital und Stand des technologischen Wissens) jeweils voll ausgeschöpft werden, lassen sich z.B. die folgenden beiden Produktionsfunktionen definieren

$$x_1 = x_1(n_1, F_1^*) \text{ für } 0 \leq n_1 \leq n^*, F_1^* > 0 \qquad [4\text{-}1]$$

und

$$x_2 = x_2(n_2, F_2^*) \text{ für } 0 \leq n_2 \leq n^*, F_2^* > 0. \qquad [4\text{-}2]$$

Bei Annahme **neoklassischer Eigenschaften (positive, aber abnehmende Grenzerträge)** lassen sie sich wie in Abb. 4-1 darstellen. Der Output nimmt mit zunehmendem Arbeitskräfteeinsatz jeweils nur unterproportional zu.

Da das Arbeitskräftepotenzial n^* der Volkswirtschaft nur einmal vorhanden ist, muss die Bedingung eingehalten werden, dass die Summe der in beiden Produktionen Beschäftigten nicht größer ist als das Arbeitskräftepotenzial:

$$n_1 + n_2 \leq n^* \qquad [4\text{-}3]$$

Abb. 4-1: Produktionsfunktion für Gut 1 und Gut 2

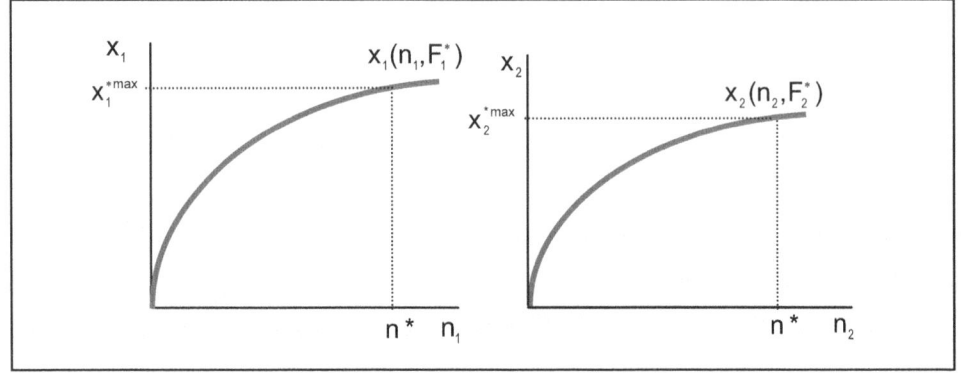

Bei **Vollbeschäftigung** ($n_1 + n_2 = n^*$) hat man die drei Möglichkeiten

(1) nur das Gut 1 mit der maximalen Menge $x_1^{*max} = x_1(n_1 = n^*, F_1^*)$ bei $x_2 = 0$,

(2) nur das Gut 2 mit $x_2^{*max} = x_2(n_2 = n^*, F_2^*)$ bei $x_1 = 0$ oder

(3) sowohl das Gut 1 mit $x_1^* = x_1(0 < n_1 < n^*, F_1^*) > 0$ als auch das Gut 2 mit $x_2^* = x_2(0 < n_2 < n^*, F_2^*) < 0$ zu produzieren.

In Abb. 4-2 sind alle diese Möglichkeiten im x_1 - x_2 - Diagramm zu einer **Produktionsmöglichkeitskurve** oder **„Transformationskurve"** zusammengefasst. Sie zeigt an, welche Outputkombinationen von Gut 1 und Gut 2 sich bei Vollauslastung des Arbeitskräftepotenzials erzielen lassen und auf wie viel Einheiten von Gut 2 (1) man verzichten muss, wenn man von Gut 1 (2) eine Einheit mehr produzieren möchte. Da in beiden Güterproduktionen die Grenzprodukte abnehmen, sind hierfür immer mehr Arbeitskräfte notwendig, sodass die **Transformationskurve konkav zum Ursprung** verlaufen muss.

Trägt man für beide Güter ergänzend die **Sättigungsmengen** a_1 und a_2 ein, verdeutlicht dies die volkswirtschaftliche **Güterknappheit** als Spannungsfeld zwischen dem **Güterverfügbarkeitsraum** (Fläche vom Koordinatenursprung bis zur Transformationskurve als Verfügbarkeitsgrenze) und dem Sättigungspunkt $S(a_1, a_2)$.

Man kann die Knappheit durch die vollständige Konzentration der Produktion auf *ein* Gut zwar partiell minimieren (auf die Strecke $C_1D_1 = a_1 - x_1^{*max}$ für Gut 1 und die Strecke $C_2D_2 = a_2 - x_2^{*max}$ für Gut 2), dafür steigt die Knappheit für das andere Gut aber auf den Maximalwert, da dieses überhaupt nicht mehr verfügbar ist. Insofern fragt sich, ob es für diesen **Verfügbarkeitskonflikt** auf der Transformationskurve eine **optimale Lösung** gibt. Noch umfassender stellt sich an dieser Stelle die Frage, wie mit dem Knappheits- oder Güterversorgungsproblem kurz- und langfristig grundsätzlich umgegangen werden soll.

Abb. 4-2: Ermittlung der Transformationskurve

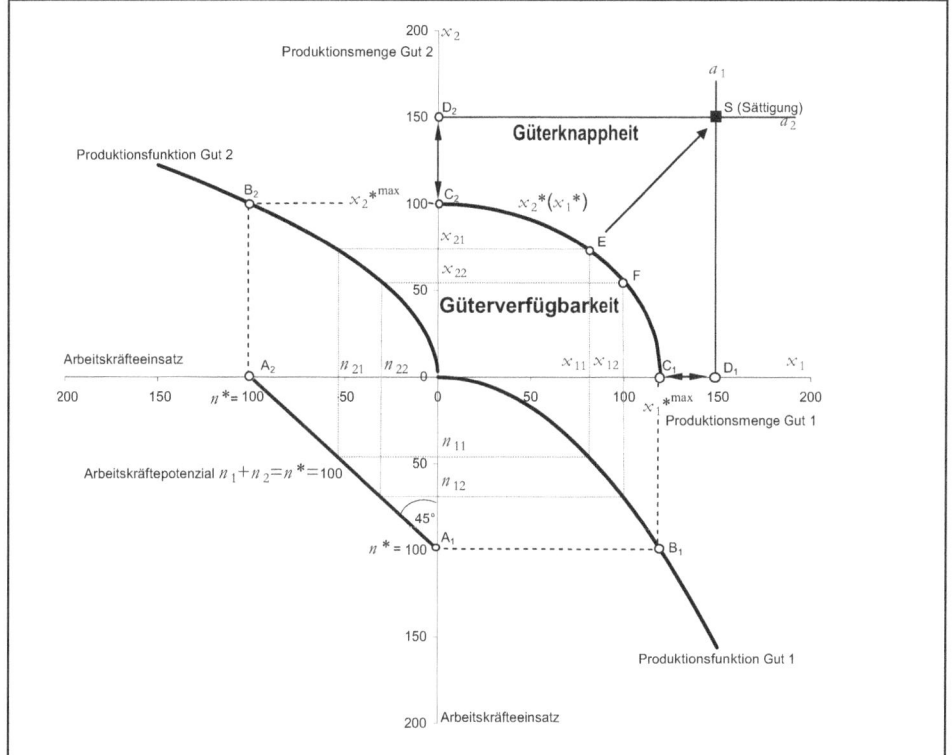

4.2 Strategien im Umgang mit der Knappheit

4.2.1 Kurzfriststrategien bei gegebener Transformationskurve

Wenn man die Transformationskurve einer Volkswirtschaft kurzfristig als gegeben ansieht, bieten sich nur die folgenden **zwei Anpassungsstrategien** an:

(1) Vollauslastung der Produktionsfaktoren (Auslastungsziel)
Aus den bisher dargestellten Zusammenhängen wird deutlich, dass die Güterknappheit zunimmt, wenn die gegebenen Produktionsmöglichkeiten durch Unterauslastung der verfügbaren Produktionsfaktoren nicht ausgeschöpft werden, man also Gütermengen-Kombinationen links von der Transformationskurve realisiert. Zur Vermeidung der entsprechenden **Opportunitätskosten** sind Unterauslastungen des Arbeitskräftepotentials n^* durch Arbeitslosigkeit grundsätzlich zu vermeiden. Dies stellt die Realisierung einer **Gütermengenkombination** *auf* der **Transformationskurve** sicher.

Abb. 4-3: Strategien zum Umgang mit der Güterknappheit

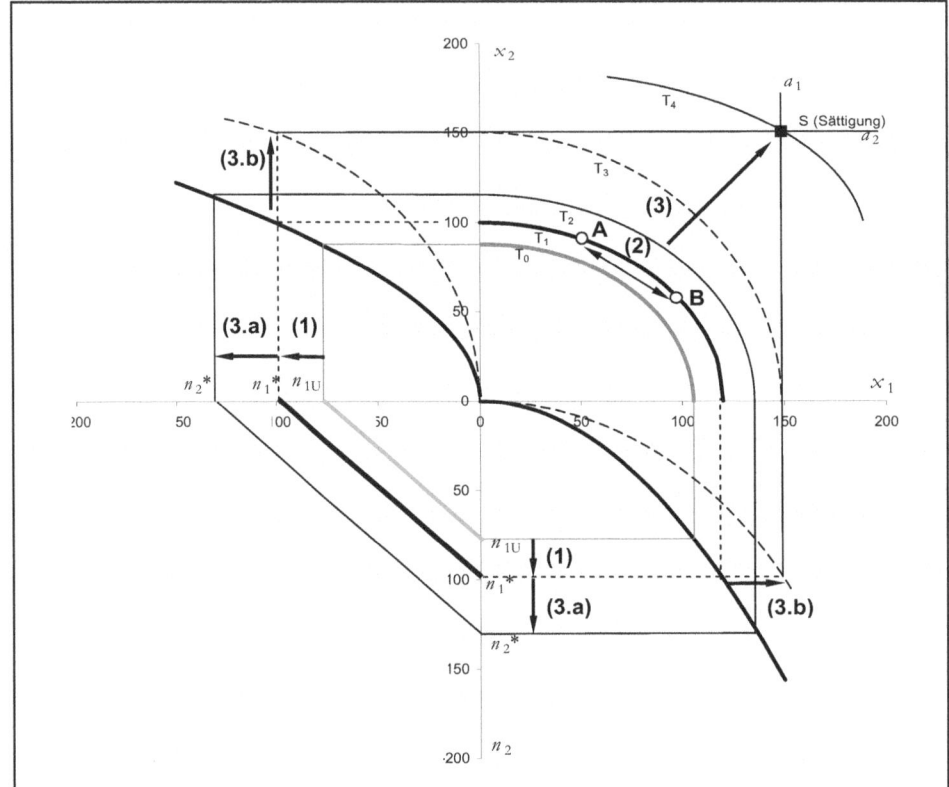

(2) Optimierung der Produktionsmengen (Allokationsziel)

Wenn auf der Transformationskurve nicht jeder Punkt gleichwertig ist, sollte eine **optimale Gütermengenkombination** in dem Sinne angestrebt werden, dass die **„Wohlfahrt"** der Volkswirtschaft maximiert wird. Daraus ergibt sich dann auch eine **optimale Allokation der Produktionsfaktoren** in der Volkswirtschaft, hier die optimale Verteilung des Arbeitskräftepotenzials auf die beiden Produktionszweige.

4.2.2 Langfriststrategien zur Reduzierung der Knappheit

Langfristig bieten sich auch Strategien an, die durch die Steigerung der Produktionsmöglichkeiten der Volkswirtschaft, d.h. durch die sukzessive Verschiebung der Transformationskurve nach rechts oben, zum Abbau und schließlich (durch Erreichen des Punktes S) zur Beseitigung der Güterknappheit führen.

(3) Steigerung der Produktionsmöglichkeiten (Wachstumsziel)

Hierfür bieten sich in unserem Zusammenhang zwei Ansatzpunkte an:

(3.a) Erhöhung des Arbeitskräftepotenzials

Wächst das Arbeitskräftepotenzial (entweder autonom oder politisch induziert) von n_1^* auf n_2^*, erhöht sich dadurch das gesamtwirtschaftliche Produk-tionspotenzial bei gegebenen Produktionsfunktionen und trägt damit zur Knappheitsreduktion bei, wenn die Sättigungsgrenzen nicht oder nicht so stark mitwachsen.

(3.b) Steigerung der Arbeitsproduktivität

Auch bei gegebenem Arbeitskräftepotenzial lässt sich ein Wachstum der Produktionsmöglichkeiten erzielen, wenn die Produktivität pro Arbeitskraft gesteigert wird. Ein solcher **Produktivitätsfortschritt**, der zu einer Drehung der Produktionsfunktionen nach oben führt, kann u.a. durch eine Arbeitszeitverlängerung, Steigerung des Humankapitals, Erhöhung der Kapitalausstattung pro Arbeitskraft sowie durch **technischen Fortschritt** erzielt werden. Da sich die individuelle Arbeitszeit nicht beliebig steigern lässt, sind **Bildungs- und Sachkapitalinvestitionen** die **Hauptquellen für ein Potenzialwachstum**.

(4) Wachstum durch Konsumverzicht

In Bezug auf die Investitionstätigkeit muss auf den **Verschleiß von Kapitalgütern**, d.h. auf die Notwendigkeit von **Ersatzinvestitionen** in Höhe der **Abschreibungen** auf das Human- und Sachkapital hingewiesen werden, wenn die bisherigen Produktionsmöglichkeiten für die bisher nur betrachteten Konsumgüter nur gerade aufrechterhalten werden sollen. Ein Teil der verfügbaren Produktionsfaktoren muss also zu Lasten der Konsumgüterproduktion, d.h. durch **Konsumverzicht**, für die Investitionsgüterproduktion reserviert werden, um eine Linksverschiebung der Transformationskurve zu verhindern. Eine **Steigerung des Human- und Sachkapitalstockes** kann daher nur stattfinden, wenn mehr Investitionsgüter hergestellt werden, als durch Abschreibungen verloren gehen, d.h. wenn die **Nettoinvestitionen** (= Bruttoinvestitionen minus Abschreibungen) in der Volkswirtschaft positiv sind.

Um ein Wachstum der möglichen Konsumgüterproduktion durch Steigerung des Kapitalstockes zu erzielen, ist heute ein noch größerer Konsumverzicht notwendig als zur bloßen Aufrechterhaltung der Transformationskurve. Insofern gibt es auch ein **intertemporales Allokationsproblem** zu lösen bzw. die wachstumstheoretische **Frage nach der optimalen Investitions- oder Sparquote** (=Komsumverzichtsquote) zu beantworten.

Zur **Veranschaulichung der Zusammenhänge** haben wir in Abb. 4-4 das zweite Konsumgut durch ein „universelles" Investitionsgut ersetzt, so dass auf der Ordinate nun die Konsumgütermengen x_C und auf der Abszisse die Investitionsgütermengen x_I abzulesen sind. Die Transformationskurve T_1 gilt in der Ausgangslage. Würde man in der betrachteten Periode hierauf den Punkt A realisieren, also nur die maximale Konsumgütermenge x_{C1}^{*max} produzieren und damit völlig auf die Herstellung von Investitionsgütern verzichten, könnte man in der nächsten Periode nur noch die Transformationskurve T_0 und auf dieser den Punkt B erreichen, da der **Verzicht auf**

Ersatzinvestitionen den Kapitalstock der Volkswirtschaft und damit ihre **Produktionsmöglichkeiten schrumpfen** lässt.

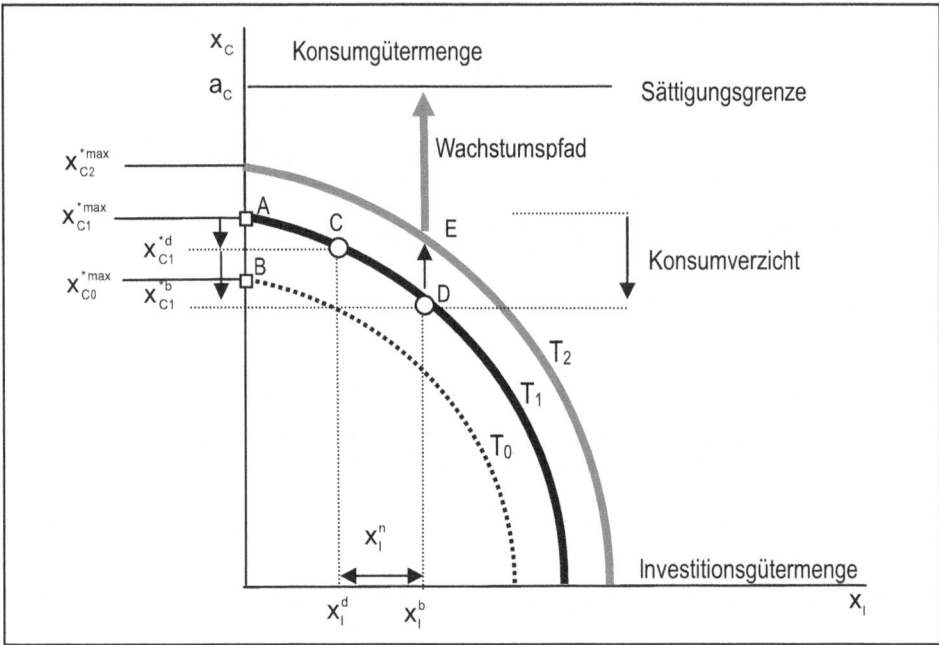

Abb. 4-4: Konsumverzicht als Wachstumsstrategie

Dieser kumulative Prozess zur Verschärfung des Knappheitsproblems lässt sich, wenn kompensierende Produktivitätsforschritte (wie technischer Fortschritt) nicht wirksam sind, nur dadurch vermeiden, dass in der Ausgangsperiode der Verschleiß des Kapitalstocks durch **Ersatzinvestitionen in Höhe der Abschreibungen** x_I^d ausgeglichen wird. Durch den **Konsumverzicht** von $x_{C1}^{*max} - x_{C1}^{*d}$ kann die ursprüngliche Transformationskurve T_1 aufrechterhalten werden und man realisiert darauf in den folgenden Perioden den Punkt C, sofern immer nur **Ersatzinvestitionen** durchgeführt werden, so dass der **Kapitalstock der Volkswirtschaft konstant** bleibt.

Will man die volkswirtschaftliche Versorgung mit Konsumgütern steigern, muss die Lage der Transformationskurve durch **Kapitalakkumulation** verbessert werden, was Erweiterungsinvestitionen oder **positive Nettoinvestitionen** x_I^n erfordert. Die Bruttoinvestitionen x_I^b der Periode müssen also die Abschreibungen x_I^d übertreffen, was nur durch zusätzlichen Konsumverzicht in Höhe von $x_{C1}^{*d} - x_{C1}^{*b}$ möglich wird. Statt des die Transformationskurve T_1 nur aufrechterhaltenden Punktes C ist darauf ein weiter rechts unten liegender Punkt D zu verwirklichen. Dafür verschiebt sich die Transformationskurve in der nächsten Periode nach oben rechts und eröffnet im Punkt E der Transformationskurve T_2 wieder einen höheren Konsum. Werden die positiven Nettoinvestitionen in dieser Höhe beibehalten, führt dies zu einem permanenten Wachstum der möglichen Konsumgüterproduktion und zum **Abbau der Knappheit auf dem markierten Wachstumspfad**.

5 Wirtschaftssysteme

> **Lernziele** Dieses Kapitel vermittelt:
>
> - welche idealtypischen und realtypischen Lenkungsformen zur Koordination der Pläne der Wirtschaftseinheiten sich in einer arbeitsteiligen Volkswirtschaft unterscheiden lassen.

5.1 Zentrale versus dezentrale Lenkung

Untersuchungsgegenstand der Wirtschaftssystemlehre sind die grundsätzlichen **Gestaltungsmöglichkeiten der Lenkung einer arbeitsteiligen Wirtschaft**, d.h. für das Planungs- und Koordinationssystem der Wirtschaftseinheiten einer Volkswirtschaft. **Kernfrage** dabei ist, **wer plant und was geplant wird**. (Die Frage stellt sich natürlich nicht für sog. „Subsistenzwirtschaften", in denen sich jede Wirtschaftseinheit selbst versorgt und keine Arbeitsteilung stattfindet.) Darauf lassen sich zwei Antworten geben (vgl. Woll, 1981, S. 67):

(1) Die **zentrale Lenkung** der arbeitsteiligen Wirtschaftsprozesse **durch eine staatliche Planbehörde**, die einen zentralen Wirtschaftsplan erstellt und die Abstimmung der Teilpläne der einzelnen organisatorischen Teileinheiten durch **Planauflagen** sicherstellt.

(2) Die **dezentrale Lenkung** der Wirtschaftspläne selbstständiger Wirtschaftseinheiten **durch den Markt** als ein sich selbst steuerndes Koordinationssystem (**Marktmechanismus**).

Dementsprechend unterscheidet man als **idealtypische „Wirtschaftssysteme"** die **Zentralverwaltungswirtschaft** einerseits und die **Marktwirtschaft** andererseits. Beide Systeme kommen in der Realität in „reiner" Form nicht vor. Die als **„Wirtschaftsordnungen"** bezeichneten **realtypischen Lenkungsformen** stellen, was die beiden Komponenten Staatsintervention und Marktmechanismus angeht, regelmäßig **Mischformen (mixed economies)** dar. Sie liegen je nach Gewicht von Markt oder Staat auf einem Kontinuum zwischen den Polen Zentralverwaltungswirtschaft und Markwirtschaft (vgl. Abb. 5-1).

Als konkretes Beispiel wird in Kapitel 6 die **Wirtschaftsordnung der Bundesrepublik Deutschland** dargestellt, die als **„Soziale Marktwirtschaft"** das Marktprinzip mit dem Sozialstaatsprinzip verknüpft.

Abb. 5-1: Wirtschaftssysteme und Wirtschaftsordnungen

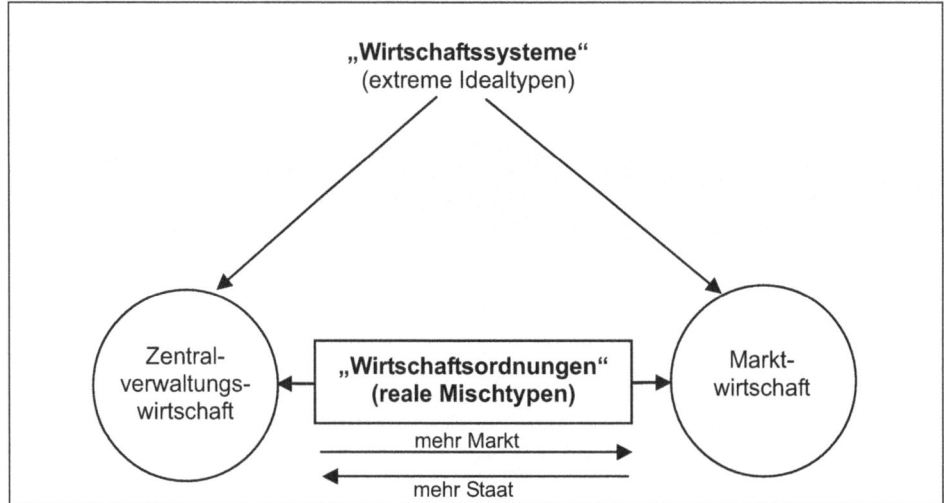

In einem weiteren und komplexeren Ansatz der „allgemeinen Theorie sozialer Systeme" (vgl. Thieme, 2003, S. 5), der nicht zwischen Ideal- und Realtypen unterscheidet, begreift man das **„Wirtschaftssystem"**, welches das Entscheidungs- und Handlungssystem zur **Produktion und Bereitstellung von Gütern** darstellt, als **Subsystem des „Gesellschaftssystems"**. Dieses umfasst außerdem ein **„politisches System"** (Androhung und Anwendung von legitimierter Gewalt) und ein **„kulturelles System"** (Anwendung von psychischen Fähigkeiten). Wir folgen hier jedoch dem einfacheren (in Abb. 5-1 dargestellten) Ansatz, wonach Wirtschaftssysteme als „extremtypische" Planungs- und Lenkungsmodelle definiert sind.

Neben den Begriffen Wirtschaftssystem und -ordnung gibt es in der einschlägigen Literatur noch den Begriff der **„Wirtschaftsverfassung"**. Sie umfasst **im weiteren Sinne** alle **rechtlich verankerten Normen und Institutionen**, durch die Entscheidungs- und Handlungsspielräume von Wirtschaftseinheiten bestimmt sind (vgl. ebendort, S. 11). **Im engeren Sinne** des Wirtschaftsrechts, wird darunter jedoch – vom juristischen „Verfassungs"-Begriff her einleuchtend – **nur der in der Verfassung** (in Deutschland der im Grundgesetz) **verankerte Teil einer Wirtschaftsordnung** verstanden (Nipperdey, 1960). In jedem Fall können sich aber in einer Wirtschaftsordnung neben Rechtsnormen auch **spontane Ordnungsformen** (Hayek) ausprägen.

5.2 Merkmale der Zentralverwaltungswirtschaft

„Die **Zentralverwaltungswirtschaft** bezeichnet man vielfach als Planwirtschaft. Die Bezeichnung ist missverständlich, da in jeder Wirtschaft geplant werden muss. ... In der Zentralverwaltungswirtschaft ist die gesamte Produktion und Verteilung der Güter den Dispositionen der Haushalte und Unternehmen entzogen. Stattdessen **entscheidet eine staatliche Stelle** (**Planbehörde**) darüber, welche Güter in welcher Menge und Qualität zu erzeugen und nach welcher Rangfolge sie an andere Unternehmen und Haushalte zu verteilen sind (**Planauflagen**). Oberste Pflicht der Unternehmen ist die fristgerechte Erfüllung der Planauflagen (**Planerfüllungsprinzip**). Planübererfüllung wird durch Leistungsprämien belohnt, die Nichteinhaltung durch Strafen – von finanziellen Einbußen bis zu drakonischen Maßnahmen – sanktioniert. **Artunterscheidendes Merkmal der Zentralverwaltungswirtschaft** ist also, dass der arbeitsteilige **Wirtschaftsprozess zentral geplant und aufgrund des Plans gelenkt** wird" (Woll, 1981, S. 67 f.).

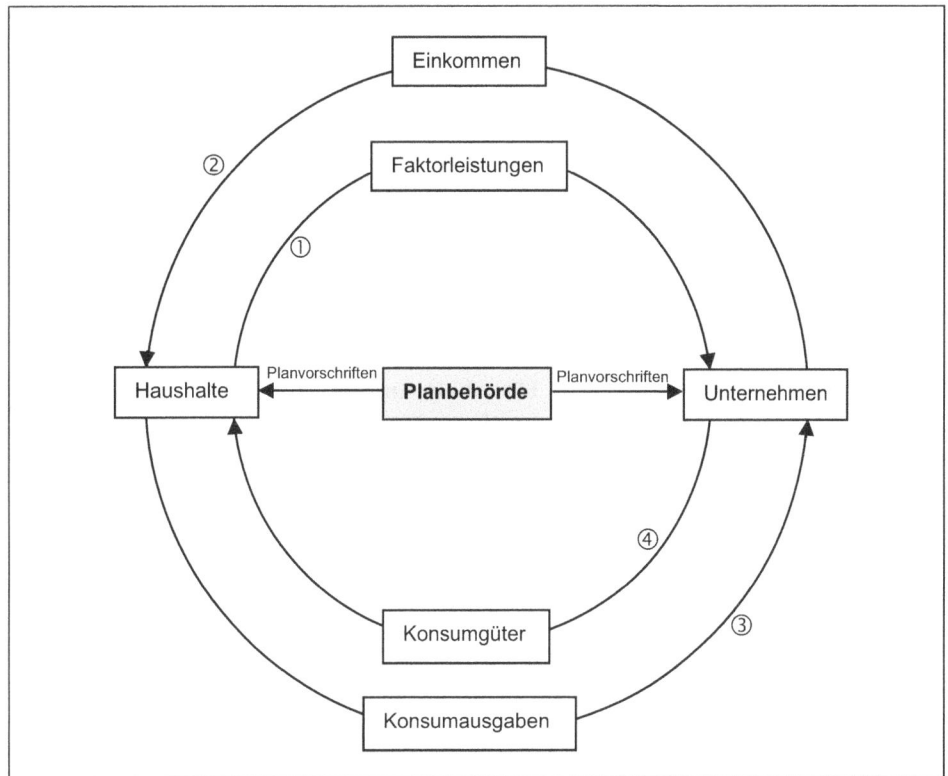

Abb. 5-2: Planabstimmung in der Zentralverwaltungswirtschaft

Quelle: Woll, 1981; S. 68.

Wie das vorstehende (außen monetäre und innen reale Ströme abbildende) **Kreislaufmodell einer Zentralverwaltungswirtschaft** veranschaulicht, „bestimmt" die **Planbehörde** als „Zentrale" durch direkte Weisungen (**Planvorschriften**) an die Haushalte und Unternehmungen, wie diese sich wirtschaftlich zu verhalten haben. Das heißt konkret,

(1) welche realen **Faktorleistungen** die Haushalte den Unternehmungen (ihren Eigentumsrechten entsprechend) zur Verfügung zu stellen haben,

(2) welche monetären **Faktoreinkommen** den Haushalten aus den Unternehmungen als Entlohnung für die Bereitstellung der Produktionsfaktoren zufließen,

(3) welche **Konsumausgaben** von den Haushalten zu den Unternehmen fließen und

(4) welche **Konsumgüter** den Haushalten im Gegenfluss zugeteilt werden.

In einem strengen Modell zentraler Lenkung (ohne Privateigentum an sachlichen Produktionsmitteln) erfolgt die **Verteilung von Arbeitseinkommen** und Konsumgütern durch art- und mengenspezifizierte „Bezugsscheine", die die Haushalte bei den Unternehmungen als Konsumausgaben „einlösen" können.

Voraussetzung für die Durchsetzung eines zentralen Wirtschaftsplanes ist die weitgehende **Aufgabe von Eigentums- und Verfügungsrechten** und den damit verbundenen **wirtschaftlichen Freiheiten** zu Gunsten der zentralstaatlichen Gewalt.

Die zentrale Lenkung des Wirtschaftsprozesses scheint danach zwar eine relativ einfache Konzeption, ist jedoch (organisations- und informationstechnisch) in der Praxis äußerst schwer zu handhaben, wie die Erfahrungen in zentral gelenkten sozialistischen Ländern gezeigt haben (vgl. ebendort, S. 68).

5.3 Merkmale der Marktwirtschaft

„In der **Marktwirtschaft planen die Haushalte und Unternehmen selbstständig** Konsum und Produktion, und sie versuchen, ihre Planungen auch durchzusetzen. Beide lassen sich vom Eigeninteresse leiten. In Wahrnehmung ihrer Interessen entfalten die eigenverantwortlich handelnden Wirtschaftseinheiten aufgrund ihrer Pläne ein Angebot und (oder) eine Nachfrage nach Gütern. **Anbieter und Nachfrager treffen sich an den Märkten**, wo sie – häufig im Wettbewerb untereinander und mit der anderen Marktseite – ihre Pläne zur Abstimmung bringen (**Wettbewerbssystem**). Der Markt lässt Wünsche zu Realitäten werden, indem er die Pläne der Marktteilnehmer koordiniert. Auf diese Weise manifestiert sich die **dezentrale Lenkung der Gesamtwirtschaft als ein System** interdependenter, **über die Märkte miteinander verknüpfter Handlungen**, die aus individuellen Plänen hervorgehen.

Vielfach wird die Marktwirtschaft als kapitalistisches oder liberales Wirtschaftssystem bezeichnet. Da Kapital ... in jedem Fall ein notweniger Produktionsfaktor ist, kann die Bezeichnung ‚kapitalistisch' nicht besagen, Kapital werde nur in einer Marktwirtschaft eingesetzt. Gemeint ist lediglich, dass in der kapitalistischen Wirtschaft die

Produktionsmittel überwiegend oder auch Privaten gehören. ‚Liberal' als Attribut eines Wirtschaftssystems wiederum deutet nicht – wie zu vermuten wäre – auf eine Weltanschauung hin. Es will nur zum Ausdruck bringen, dass die wirtschaftlichen Handlungen der Haushalte und Unternehmen zwar im Rahmen allgemeingültiger Gesetze, nicht jedoch auf eine Anweisung, auf ein Kommando hin erfolgen" (ebendort).

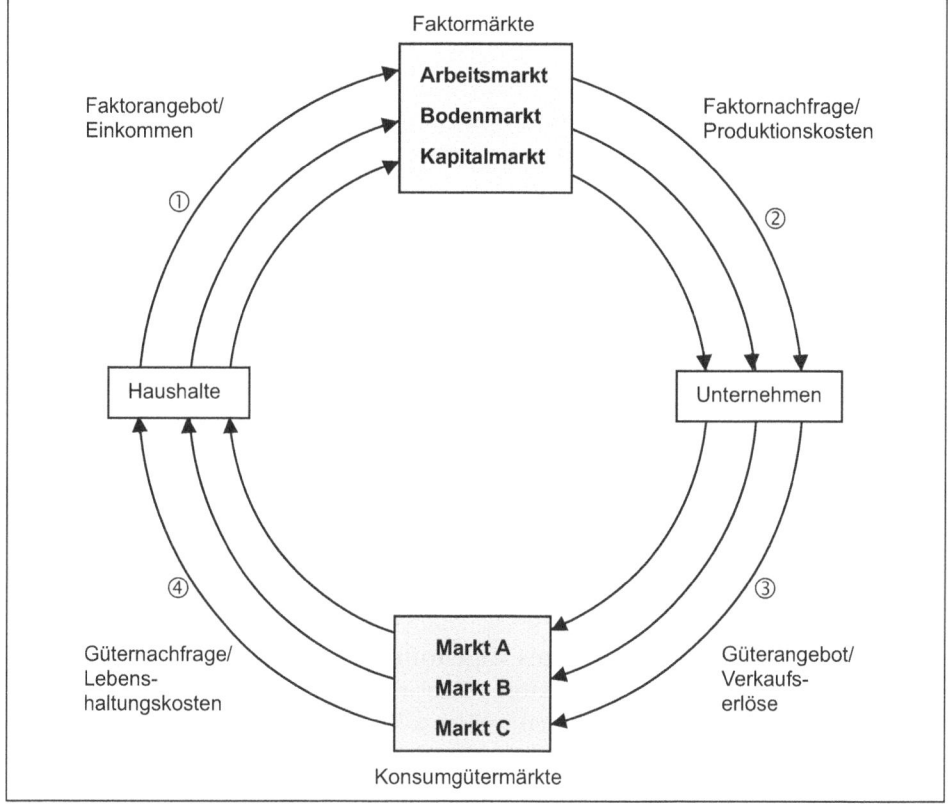

Abb. 5-3: Planabstimmung in der Marktwirtschaft

Quelle: Woll, 1981; S. 69.

Das vorstehende **Kreislaufmodell der Marktwirtschaft** enthält zur Vereinfachung nur die realen Güterströme, die von den Sektoren (oder „Polen") **Haushalte und Unternehmen** über **Faktor- und Konsumgütermärkte** als Tauschorte und **Planabstimmungsinstrumente** gesteuert werden.

Auf den **Faktormärkten** für Arbeit, Boden und Kapital trifft das (1) **Faktorangebot der Haushalte** (unter der Annahme, dass sich die Produktionsfaktoren im Privateigentum befinden) auf die (2) **Faktornachfrage der Unternehmungen**. Als realer

Güterstrom fließen die Faktoren damit von den Haushalten als Eigentümern über den Faktormarkt zu den Unternehmen als Verwendern. Ein (nicht eingezeichneter) entgegengerichteter **Geldstrom** verläuft von den Unternehmungen zu den Haushalten, da im Umfange der **Produktionskosten** (= Faktorpreise x Faktormengen) Faktorausgaben getätigt werden, die den Haushalten als **Einkommen** zufließen.

Auf den **Konsumgütermärkten** für „unzählige" verschiedene Güterarten (beispielhaft nur für die drei Arten A, B und C) werden (3) die von den Unternehmen hergestellten Güter angeboten, wo sie (4) auf die Güternachfrage der Haushalte als Endabnehmer dieser Güter stoßen. Ein **realer Güterstrom** verläuft insofern von den Unternehmen als Konsumgüterherstellern über die Konsumgütermärkte bis zu den Haushalten als Verbrauchern. Der (wiederum nicht eingezeichnete) **monetäre Gegenstrom** umfasst die **Konsumausgaben** (Güterpreise x gekaufte Gütermengen), die ihre **Lebenshaltungskosten** darstellen und umgekehrt für die Konsumgüteranbieter die **Verkaufserlöse**.

Damit die Produktion und Verteilung der Gütern über den Marktmechanismus, d.h. durch Angebot und Nachfrage auf Faktor- und Konsumgütermärkten, dezentral gelenkt werden kann, müssen offensichtlich folgende (bisher stillschweigend unterstellte) **Voraussetzungen für die Marktteilnehmer auf Konsumgüter- und Faktormärkten** gegeben sein:

(1) **Freiheit der Einkommensverwendung** der Haushalte, die sich dementsprechend frei zwischen Konsumieren und Sparen entscheiden können.

(2) **freie Konsumwahl** in dem Sinne, sich als Nachfrager von Konsumgütern (Konsument) zwischen den auf den Märkten geltenden Angeboten frei entscheiden zu können, auch als **„Konsumentensouveränität"** bezeichnet. Dazu gehört auch auf jedem Markt eine (minimale) **Auswahlfreiheit,** die nur bei (minimalem) **Wettbewerb** zu gewährleisten ist.

(3) **freie Verfügbarkeit über privates Eigentum** nicht nur an Konsumgütern, sondern auch an den Produktionsfaktoren Arbeit, Boden und Kapital, da diese sonst nicht auf Märkten (frei) angeboten werden können. Dies gilt auch für den Faktor Arbeit (oder das persönliche „Humankapital"), da die freie Verfügbarkeit über eigene potenzielle Arbeitsleistungen auch durch mehr oder weniger umfangreiche Arbeits- und Berufswahlverbote beschränkt sein kann.

(4) **Beschaffungsfreiheit** für die Unternehmen, die Produktionsfaktoren nachfragen wollen (Freiheit von Beschäftigungs-, Bodenerwerbs- und Investitionsverboten);

(5) **Wettbewerbsfreiheit** (Freiheit zur selbstständigen Teilnahme am Marktprozess).

Alle diese Freiheiten, die man (ohne Anspruch auf Vollständigkeit) auch als **„wirtschaftliche Freiheit"** zusammenfassen kann, „**konstituieren** die **marktwirtschaftliche Ordnung**" (Woll, 1981, 73) und sind gemeint, wenn von der **„freien" Marktwirtschaft** gesprochen wird.

„Beschränkt sich die Staatstätigkeit in einer Marktwirtschaft auf das Anbieten kollektiver Güter (wie Rechtsordnung, Landesverteidigung, Gesundheitsfürsorge u.ä.) und ist die wirtschaftliche Aktivität des einzelnen sonst völlig frei, spricht man (auch) von einer **‚laissez faire-Marktwirtschaft'**" (ebendort, S. 70, eigene Hervorhebung).

6 Wirtschaftsordnung der Bundesrepublik Deutschland

> **Lernziele** Dieses Kapitel vermittelt:
>
> - die ordoliberalen Grundlagen der Wirtschaftsordnung der Bundesrepublik Deutschland,
> - die grundgesetzlichen Elemente und Säulen der Sozialen Marktwirtschaft.

6.1 Ordoliberale Grundlagen der sozialen Marktwirtschaft

Wie die Zentralverwaltungswirtschaft kommt auch die Marktwirtschaft in reiner Form als „freie" Marktwirtschaft nach dem Ideal des Laissez-Faire-Liberalismus ohne Lenkung des Staates nicht vor. Auch die **„soziale" Marktwirtschaft** als reale Wirtschaftsordnung der Bundesrepublik Deutschland stellt mit dem **Wettbewerbsprinzip** einerseits und dem **Sozialstaatsprinzip** andererseits eine realtypische **Mischform** (mixed economy) dar. Die in der Gründungphase der Bundesrepublik zugunsten dieses Mittelweges getroffene gesellschafts- und ordnungspolitische Entscheidung beruhte auf dem Gedankengut des **Ordoliberalismus der Freiburger Schule,** mit **Walter Eucken (1891-1950), Franz Böhm (1895-1977), Hans Großmann-Doerth (1894-1944)** als deren Begründern, sowie von **Friedrich Hayek (1899-1992)**,

(mit *Gunnar Myrdal* Nobelpreisträger für Wirtschaftswissenschaften 1974). Er hat nach dem Zweiten Weltkrieg als Nachfolger von *Eucken* in Freiburg neben diesem wesentliche Anregungen zur Ausgestaltung der Marktwirtschaft in Deutschland geliefert. Noch heute sind seine Konzepte der „*spontanen Ordnung*" und des „*Wettbewerbs als Entdeckungsverfahren*" wichtige Fundamente der freien Markt- und Wettbewerbswirtschaft.

Als weitere Wegbereiter der Marktwirtschaft sind die Neoliberalen **Wilhelm Röpke (1899-1966)**, **Alexander Rüstow (1885-1963)** und **Leonhard Miksch (1901-1950)**

  zu nennen. *Röpk*e setzte sich schon früh für eine Wirtschaftsordnung des „ökonomischen Humanismus" ein, in der als „Dritter Weg" das „Individualprinzip" als Kern der Marktwirtschaft durch das „Sozial- und Humanitätsprinzip" ausbalanciert werden muss. *A. Rüstow* gilt als Mitbegründer des **Neoliberalismus** und hat durch seine Kritik der Weimarer Verfassung das Grundgesetz der Bundesrepublik durch die Verankerung des konstruktiven Misstrauensvotums maßgeblich beeinflusst. *L. Miksch* gehörte zum Kern der Freiburger Schule und hat durch seine wettbewerbstheoretischen Beiträge („*Wettbewerb als Aufgabe*" 1937 und die Idee des „*Als-ob-Wettbewerbs*") zur Weiterentwicklung des Ordoliberalismus beigetragen (vgl. A. Berndt/N. Goldschmidt, 2000). Seine ordnungspolitische Bedeutung lag in seiner Funktion als enger Berater *Ludwig Erhards* und in seiner Tätigkeit in Wissenschaftlichen Beiräten der Bundesregierung.

Anders als die Vertreter des Klassische Liberalismus teilten die Ordoliberalen nicht die optimistische Grundauffassung von Adam Smith, dass das durch Eigeninteresse motivierte wirtschaftliche Streben der Individuen selbsttätig zum höchsten Gesamtwohl der Gesellschaft führe, sondern dass ein **starker Staat die Aufgabe** habe, eine gesellschaftliche und wirtschaftliche **Ordnung zu konstituieren und zu überwachen,** die der Freiheit des Einzelnen und **Schutz vor der Willkür privater und staatlicher wirtschaftlicher Macht** bietet.

Entsprechend forderte ihr prominentester Vertreter *Walter Eucken* als **konstituierende Prinzipien** zur Schaffung einer funktionsfähigen Wettbewerbsordnung die
- Herstellung eines funktionsfähigen Preissystems,
- vollkommene Konkurrenz,
- Stabilisierung des Geldwertes durch die Währungspolitik,
- offene Märkte,
- Privateigentum,
- Vertragsfreiheit,
- volle Haftung und
- Konstanz der Wirtschaftspolitik.

Die **regulierenden Prinzipien** sollen die Funktionsfähigkeit der Wettbewerbsordnung aufrechterhalten:
- Monopolaufsicht,
- Umverteilung,
- Korrektur der Wirtschaftsrechnung (Internalisierung externer Effekte) und
- staatliche Intervention bei anomaler Angebotsreaktionen (Marktversagen).

Als Grundsätze **staatlicher Wirtschaftspolitik** forderte *Eucken* entsprechend einen **Primat der Ordnungspolitik** und **Verzicht auf Prozesspolitik** (so genannter. "**Freiburger Imperativ**").
1. *"Die Politik des Staates sollte darauf gerichtet sein, wirtschaftliche Machtgruppen aufzulösen oder ihre Funktion zu begrenzen."*
2. *"Die wirtschaftspolitische Tätigkeit des Staates sollte auf die Gestaltung der Ordnungsformen der Wirtschaft gerichtet sein, nicht auf die Lenkung des Wirtschaftsprozesses"* (Eucken, 1959, S. 100f.).

Zur **Frage der Sozialen Gerechtigkeit** äußert sich *Eucken* nur vage. Umverteilungspolitik, gar aktive Arbeitsmarktpolitik erscheinen unnötig bzw. sogar schädlich, funktionierender Preiswettbewerb sei wirkungsvoller: *"Die beste Sozialpolitik kann zu keinem befriedigendem Erfolg führen, wenn die Produktivität der menschlichen Arbeit gering ist. Die Herstellung eines funktionsfähigen Systems zur Lenkung der arbeitsteiligen Wirtschaftsweise ist daher die wichtigste Voraussetzung für die Lösung aller sozialen Probleme. Im Rahmen der Wettbewerbswirtschaft heißt das vor allem: ... Schaffung eines funktionsfähigen Preissystems vollständiger Konkurrenz"* (ebendort, S. 180).

6.2 Weiterentwicklung der ordoliberalen Konzeption durch Müller-Armack

Alfred Müller-Armack (1901-1978) entwickelt unter **Ludwig Erhard (1897-1977)**,

dem ersten Wirtschaftsminister der Bundesrepublik Deutschland, als dessen engster Berater und Staatssekretär im Bundeswirtschaftsministerium, das ordoliberale Konzept mit einer ausdrücklichen sozialen Komponente weiter. Er formulierte als **Ziel der Sozialen Marktwirtschaft** die Verbindung der **freien Initiative** mit einem durch die **marktwirtschaftliche Ordnung** gesicherten **sozialen Fortschritt** (Müller-Armack, 1981, S. 78 ff.): *"Ihr sozialer Charakter liegt bereits in der Tatsache begründet, dass sie in der Lage ist, eine größere und mannigfaltigere Gütermenge zu Preisen anzubieten, die der Konsument durch seine Nachfrage entscheidend mitbestimmt und die durch niedrigere Preise den Realwert des Lohnes erhöht und dadurch eine größere und breitere Befriedigung der menschlichen Bedürfnisse erlaubt."* – *"Liegt also bereits in der Produktivität der Marktwirtschaft ein starkes soziales Moment eingeschlossen, so wird es gleichwohl notwendig sein, mit aller Entschiedenheit eine Reihe von Maßnahmen durchzuführen, die eine soziale Sicherheit gewährleisten."*

Als **Ansatzpunkte einer Politik sozialer Sicherung** werden genannt (ebendort, 1981, S. 100 f.):
- eine gewisse betriebliche Mitbestimmung
- Wettbewerbs- und Antimonopol-Politik
- beschäftigungssichernde Konjunkturpolitik

- Korrektur der Primärverteilung durch Umverteilungspolitik
- Ausbau der Sozialversicherung
- Ausbau des Tarifvertragsrechts

Damit war die Agenda für den Ausbau der Wirtschaftsordnung in der BRD ab 1949 vorgezeichnet.

6.3 Wirtschaftsordnung und Grundgesetz

Die **Aufgabe des „Minimalstaates" oder „Nachtwächterstaates"** beschränkt sich darauf, den **Schutz der Bürger** zu gewährleisten, d.h. die **innere und äußere Sicherheit** herzustellen (vgl. Rüßmann, 1994, S.1).

Tab. 6-1: Staatsaufgaben im Minimal- oder Nachtwächterstaat

	Innere Sicherheit
	• Strafrecht
	• Recht der Abwehr von Gefahren (für Leib, Leben und Eigentum sowie für Natur und Umwelt)
Schutz der Bürger	– Polizei- und Ordnungsrecht
	– Emissions- und Immissionsrecht
	• Rechtsdurchsetzungsrecht
	Äußere Sicherheit
	• Verteidigungssystem

Auch wenn der Staat sich auf die minimale Aufgabe des Bürgerschutzes beschränkt und die Versorgung seiner Bürger mit Gütern ausdrücklich nicht zur Staatsaufgabe erklärt, muss er dennoch eine **Grundsatzentscheidung über die Güterversorgung** treffen und zwar entweder **in der Verfassung selbst oder in Einzelgesetzen unterhalb der Verfassungsebene** (ebendort).

Bezeichnet man das **Ergebnis der Entscheidung**, wie die Güterversorgung auf dem Kontinuum zwischen den extremen Polen Wirtschaftssystemen der Zentralverwaltungswirtschaft einerseits und der reinen Marktwirtschaft andererseits geregelt sein soll, als **Wirtschaftsordnung**, stellt sich zunächst die Frage, ob es hierfür im **Grundgesetz der Bundesrepublik Deutschland** eine verbindliche Vorschrift gibt.

Die **Wirtschaftsordnung der ehemaligen DDR** jedenfalls war in Art. 9 Abs. 3 der **Verfassung der Deutschen Demokratischen Republik** vom 6. April 1968 festgeschrieben: *„In der Deutschen Demokratischen Republik gilt der Grundsatz der Planung und Leitung der Volkswirtschaft sowie aller anderen gesellschaftlichen Bereiche. Die Volkswirtschaft der Deutschen Demokratischen Republik ist sozialistische Planwirtschaft. Das ökonomische System des Sozialismus verbindet die zentrale wirtschaftliche Planung und Leitung der Grundfragen der gesellschaftlichen Entwicklung mit der Eigenverantwortung der sozialistischen Warenproduzenten und der örtlichen Staatsorgane"*.

Das **Grundgesetz der BRD** enthält demgegenüber im Vergleich **keine Festlegung auf die „Soziale Marktwirtschaft"**. Es finden sich dort „lediglich" das **Rechts- und Sozialstaatsprinzip**, die **Finanzverfassung, Eigentumsordnung** und die **Wirtschaftsfreiheit**. Mit den beiden letzten Normen sind lediglich zwei der Euckenschen konstituierenden Prinzipien (das Privateigentum und die Vertragsfreiheit) verfassungsrechtlich verankert.

Tab. 6-2: Elemente der Wirtschaftsordnung im Grundgesetz

Rechtsstaat (Art. 20 Abs. 3)	• Gewährleistung der Menschenrechte • Bindung der notwendigen Eingriffe in Grundrechte an eine gesetzliche Ermächtigung und Rechtsschutz gegen staatliche Übergriffe in Freiheitsrechte
Sozialstaat (Art. 20 Abs.1, 28 Abs. 1)	• Unzumutbarkeit eines Lebens unterhalb des Existenzminimums • staatliche Sozialhilfe
Finanzverfassung	• Gesetzgebungsrechte für Zölle, Finanzmonopole und Steuern (Art. 105) • Verteilung des Steueraufkommens und der Erträge der Finanzmonopole (Art. 106) • Finanzausgleich und Ergänzungszuweisungen (Art. 107) • Finanzverwaltung (Art. 108) • Haushaltsordnung, Rechnungslegung und -prüfung (Art. 109-113) • Kreditbeschaffung (Art. 114)
Eigentumsordnung (Art. 14 und 15)	• Gewährleistung des Eigentums und Erbrecht • Allgemeinwohlverpflichtung des Eigentums • Enteignungsrecht nur zum Wohle der Allgemeinheit und gegen Entschädigung • gesetzliches Sozialisierungsrecht für Grund und Boden, Naturschätze und Produktionsmittel gegen Entschädigung
Wirtschaftsfreiheit	• persönliche Entfaltungsfreiheit (Art. 2) • Vereinigungsfreiheit zur Wahrung und Förderung der Arbeits- und Wirtschaftsbedingungen, d.h. die Koalitionsfreiheit und Tarifautonomie (Art. 9, Abs.3) • Freizügigkeitsrecht (Art. 11) • Berufsfreiheit (Art. 12)

Ansonsten hält sich das Grundgesetz mit der Festlegung einer konkreten Wirtschaftsverfassung sehr zurück, so dass verfassungsrechtlich umstritten ist, ob von der Zentralverwaltungswirtschaft bis zur freien Marktwirtschaft politisch Spielraum für jede Ausgestaltung der Wirtschaftsordnung besteht.

Das **Bundesverfassungsgericht** hat in einer Entscheidung zum Investitionshilfegesetz vom 20.7.1954 (BverfGE 4,7) dazu festgestellt: *„Das Grundgesetz garantiert weder die wirtschaftspolitische Neutralität der Regierungs- und Gesetzgebungsgewalt noch eine nur mit marktkonformen Mitteln zu steuernde „soziale Marktwirtschaft". – Die „Wirtschaftspolitische Neutralität" des Grundgesetzes besteht lediglich darin, dass sich der Verfassungsgeber nicht ausdrücklich für ein bestimmtes Wirtschafssystem entschieden hat. Dies ermöglicht dem Gesetzgeber, die ihm jeweils sachgemäß erscheinende Wirtschaftspolitik zu verfolgen, sofern er dabei das Grundgesetz* *beachtet. – Die gegenwärtige Wirtschafts- und Sozialordnung ist zwar eine nach dem Grundgesetz mögliche Ordnung, keineswegs aber die allein mögliche. Sie beruht auf einer vom Willen des Gesetzgebers getragenen Wirtschafts- und sozialpolitischen Entscheidung, die durch eine andere Entscheidung ersetzt oder durchbrochen werden kann."*

Die damit verfassungsrechtlich eingeräumte **Gestaltungsfreiheit des Gesetzgebers verbietet** gleichwohl die Wahl einer extremen Wirtschaftsordnung: Aufgrund des Sozialstaatsgebots ist eine **Marktwirtschaft ohne Sozialbindung** genauso wenig wählbar wie eine **zentrale Planwirtschaft ohne die freiheitlichen Grundrechte** (vgl. Rüßmann, 1994, S. 4).

Zusammenfassend heißt das, dass die konkreten Gestaltungsnormen der aktuellen Wirtschaftsordnung der BRD in zahlreichen (jederzeit veränderbaren) Einzelgesetzen unterhalb der Verfassungsebene zu finden sind. Auf dieser Gesetzesebene hat sich die BRD für die soziale Marktwirtschaft entschieden. Zum Beispiel enthält das Gesetz zur Förderung der Stabilität und des Wachstums der Wirtschaft vom 8. Juni 1967 (**Stabilitätsgesetz**) in § 1 ausdrücklich eine **Festschreibung auf den Rahmen der marktwirtschaftlichen Ordnung:** *„Bund und Länder haben bei ihren wirtschafts- und finanzpolitischen Maßnahmen die Erfordernisse des gesamtwirtschaftlichen Gleichgewichts zu beachten. Die Maßnahmen sind so zu treffen, dass sie im Rahmen der marktwirtschaftlichen Ordnung gleichzeitig zu Stabilität des Preisniveaus, zu einem hohen Beschäftigungsstand und außenwirtschaftlichen Gleichgewicht bei stetigen und angemessenem Wachstum beitragen."*

6.4 Säulen der aktuellen Wirtschaftsordnung

Neben den grundgesetzlichen Rechtsnormen, die eine marktwirtschaftliche Produktion und Verteilung von Gütern gewährleisten (Eigentums- und Vertragfreiheit), bilden verschiedene Rechtsinstitute die Grundelemente der aktuellen Wirtschaftsordnung der BRD.

Die **marktwirtschaftliche Säule der Wirtschaftsordnung** ist die nationale und europäische **Wettbewerbsordnung** (vgl. Abb. 6-3), die ausführlicher in Kapitel 17 dargestellt wird. Hervorzuheben ist, dass die von den Vertretern des Ordoliberalismus geforderte **vollkommene Konkurrenz durch das Leitbild des freien Wettbewerbs ersetzt** wurde, wodurch aber der ebenfalls geforderten **Kontrolle und Verhinderung von Marktmacht** Rechnung getragen wurde.

Tab. 6-3: Eckpunkte der nationalen und europäischen Wettbewerbsordnung

	Sicherung der Wettbewerbsfreiheit
Wettbewerbsordnung	**a) nationales Recht:** Gesetz gegen Wettbewerbsbeschränkungen (GWB) **b) europäisches Recht** Art. 85 des EWG-Vertrages • Verbot wettbewerbsbehindernder Vereinbarungen oder Beschlüsse mit der Möglichkeit zu Freistellung Art. 86 des EWG-Vertrages • Verbot des Missbrauchs einer den Markt beherrschenden Stellung
	Kontrolle unlauteren Wettbewerbs
	Gesetz gegen den unlauteren Wettbewerb (UWG) Rabattgesetz (weggefallen) und Zugabenverordnung
	Gefahrenabwehr
	Eingriffe in die Gewerbefreiheit • Eignungs- und Zuverlässigkeitsprüfungen für Betreiber bestimmter Gewerbe (im Gaststätten-, Personenbeförderungs-, Einzelhandels- und Apothekengesetz und in der Handwerksordnung) • Anforderungen an die Betriebsstätte (Unfallverhütung, Gefährdungs- und Vorsorgegebot, gefahrlose Beseitigung von Reststoffen bei Industrieanlagen) • Leistungsnormen (Qualitäts-, Sicherheits- und Auszeichnungsvorschriften)

Die **sozialstaatlichen Säulen der** Wirtschaftsordnung bestehen aus einer umfangreichen Sozialgesetzgebung, die im **Sozialgesetzbuch** zusammengefasst wurden, und bilden die Soziale Sicherung **des Staates.** Diese wird einerseits durch die **(1) aus Steuermitteln finanzierte Beveridge-Säule** (benannt nach dem englischen Sozialpolitiker *William Beveridge*) getragen, andererseits durch die **(2) aus Zwangsbeiträgen finanzierte Bismarck-Säule** des (von *Bismarck* 1881 eingeführten) gesetzlichen Sozialversicherungssystems. Darüber hinaus wird das **deutsche Sozialmodell** durch **drei private Zusatzsäulen** getragen: durch die **(1) private Vorsorgesäule** finanziert durch freiwillige Beiträge für Versicherungen, durch Spareinlagen und private Vermögen, die **(2) bürger- und zivilgesellschaftliche Säule** in Form von ehrenamtlichen Leistungen von Vereinen, Stiftungen und sonstigen gemeinnützigen Vereinigungen und die **(3) Familiensäule,** die in der Regel unbezahlte Leistungen durch Familienmitglieder erbringt.

6.4 Säulen der aktuellen Wirtschaftsordnung

Tab. 6-4: Säulen der Sozialen Sicherung durch den Staat

Soziale Sicherung	Beveridge-Säule
	• Grundsicherung für Erwerbsfähige
	• Arbeitslosenhilfe
	• Sozialhilfe
	• Jugendhilfe
	• Kindergeld
	• Erziehungsgeld
	• Wohnungsgeld
	• Ausbildungsförderung
	• Vermögensbildungsförderung
	• Soziale Entschädigungen
	• Unterhaltssicherungen für Wehrpflichtige und Zivildienst Leistende
	• Lastenausgleich
	• Wiedergutmachung
	• Subventionierung der Rentenversicherung
	Bismarck-Säule
	• Rentenversicherung für Arbeiter
	• Rentenversicherung für Angestellte
	• knappschaftliche Rentenversicherung
	• gesetzliche Krankenversicherung
	• gesetzliche Pflegeversicherung
	• gesetzliche Unfallversicherung
	• Arbeitslosenversicherung und Arbeitsförderung
	• Sondersysteme. Alterssicherung für Landwirte und Versorgungswerke
	• Beamten-Pensionen, -Beihilfen und -Familienzuschläge

„Nach der Grundentscheidung für das marktwirtschaftliche dezentrale System der Güterversorgung mit einer Verpflichtung/Berechtigung zum staatlichen Eingriff in das Wirtschaftsgeschehen bei sozialstaatswidrigen Ergebnissen und/oder Störungen der Funktionsbedingungen einer Marktwirtschaft bleiben dem Staat noch vielfältige Aufgaben" (Rüßmann, 1994, S. 5). Neben den Eckpfeilern der Wettbewerbs- und Sozialordnung bilden die (nationale und europäische) **Geld- und Währungsordnung**, die **Abgabenordnung** (als Ergänzung der grundgesetzlichen Finanzverfassung), die **Finanzmarktordnung**, das **Unternehmensrecht,** die **Betriebsverfassung** und die **Mitbestimmung,** der **Verbraucherschutz,** die **Arbeitsmarktordnung, der Arbeits- und Umweltschutz** weitere Säulen der deutschen Wirtschaftsordnung, die hier aus Raumgründen aber nicht im Einzelnen darzustellen sind.

7 Einführung in die volkswirtschaftliche Dogmengeschichte

Lernziele — Dieses Kapitel vermittelt:

- Welche Vorläufer die Nationalökonomie in der Antike und im Mittelalter hatte,
- wie sie bis zur Industrialisierung in Europa durch die Wirtschaftslehren des Merkantilismus und der Physiokratie geprägt wurde und
- sich schließlich mit der klassischen Lehre als wissenschaftliche Disziplin etablierte und bis zur heutigen „Neuen" Ökonomie der Neoklassik und des Keynesianismus fortgeschritten ist.

7.1 Sinn der Auseinandersetzung mit der Geschichte der Volkswirtschaftslehre

„Das Modelldenken der Volkswirtschaftslehre – die Abstraktion von der realen Welt und deren gedankliche Rekonstruktion – lässt uns über die Reduktion von Komplexität erkennen, was die Welt im innersten zusammenhält. Dem Gewinn an Erkenntnis steht jedoch als stete Gefahr der Verlust der Realität gegenüber. Daher brauchen Ökonomen Erkenntnisse gerade aus der Geschichte, um nicht in die Unwirklichkeit abzurutschen. Die Auseinandersetzung mit der **Geschichte der Volkswirtschaftslehre** – in folgendem **„Dogmengeschichte"** genannt – und mit deren Wurzeln, die überwiegend in der Moralphilosophie sowie in der politischen Philosophie gründen, **hilft uns, die Realität in ihrer gesellschaftlichen Komplexität im Blick zu behalten.** ... Schließlich zeigt uns die Beschäftigung mit der Dogmengeschichte, welche konkreten wirtschaftlichen und gesellschaftlichen Herausforderungen auf die volkswirtschaftlichen Theorien einwirkten oder diese geradezu erzwangen – wie John Maynards Keynes' Beschäftigungstheorie als Antwort auf die Weltwirtschaftskrise in den 30er Jahren des vorigen Jahrhunderts.

Die Volkswirtschaftslehre ist eine Disziplin, die – anders als die Naturwissenschaften – nur innerhalb weiter Grenzen die Frage entscheiden kann, ob eine Theorie im Popperschen Sinne als vorläufig bewährt oder als widerlegt angesehen werden muss. Das Studium der **Dogmengeschichte** gibt uns einen **Prüfstein** in die Hand, um falsche, halbwahre oder vorläufig bewährte Theorien von einander unterscheiden zu können" (Starbatty, 2005, S.6).

7.2 Vorläufer der Nationalökonomie: Antike bis Mittelalter

7.2.1 Xenophon, Platon und Aristoteles

Die **Wurzeln der Volkswirtschaftslehre** findet man **in der griechischen Antike**. Die Bestandteile des Begriffes „Ökonomie" stammen bekanntlich aus dem Altgriechischen: *„Oíkos"* der Haus/Haushalt und *„nómos"* das Gesetz/der Brauch. Unter **Oikonomía** verstand man die **Lehre von der rechten Haushaltsführung**.

Auf den Schriftsteller **Xenophon (430-355 v. Chr.)**, Schüler von Sokrates und Zeitgenosse Platons, geht mit *„Oikonómikos"* (engl. *„The Economist"*) die älteste Schrift zurück, die in zusammenhängender Form die Hauswirtschaft eines Landguts behandelt. Er behandelt aber auch den Handel mit Getreide und Grundstücken sowie die Notwendigkeit, Überschüsse anzustreben und den Reichtum zu mehren. **Arbeitsteilung** wird als Mittel zur Qualitätssteigerung der Produktion gesehen. In einer weiteren Schrift *„Über die Staatseinkünfte"* (*Poroi*) gibt *Xenophon* Empfehlungen, die man heute als **„Wirtschaftsförderung"** bezeichnen würde. Sie sind vom Wirtschaftsdenken des Merkantilismus nicht weit entfernt.

Beim Zeitgenossen und Philosophen **Platon (427-347 v. Chr.)**, ebenfalls Sokrates-Schüler, liegt das Schwergewicht auf der Analyse des Menschenbildes und der daraus abgeleiteten staatlichen Ordnung. Die Menschen sind durch die Anlagen Geist, Mut und Lust bestimmt, wobei der Verstand (wie ein Wagenlenker seine ungestümen Pferde) die Leidenschaften zügele. Diese Sicht des Menschen überträgt Platon (in seinem Hauptwerk *„Politeia"*) auf den **Staat**, der dann **„gerecht"** und damit **„ideal"** sei, wenn jedes Mitglied seinen Platz entsprechend seinen Fähigkeiten erhalte und seine Handlungen dem Wohle des Staates unterwerfe, d.h. wenn dieser von **Philosophen** als Königen (1. Stand) gelenkt werde, die tapferen **Krieger oder Wächter** (2. Stand) für Sicherheit und Verteidigung zuständig und die **Erwerbstreibenden** (Bauern, Handwerker und Händler) (3. Stand) seien. Die Sklaven verrichten in der Regel die niederen Arbeiten, bilden aber keinen eigenen Stand. **Erwerbstreibende und Sklaven** sichern die materiellen Grundlagen der Gesellschaft. Sie **produzieren den wirtschaftlichen** Überschuss, der es den beiden ersten Ständen ermöglicht, ihre staatstragenden Funktionen **Politik, Erziehung, Verwaltung und Sicherheit** erfüllen zu können.

In *Platos* **Idealstaat** bestimmen die König-Philosophen den Weg des Gemeinwesens und das gemeinsame Wohl. Damit die jeweiligen Machthaber keine dynastischen Erbfolgeregeln durchsetzen und private Reichtümer anhäufen können, schafft *Platon* für die beiden ersten Stände Ehe und Familie ab, ersetzt diese durch eine Weiber- und Kindergemeinschaft und untersagt ihnen auch privates Eigentum. Bedeutsam ist diese **Staatsvision Platons**, die *Karl Popper* **„totalitär"** genannt hat (Popper, 1945/1992, S. 474), weil er alle nachfolgenden Entwürfe einer idealen utopischen Welt geprägt hat, auch den von *Karl Marx*, in der *Platons* Philosophen von der sozialistischen Avantgarde gestellt werden (Starbatty, 2005, S. 10f.).

Neben dem **Gemeineigentum für die beiden oberen Stände („aristokratischer Kommunismus")** als idealer Eigentumsform, lässt Platon im Idealstaat (Einzel-Ehe und) Privateigentum **für die Erwerbstreibenden** zu, nicht weil dies ideal, sondern zu deren Funktionserfüllung praktisch notwendig sei. Die (nach Fähigkeiten „gerechte") **gesellschaftliche Arbeitsteilung** zwischen den drei Ständen erfordere zur Ergänzung eine **wirtschaftliche** Arbeitsteilung, da die Menschen unterschiedliche Bedürfnisse und Fähigkeiten hätten. Der **Vorteil der Arbeitsteilung** wird in der Möglichkeit zur **Steigerung der Qualität** (und nicht ausdrücklich der Quantität) gesehen. **Privateigentum** an Gütern und Produktionsmitteln ist eine notwendige Voraussetzung für die dezentrale Produktion, Märkte und Geld als Tauschmittel zweckmäßig für Koordination der Wirtschaftspläne und die Verteilung der Güter nach den Bedürfnissen. Als **Verteilungsziel** fordert *Platon* in den für reale Staaten vorgeschlagenen Gesetzen („*nómoi*"), dass kein Bürger mehr als das Vierfache eines anderen besitzen soll. Überhaupt hält er das individuelle **Streben nach Geldgewinn** für **unedel**.

Platons Schüler **Aristoteles (384-327)**, selbst Lehrer Alexander des Großen, setzt der platonischen Forderung nach Ordnung durch Gesetz („*nómos*") eine Konzeption entgegen, die der Natur des Menschen entspricht – **Ordnung durch Naturrecht** („*phýsis*"). Der Mensch wolle etwas sein eigen nennen und was er liebe, wolle er nicht mit allen teilen: „*Denn um Dessen willen, was ihnen ein Gut zu sein scheint, thun überhaupt Alle Alles, was sie thun*" (Politik, 1252, 1-7/77). *Platons* **„aristokratischer Kommunismus"** verstoße **gegen die menschliche Natur**. Das Gesetz müsse scheitern, wenn es nicht der menschlichen Natur entspreche. Der **Mensch** sei **ein auf Gemeinschaft angelegtes** Lebewesen, ein „*zóon politikón*" (1253a, 1-5/83), er lebe lieber gesellig als allein.

Aristoteles kritisiert aufgrund seines anderen Menschenbildes das von *Platon* als Ideal geforderte Gemeineigentum als **„widernatürlich"**. Privates Eigentum entspreche nicht nur der menschlichen Natur, sondern es sei auch für die Gemeinschaft vorteilhaft, weil sich der Einzelne intensiver um das kümmere, was ihm gehöre oder umgekehrt würden Güter nicht so gepflegt, wenn viele dafür verantwortlich seinen, „*weil jeder denkt, ein anderer kümmere sich darum*" (1261b, 30-35/157). **Privateigentum** sei also **produktiver als Gemeineigentum**. Während Platon mit seinem „gerechten" Staat nur eine Sozialethik vertrat, zu deren arbeitsteiliger Funktionserfüllung sich jeder unterordnen sollte, vertrat Aristoteles auch eine **Individualethik (Nikomachiche" Ethik)**: Es geht um das richtige Handeln des Einzelnen, auch gegenüber seinen Mitmenschen.

7.2.2 Kirchenväter und Scholastik

An der Wende von der Antike zum Mittelalter waren es die als **„Kirchenväter"** bezeichneten frühen theologischen Schriftsteller, deren Werke die **christliche** Sozialehre begründen und an die antike und byzantinische Wirtschaftstradition anknüpfen. „Durch die Verwendung der Begriffe aus der griechischen Philosophie bei der Auslegung der Bibel schaffen die Kirchenväter das Fundament, auf dem die christliche Ethik gründet" (Schinzinger, 2002, S.19). Auch bei den Kirchenvätern spielt das **Gerechtigkeitsgebot** eine zentrale Rolle, anders als in der griechischen Antike heißt **„gerecht" sein, den Willen Gottes zu erfüllen**. So gewinnen die wirtschaftlich relevanten Stellen in der Bibel nicht erklärenden, sondern fast ausschließlich normativen Charakter (vgl. Schinzinger, S. 20 f.). Die Kirchenväter stellen auch **Regeln für den Tauschverkehr** auf. Es geht ihnen dabei nicht um die Bestimmung des „gerechten" Preises, sondern um die **Eindämmung von Betrug und Habsucht**. „Irdischer Besitz sei an sich wertfrei; je nachdem, wie die Güter gebraucht werden, seien sie als sittlich gut oder als sittlich böse anzusehen" (ebendort, S. 21).

Augustinus (354-430) als bedeutsamster aller Kirchenväter, der nicht nur die mittelalterlichen Theologen, sondern auch die Reformatoren stark beeinflusst hat, betont wie die griechischen Philosophen den Gemeinschaftsgedanken. „Er verurteilt das maßlose Gewinnstreben, weil es das Gebot der Liebe in der Gemeinschaft verletze, insbesondere wenn die Notlage des Schwächeren dabei ausgenutzt werde" (ebendort).

Als im frühen Mittelalter der Handel für die wirtschaftliche Entwicklung immer mehr an Bedeutung gewinnt, setzen sich die **Scholastiker** notgedrungen mit der Frage der **Vereinbarkeit des tatsächlichen ökonomischen Verhaltens mit der christlichen Ethik** auseinander. „Die wirtschaftsbezogenen Gedankengänge der Theologen des hohen und späten Mittelalters kreisen um zwei Probleme: Den ‚**gerechten**' Preis und das **Zinsverbot**. Basis der Überlegungen ist neben den Lehrern der Kirchenväter in erster Linie die aristotelische Philosophie, die vor allem von *Albert dem Großen* vermittelt wird" (ebendort, S. 22).

Durch seine kommentierte Übersetzung der Schriften des *Aristoteles (Politik* u. *Nikomachische Ethik)* ins Lateinische hat **Albertus Magnus (um 1200-1280)** das ökonomische Denken seiner Zeitgenossen stark beeinflusst. „Wichtigster Gegenstand des Kommentars von *Albert* sind die Argumente des *Aristoteles* zum Privateigentum, die *Platon* widersprechen. – Es wird der Gedanke betont, dass **Privateigentum eine politische Tatsache** und eine **Gelegenheit zum Ausüben christlicher Caritas** sei" (ebendort, S.23). Auch hinsichtlich des gerechten Preises greift *Albertus Magnus*, ohne die Wertäquivalenz hervorzuheben, auf Aristoteles zurück: **Preisgerechtigkeit** liegt für ihn vor, wenn der Preis von den Tauschpartnern freiwillig akzeptiert wird und keine Täuschung vorliegt. Auch am **Zinsverbot** hält er im Prinzip fest, obwohl der Risikogedanke das Wucherargument abschwächt (ebendort, S. 25).

Thomas von Aquin (1225-1274) hat als einflussreichster Theologe des Mittelalters  die Lehre vom „gerechten" Preis entscheidend weiterentwickelt. Von der gesamtgesellschaftlichen Funktion des Tausches in einer arbeitsteiligen Wirtschaft ausgehend sei die **Arbeitsleistung Hauptbestimmungsgrund für den „gerechten" Preis**, außerdem die „Kosten", worunter er im wesentlichen die Rohstoffkosten versteht. Andererseits bestimme sich der Preis der Güter nach Maßgabe der Bedürfnisse. „Dabei kommt er zu der Meinung, dass der **Wert einer Ware** am besten durch den **Marktpreis** ausge-drückt werde, der den beiderseitigen Nutzen der Tauschpartner dokumentiere, was der heutigen Auffassung entspricht". – „Wie beim Tausch von Waren bestehe auch beim Lohn die Gerechtigkeit in der **Entsprechung von Leistung und Gegenleistung**" (ebendort, S. 26 f.). Wie *Albertus Magnus* lehnt *Thomas* mit dem von *Aristoteles* eingebrachten „Unfruchtbarkeitsargument" den Zins grundsätzlich ab. Das Vordringen der Geldgeschäfte in der Realität zwingt ihn jedoch, vier legitime **Gründe für den Zins** anzuerkennen: (1) potenzielle Ausleihverluste, (2) entgangenen Gewinn, (3) versäumte Rückgabetermine und (4) Beteiligungen an einem kaufmännischen Unternehmen. Damit eröffnet er nicht nur Wege zur Umgehung des Zinsverbotes, sondern liefert auch **Argumente für die produktive Nutzung des Geldes**.

Einen **Beitrag zur Geldlehre** leistet auch **Johannes Buridanus (1300-1358)** dadurch, dass er bereits zwischen seinem **Substanzwert (Metallgehalt)** und seiner **Kaufkraft** unterscheidet. Außerdem ist er der erste, der den Marktpreis als das **Ergebnis von Angebot und Nachfrage** erklärt. „Er sei der Preis, den die Gesamtheit der Konsumenten billige, daher könne man ihn als ‚gerecht' bezeichnen. – Die Tatsache, dass *Buridanus* sich zu untersuchen bemüht, wie der Preis zustande kommt, bevor er moralische Maßstäbe anlegt, zeigt, dass in seinen Werken tatsächlich **Ansätze wirtschaftstheoretischen Denkens** finden" (ebendort, S. 27).

7.2.3 Die Schule von Salamanca

Nach der Entdeckung der neuen Welt werden um die **Mitte des 16. Jahrhunderts** negative Folgen des Edelmetallzustromes sichtbar: Inflation, Vernachlässigung der Landwirtschaft, Qualitätsrückgang im Gewerbe und Bankrotte großer Handelshäuser.

An der **Universität von Salamanca in Spanien** entwickelt sich ein Forschungszentrum, das diese Phänomene analysiert. „Ergebnis dieser Forschungen sind **Ansätze zu einer subjektiven Wertlehre** und die **Weiterentwicklung der Quantitätstheorie des Geldes unter Berücksichtigung des Außenhandels (Wechselkurse).**

Luis de Molina (1535-1600), bedeutendster Vertreter der Schule von Salamanca und

Wirtschaftsethiker des 16. Jahrhunderts, hat sich angesichts der Inflationsprobleme der spanischen Wirtschaft intensiv mit den Bestimmungsgründen der Preisbildung beschäftigt. Dabei hat er die **induktive Methode empirischer Forschung** und die **normative Ethik der Scholastik** zu verbinden versucht „Entscheidende Faktoren der Preisbildung sind nach *Molina* Mangel oder Überfluss an Waren, Größe der Nachfrage, Intensität der Bedürfnisse und Expansion und Kontraktion der Geldmenge. – Im Zusammenhang mit der Preisbildung werden auch die Probleme von Zins und Kapital erörtert: Bei Vorauszahlung (Kauf mit Lieferaufschub) könne der Preis gedrückt werden; wird auf Kredit gekauft, dürfe der Preis höher sein. *Molina* erkennt wohl als erster Theologe die ökonomischen Funktionen des Handels und der Verlagsgeschäfte, so dass er die **Finanzierung der Produktion durch Kredite** der Abnehmer **bejaht**. Molina konstatiert auch, dass es einen Markt für „Geld" gibt; ... Damit könne auch auf das Geld das Gesetz von Angebot und Nachfrage angewendet werden, es existiere ein ‚**Marktpreis**' **für Geld**. Aus dieser Erkenntnis leitet er jedoch nicht die Abschaffung des Zinsverbots ab, sondern nur eine differenzierte Sicht der erlaubten Kreditgeschäfte" (Schinzinger, 2002, S. 31).

7.2.4 Die Reformatoren

Im Zuge der Reformation im ausgehenden Mittelalter stehen die ethischen **Fragen des Zinsnehmens und des „gerechten" Preises wieder verstärkt im Mittelpunkt** der Überlegungen. „Veränderungen in Wirtschaft und Gesellschaft werden nicht systematisch untersucht, sondern bilden nur den Anstoß oder den Hintergrund für sozialethische Forderungen" (ebendort, S. 32).

Mit dem erneuten Wuchervorwurf wendet sich **Martin Luther (1483-1546)** selbst gegen die in der Scholastik bereits zugelassenen Zinstitel. „Die Stellungnahmen Luthers führen zu einer Stärkung der fürstlichen Macht. Konkret fordert er von der Obrigkeit Eingriffe in das Wirtschaftsleben, insbesondere Festsetzung der Preise, Zurückdrängen des Luxus, Regelung bzw. Unterbindung des Außenhandels (z.B. beim Getreidehandel, wo Luther für Staatsmagazine eintritt und den privaten Kornhandel vielfach als **Wucher** bezeichnet.) Auch das kanonische **Zinsverbot** soll von der Obrigkeit konsequent durchgesetzt werden" (ebendort).

Johannes Calvin (1509-1564) dagegen „erkennt die Bedeutung des Kapitals für die wirtschaftliche Entwicklung. Er sieht auch die **positiven Seiten des Erwerbsstrebens, des Handels und der Kreditwirtschaft.** – Calvin argumentiert zugunsten des Zinses: Wenn ein Kaufmann das Geld in einem anderen Wirtschaftszweig anlege, so dürfe er auch hier Ertrag erwarten, also Zinsen fordern. Den alten aristotelischen Einwand, dass Geld kein Geld erzeugen könne, hält er durch die ökonomische Praxis für teilweise widerlegt. Mit dem biblischen Zinsverbot sei nur der Schutz der Armen gegen die Lieblosigkeit der Reichen gefordert; es gehe nicht um den Schutz desjenigen, der mit geliehenem Geld den Ertrag seines Betriebes steigere" (ebendort, S. 33). Die Auffassung *Calvin*s: *„Es ist nicht sündhaft, reich zu sein. Sondern in Sünde fällt nur, wer sich auf seinem Reichtum ausruht und es zur Befriedigung seiner lasterhaften Begierde missbraucht"*, sieht *Max Weber* später als die entscheidende **ethische Grundlage für den Geist des Kapitalismus** an (vgl. Afhüppe, 2000, S. 63).

7.3 Merkantilismus und Physiokratie

7.3.1 Merkantilismus in Frankreich, England und Deutschland

Merkantilismus ist der Sammelbegriff für die vor Beginn der Industrialisierung vom 16. bis zum 18. Jahrhundert in den Ländern Europas durch **Interventionismus und Dirigismus** gekennzeichneten **Eingriffe des Staates** in den Wirtschaftsprozess. Diese praktisch-politischen Ansätze mit dem Ziel der **Steigerung der nationalen Wirtschafts- und Handelskraft** – notfalls auch auf Kosten anderer Länder – basieren auf keiner in sich geschlossenen wirtschaftstheoretischen und -politischen Konzeption. Merkantilistische Wirtschaftspolitik unterscheidet sich von Land zu Land.

Der **Französische Merkantilismus** wird durch **Duc de Sully (1560-1641)** eingeleitet, einen Hugenotten, den König Heinrich IV. nach 30jährigen Bürger- und Religionskriegen mit dem Auftrag als **Finanzminister** einsetzt, die völlig zerrütteten **Staatsfinanzen zu sanieren**. Er baut die brachliegende Landwirtschaft wieder auf, verbietet den Waldabbau, liberalisiert den Warenhandel, fördert die Lagerwirtschaft sowie den Straßen-, Brücken- und insbesondere den Kanalbau. Schließlich führt er zahlreiche **protektionistische Maßnahmen** ein (gezielte Importverbote und ein Ausfuhrverbot für Gold).

7.3 Merkantilismus und Physiokratie

Seinen Höhepunkt findet der französische Merkantilismus unter **Jean Baptiste Colbert (1619-1683)**, der als Finanzminister unter Ludwig XIV. ebenfalls zur Sanierung der Staatsfinanzen nun eine intensive **Förderung der gewerblichen Wirtschaft** (unter **Vernachlässigung der Landwirtschaft**) und die **Vermehrung der Bevölkerung** als Hauptziele verfolgt. Mittel des **Colbertismus** sind u. a. die Schaffung eines einheitlichen Zoll- und Marktgebiets, die straffe Zentralisierung der politischen und wirtschaftlichen Entscheidungskompetenzen, eine Steuerreform zur Steigerung der Staatseinnahmen, die Schaffung einer gewerbefördernden Infrastruktur und staatlicher Manufakturen als Pilotunternehmen, die Anwendung von Preistaxen und Produktionsvorschriften sowie ein Ausfuhrverbot für Nahrungsgüter. Das inländische Angebot soll hierdurch steigen mit der Folge sinkender Preise und Lohnkosten und schließlich der Zunahme der internationalen Wettbewerbsfähigkeit im **Kampf um einen größeren Anteil an der** Weltgeldmenge (*gurre d'argent*). Für Colbert sind **Handelsüberschüsse die „Minen des Königreiches"**, welche der Binnenwirtschaft von außen in Form von Edelmetall Blut zuführen.

David Hume (1711-1776) hat diese **merkantilistische** Außenhandelslehre später als Vertreter der englischen Vorklassik **kritisiert**: „Wenn die Weltgeldmenge beschränkt sei, so würde die Zufuhr im Überschussland dort die Preise stärker steigen lassen als im Defizitland, dessen Preise wegen des Verlustes an Edelmetall sinken müssten; daher müssten sich die Handelsströme wieder umkehren" (Starbatty, 2005, S.33). Diese in der Zeit der Goldwährung wirksame Tendenz wird heute in der monetären Außenwirtschaftstheorie als „**Zahlungsbilanzausgleichsmechanismus**" bezeichnet.

Auch der **Englische** Merkantilismus oder **„Bullionismus"** (Bullion = Goldbarren) – vertreten u. a. durch **Thomas Mun (1571-1656), Gerard de Malynes (1586-1641) und Edward Misselden (1608-1654)** – förderte unter der Annahme, dass die durch Außenhandelsüberschüsse anwachsenden Edel-metallreserven gleichbedeutend mit nationalem Wohlstand sind, besonders den Außenhandel durch einen ausgeprägten **Handelsprotektionismus**.

Der „**Kameralismus**" als sich erst nach dem 30-jährigen Krieg entwickelnde **deutsche Variante des Merkantilismus** wird begrifflich von den hohen Kammerbeamten (den „Kameralisten") des deutschen Fürsten hergeleitet. Die als „**Kameralistik**" bezeichnete öffentliche Verwaltung verfolgt insbesondere die Ziele **Mehrung des fürstlichen Schatzes** („camera principi") und das **Wiederanwachsen der Bevölkerung** („Peuplierung"), da angenommen wird, dass der Reichtum eines Landes von der Größe des Staatsschatzes und von der Bevölkerungszahl abhängt. Während die praktische Wirtschaftspolitik des Kameralismus dem französischen Colbertismus gleicht, wird darüber hinaus zur Entwicklung einer fähigen Zentralverwaltung die Entwicklung der **Kameralwissenschaften** (Staatswirtschaftslehre) gefördert, die den hohen Beamten das Studium einer Finanz-, Wirtschafts- und Verwaltungslehre sowie der Rechts- und Polizeiwissenschaften ermöglicht.

Hauptvertreter der wissenschaftlichen Kameralistik, für die in Halle (Saale) und in Frankfurt (Oder) 1727 erste Lehrstühle eingerichtet werden, sind u. a. **J. J. Becher, V.L. von Seckendorff, J. von Sonnenfels und J. von Justi Sonnen**

(1635-1682), (1626-1692) (1732-1817) (1720-1771).

7.3.2 Physiokratie: Wirtschaftskreislauf und Verteilung

Als **Gegenbewegung zum Merkantilismus** entwickelt sich in der zweiten Hälfte des 18. Jahrhunderts in Frankreich die auf dem Naturrechtsgedanken basierende Staats- und Wirtschaftstheorie der **„Physiokratie" (Herrschaft der Natur)**, welche die Eingriffe des Staates in die „natürliche Ordnung" der Gesellschaft und Wirtschaft auf ein Minimum beschränken will.

Francois Quesnay (1694-1774), Leibarzt von Ludwig XV., entwickelt als Hauptvertreter der physiokratischen Lehre in seiner späteren zweiten Profession als Wirtschaftstheoretiker mit seinem **„Tableau économique" das erste Kreislaufmo-dell einer Volkswirtschaft**, das als Vorläufer einer Volkswirtschaftlichen Gesamtrechnung gilt. Er unterteilt die Wirtschaft in **drei Sektoren: Die (1) Landwirtschaft** erzielt allein einen volkswirtschaftlichen Überschuss, die **(2) Grundeigentümer** verbrauchen als Landverpächter den gesamten Überschuss, während **(3) Händler, Handwerker, Beamte und Manufakturarbeiter** nur ein Subsistenzeinkommen ohne Mehrwert erzielen. Das Tableau zeigt, wie Produktion, Verteilung und Konsum über die Zahlungsströme intrasektoral zusammenhängen (vgl. Starbatty, 2005, S.35 f.).

Quesnay leitet aus seinem Kreislaufschema weiter ein **konsistentes wirtschaftspolitisches Konzept** ab: Da die **Landwirtschaft** als einziger Sektor einen Reinertrag (*produit net*) hervorbringt, ist diese anders als im Merkantilismus **nicht zu besteuern, sondern zu fördern**, um diese Erträge zu steigern statt sie durch Erschwerung der Saatgutfinanzierung herunterzuwirtschaften. Als Steuerquelle kommen nur die Überschüsse der Landeigentümer in Frage, so dass *Quesnay* für sie eine **Alleinsteuer** vorschlägt. Darüber hinaus wird den Physiokraten die **Forderung nach Privateigentum, Laissez-Faire und Freihandel** insbesondere auch für Agrarprodukte zugeschrieben (vgl. Starbatty, 2005, S.37).

Jaques Turgot (1727-1781) kann als **Finanzminister** von Ludwig dem XVI. einige

theoretische Vorstellungen der Physiokraten in praktische Wirtschaftspolitik umsetzen, scheitert bei der Durchsetzung seiner Reformpolitik jedoch am Widerstand der Interessengruppen. Umso bedeutender sind seine der „Vorklassik" zuzurechnenden Beiträge zur ökonomischen Theorie: Die **Unterscheidung zwischen absoluten, durchschnittlichen und marginalen Erträgen** in der landwirtschaftlichen Produktion, die Analyse von **Gleichgewichts- und Wettbewerbsmechanismen auf Märkten** sowie die **Ab-lehnung des Zinsverbotes**, da der Geldmarktzins die Anpassung von Sparen und Investieren gewährleiste.

7.4 Klassischer Liberalismus

7.4.1 Adam Smith: Die „invisible hand" der Konkurrenz

Obwohl die Physiokraten auf die französische Wirtschaftspolitik letztlich kei-nen entscheidenden Einfluss haben, so haben sie doch die **Klassik** stark mitgeprägt. Als deren anerkannter **Begründer** kommt **Adam Smith (1723-1790)**

nämlich während seines zweijährigen Parisaufenthaltes (1764-65) nicht nur mit den Aufklärern *Voltaire* und *Diderot*, sondern auch mit den beiden wichtigsten Physiokraten *Quesnay* und *Turgot* in Kontakt. Auch Smith geht es in seinem ersten großen Werk „*Theorie der ethischen Gefühle*" (1759) um die **menschliche Natur** und um **ihre Eignung für ein Leben in der Gesellschaft**. Die Auffassung des englischen Philosophen *Thomas Hobbes*, dass ohne die unbegrenzte Macht eines Souveräns der Rückfall in den **Kampf aller gegen alle unausweichlich** sei, hält Smith für eine Fehleinschätzung: „*Beseitigt man alle Systeme der Begünstigung und Beschränkung, so stellt sich von selbst das klare System der natürlichen Freiheit ein. Solange der Einzelne nicht gegen die Gesetze der Gerechtigkeit verstößt, lässt man ihm völlige Freiheit, sein Interesse in der von ihm genehmen Weise zu verfolgen.*" Ohne es zu beabsichtigen oder zu wissen, **verfolge der Einzelne so – wie von „unsichtbarer Hand" (invisible hand) gelenkt – das Gesamtinteresse der Gesellschaft** (vgl. Kurz, 1996, S.30). Auch in seinem zweiten Werk „*Der Wohlstand der Nationen*" (1776) geht es *Smith* um die gesellschaftlichen Wirkungen eigeninteressierten Handelns. Allerdings unterliege derjenige, der in der Jagd nach Reichtum den Schlüssel zum guten Leben sieht, letztlich einer Täuschung. Doch dies sei „*gut, dass die Natur uns in dieser Weise be-*

trügt. Denn diese Täuschung ist es, die den Fleiß des Menschen weckt und in steter Bewegung hält" (ebendort, S. 31).

„Die **Quelle allen Reichtums ist produktive menschliche Arbeit** – nicht der Handel, wie die Merkantilisten behaupteten, und auch nicht die Natur, wie die Physiokraten sagten. Der nationale Wohlstand ist das Produkt des Fleißes und der Geschicklichkeit der Arbeiter. Doch trotzdem ist ihre Situa-tion beklagenswert: Sie sind gezwungen, das Produkt ihrer Arbeit mit der Klasse der Grundherren (*landlords*) und derjenigen der Kapitaleigner (*capita-lists*) zu teilen. …Kapitalprofit ist ebenso wie Grundrente Besitzeinkommen und basiert auf einem ‚Abzug' vom Arbeitsertrag. Aber anders als im Fall der Grundrente ist das Kapital Ergebnis eines sozial nützlichen Tuns: des Sparens und Investierens. Und der Profit ist einerseits die Hauptquelle weiterer Kapitalbildung mit dem Ziel größerer Profite. Den Kapitaleignern kommt damit die nützliche Rolle zu, über die Anhäufung von Kapital den nationalen Wohlstand zu mehren, an dem alle, auch die Arbeiter, teilhaben" (ebendort, S. 32).

Obwohl *Smith* vielfach als Verfechter eines strikten Laissez-faire-Liberalismus angesehen wird, richtet sich seine Kritik **nicht gegen Staatseingriffe schlechthin**, sondern der Staat habe nur solche Aufgaben zu übernehmen, die von den Privaten entweder nicht oder nur schlechter wahrgenommen werden können. „Der Souverän habe aller Pflichten zu entledigen, *‚zu deren angemessener Erfüllung keine menschliche Weisheit und kein Wissen je ausreichen könnten'* – der Planung und Steuerung der Produktion. Der Markt löse dies weit besser, und Wettbewerb sei ein Mittel zur Beschränkung der individuellen Macht" (ebendort, S. 34). Dem **Staat** weist er ausdrücklich die **Aufgaben** zu, a) für Sicherheit nach außen, b) für Schutz im Innern und c) für öffentliche Einrichtungen zu sorgen, für welche aus Kostengründen kein privates Engagement besteht (vgl. Kolb, 2004, S. 59).

7.4.2 Malthus und Ricardo: Pessimismus statt Harmonie

Der heilen Welt des Adam Smith mit seinem optimistischen Glauben an die Politische Ökonomie der Freiheit und den harmonischen Ausgleich privater und gesellschaftlicher Interessen durch Markt und Wettbewerb setzen sowohl
Thomas Robert Malthus (1766-1834) als auch **David Ricardo (1772-1823)**

einen mehr oder weniger begründeten **Pessimismus** entgegen. *Malthus* entwirft das große **Armut** prophezeiende **Gesetz der Bevölkerungsfalle**, aus der es aufgrund einer auf der einen Sei-te in geometrischer Reihe wachsenden Bevölkerung und auf der anderen Seite infolge des Gesetzes abnehmender Bodengrenzerträge kein Entrinnen gab. Nur Elend (*misery*) in Gestalt von Hun-gersnot und Krankheiten sowie Laster (*vice*) durch Kriege, Mord und Promiskuität könnten Wachstumsschranken für die Überbevölkerung bilden. Zudem gelangt er „zu einer sehr pessimistischen Einschätzung sozialpolitischer Bemühungen um die Armen, er argumentiert nämlich dass solche … nur dazu führen würden, noch mehr Menschen den Sanktionen von Elend und Laster auszusetzen, statt zu einer Verbesserung der geistigen Haltung in Bezug auf die ‚Leidenschaft zwischen den Geschlechtern' beizutragen. Zugleich prognostiziert er das Scheitern jeder Art von ökonomischem Kommunismus und betont demgegenüber die Notwenigkeit des Privateigentums" (ebendort, S. 63).

Ricardo sieht in der **Bevölkerungsvermehrung** vor allem ein **Verteilungsproblem**, weil das damit steigende Angebot an Arbeitskräften eine nachhaltige Zunahme der Reallöhne verhindere. Außerdem habe der Profit eine fallende Tendenz, da die zusätzlich benötigten Lebensmittel nur durch das Opfer von immer mehr Arbeit gewonnen werden könnten. Und weil die Löhne ohnehin dem Existenzminimum entsprächen, könne eine Steigerung der Grundrente also nur zu Lasten des Profits (= Zins und Unternehmergewinn) gehen (ebendort, S. 67).

Obwohl die Erklärung der Einkommensverteilung für Ricardo im Mittelpunkt seines Hauptwerkes „*On the Principles of political Economy, and Taxation*" (1817) steht, ist sein Name vor allem durch das **Außenhandelstheorem der komparativen Kosten** in die Dogmengeschichte eingegangen: „*England kann in einer solchen Lage sein, dass die Erzeugung des Tuches die Arbeit eines Jahres von 100 Leuten erfordert, und wenn es versucht, den Wein herzustellen, so wird es sie Arbeit gleicher Zeitdauer von 120 Leuten benötigt werden. England wird daher finden, dass es seinen Interessen entspricht, Wein zu importieren und ihn mit Hilfe der Ausfuhr von Tuch zu kaufen. Um den Wein in Portugal herzustellen, ist vielleicht nur die Arbeit von 80 Leuten während eines Jahres erforderlich, und um das Tuch in diesem Lande zu produzieren, braucht es vielleicht die Arbeit von 90 Leuten, während der gleichen Zeit. Es ist daher für Portugal von Vorteil, Wein im Austausch für Tuch zu exportieren. Dieser Austausch kann sogar stattfinden, obwohl die von Portugal importierte Ware dort mit weniger Arbeit als in England produziert werden kann. Wenngleich es das Tuch durch die Arbeit von 90 Leuten erzeugen kann, wird Portugal dieses doch auch aus einem Land einführen, wo man zu seiner Herstellung die Arbeit von 100 Leuten benötigt, da es für Portugal von größerem Vorteil ist, sein Kapital in der Produktion von Wein anzulegen, wofür es von England mehr Tuch bekommt, als es durch Übertragung eines Teils des Kapitals vom Weinbau zur Tuchfabrikation produzieren könnte*" (Ricardo, 1817, zit. nach Kruse, 1959, S. 115).

7.4.3 Jean-Baptiste Say: Klassische Lehre in Frankreich

„Trotz sehr früher Übersetzungen des ‚*Wealth of Nations*' hat es auf dem europäischen Festland Jahre gedauert, ehe die von Smith ausgehende Doktrin auf merkliche Resonanz stieß; dafür machte man u. a. didaktische Defizite verantwortlich" (Kolb, 2004, S.71). Dies bemängelte 1803 in Frankreich auch **Jean-Baptiste Say (1767-1832),** der mit seinem Hauptwerk „*Traité d'Économie Politique*" dem Klassischen Liberalismus zu Popularität verhilft. Sein Hauptverdienst liegt jedoch in dem darin enthaltenen eigenständigen

Beitrag zu den **Folgen einer falschen Steuerpolitik**: „Wer zu belastet werde, könne weniger Geld ausgeben. Sinke die Nachfrage, sinke auch die Produktion – und das lasse die Steuereinnahmen der Regierung schrumpfen. Umgekehrt heißt das: Senkt der Staat den Steuersatz, steigen Produktionsvolumen und Steuereinnahmen. Heutzutage würde der Franzose damit als **Verfechter einer angebotsorientierten Wirtschaftspolitik** gelten. Die Bedeutung des … *Traité* liegt jedoch vor allem in Says Beobachtungen zum gesamtwirtschaftlichen Angebot. Jedes Angebot, behauptete der damals 36jährige, schafft sich seine eigene Nachfrage – dass dauerhaft zu viel Güter produziert werden, ist also unmöglich: Das ist das ‚**Saysche Theorem**'. Für den Arbeitsmarkt hieße das: Eine dauerhafte Arbeitslosigkeit, zum Beispiel als Resultat von Überkapazitäten, könne es nicht geben. …Wer etwas produziert, verwendet das Einkommen aus dem Verkauf wieder für den Kauf von Gütern. Angebot und Nachfrage stehen damit in einem Zusammenhang – Je größer die Produktion und damit das Angebot an Waren, umso größer ist auch das Einkommen der Produzenten. Wenn rein rechnerisch aber ein steigendes Angebot die entsprechende Nachfrage nach sich zieht, entsteht ein **allgemeines Gleichgewicht**" (Brost, 2000, S. 12). Widerlegt wurde das Saysche Theorem durch das Phänomen der Massenarbeitslosigkeit und durch *John Maynard Keynes*.

7.4.4 John Stuart Mill: Sozialer Liberalismus

Den Patentlösungen des Liberalismus weniger pessimistisch als skeptisch gegenüber stand der von seinem Vater James Mill, selbst renommierter Ökonom und Freund Ricardos, als „Wunderknabe" (ab dem dritten (!) Lebensjahr in Griechisch, Latein, Mathematik, Differentialrechnung und Logik) erzogene **John Stuart Mill (1806-1873)**. Seinem Rationalismus verdanken wir die Erkenntnis, dass es in der Ökonomie schwierig sei, exakte Kausalgesetze herzuleiten, weil die sozialen Erscheinungen komplizierte Zusammenhänge darstellten und es nicht im-mer möglich sei, alle Ursa-

chen zu überblicken sowie den Grad ihrer Mitwirkung zu bestimmen (1863, S. 516). Daher empfehle sich die Bildung hypothetischer Sätze: „*Sie sind auf irgendeine angenommene Reihe von Umständen gegründet und behaupten, wie eine gegebene Ursache unter diesen Umständen wirken würde, vorausgesetzt, es seien keine anderen Umstände mit denselben verbunden.*" (ebd., S.518). Dies ist die Begründung der **Ceterisparibus-Methode**, die in der volkswirtschaftlichen Theoriebildung bis heute Anwendung findet.

Obwohl sich *Mill* in seinem 1848 erschienenen Hauptwerk „*Principles of Poli-tical Economy, with Some of Their Applications to Social Philsophy*" über weite Strecken in den Bahnen Smiths und insbesondere Ricardos bewegt, weist er in vielen Stellen über seine klassischen Vorgänger hinaus. Zwar hält er trotz des in ihm Zweifel nährenden Widerspruchs zwischen ökonomischer Freiheit und dem erlebten Massenelend am Konkurrenz- und Marktprinzip fest. „Doch nun, wo in Großbritannien Gewerbefreiheit herrschte, die Getreidezölle abgeschafft und das Armenrecht im liberalem Sinne reformiert worden war, zeigten alle Erfahrungen, dass Laisser-faire allein nicht ausreichte. Gestaltung war gefragt. – Es kam Mill darauf an, „*die größtmögliche persönliche Freiheit mit der gerechten Verteilung der Früchte der Arbeit zu verbinden.*" Von der bestehenden Eigentumsordnung, von Markt und Konkurrenz allein war das nicht zu erhoffen. Es ging ihm, wenn man so will um **Freiheit und Sozialismus**. …Dabei dachte er allerdings nicht an umfassende Verstaatlichungen, sondern an Genossenschaften, Besteuerung exzessiver Erbschaften und ähnliche Reformen" (Zank, 1996, S. 58).

Neben diesen modernen bildungspolitischen Postulaten findet sich bei *Mill* auch bereits ein **Umweltbewusstsein**. Obwohl er wie vor ihm Smith und Ricardo erwartet, dass das wirtschaftliche Wachstum in Stagnation übergehen müsse, sieht er jedoch keinen Grund dies zu beklagen: „*Es schafft nur geringe Befriedigung, eine Welt zu betrachten, in der nichts mehr der spontanen Aktivität der Natur überlassen bleibt; wo jeder Flecken Erde kultiviert wird…, jede nichtnutzbare Pflanze oder natürliche Wiese untergepflügt wird, sämtliche Vierbeiner oder Vögel, die nicht für menschliche Zwecke domestiziert werden können, als Nahrungsmittelrivalen ausgerottet werden. Wenn die Erde so viel von ihrer Lieblichkeit verlieren muss, dann hoffe ich ernsthaft, dass man mit einem stationären Zustand zufrieden sein wird, lange bevor die Notwendigkeit dazu zwingt*" (zitiert nach Zank, S. 59 f.).

7.5 Utopischer und wissenschaftlicher Sozialismus

Während der freiheitliche Individualismus der Klassiker mit zur Überwindung der Feudalstaaten und zur Förderung der industriellen Entwicklung und des technischen Fortschritts beitrug, bildete die Verelendung und Ausbeutung der Arbeiter schon zu Zeiten von *Malthus* und *Ricardo* den Nährboden für die Entwicklung sozialistischer Ideen. Zeitgleich begründeten in England **Robert Owen (1771-1858)** und in Frankreich **Charles Fourier (1772-1837)** mit ihren idealen Geschäftsmodellen (Produkti-

onsgenossenschaften mit gleichen Löhnen, Einrichtung von Kranken- und Altersrentenversicherungen, Abschaffung des konventionellen Geldes und Einführung von Arbeitsgeld, Bildung von Gewerkschaften, Verbot von Kinderarbeit und Schulbildung für Kinder)den **utopischen Sozialismus.** Mit ihren Genossenschafts- und Grundeinkommensideen beeinflussten die Frühsozialisten selbst *John Stuart Mill*. *Fourier* setzt sich auch intensiv für die Gleichberechtigung von Mann und Frau ein, fordert sogar die Verbindung von sozialer und sexueller Revolution (Freiheit in der Liebe) und gilt als Vater des Begriffes Feminismus.

Karl Marx (1818-1883) versucht gegenüber den Frühsozialisten mit ihren utopischen Zukunftsgemälden im Rahmen seines **wissenschaftlichen Sozialismus** durch die sog. **Bewegungsgesetze der kapitalistischen Wirtschaft** zu beweisen, dass der Kapitalismus zwangsläufig durch den Sozialismus abgelöst werde: „Die ständige Mehrwertbildung (vereinfacht: Gewinn) seitens der Unternehmer (Kapitalisten) führe zu einer Anhäufung des konstanten Kapitals (Maschinen, Rohstoffen etc.), während andererseits das variable Kapital (die Löhne bzw. Lohnfonds) sowie der Bedarf an Arbeitskräften zurückgehe. Der wachsenden Produktion und Kapitalanhäufung stehe die Verelendung der Arbeiterschaft gegenüber, wodurch der Kapitalismus schließlich zusammenbricht bzw. die Arbeiterklasse die Produktionsverhältnisse umstürzt und das Eigentum an den Produktionsmittel sozialisiert, also in Gemeineigentum umwandelt" (Lachmann, 2006, S. 53). Die Marxsche Prognose der künftigen Entwicklung vom Kapitalismus bis zum Kommunismus umfasst also eine **Akkumulations-, Konzentrations-, Verelendungs-, Krisen- und Zusammenbruchstheorie.** „*Die Stunde des kapitalistischen Privateigenthums schlägt. Die Expropriateure werden expropriiert*" (Marx 1867, S. 744). Eine Weiterführung des Marxschen Lehrgebäudes, dessen Vorhersagen durch die realen Wirtschaftsentwicklungen nicht bestätigt wurden, mündet in radikale Richtungen (**Syndikalismus und Bolschewismus**), orthodoxe Richtungen (**Neomarxismus**) und in gemäßigte Richtungen (**Revisionismus und Liberalsozialismus**).

7.6 Historische Schulen, Methoden- und Werturteilsstreit

7.6.1 Friedrich List als Vorläufer

Als **Wegbereiter der Historischen Schule** gilt **Friedrich List (1789-1846).**

„Er teilt den historischen Entwicklungsprozess, den jede Volkswirtschaft durchlaufen kann, in fünf **Wirtschaftsstufen** ein. Nicht jedes Land steht auf der gleichen Entwicklungsstufe. Deshalb nütze eine ‚**Welt**ökonomie', wie sie die klassische Lehre anstrebe, gar nichts. Vielmehr brauche man eine **National**ökonomie, die beschreibt und erklärt, wie die betreffende Nation unter den (auch internnational) gegebenen Bedingungen wirtschaften muss …Jede Nation muss daher alles daran setzen, **die höchste Wirtschaftsstufe zu erklimmen** … Haben alle Nationen den gleichen (hohen) Entwicklungsstand erreicht, kann eine ‚Weltföderation der Staaten' gebildet werden, zwischen denen dann grundsätzlich Freihandel und ewiger Friede herrschen soll" (Rieter, 2002, S. 141). Die durch *List* vorbereitete Historische Schule vertrat im Unterschied zur klassischen Ökonomie als Erfahrungswissenschaft nicht die deduktive, sondern die **induktive Forschungsmethode**.

7.6.2 Ältere Historische Schule

Als **„Historische Schule"** bezeichnet man Richtungen in der Volkswirtschaftslehre, die durch den **Historismus** geprägt sind und eine **historische Wirtschaftslehre** verbreiten. Die historische Schule umfasst **drei Strömungen**: die Ältere, Jüngere und Jüngste Schule. Zur **Älteren Schule** zählen u.a. **Wilhelm Roscher (1817-1894)** sowie **Carl Gustav Adolf Knies (1821-1898)**. *Roscher*, Professor der Staatswissenschaften an der Universität Leipzig, legt 1843 mit seinem *„Grundriß zu Vorlesun-gen über die Staatswirthschaft nach geschicht-licher Methode"* als Reaktion auf die individualistischen Annahmen und die deduktive Methode der klassischen politischen Ökonomie das **Manifest der Historischen Schule** dar: Ihr Forschungsschwerpunkt müsse in der Ansammlung von zahlreichen empirischen Material über die verschiedenen Volkswirtschaften bestehen, um durch das Vergleichen der wirtschaftlichen Bedingungen **Naturgesetze der ökonomischen Entwicklungen** finden und Orientierungspunkte für eine Bewertung wirtschaftspolitischer Maßnahmen liefern zu können. Anders als Roscher lehnen allerdings die meisten Vertreter der älteren Historischen Schule die Existenz nationenübergreifender Gesetze ökonomischer Entwicklungen ab, jedoch sucht man in Anlehnung an *List* ein **Phasen- oder Stufenschema**, das jede Volkswirtschaft durchlaufen muss. Im Unterschied zu den Klassikern hält man die Analyse des wirtschaftlichen Verhaltens des Individuums für sinnlos, weil wirtschaftliche Phänomene nur durch die Analyse des sich wandelnden sozioökonomischen Systems der **Nationalökonomie** erklärt werden können.

Nach Einschätzung *Max Webers* war es allerdings nur **Bruno Hildebrand (1812-1878)**, der „mit der heute als ‚historisch' bezeichneten Methode wirklich gearbeitet hat" (Weber 1903/1973, S. 2). Dazu stellte *Hildebrand* 1866 in einem Beitrag *„Die wissenschaftliche Aufgabe der Statistik"* heraus. Ihm und *Knies* (1850), der hierzu einen speziellen Beitrag lieferte, ist die Emanzipation der **Statistik als selbständige Wissenschaft** zu verdanken (Kolb, 2004, S. 112).

7.6.3 Jüngere Historische Schule

Die Vertreter der **Jüngeren Historischen Schule** verneinen im Unterschied zu ihren Vorgängern nicht mehr unbedingt, dass die ökonomische Entwicklung Gesetzmäßigkeiten unterworfen ist und dass es diese zu erforschen gilt. *„Es ist klar, dass das Ziel der Wissenschaft die Gewinnung solcher Regeln ist; über je mehr sie verfügt, desto besser"* (Schmoller, 1911, S. 21). Bestritten wurde jedoch, dass diese universell gültig sind und sich mit Hilfe der deduktiven Methode theoretisch bestimmen lassen.

Gustav von Schmoller (1838-1917) löste mit dieser Position eine grundlegende Diskussion über die Methodik der Volkswirtschafts-lehre aus. Entzündet wurde der **„Methodenstreit"** durch den Begründer der *Österreichischen Schule* **Carl Menger**, insbesondere durch seine *„Untersuchungen über die Methode der Sozialwissenschaften und der Politischen Ökonomie"* (1883). Er sah die Vertreter der Historischen Schule in Deutschland, die seine in dem Lehrbuch *„Grundsätze der Volkswirtschaftslehre"* (1871) veröffentlichten theoretischen Ansätze kaum seiner Bedeutung entsprechend würdigten, nur als „Geschichtsschreiber" an. Er kritisierte die Auffassung, man könne Theorie aus der reinen Beobachtung herleiten, ohne zu Beginn theoretische Annahmen zu treffen. „Mengers direkter Angriff auf die Methodik und dessen Schule forderte diesen zu beispiellosen Gegenattacken heraus. ... Auf Schmollers aggressive Rezession seiner ,*Untersuchungen*' reagierte Menger 1884 mit der leidenschaftlichen Polemik ,*Die Irrtümer des Historismus der deutschen Nationalökonomie*' und brach damit zumindest für seinen Teil die direkte Kontroverse ab" (Leube, 1996, S. 94).

Während die Kontroverse zwischen *Menger* und *Schmoller* stark ins Persönliche abglitt, lag man sachlich näher beieinander, als man zuzugeben bereit war. Beide erkannten an, dass ihre methodologischen Ansätze nicht allgemeingültig und allumfassend sein können. (Ott/Winkel, 1985, S. 230), und *Schmoller* konzidiert, „wie der rechte und linke Fuß zum Gehen, so gehören Induktion und Deduktion gleichmäßig zum wissenschaftlichen Denken" (zitiert nach Wentzel, 1999, S. 155). Wenn auch die Historische Schule in Deutschland aus dem Methodenstreit kurzfristig eher gestärkt hervorging, trug *Menger* insofern einen Sieg davon, als die wirtschaftswissenschaftliche Forschung im 20. Jahrhundert fasst ausschließlich seinem theoretischen Ansatz folgte. Die **empirische Wirtschaftsforschung** wird weitgehend der **Wirtschaftsgeschichte und Wirtschaftsstatistik** überlassen.

7.6.4 Jüngste Historische Schule

Der **Neo-Historismus**, vertreten durch *Sombart*, *Weber* und *Spiethoff*, versuchten die methodologischen Differenzen zu lösen. Sie lehnten den Empirismus der Älteren Historischen Schule zwar ab, waren aber davon überzeugt, dass sich die Gesetzmäßigkeiten sozioökonomischer Systeme nur durch die Analyse konkreter historischer Fakten aufklären ließen.

Theorie und Geschichte zu verbinden, suchte **Werner Sombart (1863-1941).** Er sah Theorie als eine Vorbedingung jeglicher wissenschaftlicher Analyse der Geschichte an. (1929, S. 3). Durch eine **Typologie von Wirtschaftsgestalten,** die er durch die drei Kategorien Wirtschaftsgesinnung, Wirtschaftsordnung und Technik bildete, versuchte er mit Hilfe empirischer Daten die historische Wirtschaftsentwicklung durch eine Phaseneinteilung zu klassifizieren. Dadurch gelang es ihm, den Kapitalismus in die

Entwicklungsphasen des **Frühkapitalismus, Hochkapitalismus und Spätkapitalismus** zu trennen.

Max Weber (1864-1920) war vor allem an der Erforschung des Wirtschaftens als „soziales Handeln" interessiert und begründete damit die **Wirtschaftsoziologie**. Dazu entwickelte er die **Idealtypen**, die „den Sinn und Zweck menschlichen Verhaltens in der betrachteten historischen Erscheinung verständlich und durch Deutung nachvollziehbar" (Münnich, 2001, S. 7) machen sollen. Sowohl *Sombart* als auch *Weber* sehen in den Motiven des Individuums den Grund für Ihr wirtschaftliches Handeln. Diese sind jedoch durch den **Zeitgeist** eines sozioökonomischen Systems als eine Art gesellschaftliches Kollektivbewusstsein beeinflusst. In diesem Zusammenhang entwickelt *Weber* in seinem herausragenden Werk „*Die protestantische Ethik*" die berühmte These, dass der **Geist des Kapitalismus** – der Wille zur Arbeit und der asketische Konsumverzicht – seine ethischen **Grundlagen im Calvinismus** habe (vgl. Afhüppe, 2000, S. 62 f.).

Den Idealtypen *Max Webers* stellt andererseits **Arthur Spiethoff (1873-1957)** in seiner „*Anschaulichen und reinen volkswirtschaftlichen Theorie*" **Realtypen** gegenüber, d.h. „Regelmäßigkeiten eines wiederkehrenden geschichtlichen Gegenstandes unter Reinigung von dessen geschichtlichen Einmaligkeiten" (1949, S. 614). Eine ähnliche wirtschaftswissenschaftliche Bedeutung wie die Phaseneinteilung des Kapitalismus von *Sombart* erzielt *Spiethoff* durch die empirische **Abgrenzung von Konjunkturphasen** in der zyklischen Entwicklung der kapitalistischen Marktwirtschaft in **Aufschwung, Niedergang und Stockung**.

Einen nachhaltigen Einfluss auf die Methodologie der Volkswirtschaftslehre übte *Max Weber* durch die Auslösung des sog. **„Werturteilsstreit"** aus, indem er früheren Historikern, insbesondere auch *Schmoller*, vorwarf, wertende und wissenschaftliche Aussagen vermischt zu haben. In dem Aufsatz „*Die ‚Objektivität' sozialwissenschaftlicher und sozialpolitischer Erkenntnis*" stellt er die These auf, „*dass es niemals Aufgabe einer Erfahrungswissenschaft sein kann, bindende Normen und Ideale zu ermitteln, um dafür für die Praxis Rezepte ableiten zu können*" (Weber, 1904/ 1973, S 149). Da jede Phase der ökonomischen Entwicklung von spezifischen Werten und Normen geprägt ist und somit Werturteile über ihre Entwicklungsstufe hinaus keine allgemeinen Gültigkeit beanspruchen können (Pribam, 1998, S. 437), erhob er das **Postulat einer wertfreien Sozialwissenschaft,** d.h. eine objektive Analyse aller Forschungsgegenstände.

7.7 Grenznutzenlehre

7.7.1 Vorläufer und die Begründer: Dupuit und Gossen

„So gewiss die **Grenznutzenlehre** eine Forschungsrichtung darstellt, die in ihrem ‚exakten', deduktiven und apolitischen Anspruch aus der **Gegenposition sowohl zum Sozialismus als auch zum Historismus** erwächst, so gewiss kann die subjektivistische Wertlehre auf eine ganze Reihe von säkularen **Vorläufern** zurückblicken". (Kolb, 2004, S. 124). Sie reichen durch die Unterscheidung zwischen Tausch- und Gebrauchswert von *Aristoteles*, über den Physiokraten *Turgot* bis zum englischen Philosophen des Utilitarismus **Jeremy Bentham (1748-1832)**, der bereits bei zunehmenden Vermögensteilchen ein **abnehmendes Glücksgefühl** feststellte. Die engli‑

schen Klassiker trugen zur subjektiven Wertlehre wenig bei, sie waren wie z. B. *Ricardo* vielmehr mit der Entwicklung „objektiver" Arbeitswertlehren (wie später *Marx*) voll beschäftigt. „Am Anfang der wirtschaftstheoretischen Grenznutzenanalyse steht **Juvénal Dupuit (1804-1866)** – von Beruf Ingenieur –, dem der Ruhm gebührt, als erster das marginale Denken bei der Analyse der hinter der Nachfrage der Verbraucher stehenden subjektiven Wertschät‑

zung verwendet zu haben' (E. Schneider, 1965, S. 165). Der Nutzen eines Gutes wird von *Dupuit* nicht nur als für jeden Konsumenten verschieden erkannt, sondern auch verschieden für denselben Konsumenten: ‚Der Nutzen eines Stückes Brot kann für das gleiche Individuum von Null bis zur Größe eines ganzen Vermögens wachsen.' (zitiert ebd., S. 166) Um das Maß des Nutzens bemüht, benennt er den Preis („das größte Opfer"), den der einzelne für den Erwerb eines bestimmten Gutes zu zahlen bereit ist (utilité absolue). Die Differenz zwischen diesem absoluten Nutzen und dem für das Gut tatsächlich entrichteten Preis ergibt den „relativen" Nutzen (utilité relative), für den später der Begriff **Konsumentenrente** üblich wurde. Beachtung fanden die unter Verwendung geometrischer Darstellungen zwischen 1844 und 1853 publizierten marginalistischen Beiträge zu Lebzeiten des Autors kaum" (Kolb, 2004, S. 123f.). *Dupuit* gilt übrigens auch als Erfinder des wohlfahrtsökonomischen Instrumentes der **Kosten-Nutzen-Analyse**.

Lange unbeachtet blieb auch das 1854 erschienene Buch mit dem umständlichen Titel *„Entwicklung der Gesetze des menschlichen Verkehrs, und der daraus fließenden Regeln für menschliches Handeln"*, des königlich preußischen Regierungs-Assessors außer Dienst **Hermann Heinrich Gossen (1810-1858)**. Seine schon relativ breit angelegten nutzentheoretischen Grundlegungen sind später als das **„Erste Gossensche Gesetz"** (Gesetz der Bedürfnissättigung, Sättigungsgesetz, Gesetz des abnehmenden Grenznutzens) und das **„Zweite Gossensche Gesetz"** (Gesetz des Genussausgleichs bzw. des Ausgleichs der Grenznutzen) bekannt geworden.

Der Begriff **„Grenznutzen"** wurde allerdings erst von **Friedrich von Wieser** (1884), einem Vertreter der Österreichischen Schule, in seinem Werk „*Über den Ursrpung und die Hauptgesetze des wirtschaftlichen Wertes*" eingebracht.

7.7.2 Die Wiener Grenznutzenschule

Der als **Hauptinitiator des Methodenstreits** mit der deutschen Jüngeren Historischen Schule bekannte Wiener Professor **Carl Menger (1840-1921), Begründer der Österreichischen Schule** war als Vertreter der „reinen" deduktiven Theorie mit seinem Lebenswerk zugleich ein **bedeutender Vertreter der Grenznutzenlehre**. „Während die Klassik noch durch die Konfusion von Arbeitswert, Gebrauchswert und andere Begriffe in hoffnungslosen Widersprüchen verfangen war, gelang Menger der intellektuelle Durchbruch: Aus der Knappheit wirtschaftlicher Güter folgt,  dass sich der Wert nicht aus dem Nutzen der ganzen Gütermenge, sondern nur aus dem subjektiven Nutzen einer konkreten Teilmenge des jeweiligen Gutes ergibt. Innerhalb einer subjektiv definierten Bcdürfnishierarchie einer gegebenen Gütermenge ergibt sich demnach der Wert aller Einheiten aus dem ‚Grenznutzen' (Wieser), dem Nutzenzuwachs der zuletzt befriedigend eingesetzten Teilmenge (Leube, 1996, S 92).

7.7.3 Die Lausanner Schule

Léon Walras (1834-1910), der Begründer der Lausanner Schule, hat sich bekanntermaßen nicht nur um die **subjektive Wertlehre und Nutzentheorie** verdient gemacht, sondern gilt auch als Begründer der **Theorie des allgemeinen Gleichgewichts**, seinem zweiten großen Lebenswerk. „Selbstverständlich basiert die Gleichgewichtstheorie *Walras'* auf dem Prinzip des Grenznutzes, der ‚rareté' bzw. ‚der Intensität des zuletzt befriedigten Bedürfnisses'. Seinem zugrundegelegten Modell der vollständigen Konkurrenz werden vier Bedingungen zugeordnet: 1. Jeder Konsument lässt seinen  Nutzen maximal werden, ... 2. Jeder Produzent strebt das Maximum seines Gewinnes an. 3. Es gibt nur einen einheitlichen Preis ... 4. Alle Waren hängen nur ab von den Gegebenheiten und Werten des gleichen Zeitpunktes (statische Bedingung)" (Kruse, 1959, S. 219f. zitiert nach Kolb, 2004, S.131).

Das von *Walras* dabei unterstellte „Gesetz vom (absoluten) Grenznutzenniveau" wird allerdings von seinem Nachfolger **Vilfredo Pareto (1848-1923)** ersetzt. „Aus der **Erkenntnis der Unmöglichkeit einer kardinalen Nutzenmessung** gelangt er – die bei *Francis Y. Edgeworth* bereits vorhandenen Indifferenzmodelle aufgreifend – zu **Präferenzskalen**, zu ‚Ophelimitätsskalen',

wie er sie auch nannte. Allerdings beinhalten die ‚so objektivierten ordinalen Werte' über die vorausgesetzte Existenz von Rangfolgen durchaus noch eine Vorstellung von Nutzen" (Gerhard, 1964, S. 205). Grundlegend dabei ist das **Prinzip der Substitution**, wonach eine bestimmte Menge eines Gutes durch eine solche eines anderen Gutes ohne Einbuße an Nutzen ersetzbar ist. Das heißt, *Paretos* **Indifferenzkurven** stellen unterschiedliche Güter-Mengen-Kombinationen dar, die für den Konsumenten nach eigenem Urteil den gleiche Nutzen haben" (Kolb, 2004, S. 132).

7.7.4 Die Cambridger Richtung

William Stanley Jevons (1835-1882) wird, obwohl er nur in London und Manchester lehrte, zur „Cambridger Richtung" gezählt, „weil es der Cambridgeschule angehörige Forscher waren (zuvörderst Alfred Marshall), welche die Lehren der Klassik mit der Marginalanalyse verbanden. ... „Als **vermeintliche Neuentdeckung** stellt Jevons 1871 in ‚*The Theory of Political Economy*' heraus, ‚*that value depends entirely upon utility*' (S.2). ... 1878 wurde er dann als erster aus dem marginalistischen Triumvirat' mit
Gossens Werk bekannt, welches er als Vorwegnahme seiner Theorie uneingeschränkt und hochlobend anerkennt" (ebendort). Damit fand der Krach zwischen *Menger, Walras* und *Jevons* über die „Vaterschaftsrechte" der Grenznutzentheorie ein überraschendes Ende. (vgl. Oltmanns, 1996, S. 65). Der noch frühere Beitrag *Dupuits* zur Grenznutzenlehre blieb damals jedoch allseits unentdeckt.

7.8 Neoklassik: Gleichgewichtstheorie und Welfare Economics

7.8.1 Zur Abgrenzung der Neoklassik

Über die Abgrenzung der Neoklassik herrscht keineswegs Einigkeit. „So wird gelegentlich die **Grenznutzenschule** als ‚**ältere Neoklassik**' apostrophiert, was dann zur Folge hat, dass die teilweise Auseinandersetzung mit der Grenznutzentheorie, teilweise aber auch in strikter Abgrenzung von ihr entstandene **moderne neoklassische Wirtschaftstheorie** als ‚jüngere Neoklassik' bzw. als ‚Neo-Neo-Klassik' bezeichnet werden müsste" (Kolb, 2004, S.135). Einigkeit herrscht wohl darüber, dass die „Neoklassik ... hervorgegangen (ist) aus der ‚marginalistischen Revolution', die durch die Grenznutzenschule eingeleitet wurde. Eingemündet ist die Neoklassik in die moderne ökonomische Theorie, so dass heute **vielfach Neoklassik und moderne Wirtschaftstheorie** als **Synonyma** (Hervorhebung durch Verf.) verwendet werden. ...Mit der Klassik, insbesondere *Adam Smith*, verbindet die Neoklassik die grundlegende Annahme, dass Individuen in ihrem Verhalten vor allem vom Selbstinteresse geleitet werden und dass alles ökonomische Geschehen auf das Verhalten von Individuen zurückgeführt werden muss. Dieser Ansatz, der in der Neoklassik zum **methodologischen In-**

dividualismus ausgeformt wurde, war in der Klassik verknüpft mit einer Analyse von Institutionen. Dieser Aspekt wurde von der Neoklassik zunächst vernachlässigt. Im Vordergrund der neoklassischen Analyse stand das **Entscheidungsproblem der zweckmäßigen Verwendung knapper Ressourcen**. ... Ausgeblendet blieben darüber hinaus die Probleme der Wirtschaftsentwicklung und des wirtschaftlichen Wachstums, die zentrale Gegenstände der Klassik waren. Ausgeblendet blieb auch die Analyse des institutionellen Rahmens der Wirtschaft" (Neumann, 2002, S. 271).

„Als typisch kann die Darstellung bei *Eucken* (1947) gelten. Er ging von einem als exogen gedachten ‚Datenkranz' aus, der nicht als Gegenstand ökonomischer Theorie angesehen wurde. Zum Datenkranz wurde auch die Institution ‚Staat' gezählt. **Ökonomische Theorie der Neoklassik** war also zunächst gleichbedeutend mit einer ökonomischen **Theorie des Marktes**. Daraus erwuchs die Vorstellung, der Staat könne – gewissermaßen wie ein deus ex machina – in den Wirtschaftsprozess eingreifen und ihn beeinflussen. Erst in jüngster Zeit wurde die Auffassung in Frage gestellt. Im Rahmen des Paradigmas der Neoklassik ging man daran, den Staat selbst (**Neue Politische Ökonomie**) und auch andere Institutionen (**Theorie der Eigentums- und Verfügungsrechte und Neue institutionelle Ökonomik**) zu analysieren" (ebendort, S. 271 f.).

Den Verhaltens- und Marktmodellen der neoklassischen Theorie gemeinsam ist die **Gleichgewichtsidee**. „Methodologischer Individualismus und das Gleichgewichtskonzept dienen dazu, empirisch gehaltvolle Hypothesen abzuleiten, die prinzipiell falsifizierbar sind und sich im empirischen Test bewähren müssen. Insoweit stellt die **Neoklassik eine positive Wissenschaft** dar. Ein **anderer Zweig** der Neoklassik, die **Wohlfahrtsökonomie**, die versucht, auf der Grundlage der Theorie **normative Aussagen** aufzustellen und zu begründen" (ebendort, S. 272).

Da die neoklassische Lehre den **„Mainstream" der modernen Wirtschaftstheorie** darstellt und sich seit ihren Anfängen zahlreiche **Teilströme mit eigener Dogmengeschichte** gebildet haben, können hier nur die neoklassische „Gründerzeit" und die Hauptströme skizziert werden.

7.8.2 Begründer der Neoklassik: Marshall, Walras und Cassel

Als *Thorstein Veblen* um 1900 erstmals den Begriff Neoklassik verwendete, bezog er ihn auf die bis 1930 in England dominierende Cambridge Schule mit **Alfred Marshall**

(1842-1924) als Begründer. Er gilt „als der Architekt eines monumentalen Lehrgebäudes, der verschiedene Stilelemente virtuos zu kombinieren verstand. Es ist ein komfortabler Neubau, errichtet auf alten Fundamenten" (Rieter 1989, S. 137). Ihm gelang der Brückenschlag „zwischen der klassischen Produktionskostentheorie und der neoklassischen Nutzentheorie", dabei war er „stets darauf bedacht, seine Quellenschöpfung nicht auf *Jevons*, sondern auf *Thünen* und

Cournot zu beziehen" (Kolb, 2004, S. 136). Als er „1890 seine Erkenntnisse in den ‚*Principles of Economics*' veröffentlichte, waren seine Ansichten längst bekannt. Mehr als zwanzig Jahre hatte er an seinem Manuskript gefeilt. ... Längst hatten die Studenten des berühmten Ökonomen Mitschriften seiner Vorlesungen verfasst, die in Europa die Runde machten. Dennoch war die erste Auflage der ‚*Principles of Economics*' innerhalb eines Jahres vergriffen" (ebendort, S. 79).

Zahlreiche, noch heute gültige **Methoden und Begriffe** gehen auf *Marshall* zurück: Partialanalyse und Ceteris-paribus-Klausel, Angebots- und Nachfragekurven und der *Marshall*sche Gleichgewichtspunkt, Elastizität der Nachfrage, Quasirente, repräsentative Firma, interne und externe Ersparnisse etc. Sein besonderer Beitrag zur Neoklassik sind seine **Theorie des partiellen Marktgleichgewichts** und das Konzept der **Konsumenten- und Produzentenrente.**

Léon Walras, der bereits vorgestellte Vertreter der Lausanner Grenznutzenschule, widmete sich als erster Ökonom sogar der Frage nach dem **allgemeinen Gleichgewicht aller Märkte.** Als notwendige Lösungsbedingung sah er an, dass die Zahl der Gleichgewichtsbedingungen mit der Zahl der zu bestimmenden Preise übereinstimmen muss. Um sich dem Gleichgewicht aller Märkte zu nähern, greift er zu dem Kunstgriff des **Tâtonnements**, bei dem ein **Auktionator** die Gleichgewichtspreise und -mengen feststellt, bevor die tatsächlichen Käufe und Verkäufe stattfinden.

Während *Wallras'* allgemeine Gleichgewichtstheorie noch ausdrücklich auf der subjektiven Wertlehre und dem Nutzenmaximierungsprinzip basiert, verzichtet später der schwedische Nationalökonom **Gustav Cassel (1866-1943)** darauf. Er vertrat die Ansicht, „die **Wertlehre** sei wegen der Dehnbarkeit des Begriffes ‚Wert' **ohne jede Bedeutung** ... Nur im Geld könne der gemeinsame Nenner für Wertschätzungen gefunden werden, demnach sei in der ‚Theoretischen Sozialökonomie', so auch der Titel von *Cassels* erstmals 1918 erschienenem Lehrbuch, **ausschließlich auf die Preise abzuheben**, in denen sich letztlich die Werte widerspiegelten. Ausgehend vom ‚Prinzip der Knappheit' ... wird der Preisbildung die Aufgabe zugesprochen, die Nachfrage auf den Umfang des verfügbaren Angebots zurückzuführen. Zur **Darstellung des allgemeinen Gleichgewichts der Märkte** stützt sich *Cassel*, dabei stark vereinfachend, auf das wallrasianische Gleichungssystem und gibt den Preisbildungsprozess durch ein **System simultaner Gleichungen** wieder, deren Anzahl mit der Zahl der Preise übereinstimmt" (Kolb, 2004, S.137).

Wie später gezeigt wurde, ist eine solche Bedingung jedoch für die Existenz eines Gleichgewichts nicht hinreichend. Der erste Existenzbeweis wurde unter vereinfachenden Annahmen von *Wald* (1934) geliefert, während von **Kenneth J. Arrow** und **Gérard Debreu** dann in dem Beitrag „*Existence of an Equilibrium for a Competitive Economy*" (1954) ein **allgemeiner Existenzbeweis** vorgelegt wurde. „Zum ersten Mal war bewiesen worden, dass das Problem der Allokation knapper Ressourcen durch den Marktmechanismus lösbar ist" (Neumann, 2002, S. 277).

7.8.3 Neoklassische Wohlfahrtsökonomie

Obwohl sich die Volkswirtschaftslehre schon seit *Adam Smith* mit dem „*Wohlstand der Nationen*" im dynamischen Sinne der Steigerung des Sozialproduktes durch Arbeitsteilung und Kapitalakkumulation beschäftigte, entwickelte sich die **Welfare Economics** als normative Wissenschaft erst nach Entstehung der subjektiven Wertlehre. Die traditionelle Wohlfahrtsökonomik geht nämlich von zwei **Wertprämissen** aus: „dem *Grundsatz der individuellen Wohlfahrt*, also der Abhängigkeit der Wohlfahrt eines Volkes von der Wohlfahrt der einzelnen Individuen, und dem *Grundsatz der Selbstbestimmung*" (Kolb, 2002, S.143). Danach ist jedes Individuum in der Lage selbst zu beurteilen, „ob eine Änderung in seiner wirtschaftlichen Situation als wohlstandssteigernd angesehen werden kann bzw. welche von mehreren möglichen Situationen als optimal anzusehen ist (Külp, 1982, S. 471).

Erste neoklassische Wohlstandsüberlegungen finden sich bei *Alfred Marshall*, der auf der Grundlage des Modells der vollkommenen Konkurrenz und der Konsumentenrente durch eine Kombination von Besteuerung und Subventionierung „die *normative Idee einer wohlfahrtsfördernden egalitären Einkommensverteilung* auf den Weg gebracht" (Kolb, 2002, S. 143) hat. Als Begründer der neoklassischen **„Old Welfare Economics"** gilt jedoch **Arthur Cecil Pigou (1877-1959)**, der Nachfolger *Marshalls* auf seinem Cam-bridger Lehrstuhl mit seinem 1912 veröffentlichten Werk „*Wealth and Welfare*", das 1920 in der 2. Auflage unter dem Titel „*The Economics of Welfare*" erschien. Bei *Pigou* tritt an die Stelle der *Marshall*schen Partialanalyse der Versuch einer Totalanalyse, wobei auch hier Wohlfahrt als in Geld messbar aufgefasst wird. *Pigou* wendet zwei Kriterien für Wohlstandssteigerungen an: erstens Zunahme des Nettosozial-  produktes ohne Zunahme des Faktoreinsatzes, zweitens Einkommensumverteilungen von den Reichen auf die Armen (vgl. Schumann, 2002, S. 233).

Bahnbrechend war auch die von *Pigou* entwickelte **Theorie externer Effekte**, in der er zeigt, dass sich unter Berücksichtigung (positiver oder negativer) externer Effekte der privaten Produktion durch eine Beeinflussung der Faktorallokation Wohlfahrtssteigerungen gemessen am **sozialen Nettogrenzprodukt** (= privates Nettogrenzprodukt plus externer Effekt) erzielen lassen: „Übersteigt das soziale das private Nettogrenzprodukt, ist der betreffende Faktoreinsatz mittels Subventionierung auszudehnen, im umgekehrten mittels Besteuerung einzuschränken" (ebendort, S. 234).

Eine Wende zur **„New Welfare Economics"** wurde aufgrund der von *Lionell Robbins* 1932 vorgebrachten Kritik an der sowohl von *Marshall* als auch von *Pigou* unterstellten Möglichkeit zum interpersonalen Nutzenvergleich. Dies führte zur Zurückweisung von Wohlfahrtssaussagen auf der Basis von Einkommensumverteilungen und stattdessen zur **Übernahme des Pareto-Kriteriums.** Danach „gilt die Verteilung der knappen Güter auf alternative Verwendungszwecke als ‚pareto-optimal', wenn es nicht mehr möglich ist, die Wohlfahrt bzw. den Nutzen eines Wirtschaftssubjektes zu verbessern, ohne die Lage eines anderen zu verschlechtern" (Kolb, 2004, S. 144).

Das Kriterium der **Pareto-Optimalität** geht auf *Pareto* zurück, der mit diesem als **„Theorie der Wahlakte"** bezeichneten Ansatz die Lücken der Grenznutzenschule schloss. Die von ihm (1897, S. 90ff.) getroffene Feststellung, dass im Modell eines statischen totalen Konkurrenzgleichgewichts Pareto-Optimalität herrscht oder eine effiziente Allokation der Ressourcen, ist der **Erste Hauptsatz der Wohlfahrtstheorie** (Schumann, 2002, S. 235). Der Beweis, „dass jedes Konkurrenzgleichgewicht Pareto-optimal ist und umgekehrt jedes denkbare Pareto-Optimum als Konkurrenzgleichgewicht gedeutet werden kann, ... ist der **Zweite Hauptsatz der Wohlfahrtstheorie"** (ebendort, S. 236).

Für Fälle, in denen die strengen Marginalbedingungen des Konkurrenzmodells nicht gelten, entwickelten **Richard G. Lipsey** und **Kelvin Lancaster** mit ihrem Aufsatz „*The General Theory of Second Best*" (1956) die **Wohlfahrtsökonomik des Zweitbesten.** Außerdem waren verschiedene Nationalökonomen „mit der Einbringung sogenannter **Kompensationskriterien** um eine Erweiterung des Pareto-Kriteriums bemüht." – Beispielsweise wurde von **Nicholas Kaldor**

und **John R. Hicks** „eine wirtschaftspolitische Maßnahme auch dann als wohlfahrtsteigernd angesehen, wenn die einen Teil der Bevölkerung erreichenden Begünstigungen höher ausfallen, als die andere Bevölkerungsteile treffenden Belastungen, so dass aus den Wohlfahrtsgewinnen eine volle Entschädigung für die erlittenen Wohlstandsverluste geleistet werden *könnte* und dabei als Saldo ein Nettowohlfahrtsgewinn verbliebe (**Kaldor-Hicks-Kriterium**)" (Kolb, 2004, S. 144).

7.8.4 Neoklassische Verteilungs- und Wachstumstheorie

Während die Klassik die Verteilung des Volkseinkommens auf die die gesellschaftlichen Klassen der Bodeneigentümer, Kapitaleigner und Arbeiter zu erklären versucht, resultiert die **Verteilung in der Neoklassik** aus dem Preisbildungsprozess auf den vollkommenen Konkurrenzmärkten für Produkte und Produktionsfaktoren. Im Gewinnmaximierungsgleichgewicht der Produktionsunternehmungen werden bei Annahme einer **neoklassischen Produktionsfunktion** die **Faktoren mit ihrem realen Grenzprodukten** entlohnt.

Grundlegend war die **Grenzproduktivitätstheorie der Verteilung,** die von **Philip H. Wicksteedt (1844-1927)** 1894 und von **John B. Clark (1847-1938)**

1899 eingeführt wurde. Wird als makroökonomische Produktionsfunktion z.B. eine **Cobb-Douglas-Funktion** (von *Knut Wicksell* (1851-1926) zuerst benutzt und von *Paul Douglas* und *Charles C. Cobb* 1928 neu entdeckt) mit den beiden Produktionsfaktoren Arbeit und Kapital angenommen, wird die **funktionale Einkommensverteilung** in der Volkswirtschaft nur **durch die partiellen Produktionselastizitäten** des Faktors Arbeit und des Faktors Kapital **bestimmt**. Das bedeutet, dass die reale gesamtwirtschaftliche Lohn- bzw. Gewinnquote gemäß der neoklassischen Grenzproduktivitätstheorie der Verteilung durch die Produktionstechnologie determiniert sind.

Die **neoklassische Produktionsfunktion** vom Wicksell-Cobb-Douglas-Typ (mit positiven, aber abnehmenden Grenzerträgen) ist außerdem produktions-theoretische Grundlage für die **neoklassische Wachstumstheorie**, die durch **Robert M. Solow**

mit seinem 1956 erschienenen Aufsatz „*A Contribution to the Theory of Economic Growth*" und dem sog. **Solow-Modell** beeinflusst wurde. „Ein zentrales Ergebnis der neoklassischen Wachstumstheorie besteht darin, dass bei einer gegebenen volkswirtschaftlichen Sparquote und bei Übereinstimmung von Sparen und Investieren die langfristige Wachstumsrate einer Wirtschaft allein durch die Rate des Bevölkerungswachstums und die Zuwachsrate der durch technischen Fortschritt bestimmten durchschnittlichen Arbeitsproduktivität determiniert wird" (*Solow*, 1957). Dadurch ergab sich die Frage nach der optimalen Sparquote, die zunächst durch die sog. **'Goldene Regel'** der Kapitalakkumulation (*Phelps,* 1961; *von Weizsäcker*, 1962) beantwortet wurde. Sie besagt, dass ein maximaler Konsum pro Kopf dann realisiert wird, wenn die Wachstumsrate des Sozialproduktes gleich dem Realzins ist.

Sie ist zeitgleich von **Edmund S. Phelps** und **C. C. von Weizsäcker** entwickelt  worden. Eine generelle Antwort, die die ‚Goldenen Regel' als Spezialfall enthält, wurde durch die **Theorie des optimalen Wachstums** gegeben. Ausgangspunkt ist hier eine intertemporale Nutzenfunktion (*Ramsey*, 1928 und *Uzawa*, 1964). Erklärt wird auf diese Weise der Zins, der im Rahmen dieser Theorie simultan von der Produktionsseite und von der  Nachfrageseite her bestimmt wird. Damit wird klar, dass die neoklassische Theorie des optimalen Wachstums einen Spezialfall der Theorie des allgemeinen Gleichgewichts darstellt" (Neumann, 2002, S. 282f.).

7.8.5 Neue Institutionenökonomik und Neue Politische Ökonomie

 „Als Beginn der modernen **Institutionenökonomik** kann der 1937 von **Ronald Coase** publizierte Artikel ‚*The Nature of the Firm*' benannt werden, in dem die Bedeutung der Transaktionskosten herausgestellt wurde. Im Gegensatz zur raschen Rezeption des keynesianischen Paradigmas, bedurfte es allerdings einer ‚Inkubationszeit' von gut einem Vierteljahrhundert, bis der Keim des **Transaktionskosten-Ansatzes** endlich aufging. Unter Transaktionskosten versteht man die mit dem Güteraustausch einhergehenden Koordinationskosten, z.B. Kosten der Information, des Vertragsabschlusses, der Durchsetzung von Vertragsansprüchen usw. ... In einem weiteren Verständnis sprach *Arrow* 1969 von ‚costs of running the economic system' (S. 48) Letztlich wird der Zweck von Institutionen in der Einsparung von Transaktionskosten gesehen.

Eine weitere zentrale Bedeutung in der **Neuen Institutionenökonomik** kommt dem **Property-Rights-Ansatz** zu. In dieser Theorie der Verfügungsrechte geht es grob gesprochen, um das Verhalten der Wirtschaftssubjekte in Abhängigkeit von der in einer Wirtschaftsordnung realisierten Eigentumsordnung bzw. innerhalb der letzteren von der Ausgestaltung der Verfügungs-rechte" (Kolb, 2004, S. 145f.).

Der Neuen Institutionenökonomik benachbart sind das Spezialgebiet der **Prinzipal-Agent-Theorie,** das die Informationsasymmetrie zwischen Auftraggeber (**Prinzipal**) und Auftragnehmer (**Agent**) zum Gegenstand hat, sowie die **Neue Politische Ökonomie (Public Choice),** welche „den Versuch dar(stellt), durch die Anwendung des Begriffsinstrumentariums und der Denkweise der Wirtschafts-, insbesondere der Mikrotheorie, zu einem vertieften Verständnis der kollektiven Entscheidungsprozesse zu gelangen" (Kirsch, 1983, S. 1).

7.9 Die Keynessche „Revolution" und die „Gegenrevolution" des Monetarismus

7.9.1 Das zeitgeschichtliche Umfeld

Der historische Hintergrund für den Paradigmenwechsel der Makroökonomie, der 1936 durch „*The General Theory of Employment, Interest and Money*" von **John Maynard Keynes (1883-1946)** ausgelöst wurde, lässt sich durch drei Ereignisse bzw. Verhältnisse kennzeichnen: (1) die mit dem Börsenkrach in den USA im Oktober 1929 ausgelöste **Weltwirtschaftskrise**, (2) der **Zweite Weltkrieg** und (3) der Antagonismus der Wirtschaftssysteme: **Markt- versus Planwirtschaft**. (Starbatty, 2005, S. 100). Die Auswirkungen der Weltwirtschaftskrise „waren verheerend: Produktionsrückgänge in allen Industrieländern, Deflation und Massenarbeitslosigkeit – im Deutschen Reich waren im Durchschnitt des Jahres 1931 fast 40% aller Erwerbsfähigen arbeitslos – ließen Verelendungstendenzen aufkommen, die an die frühe Industrialisierung erinnerten" (ebendort, S. 101ff.).

7.9.2 Die Botschaft der „General Theory"

„Die klassisch-neoklassische Theorie konnte nach der Weltwirtschaftskrise nur Durchhalteparolen bieten: Überinvestition habe stattgefunden; die entstandenen Überkapazitäten müsse der Markt nun beseitigen. Danach werde sich doch – dem Sayschen Theorem gemäß – ein neues Gleichgewicht bei Vollbeschäftigung einstellen. Auch das Sparen sei unproblematisch, da es Zinssenkungen auslöse, welche die Investitionstätigkeit anregten.

Hier hakte Keynes ein: An die Stelle der Quantitätstheorie des Geldes setzte er seine **Theorie der Liquiditätspräferenz** Die Liquiditätspräferenz der Wirtschaftssubjekte könne in bestimmten Situationen so groß werden, dass aufgrund des daraus resultierenden Mangels an gesamtwirtschaftlicher Nachfrage die Konjunktur ins Stocken gerate. Dazu komme es, weil Ersparnis – entgegen der Aussage des Say'schen Theorems – eben doch Kaufkraftausfall bedeuten könne. … Er trat der (neo)klassischen Auffassung entgegen, die Investitionstätigkeit werde alleine durch die Höhe des Zinses bestimmt. … Würden die Unternehmer … negative Zukunftserwartungen hegen, so könnten auch niedrigste Zinsen sie nicht zu Investitionen animieren. Damit rückte er – auch hier im Gegensatz zum angebotsseitigen Say'schen Theorem – die effektive Nachfrage ins Zentrum seiner Theorie. So konnte er eine plausibel erscheinende **Theorie für die Wirtschaftskrise** und zugleich die Problemlösung anbieten: Wenn die **Nachfrage des privaten Sektors zu gering ist**, um die Kapazitäten auszulasten, dann müsse der **Staat** die Nachfrage stimulieren: Er solle in Rezessionen die **Steuern senken**, um mehr private Konsum- und Investitionstätigkeit zu ermöglichen. Zudem sollte er **selbst durch staatliche Investitionen** – z.B. im Infrastrukturbereich oder im Wohnungsbau – **für mehr Nachfrage sorgen**. Multiplikatorwirkungen würden diesen expansiven Impuls auf die gesamte Volkswirtschaft übertragen und daher Entwicklungen, wie sie in der Weltwirtschaftskrise zu beobachten waren, von vorneherein vermeiden und abmildern können. Die Keynessche Lehre verbreitete sich in Windeseile" (ebendort, S. 105).

Zur schnellen Verbreitung, aber auch zur Reduzierung der *„General Theory"* auf eine kurzfristige statische Gleichgewichtsanalyse und reine Theorie der Depression (*„Economics of Depression"*) führte die von **John Hicks** in dem Artikel *„Mr. Keynes and the ‚Classics': A Suggested Interpretation"* (1937) vorgenommene Interpretation der Keynesschen Lehre durch das noch heute in allen makroökonomischen Lehrbüchern dargestellte **IS-LM-Modell**. Mit der Tendenz, Keynes Botschaft auf den empirischen Extremfall einer vollkommen zinselastischen Geldnachfrage und daher wirkungslosen Geldpolitik, die sog. **„Liquiditätsfalle"**, einzuschränken, verband sich zugleich das **Vorurteil**, für Keynes sei **nur die Fiskalpolitik relevant**. Die Keynesianer wurden seither häufig als „Fiskalisten" abgestempelt.

Die **keynesianische Botschaft** war vielmehr: Der **Staat** ist **für** die **Vollbeschäftigung verantwortlich**, indem er die durch den Einsatz der Instrumente der Geld- und/oder Fiskalpolitik die hierfür notwendige gesamtwirtschaftliche Nachfrage schafft (**„Nachfrageorientierung"**), im Rahmen der staatlichen Haushaltspolitik notfalls aber auch durch **„deficit spending"**.

7.9.3 Neoklassische Synthese

Die Keynessche These, dass es entgegen der neoklassischen Auffassung auch bei flexiblen Löhnen und Preisen keine Vollbeschäftigungsmechanismus gebe, versuchte *Pigou* (1943) mit dem Geldvermögenseffekt zu widerlegen: Bei sinkenden Preisen steige der reale Wert des Geldvermögen, so dass die privaten Haushalte weniger sparen müssten und demzufolge aus ihrem Einkommen mehr konsumieren könnten. Dieser **Pigou-Effekt** wurde aber umgehend von *Kalecki* (1954) mit dem **Verschuldungseffekt** abgewehrt: Da auch der reale Wert der Geldschulden steigt, sehen sich die Kreditnehmer veranlasst, zur Gewährleistung des Schuldendienstes andere Ausgaben einzuschränken. *Patinkin* (1948 und 1951) schob jedoch zugunsten der Neoklassik den **Realkasseneffekt (Real-Balance-Effekt)** nach, der aus der Steigerung des realen Wertes der Bargeldbestände besteht und dem kein Verschuldungseffekt gegenübersteht.

„Der Haupteinwand gegen die ... keynesianische Theorie betrifft die Beschränkung auf die Nachfrageseite bzw. die vollkommene Ausblendung der Angebotsseite. – Die Kritik an der Nichtberücksichtigung des Arbeitsmarktes führte insbesondere in den 60er Jahren zu verschiedenen Versionen der bereits zwei Jahrzehnte vorher von *Mondigliani* und *Patinkin* auf den Weg gebrachten **Neoklassischen Synthese**" (Kolb, 2004, S. 155,f.).

**Franco Modigliani (1918-2003)** ergänzt 1944 in dem Aufsatz „*Liquidity Preference and the Theory of Interest an Money*" das keynesianische Güter- und Geldmarktmodell durch eine neoklassische Produktionsfunktion und einen gesamtwirtschaftlichen Arbeitsmarkt (also eigentlich eine keynesianisch-neoklas-sische Synthese) zu einem Totalmodell, das er ausschließlich neoklassisch interpretierte. Das Zusammentreffen von Gesamtangebot und Gesamtnachfrage auf dem Gütermarkt führt zu einem (neoklassischen) **Vollbeschäftigungsgleichgewicht** bei vollkommen flexiblen Preisen und Löhnen sowie zu einem (keynesianischen) **Unterbeschäftigungsgleichgewicht** bei Lohnrigidität.

„In der **Kritik an der Neoklassischen Synthese** wird u. a. die nur oberflächliche Zusammenfügung keynesianischer mit neoklassischen Modellele-menten bemängelt, es fehle bei nicht angemessener Interdependenz der Märkte die mikroökonomische Fundierung" (Kolb, 2004, S. 157).

Je nach Hervorhebung realer oder monetärer Theorieelemente entwickelten sich im **Postkeynesianismus** unterschiedliche Strömungen. **Joan Robinson** beispielsweise – bekannt durch ihr preis- und wettbewerbstheoretisches Hauptwerk „*The Economics of Imperfect Competition*" (1933) – vertritt die realanalytisch ausgerichteten Postkeynesianer. Sie „wandte sich vehement gegen den durch neoklassische Theorieelemente angeblich entstandenen ,**Bastard-Keynesianismus**' und gilt als Begründerin des ,**Linkskeynesianismus**' ... Vom postkeynesianischen Theoriestrang streng zu trennen sind keynesianische Neuinterpretationen, welche explizit um das angemahnte mikroökonomische Fundament der neoklassischen Synthese bemüht sind" (ebendort), z.B. *Axel Leijonhufvud*, *Barro* und *Malinvaud*. „Ausgangspunkt dieser auf der Rationierungstheorie gründenden **Neuen Keynesianischen Makroökonomie** sind an der Vergangenheit orientierte Erwartungen, derzufolge Veränderungen in der Marktsituation sich nicht sofort in Preisänderungen, sondern in Mengenanpassungen niederschlagen" (ebendort, S. 158).

7.9.4 Die „Phillipskurve": Inflation oder Beschäftigung?

Als entscheidendes Problem der keynesianischen Nachfragepolitik wurde (nicht nur von neoklassischen Kritikern) der **Zielkonflikt zwischen Preisniveaustabilität und Beschäftigung** erkannt. 1958 hat *Alban W. Phillips* als empirisches Phänomen den Zusammenhang ursprünglich zwischen Nomi-nallohn und Beschäftigung als hyperbelförmige Kurve dargestellt. Die von *Paul A. Samuelson* und *Robert M. Solow* **modifizierte Phillipskurve** präsentiert auf der theoretischen Grundlage der Neoklassischen Synthese einen **„Trade off" zwischen Inflationsrate und Arbeitslosenquote**, auf der sich die Politik die „gewünschte" Kombination von Inflation und

Arbeitslosigkeit gewissermaßen „aussuchen" kann. In diesem Zusammenhang viel zitiert ist der Ausspruch des in keynesianischer Tradition stehenden Altbundeskanzlers *Helmut Schmidt*: „Lieber fünf Prozent Inflation als fünf Prozent Arbeitslosigkeit!", der schließlich beides erleiden musste.

Die Monetaristen *Milton Friedmann, Karl Brunner* und *Allan H. Meltzer* haben diesen Trade off jedoch zurückgewiesen: „Nur kurzfristig zeige die Phillips-Kurve eine negative Steigung, langfristig sei dagegen ein senkrechter Verlauf festzustellen. ... Von Bedeutung ist in diesem Zusammenhang, dass im *Friedman*schen Theorieansatz von der **Hypothese einer ‚natürlichen Arbeitslosenquote'** ausgegangen wird, also bei Gleichgewicht eine durch Friktionen, aber auch durch Strukturwandel bedingte ‚natürliche Arbeitslosigkeit' unterstellt wird" (Kolb, 2004, S. 164) Entscheidend für die Ablehnung des fallenden Verlaufs der modifizierten Phillips-Kurve in der langen Frist ist die monetaristische Auffassung, dass die Geldpolitik langfristig keine realen Effekte hat, sondern nur Inflation bewirkt.

7.9.5 Die Gegenposition des Monetarismus

Damit ist die **Kernthese des Monetarismus** bereits angedeutet: „Sie besteht in der Auffassung, dass eine dauerhaft zufrieden stellende Wirtschaftsentwicklung nur dann möglich ist, wenn man **auf jede Art von Geldexperimenten verzichtet** (insbesondere auch auf eine ‚diskretionäre' Politik des ‚Stop' and ‚go') und so die reale Wirtschaft freihält von monetär verursachten Störungen bzw. Schocks. Stattdessen müsse ein **im Voraus benanntes potenzialorientiertes und zugleich verstetigtes Geldmengenwachstum** Platz greifen. Keinesfalls geeignet zur Steuerung von Stabilität und Wachstum seien zinspolitische Aktivitäten der Notenbank und fiskalpolitische Maßnahmen des Staates" (Kolb, 2004, S. 161). Das bedeutet eine fundamentale Gegenposition zum keynesianischen Konzept der kurz- und mittelfristigen Globalsteuerung der gesamtwirtschaftlichen Nachfrage.

Die theoretische Rechtfertigung dieser **„monetaristischen Gegenrevolution"** hat ihre Wurzeln natürlich in der **Quantitätstheorie des Geldes**, als deren Begründer der französische Staatsrechtslehrer **Jean Bodin (1529-1596)** gilt. In seinem Werk

„*La paradoxe du seigneur de Malerstroit*" (1568) erklärte er das damals rätselhafte Phänomen der Inflation mit der Vermehrung der umlaufenden Geldmenge. **John Locke (1600-1692)** machte rund hundert Jahre später auf die **Bedeutung der Umlaufgeschwindigkeit** aufmerksam, während *David Hume* eine umlaufende, gehortete und gesamte Geldmenge unterschied. Außerdem wendete *Hume* die Quantitätstheorie des Geldes bereits auf den internationalen Handel an und legte damit den **Grundstein für die monetäre Außenwirtschaftstheorie**.

Der **modernen Quantitätstheorie** liegt die nach **Irving Fisher (1867-1947)** benannte **Fishersche Verkehrsgleichung** ($Y \cdot P = M \cdot V$ mit Y = reales Volkseinkommen, P = Preisniveau, M = Geldmenge und V = Umlaufgeschwindigkeit des Geldes) zugrunde, die zunächst nur eine **Ex-post-Identität oder Tautologie** darstellt, bei langfristig stabiler Umlaufge-schwindigkeit jedoch einen das Preisniveau „erklärenden" Charakter erhält ($P = M \cdot V / Y$) oder in stetigen Wachstumsraten ausgedrückt $w_P = w_M + w_V - w_Y$).  Die Wachstumsrate des Preisniveaus (= Inflationsrate) ist also ex post positiv von der der Wachstumsrate der Geldmenge und der Wachstumsrate der Umlaufgeschwindigkeit sowie negativ von der Wachstumsrate des realen Volkseinkommens abhängig. Verändert sich die Umlaufgeschwindigkeit nicht ($w_V = 0$), verkürzt sich die Wachstumsformel auf $w_P = w_M - w_Y$. Wenn schließlich **Preisniveaustabilität** oder eine Inflationsrate von Null erzielt werden soll ($w_P = w_M - w_Y = 0$), darf die Geldmenge nicht schneller wachsen als das Volkseinkommen ($w_M = w_Y$)! Ersetzt man das Volkseinkommen durch das gesamtwirtschaftliche Produktionspotenzial, ist dies die **quantitätstheoretische Begründung für die „potenzialorientierte Geld(mengen)politik"**, wie sie unter dem Einfluss des Monetarismus und auf Empfehlung des Sachverständigenrates zur Begutachtung der gesamtwirtschaftlichen Entwicklung von der Deutschen Bundesbank verfolgt wurde und von der **Europäischen Zentralbank** unter Vorankündigung des angestrebten Geldmengenwachstums heute noch praktiziert wird.

Als „unumstrittenes Haupt der Monetaristen" und „Reanimator" der Quantitätstheorie ist der als Kind jüdischer, aus den Waldkarpaten (damals zu Öster-reich-Ungarn, heute zur Ukraine gehörend) stammender Einwanderer 1912 in New York geborene und in New Jersey aufgewachsene **Milton Friedman** anzusehen (Kolb, 2004, S. 159). *Friedman*, Hauptvertreter der **„Chicago-Schule",** sieht sich als direkter geistiger Epigone des klassischen Liberalismus: *„Chicago is the modern spiritual home of Adam Smith."* Mit diesen Worten eröffnete er seinen Vortrag anlässlich des 200jährigen Jubiläums des „Wealth of Nations". „Tatsächlich gehört *Milton Friedman* mit seiner gegen den Keynesianismus gerichteten ‚**monetaristischen Gegenrevolution'** zu den  konsequentesten Verfechtern der freien Marktwirtschaft. In dieser Zielsetzung artikuliert er sich radikal, kompromisslos, ja geradezu missionarisch" (Kolb, 2004, S. 159).

Friedmans „**neoquantitätstheoretischer Monetarismus**" reduziert sich allerdings nicht auf die Übernahme der Quantitätsgleichung. Er fundierte seine **Theorie der Geldnachfrage** mikroökonomisch mit portfoliotheoretischen Ansätzen, wobei die **Optimierung der Vermögensaufteilung** im Mittelpunkt steht. Der Vermögenstheoretische Ansatz geht davon aus, dass Geld nur ein Vermögensobjekt neben vier anderen (Obligationen, Aktien, physische Güter und Humankapital) darstellt. Die Zusammensetzung des Vermögens wird also als Determinante der Geldnachfrage gesehen. Dabei geht es um das „langfristige **Konzept eines permanenten Einkommens**, um das vom Gesamtvermögen abgeleitete dauerhaft erwartete Einkommen. Der sog. *nutzentheoretische Ansatz* sieht schließlich die Geldnachfrage durch Wahlhandlungen bestimmt, welche – mit Blick auf die Ertragsraten – durch die relativen der einzelnen Vermögensarten und letztlich vom Grenznutzen- bzw. Grenzproduktivitätsdenken gesteuert werden" (Kolb, 2004, S. 163). Zur Fundierung gehört außerdem ein **Modell des Transmissionsprozesses**, dass die Übertragung monetärer Impulse auf den realen Sektor erklären soll. *Friedmann* konzentriert sich dabei auf den Einfluss von Geldmengenänderung auf den nominellen Zinssatz, *Brunner* und *Meltzer* als weitere Hauptvertreter der Chicago-Schule auf die relativen Preise und Mengeneffekte (ebendort).

„Es entbehrt nicht der theoriegeschichtlichen Ironie, dass Keynes mit der Einführung der zinsabhängigen Spekulationskasse das empirisch beobachtete Schwanken der Umlaufgeschwindigkeit logisch begründen wollte und damit die Quantitätstheorie verdrängte, während Friedman den durch keynessche Theorie errungenen wissenschaftlichen Fortschritt nutzte, um mit eben diesem keynesianischen Portfolioansatz die Cambridger Kassenhaltungstheorie weiterzuentwickeln und damit die erfolgreiche Renaissance der Quantitätstheorie einleitete" (Veltzke, 1987, 59).

Teil B

8 Einführung in die Mikroökonomie

> **Lernziele** — Dieses Kapitel vermittelt:
>
> - Abgrenzung der Mikroökonomik und einführender Überblick über ihre wichtigsten Teilgebiete

8.1 Abgrenzung und Teilgebiete der Mikroökonomie

Nach dem Aggregationsgrad der untersuchten Wirtschaftseinheiten ordnet man wirtschaftswissenschaftliche Analysen einer mikro-, meso- oder makroökonomischen Ebene zu (vgl. Kapitel 2). Die **Mikroökonomie** befasst sich dabei mit den Wirtschaftsplänen einzelner Wirtschaftssubjekte und der Abstimmung ihrer zusammengefassten Angebots- und Nachfragepläne auf einzelnen Märkten. Mikroökonomische **Entscheidungseinheiten und Marktteilnehmer** sind **Haushalte und Unternehmen**. Die Haushalte untergliedern sich in **private und öffentliche** Haushalte. Die mikroökonomische Theorie öffentlicher Haushalte wird jedoch traditionell als Teilgebiet der Finanzwissenschaft gesondert behandelt. Da wir uns im Folgenden auf die Analyse privater Haushalte beschränken, sprechen wir diese kurz als „Haushalte" an. Entsprechend gliedert sich die Mikroökonomie (unter Ausklammerung der öffentlichen Haushalte) grob in die **Haushalts-, Unternehmens- und Markttheorie**.

Dabei bilden diese Teilgebiete wie die von ihnen untersuchten Wirtschaftssubjekte einen untrennbaren wirtschaftlichen Beziehungs-, Untersuchungs- und Erklärungszusammenhang, der nur aus didaktischen Gründen in überschaubare und verständliche Untersuchungsausschnitte „zerlegt" wird. So wird der mikroökonomische Focus einerseits in der **Theorie des Haushalts** auf die (zum Teil marktbezogenen) Entscheidungsprobleme des Haushalts, andererseits in der **Theorie der Unternehmung** auf die (ebenfalls zum Teil marktbezogenen) Entscheidungsprobleme der Unternehmung gerichtet (vgl. Abb. 8-1). Schließlich wird in einer nahezu **ganzheitlichen Betrachtungsweise** (mit dem Hintergrundwissen der Haushalts- und Unternehmenstheorie) in der **Markttheorie** der Blickwinkel auf verschiedene Marktarten (z. B. Arbeitsmarkt und Konsumgütermarkt) und Marktformen (vom Monopol bis Polypol) ausgeweitet, auf denen Haushalte und Unternehmen als Marktteilnehmer aufeinander treffen. Da der Staat aus verschiedenen Gründen direkt oder indirekt in das Marktgeschehen eingreift, gehört zur Markttheorie auch eine **Theorie der staatlichen Markteingriffe**.

Abb. 8-1: Mikroökonomische Blickwinkel

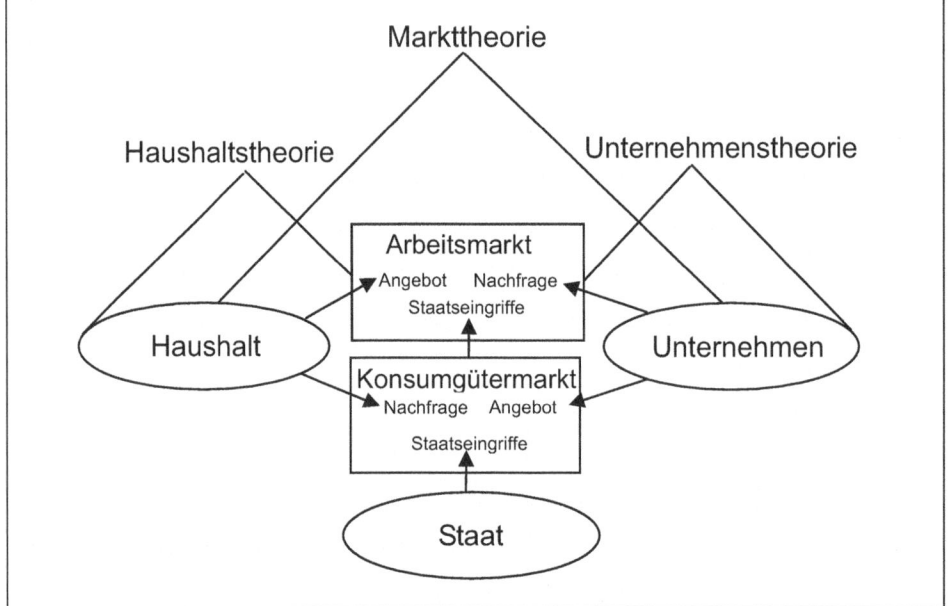

8.2 Problemstellungen der Haushaltstheorie

Die **Theorie des privaten Haushaltes** beschäftigt sich einerseits partialanalytisch mit den Einzelplänen des Haushalts, z.B. dem Konsumgüternachfrageplan und dem Faktorangebotsplan. Hierfür werden mit Hilfe spezieller Optimierungsansätze verschiedene **partielle „Haushaltsgleichgewichte"** ermittelt, z.B. ein **optimaler Konsumnachfrageplan** und ein **optimaler Arbeitsangebotsplan** (vgl. Abb. 8-2 oben). „Optimal" und „gleichgewichtig" heißt in diesem Zusammenhang, dass der Haushalt unter den für seine Entscheidung „herrschenden" Bedingungen von seinem Teilwirtschaftsplan nicht abweichen möchte, weil er das **Ziel der Nutzenmaximierung** als erfüllt ansieht. Die Haushaltstheorie versucht aber auch einen Lösungsansatz für die optimale Abstimmung aller Teilpläne zum **totalen Haushaltsgleichgewicht** zu finden.

Wie Abb. 8-2 (ohne Anspruch auf Vollständigkeit) zeigt, besteht der zu optimierende **Wirtschaftsplan eines privaten Haushalts** aus diversen optimalen Teilplänen, wobei die optimale **Einkommenserzielung und Einkommensverwendung** im Mittelpunkt steht. Das Haushalteinkommen determiniert nämlich als laufende Einnahmenquelle nach Hinzurechnung der (staatlichen und privaten) Transferzahlungen und Abzug der Abgaben an den Staat (insbesondere direkte Steuern und gesetzliche Sozialversicherungsbeiträge) das **verfügbare Einkommen**, das in einer Planperiode als **Grundstock oder als „Budget" für Konsum und Sparen** zur Verwendung steht. Auch die Differenz zwischen Abgaben an den Staat und den Transferzahlungen des Staates gilt es für den Haushalt zu optimieren, wofür die komplizierten (von einer einfachen „Bierdeckel"-Rechnung weit entfernten) gesetzlichen Rahmenbedingungen genügend Anlass geben.

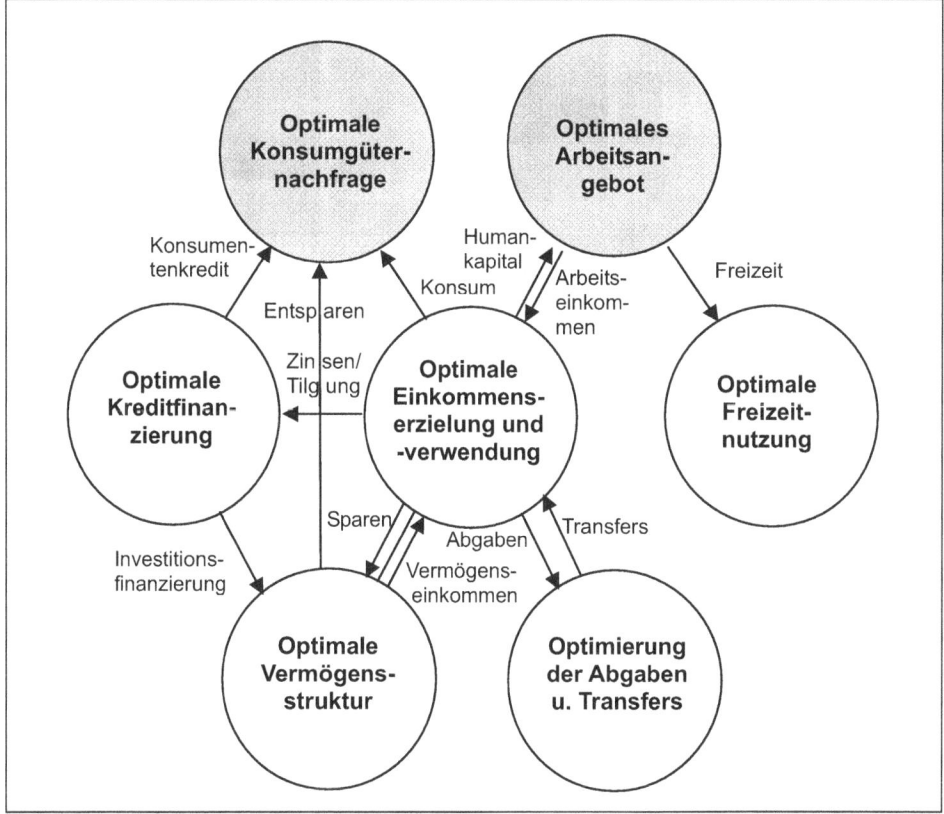

Abb. 8-2: Optimierungsproblem des Haushalts

Das Budget für die **optimale Konsumgüternachfrage** (vgl. Abb. 8-2 oben links) wird möglicherweise nicht nur aus dem laufenden Einkommen, sondern auch aus Konsumentenkrediten und durch Entsparen (Vermögensabbau) gespeist. Damit sind als weitere zu optimierende Teilpläne der **Vermögensplan** und der **Kreditfinanzierungsplan** tangiert. Inwieweit der Haushalt (netto) Vermögen bildet (netto spart bzw. investiert) resultiert aus seiner **Vermögensplanung**, die durch **Portfolio Selection** eine optimale Struktur seines Geldvermögens (z.B. Bank- und Spartguthaben, Wertpapiervermögen), Sachvermögens (z.B. Hausrat, Grund-, Haus- und Wohnungseigentum) und immateriellen Vermögens (z.B. Urheberrechte und Humankapital) anstrebt. Der Steigerung des individuellen Humankapitals durch Bildungsinvestitionen als Ursache für ein (höheres) leistungsgerechtes Einkommensniveau kommt dabei eine besondere Bedeutung zu, wenn man nicht ersatzweise auf ein durch Erbschaft oder

Schenkung erworbenes Vermögen und daraus erwachsendes Vermögenseinkommen zurückgreifen kann.

Als **Haupteinkommensquelle** dient im Normalfall das **Arbeitseinkommen** oder der Lohn für das **Arbeits(zeit)angebot des Haushaltes**, das es mit der Zielsetzung der Nutzenmaximierung zu optimieren gilt. Dabei ist abzuwägen zwischen dem **Güternutzen**, der sich aus der Verwendung des mit dem geplanten realen Arbeitseinkommens erzielen lässt, und dem hiermit konkurrierenden **Freizeitnutzen**. Die optimale Aufteilung zwischen der (als Selbstständiger und/oder Arbeitnehmer gewählten) Arbeits- und Freizeit führt schließlich zu dem Entscheidungsproblem, die **Freizeit optimal zu nutzen**. Die „optimale" Aufteilung der von einem Arbeitgeber nachgefragten Arbeitszeit obliegt dagegen arbeitsrechtlich dem Dispositionsrechts des Arbeitgebers, der damit seine eigenen Zielvorstellungen zu realisieren versucht, sie ist mit anderen Worten „fremdbestimmt". Dagegen kann der Selbstständige seine Arbeitszeit an seinen eigenen Zielsetzungen orientiert (im Regelfall gewinnmaximierend) einsetzen.

8.3 Problemstellungen der Unternehmenstheorie

Die Unternehmenstheorie im weitesten Sinne umfasst die gesamte Betriebswirtschaftslehre. In der Volkswirtschaftslehre konzentriert man sich jedoch auf die Themenkreise **Produktion und Kosten**, **Faktornachfrage** und **Güterangebot** als den wirtschaftlichen Kernfunktionen der Unternehmung.

Um die **Produktion von Gütern** (Sachgütern und Dienstleistungen) bewerkstelligen zu können, kombinieren die Unternehmen vorhandene **Produktionstechnologie**n und **Produktionsfaktoren** (u. a. Arbeit, Boden und Produktivkapital) miteinander. Dies geschieht wirtschaftlich nach dem **Maximalprinzip**, so dass unter Vermeidung von Faktorverschwendung **mit jeder Faktoreinsatzkombination die maximale Gütermenge produziert** wird. Welche funktionalen Zusammenhänge (**Produktionsfunktionen**) hier zwischen dem (effizienten) Einsatz von Produktionsfaktoren (Input) und dem Produktionsergebnis (Output) bestehen können, ist Gegenstand der **Produktionstheorie**.

Die endgültige Auswahl der Faktoreinsatzmengen geschieht jedoch unter **Berücksichtigung der Faktorpreise**, die multipliziert mit den eingesetzten Faktormengen die **Produktionskosten** bestimmen. Die Optimierung der Produktion erfolgt schließlich nach dem **Kostenminimierungsprinzip**. Die Zielsetzung minimaler Kosten lässt sich bei gegebenen Faktorpreisen auf zweifache Weise erreichen, entweder ermittelt man für jede Produktionsmenge oder jedes „Produktionsniveau" die kostenminimale Faktorkombination (**Minimalkostenkombination**) oder man maximiert für ein gegebenes Kostenbudget die Produktionsmenge, so dass auch jede Produkteinheit mit minimalen Stückkosten hergestellt wird. Die funktionalen Zusammenhänge zwischen den Produktionsmengen und den Produktionskosten bilden die

Kostenfunktionen der Unternehmung ab. Sie sind der **Hauptgegenstand der Kostentheorie**.

Da die kostenminimalen Kombination von Faktormengen nun aber erst einmal beschafft werden müssen, bevor sie eingesetzt werden können, resultiert daraus bei gegebenen Faktorpreisen auch eine ganz bestimmte **Faktornachfrage**. Die kurz umrissene Problemstellung der Produktions- und Kostentheorie führt insofern direkt zur **Fragestellung der Faktornachfragetheorie**, wie die Unternehmungen mit ihrer kostenminimalen Faktornachfrage auf unterschiedlich hohe Faktorpreise und unterschiedliche Faktorpreisrelationen optimal reagieren müssen.

Den Schlusspunkt dieser kausal verketteten unternehmenstheoretischen Themen bildet die Frage, welche Gütermenge denn bei gegebenen Kostenfunktionen und Absatzverhältnissen auf dem Endproduktmarkt von der Unternehmung angeboten und damit produziert werden soll. Das ist die **Problemstellung der Güterangebotstheorie**, wobei im Regelfall als Hauptunternehmensziel die **Gewinnmaximierung** vorgegeben wird. Diese Frage lässt sich jedoch nicht unabhängig von den Marktverhältnissen (insbesondere Nachfrage- und Wettbewerbsverhältnissen) beantworten. Das **Entscheidungsproblem des optimalen Güterangebots** ist mit anderen Worten **nur im Kontext mit der Markttheorie zu lösen**. Das heißt die abschließende Frage, welche Gütermenge bei gegebenen Faktorpreisen mit welchen Faktormengen kostenminimal und gewinnmaximal zu produzieren und anzubieten ist, lässt sich ebenfalls nur im Marktzusammenhang beantworten. Dabei ist (wie wir in den Kapiteln 12-14 sehen werden) das Ergebnis **entscheidend** davon abhängig, ob das betrachtete Unternehmen auf „seinem" Absatzmarkt **Preiseinfluss** hat oder nicht.

8.4 Problemstellungen der Markttheorie

Die **allgemeine Markttheorie** befasst sich mit der wissenschaftlichen Abgrenzung von Märkten (**Marktabgrenzung**), ihrer Beschreibung und Typisierung (**Marktformen**) und **Marktbeziehungen**. Im Schwerpunkt geht sie jedoch der Frage nach, welche Zusammenhänge im **Marktprozess** zwischen **Marktformen oder Marktstrukturen, Marktverhalten und Marktergebnis** bestehen. Zur Klärung dieser Zusammenhänge dient die **Gleichgewichtsanalyse**, welche die individuellen Gleichgewichte der Marktteilnehmer (d.h. Haushalts- und Unternehmensgleichgewichte) mit dem Gleichgewicht auf dem betrachteten Markt (**partielles Marktgleichgewicht**) in Einklang zu bringen versucht. Die **allgemeine Gleichgewichtstheorie** fragt schließlich als hohe Schule der Markttheorie nach den Bedingungen für ein **simultanes Gleichgewicht aller Märkte**.

Im Mittelpunkt der Markttheorie steht seit der Klassik die **Preistheorie**, welche die **Preisbildung in den verschiedenen Marktformen** (vgl. Kapitel 12, 13 und 14) **und auf Faktormärkten** (vgl. Kapitel 15) zu erklären versucht, wobei die sich im jeweiligen Modell, aber auch in der Realität bildenden **Preise Marktergebnisse** darstellen, die auf Marktverhalten, in erster Linie auf individuellem oder kollektivem **Mengen- und Preisverhalten**, beruhen. Die Preistheorie ist entsprechend nach den Marktformen gefächert, die von der **Monopolpreistheorie** über die **Oligopolpreistheorie** bis zur **Polypolpreistheorie** (bei vollkommener Konkurrenz und monopolistischer Konkurrenz) reicht.

Das Spannungsfeld zwischen nicht-kooperativem und kooperativem Verhalten von Teilnehmern der gleichen Marktseite (Anbietern oder Nachfragern) bearbeiten die **Wettbewerbstheorie** (im weiteren Sinne) und die **Kartelltheorie**. Mit den Themen aktueller und potenzieller **Preiswettbewerb** sowie **Kartellpreispolitik** liegt deren Hauptaugenmerk wiederum auf der Preistheorie. Da die Frage **Kooperation oder Nicht-Kooperation** zwischen strategischen Partnern auch ein zentrales **Problem der Spieltheorie** ist, werden das **Oligopol-, Marktzutritts- und Kartellproblem** zunehmend mit spieltheoretischen Instrumenten zu lösen versucht.

Die volkswirtschaftliche **Markttheorie behandelt** neben den Aktionsparametern Preis und Menge jedoch (weniger intensiv als die betriebswirtschaftliche Marketingtheorie) **auch andere Aktionsparameter** der Marktteilnehmer (u. a. die **Produkt-, Werbe- und Standortpolitik**), wobei wiederum der Einfluss auf (gleichgewichtige) Güterpreise und -mengen im Vordergrund steht.

Zu einem Großteil dient die **Markttheorie als Begründung für** ordnungs-, prozess- und strukturpolitische **Staatseingriffe**. Zur **Fundierung der staatlichen Wettbewerbspolitik**, die durch Gestaltung der **Wettbewerbsordnung** Spielregeln und sonstige wettbewerbspolitische Normen setzt, um einen **„funktionsfähigen Wettbewerb" zu sichern,** dient die **Wettbewerbstheorie** im engeren Sinne. Im weiteren Sinne versucht sie „nur", das Phänomen das aktuellen und potenziellen Wettbewerbs zu erklären.

Wohlfahrtsökonomisch und allokationstheoretisch begründet ist die **Theorie des Marktversagens** (vgl. Kapitel 16), die nach den Ursachen für Wohlstandsverluste und für ineffiziente Allokationen **im Vergleich zu den pareto-optimalen Gleichgewichten bei vollkommener Konkurrenz** fragt. Zur Beseitigung oder zur Kompensation von Marktversagen werden mögliche **Marktlösungen und Staatseingriffe** untersucht. Die Marktversagenstheorie liefert insofern Begründungen oder die Legitimation für eine staatliche Wirtschaftspolitik und Interventionspolitik, die über die Zielsetzung der Wettbewerbspolitik hinausgeht. Nicht zuletzt werden in diesem Zusammenhang aber auch Staatsinterventionen als Ursache von (noch größerem) Marktversagen, mit einem Wort **„Staatsversagen"** untersucht. **Staatlich verursachte Fehlallokationen** können dabei entweder das Ergebnis von kontraproduktiven Staatseingriffen sein, die eigentlich ein diagnostiziertes Marktversagen beseitigen sollten, oder die unerwünschte Nebenwirkung von staatlichen Markteingriffen, die völlig anderen Zielen dienen sollten (z.B. die Mehrwertsteuer als Finanzierungsinstrument). Letzteres ist u. a. **Gegenstand der mikroökonomischen Steuerlehre der Finanzwissenschaft**.

9 Theorie des Haushalts

> **Lernziele**   Dieses Kapitel vermittelt:
> - wie ein Haushalt nach dem Wirtschaftlichkeitsprinzip optimal über seine geplanten Konsumausgaben entscheiden muss, wenn er seinen Verbrauchsnutzen maximieren will,
> - wie seine Konsumgüternachfrage auf Preis- und Einkommensänderungen reagiert und
> - welches Arbeitsangebot und welche Freizeitnachfrage für ihn optimal sind.

9.1 Abgrenzung des Untersuchungsgegenstandes

Unter Ausklammerung von Staatshaushalten wird hier im funktionalen Sinne unter „Haushalt" ein **privates Wirtschaftssubjekt** einer arbeitsteiligen Produktions- und Tauschwirtschaft verstanden, welches einerseits (als Eigentümer von Arbeits-, Sachvermögen und Geldvermögen) Produktionsfaktoren, insbesondere **Arbeit anbietet** und andererseits vor allem **Konsumgüter nachfragt**, aber z.B. auch (Humankapital-)Bildung, Kredite und Freizeit. Der Großteil der damit verbundenen Entscheidungs- und Optimierungsprobleme ist in Abb. 8-2 dargestellt. Um eine nachfragetheoretische Grundlage für die späteren markt- und preistheoretischen Kapitel zu gewinnen, soll es auf dem begrenzten Raum ausreichen, wenn wir uns zunächst auf das Entscheidungsproblem des optimalen Konsumplanes, d.h. auf die **Güternachfragetheorie** des Haushalts konzentrieren. Die Grundzüge der **Arbeitsangebotstheorie** werden wir im Schlussabschnitt kurz skizzieren.

Wenn von „dem" Haushalt gesprochen wird, kann es sich um einen **Ein- oder Mehr-Personen-Haushalt** handeln. Um das Abstimmungsproblem zwischen mehreren Haushaltsmitgliedern auszuklammern, können wir mit gleichem Ergebnis entweder einen Single-Haushalt unterstellen oder jeweils eine bereits abgestimmte, in jedem Fall **eindeutige Haushaltsentscheidung**.

9.2 Konsumgüternachfrage des Haushalts

9.2.1 Modellannahmen und Problemstellung

Obwohl wir uns voneherein nur auf die Konsumentscheidungen des Modellhaushaltes und damit nur auf eine Teilmenge möglicher Haushaltsentscheidungen beschränken, ist das **in der Realität** zu bewältigende Entscheidungsproblem angesichts der **Wahlmöglichkeiten zwischen vielen Tausend Konsumgüterangeboten** „für den Anfang" immer noch schwer genug. Wir beschränken uns daher vereinfachend auf ein analytisch immer noch relativ anspruchsvolles **Zwei-Güter-Modell**.

Insgesamt sollen folgende **Modellannahmen** gelten:

① Wahlfreiheit zwischen zwei angebotenen Konsumgütern 1 und 2;

② Unbeschränkte Teilbarkeit und vollkommene Subsituierbarkeit der Gütermengen (x_1 und x_2);

③ Gegebene ordinale (s. u.) Nutzenfunktion des Haushaltes:

$$U(x_1, x_2) \text{ mit } U_{x_1} = \frac{\partial U}{\partial x_1}, U_{x_2} = \frac{\partial U}{\partial x_2} > 0$$

$$\text{und } U_{x_1 x_1} = \frac{\partial^2 U}{\partial x_1^2}, U_{x_2 x_2} = \frac{\partial^2}{\partial x_2^2} < 0 \qquad [9\text{-}1]$$

d.h. der Haushalt erwartet für den Konsum beider Güter weder Sättigung ($U_{x_1}, U_{x_2} = 0$) noch Übersättigung ($U_{x_1}, U_{x_2} < 0$), sondern jeweils einen positiven, aber abnehmenden Grenznutzen (vgl. Abb. 9-1 beispielhaft für Gut 1).

Abb. 9-1: Abbildung der partiellen Nutzenfunktion für Gut 1
(bei konstantem Konsum von Gut 2)

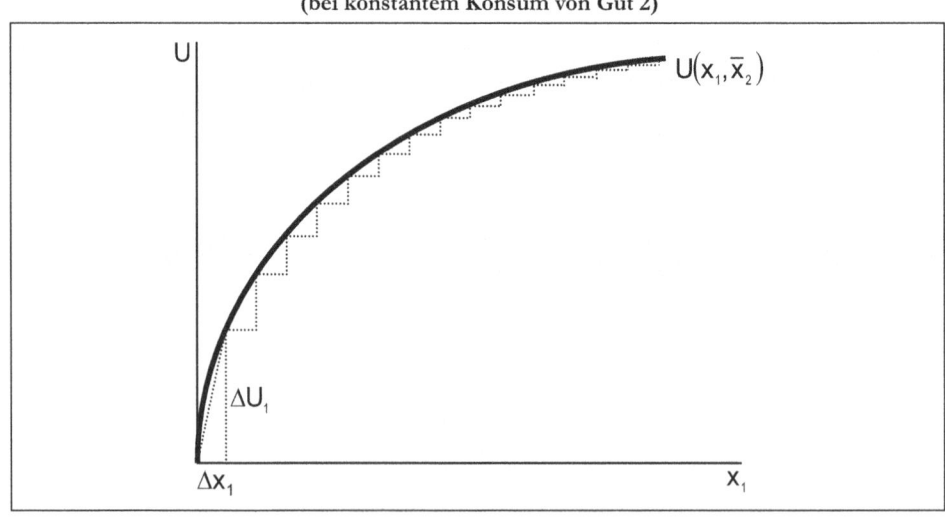

④ Nutzenmaximierung als Zielsetzung des Haushalts: $U \overset{!}{=} U^{max}$;

⑤ Gegebene nicht-negative Konsumgüterpreise: $\overline{P_1} \geq 0$ und $\overline{P_2} \geq 0$;

⑥ Gegebenes Budget $\overline{M}$ für die Planperiode, das durch die Summe der Ausgaben (Güterpreise mal Menge) für beide Konsumgüter nicht überschritten werden darf (**Budgetbeschränkung**):

$$\overline{M} \geq x_1 \overline{P_1} + x_2 \overline{P_2} > 0 \qquad [9\text{-}2]$$

Unter Berücksichtigung dieser Modellannahmen besteht **das Entscheidungsproblem** des betrachteten Haushaltes darin, bei gegebenen Konsumgüterpreisen und unter Einhaltung der Budgetrestriktion das (partielle) Haushaltsgleichgewicht im Sinne der erwartungsgemäß **nutzenmaximalen Gütermengenkombination zu bestimmen**.

9.2.2 Abgrenzung des Lösungsraumes

Welche Güterkombination im Rahmen des Budgets (nicht) realisierbar sind, lässt sich grafisch durch die sog. **"Budgetgerade" im x_1-x_2-Diagramm** beschreiben. Wenn man das gesamte Budget zum Kauf des Gutes 1 verwendet oder umgekehrt für das Gut 2 und entsprechend $\overline{M}$ einerseits durch den erwarteten Preis von Gut 1 $\overline{P_1}$, andererseits durch den erwarteten Preis von Gut 2 $\overline{P_2}$ dividiert, erhält man jeweils die **maximalen Nachfragemengen** x_1^{max} und x_2^{max} für jedes einzelne Gut:

$$x_1^{max}(x_2 = 0) = \frac{\overline{M}}{\overline{P_1}} > 0 \text{ für } \overline{M} > \overline{P_1} \qquad [9\text{-}3a]$$

$$x_2^{max}(x_1 = 0) = \frac{\overline{M}}{\overline{P_2}} > 0 \text{ für } \overline{M} > \overline{P_2}. \qquad [9\text{-}3b]$$

Abb. 9-2: Abgrenzung des Lösungsraumes durch die Budgetgerade

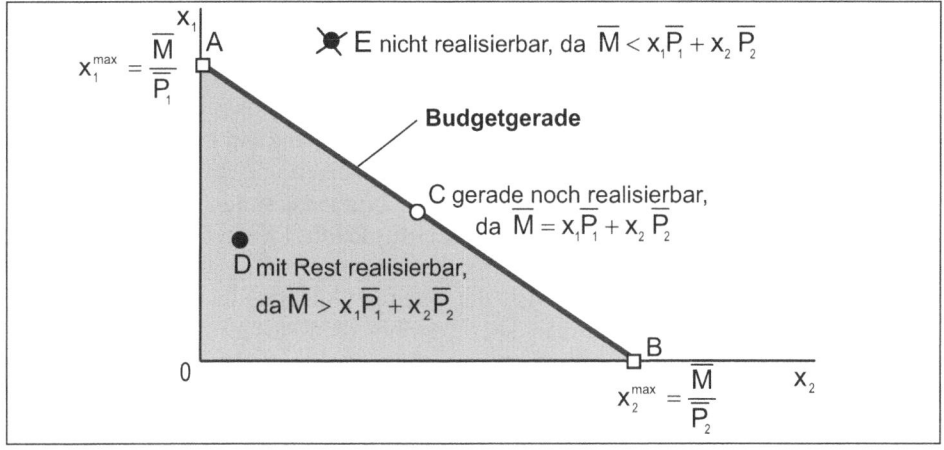

Trägt man diese beiden Höchstmengen auf der x_1-Achse und x_2-Achse ein (Punkt A und B) und verbindet man diese durch eine Gerade, ergibt sich die bereits erwähnte **Budgetgerade**. Sie bildet alle Mengen-Kombinationen ab, die sich mit dem gegebenen Budget maximal kaufen lassen.

Analytisch ist die zugehörige **Budgetfunktion** zu bestimmen, indem man die Budgetbeschränkung [9-2] als Gleichung nach x_1 auflöst:

$$x_1(x_2) = \frac{\overline{M}}{\overline{P_1}} - \frac{\overline{P_2}}{\overline{P_1}} x_2 \qquad [9\text{-}4]$$

mit dem **Ordinatenabschnitt** der Budgetgeraden

$$x_1^{max} = x_1(x_2 = 0) = \frac{\overline{M}}{\overline{P_1}} > 0 \qquad [9\text{-}4a]$$

und der negativen **Steigung** der Budgetgeraden, die durch das umgekehrte Preisverhältnis beider Güter bestimmt ist:

$$\frac{dx_1}{dx_2} = -\frac{\overline{P_2}}{\overline{P_1}} < 0 \qquad [9\text{-}4b]$$

Der **Lösungsraum**, d.h. alle bei dem gegebenen Budget des Haushaltes und den vorgegebenen Güterpreisen realisierbaren Mengenkombinationen lässt sich nun in Abb. 9-2 durch das schraffierte **Dreieck** ΔOAB angeben. Denn da die **Budgetgerade** als rechter **Rand des Lösungsraumes** die realisierbaren Höchstmengen (z.B. die Mengenkombination C) abbildet, müssen auch alle **Mengenkombinationen links der Budgetgerade** (z.B. die Mengenkombination D) **realisierbar** sein und zwar mit Ersparnis, da die Konsumausgaben kleiner sind als das Budget. Die **Mengenkombinationen rechts von der Budgetgeraden** sind dagegen **nicht realisierbar**, da das Budget hierfür (z.B. zum der Kauf der Mengenkombination E) nicht ausreicht: $\overline{M} < x_1 \overline{P_1} + x_2 \overline{P_2}$.

9.2.3 Nutzenfunktion und Präferenzordnung

Die Annahme einer „**ordinalen**" **Nutzenfunktion** bedeutet, dass der Haushalt verschiedene Güterbündel von x_1 und x_2 nur relativ einordnen kann im Sinne von **gleicher, kleinerer oder größerer Nutzen**. D. h. wir verlangen von ihm nicht etwa, dass er einen Nutzen absolut quantifizieren und auch Nutzensummen und -differenzen bilden kann, wie bei einer „**kardinalen**" **Nutzenfunktion**. Der numerische Wert der partiellen Ableitung von ordinalen Nutzenfunktionen ist insofern ohne Belang, lediglich mit dem Vorzeichen verbindet sich die wichtige Aussage, in welcher Richtung sich der Nutzen entwickelt, wenn man ceteris paribus die Konsummenge eines Gutes verändert. Eine „numerische" ordinale Nutzenfunktion lässt sich mit einem beliebig großen Faktor multiplizieren, ohne dass sich die Nutzenrangordnung von Güterbündeln dadurch ändert. (Bringt man zum Beispiel auf einem Gummiband mit einem Filzschreiber eine Reihe von Punkten an und zieht man das Band dann auseinander, so vergrößern sich wohl die Abstände zwischen den Punkten, aber ihre Reihenfolge verändert sich dadurch nicht!).

Um nun die Mengenkombination beider Güter mit dem relativ höchsten Nutzen zunächst graphisch ermitteln zu können, ist es notwendig, die Nutzenfunktion des Haushaltes mit den angenommenen Eigenschaften abzubilden. Da der **Gesamtnutzen** des Haushalts U (als **Erwartungsparameter** und abhängige Variable) durch zwei frei wählbare **Gütermengen** (zwei **Aktionsparameter** oder unabhängigen Variable) x_1 und x_2 bestimmt ist, lässt sich dieser Zusammenhang vollständig nur dreidimensional im x_1-x_2-U-Diagramm darstellen (vgl. Abb. 9-3). Der **Graph der Nutzenfunktion** bildet die mit zunehmendem Konsum beider Güter ansteigende **Oberfläche eines „Nutzengebirges"** ab, das sich über der x_1-x_2-Ebene erhebt. Jeder Punkt auf dieser Grundfläche stellt eine bestimmte Gütermengenkombination („Warenkorb") dar, dem genau senkrecht darüber ein Punkt mit einem bestimmten Gesamtnutzenniveau zugeordnet ist. Der Anstieg des Nutzengebirges lässt sich mit Hilfe der (weiß markierten) **Höhenlinien** $\overline{U}_1$ bis $\overline{U}_4$ kennzeichnen, auf denen sich ohne Steigung, d.h. ohne Nutzengewinn und ohne Nutzenverlust, „wandern" lässt. Sie sind der **geometrische Ort aller Kombinationen von x_1 und x_2 mit dem gleichen relativen Nutzenniveau $\overline{U}(x_1, x_2)$**.

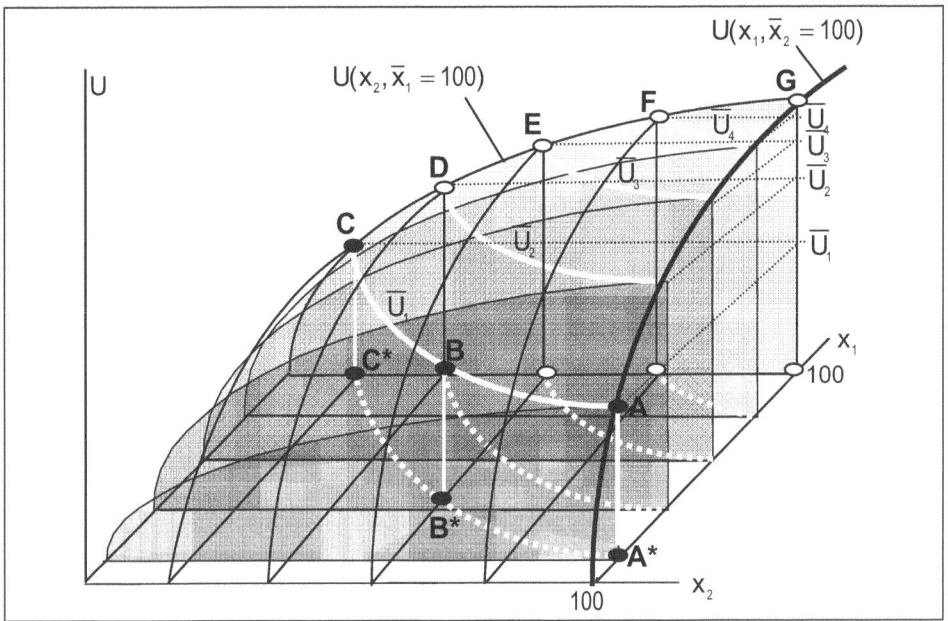

Abb. 9-3: Nutzengebirge und Indifferenzkurven

Da der Haushalt diese Güterbündel alle gleich bewertet, sich ihnen gegenüber also indifferent verhält, werden diese Höhenlinien in der Haushaltstheorie auch als **„Indifferenzkurven"** bezeichnet.

Die Indifferenzlinien lassen sich zur vereinfachten zweidimensionalen Darstellung und Analyse der Zusammenhänge senkrecht nach unten auf die Grundfläche des Nutzengebirges projizieren, wo die **Schar der Indifferenzkurven** in der x_1-x_2-Ebene die **Präferenzstruktur des Haushaltes** erkennen lassen. Denn da jede Indifferenzlinie einen niedrigeren oder höheren Nutzenindex hat als eine darüber oder darunter liegende Indifferenzlinie, bedeutet dies ja, dass der Haushalt jede Indifferenzlinie mit einem höheren Nutzenwert präferiert. In Abb. 9-4 und 9-5 gilt insofern unter Verwendung des Präferenzzeichens $\prec$ (zur Erläuterung: $\overline{U}_1 \prec \overline{U}_2$ bedeutet, dass $\overline{U}_2$ präferiert wird) für die dargestellten Indifferenzkurven folgende **Präferenzordnung:** $\overline{U}_1 \prec \overline{U}_2 \prec \overline{U}_3 \prec \overline{U}_4 \prec \overline{U}_5$. Analog gilt für die auf diesen Kurven liegenden Güterbündel: $C \prec D \prec E \prec F \prec G$.

Abb. 9-4: Präferenzstruktur des Haushalts

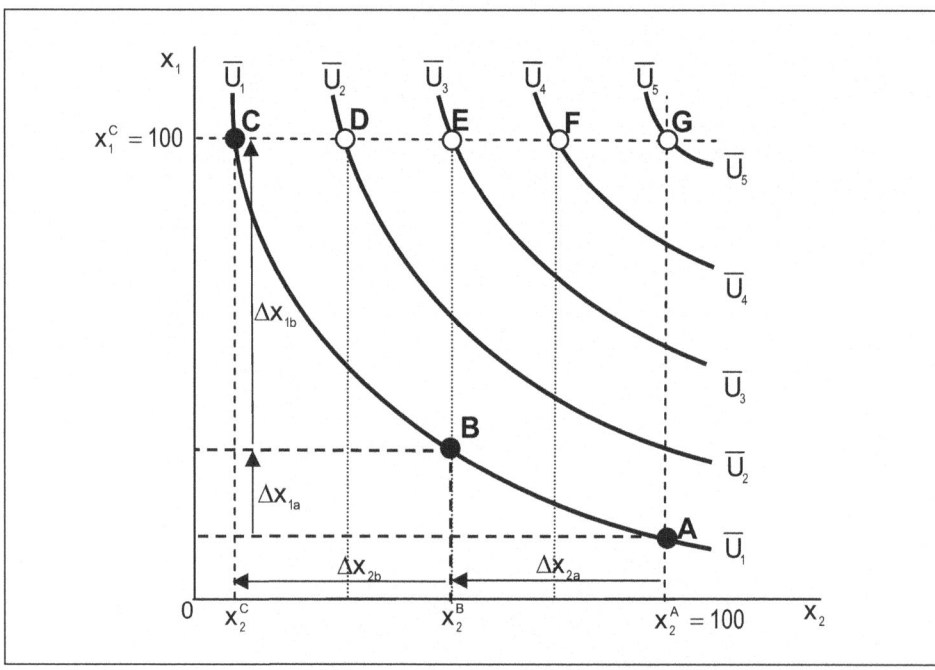

Für Güterbündel, die auf der gleichen Indifferenzkurve liegen, verwendet man das Indifferenzzeichen $\sim$, so dass $A \sim B \sim C$ ist. Die „Bewegung" auf einer Indeifferenzkurve bedeutet inhaltlich, dass ein **Mengenaustausch ohne Nutzenänderung** erfolgt oder analytisch ausgedrückt, dass das **totale Differential der Nutzenfunktion gleich Null** ist:

$$dU = U_{x_1}dx_1 + U_{x_2}dx_2 = 0 \qquad [9\text{-}5]$$

Der **konvexe Verlauf der Indifferenzkurven** ist dabei auf die **Annahme des abnehmenden Grenznutzens** zurückzuführen. „Bewegt" man sich zum **Beispiel** auf der **Indifferenzkurve** $\overline{U}_1$ vom dem Ausgangspunkt A nach links zu Punkt B, wird ohne Nutzenverlust der Konsum von x_2 eingeschränkt ($\Delta x_{2a} = x_2^B - x_2^A < 0$), während dafür der Konsum von x_1 ausgedehnt wird ($\Delta x_{1a} = x_1^B - x_1^A > 0$). Wird der Konsum von Gut x_2 durch eine Bewegung (**„Substitution"**) von B nach C noch einmal um die gleiche Menge reduziert ($\Delta x_{2a} = \Delta x_{2b}$), ist aufgrund des abnehmenden Grenznutzens beider Güter einerseits der Nutzenverlust bei Gut x_2 größer und andererseits der Nutzengewinn bei Gut x_1 kleiner als zuvor. D.h. der Nutzen erhaltende Zuwachs von x_1 muss bei zunehmender Abnahme von x_2 (mit dem Ergebnis der **Konvexität**) immer stärker werden.

Abb. 9-5: Indifferenzkurve als Grenze zwischen höherem Nutzen (rechts) und niedrigerem Nutzen (links)

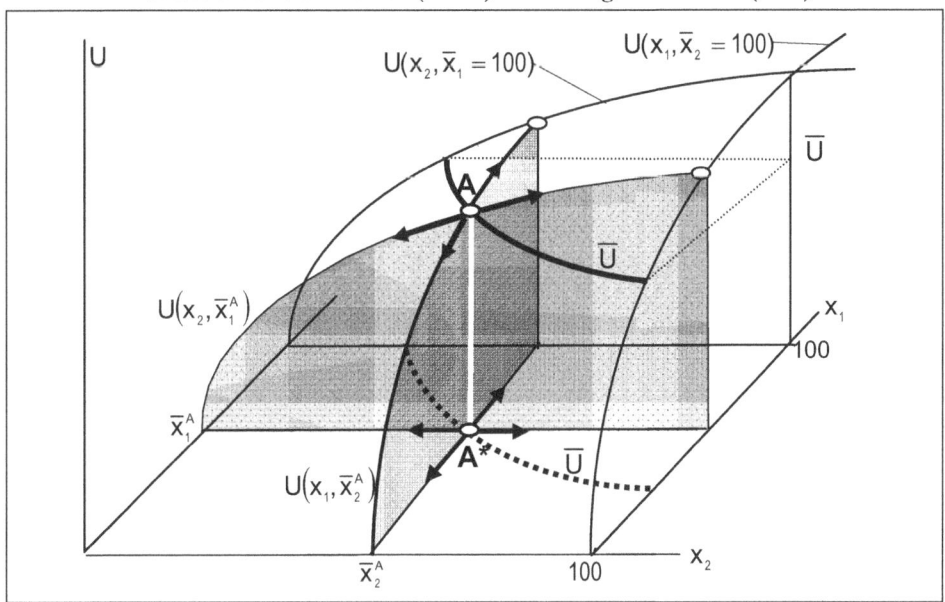

Die **Annahme eines positiven Grenznutzens** beider Güter bewirkt in diesem Zusammenhang außerdem, dass alle Gütermengenkombinationen oberhalb (unterhalb) einer Indifferenzkurve ein höheres (niedrigeres) Nutzenniveau besitzen. In Abb. 9-5 lässt sich dies am Punkt A auf der Indifferenzkurve $\overline{U}$ zeigen. A liegt im **Schnittpunkt zweier „partieller" Nutzenkurven**, bei denen jeweils nur eine Gütermenge variiert wird, während die andere konstant ist. Dadurch wird das Nutzengebirge bei alleiniger Variation von x_1 parallel zur x_1-Achse und bei alleiniger Variation von x_2 parallel zur x_2-Achse durchschnitten. Die zugehörigen partiellen Nutzenfunktionen lauten $U(x_1, \overline{x}_2^A)$ bzw. $U(x_2, \overline{x}_1^A)$. Da es auf beiden Nutzenkurven von A aus bei zunehmendem (abnehmendem) Verbrauch des betrachteten Gutes „bergauf" („bergab") geht, können sich Indifferenzkurven unter der Annahme positiver, aber abnehmender Grenznutzen offensichtlich nicht schneiden (**Überschneidungsverbot**).

9.2.4 Bestimmung des Haushaltsgleichgewichts

Nachdem wir über die Budgetgerade den Lösungsraum abgegrenzt sowie mit dem analytischen Instrument der Indifferenzkurve und Präferenzordnung die Nutzenvorstellungen unseres Modellhaushaltes abgebildet haben, sind wir nunmehr zur **Bestimmung der „optimalen", d.h. nutzenmaximierenden Gütermengenkombination** gerüstet. Es gilt ganz einfach aus der unzähligen Schar erreichbarer Indifferenzkurven genau die **Indifferenzkurve mit dem höchsten Nutzenindex** herauszufinden. Nach unseren bisherigen Überlegungen leuchtet es unmittelbar ein, dass dies nur diejenige Indifferenzkurve sein kann, welche die Budgetgerade als äußerste Grenze des Lösungsraums gerade noch berührt. Die **Budgetgerade** liegt an diesem Berührungspunkt (vgl. Abb. 9-6) als **Tangente an dieser Indifferenzkurve**.

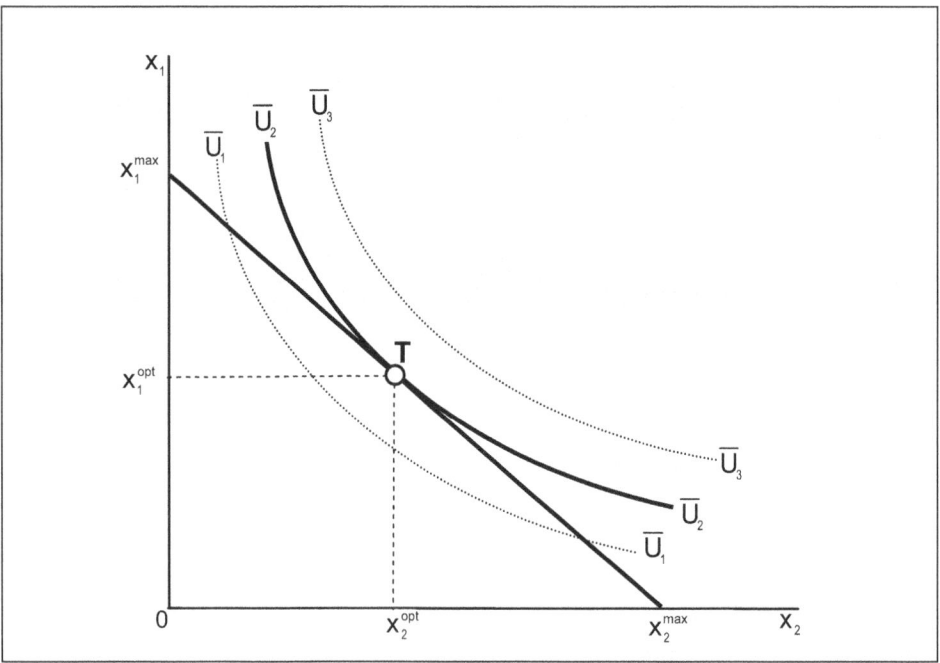

Abb. 9-6: Graphische Bestimmung des Haushaltsgleichgewichts (Tangentenlösung)

Aus diesem Grunde wird diese Lösung unseres Entscheidungsproblems, nämlich die graphische Bestimmung des Haushaltsgleichgewichtes durch diesen Tangentialpunkt $T(x_1^{opt}, x_2^{opt})$, auch als **„Tangentenlösung"** bezeichnet.

9.2.5 Interpretation der Tangentenlösung (2. Gossensches Gesetz)

Das Haushaltsgleichgewicht in Form der Tangentenlösung impliziert geometrisch, dass die Steigung der Budgetgeraden genau so groß ist wie die Steigung der sie berührenden Indifferenzlinie. Mathematisch heißt dies, dass der Wert der 1. Ableitung der Budgetgeraden [9-4]

$$\frac{dx_1}{dx_2} = -\frac{\overline{P}_2}{\overline{P}_1} \qquad [9\text{-}4b]$$

dem Wert der 1. partiellen Ableitung der Isoquanten $\overline{U}(x_1, x_2)$, der sog. **Grenzrate der Substitution** entspricht,

$$\frac{dx_1}{dx_2} = -\frac{U_{x_2}}{U_{x_1}} \qquad [9\text{-}5b]$$

die sich aus dem totalen Differential [9-5] $dU = U_{x_1}dx_1 + U_{x_2}dx_2 = 0$ ergibt.

Aus [9-4b] und [9-5b] folgt weiter, dass im Optimum

$$-\frac{\overline{P}_2}{\overline{P}_1} = -\frac{U_{x_2}}{U_{x_1}} \text{ bzw. } \frac{\overline{P}_2}{\overline{P}_1} = \frac{U_{x_2}}{U_{x_1}} \qquad [9\text{-}6]$$

gelten muss: Das **Preisverhältnis der Güter entspricht dem Verhältnis der Grenznutzen** oder **der Grenznutzen pro Geldeinheit beider Güter muss gleich groß** sein:

$$\frac{U_{x_1}}{\overline{P}_1} = \frac{U_{x_2}}{\overline{P}_2} \qquad [9\text{-}7]$$

In dieser Formulierung nennen wir die Bedingung für das Konsumgleichgewicht des Haushalts auch das **2. Gossensche Gesetz**.

Gossen selbst hat sein **„Genussausgleichsgesetz"** für die Maximierung des Nutzens bei der alternativen Verwendung knapper Zeit aufgestellt: *„Der Mensch, dem die Wahl zwischen mehreren Gütern frei steht, dessen Zeit aber nicht ausreicht, alle vollaus sich zu bereiten, muss, wie verschieden auch die absolute Größe der einzelnen Genüsse sein mag, um die Summe seines Genusses zum Größten zu bringen, bevor er auch nur den größten sich vollaus bereitet, sie alle teilweise bereiten, und zwar in einem solchen Verhältnis, dass die Größe eines jeden Genusses in dem Augenblick, in welchem seine Bereitung abgebrochen wird, bei allen die gleiche bleibt."*

9.2.6 Lösungen bei alternativen Indifferenzkurven

Wie man sich denken kann, müssen die Indifferenzkurven ganz bestimmte **Verlaufseigenschaften** haben, damit die nutzenmaximale Güterkombination bei für beide Güter positiven Mengen einen Tangentialpunkt mit einer beliebig steilen Budgetgeraden bilden kann, mit anderen Worten eine sog. **innere Lösung mit „peripherer" Substitution** existiert. Eine dieser Bedingungen ist ein in Bezug auf den Koordinatenursprung **konvexer Verlauf der Indifferenzkurven**.

(1) Konvexität der Indifferenzkurven ist zwar eine notwendige, aber wie die Fälle 1 und 2 in Abb. 9-6 zeigen, keine hinreichende Bedingung für eine innere Tangentenlösung. Im **Fall 1** schneiden die konvexen Indifferenzkurven die x_2-Achse, während sie sich der x_1-Achse asymptotisch nähern. Dies lässt sowohl „normale" Tangentenlösungen als auch Randlösungen zugunsten von Gut 2 zu, wodurch Gut 1 aus Preisgründen durch sog. **„Alternativsubstitution"** vom Konsum ausgeschlossen wird. Dabei kann die Budgetgerade eine Indifferenzkurve im Randpunkt R_2 gerade tangieren oder schneiden. Enden die konvexen Indifferenzkurven wie im **Fall 2** auf beiden Mengenachsen, gilt im Prinzip das Gleiche, allerdings kann nun auch Gut 1 für eine Randlösung mit exklusivem Konsum in Frage kommen. Um „lästige" Randlösungen zu vermeiden, ist also neben der Konvexität der Indifferenzkurven eine **asymptotische Annäherung** an die beiden Mengenachsen **zu fordern**.

(2) Konkavität führt, wie **Fall 3** unter Beweis stellt, zwar zu Tangentialpunkten, die aber die schlechteste (nutzenminimale) Lösung darstellen. Da die Budgetgeraden als Sekanten wirken, lassen sie nur nutzenmaximierende Randlösungen zu. Dabei sind neben Präferenzlösungen (R_{11}) auch zwei Indifferenzlösungen (R_{12} und R_2) möglich, wenn die Budgetgerade die gleichen Achsenabschnitte hat wie die Indifferenzkurve.

(3) Linearität, die **bei funktionaler Austauschbarkeit** von (homogenen und heterogenen) Gütern eines Marktes zu erwarten ist, bewirkt, wie **Fall 4** zeigt, je nach relativer Preisgünstigkeit entweder eine Randlösung für Gut 1 oder für Gut 2 oder eine unbestimmte Tangentenlösung. Wenn im **Grenzfall** nämlich **Budgetgerade und Indifferenzgerade** mit gleicher Steigung **deckungsgleich** verlaufen, ist der Konsument gegenüber allen auf dieser Gerade liegenden Verbrauchsplänen indifferent (vgl. hierzu auch S. 106 ff.).

(4) Rechtwinkligkeit von Indifferenzkurven (vgl. **Fall 5**) ist **bei komplementären Gütern** – z.B. linker Schuh und rechter Schuh – zu erwarten, weil jeder weitere rechte (linke) Schuh keinen zusätzlichen Nutzen stiftet. Hier gibt es weder Rand- noch Tangentenlösungen, sondern nur Ecklösungen an der Stelle, wo eine Budgetgerade ein komplementäres Güterbündel „durchläuft".

**Abb. 9-7: Tangenten- und/oder Randlösungen
bei alternativen Indifferenzkurvensystemen**

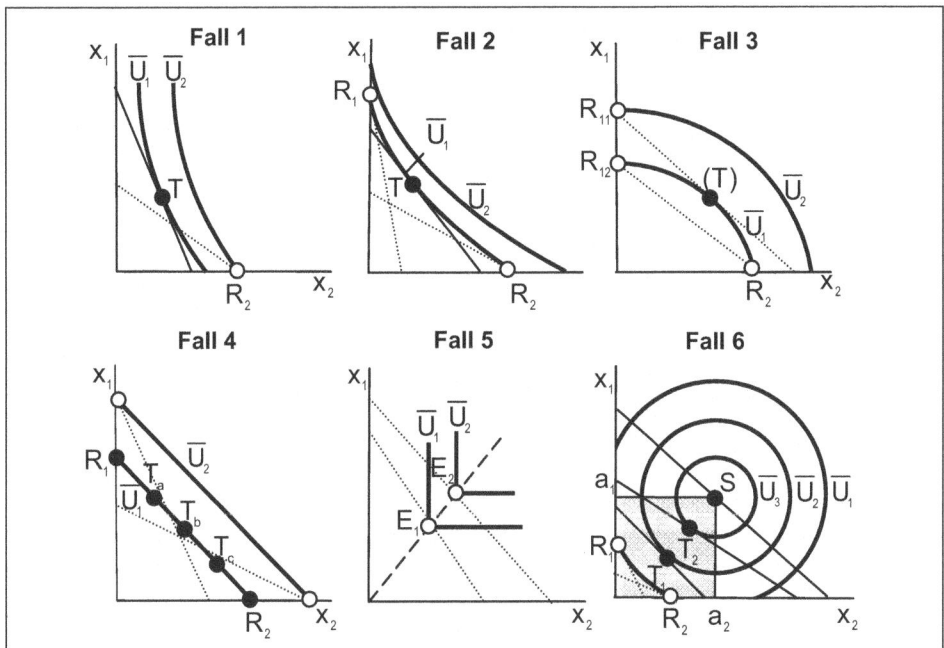

(5) Zirkularität der Indifferenzkurven resultieren beispielsweise **bei Nutzenfunktionen mit Sättigung**. Das als **Fall 6** dargestellte Nutzengebirge weist bei den Sättigungsmengen a_1 und a_2 im Punkt S ein Maximum auf, wobei die konzentrischen **Indifferenzkreise** in Richtung S ansteigende Nutzenniveaus besitzen. Der Lösungsraum ist in diesem Fall auf das markierte Quadrat beschränkt, da der Nutzen jenseits der Sättigungsmengen wieder abnimmt. Im Lösungsraum ist die Konsequenz der dort konvex verlaufenden Indifferenzviertelkreise, dass normale Tangentenlösungen existieren. Solange die Viertelkreise auf entsprechend niedrigem Nutzniveau jedoch die Mengenachsen schneiden, sind für beide Güter auch Randlösungen (z.B. R_1 und R_2) möglich. Wir werden eine entsprechende Nutzenfunktion und die hieraus resultierende Nachfragekurve des Haushalts in Abschnitt 9.2.9 im Detail darstellen.

9.2.7 Herleitung und Diskussion von Nachfragekurven

(1) Fragestellung

Eine zur mikroökonomischen Erklärung der Preisbildung auf Konsumgütermärkten grundlegende Frage drängt sich an dieser Stelle unmittelbar auf: Wie reagieren die einzelnen Haushalte bei gegebenen Nutzenvorstellungen auf für die Planperiode erwartete **Preis- und Budgetänderungen**? Da das geplante Konsumausgabenbudget eines Haushaltes plausibler Weise entscheidend durch ihre Erwartung über das zu erzielende (Netto-) Einkommen Y der Planperiode beeinflusst wird ($M = M(Y)$), ist also letztlich zu fragen, welche individuellen **Nachfragereaktionen auf Preis- und Einkommensänderungen** theoretisch möglich sind. Im Folgenden sollen unter der Annahme „normal" verlaufender (konvexer) Indifferenzkurven graphisch entsprechende preis- und einkommensabhängige **Nachfragekurven** (**Preis-Konsum-Kurven und Einkommens-Konsum-Kurven**) ermittelt werden.

(2) Nachfrageelastizitäten

Zur Interpretation solcher Abhängigkeiten werden in der Ökonomie neben den partiellen Ableitungen von Nachfragefunktionen sog. **Nachfrageelastizitäten** herangezogen. Der auf *A. Marshall* zurückgehende **Elastizitätskoeffizient** η stellt eine universell anwendbare Kennziffer dar, die durch ihr Vorzeichen die **Richtung** und durch ihren absoluten Wert die **Intensität eines funktionalen Zusammenhanges** $y(x)$ angibt. Sie setzt als **Wirkungskennziffer** die prozentuale Änderung der abhängigen Variablen y („Wirkung") zur prozentualen Änderung der unabhängigen Variablen x („Ursache") ins Verhältnis:

$$\eta_{y,x} = \frac{y\text{ - Änderung in \%}}{x\text{ - Änderung in \%}} = \frac{\frac{(y_2 - y_1)100}{y_1}}{\frac{(x_2 - x_1)100}{x_1}} = \frac{\frac{\Delta y \times 100}{y_1}}{\frac{\Delta x \times 100}{x_1}} = \frac{\Delta y}{\Delta x} \frac{x_1}{y_1}. \qquad [9\text{-}8]$$

Zahlenbeispiel: Sind $x_1 = y_1 = 100$, $\Delta y = 2$ und $\Delta x = 1$, ergibt sich ein **positiver Elastizitätswert** von

$$\eta_{y,x} = \frac{\Delta y}{\Delta x} \frac{x_1}{y_1} = \frac{2}{1} \cdot \frac{100}{100} = 2 > 0.$$

Interpretation: Eine **Zunahme von x um 1%** bewirkt (aufgrund des positiven Vorzeichens des Elastizitätskoeffizienten) eine **positive Änderung von y um 2 %**.

Graphisch lässt sich dies durch die sog. „**Bogenelastizität**" oder „**Streckenelastizität**" veranschaulichen (vgl. Abb. 9-8.a), die bezogen auf einen Ausgangspunkt $A(x_1, y_1)$) die Richtung und das relative Ausmaß der Änderung von y ($\Delta y = y_2 - y_1 > 0$) als Effekt der Zunahme von x ($\Delta x = x_2 - x_1 > 0$) anzeigt, d.h. auf der Wirkungskurve $y(x)$ die „Bewegung" zum Punkt $B(x_2, y_2)$ beschreibt (vgl. Abb. 9-8 a).

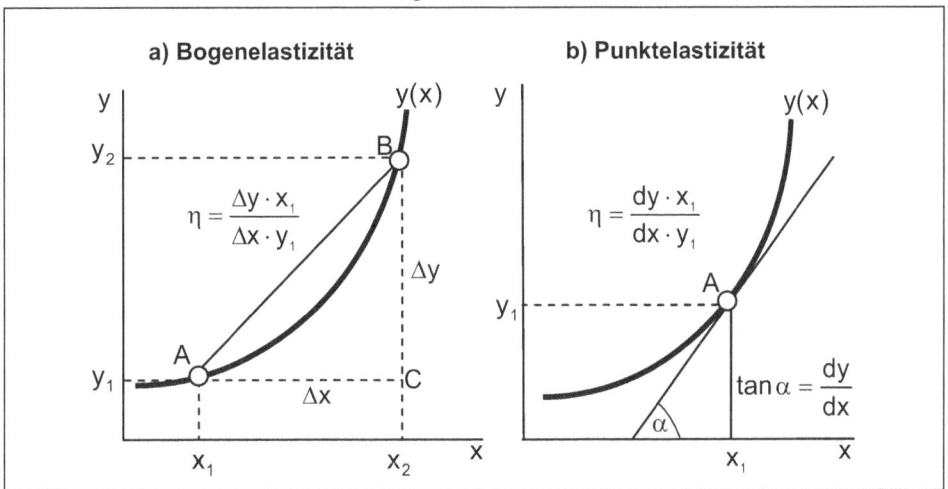

Abb. 9-8: Bogen- und Punktelastizität

Bei **infinitesimaler Änderung** – lässt man also die Änderungen von x und y gegen Null gehen – geht die Streckenelastizität in eine **Punktelastizität** über (vgl. Abb.9-8 b). Der Differenzenquotient $\Delta y / \Delta x$ wird bei punktgenauer Betrachtung zu dem **Differentialquotienten** dy/dx, welcher analytisch dem Wert der 1. Ableitung der Funktion $y(x)$ bzw. graphisch der Steigung der Tangente im Punkte $A(x_1, y_1)$), d.h. dem Tangens des Winkels α, entspricht

$$\eta_{y,x} = \frac{dy}{dx} \frac{x}{y}. \qquad [9\text{-}9]$$

Bei **Funktionen mit mehr als einer unabhängigen Variablen** sind die (gedanklich „isolierten") Teileinflüsse jedes einzelnen Wirkungsfaktors durch die **„partiellen" Elastizitäten** zu beschreiben, wobei in der Formel der Differentialquotient dy/dx durch das entsprechende **partielle Differential** ersetzt wird. Für die Funktion $z(x,y)$ mit der abhängigen Variablen z und den beiden unabhängigen Variablen x und y sind also die beiden partiellen Elastizitäten

$$\eta_{z,x} = \frac{\partial z}{\partial x} \frac{x}{z} \quad \text{und} \quad \eta_{zy} = \frac{\partial z}{\partial y} \frac{y}{z}. \qquad [9\text{-}10]$$

In der volkswirtschaftlichen **Nachfragetheorie** dienen **spezielle Nachfrageelastizitäten** zur Beschreibung der Art von Nachfrage- bzw. Absatzreaktionen. So geben **Preis- und Einkommenselastizitäten der Nachfrage** an, ob und gegebenenfalls in welcher Richtung und Stärke sich Nachfrage- bzw. Absatzmengen eines bestimmten Gutes ändern, wenn ceteris paribus der Preis dieses Gutes, der Preis eines anderen Gutes oder das Einkommen variieren. Nimmt man in unserem haushaltstheoretischen **Zwei-Güter-Fall** an, dass die **Nachfrage nach Gut 1** bei gegebenen Nutzenvorstellungen des betrachteten Haushaltes vom **Preis des Gutes 1** P_1, vom **Preis des Gutes 2** P_2 und dem **Haushaltseinkommen** Y abhängt, lautet die „**spezielle**" **Nachfragefunktion des Haushaltes für das Gut 1**:

$$x_1 = x(P_1, P_2, Y) \qquad [9\text{-}11]$$

Für diesen funktionalen Zusammenhang lassen sich als Punktelastizitäten für das Gut 1 **drei partielle Elastizitätskennziffern** bilden:

(a) die **direkte Preiselastizität der Nachfrage**

$$\eta_{x_1,P_1} = \frac{\partial x_1}{\partial P_1} \frac{P_1}{x_1} \gtreqless 0, \qquad [9\text{-}12]$$

die quantifiziert, wie die Nachfrage des Haushalts nach Gut 1 auf Preisänderungen des Gutes 1 reagiert,

(b) die **Kreuzpreiselastizität der Nachfrage**

$$\eta_{x_1,P_2} = \frac{\partial x_1}{\partial P_2} \frac{P_2}{x_1} \gtreqless 0, \qquad [9\text{-}13]$$

die den Einfluss einer Preisänderung des Gutes 2 auf die Nachfrage des Gutes 1 misst, und

(c) die **Einkommenselastizität der Nachfrage**

$$\eta_{x_1,Y} = \frac{\partial x_1}{\partial Y} \frac{Y}{x_1}, \qquad [9\text{-}14]$$

die ausdrückt, wie sich eine Veränderung des Haushaltseinkommens auf die Nachfrage nach Gut 1 auswirkt.

(3) Nachfragekurven „substitutiver" Güter

Erhöht sich **ceteris paribus** der (erwartete) Preis eines der beiden zur Wahl stehenden Konsumgüter, z.B. der Preis P_1 für Gut 1 bei konstantem Preis P_2 für Gut 2, führt dies zu einer **Drehung der Budgetlinie** um den Punkt B nach links unten (vgl. Abb. 9-9). Der Achsenabschnitt der Budgetlinie auf der x_1-Achse verringert sich damit von x_{11}^{max} über x_{12}^{max} auf x_{13}^{max}. Bei unveränderter Nutzenfunktion und demzufolge gegebenen Indifferenzkurven resultieren hieraus neue nutzenmaximale Mengenkombinationen. Das Haushaltsgleichgewicht verlagert sich von Punkt T_1 über T_2 nach T_3.

Abb. 9-9: Nachfragekurven „substitutiver" Güter
(Preiserhöhung von Gut 1 bei konstantem Preis von Gut 2)

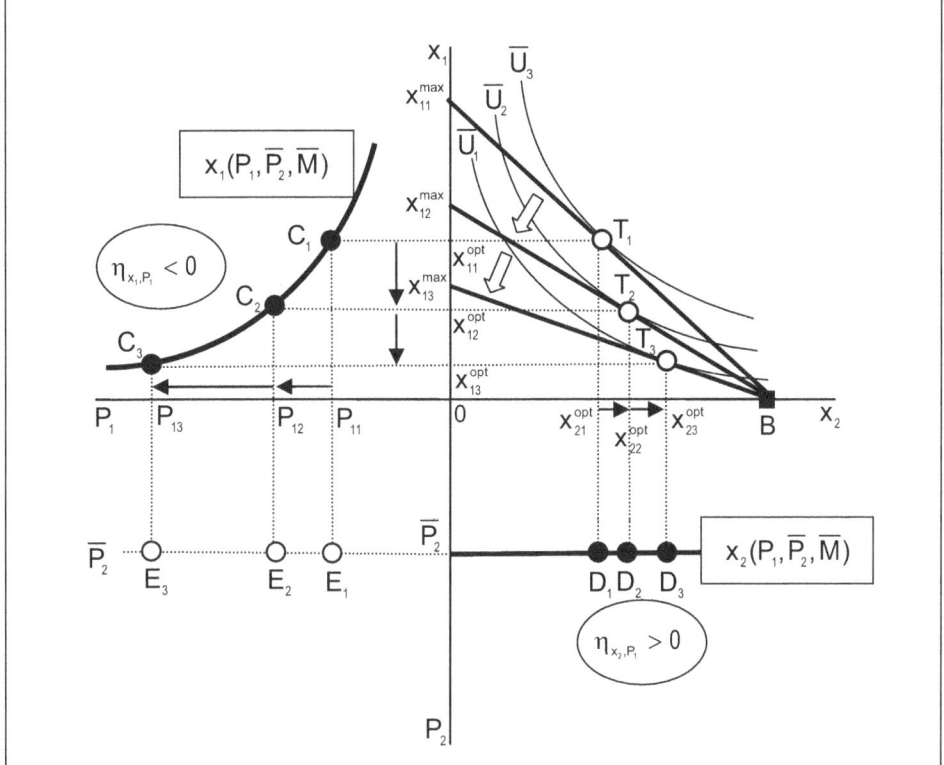

Im **Ergebnis** lässt sich in dem zunächst dargestellten Beispiel einerseits (im Nord-Ost-Quadranten) eine **Abnahme der Nachfrage nach Gut 1** und andererseits (im Süd-Ost-Quadranten) eine **Zunahme der Nachfrage nach Gut 2** feststellen.

Die mengenmäßige **Nachfrage nach Gut 1** ist also bei gegebenem Preis des Gutes 2, gegebenem Budget und gegebener Nutzfunktion **negativ vom Preis des Gutes 1 abhängig,** d.h. die **direkte Preiselastizität der Nachfrage des Gutes 1 ist negativ:**

$$x_1(P_1, \overline{P}_2, \overline{M}, U[x_1, x_2]) \text{ mit } \frac{\partial x_1}{\partial P_1} < 0 \text{ und } \eta_{x_1, P_1} = \frac{\partial x_1}{\partial P_1} \frac{P_1}{x_1} < 0 \,. \qquad [9\text{-}15]$$

Dass der Haushalt auf höhere Preise eines Gutes mit einer niedrigeren Nachfrage reagiert, wird in der Haushaltstheorie als **„Normalreaktion"** oder **„Nachfragegesetz"** angesehen. (Später vorgestellte Ausnahmen bestätigen nur die Regel!)

Demgegenüber ist die mengenmäßige **Nachfrage nach Gut 2 positiv vom Preis des Gutes 1 abhängig**, m. a. W. gilt eine **positive Kreuzpreiselastizität** des Gutes 2 in Bezug auf den Preis des Gutes 1:

$$x_2\left(P_1, \overline{P}_2, \overline{M}, U[x_1, x_2]\right) \text{ mit } \frac{\partial x_2}{\partial P_1} > 0 \text{ und } \eta_{x_2, P_1} = \frac{\partial x_2}{\partial P_1} \frac{P_1}{x_2} > 0 \ . \qquad [9\text{-}16]$$

Diese (zumindest in dem untersuchten Preisbereich!) asymmetrische Nachfragereaktion wird in den Lehrbüchern häufig auch als **typischer Fall „substitutiver" Güter** apostrophiert. „Ausgetauscht" werden hier jedoch nicht Mengen von Konsumgütern zur Befriedigung eines speziellen Konsumbedürfnisses (wie das Löschen von Durst) oder in diesem Sinne Mengen **„funktional austauschbarer" Güter, sondern beliebige Konsumgütermengen** (wie z.B. Bleistifte gegen Ohrringe) allein mit dem Ziel, den (bedürfnis- und bedarfsübergreifenden) allgemeinen Konsumnutzen zu maximieren. Da wir bei der Abgrenzung einzelner (Konsumgüter-) Märkte in der Regel das Kriterium der funktionalen Austauschbarkeit heranziehen, sind **„substitutive" Güter** im Sinne der Haushaltstheorie sachlich **nicht ohne weiteres zum gleichen Markt gehörig**.

Wie wir in Abb. 9-7 durch Fall 4 dargestellt haben, sind für **vollkommene Substitute** – in der Markttheorie bezeichnet man diese als **„homogene" Güter** – keine konvexen, sondern **lineare Indifferenzkurven** zu erwarten. Denn der Haushalt kann den Nutzen einer bestimmten Menge x_1 von Gut 1 mit der exakt gleichen Menge x_2 erzielen. Ebenso kann er diese (in sich homogene) Gütermenge ohne Nutzenverluste auch beliebig auf x_1 und x_2 aufteilen. Im (unechten) „Zwei"-Güter-Fall mit zwei identischen Konsumgütern, die z.B. von zwei verschiedenen Unternehmen hergestellt und angeboten werden, resultiert hieraus eine **additive partielle Nutzenfunktion**. Diese Nutzenfunktion $U(x_1 = x_{11} + x_{12}, \overline{x}_2)$ führt bei Annahme positiver, aber abnehmender Grenznutzen zu dem in Abb. 9-10 dargestellten System von Indifferenzkurven, die im Winkel von 45° geneigt sein müssen.

Angesichts dieser Präferenzordnung des Haushaltes kann es **bei unterschiedlichen Angebotspreisen** für das Substitut nur eine **Randlösung** geben, da der Haushalt dann bei gegebenem Budget seinen Nutzen mit dem preisgünstigeren Angebot maximiert. Also z. B. die Randlösung **A**, wenn das Angebot 11 günstiger ist als das Angebot 12 ($\overline{P}_{11} < \overline{P}_{12}$), oder die Randlösung **B** im umgekehrten Fall ($\overline{P}_{12} < \overline{P}_{11}$). Bei unterschiedlichen Preisen für ein homogenes Produktangebot würde der teuere Anbieter also stets leer ausgehen. Daher wird es auf Märkten für (in jeglicher Hinsicht) homogene Güter bei vollständiger Markttransparenz **keine Preisunterschiede** ($\overline{P}_{11} = \overline{P}_{12}$) geben. Dies wiederum bedeutet, dass die Budgetgerade stets die gleiche Steigung haben wird wie die Indifferenzkurven und der **Haushalt** sich bei gleichem Preis- und Produktangebot gegenüber beiden Anbietern **indifferent** verhält. Er kann also ohne Nutzeneinbußen bei Anbieter 11 oder Anbieter 12 kaufen. Die Kaufwahrscheinlichkeit wird für beide Angebote 0,5 betragen, so dass man eine **Gleichverteilung der Nachfrage** annehmen kann (wie mit dem Punkt **C** dargestellt.). Auf jeden

Fall hat der Haushalt bei der Wahl zwischen den beiden Angeboten kein Entscheidungsproblem, sondern kann den Zufall entscheiden lassen.

Abb. 9-10: Randlösungen und „Tangentenlösung" bei vollkommenen Substituten

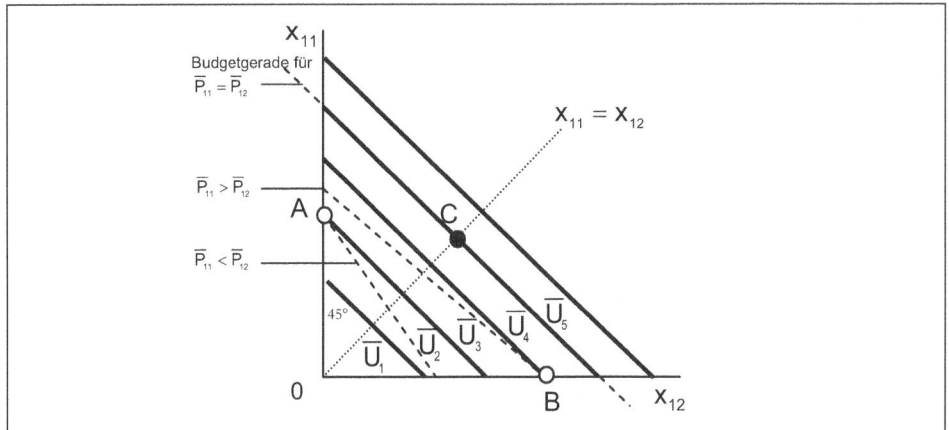

Verknüpft man diese Überlegungen mit dem bisherigen echten Zwei-Güter-Modell, lässt sich dieses zu einem **unechten „Drei"-Güter-Fall** erweitern, indem man c. p. annimmt, dass für Gut 1 zwei homogene Angebote (mit gleichem Produkt und Preis) vorliegen. In Abb. 9-11 ist das primäre Entscheidungsproblem zwischen Gut 1 und Gut 2 rechts dargestellt, das sekundäre „Problem", wo die optimale Menge von Gut 1 nun gekauft wird, auf der linken Seite. Die zugehörige Nutzenfunktion $U(x_1 = x_{11} + x_{12}, x_2)$ hat die gleichen Eigenschaften wie in [9-1] angenommen. Die im linken Schaubild dargestellten 45°-Linien sind nun allerdings nicht mehr mit einem (separaten) Nutzenindex zu versehen und in diesem Sinne auch keine Indifferenzkurven, sondern zeigen lediglich die mögliche Aufteilung einer (durch die maßgebliche Tangentenlösung) gewählten optimalen Menge x_1^{opt} auf die Teilmengen x_{11} und x_{12} an, die der Bedingung $x_1^{opt} = x_{11} + x_{12}$ genügen. Die Entscheidung über den optimalen Konsumplan fällt also im rechten Schaubild, während im linken bei gleichen Preisen der homogenen Güterangebote 11 und 12 „Kopf oder Zahl" entscheidet.

Abb. 9-11: Zusammenhang zwischen dem optimalen Konsumplan für Gut 1 und 2 und zwei vollkommenen Substituten von Gut 1

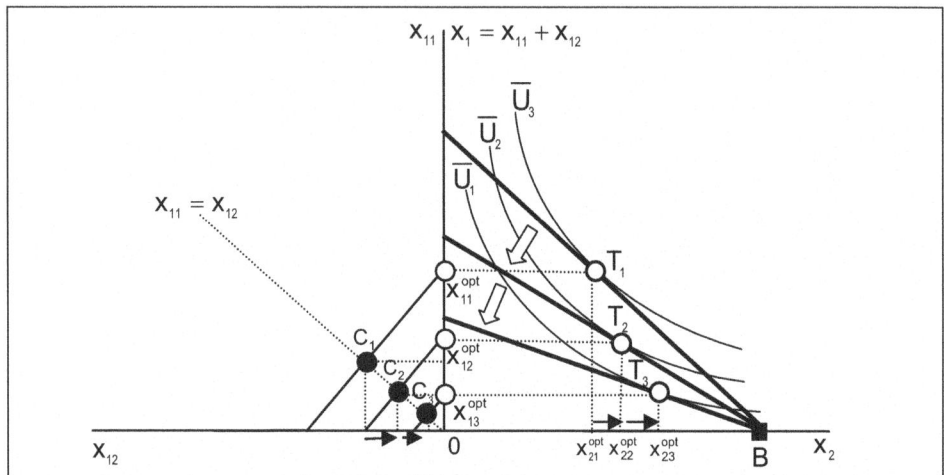

(4) Nachfragekurven preisunabhängiger Güter

Verlaufen bei Annahme einer anderen Nutzenfunktion und Präferenzordnung des Haushaltes im Unterschied zur Abb. 9-9 die Indifferenzkurven gerade so, dass die Gleichgewichtspunkte T_1 bis T_3 bei Drehung der Budgetgerade alle senkrecht übereinander liegen, führt dies zwar wieder zu dem Ergebnis einer **negativ vom eigenen Preis abhängigen Nachfrage nach Gut 1** und damit auch zu einer **negativen direkten Preiselastizität der Nachfrage**

$$x_1\left(P_1, \overline{P}_2, \overline{M}, U[x_1, x_2]\right) \text{ mit } \frac{\partial x_1}{\partial P_1} < 0 \text{ und } \eta_{x_1, P_1} = \frac{\partial x_1}{\partial P_1} \frac{P_1}{x_1} < 0 \, . \qquad [9\text{-}17]$$

Jedoch bleibt **die Nachfrage nach Gut 2 konstant**, so dass diese **von der Preisänderung des Gutes 1 unabhängig** ist und eine **Kreuzpreiselastizität von Null** aufweist:

$$\overline{x}_2\left(P_1, \overline{P}_2, \overline{M}, U[x_1, x_2]\right) = \text{konst. mit } \frac{\partial x_1}{\partial P_1} = 0 \text{ u. } \eta_{x_1, P_1} = \frac{\partial x_1}{\partial P_1} \frac{P_1}{x_1} < 0 \, . \qquad [9\text{-}18]$$

Die Tatsache, dass Gut 2 bei gegebenem Preis und in unveränderter Menge nachgefragt wird, bedeutet aber auch eine **konstante Ausgabe für Gut 2** (vgl. in Abb. 9-12 das markierte Rechteck) und bei gegebenem Budget des Haushalts damit auch eine **konstante Konsumausgabe für Gut 1**. Jede auf der Nachfragekurve des Gutes 1 realisierte Preis-Mengen-Kombination führt also zu den gleichen Geldausgaben. Die direkte Preiselastizität der Nachfrage nach Gut 1 ist in diesem Fall nicht nur negativ, sondern hat exakt den konstanten Wert $\eta_{x_1, P_1} = -1$.

Abb. 9-12: Nachfragekurven unabhängiger Güter
(Preiserhöhung von Gut 1 bei konstantem Preis von Gut 2)

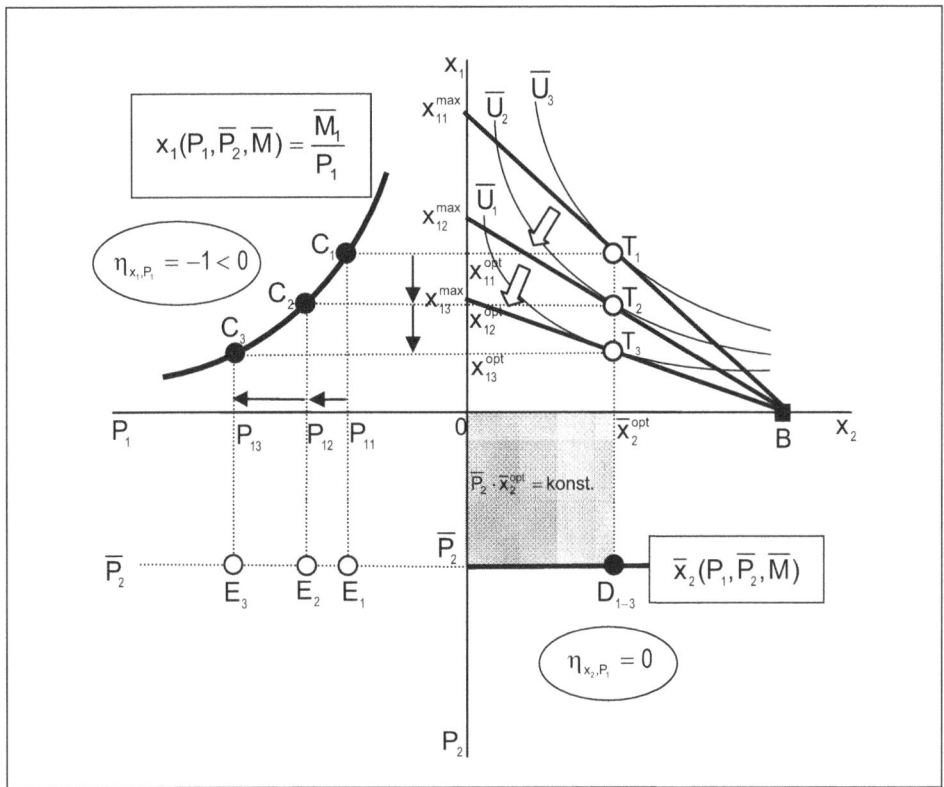

Wenn der Haushalt nämlich für den Kauf des Gutes 1 ein konstantes Teilbudget $\overline{M}_1 = \overline{M} - \overline{P}_2 \overline{x}_2^{opt}$ ausgibt, ist die **Nachfragefunktion für Gut 1** durch

$$x_1 = \frac{\overline{M}_1}{P_1} \text{ mit } \frac{dx_1}{dP_1} = -\frac{\overline{M}_1}{P_1^2} < 0 \qquad [9\text{-}19]$$

definiert. D.h. er kann zum Beispiel für 100 Euro von Gut 1 umso weniger kaufen, je höher der Preis des Gutes 1 ist. Die **direkte Preiselastizität der Nachfrage** berechnet sich in diesem Fall so:

$$\eta_{x_1,P_1} = \frac{dx_1}{dP_1} \frac{P_1}{x_1} = -\frac{\overline{M}_1}{P_1^2} \frac{P_1}{x_1 = \overline{M}_1/P_1} = -\frac{\overline{M}_1}{P_1^2} \frac{P_1^2}{\overline{M}_1} = -1 \qquad [9\text{-}20]$$

Da für jeden Punkt auf der resultierenden Nachfragekurve der Elastizitätswert gleich (-1) ist, bezeichnet man sie auch als **„isoelastische" Nachfragekurve**.

(5) Nachfragekurven „komplementärer" Güter

Der dritte Fall möglicher Preisreaktionen des Haushalts ist dadurch charakterisiert, dass **sowohl Gut 1 als auch Gut 2 vom Preis des Gutes 1 negativ abhängig** ist, so dass auch die Preiselastizitäten direkt und kreuzweise negativ sind (vgl. Abb. 9-13).

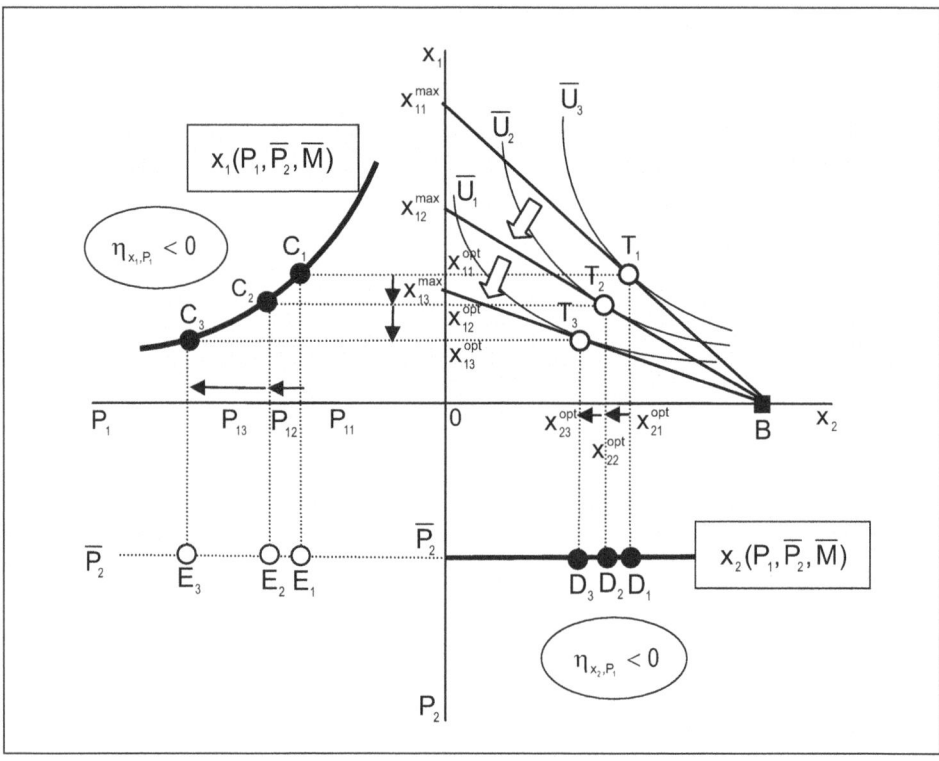

Abb. 9-13: Nachfragekurven „komplementärer" Güter

$$x_1\left(P_1, \overline{P}_2, \overline{M}, U[x_1, x_2]\right) \text{ mit } \frac{\partial x_1}{\partial P_1} < 0 \text{ und } \eta_{x_1, P_1} = \frac{\partial x_1}{\partial P_1} \frac{P_1}{x_1} < 0 \,, \quad [9\text{-}21]$$

und

$$x_2\left(P_1, \overline{P}_2, \overline{M}, U[x_1, x_2]\right) \text{ mit } \frac{\partial x_2}{\partial P_1} < 0 \text{ und } \eta_{x_2, P_1} = \frac{\partial x_2}{\partial P_1} \frac{P_1}{x_2} < 0 \,. \quad [9\text{-}22]$$

D.h. beide Güter werden bei höherem (niedrigerem) Preis des Gutes X weniger (mehr) nachgefragt. Weil die Nachfrageänderungen hier in die gleiche Richtung gehen, spricht man in diesem Fall von „komplementären" Gütern.

Da die Indifferenzkurven komplementärer Güter jedoch rechtwinklig verlaufen müssten (vgl. Abb. 9-7, Fall 5), ist diese Interpretation bei Konvexität nicht schlüssig. Es ist in diesem Zusammenhang nur von „gleichgerichteter" oder „paralleler" Nachfragereaktion zu sprechen.

(6) Das Giffen-Paradoxon

Ein im Vergleich zur Normalreaktion **paradoxes Nachfrageverhalten** wurde von *Sir Giffen* im 18. Jahrhundert bei der irischen Bevölkerung beobachtet, die **bei steigendem Brotpreis noch mehr Brot nachgefragt** hatte. Erklärt wurde dies damit, dass das Haushaltsgeld der armen Leute nun nicht mehr für Fleischmahlzeiten ausreiche und diese ihre Grundernährung daher durch einen größeren Brotverzehr sichern mussten. Das Giffensche Paradox (vgl. Abb. 9-14) dürfte aber wohl als Ausnahmefall in die Konsumgeschichte eingehen.

Abb. 9-14: Anomale Nachfragereaktion bei Giffen-Gütern

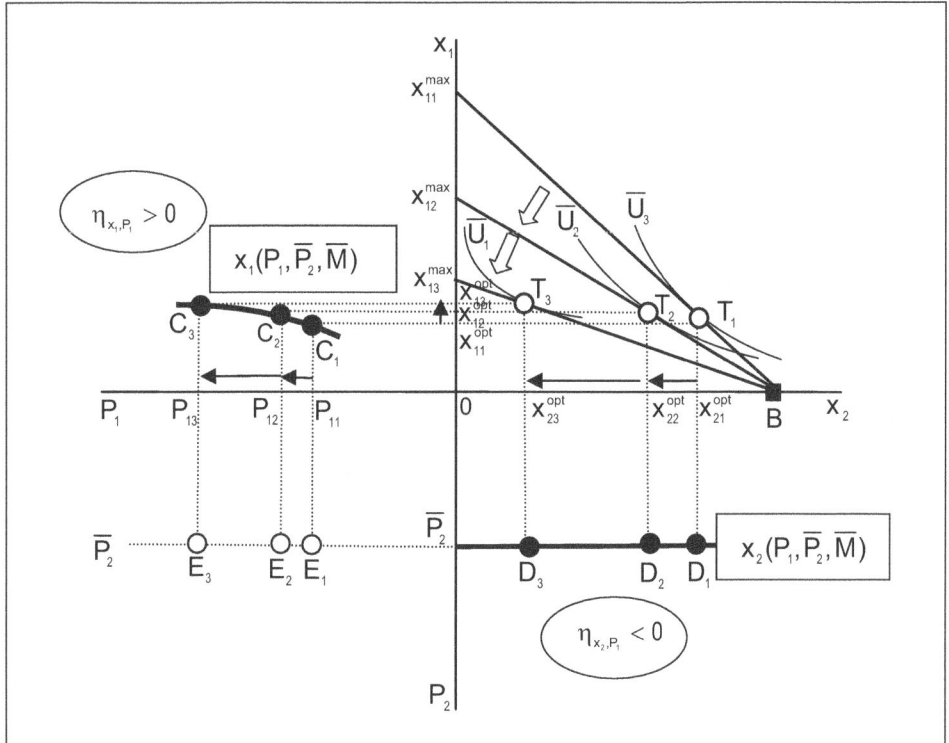

(7) Einkommens-Konsum-Kurven

Nach der Durchspielung aller möglichen Nachfragereaktionen auf unterschiedliche Preiserwartungen bleibt noch der **Einfluss einkommensinduzierter Budgetänderungen** auf den optimalen Konsumpan zu untersuchen. Die Einkommensabhängigkeit des Budgets lässt sich in diesem Zusammenhang unterschiedlich modellieren. Im einfachsten Fall kann man von Sparen oder Entsparen, Kreditaufnahme (einschließlich Zinszahlungen und Tilgung), Steuerzahlungen und staatlichen Transfers abstrahieren und das Haushaltsbudget M infolgedessen mit dem (Brutto- und Netto-)Haushalteinkommen Y gleichsetzen ($M = Y$). Man kann M vorzugsweise aber auch über eine konstante **Konsum(bugdet)quote** $\overline{M}_Y$ proportional von Y abhängig machen:

$$M(Y) = \overline{M}_Y Y \text{ mit } 0 < \overline{M}_Y \leq 1 \qquad [9\text{-}23]$$

Im Grenzfall von $\overline{M}_Y = 1$ ist die Gleichheit von Einkommen und Budget ($M = Y$) dann eingeschlossen, weil dann die Verwendung für Konsumgüter 100% beträgt. Entscheidend für unsere weitere Analyse ist, dass Einkommensvariationen auf diese Weise berechenbar auf das Budget und damit bei gegebenen Güterpreisen auf die damit maximal einzukaufenden Gütermengen „durchschlagen". Diese sind dann durch

$$x_1^{max} = \frac{\overline{M}_Y Y}{P_1} \text{ und } x_2^{max} = \frac{\overline{M}_Y Y}{P_2} \qquad [9\text{-}24]$$

und die Budgetgerade durch

$$x_1(x_2) = \frac{\overline{M}_Y Y}{P_1} - \frac{P_2}{P_1} x_2 \text{ mit } \frac{\partial x_1}{\partial Y} = \frac{\overline{M}_Y}{P_1} > 0 \qquad [9\text{-}25]$$

definiert.

Daraus ergibt sich, dass eine **Einkommenserhöhung** (über die Budgetsteigerung) die **Budgetgerade parallel nach rechts** verschiebt, weil dadurch nur deren Achsenabschnitt, nicht aber ihre Steigung berührt wird.

Im „**Normalfall**" resultiert daraus eine **positive Einkommensabhängigkeit beider Güter** (vgl. Abb. 9-15), d.h. ihre Nachfrage steigt mit dem Haushaltseinkommen und die Einkommenselastizität ist positiv. Man bezeichnet solche Güter auch als „**superiore**" **Güter**.

„**Inferiore**" **Güter** sind demgegenüber dadurch gekennzeichnet, dass ihre Nachfrage mit steigendem Einkommen absolut (vgl. Abb. 9-16) oder relativ zurückgeht (d.h. stagniert oder nur unterproportional steigt).

9.2 Konsumgüternachfrage des Haushalts   113

Abb. 9-15: Positive Einkommensabhängigkeit der Nachfrage beider Güter (superiore Güter)

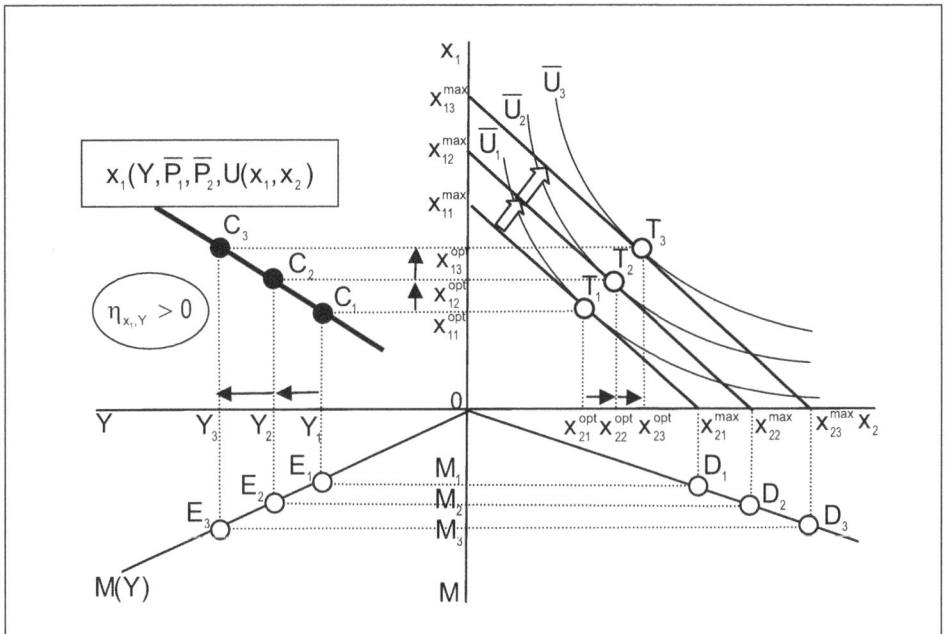

Abb. 9-16: Negative Einkommensabhängigkeit der Nachfrage nach Gut 1 (absolut inferiores Gut) und positive nach Gut 2 (superiores Gut)

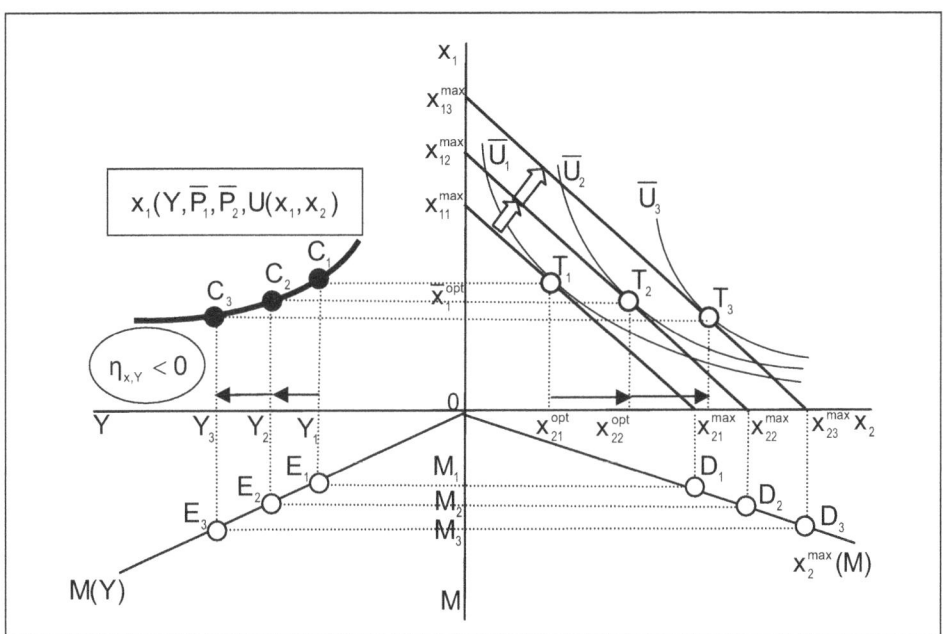

**Abb. 9-17: Keine Einkommensabhängigkeit der Nachfrage nach Gut 1
(relativ inferiores Gut) und positive nach Gut 2**

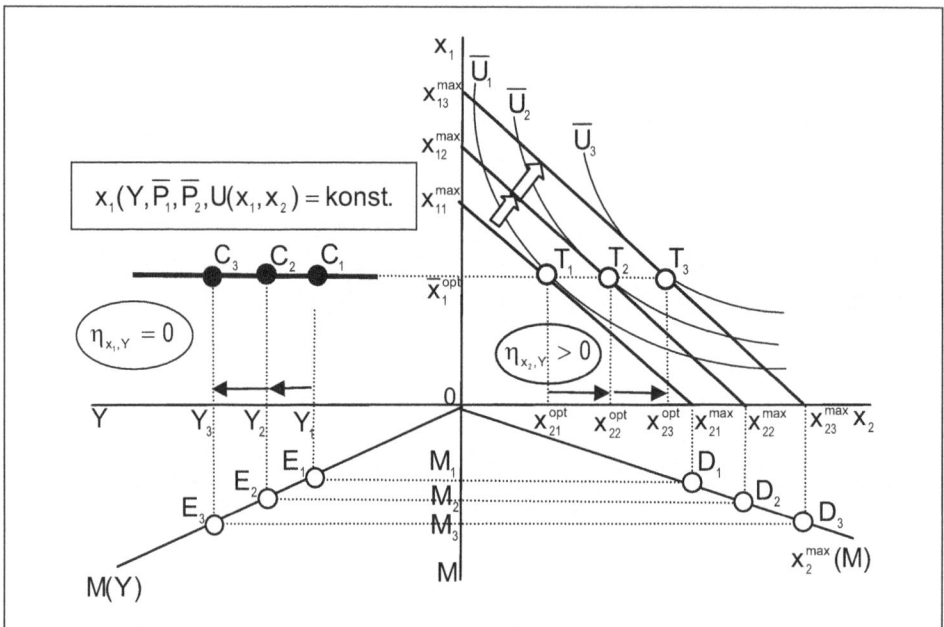

9.2.8 Analytische Bestimmung des optimalen Konsumplanes

(1) Dualer Lösungsansatz

Mathematisch lässt sich das Konsumgleichgewicht des Haushalts mit Hilfe der **Lagrange-Methode** bestimmen. Dafür gibt es **zwei Ansätze mit gleichem Ergebnis**. Die erste verfolgt das **Maximalprinzip**, indem sie **Nutzenmaximierung für ein gegebenes Haushaltsbudget** anstrebt. Diese Methode haben wir bisher auch in der graphischen Herleitung des Haushaltsgleichgewichts verwendet. Die andere entspricht dem **Minimalprinzip**, da ein **gegebenes Nutzenniveau mit Budgetminimierung** erreicht werden soll. Beide Ansätze laufen jedoch auf die Tangentenlösung hinaus (vgl. Abb. 9-18).

Um die Lösungsansätze rechnen und vergleichen zu können verwenden wir eine **numerische Nutzenfunktion vom Typ Cobb-Douglas**, welche die eingangs durch [9-1] beschriebene Eigenschaften besitzt: positive und abnehmende Grenznutzen, Nicht-Sättigung und konvexe Indifferenzkurven ohne die Möglichkeit von Randlösungen.

Abb. 9-18: Dualer Lösungsansatz für das Haushaltsgleichgewicht

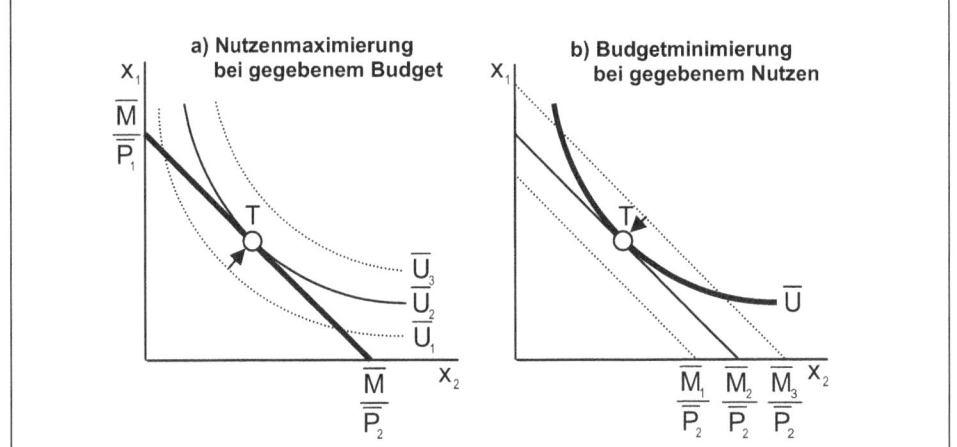

(2) Nutzenmaximierung und Marshallsche Nachfragefunktionen

Als **Zielfunktion** dient eine **Cobb-Douglas-Nutzenfunktion**

$$U(x_1, x_2) = x_1^{0,5} \cdot x_2^{0,5} \overset{!}{=} \max \qquad [9\text{-}26]$$

und als **Nebenbedingung** gilt die Budgetgleichung

$$M - P_1 x_1 - P_2 x_2 = 0. \qquad [9\text{-}27]$$

Die **Lagrange-Funktion** und die **Bedingungen 1. Ordnung** lauten:

$$\Lambda(x_1, x_2, \lambda) = x_1^{0,5} x_2^{0,5} + \lambda(M - P_1 x_1 - P_2 x_2) \qquad [9\text{-}28]$$

$$\Lambda_{x_1} = 0{,}5 x_1^{-0,5} x_2^{0,5} - \lambda P_1 = 0 \Rightarrow \lambda = \frac{0{,}5 x_1^{-0,5} x_2^{0,5}}{P_1} \qquad [9\text{-}28\text{a}]$$

$$\Lambda_{x_2} = 0{,}5 x_2^{-0,5} x_1^{0,5} - \lambda P_2 = 0 \Rightarrow \lambda = \frac{0{,}5 x_1^{0,5} x_2^{-0,5}}{P_2} \qquad [9\text{-}28\text{b}]$$

$$\Lambda_\lambda = M - P_1 x_1 - P_2 x_2 = 0 \qquad [9\text{-}28\text{c}]$$

Die **Tangentialbedingung** ist dann

$$\frac{0{,}5 x_1^{-0,5} x_2^{0,5}}{0{,}5 x_1^{0,5} x_2^{-0,5}} = \frac{P_1}{P_2} \Rightarrow \frac{x_2}{x_1} = \frac{P_1}{P_2}. \qquad [9\text{-}29]$$

Durch Auflösung nach x_2

$$x_2 = \frac{P_1 x_1}{P_2}$$

und Einsetzen von x_2 in die Budgetgleichung erhält man

$$M = P_1 x_1 + P_2 \left(\frac{P_1 x_1}{P_2} \right) = P_1 x_1 + P_1 x_1 = 2 P_1 x_1$$

Löst man diese Gleichung nach x_1 auf, ergibt sich die (totale) **Marshallsche Nachfragefunktion** für Gut 1

$$x_1(M, P_1) = \frac{M}{2P_1} \qquad [9\text{-}30]$$

sowie die **partielle Nachfragefunktion** nach Gut 1 bei gegebenem Budget $\overline{M}$ in Abhängigkeit vom Preis P_1 **(Preis-Konsum-Funktion)**

$$x_1(P_1, \overline{M}) = \frac{\overline{M}}{2P_1} \quad \text{mit} \quad \frac{dx_1}{dP_1} = -\frac{\overline{M}}{2P_1^2} < 0 \quad \text{(Normalreaktion)} \qquad [9\text{-}30a]$$

sowie die partielle Nachfragefunktion nach Gut 1 bei gegebenem Preis P_1 in Abhängigkeit vom Budget M **(Einkommens-Konsum-Funktion)**

$$x_1(M, \overline{P_1}) = \frac{M}{2\overline{P_1}} \quad \text{mit} \quad \frac{dx_1}{dM} = \frac{1}{2\overline{P}} > 0 \quad \text{(Normalreaktion)} \qquad [9\text{-}30b]$$

Die zugehörigen **Nachfrageelastizitäten** sind

a) die **direkte Preiselastizität der Nachfrage** nach Gut 1

$$\eta_{x_1, P_1} = -\frac{\overline{M}}{2P_1^2} \cdot \frac{P_1}{x_1} = -\frac{\overline{M}}{2P_1 x_1} = -\frac{2\overline{M}P_1}{2\overline{M}P_1} = -1 < 0 \, ; \qquad [9\text{-}31]$$

Die Preis-Konsum-Nachfrage ist **isoelastisch**, da für Gut 1 konstant die Hälfte des Gesamtbudgets (M/2) ausgegeben wird.

b) die **Kreuzpreiselastizität der Nachfrage** nach Gut 1

$$\eta_{x_1, P_2} = 0 \, ; \qquad [9\text{-}32]$$

d.h. die isoelastische Nachfrage nach Gut 1 ist **unabhängig vom Preis des Gutes 2**. Dies entspricht exakt dem in Abb. 9-12 dargestellten Fall und ist typisch für Cobb-Douglas-Nutzenfunktionen.

c) die **Budget- oder Einkommenselastizität der Nachfrage** nach Gut 1

$$\eta_{x_1, M} = \frac{1}{2P_1} \cdot \frac{M}{x_1} = \frac{2P_1 x_1}{2P_1 x_1} = 1 > 0 \, ; \qquad [9\text{-}33]$$

d.h. die Nachfrage steigt um 1%, wenn das Budget bzw. das Einkommen um 1% steigt, so dass es sich um ein **superiores Gut** handelt. Für Gut 2 gelten genau die gleichen Zusammenhänge!

(3) Budgetminimierung und Hicksche Nachfragefunktionen

Als **Zielfunktion** gilt das zu minimierende **Budget**:

$$M = P_1 x_1 + P_2 x_2 \stackrel{!}{=} \min \qquad [9\text{-}34]$$

mit der **Nebenbedingung** eines konstanten Nutzenniveaus

$$\overline{U} - x_1^{0,5} \cdot x_2^{0,5} = 0 \qquad [9\text{-}35]$$

Die **Lagrange-Funktion** und die **Bedingungen 1.Ordnung** lauten:

$$\Lambda(x_1, x_2, \lambda) = P_1 x_1 + P_2 x_1 + \lambda(\overline{U} - x_1^{0,5} x_2^{0,5}) \qquad [9\text{-}36]$$

$$\Lambda_{x_1} = P_1 - \lambda 0{,}5 x_1^{-0,5} x_2^{0,5} = 0 \Rightarrow \lambda = \frac{P_1}{0{,}5 x_1^{-0,5} x_2^{0,5}} \qquad [9\text{-}36a]$$

$$\Lambda_{x_2} = P_2 - \lambda 0{,}5 x_1^{0,5} x_2^{-0,5} = 0 \Rightarrow \lambda = \frac{P_2}{0{,}5 x_1^{0,5} x_2^{-0,5}} \qquad [9\text{-}36b]$$

$$\Lambda_\lambda = \overline{U} - x_1^{0,5} x_2^{0,5} = 0 \qquad [9\text{-}36c]$$

Die **Tangentialbedingung** ist

$$\frac{0{,}5 x_1^{-0,5} x_2^{0,5}}{0{,}5 x_1^{0,5} x_2^{-0,5}} = \frac{P_1}{P_2} \Rightarrow \frac{x_2}{x_1} = \frac{P_1}{P_2} \qquad [9\text{-}29]$$

Durch Auflösung nach x_2

$$x_2 = \frac{P_1 x_1}{P_2}$$

und Einsetzen von x_2 in die Nutzenfunktion erhält man

$$\overline{U} = x_1^{0,5} \left(\frac{P_1 x_1}{P_2}\right)^{0,5} = x_1 \left(\frac{P_1}{P_2}\right)^{0,5}.$$

Löst man diese Gleichung nach x_1 auf, ergibt sich schließlich die (totale) **Hicksche Nachfragefunktion für Gut 1**

$$x_1(U, P_1, P_2) = \frac{U P_2^{0,5}}{P_1^{0,5}} \qquad [9\text{-}37]$$

Die **partielle Nachfragefunktion** nach Gut 1 bei gegebenem Nutzen $\overline{U}$ und gegebenem Preis des Gutes 2 **in Abhängigkeit vom Preis** P_1 **(Preis-Konsum-Funktion)** ist entsprechend

$$x_1(P_1,\overline{P}_2,\overline{U}) = \frac{\overline{U}\overline{P}_2^{0,5}}{P_1^{0,5}} \text{ mit } \frac{dx_1}{dP_1} = -\frac{\overline{U}\overline{P}_2^{0,5}}{2P_1^{1,5}} < 0,$$ [9-37a]

die partielle Nachfragefunktion nach Gut 1 bei gegebenem Preis P_1 **in Abhängigkeit vom Budget M (Einkommens-Konsum-Funktion)**

$$x_1(P_2,\overline{P}_1,\overline{U}) = \frac{\overline{U}P_2^{0,5}}{\overline{P}_1^{0,5}} \text{ mit } \frac{dx_1}{dP_2} = \frac{\overline{U}}{2\overline{P}_1^{0,5}P_2^{0,5}} > 0$$ [9-37b]

und die nur **vom Nutzenniveau abhängige Nachfragefunktion**

$$x_1(U,\overline{P}_1,\overline{P}_2) = \frac{U\overline{P}_2^{0,5}}{\overline{P}_1^{0,5}} \text{ mit } \frac{dx_1}{dU} = \frac{\overline{P}_2^{0,5}}{\overline{P}_1^{0,5}} > 0$$ [9-37c]

Als **Nachfrageelastizitäten** ergeben sich hier:

a) die negative **direkte Preiselastizität der Nachfrage nach Gut 1**

$$\eta_{x_1,P_1} = -\frac{\overline{U}\overline{P}_2^{0,5}}{2P_1^{1,5}}\frac{P_1}{x_1} = -\frac{\overline{U}\overline{P}_2^{0,5}}{2P_1^{0,5}x_1} = -\frac{x_1}{2x_1} = -0,5 < 0$$ [9-38]

b) die positive **Kreuzpreiselastizität der Nachfrage nach Gut 1**

$$\eta_{x_1,P_2} = \frac{\overline{U}}{2\overline{P}_1^{0,5}P_2^{0,5}}\frac{P_2}{x_1} = \frac{\overline{U}P_2^{1,5}}{2\overline{P}_1^{0,5}x_1} = \frac{x_1 P_2}{2x_1} = \frac{P_2}{2} > 0$$ [9-39]

d.h. die Nachfrage nach Gut 1 ist positiv vom Preis des Gutes 2 abhängig;

c) und die positive **Nutzenelastizität** der Nachfrage nach Gut 1

$$\eta_{x_1,U} = \frac{\overline{P}_2^{0,5}}{\overline{P}_1^{0,5}}\frac{U}{x_1} = \frac{x_1}{x_1} = 1 > 0$$ [9-40]

Für Gut 2 gilt das Analoge!

(4) Zahlenbeispiel und Probe:

a) für die allgemeine Marshallsche Nachfragefunktion:

$$x_1(M,P_1) = \frac{M}{2P_1} \text{ und analog } x_2(M,P_2) = \frac{M}{2P_2}$$

erhält man für $\overline{M} = 1000$ und $\overline{P}_1 = \overline{P}_2 = 10$ die **optimalen Verbrauchsmengen**

$$x_1^{opt} = \frac{1000}{2 \cdot 10} = 50 \text{ und } x_1^{opt} = \frac{1000}{2 \cdot 10} = 50$$

Das mit diesem optimalen Konsumplan erreichte **maximale Nutzenniveau** beträgt
$U^{max}(x_1^{opt}, x_2^{opt}) = 50^{0,5} 50^{0,5} = 50$.

b) für die allgemeine Hicksche Nachfragefunktion:

$$x_1(U, P_1, P_2) = \frac{UP_2^{0,5}}{P_1^{0,5}} \text{ und analog } x_2(U, P_1, P_2) = \frac{UP_1^{0,5}}{P_2^{0,5}}$$

erhält man für $\overline{U} = 50$ und $\overline{P}_1 = \overline{P}_2 = 10$ ebenso die **optimalen Verbrauchsmengen**

$$x_1^{opt} = \frac{50 \cdot 10^{0,5}}{10^{0,5}} = 50 \text{ und } x_1^{opt} = \frac{50 \cdot 10^{0,5}}{10^{0,5}} = 50$$

Die **minimalen Konsumausgaben** betragen im Optimum

$$M^{min} = \overline{P}_1 x_1^{opt} + \overline{P}_2 x_2^{opt} = 10 \cdot 50 + 10 \cdot 50 = 1000$$

Damit bestätigt das Beispiel die Richtigkeit der dualen Lösungsansätze.

9.2.9 Kritik der „normalen" Tangentenlösung

Um das dargestellte Entscheidungsproblem zu lösen, werden in der Haushaltstheorie **„im Normalfall" nur konvexe Präferenzsysteme** angenommen, die eine innere Tangentenlösung zulassen oder umgekehrt den „Zwischenfall" von **Randlösungen regelmäßig ausschließen**. Dies hat aber den Nachteil, dass weder ein Grenzpreis, bei dem die Güternachfrage auf Null zurückgeht („Prohibitivpreis"), noch beim Nullpreis eine endliche Güternachfrage („Sättigungsmenge") existiert. „Normale" **lineare Nachfragekurven mit zwei Achsenabschnitten**, wie sie zur Aggregation individueller Nachfragen zur Marktnachfrage in fast jedem Lehrbuch herangezogen werden, sind mit dem haushaltstheoretischen Regelfall innerer Tangentenlösungen **nicht zu generieren oder zu begründen**, da der Prohibitivpreis eine Randlösung und die Sättigungsmenge eine Nutzenfunktion mit Maximalwert voraussetzen.

Eine **additive** (statt multiplikative) **Nutzenfunktion**, die im relevanten Lösungsraum beide Bedingungen erfüllt, lautet beispielsweise:

$$U(x_1, x_2) = 100x_1 - x_1^2 + 100x_2 - x_2^2 \qquad [9\text{-}41]$$

Sie stellt sich dreidimensional als **Nutzengebirge mit einem Maximalpunkt** dar (vgl. Abb. 9-19), der durch die Sättigungsmengen a_1 und a_2 beider Güter bestimmt ist.

In der Draufsicht (vgl. Abb. 9-20) ergeben sich **kreisförmige Indifferenzlinien**, die im Lösungsraum unten links a) konvex verlaufen und b) zum Teil die Mengenachsen schneiden. Dadurch wird (wie die eingezeichneten Budgetgeraden zeigen) neben den normalen inneren Tangentenlösungen bei hinreichend hohem Preis (hier des Gutes 1) auch ein optimaler Randpunkt (R_2) möglich, bei dem im Haushaltsgleichgewicht nur noch ein Gut (hier 2) nachgefragt wird.

Abb. 9-19: Nutzengebirge mit Sättigungsmengen

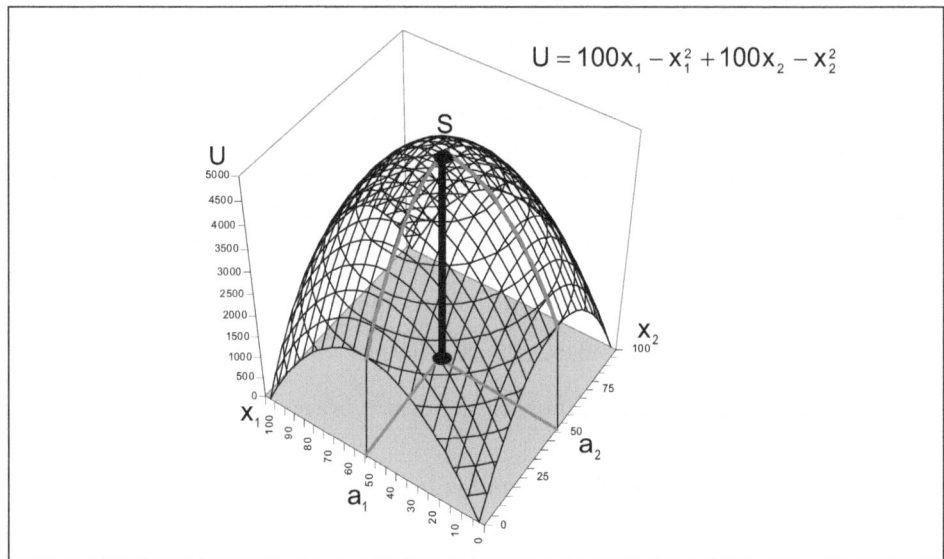

Dies bedeutet die **Existenz eines Prohibitivpreises** für das nicht mehr nachgefragte und durch Gut 2 vollständig substituierte Gut 1. Umgekehrt gilt **beim Nullpreis** des Gutes 1 eine **horizontal verlaufende Budgetgerade**, bei welcher der Haushalt das verschenkte Gut theoretisch in unendlich großer Menge „kaufen" könnte, es aber wegen der Sättigungsannahme nur bis zum Grenznutzen von Null, d.h. auch nur bis zur **Sättigungsmenge** a_1 nachzufragen bereit ist. Ausgehend vom Nullpreis und der waagerecht verlaufenden Budgetgeraden, die in Höhe der Sättigungsmenge von Gut 1 gerade eine kreisförmige Indifferenzlinie von unten tangiert, dreht sich mit c. p. steigendem Preis des Gutes 1 die Budgetgerade um den Schnittpunkt mit der x_2-Achse nach links unten. Sie bildet mit den konvexen Kreisabschnitten des Lösungsraumes zunächst jeweils eine normale **Tangentenlösung** bis schließlich beim Prohibitivpreis des Gutes 1 gerade ein Tangentialpunkt auf der x_2-Achse und damit eine **Randlösung** erzielt wird. Bei höheren Preisen des Gutes 1 stellt sie dann zwar keine Tangentenlösungen mehr dar, bleibt aber für den Haushalt optimal: Es wird mit dem gesamten Budget **nur noch das Gut 2 nachgefragt**.

9.2 Konsumgüternachfrage des Haushalts   121

Abb. 9-20: Graphische Herleitung einer normalen Nachfragekurve

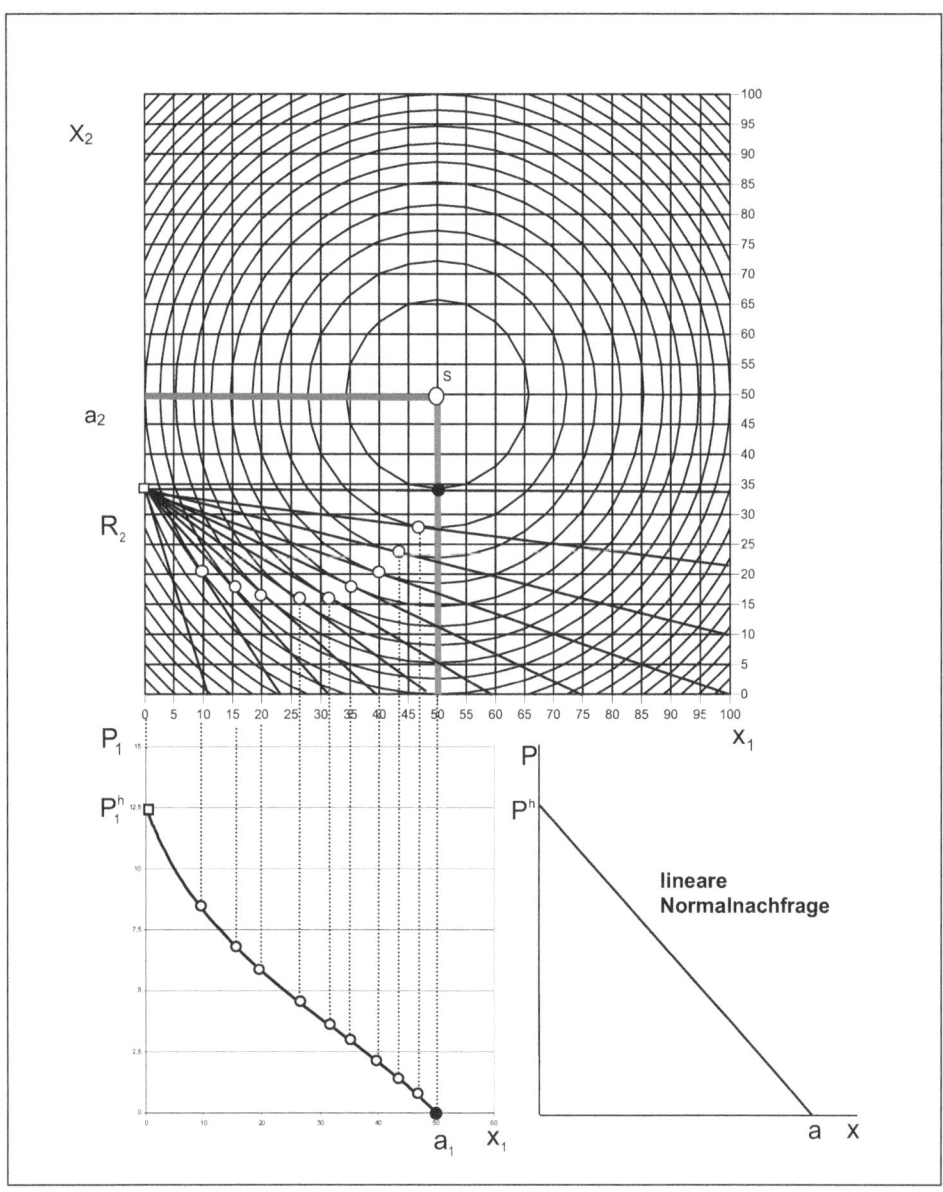

Als Ergebnis dieser Zusammenhänge erhält man durch punktweise Übertragung der Randlösung R_2 und der sich rechts davon bei sukzessiver Preissenkung anschließenden Tangentenlösungen in das darunter liegende $x_1 - P_1$-Diagramm für das Gut 1 eine **Nachfragekurve**, die zwar nicht streng linear, aber **fast linear** verläuft (vgl. Abb. 9-20 unten links). Den in den meisten mikroökonomischen Lehrbüchern im Regelfall „selbstverständlich" (und kommentarlos) vorgenommenen nachfragetheoretische **Paradigmenwechsel von konvexen zu linearen Individualnachfragen** (vgl. Abb. 9-20 unten rechts) hoffen wir damit in seiner Bedeutung klar gemacht und von (als Student selbst erlebten) Irritationen befreit zu haben.

9.3 Arbeitsangebot des Haushalts

9.3.1 Entscheidungsproblem und analytische Lösung

Auch das Arbeitsangebot eines Haushalts kann aus einer Nutzenfunktion hergeleitet werden, in die nicht nur der **Güternutzen**, der sich aus Arbeitseinkommen erzielen lässt (von weiteren Einkommensarten wird abstrahiert), sondern auch der **Freizeitnutzen** eingeht. Diese Nutzenfunktion enthält dementsprechend neben dem **realen Arbeitseinkommen** y (= Summe aller Güter, die der Haushalt sich bei gegebenem **durchschnittlichen Konsumgüterpreisniveau** $\bar{P}$ bei voller Verausgabung des **nominellen Arbeitseinkommens** Y kaufen kann) und die **Freizeit** h^F als Nutzen stiftendes Argument:

$$U = U(y, h^F) \text{ mit } = U_y = \frac{\partial U}{\partial y}, U_{h^F} \frac{\partial U}{\partial h_{h^F}} > 0 \text{ und}$$

$$U_{yy} = \frac{\partial^2 U}{\partial y^2}, U_{h^F h^F} = \frac{\partial^2 U}{\partial h^{F2}} < 0$$

[9-42]

Auch hier wird also ein positiver, aber abnehmender Grenznutzen (ohne Sättigung) angenommen.

Der Haushalt steht nun vor dem alltäglichen **Entscheidungsproblem**, wie er seinen Nutzen maximiert, indem er zur Erzielung eines Arbeitseinkommens den **24-Stunden-Tag auf Freizeit und Arbeitszeit h^A optimal aufteilt,** welche durch

$$h^A = 24 - h^F \qquad [9\text{-}43]$$

bestimmt ist. Bei gegebenem (nominellen) **Stundenlohnsatz** w ist sein arbeitszeitabhängiges **Nominaleinkommen** infolgedessen durch

$$Y = wh^A = w(24 - h^F) \qquad [9\text{-}44]$$

definiert. Sein in (kaufbaren) Gütereinheiten ausgedrücktes **Realeinkommen**, ist dann

$$y = \frac{Y}{P}, \qquad [9\text{-}45]$$

während sich umgekehrt sein **Nominaleinkommen oder Haushaltsbudget** durch

$$Y = yP \qquad [9\text{-}46]$$

angeben lässt.

Für das **Nutzenmaximierungsproblem** des Haushalts lautet die **Zielfunktion** für seine Arbeitszeitentscheidung dann

$$U = U(y, h^F) \overset{!}{=} \max \qquad [9\text{-}47]$$

mit der **Nebenbedingung**

$$yP - w(24 - h^F) = 0 \qquad [9\text{-}48]$$

Wendet man zur analytischen Lösung dieses Optierungsproblems wiederum die **Langrange-Methode** an, muss die **Lagrange-Funktion**

$$\Lambda = U(y, h^F) - \lambda \left[y P - w(24 - h^F) \right] \qquad [9\text{-}49]$$

die folgenden (notwendigen) **Bedingungen 1. Ordnung** erfüllen:

$$\Lambda_y = U_y - \lambda P = 0 \Rightarrow \lambda = \frac{U_y}{P} \qquad [9\text{-}49a]$$

$$\Lambda_{h^F} = U_{h^F} - \lambda w = 0 \Rightarrow \lambda = \frac{U_{h^F}}{w} \qquad [9\text{-}49b]$$

$$\Lambda_\lambda = yP - w(24 - h^F) = 0$$

Hieraus folgt unmittelbar die **Optimalbedingung**

$$\frac{U_y}{P} = \frac{U_{h^F}}{w} \text{ oder } \frac{U_{h^F}}{U_y} = \frac{w}{P}, \qquad [9\text{-}50]$$

sodass in diesem partiellen **Haushaltsgleichgewicht** die **Grenzrate der Substitution zwischen Freizeit und Realeinkommen** (aus Arbeitszeit) **gleich dem realen Stundenlohn** (= Nominallohn pro Stunde dividiert durch das Preisniveau) sein muss.

9.3.2 Graphische Lösung und Arbeitsangebotskurve

Graphisch lässt sich auch dieses Optimierungsproblem mit Hilfe der Tangentialbedingung lösen (vgl. Abb. 9-21). **Nutzenmaximal** ist diejenige Kombination von Freizeit (und damit Arbeitszeit) und Realeinkommen, die im Berührungspunkt T der **Realeinkommens-Freizeit-Geraden** $y(h_F)$ mit einer **Indifferenzkurve** (hier $\overline{U}_2$) gegeben ist.

Die **Realeinkommens-Freizeit-Funktion** ergibt sich aus [9-48]:

$$y(h^F) = \frac{24w - wh^F}{P} \text{ mit } \frac{dy}{dh^F} = -\frac{w}{P} < 0, y^{max}(h^F = 0) = \frac{24w}{P} \qquad [9\text{-}51]$$

Die **negative Steigung der Realeinkommens-Freizeitgeraden** entspricht also dem negativen Reallohn $(-w/P)$, der bei Nullfreizeit erreichte **Ordinatenabschnitt** dem bei 24-stündiger Arbeitszeit (theoretisch) erzielbaren realen Maximaleinkommen (y^{max} für $h^F = 0, h^A = 24$) und der **Abszissenabschnitt** einem bei Nullarbeitszeit und Freizeit „rund um die Uhr" erzielbaren Einkommen von Null ($Y = y = 0$ für $h^F = 24, h^A = 0$).

Abb. 9-21: Graphische Bestimmung der optimalen Arbeits- und Freizeit

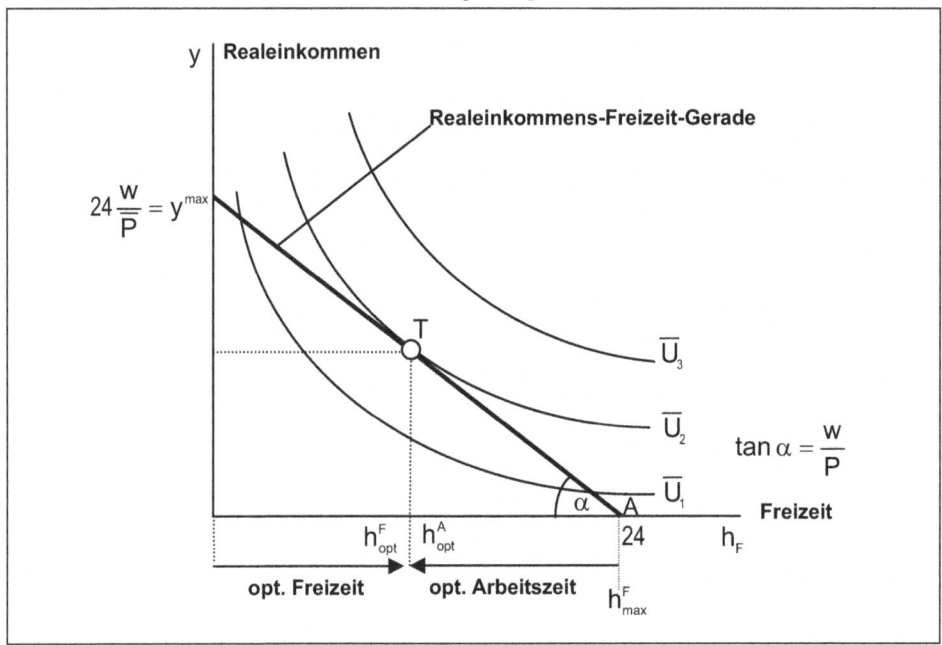

Die **Steigung der Indifferenzkurve** oder **Grenzrate der Substitution des Einkommens durch Freizeit** resultiert aus dem **totalen Differential der Nutzenfunktion** $dU = U_y dy + U_{h^F} dh^F = 0$:

$$\frac{dy}{dh^F} = -\frac{U_{h^F}}{U_y} \qquad [9\text{-}52]$$

Im **Haushaltsoptimum** muss zusammenfassend also die (absolute) **Steigung der Indifferenzkurve gleich dem Reallohn** sein.

$$\frac{dy}{dh_F} = -\frac{U_{h^F}}{U_Y} = -\frac{w}{P} \qquad [9\text{-}53]$$

Diese Analyse wurde zwar nur für einen Tag oder „Werktag", und das Lohneinkommen für ein „Tagewerk" gemacht, gelten aber selbstverständlich auch für ein Wochen-, Monats- oder Jahresarbeitseinkommen und -zeiten.

9.3.3 Reallohnabhängigkeit des Arbeitsangebots

Abschließend stellt sich die **Frage, wie der Haushalt auf unterschiedliche Lohnsätze reagiert**. Dies hängt offensichtlich von der durch seine ordinale Nutzenfunktion bestimmten **Präferenzstruktur** ab. Als „normal" gilt, dass der Haushalt **bei steigendem Lohnsatz zunächst mehr Arbeitszeit anzubieten bereit** ist, schließlich aber das zusätzliche Arbeitseinkommen plausiblerweise den zunehmenden Freizeitverlust nicht mehr wettmachen kann, so dass der Haushalt **schließlich ein abnehmendes Arbeitszeitangebot** als optimal ansieht.

Um diesen Zusammenhang graphisch zu veranschaulichen, wird in Abb. 9-22 oben systematisch eine **Reallohnerhöhung** $w_1/\overline{P}$ bis $w_8/\overline{P}$ vorgenommen, wodurch sich die Einkommens-Freizeit-Kurve im Uhrzeigersinn nach oben dreht und bei jeder Reallohnsteigerung eine Indifferenzkurve mit einem höheren Nutzenindex berührt wird. Die **Verbindungslinie der Tangentialpunkte** beschreibt im Ergebnis eine zunächst nach links ansteigende und sich ab $T*$ nach rechts zurück biegende Kurve TT' der **optimalen Kombination von Einkommen, Arbeitszeit und Freizeit**. Dies bedeutet, dass mit steigendem Reallohn das optimale Arbeitzeitangebot zu Lasten der optimalen Freizeitnachfrage zunächst zunimmt, dann aber mit zunehmendem Freizeitnutzen und abnehmendem Einkommensnutzen sich die optimale Aufteilung des 24-Stunden-Zeitbudgets zu Gunsten der Freizeit ändert. Ab dem Punkt $T*$ nehmen daher das Arbeitszeitangebot ab und die Freizeitnachfrage wieder zu.

Um die direkte **Reallohnabhängigkeit des Haushaltsgleichgewichts** zu zeigen, ist dieser Zusammenhang in Abb. 9-22 unten im Lohn-Arbeitszeit-Diagramm dargestellt. Da hier die angebotene Arbeitszeit nach rechts steigt, verläuft die **Arbeitsangebotskurve des Haushalts** hier spiegelbildlich, wobei das **maximale Arbeitsangebot im Punkte** $A*$ beim Reallohnsatz $w*/\overline{P}$ erfolgt. Die waagerechten Abstände zwischen dem Arbeitszeitangebot und der 24-Stunden-Grenze markiert die **inverse optimale Freizeitnachfrage** des Haushalts in Abhängigkeit vom Lohnsatz, die beim Reallohn $w*/\overline{P}$ natürlich minimal ist.

Die **Festlegung einer tariflichen Arbeitszeit** $\overline{h}^T$ (oder auch einer gesetzlichen Arbeitszeit) führt, wie in Abb. 9-22 unten dargestellt, nur in den Punkten B und C zum Gleichgewicht, wenn simultan (und zufällig!) auch die Tariflöhne auf dem Niveau $\overline{w}_1^T$ bzw. $\overline{w}_2^T$ festgelegt würden. Ansonsten kann das Haushaltsoptimum im Vergleich zur Tarifvorgabe a) unterhalb von B und oberhalb von C nur durch individuelle **Teilzeit** und b) zwischen B und C nur durch individuelle **Mehrarbeit** erzielt werden. Diese Tatsache spricht dafür, **starre Arbeitszeitregime durch eine freie Arbeitszeitwahl oder Arbeitszeitflexibilisierung zu ersetzen**, damit jeder Haushalt die (lohnabhängige) optimale Aufteilung zwischen Arbeits- und Freizeit individuell und frei entscheiden kann.

Abb. 9-22: Graphische Bestimmung des optimalen Arbeitsangebots und der optimale Freizeitnachfrage in Abhängigkeit vom Reallohn

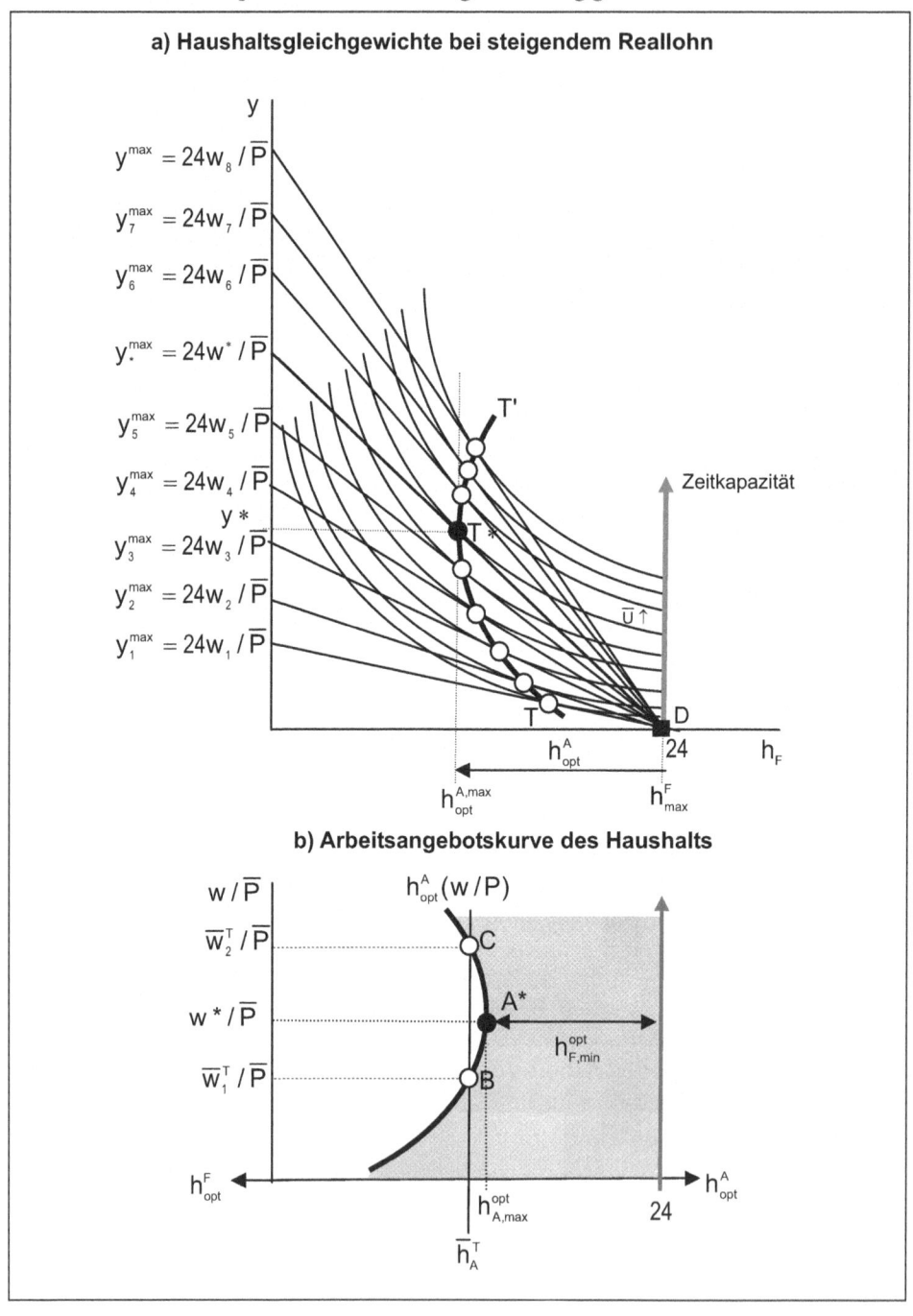

10 Theorie der Unternehmung

Lernziele — Dieses Kapitel vermittelt:

- die grundlegenden funktionalen Zusammenhänge zwischen Produktionsmengen und den Einsatzmengen von Produktionsfaktoren,
- wie sich bei gegebener Technologie und gegebenen Faktorpreisen eine bestimmte Produktionsmenge kostenminimal herstellen lässt und
- welche Produktionskosten daraus kurz- und langfristig Kosten resultieren.

10.1 Abgrenzung des Untersuchungsgegenstandes

Im Vordergrund der folgenden theoretischen Analyse, steht das **Entscheidungsproblem einer Ein-Produkt-Unternehmung**, die zum Absatz bestimmten **Gütermengen kostenminimal herzustellen**. Das Ziel der **Kostenminimierung** entspricht dabei einerseits dem Wirtschaftlichkeitsprinzip, andererseits dient es auch der **Gewinnmaximierung als Hauptunternehmensziel**. Der damit verbundene betriebsinterne Zusammenhang zwischen **Produktion und Kosten** bildet einen Schwerpunkt der volkswirtschaftlichen Unternehmenstheorie, dem wir uns zunächst widmen.

Ebenfalls Gegenstand der Unternehmenstheorie ist das die Betriebsgrenze überschreitende Entscheidungsproblem, was von Produktionsunternehmen auf Produkt-, insbesondere Konsumgütermärkten angeboten sowie auf Faktormärkten zur Herstellung des Güterangebots nachgefragt werden soll. Die **Angebots- und Nachfragetheorie der Unternehmung** ist jedoch **von den Marktverhältnissen abhängig**, in der sie als Anbieter oder Nachfrager agiert. Daher ist es sinnvoll, dieses Thema bis zur Analyse der marktformenspezifischen Preisbildung auf den Güter- und Faktormärkten zurückzustellen (vgl. Kapitel 12 bis 15).

10.2 Grundlagen der Produktionstheorie

10.2.1 Produktionsfunktion: Begriff, Eigenschaften und Typen

(1) Produktionsfunktion

Eine Produktionsfunktion quantifiziert die Produktionstechnologie eines Produktionsprozesses. Sie stellt einen funktionalen Zusammenhang zwischen dem **Produktionsergebnis (output)** und den zur Herstellung eines Gutes eingesetzten **Produktionsfaktoren (inputs)** her, im normalerweise verwendeten „**Zwei-Faktoren-Ansatz**" zwischen der **Produktionsmenge x** und den beiden Produktionsfaktoren **Arbeit L und Realkapital R**:

$$x = x(L,R) .\qquad [10\text{-}1]$$

Dabei wird unterstellt, dass die Produktionsfaktoren **technisch effizient**, d.h. (ohne Verschwendung) nach dem Minimalprinzip eingesetzt werden.

(2) Eigenschaften von Produktionsfaktoren

a) Teilbarkeit

Die Produktionsfaktormengen können entweder (nahezu) **beliebig teilbar** sein (wie Arbeitszeit und Energie), so dass eine Produktionsfunktion mathematisch als stetige und differenzierbare Funktion definiert sein kann, oder sie können nur **begrenzt teilbar** sein, z.B. lediglich in ganzzahligen Mengen, wie Arbeitskräfte und Gabelstapler, und damit **nur in diskreten Schritten variierbar** sein. Bei großen Faktormengen werden die Abstände zwischen den diskreten Mengeneinheiten aber so klein, dass sie vernachlässigt werden können und die Produktionsfunktion als (quasi-)stetig behandelt werden kann.

b) Substitutionalität und Limitationalität

Sind in einem Produktionsprozess Einsatzmengen eines Faktors ohne Änderung des Outputs durch bestimmte Einsatzmengen des anderen austauschbar, ist **technische Substitutionalität** der Produktionsfaktoren gegeben. Produktionsfaktoren bzw. Produktionsfunktionen mit dieser Eigenschaft bezeichnet man als **substitutionale Produktionsfaktoren bzw. Produktionsfunktionen**. Als Messgröße für die Substitutionseigenschaften von Produktionsfunktionen dient die **Substitutionselastizität**, deren Wert zwischen 0 und ∞ liegen kann.

Eine Produktionstechnologie kann aber auch durch **Nichtsubstituierbarkeit der Faktoren** gekennzeichnet sein, wenn diese nur **in einem bestimmten Mengenverhältnis einzusetzen** sind. Weil in diesem Fall ein nicht in diesem Verhältnis verfügbarer Faktor die Produktionsmöglichkeiten begrenzt, spricht man auch von **limitationalen Produktionsfaktoren und -funktionen**. Dabei muss dieses Faktoreinsatzverhältnis mit zunehmender Produktionsmenge nicht unbedingt konstant sein. Wenn es (im Regelfall) als konstant angenommen wird, handelt es sich um den **Spezialfall einer linear-limitationalen Produktionsfunktion**. (Ein praktisches

Beispiel hierfür ist die strikte Komplementarität zwischen Bagger und Baggerführer.) Da solche Produktionsverhältnisse in der von *Leontief* entwickelten Input-Output-Analyse angenommen wurden, werden sie auch **Leontiefsche Produktionsfunktionen** genannt.

(3) Cobb-Douglas-Produktionsfunktionen

Eine spezielle substitutionale Produktionsfunktion, die von *Cobb* und *Douglas* (1928) bekannt gemacht wurde, aber zuvor schon von *Wicksell* (1913, S. 188) verwendet wurde, ist die **Cobb-Douglas-Produktionsfunktion**. Da sie relativ einfach zu handhaben ist und sich aus ihr alle wichtigen Grundtypen von Kostenfunktionen und -kurven herleiten lassen, werden wir sie im Folgenden ausschließlich annehmen. Noch universeller anzuwenden ist zwar die **CES-Produktionsfunktion**, die von *Arrow, Chenery, Minhas* und *Solow* (1961) entwickelt wurde. Sie ist durch eine **konstante Substitutionselastizität** charakterisiert (**C**onstant **E**lasticity of **S**ubstitution), die aber im Wert variieren kann, während die Cobb-Douglas-Funktion (nur) eine konstante Substitutionselastizität von Eins besitzt. CES-Funktionen sind jedoch nicht so einfach zu handhaben wie Cobb-Douglas-Funktionen.

Bei zwei Produktionsfaktoren hat eine Cobb-Douglas-Produktionsfunktion die **allgemeine Form**

$$x = x(L,R) = FL^\alpha R^\beta \text{ mit } F,L,R,\alpha,\beta > 0 \,. \qquad [10\text{-}2]$$

Der **Produktionsertrag** x wird demnach durch den **Niveaufaktor F**, die beiden **Produktionsfaktoren Arbeit L** und **Realkapital R** und deren **Hochzahlen** α und β bestimmt. F stellt als sog. „**allgemeine Faktorproduktivität**" eine Produktivitätskennziffer dar, die als „Sammelbecken" für alle im Zwei-Faktoren-Ansatz nicht explizit berücksichtigten Faktoren dient, die das Produktionsniveau mitbestimmen, wie der Stand des technischen Wissens und alle sonstigen Produktionsfaktoren (Boden, Energie, Humankapital etc.).

Aufgrund der multiplikativen Verknüpfung und Annahme beliebiger Teilbarkeit beider Inputs sind diese auch **ohne Einschränkungen austauschbar**. Eine **numerische Produktionsfunktion** wird aus der allgemeinen Cobb-Douglas Produktionsfunktion erst, wenn die Hochzahlen quantifiziert werden. Dabei haben die Einzelwerte α und β, aber auch deren Summe auf das Produktionsergebnis insofern einen entscheidenden Einfluss, als sie den Prozentsatz angeben, mit dem der Output zunimmt, wenn der Einsatz der Faktoren einzeln oder zusammen um jeweils einen Prozentpunkt gesteigert wird.

Numerisches Funktionsbeispiel

Für $F = 1$ und $\alpha = \beta = 0{,}5$ erhält man zum Beispiel die konkrete Funktion

$$x = x(L,R) = L^{0,5} R^{0,5} \,. \qquad [10\text{-}3]$$

Die besonderen Eigenschaften dieser sog. **„neoklassischen" Produktionsfunktion** werden wir später noch eingehender beschreiben. Einen ersten Eindruck von den Wirkungszusammenhängen kann man jedoch an Hand einer **Input-Output-Tabelle** (vgl. Tab. 10-1) gewinnen, wenn man die durch einen bestimmten **Arbeitseinsatz L** (in der untersten Zeile) und einen bestimmten **Realkapitaleinsatz R** (in der ersten Spalte), also durch eine bestimmte Faktorkombination erzielbaren Produktionsmengen miteinander vergleicht. Aufschluss über die Outputverhältnisse geben insbesondere der Vergleich der **Spaltenergebnisse** (Kapitaleinsatzvariation bei gegebenem Arbeitseinsatz) und **Zeilenergebnisse** (Arbeitseinsatzvariation bei gegebenem Kapitaleinsatz), die **Tabellendiagonale** (proportionaler Arbeits- und Kapitaleinsatz) und das **Verteilungsmuster gleich hoher Produktionswerte** (hier von beispielsweise $\bar{x} = 55$).

Tab. 10-1: Produktionsergebnisse in Tabellenform

R \ L	0	5	10	15	20	25	30	35	40	45	50	55	60	65	70	75	80	85	90	95	100
100	0	22	32	39	45	50	55	59	63	67	71	74	77	81	84	87	89	92	95	97	100
95	0	22	31	38	44	49	53	58	62	65	69	72	75	79	82	84	87	90	92	95	97
90	0	21	30	37	42	47	52	56	60	64	67	70	73	76	79	82	85	87	90	92	95
85	0	21	29	36	41	46	50	55	58	62	65	68	71	74	77	80	82	85	87	90	92
80	0	20	28	35	40	45	49	53	57	60	63	66	69	72	75	77	80	82	85	87	89
75	0	19	27	34	39	43	47	51	55	58	61	64	67	70	72	75	77	80	82	84	87
70	0	19	26	32	37	42	46	49	53	56	59	62	65	67	70	72	75	77	79	82	84
65	0	18	25	31	36	40	44	48	51	54	57	60	62	65	67	70	72	74	76	79	81
60	0	17	24	30	35	39	42	46	49	52	55	57	60	62	65	67	69	71	73	75	77
55	0	17	23	29	33	37	41	44	47	50	52	55	57	60	62	64	66	68	70	72	74
50	0	16	22	27	32	35	39	42	45	47	50	52	55	57	59	61	63	65	67	69	71
45	0	15	21	26	30	34	37	40	42	45	47	50	52	54	56	58	60	62	64	65	67
40	0	14	20	24	28	32	35	37	40	42	45	47	49	51	53	55	57	58	60	62	63
35	0	13	19	23	26	30	32	35	37	40	42	44	46	48	49	51	53	55	56	58	59
30	0	12	17	21	24	27	30	32	35	37	39	41	42	44	46	47	49	50	52	53	55
25	0	11	16	19	22	25	27	30	32	34	35	37	39	40	42	43	45	46	47	49	50
20	0	10	14	17	20	22	24	26	28	30	32	33	35	36	37	39	40	41	42	44	45
15	0	9	12	15	17	19	21	23	24	26	27	29	30	31	32	34	35	36	37	38	39
10	0	7	10	12	14	16	17	19	20	21	22	23	24	25	26	27	28	29	30	31	32
5	0	5	7	9	10	11	12	13	14	15	16	17	17	18	19	20	20	21	21	22	22
0	0	0	0	0	0	0	0	0	0	0	0	0	0	0	0	0	0	0	0	0	0

Noch deutlicher als in der Tabelle werden die Wirkungszusammenhänge durch die dreidimensionale **graphische Darstellung** (den „Graph") der Produktionsfunktion im **L-R-x-Diagramm** als **„Produktionsgebirge"** (vgl. Abb. 10-1.a) oder in der zweidimensionalen **L-R- oder Faktoreinsatzebene** (vgl. Abb. 10-1.b), die das Produktionsgebirge durch Höhenlinien oder sog. **„Isoquanten"** abbildet und die Ertragsverhältnisse noch klarer hervortreten lässt. Die senkrechten Gitternetzlinien entsprechen dabei sowohl im Schrägbild als auch in der Draufsicht in der Tabelle den Spaltenwerten, die waagerechten Gitternetzlinien den Zeilenwerten.

10.2 Grundlagen der Produktionstheorie

Abb. 10-1: Graph einer Produktionsfunktion als Produktionsgebirge

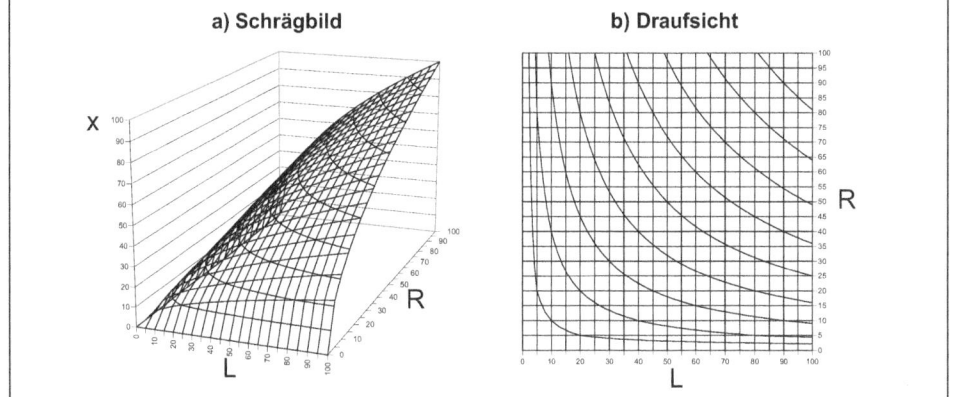

10.2.2 Möglichkeiten der Faktorvariation im Überblick

Abb. 10-2: Arten von Faktorvariationen

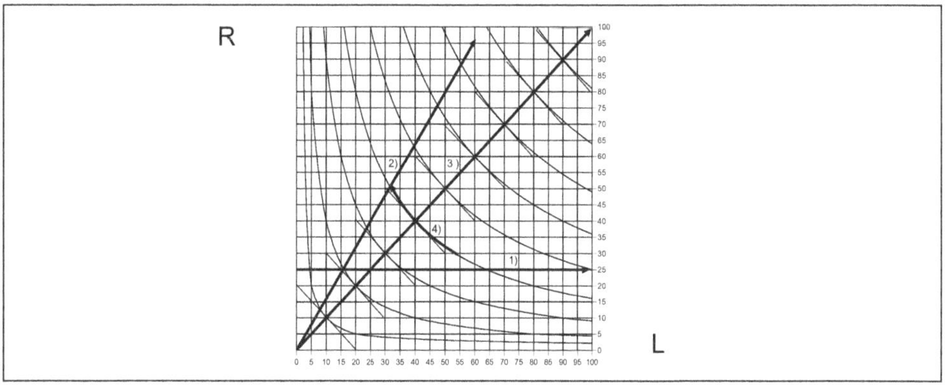

In der durch das Isoquantensystem gekennzeichneten zwei-dimensionalen Faktoreinsatzebene lassen sich (wie in der Tabelle größtenteils bereits angedeutet) vier verschiedene Arten von Faktorvariationen durchführen (vgl. Abb. 10-2): die **1) partielle, 2) proportionale, 3) isokline** und **4) isoquante Faktorvariation.** Sie sind abgesehen vom Produktionsergebnis vor allem **für die Produktionskosten von Bedeutung.**

10.2.3 Partielle Faktorvariation, Produktivitäten und Elastizitäten

(1) Partielle Produktionsfunktionen

Bei der partiellen Faktorvariation wird eine Einsatzmenge **eines** Faktors verändert, während die andere(n) Faktormenge(n) konstant gehalten werden. Aus der „totalen"

Produktionsfunktion [10-1] lassen sich in unserem Zwei-Faktoren-Ansatz $x = x(L,R)$ die beiden **partiellen Produktionsfunktionen**

$x = x(L,\overline{R})$ und [10-1a]

$x = x(R,\overline{L})$ [10-1b]

bilden. Während die erste bei gegebenem Kapitaleinsatz den Output in Abhängigkeit vom Arbeitseinsatz ermittelt, ist der Output bei der zweiten bei gegebenem Arbeitseinsatz nur vom Kapitaleinsatz abhängig. In der zweidimensionalen Faktor-Einsatz-Ebene (vgl. Abb. 10-3) bedeutet dies eine **horizontale Bewegung** im Falle der **Arbeitsvariation** (z.B. für $\overline{R} = 25$) und eine **vertikale Bewegung** bei **Kapitalvariation** (z.B. für $\overline{L} = 45$).

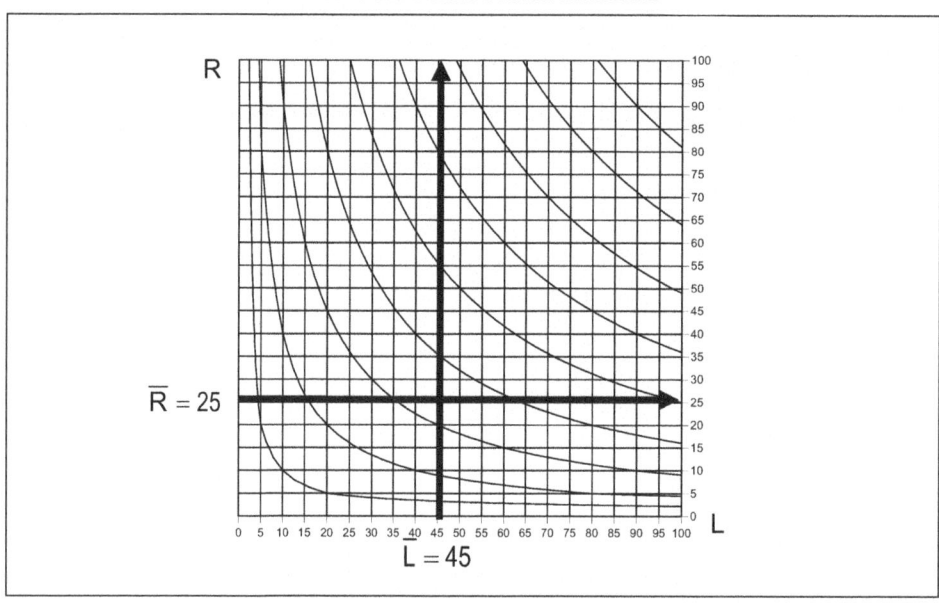

Abb. 10-3: Partielle Faktorvariationen

(2) Grenzproduktivitäten

Wie sich die **„Grenzerträge"** oder **„Grenzprodukte"** der Faktoren entwickeln, wenn ihre Einsatzmenge partiell um eine Einheit erhöht wird, d.h. ob der Output ceteris paribus zunimmt, abnimmt oder gleich bleibt, wird durch das Vorzeichen der 1. und 2. partiellen Ableitungen bestimmt. Dabei sind **drei Fälle zu unterscheiden** sind:

a) positive und abnehmende Grenzerträge

$$x_L > 0, x_{LL} < 0 \text{ und } x_R > 0, x_{RR} < 0 \qquad [10\text{-}4a]$$

Beispiel:

Produktionsfunktion: $\quad x = x(L,R) = FL^{0,5}R^{0,5}$

Grenzertrag der Arbeit: $\quad x_L = 0,5F L^{-0,5}\overline{R}^{0,5} > 0, x_{LL} = -0,25FL^{-1,5}\overline{R}^{0,5} < 0$

Grenzertrag des Kapitals: $\quad x_R = 0,5F\overline{L}^{0,5}R^{-0,5} > 0, x_{RR} = -0,25F\overline{L}^{0,5}R^{-1,5} < 0$

Abb. 10-4: Positive und abnehmende Grenzerträge
(Beispiel partielle Produktionsfunktion des Faktors Arbeit)

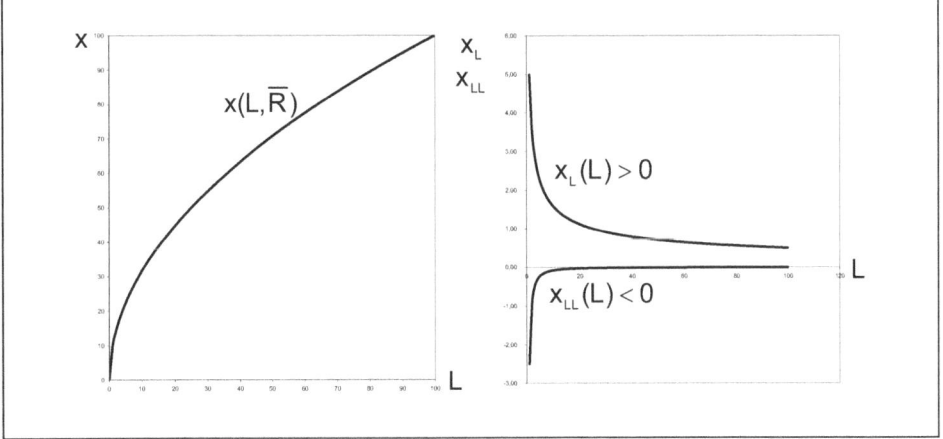

b) positive und konstante Grenzerträge

$$x_L > 0, x_{LL} = 0 \text{ und } x_R > 0, x_{RR} = 0 \qquad [10\text{-}4b]$$

Beispiel:

Produktionsfunktion: $\quad x = x(L,R) = FLR$

Grenzertrag der Arbeit: $\quad x_L = F\overline{R} > 0, x_{LL} = 0$

Grenzertrag des Kapitals: $\quad x_R = F\overline{L} > 0, x_{RR} = 0$

**Abb. 10-5: Positive und konstante Grenzerträge
(Beispiel partielle Produktionsfunktion des Faktors Arbeit)**

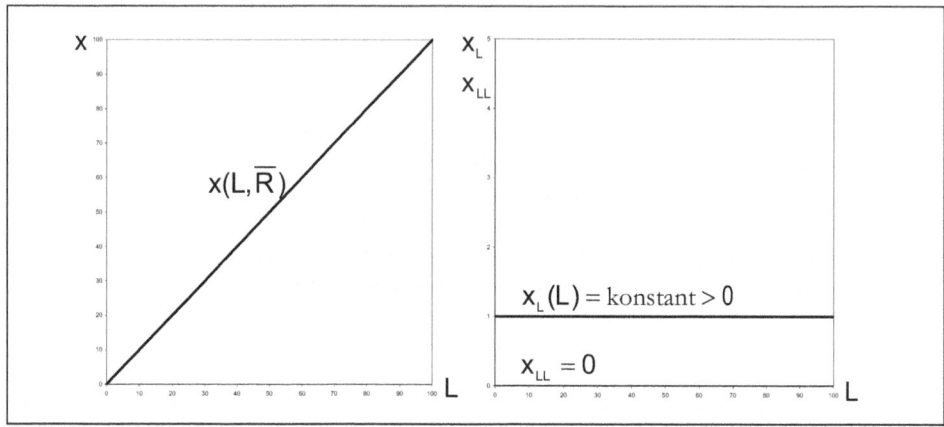

c) positive und zunehmende Grenzerträge

$$x_L > 0, x_{LL} > 0 \text{ und } x_R > 0, x_{RR} > 0$$

[10-4b]

Beispiel:

Produktionsfunktion: $\quad x = x(L,R) = FL^{1,5}R^{1,5}$

Grenzertrag der Arbeit: $\quad x_L = 1{,}5FL^{0,5}\overline{R}^{1,5} > 0, \, x_{LL} = 0{,}75FL^{-0,5}\overline{R}^{1,5} > 0$

Grenzertrag des Kapitals: $\quad x_R = 1{,}5F\overline{L}^{1,5}R^{0,5} > 0, \, x_{RR} = 0{,}75F\overline{L}^{1,5}R^{-0,5} > 0$

**Abb. 10-6: Positive und zunehmende Grenzerträge
(Beispiel partielle Produktionsfunktion des Faktors Arbeit)**

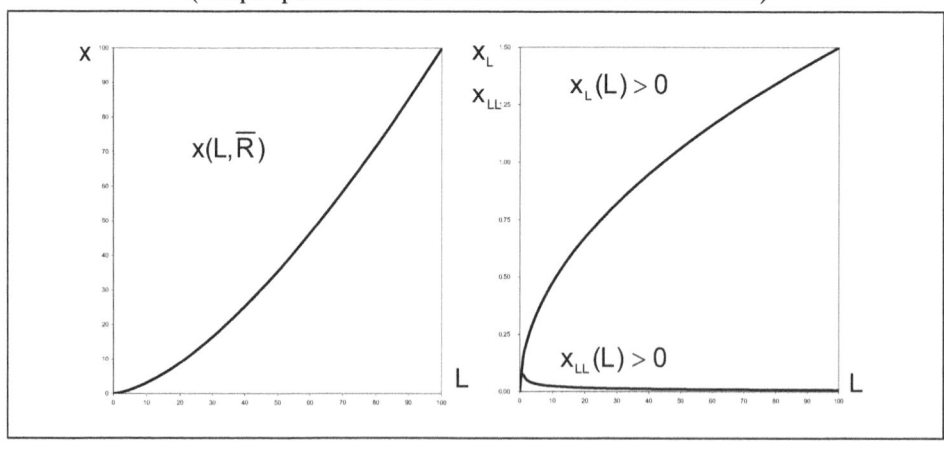

(3) Durchschnittsproduktivitäten

Die im Durchschnitt zu erzielenden Faktorproduktivitäten sind in der Praxis präferierte Produktionskennzahlen, weil sie im Unterschied zu Grenzproduktivitäten (ex post) **statistisch leicht zu ermitteln** sind. Als wichtige Kennziffer in der Personalwirtschaft gilt die **durchschnittliche Arbeitsproduktivität (Stundenproduktivität)** π

$$\pi(L) = \frac{x(L,\overline{R})}{L}. \qquad [10\text{-}5]$$

Beispiele (vgl. Abb.10-7):

a) $\pi_{a)}(L) = \dfrac{x(L,\overline{R})}{L} = \dfrac{FL^{0,5}\overline{R}^{0,5}}{L} = FL^{-0,5}\overline{R}^{0,5} > 0$

b) $\pi_{b)} = \dfrac{x(L,\overline{R})}{L} = \dfrac{FL\overline{R}}{L} = F\overline{R} = x_L = \text{konstant} > 0$

c) $\pi_{c)}(L) = \dfrac{x(L,\overline{R})}{L} = \dfrac{FL^{1,5}\overline{R}^{1,5}}{L} = FL^{0,5}\overline{R}^{1,5} > 0$

**Abb. 10-7: Durchschnittliche Arbeitsproduktivitäten
bei a) abnehmenden, b) konstanten und c) steigenden Grenzerträgen**

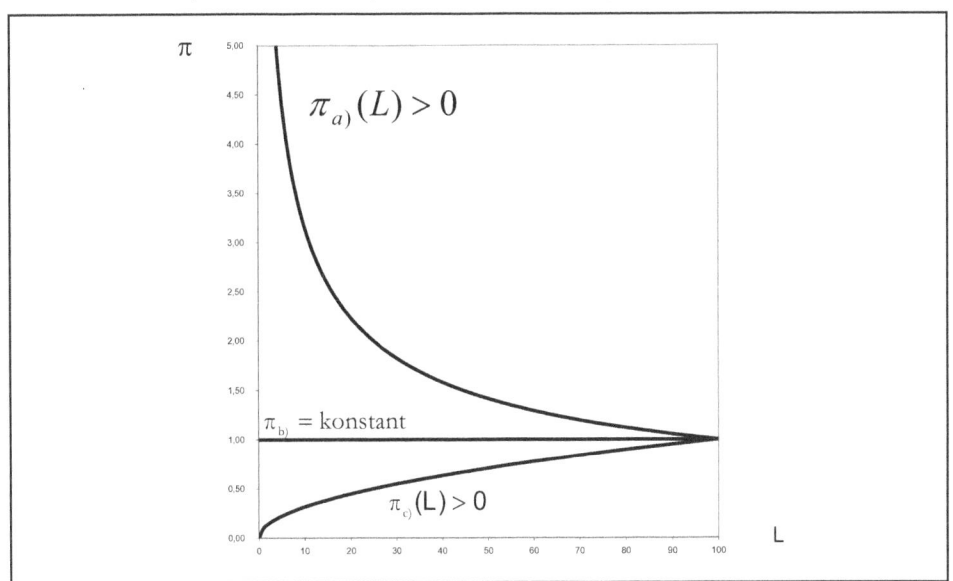

Die **durchschnittliche Kapitalproduktivität** errechnet sich analog durch

$$\rho(R) = \frac{x(R,\overline{L})}{R} \qquad [10\text{-}6]$$

Beispiele:

a) $\varrho_{a)}(R) = \dfrac{x(R,\overline{L})}{R} = \dfrac{FR^{0,5}\overline{L}^{0,5}}{R} = FR^{-0,5}\overline{L}^{0,5} > 0$

b) $\varrho_{b)}(R) = \dfrac{x(R,\overline{L})}{R} = \dfrac{FR\overline{L}}{R} = F\overline{L} = \text{konstant} > 0$

c) $\varrho_{c)}(R) = \dfrac{x(R,\overline{L})}{R} = \dfrac{FR^{1,5}\overline{L}^{1,5}}{R} = FR^{0,5}\overline{L}^{1,5} > 0$

Wenn die partiellen Faktorelastizitäten gleich groß sind (**Symmetrieannahme**), haben sowohl die Grenz- als auch die Durchschnittsproduktivitäten des Faktors Arbeit und Kapital das gleiche Verlaufsmuster, so dass wir auf die Darstellung der Kapitalproduktivitäten verzichten können.

(4) Graphische Herleitung von Grenz- und Durchschnittsprodukten

Aus der Definition der Produktivitätskennziffern ergibt sich eine einfache Möglichkeit zur graphischen Bestimmung ihres absoluten Wertes. Da das **Grenzprodukt** dem Wert der 1. Ableitung entspricht, lässt es sich für den Punkt A (in Abb. 10-8) der partiellen Produktionsfunktion $x(L,\overline{R})$ über den **Tangens des Tangentenwinkels** α ermitteln. Das **Durchschnittsprodukt** ist ex definitione das Verhältnis von Output zu Input, sodass es durch den **Tangens des Fahrstrahlwinkels** β zu ermitteln ist.

Abb. 10-8: Graphische Ermittlung von Grenz- und Durchschnittsprodukten

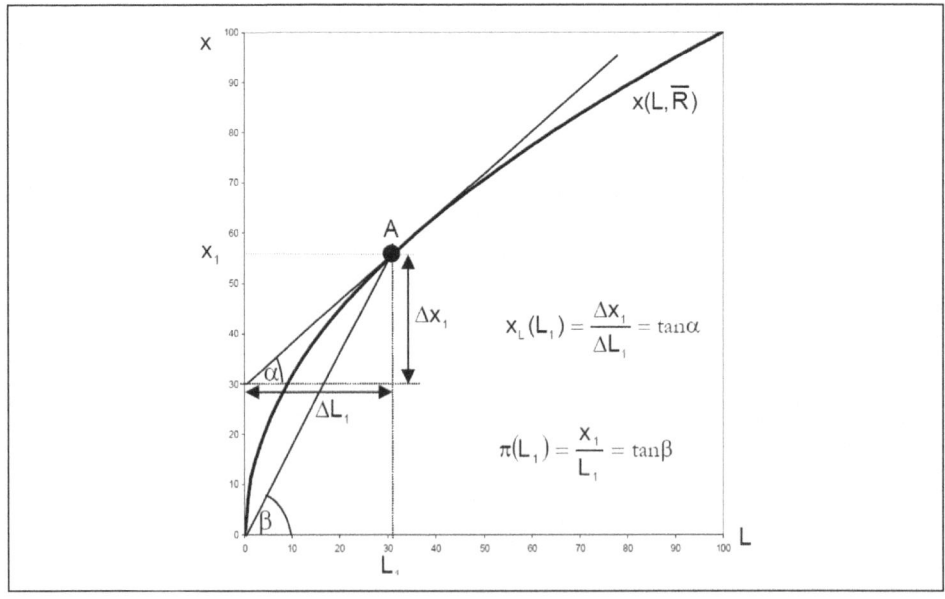

10.2 Grundlagen der Produktionstheorie

(5) Partielle Produktionselastizitäten (Faktorelastizitäten)

Sie geben Auskunft über die **Effizienz der Produktionsfaktoren** bzw. Antwort auf die Fragestellung, in welcher Richtung und um wie viel % der Output sich verändert, wenn die Einsatzmenge eines bestimmten Inputs um 1% erhöht wird.

Die **Produktionselastizität des Faktors Arbeit** ist allgemein definiert durch

$$\eta_{x,L} = \frac{\frac{\partial x}{x}}{\frac{\partial L}{L}} = \frac{\frac{\partial x}{\partial L}}{\frac{x}{L}} = \frac{x_L}{\frac{x}{L}} = \frac{x_L}{\pi} \qquad [10\text{-}7]$$

und die **Produktionselastizität des Faktors Kapital** analog durch

$$\eta_{x,R} = \frac{\frac{\partial x}{x}}{\frac{\partial R}{R}} = \frac{\frac{\partial x}{\partial R}}{\frac{x}{R}} = \frac{x_R}{\frac{x}{R}} = \frac{x_R}{\rho}. \qquad [10\text{-}8]$$

Darüber hinaus geben sie ex definitione das **Größenverhältnis von Grenz- zu Durchschnittsprodukt eines Faktors** an, da der Zähler des Elastizitätskoeffizienten dem Grenzprodukt und der Nenner dem Durchschnittsprodukt entspricht.

Beispiele:

a) für $x = x(L,R) = FL^{0,5}R^{0,5}$ gilt

$$\eta_{x,L} = \frac{\frac{\partial x}{\partial L}}{\frac{x}{L}} = \frac{0,5FL^{-0,5}R^{0,5}}{FL^{-0,5}R^{0,5}} = 0,5 \text{ bzw. } \eta_{x,R} = \frac{\frac{\partial x}{\partial R}}{\frac{x}{R}} = \frac{0,5FL^{0,5}R^{-0,5}}{FL^{0,5}R^{-0,5}} = 0,5.$$

Die **partiellen Produktionselastizitäten der Faktoren** sind bei der Cobb-Douglas-Produktionsfunktion also **mit den Hochzahlen der Faktoren identisch**, welche somit auch das Verhältnis von Grenz- zu Durchschnittsprodukt bestimmen. Bei einer Elastizität von 0,5 ist das **Grenzprodukt** also **halb so groß wie das Durchschnittsprodukt** oder letzteres doppelt so groß wie das Grenzprodukt.

b) für $x = x(L,R) = FLR$

$$\eta_{x,L} = \frac{\frac{\partial x}{\partial L}}{\frac{x}{L}} = \frac{FR}{FR} = 1 \text{ bzw. } \eta_{x,R} = \frac{\frac{\partial x}{\partial R}}{\frac{x}{R}} = \frac{FL}{FL} = 1.$$

Grenz- und Durchschnittsprodukt sind in diesem Fall **gleich groß**.

c) für $x = x(L,R) = FL^{1,5}R^{1,5}$

$$\eta_{x,L} = \frac{\frac{\partial x}{\partial L}}{\frac{x}{L}} = \frac{1{,}5FL^{0{,}5}R^{1{,}5}}{FL^{0{,}5}R^{1{,}5}} = 1{,}5 \quad \text{bzw.} \quad \eta_{x,R} = \frac{\frac{\partial x}{\partial R}}{\frac{x}{R}} = \frac{1{,}5FL^{1{,}5}R^{0{,}5}}{FL^{1{,}5}R^{0{,}5}} = 1{,}5.$$

Das **Durchschnittprodukt** beträgt **zwei Drittel des Grenzprodukts**.

10.2.4 Proportionale Faktorvariation

(1) Skalenerträge

Bei proportionaler Variation der Faktoren oder **konstantem Faktoreinsatzverhältnis** werden die Faktoren um ein bestimmtes Vielfaches, z.B. um das λ-fache erhöht. Für das daraus resultierende Produktionsergebnis sind dabei **drei Fälle möglich:**

a) konstante Skalenerträge bzw. constant returns to scale

$$x(\lambda L, \lambda R) = \lambda x \qquad [10\text{-}9a]$$

b) zunehmende Skalenerträge bzw. increasing returns to scale

$$x(\lambda L, \lambda R) > \lambda x \qquad [10\text{-}9b]$$

c) abnehmende Skalenerträge bzw. decreasing returns to scale

$$x(\lambda L, \lambda R) < \lambda x \qquad [10\text{-}9c]$$

Cobb-Douglas-Funktionsbeispiele:

ad a) für $x = x(L,R) = FL^{0{,}5}R^{0{,}5}$

$$x = F(\lambda L)^{0{,}5}(\lambda R)^{0{,}5} = F\lambda^{0{,}5}L^{0{,}5}\lambda^{0{,}5}R^{0{,}5} = \lambda^{0{,}5+0{,}5}FL^{0{,}5}R^{0{,}5} = \lambda FL^{0{,}5}R^{0{,}5} = \lambda x$$

ad b) für $x = x(L,R) = FLR$

$$x = F(\lambda L)(\lambda R) = F\lambda L \lambda R = \lambda^2 FLR = \lambda^2 x > \lambda x$$

ad c) für $x = x(L,R) = FL^{0{,}25}R^{0{,}25}$

$$x = F(\lambda L)^{0{,}25}(\lambda R)^{0{,}25} = F\lambda^{0{,}25}L^{0{,}25}\lambda^{0{,}25}R^{0{,}25} = \lambda^{0{,}5}FL^{0{,}25}R^{0{,}25} = \lambda^{0{,}5}x < \lambda x$$

(2) Homogenitätsgrad

Der **„Homogenitätsgrad" einer Produktionsfunktion** gibt in diesem Zusammenhang an, wie sich ihre Skalenerträge verhalten. Eine Produktionsfunktion ist **homogen vom Grade H**, wenn gilt:

$$x(\lambda L, \lambda R) = \lambda^H x(L, R) \qquad [10\text{-}10]$$

Ein bestimmter Homogenitätsgrad von H bedeutet:

a) H = 1 konstante Skalenerträge

b) H > 1 zunehmende Skalenerträge

c) H < 1 abnehmende Skalenerträge

Bleibt H bei unterschiedlichen Werten von λ **konstant**, so wird eine **Produktionsfunktion** als **homogen** bezeichnet, andernfalls als **inhomogen**. Ist der Homogenitätsgrad H = 1, weist sie konstante Skalenerträge auf und heißt auch **linear-homogen**.

Abb. 10-9: Isoquantenverläufe bei unterschiedlichem Homogenitätsgrad

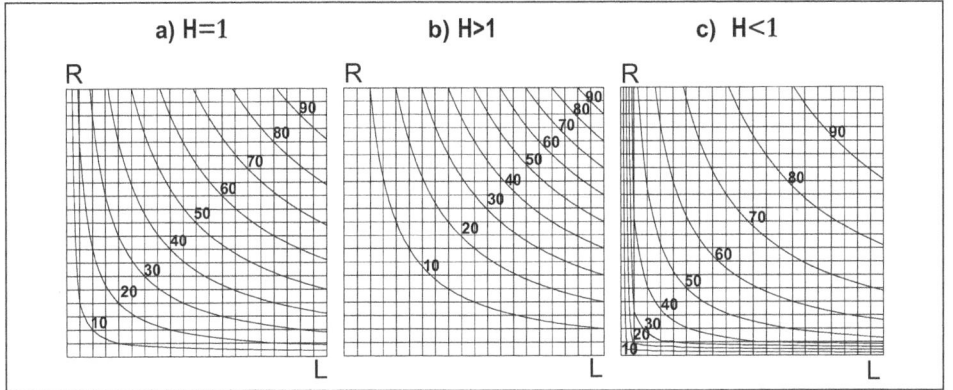

(3) Zusammenhang zwischen Produktions- und Skalenelastizität

Ausgehend vom totalen Differential der Faktorvariation

$$dx = \frac{\partial x}{\partial L} dL + \frac{\partial x}{\partial R} dR \qquad [10\text{-}11]$$

und der Bedingung für eine proportionale Faktorvariation

$$\frac{d\lambda}{\lambda} = \frac{dL}{L} = \frac{dR}{R} \quad \text{oder} \quad dL = \frac{d\lambda}{\lambda} L \quad \text{bzw.} \quad dR = \frac{d\lambda}{\lambda} R \qquad [10\text{-}12]$$

erhält man durch Einsetzen

$$dx = \frac{\partial x}{\partial L}\frac{d\lambda}{\lambda}L + \frac{\partial x}{\partial R}\frac{d\lambda}{\lambda}R \bigg| \frac{\lambda}{d\lambda}\frac{1}{x}$$

$$\frac{dx}{d\lambda}\frac{\lambda}{x} = \frac{\partial x}{\partial L}\frac{L}{x} + \frac{\partial x}{\partial R}\frac{R}{x}$$

$$\boxed{\eta_{x,\lambda} = \eta_{x,L} + \eta_{x,R}}$$ [10-13]

Die **Skalenelastizität** ist also die **Summe der partiellen Produktionselastizitäten (Wicksell-Johnson-Theorem)**.

(4) Spezialfall Cobb-Douglas-Funktion

Die bisher verwendete Produktionsfunktion vom Typ

$$x = x(L,R) = FL^{\alpha}R^{\beta}$$ [10-14]

ist homogen, da [10-10] gilt:

$$x(\lambda L, \lambda R) = F(\lambda L)^{\alpha}(\lambda R)^{\beta} = F\lambda^{\alpha}L^{\alpha}\lambda^{\beta}R^{\beta} = \lambda^{\alpha+\beta}FL^{\alpha}R^{\beta} = \lambda^{H=\alpha+\beta}x(L,R)$$

und sie ist **linear-homogen**, wenn $\alpha + \beta = 1$ ist (sog. **Wicksell-Cobb-Douglas-Funktion**).

10.3 Grundlagen der Kostentheorie

10.3.1 Fundamentale Kostenbegriffe

(1) Kosten, Produktionskosten und andere Kostenarten

„Kosten" stellen den mit Faktorpreisen bewerteten Verbrauch von Faktoren dar, die im betrieblichen Leistungsprozess eingesetzt werden. Der im Produktionsprozess entstehende **Faktorverbrauchswert** bildet die **Produktionskosten**. Diese sind ausschließlich Gegenstand der folgenden Überlegungen, sodass wir **Kosten und Produktionskosten** synonym verwenden werden. Von anderen Kostenarten, wie Lagerkosten, Materialkosten, Transportkosten etc., wird im thematisch eingeschränkten Kontext Produktion und Kosten abstrahiert.

(2) Kostenfunktionen

Eine **Kostenfunktion** stellt allgemein einen „funktionalen" Zusammenhang zwischen den Kosten eines betrieblichen Leistungsprozesses und den Leistungsgrößen her. In der Produktion definiert die spezifische „**Produktionskostenfunktion**" den Zusammenhang zwischen den **Kosten K** der zur Herstellung von Gütern verbrauchten Faktoren („Faktorkosten") und den **Produktmengen x**:

$$K = K(x)$$ [10-15]

Die **Gesamt- oder Totalkosten** sind die **Summe von Fixkosten** K^F **und variablen Kosten** K^V, die von der Herstellmenge abhängen, also eine Funktion von x sind:

$$K(x) = K^F + K^V(x).\qquad [10\text{-}16]$$

Als **Grenzkosten** *GK* **oder marginale Kosten** bezeichnet man diejenigen Kosten die zusätzlich entstehen, wenn eine Mengeneinheit mehr produziert wird. Mathematisch sind diese durch die erste Ableitung der Gesamtkostenfunktion definiert:

$$GK = \frac{dK}{dx} = K_x.\qquad [10\text{-}17]$$

Die Funktion der **durchschnittlichen Fixkosten** *DFK* ist

$$DFK = \frac{K^F}{x},\qquad [10\text{-}18]$$

die der **durchschnittlichen variablen Kosten** *DVK*

$$DVK = \frac{K^V(x)}{x}\qquad [10\text{-}19]$$

und die Funktion der **durchschnittlichen Totalkosten** *DTK* oder Stückkostenfunktion lautet

$$DTK = \frac{K(x)}{x} = \frac{K^F}{x} + \frac{K^V(x)}{x} = DFK + DVK.\qquad [10\text{-}20]$$

Die Geometrie der **Verlaufsformen** dieser Kostenfunktionen ist von den zugrunde liegenden Produktionsfunktionen und den Faktorpreisen abhängig, was im Folgenden exemplarisch für ausgewählte Grundtypen von Produktionsfunktionen **noch darzustellen** ist.

Als **zeitlicher Geltungsbereich einer Kostenfunktion** ist grundsätzlich **eine Planperiode** anzusetzen. Gleichwohl unterscheidet man sinnvollerweise **kurz- und langfristige Kostenfunktionen**, wenn in der kurzen Frist ein Faktoreinsatz nicht variiert werden kann, während dies langfristig möglich ist.

Von **versunkenen Kosten (sunk costs)** spricht man für den Fall, dass in einer Planperiode Kosten entstehen, die die Unternehmung in dieser Periode vollkommen „abschreiben" muss, weil ihnen kein immaterielles oder materielles Vermögen gegenübersteht, das sich in späteren Planperioden noch verwerten lässt, z.B. die Kosten für die Einführungswerbung eines Produktes oder die Investition in eine Produktionsanlage, die sich später nicht verwerten lässt. Sunk costs sind vor allen Dingen **bei Marktzutritts- oder Marktaustrittsentscheidungen relevant**. Auch **Opportunitätskosten**, z.B. durch falsche oder durch alternative Aktionen entgangene Gewinne, können entscheidungsrelevant sein.

Minimale Kosten liegen vor, wenn bei gegebenen (nicht weiter reduzierbaren) Faktorpreisen, keine Kombination von Produktionsfaktoren realisierbar ist, mit der sich eine bestimmte Gütermenge kostengünstiger herstellen lässt. Diese Faktorkombination bezeichnet man auch als **Minimalkostenkombination**.

10.3.2 Bestimmung der Minimalkostenkombination

(1) Graphische Ermittlung

Vollkommen analog zur nutzenmaximalen Güterkombination des Haushalts lässt sich die **kostenminimale Faktorkombination** durch die **Tangentenlösung** bestimmen. Dabei werden die Nutzenfunktion des Haushalts durch die **Produktionsfunktion** $x = x(L,R)$ der Unternehmung, das Haushaltsbudget durch das **Kostenbudget** $\overline{K}$, die gegebenen Konsumgüterpreise durch **gegebene Faktorpreise** (nämlich den Stundenlohn $\overline{w}$ und den Nutzungspreis $\overline{r}$ für eine Realkapitaleinheit) und schließlich als **Zielsetzung** die Nutzenmaximierung durch die **Outputmaximierung** ersetzt.

Die Totalkosten entstehen durch den mit den Faktorpreisen bewerteten Verbrauch beider Faktoren und führen zu der **Kostenrestriktion**

$$\overline{K} \geq \overline{w}L + \overline{r}R,\qquad\qquad [10\text{-}21]$$

aus der sich (analog zur Budgetgeraden) aus der Kostengleichung durch Auflösung nach R die **Isokostengerade** (Vgl. Abb-10-10) ermitteln lässt:

$$R(L) = \frac{\overline{K}}{\overline{r}} - \frac{\overline{w}}{\overline{r}}L \qquad\qquad [10\text{-}22]$$

mit den **Achsenabschnitten**

$$R^{max} = \frac{\overline{K}}{\overline{r}} \text{ und } L^{max} = \frac{\overline{K}}{\overline{w}} \qquad\qquad [10\text{-}23]$$

und der **negativen Steigung**

$$\frac{dR}{dL} = -\frac{\overline{w}}{\overline{r}} < 0. \qquad\qquad [10\text{-}24]$$

Die **Steigung der Isoquanten** $\overline{x}(L,R)$ ergibt sich aus dem gleich Null zu setzenden **totalen Differential der Produktionsfunktion**

$$dx = x_L dL + x_R dR = 0 \qquad\qquad [10\text{-}25]$$

als **Grenzrate der technischen Substitution**

$$\frac{dR}{dL} = -\frac{x_L}{x_R}. \qquad\qquad [10\text{-}26]$$

Abb. 10-10: Graphische Bestimmung der Minimalkostenkombination (Tangentenlösung)

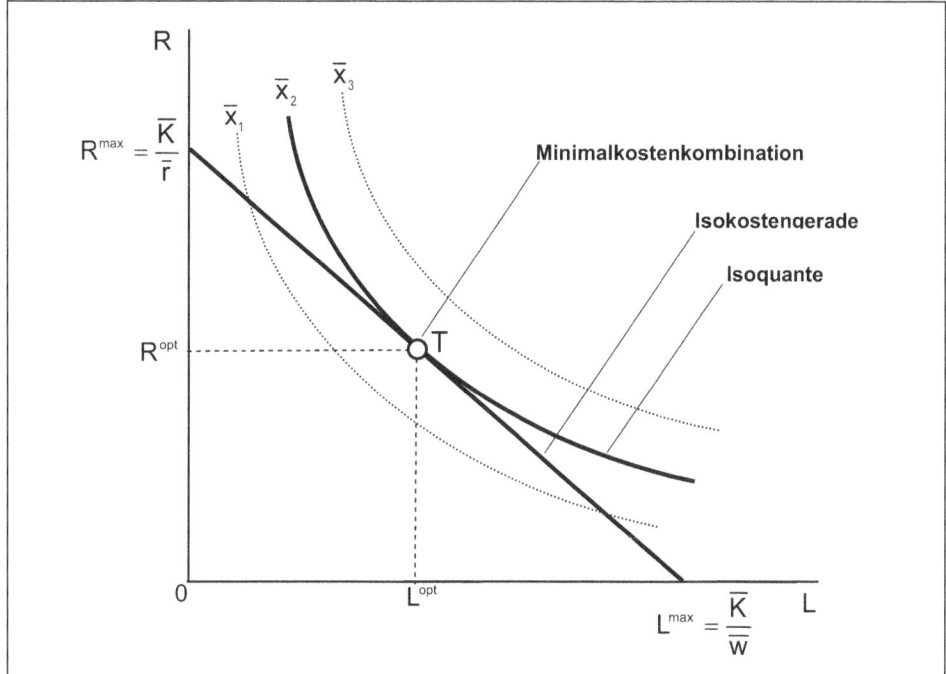

Daraus ergibt sich die für die outputmaximale und damit kostenminimale Faktorkombination die **Tangentialbedingung** in folgenden Formen

$$\frac{dR}{dL} = \frac{\overline{w}}{\overline{r}} = \frac{x_L}{x_R} \quad \text{oder} \quad \frac{x_L}{\overline{w}} = \frac{x_R}{\overline{r}} \quad \text{oder} \quad \frac{\overline{w}}{x_L} = \frac{\overline{r}}{x_R} \qquad [10\text{-}27]$$

Im Optimum muss/müssen

a) das **Verhältnis der Faktorpreise gleich der Grenzrate der technischen Substitution** oder

b) die **Grenzerträge pro Geldeinheit für alle Faktoren gleich groß** oder

c) die **Grenzkosten aller Faktoren identisch** sein.

Hervorzuheben ist in diesem Zusammenhang, dass die hier für den Zwei-Faktor-Fall formulierten **Optimalbedingungen auf den n-Faktor-Fall zu übertragen** sind.

10.3.3 Analytische Herleitung der Optimalbedingung

Analytisch lassen sich diese Bedingungen für die Minimalkombination mit dem Lagrange-Ansatz herleiten, wobei in Analogie zum Haushaltsoptimum die gleiche Lösung auf dualem Wege zu finden ist: **1) Outputmaximierung** bei gegebenem Kostenbudget und **2) Kostenminimierung** für einen gegebenen Output gilt.

	1) **Outputmaximierung**	2) **Kostenminimierung**
Zielfunktion:	$x = x(L,R) \stackrel{!}{=} \max$	$K = \overline{w}L + \overline{r}R \stackrel{!}{=} \min$
Beschränkung	$\overline{K} = \overline{w}L + \overline{r}R$	$\overline{x} = x(L,R)$
Lagrange-Funktion:	$\Lambda = x(L,R) + \mu(\overline{K} - \overline{w}L - \overline{r}R)$	$\Lambda = \overline{w}L + \overline{r}R + \mu(\overline{x} - x(L,R))$
Bedingungen 1. Ordnung:	$\Lambda_L = x_L - \mu\overline{w} = 0$	$\Lambda_L = \overline{w} - \mu x_L = 0$
	$\Lambda_R = x_R - \mu\overline{r} = 0$	$\Lambda_R = \overline{r} - \mu x_R = 0$
	$\Lambda_\mu = \overline{K} - \overline{w}L - \overline{r}R = 0$	$\Lambda_\mu = \overline{x} - x(L,R) = 0$
Optimalbedingung:	$\dfrac{\overline{w}}{\overline{r}} = \dfrac{x_L}{x_R} \Leftrightarrow \dfrac{x_L}{w} = \dfrac{x_R}{r} \Leftrightarrow \dfrac{\overline{w}}{x_L} = \dfrac{\overline{r}}{x_R}$	

10.3.4 Kostenfunktionen bei Cobb-Douglas-Technologie

(1) Ermittlung der Optimalbedingung

Zielfunktion: $\quad x = FL^\alpha R^\beta \stackrel{!}{=} \max$
Beschränkung: $\quad K = \overline{w}L + \overline{r}R$

Lagrange-Funktion: $\quad \Lambda(L,R,\mu) = FL^\alpha R^\beta + \mu(\overline{K} - \overline{w}L - \overline{r}R)$

Notwendige Bedingungen:
$$\Lambda_L = \alpha FL^{\alpha-1}R^\beta - \mu\overline{w} = 0$$
$$\Lambda_R = \beta FL^\alpha R^{\beta-1} - \mu\overline{r} = 0$$
$$\Lambda_\mu = K - \overline{w}L - \overline{r}R = 0$$

Optimalbedingung: $\quad \dfrac{\alpha FL^{\alpha-1}R^\beta}{\overline{w}} = \dfrac{\beta FL^\alpha R^{\beta-1}}{\overline{r}} \Rightarrow \dfrac{\alpha FL^{\alpha-1}R^\beta}{\beta FL^\alpha R^{\beta-1}} = \dfrac{\overline{w}}{\overline{r}} \Rightarrow$

$$\dfrac{\alpha R}{\beta L} = \dfrac{\overline{w}}{\overline{r}} \Rightarrow \dfrac{\alpha}{\beta} = \dfrac{\overline{w}L}{\overline{r}R} = \dfrac{\text{Lohnkosten}}{\text{Kapitalkosten}} \qquad [10\text{-}28]$$

(2) Interpretation und Herleitung der langfristigen Kostenfunktion

Im Kostenminimum entspricht das Verhältnis der Lohnkosten zu den Kapitalkosten dem Verhältnis der Produktionselastizitäten.
Löst man die Optimalbedingung nach R auf, definiert

$$R(L) = \dfrac{\beta\overline{w}L}{\alpha\overline{r}} \text{ mit } R_L = \dfrac{\beta\overline{w}}{\alpha\overline{r}} = \text{konstant} > 0 \text{ und } R_{LL} = 0 \qquad [10\text{-}29]$$

im L-R-Diagramm den linearen **isoklinen Expansionpfad** oder die **Faktoranpassungskurve** (vgl. Abb. 10-2) als Funktion von L, dessen Steigung durch das Verhältnis der partiellen Faktorelastizitäten von Kapital zu Arbeit und das umgekehrte Verhältnis der Faktorpreise bestimmt wird. Der Expansionspfad stellt die **Verbin-**

dungskurve aller **Minimalkostenkombinationen** dar. Sind die partiellen Faktorelastizitäten im **Symmetriefall** gleich groß ($\alpha = \beta$), wird der **kostenminimale Faktoreinsatz** nur **durch die Faktorpreisrelation bestimmt**.

Setzt man den kostenminimalen Kapitaleinsatz in die Kostengleichung ein,

$$K = \overline{w}L + \overline{r}R = \overline{w}L + \frac{\beta \overline{w} L \overline{r}}{\alpha \overline{r}} = \left(1 + \frac{\beta}{\alpha}\right)\overline{w}L = \left(\frac{\alpha + \beta}{\alpha}\right)\overline{w}L \qquad [10\text{-}30]$$

und löst das Ergebnis nach L auf, erhält man den **kostenminimalen Arbeitseinsatz in Abhängigkeit vom Kostenbudget und Lohnsatz**:

$$L = \left(\frac{\alpha}{\alpha + \beta}\right)\frac{K}{\overline{w}} \qquad [10\text{-}31]$$

Analog lässt sich der **Expansionspfad in Abhängigkeit vom Kapitaleinsatz R** bestimmen

$$L(R) = \frac{\alpha \overline{r} R}{\beta \overline{w}} \qquad [10\text{-}32]$$

und wiederum über das Einsetzen in die Kostengleichung

$$K = \frac{\overline{w} \alpha \overline{r} R}{\beta \overline{w}} + \overline{r}R = \left(1 + \frac{\alpha}{\beta}\right)\overline{r}R = \left(\frac{\alpha + \beta}{\beta}\right)\overline{r}R \qquad [10\text{-}33]$$

auch der **kostenminimale Kapitaleinsatz in Abhängigkeit von den Kosten und dem Zinssatz**:

$$R = \left(\frac{\beta}{\alpha + \beta}\right)\frac{K}{\overline{r}} \qquad [10\text{-}34]$$

Das Einsetzen der kostenminimalen Faktormengen in die Produktionsfunktion führt zu der **kostenminimalen Produktionsmenge** in Abhängigkeit von den Kosten und Faktorpreisen

$$x = F\left(\frac{\alpha K}{(\alpha + \beta)\overline{w}}\right)^{\alpha}\left(\frac{\beta K}{(\alpha + \beta)\overline{r}}\right)^{\beta} = \frac{\alpha^{\alpha} \beta^{\beta} F K^{\alpha + \beta}}{(\alpha + \beta)^{\alpha + \beta} \overline{w}^{\alpha} \overline{r}^{\beta}} \qquad [10\text{-}35]$$

und die Auflösung dieser Funktion nach den Kosten führt über

$$K^{\alpha + \beta} = \frac{(\alpha + \beta)^{\alpha + \beta} w^{\alpha} r^{\beta} x}{F \alpha^{\alpha} \beta^{\beta}} \Bigg|^{\frac{1}{\alpha + \beta}}$$

zu der **langfristigen Kostenfunktion** für Cobb-Douglas-Funktionen

$$K^{lgf}(F, r, w, x) = \frac{(\alpha + \beta) w^{\frac{\alpha}{\alpha + \beta}} r^{\frac{\beta}{\alpha + \beta}} x^{\frac{1}{\alpha + \beta}}}{F^{\frac{1}{\alpha + \beta}} \alpha^{\frac{\alpha}{\alpha + \beta}} \beta^{\frac{\beta}{\alpha + \beta}}} \qquad [10\text{-}36]$$

Durch sie lassen sich die **minimalen Kosten** für jede mögliche Kombination von Faktorpreisen und Produktionsmengen bestimmen. Der Vorteil dieser allgemeinen

Formulierung besteht darin, dass sie **auf jede numerische Cobb-Douglas-Funktion anwendbar** ist, d. h. für jeden beliebigen Zahlenwert von α und β und Homogenitätsgrad H gilt. Wir beschränken uns im Folgenden jedoch auf **drei Typen von numerischen Produktionsfunktionen, nämlich mit a) konstanten, b) zunehmenden und c) abnehmenden Skalenerträgen**. Die hierfür gewählten Zahlenbeispiele und die daraus resultierenden Grundtypen von Kostenfunktionen und -kurven wenden wir konsequent auf alle nachfolgenden Kapitel an.

(3) Dualität in der Produktions- und Kostentheorie

Wie man aus der Produktionsfunktion die Kostenfunktion herleiten kann, lässt sich aus der Kostenfunktion die Produktionsfunktion herleiten, was als **„Dualität"** oder **Dualitätsprinzip** (Varian, 1994, S. 82) bezeichnet wird. Dies eröffnet die Möglichkeit, von einer empirischen betrieblichen Kostenfunktion auf die Produktionstechnologie zu schließen.

10.3.5 Kostenfunktionen bei konstanten Skalenerträgen

(1) Spezifizierung der Produktionsfunktion

Für eine (linear-homogene) Cobb-Douglas-Funktion mit konstanten Skalenerträgen muss gelten, dass der Homogenitätsgrad oder die Summe der Faktorelastizitäten $H = \alpha + \beta = 1$ ist. Bei symmetrisch angenommener Faktorwirkung gilt $\alpha = \beta = 0,5$, so dass unser Paradigma einer linear-homogenen Produktionsfunktion mit konstanten Skalenerträgen durch

$$x = x(L,R) = FL^{0,5}R^{0,5}$$

definiert ist.

(2) Langfristige Kostenfunktionen

Die für diese Produktionsfunktion geltende **langfristige Kostenfunktion in Abhängigkeit von der Produktionsmenge** ergibt sich aus [10-36] durch Einsetzen von $\alpha = \beta = 0,5$:

$$K^{lgf}(x) = \frac{(\alpha+\beta)\overline{w}^{\frac{\alpha}{\alpha+\beta}}\overline{r}^{\frac{\beta}{\alpha+\beta}}x^{\frac{1}{\alpha+\beta}}}{F^{\frac{1}{\alpha+\beta}}\alpha^{\frac{\alpha}{\alpha+\beta}}\beta^{\frac{\beta}{\alpha+\beta}}} = \frac{(0,5+0,5)\overline{w}^{\frac{0,5}{0,5+0,5}}\overline{r}^{\frac{0,5}{0,5+0,5}}x^{\frac{1}{0,5+0,5}}}{F^{\frac{1}{0,5+0,5}}0,5^{\frac{0,5}{0,5+0,5}}0,5^{\frac{0,5}{0,5+0,5}}}$$

$$K^{lgf}(x) = \frac{2\overline{w}^{0,5}\overline{r}^{0,5}x}{F} \qquad [10\text{-}37]$$

$$GK^{lgf} = K^{lgf}_x(x) = \frac{2\overline{w}^{0,5}\overline{r}^{0,5}}{F} > 0 \text{ und } K^{lgf}_{xx} = 0. \qquad [10\text{-}38]$$

Wie die erste und zweite Ableitung nach x zeigen, ist die langfristige Kostenkurve (bei gegebener Faktorproduktivität und gegebenen Faktorpreisen w und r) linear ansteigend (vgl. Abb. 10-8), so dass die **langfristigen Grenzkosten GK^{lgf} konstant** sind. Konstant und identisch mit den Grenzkosten sind auch die **langfristigen Durchschnittskosten**:

$$DTK^{lgf} = \frac{2\overline{w}^{0,5}\overline{r}^{0,5}x}{Fx} = \frac{2\overline{w}^{0,5}\overline{r}^{0,5}}{F} = GK^{lgf}.$$ [10-39]

(3) Kurzfristige Kostenfunktionen bei konstantem Kapitaleinsatz

Wird bei kurzfristig nicht veränderbarem Kapitaleinsatz **nur der Faktor Arbeit variiert**, ergibt dies kurzfristig folgende (partielle) Produktionsfunktion:

$$x(L,\overline{R}) = FL^{0,5}\overline{R}^{0,5}$$ [10-40]

Durch Auslösung dieser Funktion nach L erhält man über

$$L^{0,5} = \frac{x}{F\overline{R}^{0,5}}$$

als inverse Funktion $L(x)$ die **Faktorverbrauchsfunktion**:

$$L(x) = \frac{x^2}{F^2\overline{R}}.$$ [10-41]

Sie gibt **die zur Herstellung der Gütermenge x notwendigen Arbeitsstunden** an. Multipliziert man diese mit dem Stundenlohn $\overline{w}$ ergibt dies die **variablen (Lohn)-Kosten**

$$K^V(x) = wL(x) = \frac{wx^2}{F^2\overline{R}}.$$ [10-42]

Zusammen mit den **fixen (Kapital-)Kosten**

$$K^F = \overline{r}\overline{R}$$ [10-43]

bilden diese die **kurzfristige Totalkostenfunktion**

$$K^{kzf}(x) = K^F + K^V(x) = \overline{r}\overline{R} + \frac{wx^2}{F^2\overline{R}}.$$ [10-44]

Die 1. partielle Ableitung dieser Funktion nach x gibt die linearen **kurzfristigen Grenzkosten** an:

$$GK^{kzf} = K_x^{kzf}(x) = \frac{2wx}{F^2\overline{R}} > 0 \text{ mit } K_{xx}^{kzf} = \frac{2w}{F^2\overline{R}} > 0.$$ [10-45]

Als Stückkostengrößen sind die **kurzfristigen durchschnittlichen variablen Kosten**

$$DVK^{kzf}(x) = \frac{K^V(x)}{x} = \frac{wx}{F^2\overline{R}},$$ [10-46]

die **kurzfristigen durchschnittlichen Fixkosten**

$$DFK^{kzf} = \frac{K^F}{x} = \frac{\overline{r}\overline{R}}{x}$$ [10-47]

und als deren **Summe die kurzfristigen durchschnittlichen Totalkosten** zu bilden:

$$DTK^{kzf} = \frac{K(x)}{x} = \frac{\bar{r}\bar{R} + \frac{wx^2}{F^2\bar{R}}}{x} = \frac{\bar{r}\bar{R}}{x} + \frac{wx}{F^2\bar{R}} = DFK^{kzf} + DVK^{kzf}. \quad [10\text{-}48]$$

(4) Zusammenhang zwischen kurz- und langfristigen Kostenkurven

Die Analyse der Definitionsgleichungen der kurz- und langfristigen Kostenfunktionen bei konstanten Skalenerträgen lässt bereits einige grundlegende Zusammenhänge und Unterschiede erkennen, die sich aber durch den anschaulichen **Vergleich der Kostenkurven** noch besser verdeutlichen lassen. Wir legen in Abb. 10-11 dabei unser Augenmerk zunächst auf den **Zusammenhang zwischen den Total- und Grenzkostenkurven**.

Wie Abb. 10-11.a zeigt, verläuft die **langfristige Gesamtkostenkurve $K^{lgf}(x)$ linear** ansteigend. Sie entsteht zur Erinnerung entlang des isoklinen Expansionspfades durch die Faktoreinsatzebene im Zuge eines kostenminimalen variablen Arbeits- und Kapitaleinsatzes. Die **Steigung** dieser Kurve **entspricht den langfristig konstanten Grenzkosten** (vgl. Abb-10-11.b). Wie deren Definitionsgleichung zeigt, nehmen die Steigung bzw. die Grenzkosten zu, wenn die Faktorpreise w und/oder r steigen, dagegen ab, wenn die allgemeine Faktorproduktivität F steigt.

Die links von der langfristigen Kostengeraden abgebildeten beiden **kurzfristigen Kostenkurven** $K_1^{kzf}(x,\bar{R}_1)$ und $K_2^{kzf}(x,\bar{R}_2)$ mit parabelförmigen Verlauf gelten für eine partielle Variation des Faktors Arbeit bei jeweils konstantem Kapitaleinsatz $\bar{R}_1$ bzw. $\bar{R}_2$. Da die kurzfristige Kostenkurve $K_2^{kzf}(x,\bar{R}_2)$ mit einem höheren Fixkostenblock $K_2^F > K_1^F$ ansetzt, liegt ihr offensichtlich ein höherer Realkapitaleinsatz $\bar{R}_2 > \bar{R}_1$ zugrunde. Beide kurzfristigen Kostenkurven berühren die langfristige Kostenkurve in Q_1 bzw. Q_2 von oben. In den Tangentialpunkten müssen sie daher kostenminimal sein, weil die langfristige Kostenkurve in jedem Punkte die Kosten minimiert. Das heißt also, **jede kurzfristige Kostenkurve ist nur für eine Produktionsmenge kostenminimal**.

10.3 Grundlagen der Kostentheorie

Abb. 10-11: Kurz- und langfristige Kosten bei konstanten Skalenerträgen

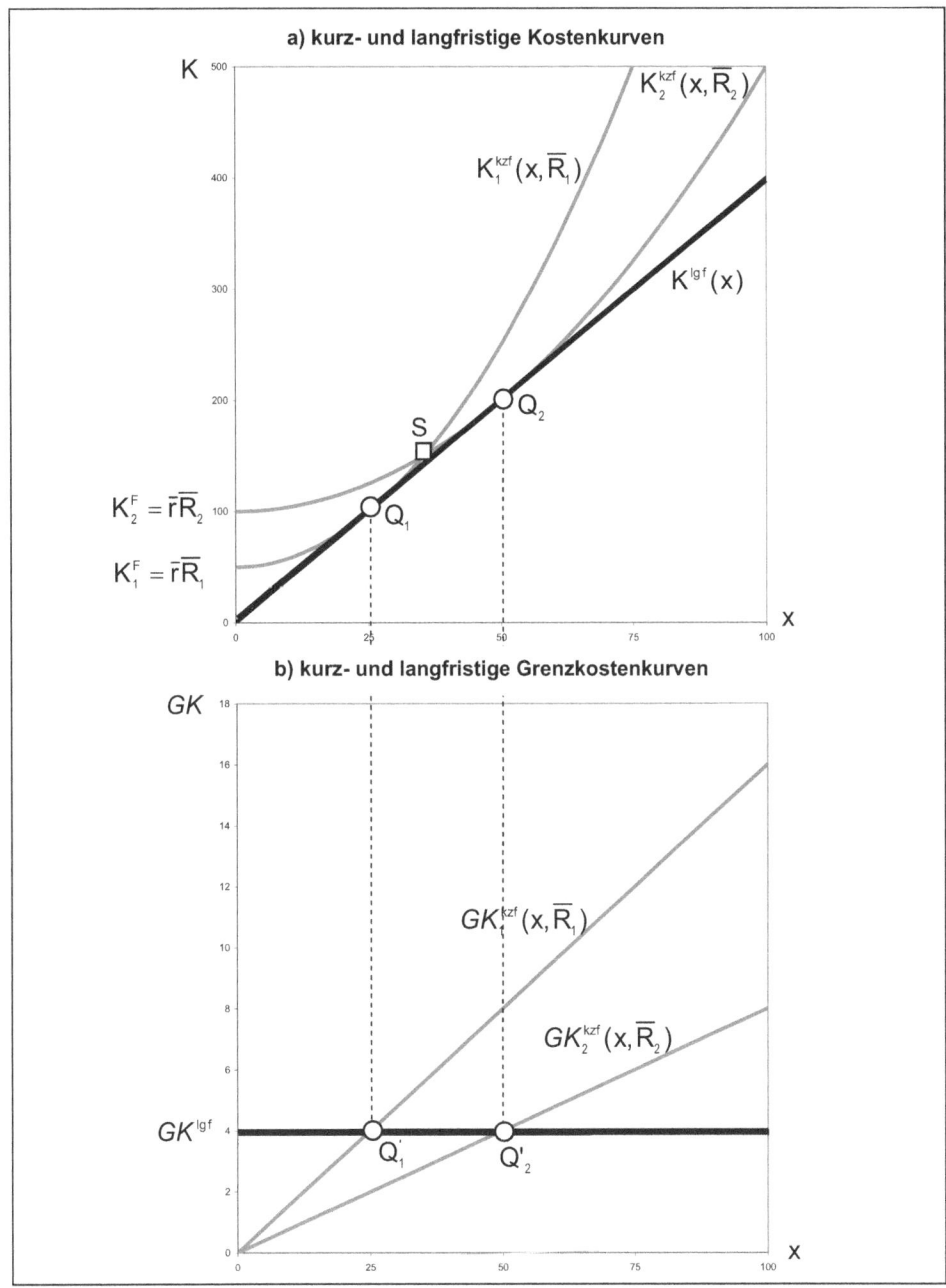

Dies zeigt sich auch in der Faktoreinsatzebene (vgl. Abb. 10-12). Dort korrespondieren die kostenminimalen Tangentialpunkte mit den Schnittpunkten Q_1^* und Q_2^* der auf unterschiedlichem Realkapitaleinsatzniveau $\overline{R}_1$ bzw. $\overline{R}_2$ parallel und horizontal zur Arbeitseinsatzachse verlaufenden Geraden mit dem nach rechts oben ansteigenden kostenminimalen Expansionspfad.

Abb. 10-12: Punktuelle Kostenminimalität kurzfristiger Kostenfunktionen

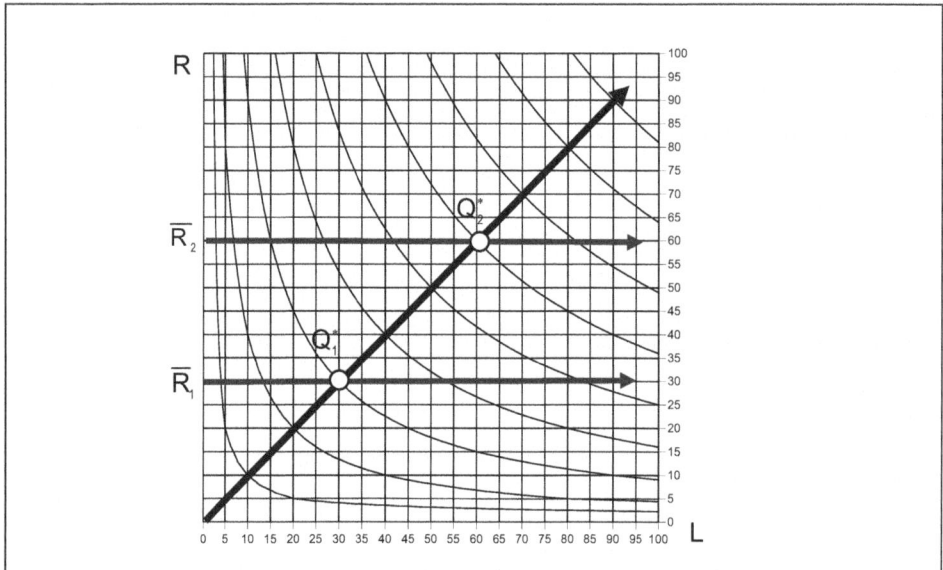

Die zu den beiden kurzfristigen Kostenkurven gehörenden kurzfristigen Grenzkosten (vgl. Abb. 10-11.b) verlaufen beide vom Ursprung aus linear ansteigend und schneiden die konstanten Grenzkosten unterhalb der Tangentialpunkte, da die Steigungen der kurz- und langfristigen Kostenkurven hier übereinstimmen. Dabei weist die Grenzkostenkurve mit dem höheren Kapitaleinsatz die geringere Steigung auf, da ein höherer Kapitaleinsatz das Grenzprodukt der Arbeit steigert und damit die Grenzkosten reduziert. Analytisch lässt sich dies an der 2. Ableitung der kurzfristigen Kostenfunktion (oder der 1. Ableitung der kurfrditigen Grenzkostenfunktion) zeigen, deren partielle Ableitung nach R negativ ist:

$$K_{xx}^{kzf} = \frac{2w}{F^2\overline{R}} > 0 \Rightarrow \frac{\partial K_{xx}^{kzf}}{\partial R} = -\frac{2w}{F^2\overline{R}^2} < 0. \qquad [10\text{-}49]$$

10.3 Grundlagen der Kostentheorie 151

Abb. 10-13: Kurzfristige Kostenkurven bei konstanten Skalenerträgen

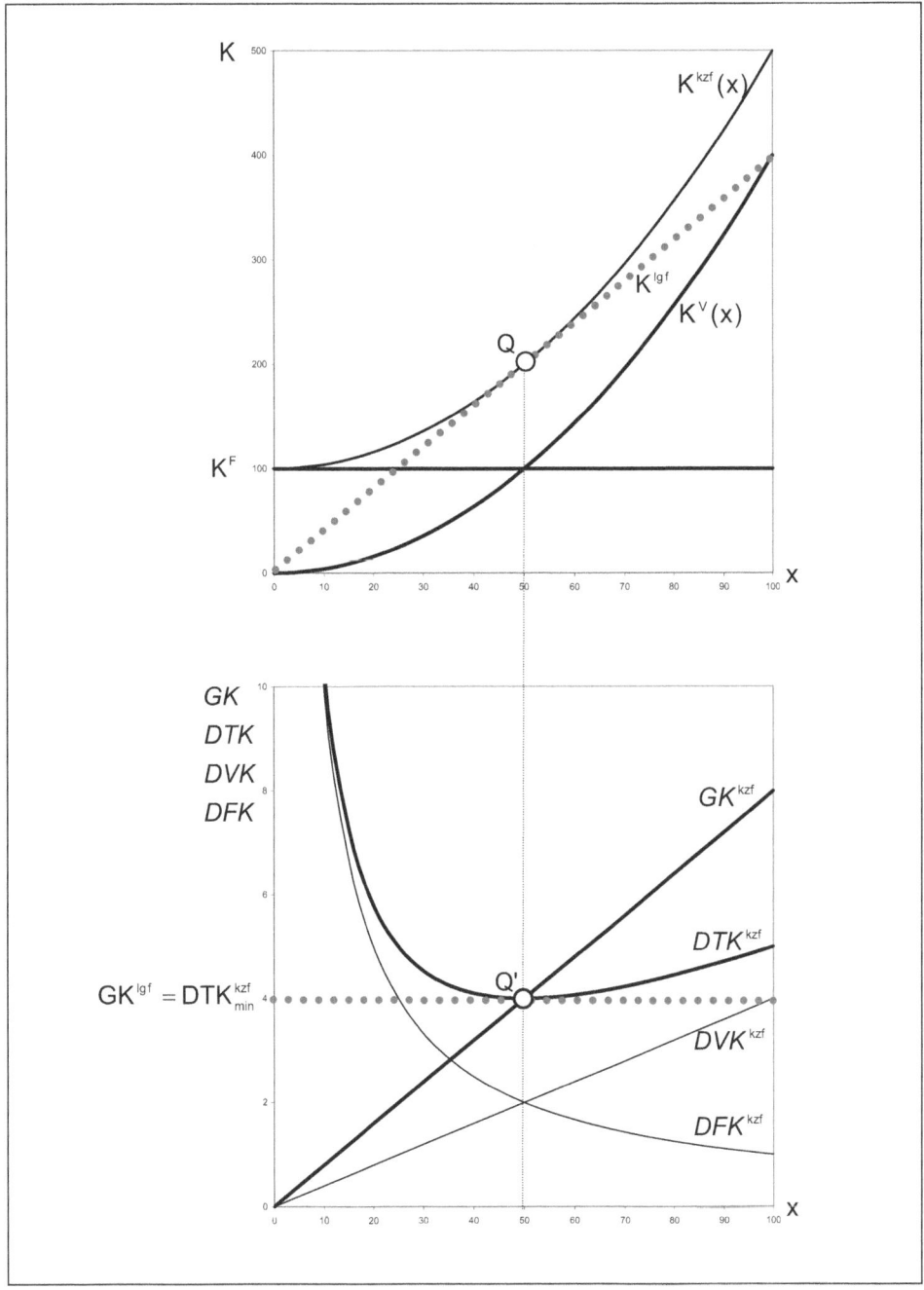

Dies bedeutet zusammenfassend, dass eine Erhöhung des Realkapitaleinsatzes zwar die Fixkosten erhöht, aber in jedem Punkte der Kostenkurve die Grenzkosten senkt. Die kurzfristige Kostenkurve mit dem niedrigeren Realkapitaleinsatz verläuft daher aufgrund des Fixkostenvorteils nur im Anfangsbereich günstiger, ab dem Schnittpunkt S aber wegen des Grenzkostennachteils ungünstiger.

Die Gesamtschar kurzfristiger Kostenkurven bei konstanten Skalenerträgen ist in Abb. 10-13 dargestellt: oben die kurzfristige Gesamtkostenkurve und ihre fixe und variable Komponente, unten die kurzfristige Grenzkostenkurve sowie die kurzfristigen Durchschnitts- oder Stückkostenkurven. Die langfristige Gesamtkosten- und Grenzkostenkurve sind zum Vergleich (als gepunktete Geraden) gegenübergestellt. Auch hier zeigt sich die nur **punktuelle Kostenminimalität** in der kurzen Frist dadurch, dass die kurzfristige Stückkostenkurve DTK^{kzf} im Schnittpunkt Q' der kurz- und langfristigen Grenzkostenkurve ihr Minimum besitzt.

10.3.6 Kostenfunktionen bei zunehmenden Skalenerträgen

Als numerisches Beispiel für zunehmende Skalenerträge nehmen wir partielle Produktionselastizitäten von $\alpha = \beta = 1$ an, so dass die Skalenelastizität und der Homogenitätsgrad $\alpha + \beta = H = 2 > 1$ die für increasing returns to scale notwendige Bedingung erfüllen. Die **Produktionsfunktion** lautet dann ganz einfach

$$x = x(L,R) = FLR \qquad [10\text{-}50]$$

Über die allgemeine Definitionsgleichung [10-00]

$$K^{lgf}(x) = \frac{(\alpha+\beta)w^{\frac{\alpha}{\alpha+\beta}}r^{\frac{\beta}{\alpha+\beta}}x^{\frac{1}{\alpha+\beta}}}{F^{\frac{1}{\alpha+\beta}}\alpha^{\frac{\alpha}{\alpha+\beta}}\beta^{\frac{\beta}{\alpha+\beta}}} = \frac{(1+1)w^{\frac{1}{1+1}}r^{\frac{1}{1+1}}x^{\frac{1}{1+1}}}{F^{\frac{1}{1+1}}0{,}5^{\frac{1}{1+1}}0{,}5^{\frac{1}{1+1}}}$$

lässt sich auch hier die **langfristige Kostenfunktion**

$$K^{lgf}(x) = \frac{2w^{0,5}r^{0,5}x^{0,5}}{F^{0,5}} \qquad [10\text{-}51]$$

ermitteln mit den **langfristig sinkenden Grenzkosten,**

$$K^{lgf}_x = \frac{w^{0,5}r^{0,5}x^{-0,5}}{F^{0,5}} = \frac{w^{0,5}r^{0,5}}{F^{0,5}x^{0,5}} > 0, \qquad [10\text{-}52]$$

da die 2. Ableitung der langfristigen Kostenfunktion

$$K^{lgf}_{xx} = -\frac{0{,}5w^{0,5}r^{0,5}x^{-1,5}}{F^{0,5}} < 0 \qquad [10\text{-}52a]$$

ein negatives Vorzeichen hat.

Die für die kurzfristige Produktionsfunktion

$$x = x(L,\overline{R}) = F\overline{R}L \qquad [10\text{-}53]$$

geltenden kurzfristigen Kostenfunktionen lassen sich wiederum von der **Faktorverbrauchsfunktion**

$$L(x) = \frac{x}{\overline{F}\overline{R}} \qquad [10\text{-}54]$$

ausgehend ermitteln. Die **kurzfristig variablen (Lohn-)Kosten** sind dann

$$K^V(x) = \overline{w}L(x) = \frac{\overline{w}x}{\overline{F}\overline{R}} \qquad [10\text{-}55]$$

die **fixen (Kapital-)Kosten**

$$K^F = \overline{r}\overline{R}, \qquad [10\text{-}56]$$

die **kurzfristig linearen Gesamtkosten**

$$K^{kzf}(x) = \overline{r}\overline{R} + \frac{\overline{w}x}{\overline{F}\overline{R}} \qquad [10\text{-}57]$$

und die **kurzfristig konstanten (Lohn-)Grenzkosten** schließlich

$$K_x^{kzf} = \frac{\overline{w}}{\overline{F}\overline{R}} > 0 \;\; \text{mit} \;\; K_{xx}^{kzf} = 0. \qquad [10\text{-}58]$$

Als kurzfristige Stückkosten-Funktionen resultieren daraus die **kurzfristigen durchschnittlichen variablen (Lohn-)Kosten**, die mit den kurzfristigen Grenzkosten identisch sind,

$$DVK^{kzf} = \frac{K^V}{x}(x) = \frac{\overline{w}}{\overline{F}\overline{R}} \qquad [10\text{-}59]$$

die degressiven **kurzfristigen durchschnittlichen Fixkosten**

$$DFK^{kzf} = \frac{K^F}{x} = \frac{\overline{r}\overline{R}}{x} \qquad [10\text{-}60]$$

sowie als Summe die **kurzfristigen durchschnittlichen Totalkosten**

$$DTK^{kzf} = \frac{K(x)}{x} = \frac{\overline{r}\overline{R} + \frac{\overline{w}x}{\overline{F}\overline{R}}}{x} = \frac{\overline{r}\overline{R}}{x} + \frac{\overline{w}}{\overline{F}\overline{R}} = DFK^{kzf} + DVK^{kzf} \qquad [10\text{-}61]$$

Zur Veranschaulichung der **Kostenstruktur bei zunehmenden Skalenerträgen** werden in Abb. 10-14.a) zunächst wieder die langfristige und exemplarisch zwei kurzfristige Kostenkurven gegenübergestellt.

Abb. 10-14: Kurz- und langfristige Kosten bei zunehmenden Skalenerträgen

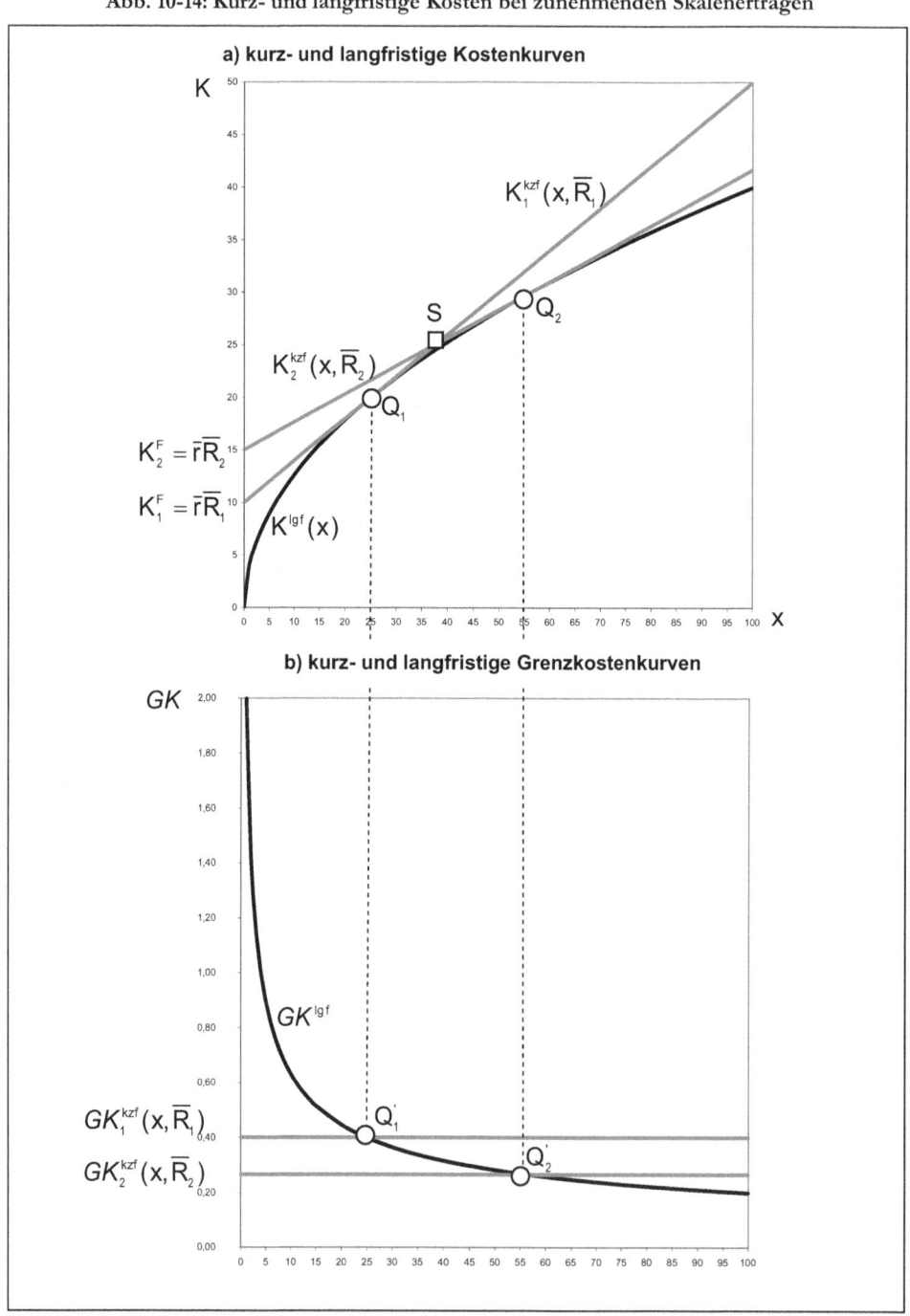

10.3 Grundlagen der Kostentheorie 155

Abb. 10-15: Kurzfristige Kostenkurven bei zunehmenden Skalenerträgen

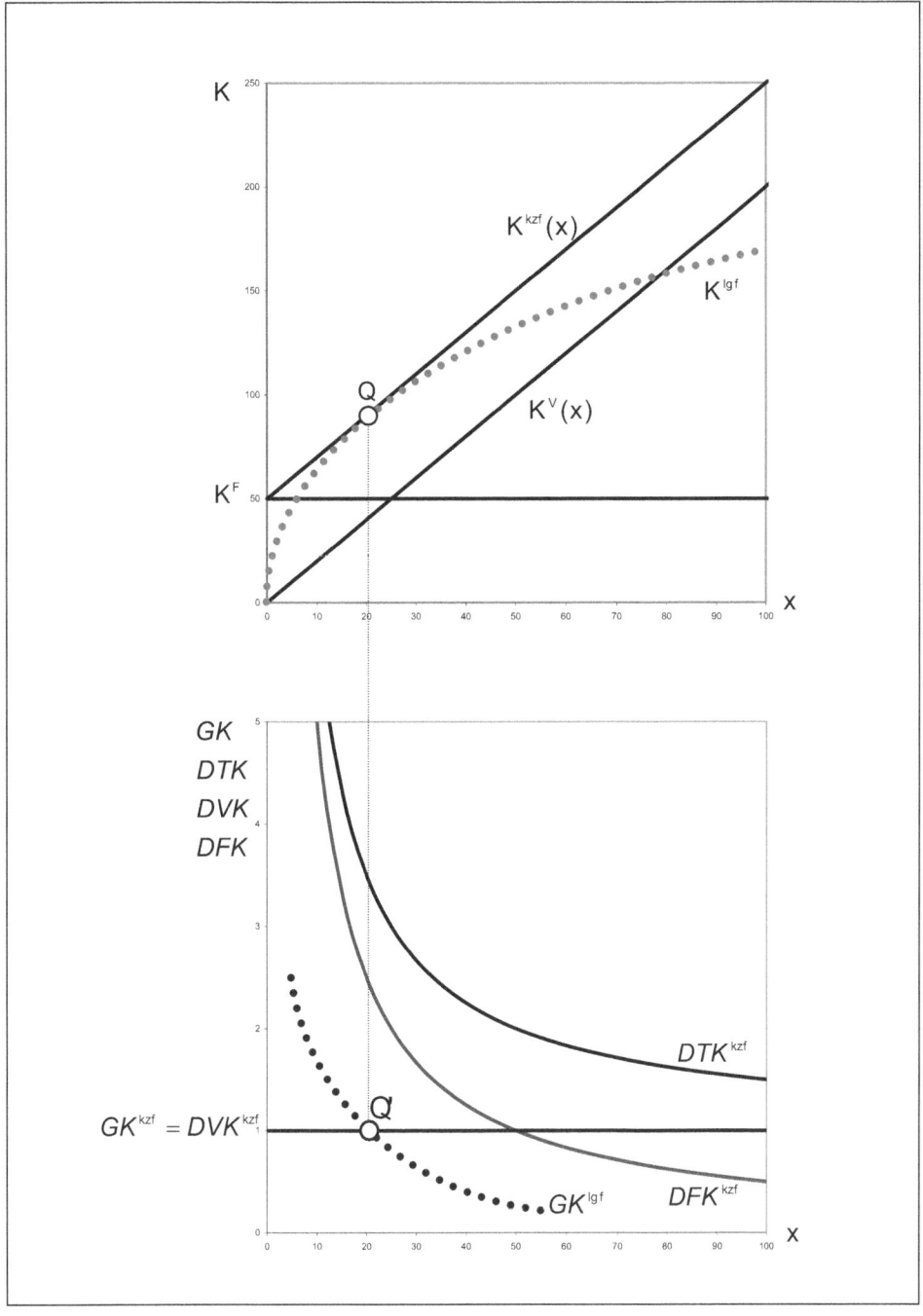

Dabei springt ins Auge, dass die langfristige Kostenkurve unterproportional und die kurzfristigen linear ansteigen. Dies führt dazu, dass in Abb. 10-14.b) mit steigender Produktionsmenge die **langfristigen Grenzkosten fallen**, also **Größenvorteile (economies of large scale)** erzielt werden können. Die kurzfristigen Grenzkosten sind demgegenüber konstant, d.h. vom Produktsvolumen unabhängig. Auch hier manifestiert sich, dass ein **höherer Realkapitaleinsatz** einerseits eine **Fixkostenerhöhung**, andererseits aber eine **Grenzkostensenkung** bewirkt. Schließlich gilt natürlich auch hier, dass die kurzfristigen Kostenkurven nur in den Tangentialpunkten Q_1 bzw. Q_2 mit der langfristigen Kostenkurve kostenminimal sind. Simultan sind bei den kostenminimalen Herstellmengen (in den Punkten Q_1' bzw. Q_2') die kurzfristigen mit den langfristigen Grenzkosten identisch.

Abb. 10-15 zeigt oben noch einmal die linear ansteigende kurzfristige Totalkostenkurve und als deren Komponenten die ebenso ansteigenden kurzfristigen variablen (Lohn-)Kosten und die fixen (Kapital-)Kosten. Bei den unten dargestellten Kosten pro Stück sind die **konstanten kurzfristigen Grenzkosten** hervorzuheben, die mit den kurzfristig variablen Durchschnittskosten identisch sind. Außerdem ist auffällig, dass die kurzfristigen **durchschnittlichen Totalkosten** aufgrund des degressiven Verlaufs der kurzfristigen durchschnittlichen Fixkosten ebenfalls **permanent fallen** und sich asymptotisch den Grenzkosten annähern. Insofern sind auch kurzfristig mit zunehmender Produktionsmenge Größenvorteile realisierbar. Das Verhältnis zum langfristigen und kostenminimalen Totalkosten- und Grenzkostenverlauf zeigen die gepunkteten Linien.

10.3.7 Kostenfunktionen bei abnehmenden Skalenerträgen

Zur Abrundung sei noch ein Beispiel für eine numerische Cobb-Douglas-Funktion mit abnehmenden Skalenerträgen vorgestellt, indem wir die partiellen Faktorelastizitäten mit $\alpha = \beta = 0{,}25$ ansetzen und damit eine Skalenelastizität von $\alpha + \beta = H = 0{,}5 < 1$. Die **Produktionsfunktion** ist infolgedessen definiert durch

$$x = x(L,R) = FL^{0,25}R^{0,25} \quad . \tag{10-62}$$

Über die allgemeine Definitionsgleichung [10-36]

$$K^{lgf}(x) = \frac{(\alpha + \beta)w^{\frac{\alpha}{\alpha+\beta}}r^{\frac{\beta}{\alpha+\beta}}x^{\frac{1}{\alpha+\beta}}}{F^{\frac{1}{\alpha+\beta}}\alpha^{\frac{\alpha}{\alpha+\beta}}\beta^{\frac{\beta}{\alpha+\beta}}} = \frac{(0{,}25 + 0{,}25)w^{\frac{0,25}{0,25+0,25}}r^{\frac{0,25}{0,25+0,25}}x^{\frac{1}{0,25+0,25}}}{F^{\frac{1}{0,25+0,25}}0{,}25^{\frac{0,25}{0,25+0,25}}0{,}25^{\frac{0,25}{0,25+0,25}}}$$

10.3 Grundlagen der Kostentheorie

erhalten wir hier die (quadratische) **langfristige Kostenfunktion**

$$K^{lgf}(x) = \frac{2w^{0,5}r^{0,5}x^2}{F^2} \qquad [10\text{-}63]$$

und die linear ansteigende **langfristige Grenzkostenfunktion**

$$K_x^{lgf}(x) = \frac{4w^{0,5}r^{0,5}x}{F^2} > 0 \quad \text{mit} \quad K_{xx}^{lgf} = \frac{4w^{0,5}r^{0,5}}{F^2} > 0 \qquad [10\text{-}64]$$

Die **langfristige Stückkostenfunktion**

$$DTK^{lgf} = \frac{2w^{0,5}r^{0,5}x}{F^2} > 0 \quad \text{mit} \quad K_{xx}^{lgf} = \frac{2w^{0,5}r^{0,5}}{F^2} > 0 \qquad [10\text{-}65]$$

steigt (mit der halben Steigung der langfristigen Grenzkostenfunktion) **ebenfalls linear** an.

Für die **kurzfristige partielle Produktionsfunktion**

$$x(L,\overline{R}) = FL^{0,25}\overline{R}^{0,25} \qquad [10\text{-}66]$$

ergeben sich über die **Faktorverbrauchsfunktion**

$$L(x) = \frac{x^4}{F^4\overline{R}} \qquad [10\text{-}67]$$

die **kurzfristigen variablen (Lohn-)Kosten**

$$K^V(x) = \frac{\overline{w}x^4}{F^4\overline{R}} \qquad [10\text{-}68]$$

die **kurzfristig fixen (Kapital-)Kosten**

$$K^F = \overline{r}\overline{R} \qquad [10\text{-}69]$$

und als Summe die **kurzfristigen Totalkosten**

$$K^{kzf}(x) = \overline{r}\overline{R} + \frac{\overline{w}x^4}{F^4\overline{R}} \qquad [10\text{-}70]$$

mit progressiv ansteigenden **kurzfristigen Grenzkosten**

$$K_x^{kzf}(x) = \frac{4\overline{w}x^3}{F^4\overline{R}} > 0 \quad \text{mit} \quad K_{xx}^{kzf}(x) = \frac{12\overline{w}x^2}{F^4\overline{R}} > 0 \qquad [10\text{-}71]$$

Als Durchschnittskosten lassen sich wiederum bestimmen die **kurzfristigen durchschnittlichen Fixkosten**

$$DFK^{kzf} = \frac{K^F}{x} = \frac{\overline{r}\overline{R}}{x} \qquad [10\text{-}72]$$

die **kurzfristigen durchschnittlichen variablen Kosten**

$$DVK^{kzf} = \frac{K^v(x)}{x} = \frac{\overline{w}x^3}{F^4\overline{R}} \qquad [10\text{-}73]$$

und schließlich die **kurzfristigen durchschnittlichen Totalkosten**

$$DTK^{kzf} = \frac{K(x)}{x} = \frac{\overline{r}\overline{R} + \frac{\overline{w}x^4}{F^4\overline{R}}}{x} = \frac{\overline{r}\overline{R}}{x} + \frac{\overline{w}x^3}{F^4\overline{R}} \qquad [10\text{-}74]$$

Abb. 10-16 stellt auch für den Fall abnehmender Skalenerträge die Zusammenhänge zwischen den langfristigen und kurzfristigen Kostenkurven dar. In Abb. 10-16.a wird deutlich, dass sowohl die langfristige Kostenkurve als auch die **kurzfristigen Kostenkurven** überproportional ansteigen oder **konkav verlaufen**. Dies bedeutet **Größennachteile oder** umgekehrt **diseconomies of scale**, obwohl die Grenzkostenkurven mit zunehmendem Realkapitaleinsatz auch hier günstiger verlaufen.

Die **relativ komplexe Kostenstruktur** bei abnehmenden Skalenerträgen zeigt sich bei den in Abb. 10-17 dargestellten kurzfristigen Kostenkurven. Grundsätzlich ist es hier so, dass sowohl die **langfristigen Grenzkosten** als auch (allerdings nur halb so stark) die **langfristigen Durchschnittskosten linear** ansteigen (vgl. in Abb. 10-17 unten die beiden gepunkteten Geraden). Die kurzfristigen Durchschnittskosten fallen jedoch zunächst, erreichen im Punkt T' ein Minimum $DTK_{min}^{kzf}(x_1)$ und steigen danach wieder an. Auch die kurzfristigen Grenzkosten $GK^{kzf}(x_1)$ laufen durch diesen Punkt, sind hier also gleich hoch. Dies lässt sich in Abb. 10-17 oben daran erkennen, dass im Punkte T die Tangente an die kurzfristige Kostenkurve den gleichen Steigungswinkel α besitzt wie der Fahrstrahl vom Ursprung zum Punkt T der Kurve und somit $\tan\alpha$ sowohl die Durchschnittskosten $\tan\alpha = K_1^{kzf}/x_1$ als auch die Grenzkosten $\tan\alpha = dK_1^{kzf}/dx_1$ angibt. Da dieser Fahrstrahlwinkel die kurzfristige Kostenkurve gerade von unten tangiert, ist er aufgrund der Kurvenkrümmung zugleich der niedrigste und bestimmt daher den Minimalwert der kurzfristigen Stückkosten.

Auch der Punkt Q'_1 hat besondere Eigenschaften, da hier **die kurzfristigen gleich den langfristigen Durchschnittskosten** sind. Die gepunktete DTK^{lgf}-Gerade tangiert hier die von T' nach rechts an steigende DTK^{kzf}-Kurve von unten. Dass die Stückkosten hier kurz- und langfristig gleich groß sein müssen, ergibt sich in Abb. 10-17 oben dadurch, dass im Punkt Q die kurzfristige Kostenkurve die langfristige ebenfalls tangiert und der gemeinsame Fahrstrahlwinkel β zu den gleichen durchschnittlichen Totalkosten führt ($\tan\beta = K_2^{kzf}/x_2 = K_2^{lgf}/x_2$).

10.3 Grundlagen der Kostentheorie

Abb. 10-16: Kurz- und langfristige Kosten bei abnehmenden Skalenerträgen

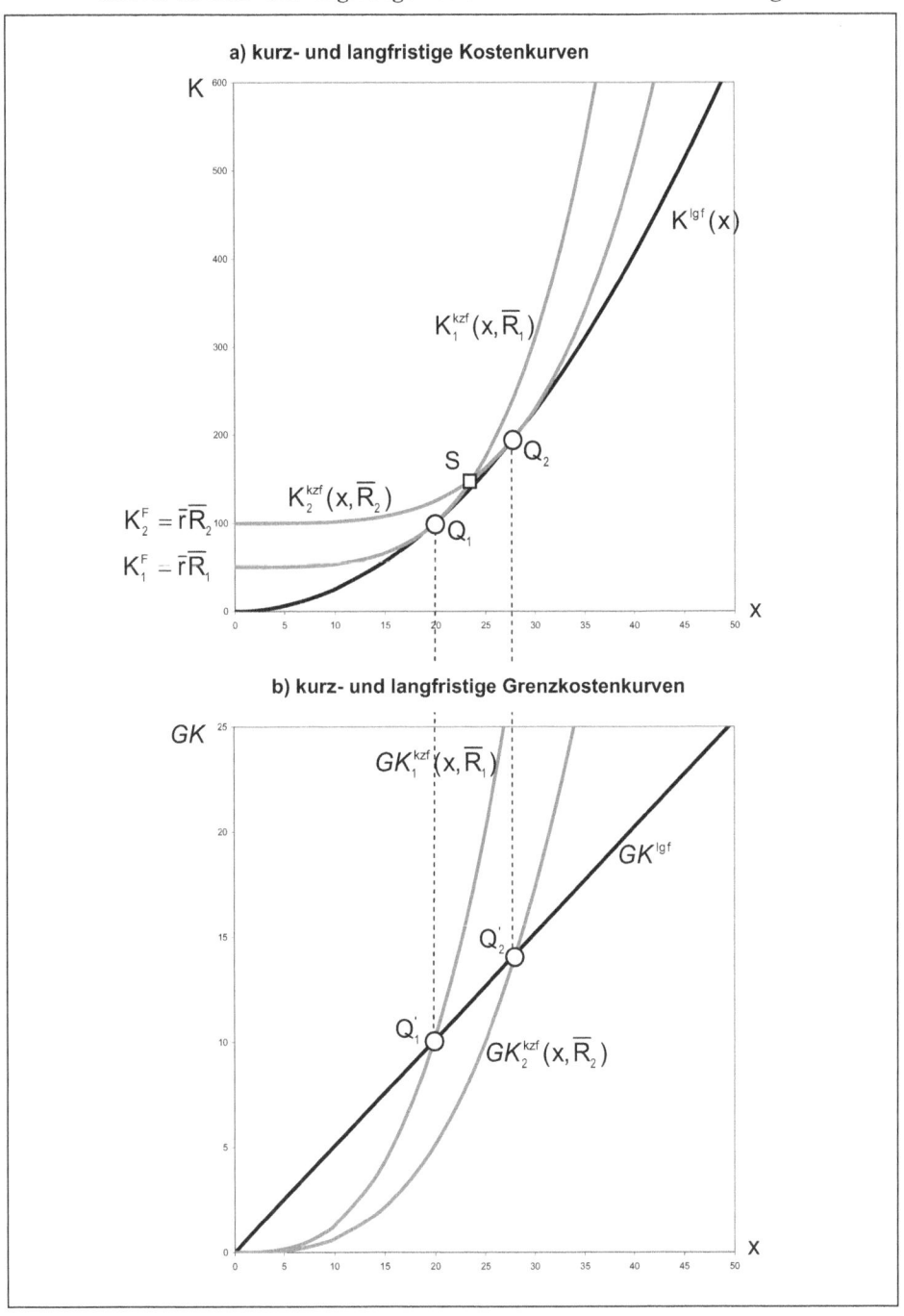

Abb. 10-17: Kurzfristige Kostenkurven bei abnehmenden Skalenerträgen

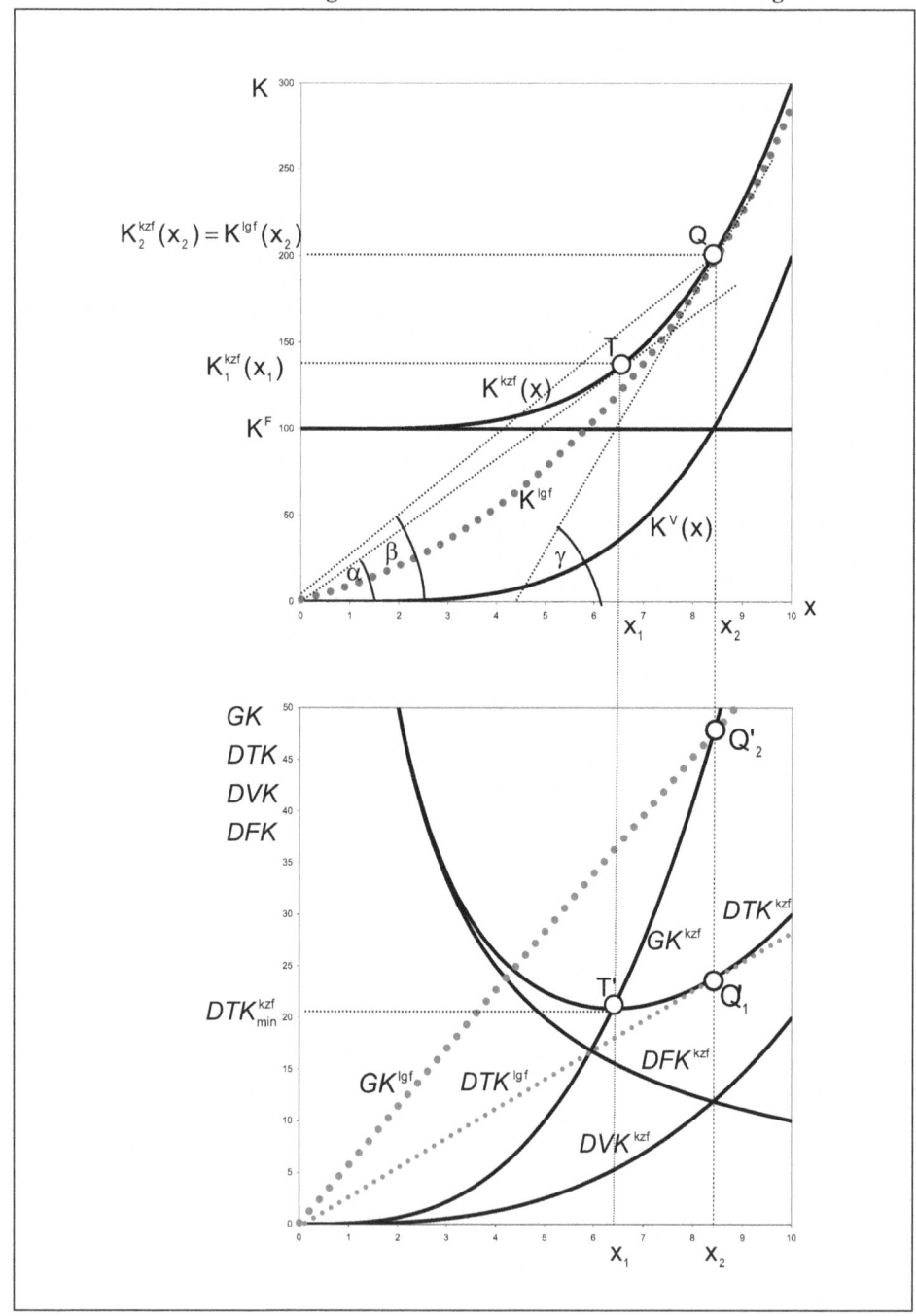

Zudem ist im Punkt Q auch der Tangentenwinkel γ für beide Kostenkurven gleich groß, so dass hier zusätzlich die kurz- und langfristigen Grenzkosten übereinstimmen ($\tan \gamma = dK_2^{kzf} / dx_2 = dK_2^{lgf} / dx_2$). Dies zeigt sich in der Abb. 10-17 unten am Schnittpunkt Q'_2 der GK^{kzf}-Kurve mit der GK^{lgf}-Kurve.

Insgesamt ergibt sich daraus das **paradoxe Ergebnis**, dass **die langfristig kostenminimale Produktionsmenge kurzfristig mit höheren Stückkosten produziert wird als im kurzfristigen Kostenminimum**. Dies ist aber Ausdruck des Größennachteils, der sich aus den abnehmenden Skalenerträgen ergibt. Diese Konstellation zwischen den kurz- und langfristigen Kostenminima ändert sich auch bei geringerem Kapitaleinsatz nicht. Das „Problem" wird nur weiter nach links unten verschoben: Die kurzfristige Grenzkostenkurve wird steiler und die minimalen kurzfristigen Durchschnittskosten sinken mit der kurzfristig kostenminimalen Menge. In der Konsequenz kann jede kleinere Menge kostengünstiger produziert werden als jede größere. Ein **Eldorado für Kleinstbetriebe**. Für eine optimale „Betriebsgröße" sind nach unten nur mangelnde Teilbarkeiten von Produktionsfaktoren und Endprodukten gesetzt.

11 Begriffliche Grundlagen der Markttheorie

> **Lernziele**
>
> Dieses Kapitel vermittelt:
>
> - Grundbegriffe der Marktlehre – vom „Markt" bis „Wettbewerb",
> - wie sich Märkte sachlich, persönlich, zeitlich und räumlich abgrenzen lassen und
> - einen Überblick über die wichtigsten in der Preis- und Wettbewerbstheorie verwendeten Marktformenschemata.

11.1 Marktdefinitionen

11.1.1 Vorbemerkungen

Bevor wir den für eine Markttheorie fundamentalen Begriff „Markt" allgemein abzugrenzen versuchen, ist darauf hinzuweisen, dass **jede Definition auf einen bestimmten Untersuchungszweck zugeschnitten** ist und hieran gemessen operational sein muss. Vom Ziel der theoretischen Analyse ist es abhängig, ob ein Begriff weit oder eng abzugrenzen ist bzw. welche Definitionsmerkmale als sinnvoll und notwendig anzusehen sind.

Für eine allgemeine Markttheorie, die insbesondere auch preis- und wettbewerbstheoretische Aussagen eröffnen soll, ist von vorneherein nur eine **relativ weite Definition** angemessen. Eine betriebswirtschaftliche Marktdefinition, die Abgrenzung des Absatz- oder Beschaffungsmarktes aus der Perspektive einer einzelnen Unternehmung also, wird dagegen in der Regel enger sein als die volkswirtschaftliche Betrachtung mehrerer interdependenter Firmenmärkte. Da der analytische Zweck einer Marktabgrenzung mithin ganz unterschiedlich sein kann, ist in der wirtschaftswissenschaftlichen Literatur auch **kein allgemein anerkannter oder „herrschender" Marktbegriff** zu erwarten.

Bei einer kritischen Analyse der in der Literatur verwendeten Marktbegriffe, lässt sich allerdings auch feststellen, dass die verwendeten **Definitionsmerkmale** selbst bei gemeinsamem Hauptuntersuchungszweck (z.B. Erklärung der Preisbildung) **zum Teil unvollständig, unnötig einengend oder unscharf** sind.

Bei der Kritik solcher Definitionen ist andererseits zu berücksichtigen, dass **jede Abgrenzung von „Märkten"** nur als **ein mehr oder weniger willkürlicher Versuch** zu verstehen ist, **aus der totalen** (in vielen Fällen sogar die nationalen Grenzen einer

Zudem ist im Punkt Q auch der Tangentenwinkel γ für beide Kostenkurven gleich groß, so dass hier zusätzlich die kurz- und langfristigen Grenzkosten übereinstimmen ($\tan \gamma = dK_2^{kzf} / dx_2 = dK_2^{lgf} / dx_2$). Dies zeigt sich in der Abb. 10-17 unten am Schnittpunkt Q_2' der GK^{kzf}-Kurve mit der GK^{lgf}-Kurve.

Insgesamt ergibt sich daraus das **paradoxe Ergebnis**, dass **die langfristig kostenminimale Produktionsmenge kurzfristig mit höheren Stückkosten produziert wird als im kurzfristigen Kostenminimum**. Dies ist aber Ausdruck des Größennachteils, der sich aus den abnehmenden Skalenerträgen ergibt. Diese Konstellation zwischen den kurz- und langfristigen Kostenminima ändert sich auch bei geringerem Kapitaleinsatz nicht. Das „Problem" wird nur weiter nach links unten verschoben: Die kurzfristige Grenzkostenkurve wird steiler und die minimalen kurzfristigen Durchschnittskosten sinken mit der kurzfristig kostenminimalen Menge. In der Konsequenz kann jede kleinere Menge kostengünstiger produziert werden als jede größere. Ein **Eldorado für Kleinstbetriebe**. Für eine optimale „Betriebsgröße" sind nach unten nur mangelnde Teilbarkeiten von Produktionsfaktoren und Endprodukten gesetzt.

11 Begriffliche Grundlagen der Markttheorie

Lernziele — Dieses Kapitel vermittelt:

- Grundbegriffe der Marktlehre – vom „Markt" bis „Wettbewerb",
- wie sich Märkte sachlich, persönlich, zeitlich und räumlich abgrenzen lassen und
- einen Überblick über die wichtigsten in der Preis- und Wettbewerbstheorie verwendeten Marktformenschemata.

11.1 Marktdefinitionen

11.1.1 Vorbemerkungen

Bevor wir den für eine Markttheorie fundamentalen Begriff „Markt" allgemein abzugrenzen versuchen, ist darauf hinzuweisen, dass **jede Definition auf einen bestimmten Untersuchungszweck zugeschnitten** ist und hieran gemessen operational sein muss. Vom Ziel der theoretischen Analyse ist es abhängig, ob ein Begriff weit oder eng abzugrenzen ist bzw. welche Definitionsmerkmale als sinnvoll und notwendig anzusehen sind.

Für eine allgemeine Markttheorie, die insbesondere auch preis- und wettbewerbstheoretische Aussagen eröffnen soll, ist von vorneherein nur eine **relativ weite Definition** angemessen. Eine betriebswirtschaftliche Marktdefinition, die Abgrenzung des Absatz- oder Beschaffungsmarktes aus der Perspektive einer einzelnen Unternehmung also, wird dagegen in der Regel enger sein als die volkswirtschaftliche Betrachtung mehrerer interdependenter Firmenmärkte. Da der analytische Zweck einer Marktabgrenzung mithin ganz unterschiedlich sein kann, ist in der wirtschaftswissenschaftlichen Literatur auch **kein allgemein anerkannter oder „herrschender" Marktbegriff** zu erwarten.

Bei einer kritischen Analyse der in der Literatur verwendeten Marktbegriffe, lässt sich allerdings auch feststellen, dass die verwendeten **Definitionsmerkmale** selbst bei gemeinsamem Hauptuntersuchungszweck (z.B. Erklärung der Preisbildung) **zum Teil unvollständig, unnötig einengend oder unscharf** sind.

Bei der Kritik solcher Definitionen ist andererseits zu berücksichtigen, dass **jede Abgrenzung von „Märkten"** nur als **ein mehr oder weniger willkürlicher Versuch** zu verstehen ist, **aus der totalen** (in vielen Fällen sogar die nationalen Grenzen einer

Volkswirtschaft überschreitenden) **ökonomischen Interdependenz einen Teilzusammenhang zum Zwecke der vereinfachenden Partialanalyse gedanklich herauszuschneiden.** Und ein im Regelfall offenes ökonomisches Subsystem von seiner ökonomischen Umwelt zu „isolieren", wird stets nur mit einer gewissen Unschärfe möglich sein.

Märkte sind insofern **nur theoretische Konstrukte** mit einem im Vergleich zum wirtschaftlichen Gesamtzusammenhang so hohen internen Interdependenzgrad, der notwendig und ausreichend erscheint, um das aufeinander bezogene ökonomische und soziale Verhalten ihrer Teilnehmer im Rahmen einer Partialanalyse beschreiben und erklären zu können.

11.1.2 Notwendige Begriffsmerkmale

(1) Sachliche und persönliche Begriffsmerkmale

Begriffsnotwendig ist zunächst **mindestens eine Tauschbeziehung**, welche wiederum mindestens ein ökonomisches Gut als Tauschobjekt und mindestens zwei Tauschsubjekte voraussetzt, also:

(a) mindestens ein Gut als sachliches Begriffsmerkmal

(b) mindestens ein Anbieter und

(c) mindestens ein Nachfrager dieser Gütermenge (≥ 1) als persönliche Begriffsmerkmale.

Unzulässig **einengend** sind umgekehrt alle Begriffsabgrenzungen, die oberhalb dieser Mindestbedingung den **Plural** verwenden, also von vornherein von „mehreren" Gütern, Anbietern und Nachfragern ausgehen (Sie schließen die sog. „bilateralen Monopolmärkte" von vornherein aus!).

Als zu eng abzulehnen sind im Hinblick auf eine allgemeine Marktdefinition auch **alle sachlichen Einschränkungen auf bestimmte Güterarten** (auf Waren, Konsumgüter, Dienstleistungen etc.) und **alle persönlichen Einschränkungen auf bestimmte Kategorien von Anbietern** (z.B. Unternehmen) **oder Nachfragern** (z.B. Konsumenten).

Da eine Tauschbeziehung sowohl einen Realtausch (Gut gegen Gut) als auch einen Kauf bzw. Verkauf (Gut gegen Geld) beinhalten kann, ist auch eine **A-priori-Einschränkung auf Kauf- oder Verkaufsrelationen** unakzeptabel.

Unscharf, aber tolerierbar sind dagegen Definitionen, die von einem **„Zusammentreffen von Angebot und Nachfrage"** sprechen, weil sie implizit (mindestens) eine Tauschbeziehung unterstellen und die Menge der Tauschobjekte und -subjekte (bewusst) offen lassen.

Als eine **sinnvolle definitorische Ergänzung** ist es dagegen anzusehen, wenn über die reine Tauschbeziehung hinaus auch die Möglichkeit weiterer ökonomischer und sozialer Beziehungen zwischen den Marktteilnehmern einbezogen wird; wenn mit anderen Worten **der Markt** (schon bei der sachlichen und persönlichen Abgrenzung der Menge und Art von Gütern, Anbietern und Nachfragern) **als** ein mehr oder weniger komplexes **ökonomisches und soziales Beziehungsnetz** begriffen wird, dessen Erfassung zur Beschreibung und Erklärung von Marktverhalten notwendig ist.

(3) Zeitliche und räumliche Begriffsmerkmale
Da sich jede reale wirtschaftliche Aktivität in Zeit und Raum vollzieht, muss gelten: **Kein Markt** ist **ohne zeitliche und räumliche Kriterien abzugrenzen**. Für die **zeitliche Marktabgrenzung** ist eine A-priori-Einschränkung auf vergangene Tauschbeziehungen jedoch keineswegs zwingend.

Im Rahmen einer marktorientierten **Entscheidungstheorie** mit dem Ziel, allen Wirtschaftssubjekten, die für eine (zukünftige) Marktperiode planen, weil sie ihre Teilnahme an einem bereits existierenden Markt (a) fortsetzen, (b) beginnen oder (c) auch einen ganz neuen Markt schaffen wollen, Entscheidungshilfen zu liefern, muss durch eine **Abgrenzung des Planungshorizontes** ein Markt auch für die Zukunft abgegrenzt werden. Analoges gilt für eine Markttheorie mit wirtschaftspolitischer Zielsetzung, wenn beispielsweise theoretische Aussagen und Prognosen über zukünftige Marktentwicklungen mit oder ohne Einsatz wirtschaftspolitischer Instrumente des Staates getroffen werden sollen. In diesem Fall ist ein **Prognosezeitraum** festzulegen.

Nicht unerwähnt bleiben soll in diesem Zusammenhang, dass eine allgemeine Markttheorie durchaus anstrebt, möglichst zeitlose, eben zu verallgemeinernde modelltheoretische Hypothesen über die prozessbestimmenden Kausalzusammenhänge zwischen Marktstruktur, Marktverhalten und Marktergebnis zu entwickeln. Der Faktor Zeit wird in diesem Fall durch die Unterscheidung zwischen einer kurzfristigen oder langfristigen Betrachtungsweise modelliert.

Die **räumliche Marktabgrenzung** schließlich ergibt sich im Regelfall als Ergebnis der sachlichen, persönlichen und zeitlichen Abgrenzung, in dem man ganz einfach in dem abgegrenzten Zeitraum die (tatsächlichen oder in Zukunft zu erwartenden) Angebots- und Nachfrageorte feststellt. Die Beschränkung des Marktraumes auf das „örtliche Zusammentreffen" von Angebot und Nachfrage nach dem sog. **Treffprinzip** auf traditionellen Markt- und Messeplätzen stellt in modernen Tauschwirtschaften jedoch nur noch den Ausnahmefall dar. Andere Formen des Güterhandels nach dem **Residenzprinzip** (Hier „residiert" der Anbieter an einem bestimmten Standort und empfängt dort den Nachfrager, z.B. der stationäre Einzelhandel seinen Kunden im Ladenlokal), dem **Domizilprinzip** (Der Anbieter sucht den Nachfrager persönlich zu Hause durch seinen „Außendienst" auf.) oder nach dem **Versandprinzip** (Auf ein persönliches Zusammentreffen von Anbieter und Nachfrager an einem geographischen Ort wird zur Einsparung der Personenbeförderungskosten bewusst verzichtet, allenfalls trifft man sich im Internet auf einem virtuellen Marktplatz.) erfordern eine im Einzelfall festzulegende **Abgrenzung des Marktraumes über die Anbieter- und Nachfragerstandorte**.

Abb. 11-1: Zusammenfassung der notwendigen Abgrenzungsmerkmale

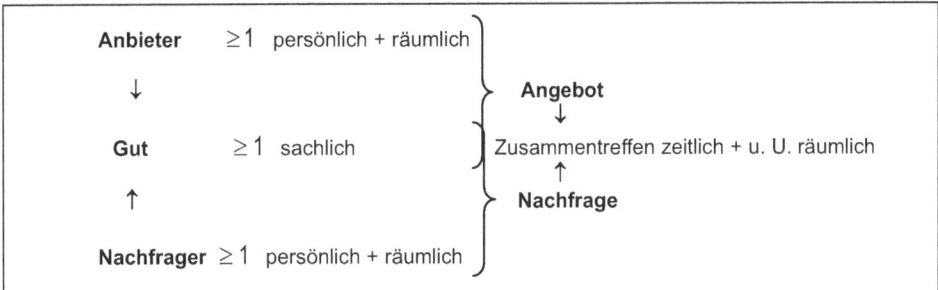

11.1.3 Allgemeine Marktdefinition

Zieht man aus diesen Vorüberlegungen die notwendigen definitorischen Konsequenzen, ergibt sich im Rahmen einer allgemeinen Markttheorie nach den Kriterien der Vollständigkeit und Notwendigkeit von Begriffsmerkmalen mehr oder weniger zwingend folgende Definition:

Ein „Markt" ist „die (vom Untersuchungszweck abhängige) **sachliche, persönliche, zeitliche und räumliche Abgrenzung einer Menge (≥1) von Gütern, Nachfragern und Anbietern**, die zusammen ein ökonomisches und soziales Beziehungsnetz bilden" (Piekenbrock/Olsson, 1996, S. 230).

11.2 Marktbeziehungen

11.2.1 Elementare Marktbeziehungen

Setzt man ein Marktbeziehungsnetz von mindestens zwei Anbietern und zwei Nachfragern voraus, so lassen sich **drei Grundtypen von Marktbeziehungen** definieren (vgl. Abb.11-2):

(1) **vertikale Marktbeziehungen** identisch mit den Tauschbeziehungen zwischen Anbietern und Nachfragern und Brücke zu den Teilnehmern auf der jeweiligen Marktgegenseite.

(2) **horizontale Marktbeziehungen** zwischen den Teilnehmern der gleichen Marktseite, also einerseits **(a) Anbieterbeziehungen** und andererseits **(b) Nachfragerbeziehungen**.

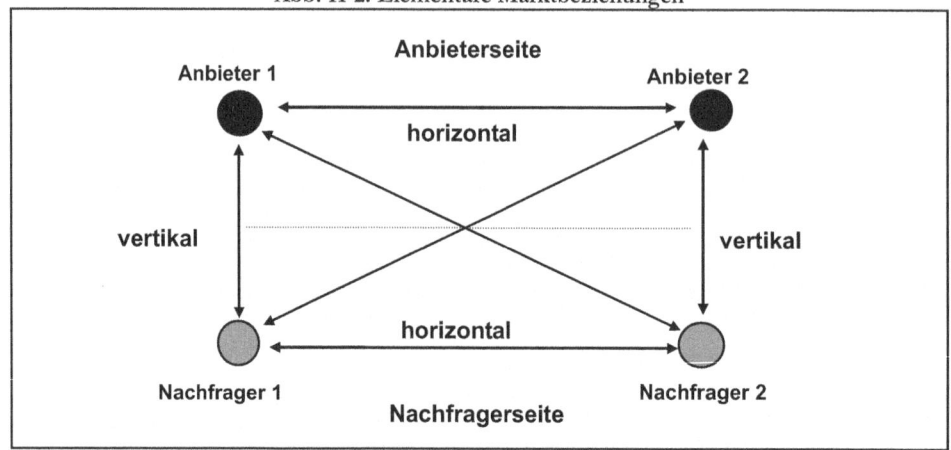

Abb. 11-2: Elementare Marktbeziehungen

11.2.2 Symmetrische und asymmetrische Marktbeziehungen

Betrachtet man die Merklichkeit und/oder die Unmerklichkeit des ökonomischen Einflusses zwischen den Marktteilnehmern als ein (verhaltens-, insbesondere auch marktmacht-relevantes) Beziehungsmerkmal, so lassen sich symmetrische und asymmetrische Einflusskombinationen unterscheiden:

(1) Vertikale Marktbeziehungen (Tauschbeziehungen) lassen sich danach in **vier Gruppen** einordnen (vgl. Abb. 11-3):

(a) symmetrische Tauschbeziehungen

① **mit wechselseitig merklichem Einfluss,** d.h. das Zustandekommen oder Fehlen einer solchen Marktbeziehung führt zu einem „fühlbaren" Tauscherfolg oder -verlust.

② **mit wechselseitig unmerklichem** Einfluss**,** d.h. die Tauschbeziehung berührt den ökonomischen Erfolg beider Tauschpartner nur unterhalb der Fühlbarkeitsschwelle.

(b) asymmetrische Tauschbeziehungen

③ mit merklichem Anbieter- und unmerklichem Nachfragereinfluss

oder umgekehrt

④ mit merklichem Nachfrager- und unmerklichem Anbietereinfluss

Abb. 11-3: Symmetrische und asymmetrische Tauschbeziehungen

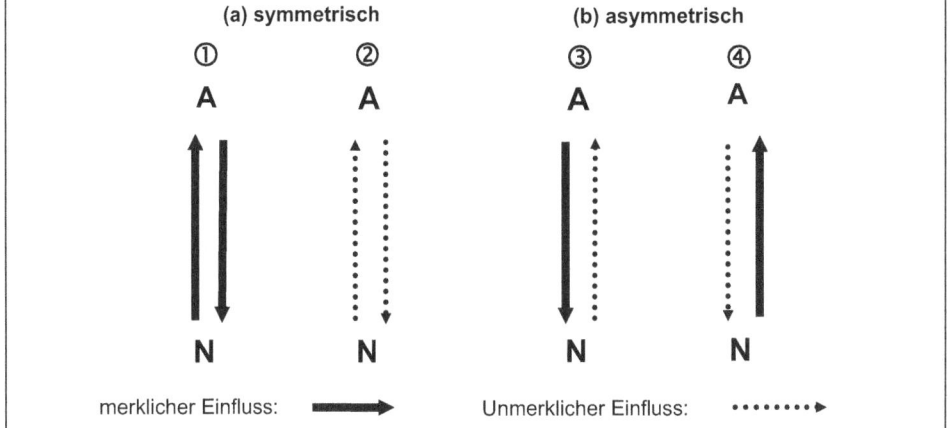

(2) Horizontale Marktbeziehungen (Anbieter oder Nachfragerbeziehungen) sind in dieser Hinsicht etwas komplizierter gelagert (vgl. Abb. 11-4), weil mehr als zwei Bezugspersonen denkbar und darüber hinaus bilaterale Einzel- und Gruppeneinflüsse zu berücksichtigen sind (vgl. Willeke, 1980, 15 ff.).

(a) symmetrische Anbieterbeziehungen (oder Nachfragerbeziehungen):

① mit merklichen bilateralen Einflüssen des betrachteten Anbieters A_1 auf jeden einzelnen Anbieter A_k(i=2, ..., n) und umgekehrt;

② mit merklichem Einfluss des Anbieters A_1 auf die (gemeinsam agierende) restliche Anbietergruppe AG (A_2 + ... +A_n) und umgekehrt merklichem Gesamteinfluss dieser Gruppe auf A_1.

(b) asymmetrische Anbieterbeziehungen

③ mit merklichem Einfluss des Anbieters A_1 auf jeden der übrigen Anbieter A_k, aber umgekehrt mit unmerklichem Einfluss jedes Anbieters A_k auf den Anbieter A_1;

④ mit unmerklichem Einfluss des Anbieters A_1 auf jeden der übrigen Anbieter A_k aber mit umgekehrt merklichem Einfluss jedes Anbieters A_k auf den Anbieter A_1;

⑤ mit merklichem Einfluss des Anbieters A_1 auf die gesamte Anbietergruppe AG, aber mit umgekehrt unmerklichem Gesamteinfluss der Gruppe auf den Anbieter A_1;

⑥ mit unmerklichem Einfluss des Anbieters A_1 auf die gesamte Anbietergruppe AG, aber mit umgekehrt merklichem Gesamteinfluss dieser Gruppe auf den Anbieter A_1 (Fall 6), wobei zugleich folgender Fall gelten kann:

⑦ Jeder Anbieter des Marktes hat jeweils nur einen unmerklichen Einzeleinfluss auf jeden anderen Anbieter.

Liegen also die **Fälle ⑥ und ⑦ in Kombination** vor, konstituiert der merkliche Gruppeneinfluss selbst dann eine **Marktbeziehung**, wenn keiner der Anbieter einen merklichen Einzeleinfluss ausüben kann.

⑧ Bei fehlendem Gruppeneinfluss kann in der **Kombination der Fälle ⑦ und ⑧** sinnvoller Weise **keine Marktbeziehung** zwischen den betrachteten Anbietern angenommen werden.

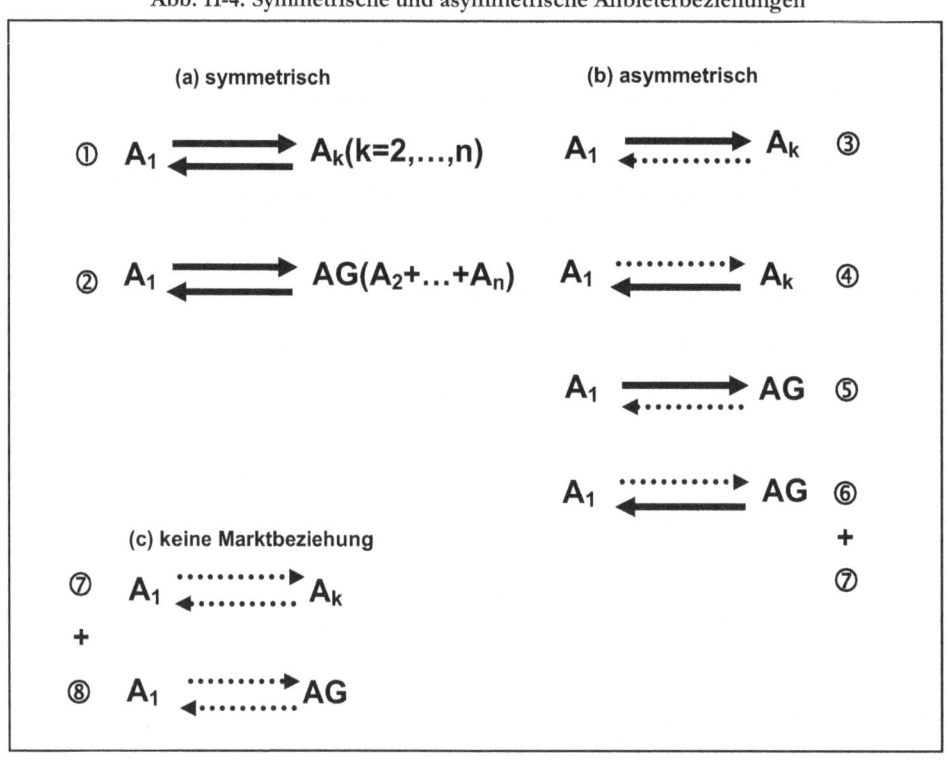

Abb. 11-4: Symmetrische und asymmetrische Anbieterbeziehungen

11.2.3 Wettbewerbs- und Kartellbeziehungen

(1) Mindestbedingungen für eine Wettbewerbsbeziehung sind:

(a) eine **horizontale Marktbeziehung** *und*

(b) der **selbständige Einsatz der Aktionsparameter** in Bezug auf die Teilnehmer der gleichen Marktseite.

Unter dieser Bedingung kann es also (vgl. Abb. 11-5) eine

① **Wettbewerbsbeziehung zwischen Anbietern** und eine

② **Wettbewerbsbeziehung zwischen Nachfragern** geben.

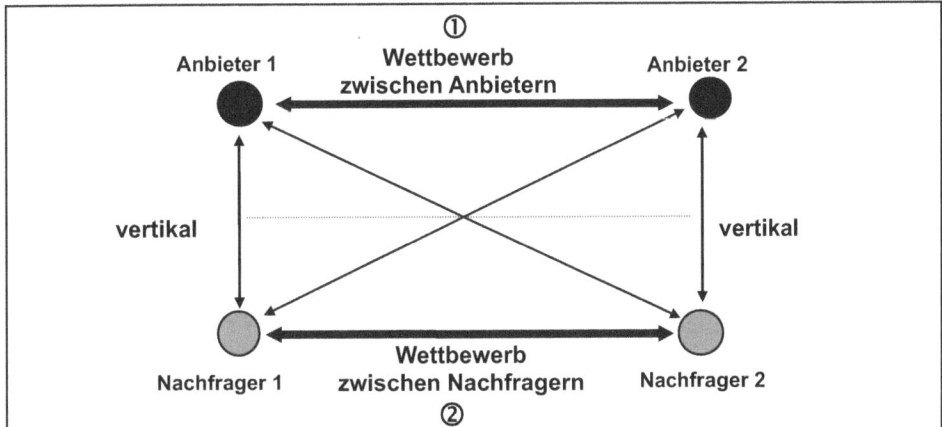

Abb. 11-5: Wettbewerbsbeziehungen zwischen Anbietern oder Nachfragern

Erfolgt der **Einsatz der Aktionsparameter** teilweise oder ganz **unselbstständig,** kann die Wettbewerbsbeziehung durch **„Wettbewerbsbeschränkungen"** (z.B. durch Beschränkungen des Preiswettbewerbs) mehr oder weniger eingeschränkt sein oder auch ganz fehlen.

(2) „selbständiger" Einsatz der Aktionsparameter heißt: Die Aktionen, durch die ein Anbieter (Nachfrager) seinen Markteinfluss ausübt, sind ausschließlich am eigenen ökonomischen Erfolg orientiert.

(3) Parallelwettbewerb (vgl. Abb. 11-5) liegt vor, wenn die selbständig eingesetzten Aktionsparameter eines Anbieters (Nachfragers) unmittelbar nur auf die Nachfrager (Anbieter) gerichtet sind, die Wettbewerber also gewissermaßen „parallel" das Tauschziel auf der Marktgegenseite zu erreichen versuchen. Die Wettbewerber beeinflussen sich gegenseitig nur auf indirektem Wege (z.B. durch die über eine Preissenkung ausgelöste Umverteilung von Verkaufsmengen).

Abb. 11-6: Frontal- und Parallelwettbewerb zwischen Anbietern

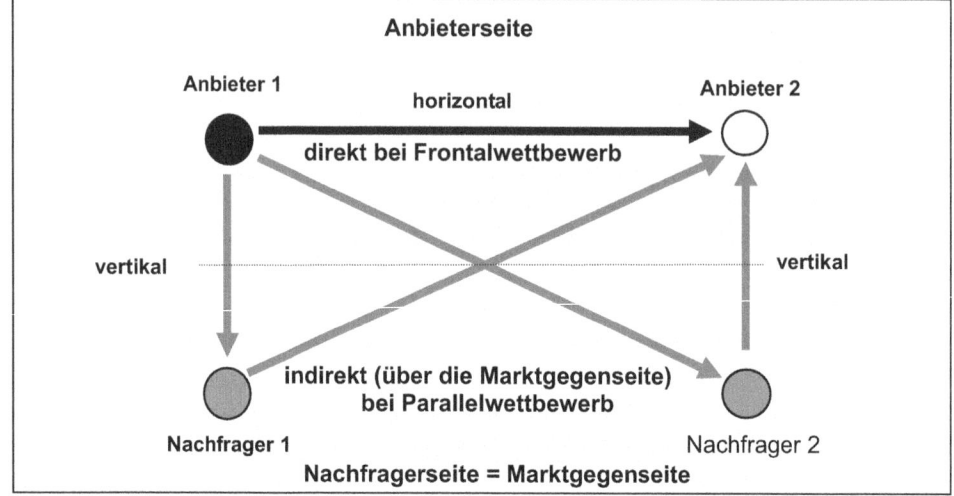

(4) Frontalwettbewerb ist demgegenüber gegeben, wenn Aktionsparameter unter Umgehung der Marktgegenseite „frontal" gegen einen Wettbewerber eingesetzt werden, um dadurch letztlich dessen Leistungsfähigkeit im Parallelwettbewerb zu verschlechtern (z.B. durch Abwerben eines qualifizierten Mitarbeiters oder durch Anzünden seines Warenlagers).

(5) Kartellbeziehungen setzen begrifflich eine horizontale Marktbeziehung *und* gegenseitiges Einverständnis über den Einsatz einzelner oder aller Aktionsparameter in Richtung Marktgegenseite voraus, z.B. das Einverständnis über Preisangebote (**Preiskartell**) oder über eine räumliche Aufteilung des Marktes (**Gebietskartell**). Da durch Einverständnis der selbstständige Einsatz von Aktionsparametern ganz oder teilweise aufgegeben wird, schließen sich Wettbewerb und Kartell insoweit ex definitione aus.

11.2.4 Direkte und indirekte Marktbeziehungen

(1) Bei vertikalen Marktbeziehungen (Tauschbeziehungen) ergeben sich (vgl. Abb. 11-7):

(a) direkte Tauschbeziehungen

① ohne Zwischenschaltung eines „Dritten" (z.B. eines Verkaufs- oder Einkaufsagenten) zwischen Anbieter und Nachfrage;

b) indirekte Tauschbeziehungen demgegenüber

② durch einseitiges Einschalten eines (in Vertretung handelnden) Tauschmittlers (AM) auf der Angebotsseite,

③ eines Tauschmittlers (NM) auf der Nachfrageseite oder

④ durch beiderseitiges Einschalten eines Tauschmittlers.

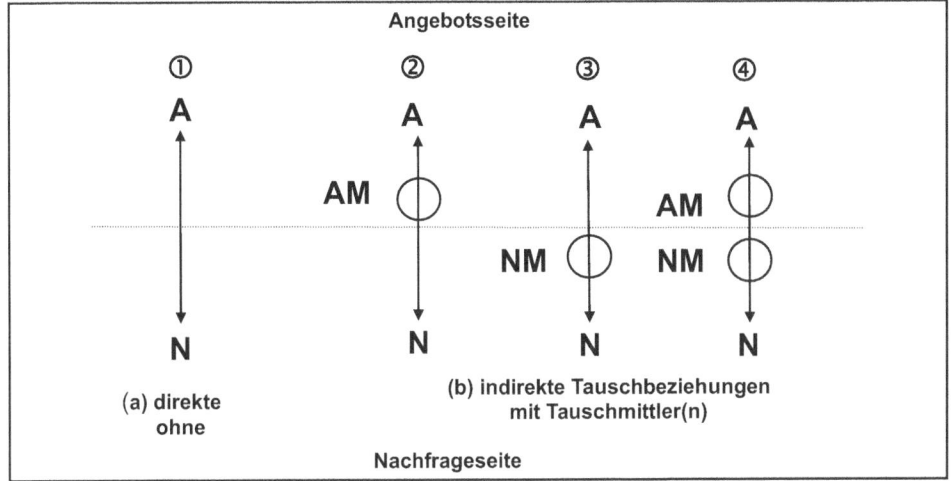

Abb. 11-7: Direkte und indirekte Tauschbeziehungen

Hiervon zu unterscheiden sind in vertikaler Richtung **marktübergreifend verkettete Tauschbeziehungen**.

(2) **Bei horizontalen Marktbeziehungen** zwischen Anbietern (Nachfragern) sind denkbar:

(a) direkte Anbieterbeziehungen (Nachfragerbeziehungen):

① **Frontalwettbewerb und Kartellbeziehungen** sind ex definitione direkte Marktbeziehungen, da sie ohne Zwischenschaltung von Teilnehmern der Marktgegenseite zustande kommen (vgl. Abb. 11-8).

(b) indirekte Anbieterbeziehungen (Nachfragerbeziehungen):

② **Parallelwettbewerb** ist demgegenüber definitionsgemäß eine indirekte Marktbeziehung: Die konkurrierenden Anbieter (Nachfrager) beeinflussen sich wie dargestellt nur mittelbar über die Teilnehmer der Marktgegenseite.

Darüber hinaus sind in unvollständigen Marktbeziehungsnetzen, d.h. auf Märkten, in denen die Zahl der theoretisch möglichen Tauschbeziehungen unterschritten wird (z.B. weil sich ein Teil der Nachfrager „weigert" eines der angebotenen Produkt positiv zu bewerten und überhaupt zu kaufen), indirekte Anbieter- oder Nachfrager- beziehungen in Form von

③ **Kettenbeziehungen** möglich. Beispielsweise sind drei Anbieter A_1 bis A_3 und vier Nachfrager N_1 bis N_4 vorhanden, wobei die Nachfrager N_1 und N_2 (N_3 und N_4) grundsätzlich sowohl bei A_1 (A_3) als auch bei A_2 (A_4), aber nicht bei A_3 (A_1) zu kaufen bereit sind. Im Ergebnis hat zwar A_2 sowohl mit A_1 als auch mit A_3 gemeinsame potenzielle Nachfrager, aber A_1 nicht mit A_3. Eine Marktbeziehung zwischen A_1 und A_3 ist hier infolgedessen nur über A_2 als Bindeglied gegeben.

Abb. 11-8: Direkte und indirekte Anbieterbeziehungen

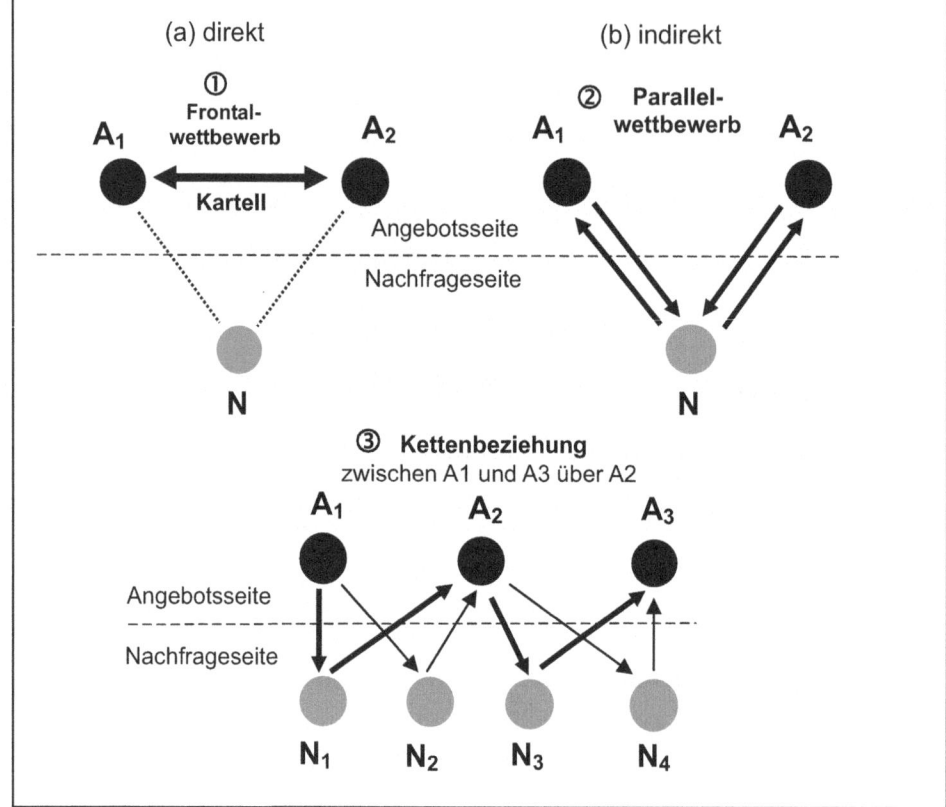

Solche **Kettenbeziehungen findet man in der Realität häufig** – insbesondere im Einzelhandel – in Form von Standortnetzen der Anbieter vor, die durch mehrere übereinander liegende Netze von Filialketten den Nachfragerraum relativ engmaschig überziehen. Auch relativ weit voneinander entfernte Firmen- und/oder Filialmärkte („Einzugsgebiete") können auf diese Weise nach dem Domino-Prinzip von den betroffenen Anbietern durchaus unbemerkt in einem Wirkungs- und Reaktionsverbund stehen. Beispielsweise kann unter solchen Marktbedingungen eine durch eine Tankstelle in Süddeutschland ausgelöste Benzinpreissenkung durch eine Kettenreaktion der jeweils benachbarten Konkurrenten nach einer gewissen Durchlaufzeit schließlich auch in Norddeutschland ankommen.

11.2.6 Aktuelle und potenzielle Marktbeziehungen

(1) Aktuelle Tauschbeziehungen sind alle in einer bestimmten Periode auf einem Markt (in der Praxis tatsächlich oder in der Theorie gedanklich) zustande kommenden Tauschakte, welche logischerweise entsprechende aktuellen Anbieter und aktuelle Nachfrager voraussetzen.

(2) Potenzielle Tauschbeziehungen sind in zweifachem Sinne denkbar, nämlich entweder als

(a) **entgangene Tauschbeziehungen** aus der Sicht der nicht beteiligten Marktteilnehmer, da jeder zwischen zwei Marktteilnehmern realisierte Tausch eine entgangene Tauschmöglichkeit für die anderen in Frage kommenden Tauschpartner darstellt (Z.B. hätte ein niedrigerer Preis eines konkurrierenden Anbieters dazu führen können, dass dieser den „Zuschlag" erhält), oder als

(b) **marktlatente Tauschbeziehungen**, die auf einem Markt hätten aktuell werden können, wenn die aktuellen Anbieter und Nachfrager bei anderen Tauschkonditionen auf dem Markt zu einem tatsächlichen Tausch (z.B. bei irgendeinem niedrigeren Preisgebot) bereit gewesen wären.

(3) Aktuelle Marktbeziehungen zwischen Anbietern (Nachfragern) liegen zwischen Anbietern (Nachfragern) vor, die mit einem aktuellen Angebot (einer aktuellen Nachfrage) vertreten sind und zwischen denen durch die Erzielung oder durch das Entgehen aktueller Tauschbeziehungen ein merklicher Einzel- oder Gruppeneinfluss existiert.

(4) Potenzielle Marktbeziehungen zwischen Anbietern (Nachfragern) sind zwischen aktuellen Anbietern (Nachfragern) und solchen auf dem Markt noch nicht vorhandenen Anbietern (Nachfragern) denkbar, deren Marktzutritt nicht auszuschließen ist. So kann sich selbst ein aktueller Alleinanbieter (Alleinnachfrager) einem **potenziellen Wettbewerb** ausgesetzt fühlen und u. U. anders verhalten. (Z.B. kann der drohende Marktzutritt eines potenziellen Wettbewerbers einen Monopolisten veranlassen, eine „abschreckende" Preispolitik zu betreiben.)

11.2.7 Marktmachtbeziehungen

(1) Marktmacht ist unter Anwendung der allgemeinen Machtdefinition von *Max Weber* die Fähigkeit eines einzelnen Marktteilnehmers oder eines Kartells (also einer Gruppe im Einverständnis handelnder Marktteilnehmer der gleichen Marktseite), im Interesse eigener Ziele seinen Willen gegenüber anderen Marktteilnehmern auch gegen deren Widerstreben durchzusetzen (z.B. als Anbieter eine Gewinn verbessernde Preiserhöhung ohne Rücksicht auf einige den Tausch nunmehr verweigernde Nachfrager vorzunehmen oder andere Anbieter unter Androhung von Sanktionen zu veranlassen, eine solche Preiserhöhung mitzumachen, obwohl sie ihren gegenwärtigen Preis für gewinnmaximal halten).

(2) Richtungen der Marktmacht
Da Marktmacht in diesem Sinne innerhalb jeder vertikalen oder horizontalen Marktbeziehung vorkommen kann, sind zu unterscheiden:

(a) Marktmacht zwischen Nachfrager und Anbieter
(b) Marktmacht zwischen Anbietern
(c) Marktmacht zwischen Nachfragern

(3) Erläuterungen

- Marktmacht setzt innerhalb einer Marktbeziehung einen merklichen Einfluss voraus.
- Marktmacht ist ein Potenzial, welches nicht unbedingt ausgenutzt werden muss.
- Marktmacht kann innerhalb einer Marktbeziehung durchaus gleichgewichtig sein. Sie geht in diesem Fall, auch wenn dies ihre gegenseitige Ausnutzung verhindern mag, nicht verloren.
- Die Ausnutzung von Marktmacht ist nicht a priori negativ zu beurteilen. Sie kann den Marktprozess, z.B. durch sog. „Leistungswettbewerb", auch positiv beeinflussen.
- Marktmacht kann hinsichtlich der zur Verfügung stehenden Aktionsparameter (Machtmittel) ganz unterschiedlich oder auf bestimmte Aktionsparameter beschränkt sein.
- Die Marktmachtquellen können auch außerhalb des Marktes liegen.

11.3 Marktabgrenzungen

11.3.1 Vorbemerkungen

Aufgrund unterschiedlicher Untersuchungsziele werden in der wirtschaftswissenschaftlichen Literatur auch ganz verschiedene Kriterien zur Abgrenzung von Märkten (**Marktabgrenzungskriterien**) vorgeschlagen (vgl. Bauer, 1989).

Nach welchen Kriterien nun ein Markt theoretisch oder praktisch abzugrenzen ist, wurde in der allgemeinen Definition von „Markt" bereits angedeutet: Jede **Marktabgrenzung** muss **(1) sachlich, (2) persönlich, (3) zeitlich und (4) räumlich** erfolgen.

Dabei bietet es sich an, mit der sachlichen Abgrenzung zu beginnen, da die zu einem Markt gehörenden **Güter als Tauschobjekte** die „**Drehscheibe**" **der Marktabgrenzung** sind. Gleichwohl gilt, dass die Anwendung der vier genannten Abgrenzungskriterien letztendlich ein einheitlicher Vorgang ist und jede schrittweise Zerlegung der Marktabgrenzung nur aus didaktischen Gründen erfolgt.

11.3.2 Sachliche Marktabgrenzung

Wie schon mehrfach betont wurde, ist ein spezieller Markt aus der allgemeinen wirtschaftlichen Interdependenz nur in dem Sinne herauszulösen, dass man ihn als **wirtschaftliches „Subsystem"** mit einem so hohen internen Interdependenzgrad begreift, das als „engere Umwelt" den Bezugsrahmen für das („Markt"-)Verhalten der beteiligten Anbieter und Nachfrager darstellt und damit verhaltensrelevant und -erklärend ist.

Welches **Sachkriterium** kann es nun im ersten Untersuchungsschritt für einen relativ **hohen Interdependenzgrad einer Gütermenge** geben, so dass es zur Erklärung der Preisbildung dieser Güter sinnvoll ist, diese zu „ein und demselben" Markt zu zählen? Da bei der Marktabgrenzung im Regelfall ein gegebenes Güterangebot angenommen wird, werden zur (logischen und/oder empirischen) Bestimmung besonderer Interdependenzen zwischen Gütern in erster Linie **Substitutionskriterien der Nachfrageseite** herangezogen.

(1) Kaufkraftsubstitution

In einen „Markt" sämtliche Güter einzubeziehen, die als mögliche Kaufsubstitute um die sog. „**Kaufkraft**" (im speziellen Sinne des begrenzten Gesamtbudgets*)* aller potenziellen Nachfrager im **„Kaufkraftwettbewerb"** stehen bedeutet letztlich, dass wir die **allgemeine gesamtwirtschaftliche Interdependenz** so gerade nicht sachlich zerlegen. Da z.B. die Haushalte eine bestimmte Geldmenge (allgemein Tauschmittelmenge) nur einmal ausgeben können, müssten nach dem **„Kaufkraftverbund"** Aktien zu dem gleichen „totalen" Gütermarkt gehören wie Nudeln.

(2) Nutzensubstitution

Auch der Ansatz, „nur" solche Güter zu einem Markt zu zählen, deren Nutzenwerte austauschbar sind, führt aus der allgemeinen wirtschaftlichen Interdependenz nicht heraus. Der „Güternutzen" bzw. die aus der Nutzenfunktion hergeleitete **Grenzrate der Substitution** von Gütern (und die Güterpreise) liefern dem Haushalt ja nur ein Entscheidungskriterium dafür, wie er sein begrenztes Ausgabevolumen (Budget) auf das gesamte (!) ihm bekannte Güterangebot mit maximalem Gesamtnutzen verteilen soll. Der Nutzen soll als haushaltstheoretisches Konstrukt auch gar nicht dazu dienen, die wertmäßig austauschbaren Güter bestimmten Märkten zuzuordnen, sondern eher umgekehrt, die Güter „über alle Märkte hinweg" für mengenmäßige Substitutionsentscheidungen vergleichbar zu machen.

(3) Funktionale Austauschbarkeit

Nachdem wir sowohl die Kaufkraft- als auch die Nutzensubstitution der Nachfrager als Marktabgrenzungskriterium (nämlich als „zu weit") abgelehnt haben, kommt als geeignetes Substitutionsverhältnis nur noch die aus der Nachfragerperspektive beurteilte **Austauschbarkeit von Gütern im funktionalen Sinne** in Frage.

Zu einem Markt gehören danach nur solche Güter, die von „den" potenziellen Nachfragern **im Hinblick auf einen bestimmten Verwendungszweck** als **mögliche** Substitute angesehen werden bzw. ihnen als spezielle Angebote zur Deckung eines bestimmten Bedarfes nach eigener Einschätzung zur Auswahl stehen. Dabei entscheidet nicht der Nachfrager mit den engsten, sondern derjenige mit den weitesten

Vorstellungen über die funktionale Austauschbarkeit des Güterangebotes, wie viele Güter einen Markt bilden

In dem nachfolgend dargestellten **Kühlschrankbeispiel** (vgl. Abb. 11-9) sind die Angebote aufgrund der Bedarfskriterien der Nachfrager auf zwei Märkte zu verteilen. Die **Angebote A und B bilden Markt 1**, weil die Nachfragergruppe I unbedingt ein schmales (nur 45 cm breites) Gerät möchte und alle anderen Angebote zu breit sind. Die restlichen **Angebote C, D und E bilden Markt 2**, weil die tolerante Nachfragergruppe VII nach dem Motto „Hauptsache er kühlt!" jeden Kühlschrank mit Standardbreite (59 cm), nur kein Schmalgerät akzeptiert.

Unabhängig davon gilt natürlich, dass der Interdependenzgrad der zu einem Markt gehörenden Güter von der Art und Häufigkeitsverteilung dieser Nachfragereinschätzungen abhängt. Wenn alle potenziellen Nachfrager von zwei angebotenen Gütern diese für homogen und demzufolge für vollkommen austauschbar halten, werden etwa Preisunterschiede zu einer stärkeren Mengenreaktion der Nachfrage (in Richtung des preiswerteren Gutes) führen, als wenn dies nur ein Nachfrager so sieht und alle übrigen Nachfrager das Güterangebot als heterogen und nur als begrenzt und/oder gar nicht austauschbar ansehen. Letztere werden mit ihrer Güternachfrage auf Preisunterschiede im Zweifel schwächer und/oder auch gar nicht reagieren.

Abb. 11-9: Sachliche Marktabgrenzung (Kühlschrankbeispiel)

Kühlschrank-	Angebot					Nachfragergruppe						
Eigenschaft	A	B	C	D	E	I	II	III	IV	V	VI	VII
1 Kühlfunktion	x	x	x	x	x	+	+	+	+	+	+	+
2 Abtauautomatik	x	x	x	x	x	+	+	+	=	+	+	=
3 Gefrierfach				x		x	=	+	=	+	+	=	=
4 140l Nutzinhalt	x	x	x	x		+	+	+	+	−	−	=
5 270l Nutzinhalt					x	−	−	−	−	+	+	=
6 H/B/T:85/45/60	x	x				+	−	−	−	−	−	−
7 H/B/T:85/59/60			x	x		−	+	+	+	−	−	−
8 H/B/T:168/59/60					x	−	−	−	−	+	+	=

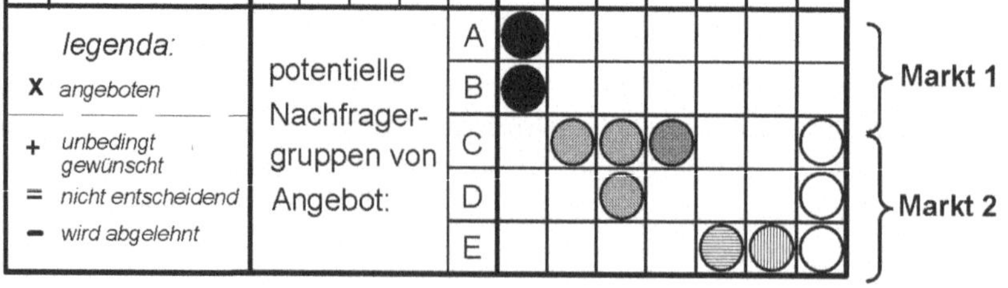

legenda:
x angeboten
+ unbedingt gewünscht
= nicht entscheidend
− wird abgelehnt

potentielle Nachfragergruppen von Angebot:
A ● — Markt 1
B ●
C ◐◐◐ ○ — Markt 2
D ◐ ○
E ◑◑ ○

(4) Kreuzpreiselastizität

Die unterschiedliche preisliche Abhängigkeit von Gütern legt natürlich die Frage nahe, ob ersatzweise auch eine **positive Kreuzpreiselastizität** der Nachfrage **als sachliches Marktabgrenzungskriterium** heranzuziehen ist. Denn wenn ein Gut einen höheren Preis hat als ein funktional austauschbares Gut, wird man von einem rationalen Nachfrager erwarten können, dass er zumindest von einem kritischen Preisabstand an das preisgünstigere Gut nachfragen wird. Es bleibt insofern zu prüfen, ob der Umkehrschluss: „Alle Güter mit positiver Kreuzpreiselastizität sind funktional austauschbar und bilden daher einen Markt!" zulässig ist.

Die bekannte haushaltstheoretische Einteilung der Güter in **(a) „substitutive" Güter mit positiver Kreuzpreiselastizität, (b) „komplementäre" Güter mit negativer Kreuzpreiselastizität und (c) „unabhängige" Güter mit einer Kreuzpreiselastizität von Null** suggeriert dies zumindest.

Wie bereits unter (2) ausgeführt, beruhen die preisinduzierten Mengenreak-tionen auf einer allgemeinen Wertsubstitution, die keineswegs eine funktionale Austauschbarkeit voraussetzt. Dies zeigt sich auch darin, dass die „Grenzrate der Substitution" in allen drei möglichen Fällen in die nutzenmaximale Entscheidung des Haushaltes eingeht und keineswegs nur im Spezialfall „substitutiver" Güter.

Schlussfolgerungen aus diesen Überlegungen:
- Nicht alle Güter mit positiver Kreuzpreiselastizität sind funktional austauschbar, so dass diese auch nicht zwingend einen Markt bilden.
- Für alle funktional austauschbaren Güter ist in irgendeinem Preisbereich (≥ 0) eine positive Kreuzpreiselastizität anzunehmen.
- Weisen Güter keine positive Kreuzpreiselastizität auf, zählen sie aufgrund fehlender funktionaler Austauschbarkeit nicht (direkt) zu einem Markt.
- Eine Ausnahme bilden Güter, die in einer Kettenbeziehung stehen und bei denen nur die benachbarten Güter funktional austauschbar sind.

Zusammenfassend gilt: Alle Güter, die nach dem Kriterium der funktionalen Austauschbarkeit **ohne „Substitutionslücke"** in einer Verflechtungsmatrix zusammenzufassen sind, gehören zu einem Markt.

11.3.3 Persönliche Marktabgrenzung

Ist nach dem Kriterium der funktionalen Austauschbarkeit der Markt sachlich abgegrenzt, ergibt sich die Abgrenzung der zu diesem (dadurch) bestimmten Gütermarkt gehörenden (natürlichen und/oder juristischen) Personen gewissermaßen „automatisch", weil diesen Gütern (in der Praxis durch Befragung bzw. in der Theorie durch Annnahme) „bestimmte" Personen als Anbieter oder Nachfrager, insgesamt also die „Marktteilnehmer" der Angebots- und Nachfrageseite des betrachteten Marktes zuzuordnen sind:

(1) Abgrenzung der Anbieter

Aktuelle (potenzielle) Anbieter eines Marktes sind diejenigen Personen, welche die nach sachlichen Kriterien abgegrenzte Menge von Gütern zum Tausch anbieten bzw. in Geldwirtschaften verkaufen (können).

(2) Abgrenzung der Nachfrager

Aktuelle (potenzielle) Nachfrager eines Marktes sind diejenigen Personen, welche die nach sachlichen Kriterien abgegrenzte Menge von Gütern im Tausch nachfragen bzw. in Geldwirtschaften kaufen (können).

11.3.4 Zeitliche Marktabgrenzung

(1) Abgrenzung vergangener und gegenwärtiger Märkte (vgl. Abb. 11-10);

(a) allgemein: Zeitraum bzw. -punkt, in dem das Angebot und die Nachfrage funktional austauschbarer Güter simultan erfolgt(e). **Kein Markt bzw. eine Marktunterbrechung** liegt vor, wenn mindestens eine Marktseite fehlt.

(b) analytisch: Bildung zeitlicher Teilmärkte im Hinblick auf ein spezielles Untersuchungsziel (Kriterium z.B. Strukturänderung oder Marktphase).

(2) Abgrenzung zukünftiger Märkte
- Festlegung eines Planungshorizontes für Marktentscheidungen;
- Festlegung eines Prognosezeitraumes im Rahmen der Marktforschung;
- Feststellung des Zeitraumes einmaliger oder wiederkehrender Marktveranstaltungen (Jahr und Wochenmärkte, Messen, Saisonmärkte);
- Abgrenzung durch ein Marktende (z.B. Ablauf einer Monopollizenz);

(3) Abgrenzung modelltheoretischer Märkte

(a) Kurzfristige Betrachtung (statische Ein-Perioden-Modelle der Entscheidungstheorie);

(b) Langfristige Betrachtung (dynamische Mehr-Perioden-Ablaufmodelle der Entscheidungstheorie und im Rahmen von Simulationsrechnungen).

Abb. 11-10: Zeitliche Marktabgrenzung

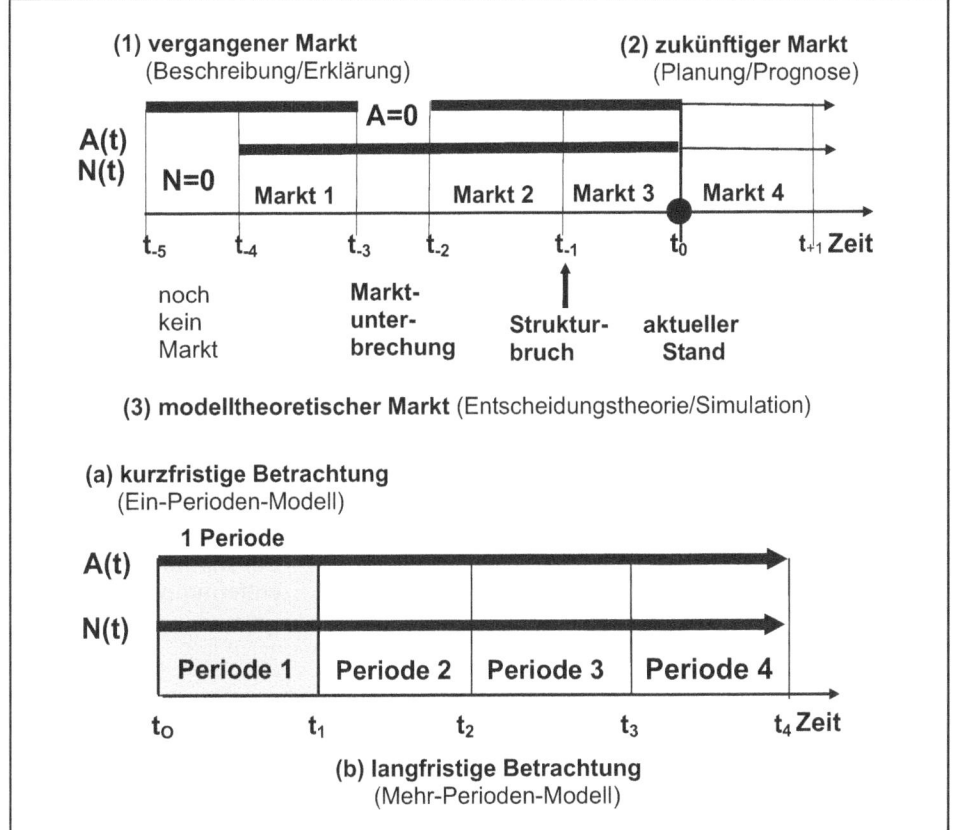

11.3.5 Räumliche Marktabgrenzung

(1) Beschaffungspreisansatz

(a) aus Nachfragersicht

durch Bestimmung einer vom Einstandspreis P^E des Nachfragers (= Angebotspreis P^A plus entfernungsabhängige Frachtkosten $F^B(e^B)$) abhängigen maximalen **Beschaffungsreichweite der Nachfrager** e^B_{max}, welche die aktuellen Absatzgebiete der örtlichen Anbieter, soweit sie ohne räumliche Marktlücke zusammenhängen, als Marktgebiet begrenzt (vgl. Abb. 11-11 und Abb. 11-12).

(b) aus Anbietersicht

unter der Annahme im Raum gleich hoher „Franko-Preise" oder „Frei-Haus"-Preise durch Bestimmung einer vom Stückerlös (= Franko-Preis minus Stückfracht) abhängigen maximalen Lieferentfernung durch den Anbieter. Diese ergibt sich dadurch, dass die Stückerlöse durch die mit der Entfernung zunehmenden Frachtkosten abnehmen, bis ab einer bestimmten Entfernung die übrigen Stückkosten nicht mehr gedeckt werden können.

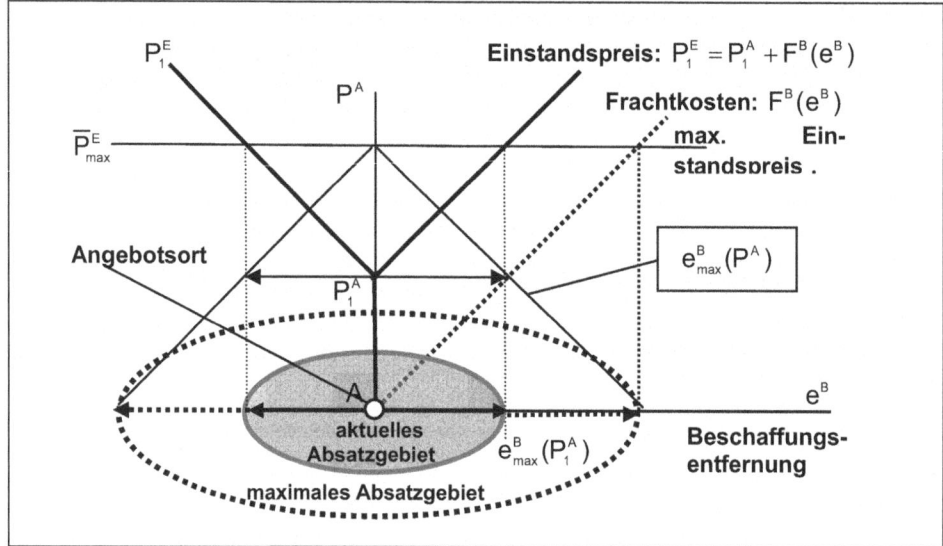

Abb. 11-11: Räumliche Marktabgrenzung: Beschaffungspreisansatz

(2) Beschaffungszeitansatz
Bestimmung einer maximalen Beschaffungsreichweite durch Festlegung einer entfernungsabhängigen maximalen Liefer- oder Abholzeit der Nachfrager;

(3) Rechtliche Grenzen (z.B. Ausfuhrverbot);

(4) Wirtschaftsgeographische Grenzen (z.B. Verkehrsgrenzen, Küsten);

Abb. 11-12: Räumliche Marktabgrenzung über Marktlücken

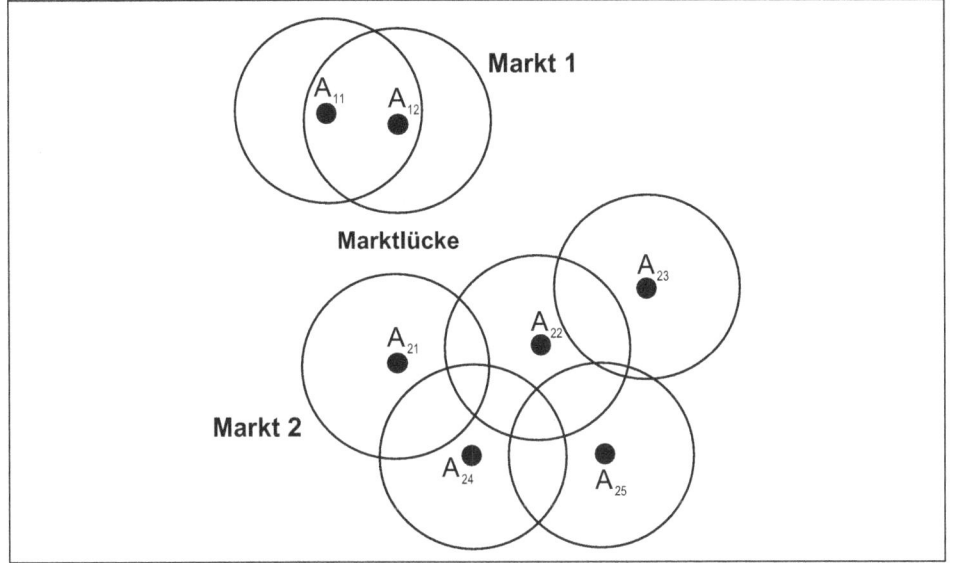

11.4 Marktformen

11.4.1 Vorbemerkungen

Zur systematischen **Beschreibung real- und idealtypischer** Märkte hat sich die volkswirtschaftliche Markttheorie schon früh ein relativ einheitliches begriffliches Instrumentarium geschaffen, das als **„Marktformenlehre" oder „Marktmorphologie"** bezeichnet wird. Mit Hilfe weniger **Strukturmerkmale** wurde insbesondere in der Preis- und Wettbewerbstheorie eine **Systematik von Marktmodellen** (z.B. das „Monopol", „Oligopol", „Polypol") entwickelt, in denen diese Marktstrukturmerkmale einzeln oder kombiniert als Modellannahmen fungieren und so die **Modellbedingungen für die theoretische Analyse von Marktverhalten** bilden. Die Ergebnisse dieser Marktmodelle wiederum dienen (im Sinne theoretisch fundierter „Wenn-dann-Aussagen") als **„Mustervorhersage" für das Verhalten auf realen Märkten**, *wenn* diese in den verhaltensentscheidenden Annahmen den Modellmärkten entsprechen.

11.4.2 Marktformen nach Anbieter- und Nachfragerzahl

Das einfachste und gängigste Einteilungskriterium der Marktformenlehre ist nach wie vor die Zahl der Marktteilnehmer, nämlich die **Unterscheidung der Marktformen**

(1) nach der Anbieterzahl (vgl. Abb.11-13):

(a) **Monopol**, d.h. **ein Anbieter** (von griechisch: „μονος" = ein und „πολειν" = verkaufen);

(b) **Oligopol**, d.h. „**wenige**" **Anbieter** (von „ολιγοι" = wenige), wobei das **Dyopol oder Duopol** als (didaktisch) „einfachster" Fall eines Oligopols in der Preis- und Wettbewerbstheorie eine besondere Rolle spielt.

(c) **Polypol**, d.h. „**viele**" **Anbieter** (von „πολυς"= viele);

(2) **nach der Nachfragerzahl** (vgl. Abb.11-13):

(a) **Monopson**, d.h. **ein Nachfrager** (von griechisch: „μονος" = ein und „ψονειν" = kaufen);

(b) **Oligopson**, d.h. „**wenige**" Nachfrager;

(c) **Polypson**, d.h. „**viele**" Nachfrager;

Abb. 11-13: Marktformen nach der Anbieterzahl (oder Nachfragerzahl)

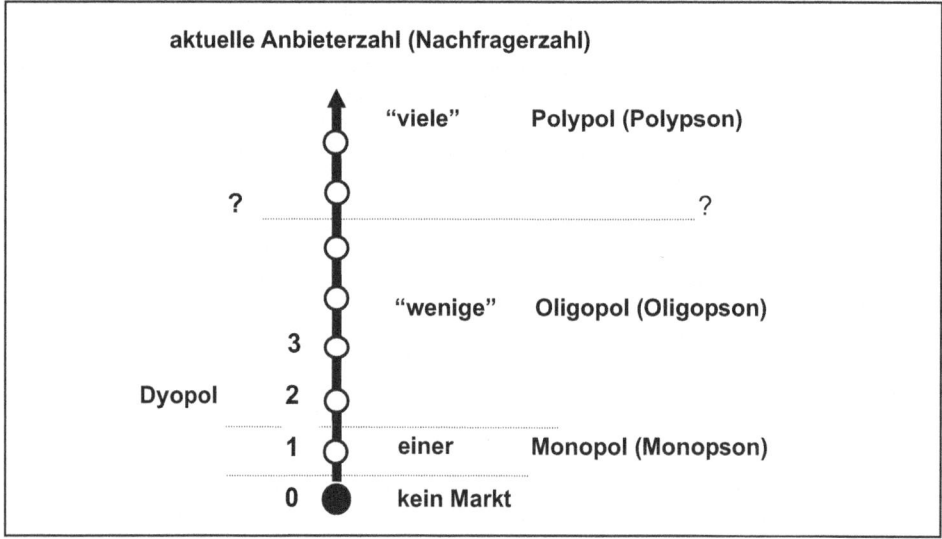

Ein **ungelöstes Abgrenzungsproblem** und damit ein fundamentaler Nachteil dieses Marktformenschemas bleibt die Tatsache, dass die **Grenze zwischen „wenigen" und „vielen" Anbietern oder Nachfragern nicht eindeutig** zu ziehen ist. (Bei welcher Zahl von Sandkörnern beginnt ein „Sandhaufen"?)

(3) **Anbieter-** *und* **Nachfragerzahl** (vgl. Tab. 11-1),

wobei jeweils die gemessen an der relativen Größe „mächtigere" Marktseite der Marktform den Namen verleiht (z.B. im Falle des Monopols und Monopsons) und bei gleichgewichtigen Marktseiten die Marktform nach der Angebotsseite benannt wird (im Falle des zweiseitigen Monopols bzw. Oligopols mit dem Zusatz „bilateral").

Tab. 11-1: Marktformen nach Anbieter- und Nachfragerzahl

Anbieter \ Nachfrager	viele (kleine)	wenige (mittlere)	ein (großer)
viele (kleine)	Polypol	Oligopson	Monopson
wenige (mittlere)	Oligopol	bilaterales Oligopol	beschränktes Monopson
ein (großer)	Monopol	beschränktes Monopol	bilaterales Monopol

11.4.3 Marktformen nach Anbieterzahl und Produktbeschaffenheit

Dieses Abgrenzungsproblem bleibt natürlich bestehen, wenn man im Kontext einer angebots- und absatzorientierten Markttheorie die Anbieterzahl mit der Beschaffenheit der (angebotenen) Produkte kombiniert (vgl. Tab. 11-2). Im Gegenteil entstehen zumindest in der Praxis zusätzliche Abgrenzungsprobleme dadurch, dass die **Einteilung in „homogene" und „heterogene" Güter** im Hinblick auf die resultierenden Absatz- und Wettbewerbsbeziehungen der betrachteten Anbieter konsequenterweise **aus subjektiver Nachfragersicht** erfolgt. Denn das heißt: Objektiv gleiche Güter können (leider nur durch Befragungen und/oder durch Tests empirisch feststellbar!) von den Nachfragern subjektiv als verschieden angesehen werden und umgekehrt objektiv verschiedene Güter subjektiv durchaus als gleich. Zweifellos gilt andererseits aber auch, dass nicht die objektive, sondern nur die subjektive Produktbeschaffenheit für das Nachfrageverhalten entscheidend ist und damit auch für die Absatzreaktionen, die bei den im Markt agierenden Anbietern praktisch festzustellen oder theoretisch zu erwarten sind. Wie sich durch den späteren Vergleich der Marktformen des „homogenen Oligopols" und des „heterogenen Oligopols" zeigen lässt, ergeben sich aus der unterschiedlichen Produkteinschätzung der Nachfrager sehr wertvolle preis- und wettbewerbstheoretische Erkenntnisse, die über die produktspezifischen **Abgrenzungsschwierigkeiten** dieser Marktformen hinwegtrösten, zumal diese **in der Theorie qua Annahme** ganz einfach **zu beseitigen** sind.

Tab. 11-2: Marktformen nach Anbieterzahl und Produktmerkmal

Produkte \ Anbieter	viele (kleine)	wenige (mittlere)	ein (großer)
homogen	homogenes Polypol	homogenes Oligopol	Ein-Produkt-Monopol
heterogen	Heterogenes Polypol	heterogenes Oligopol	Mehr-Produkt Monopol

11.4.4 Marktformen nach Verhaltensweisen

Die oben genannten Abgrenzungsschwierigkeiten zwischen „wenigen" und „vielen" Anbietern (analog auf der Nachfrageseite), also zwischen dem „Oligopol" und „Polypol" zu überwinden, versucht der Ansatz der **Marktformenunterscheidung nach dem tatsächlichen Anbieterverhalten:**

(1) „**Monopolistisches**" Verhalten (und damit ein „**Monopol**") liegt vor, wenn ein Anbieter erwartet, dass sein Absatz nicht vom Verhalten anderer Anbieter abhängt, sondern lediglich vom Verhalten der Nachfrageseite und seiner eigenen Angebotspolitik bestimmt wird.

(2) „**Oligopolistisches**" Verhalten (und damit ein „**Oligopol**") liegt vor, wenn ein Anbieter erwartet, dass sein Absatz auch vom Verhalten (nur „weniger") anderer Anbieter und umgekehrt deren Absatz auch von seiner Angebotspolitik so stark abhängig ist („**oligopolistische Interdependenz**"), dass Konkurrenzreaktionen nicht auszuschließen sind („**oligopolistische Reaktionsverbundenheit**").

(3) „**Polypolistisches**" Verhalten (und damit ein „**Polypol**") liegt vor, wenn ein Anbieter erwartet, dass sein Absatz zwar auch vom Verhalten („vieler") anderer Anbieter und umgekehrt deren Absatz wohl auch von seiner Angebotspolitik beeinflusst wird, aber eben nicht so stark, dass Konkurrenzreaktionen zu erwarten sind.

Der Umgehung des Abgrenzungsproblems zwischen „wenigen" und „vielen" Anbietern steht allerdings ein **neuer Nachteil** gegenüber: Die empirische Abgrenzung von Marktformen macht eine **Befragung der mutmaßlichen Anbieter nach ihrem Konkurrenzbewusstsein notwendig**, da sich die Marktformen charakterisierenden Verhaltensweisen in den Köpfen der Akteure abspielen. Schließlich ist als Ergebnis des subjektiven Marktzugehörigkeitsdenkens nicht auszuschließen, dass sich ein Anbieter in einem Monopol wähnt, während ihn gleichzeitig ein anderer als Konkurrenten in einem Oligopol mitberücksichtigt.

11.4.5 Marktformen nach Vollkommenheitskriterien

Eine zwar jenseits des Monopols liegende, aber sonst von der Zahl der Marktteilnehmer unabhängige Marktformenabgrenzung mit langer preis- und wettbewerbstheoretischer Tradition ist die **nach fünf Vollkommenheitskriterien** (vgl. Tab. 11-3) vorgenommene Markteinteilung:

(1) „**Vollkommene**" **Märkte** liegen vor, wenn alle Vollkommenheitskriterien erfüllt sind, nämlich die angeführten **vier Homogenitätsbedingungen und vollständige Markttransparenz** als fünfte Bedingung.

(2) „**Unvollkommene**" **Märkte** sind demgegenüber mehr oder weniger gegeben; wenn mindestens eines dieser Vollkommenheitskriterien nicht erfüllt ist. Dabei

wird ein Markt als „temporär" unvollkommen bezeichnet, wenn nur die Markttransparenz fehlt, womit offensichtlich (empirisch kaum nachweisbar!) unterstellt wird, dass eine unvollständige Markttransparenz stets nur ein vorübergehendes Phänomen sei.

Tab. 11-3: Vollkommene und unvollkommene Märkte

Homogenitäts-Bedingungen 1-4 / Markttransparenz	vollständig	unvollständig
homogen	vollkommener Markt	(temporär) unvollkommener Markt
heterogen	Unvollkommener Markt	
Vollkommenheitskriterien	a) Vier Homogenitätsbedingungen: 1. Die Güter sind objektiv homogen. 2. Es bestehen keine räumlichen Präferenzen. 3. Es gibt keine zeitlichen Differenzierungen. 4. Es existieren keine persönlichen Präferenzen. b) Vollständige Markttransparenz	

Da die Erfüllung sämtlicher Homogenitätsbedingungen in der Realität kaum vorkommen dürfte, kommt dies der **Einteilung in „idealtypische" und „realtypische" Märkte** gleich, wobei man den „vollkommenen" Markt nicht gleich als theoretische Fiktion abtun, sondern als didaktisch wertvolle Referenzsituation begreifen sollte.

11.4.6 Marktformen nach Wettbewerbsbeschränkungen

Ein gerade auch zur Beschreibung der Realität sinnvolles Markteinteilungskriterium dürfte in dem Geltungsbereich von Wettbewerbsbeschränkungen liegen. Dabei werden (ohne Anspruch auf Vollständigkeit) unterschieden:

(1) **„Offene" Märkte ohne Marktzutrittsbeschränkung** für neue Anbieter und Nachfrager, wodurch auch ein aktueller Alleinanbieter bei seinem Marktverhalten mit **„potenziellem Wettbewerb"** und (z.B. von einer Produkt- und Marktinnovation ausgehend) im Laufe des Marktprozesses mit zusätzlichen aktuellen Anbietern (Nachfragern) rechnen muss: **„prozessuales" Monopol bzw. Monopson**.

(2) **„Geschlossene" Märkte mit Marktzutrittsbeschränkung** für zusätzliche Marktteilnehmer „ohne potenziellen Wettbewerb", wobei mit dem Begriff „**absolutes" Monopol** diesbezüglich die nicht immer selbstverständliche Klarstellung verbunden ist, dass eine uneingeschränkte, also auch den potenziellen Wettbewerb ausschaltende Monopolstellung cinen geschlossenen Markt voraussetzt. Darüber hinaus kann es aber auch für aktuelle Wettbewerber, also mehr als einem aktuellen Anbieter (oder Nachfrager), einen verhaltensbeeinflussenden Unter-

schied machen, ob sie neben dem aktuellen auch noch potenziellen Wettbewerb fürchten müssen oder nicht.

(3) **„Kartellierte" Märkte (mit privaten Wettbewerbsbeschränkungen)** mit mindestens zwei aktuellen Anbietern (oder Nachfragern), die ohne den Einfluss staatlicher Wettbewerbsbeschränkungen durch gegenseitiges Einverständnis auf den selbständigen Einsatz ihrer Aktionsparameter ganz oder teilweise verzichten und so durch private Entscheidung den Wettbewerb mehr oder weniger beschränken.

(4) **„Wettbewerbliche" Märkte (ohne private Wettbewerbsbeschränkungen)**, die dagegen durch Fehlen aktueller privater Wettbewerbsbeschränkungen, d.h. durch – von Spielregeln abgesehen – „freien" Wettbewerb charakterisiert sind.

(5) **„Staatlich regulierte" Märkte (mit staatlichen Wettbewerbsbeschränkungen),** bei denen der Staat aufgrund seiner Hoheitsrechte (über die Setzung allgemeiner Spielregeln hinausgehend) Vorschriften erlässt, die den selbständigen Einsatz von Aktionsparametern auf einer oder beiden Marktseiten einschränken (z.B. durch Höchst- oder Mindestpreisvorschriften, Mengenregulierungen usw.).

(6) **„Staatlich nicht regulierte" Märkte (ohne staatliche Wettbewerbsbeschränkungen).**

12 Preisbildung bei vollkommener Konkurrenz

> **Lernziele** — Dieses Kapitel vermittelt:
>
> - welche Bestimmungsgründe die Güternachfrage und das Güterangebot eines vollkommenen Konkurrenzmarktes haben und
> - wie sich kurz- und langfristig gleichgewichtige Marktpreise bilden.

12.1 Abgrenzung der Marktform

Die sog. **„vollkommene Konkurrenz"** verbindet die Marktform des „Polypols" mit den Kriterien für einen „vollkommenen" und „wettbewerblichen" Markt, d.h. es gelten folgende **Charakteristika**:

- viele kleine Anbieter (Polypol);
- viele kleine Nachfrager (Polypson);
- Erfüllung aller Homogenitätsbedingungen;
- vollständige Markttransparenz;
- keine Wettbewerbsbeschränkungen (d.h. auch keine Marktzutrittsbeschränkungen);
- keine Marktmacht der Marktteilnehmer als Folge der Unmerklichkeit der gegenseitigen Einflüsse, insbesondere hat annahmegemäß auch **kein einzelner Anbieter Einfluss auf den Marktpreis!**

12.2 Marktnachfrage

12.2.1 Begriff und Determinanten

Die sog. **„Marktnachfrage"** oder auch **„Gesamtnachfrage des Marktes"** ist die Gesamtheit aller Gütermengen x^N, die auf dem betrachteten Markt bei gegebenem Produktangebot in Abhängigkeit vom Marktpreis P nachgefragt wird:

$$x^N = x^N(P). \qquad [12\text{-}1]$$

Bei vollkommener Konkurrenz wird dabei aufgrund der Homogenitätsbedingungen vorausgesetzt, dass diese **Gesamtnachfrage auf ein „homogenes" Gut** gerichtet ist, was bei vollständiger Markttransparenz die Übereinstimmung zwischen objektiver und subjektiver Produkthomogenität impliziert.

Die **Marktnachfrage nach dem homogenen Gut** ist insofern die Summe der Individualnachfragen x_i aller Nachfrager N des Marktes:

$$x^N = \sum_{i=1}^{N} x_i \,.$$ [12-2]

(2) Determinanten der Marktnachfrage sind dementsprechend

(a) die Nachfragerzahl N und

(b) die Individualnachfragen x_i mit ihren Einflussgrößen.

Aus den **nachfragetheoretischen Grundlagen der Haushaltstheorie** wissen wir, dass die Nachfrage eines Haushaltes i beispielsweise nach dem Gut 1 x_{i1} definiert ist für

① einen variablen Preis P_1 des Gutes 1,

② die gegebenen Preise aller anderen Güter $\overline{P}_2$ bis $\overline{P}_n$,

③ seine gegebene individuelle Nutzenfunktion $U_i[x_1, x_2, ..., x_n]$ und

④ sein gegebenes individuelles Budget $\overline{M}_i$:

$$x_{i1} = x_{i1}(P_1, \overline{P}_2, ..., \overline{P}_n, U_i[x_1, x_2, ..., x_n], \overline{M}_i)$$ [12-3]

Im Regelfall werden jedoch im Rahmen einer marktorientierten Preistheorie die Ceteris-paribus-Annahmen ③ und ④ gar nicht mehr explizit genannt, sondern allenfalls noch die preistheoretisch unmittelbar relevante Annahme ②, dass nämlich – vom variablen Preis P_1 des betrachteten Gutes 1 abgesehen – **alle anderen Güterpreise gegeben** sind ($P_a = \overline{P}_a$):

$$x_{i1} = x_{i1}(P_1, \overline{P}_a)$$ [12-4]

In den meisten Fällen wird aber auch diese c.p.-Annahme nicht mehr ausdrücklich erwähnt und allgemein nur noch die **Kurzschreibweise**

$$x_{i1} = x_{i1}(P_1)$$ [12-5]

verwendet. Wir werden diese Praxis zwar übernehmen, aber wohl wissend, dass die oben genannten **Ceteris-paribus-Annahmen im Hintergrund** nach wie vor **als weitere Nachfragedeterminanten wirksam** sind.

12.2.2 Individuelle Nachfragefunktionen und -kurven

(1) Nachfrage

Als **Nachfrage** wird hier nicht (dem originären Wortsinne folgend) einfach nur die Frage danach begriffen, ob ein Anbieter überhaupt ein bedarfsgerechtes Gut anbietet und gegebenenfalls zu welchen Tauschkonditionen, sondern der „nachfragende" Marktteilnehmer hat annahmegemäß bereits eine konkrete Vorstellung darüber, welche Mengen er von dem ihm bekannten Gut in einem bestimmten Zeitraum bei unterschiedlichen Preisen zu kaufen bereit wäre.

(2) Nachfragefunktion

Eine **Nachfragefunktion** definiert diese potenziellen individuellen Nachfragemengen im Sinne der obigen Kurzschreibweise [12-5] als Funktion des Preises:

$x_i = x_i(P)$

Als **Normalreaktion eines Nachfragers** wird es in diesem Zusammenhang bezeichnet, wenn bei einem höheren Preis eine kleinere Menge nachgefragt wird als bei einem geringeren Preis, die Nachfragemenge also negativ vom Preis abhängig ist. Die **1. Ableitung der Nachfragefunktion nach dem Preis** hat in diesem Fall ein **negatives Vorzeichen**:

$$\frac{dx_i}{dP} < 0.$$ [12-6]

Der in den Lehrbüchern standardmäßig angenommene **lineare Typ einer normalen Nachfragefunktion** ist allgemein definiert durch:

$x_i = x_i(P) = a_i - b_i P$ mit $a_i > 0$ und $b_i > 0$ für $0 \leq P \leq P_i^h$. [12-7]

(3) Nachfragekurve

Als **Nachfragekurve** wird der **Graph einer Nachfragefunktion** bezeichnet. Der Graph der obigen Nachfragefunktion [12-7] ist in Abb. 12-1 dargestellt.

Auf eine traditionelle **Besonderheit der graphischen Darstellung von Nachfragekurven** sei an dieser Stelle hingewiesen: Anders als in der Mathematik wird hier auf der Ordinate (y-Achse) die unabhängige Variable P und auf der Abszisse (x-Achse) die abhängige Variable x_i abgetragen.

(4) Sättigungsmenge

Die durch Gleichung [12-7] bestimmte Nachfragekurve weist notwendigerweise zwei Achsenabschnitte auf. Die individuelle **Nachfrage a_i beim Nullpreis** wird in der Nachfragetheorie als **„Sättigungsmenge"** angesprochen.

Abb. 12-1: Individuelle Nachfragekurve

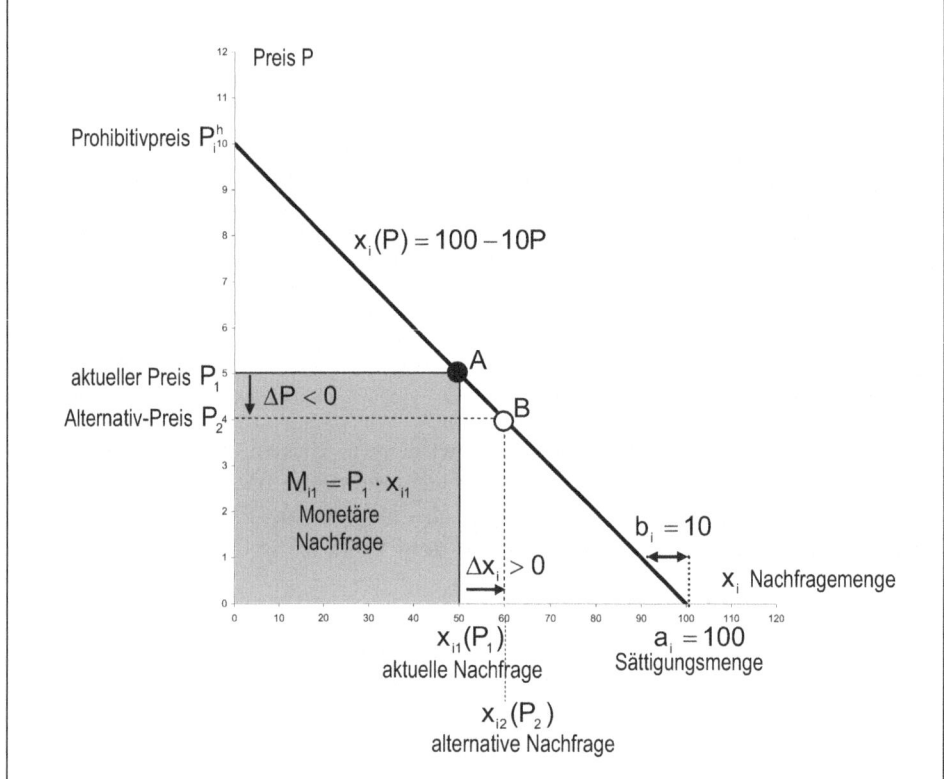

Sie ist so zu interpretieren, dass der betrachtete Nachfrager auch dann nicht bereit ist, „jede" Menge des Gutes abzunehmen, wenn sie ihm vom Anbieter geschenkt werden würde. Nutzentheoretisch formuliert, müssen über die Sättigungsmenge hinausgehende Gütermengen aus der subjektiven Sicht des Nachfragers keinen oder einen negativen Grenznutzen besitzen.

$$a_i = x_i(P = 0) > 0 \qquad [12\text{-}8]$$

(5) Prohibitivpreis

Umgekehrt wird durch eine (gedankliche) Preiserhöhung die Nachfrage mengenmäßig schließlich bis auf den „Nullpunkt" zurückgehen. D.h. es existiert für den Nachfrager eine individuelle **Preisgrenze,** an der (bei gegebenem Budget des Nachfragers unter Abwägung der Güterpreise und des Grenznutzens der kleinsten Gütereinheiten) eine **positive Nachfrage** des betrachteten Gutes **gerade verhindert** wird. Dementsprechend wird dieser Grenzpreis auch als **Prohibitivpreis oder prohibitiver Preis** (von lat. *prohibere* = verhindern) bezeichnet.

12.2 Marktnachfrage

$$P_i^h = P(x_i = 0) = \frac{a_i}{b_i} > 0 \qquad [12\text{-}9]$$

Man erhält den Prohibitivpreis, indem man die Gleichung [12-7] gleich Null setzt und nach dem Preis P auflöst:

$$x_i = a_i - b_i P = 0$$
$$b_i P = a_i$$
$$P = P_i^h = \frac{a_i}{b_i}$$

(6) Aktuelle Nachfrage

Als **aktuelle Nachfrage** wird weiter **die beim gerade geltenden Preis tatsächlich nachgefragte Gütermenge** bezeichnet, in Abb. 12-1 zum Beispiel die beim Preis P_1 ausgeübte mengenmäßige Nachfrage

$$x_{i1} = x_{i1}(P_1). \qquad [12\text{-}10]$$

(7) Preislatente Nachfrage

Würde im Vergleich zu diesem Nachfragezustand (i. S. der „komparativen Statik" also) der niedrigere Alternativpreis $P_2 < P_1$ gelten, wäre der betrachtete Nachfrager bereit, eine größere Menge, nämlich x_{i2} nachzufragen. Die **positive Differenz dieser beiden Nachfragemengen**

$$\Delta x_i = x_{i2}(P_2) - x_{i1}(P_1) > 0 \qquad [12\text{-}11]$$

stellt in dem Sinne eine **preislatente Nachfrage** dar, als diese als potenzielle Zusatznachfrage latent vorhanden und **durch eine hypothetische Preissenkung zu wecken** ist. (Nicht zu verwechseln ist diese durch einen geringeren Preis mögliche Nachfragesteigerung auf einer gegebenen Nachfragekurve mit einer „Nachfrageerhöhung oder -steigerung" im Sinne einer Rechtsverschiebung der Nachfragekurve, also einer Nachfragesteigerung bei gegebenem Preis!)

(8) Monetäre Nachfrage

Zur Unterscheidung von der bisher nur angesprochenen Nachfragemengen ausgedrückt in realen Gütereinheiten wird der Geldbetrag, den der Nachfrager bei gegebenem Preis beim Kauf bestimmter Gütermengen ausgibt, d.h. die mit dem in Geldeinheiten ausgedrückten Stückpreis bewerteten Nachfragemengen

$$M_{i1} = P_1 x_{i1} \qquad [12\text{-}12]$$

wird als **monetäre Nachfrage** M_i bezeichnet. Sie gibt mit anderen Worten die individuelle **Ausgabensumme** für die gekauften Gütermengen oder aus der Sicht des Verkäufers (z.B. eines Einzelhändlers) den entsprechend erzielten (artikelbezogenen) **Einzelumsatz** mit dem betreffenden Käufer an.

(9) Direkte Preiselastizität der Nachfrage

Als Maß für das Verhältnis der beim Nachfrager durch eine bestimmte Preisänderung bewirkten Mengenreaktion wird, wie in Kapitel 9 bereits festgestellt wurde, die „**direkte Preiselastizität der Nachfrage**" herangezogen. Im Unterschied zum Steigungswert der individuellen Nachfragekurve b_i, der die reine Mengenänderung anzeigt, gibt die Elastizität durch Berücksichtigung des Preis-Mengen-Verhältnisses auch Aufschluss über die monetären Effekte der Nachfragereaktion.

Die direkte Preiselastizität der Nachfrage wird bei **Betrachtung diskreter Preis- und Mengenänderungen** gemessen durch die sogenannte

(a) Streckenelastizität:

$$\eta_{x_i,P} = \frac{\frac{\Delta x_i}{x_i}}{\frac{\Delta P}{P}} = \frac{\Delta x_i P}{\Delta P x_i} \qquad [12\text{-}13]$$

oder bei **Betrachtung infinitesimaler Preis- und Mengenänderungen** durch die

(b) Punktelastizität:

$$\eta_{x_i,P} = \frac{dx_i}{dP}\frac{P}{x_i} = (-b_i)\frac{P}{x_i} \begin{cases} = 0 \text{ für } P = 0 \\ < 0 \text{ für } 0 < P < P_i^h \\ -\infty \text{ für } P_i^h = P \end{cases} \qquad [12\text{-}14]$$

(10) Grundtypen von Individualnachfragen

Neben der bisher nur behandelten „normalen" linearen Nachfragefunktion lassen sich im Prinzip natürlich so viele unterschiedliche individuelle Nachfragefunktionen denken, wie es verschiedene Individuen als Nachfrager gibt. Die Nachfragetheorie ist angesichts dieser denkbaren Vielfalt gezwungen, sich auf einige wenige mögliche typische Verhaltensmuster der Nachfrager zu beschränken. In Abb. 12-2 sind sechs verschiedenartige **Grundtypen von Individualnachfragen** (mit numerischen Funktionsbeispielen) dargestellt.

Abb. 12-2: Typen individueller Nachfragekurven

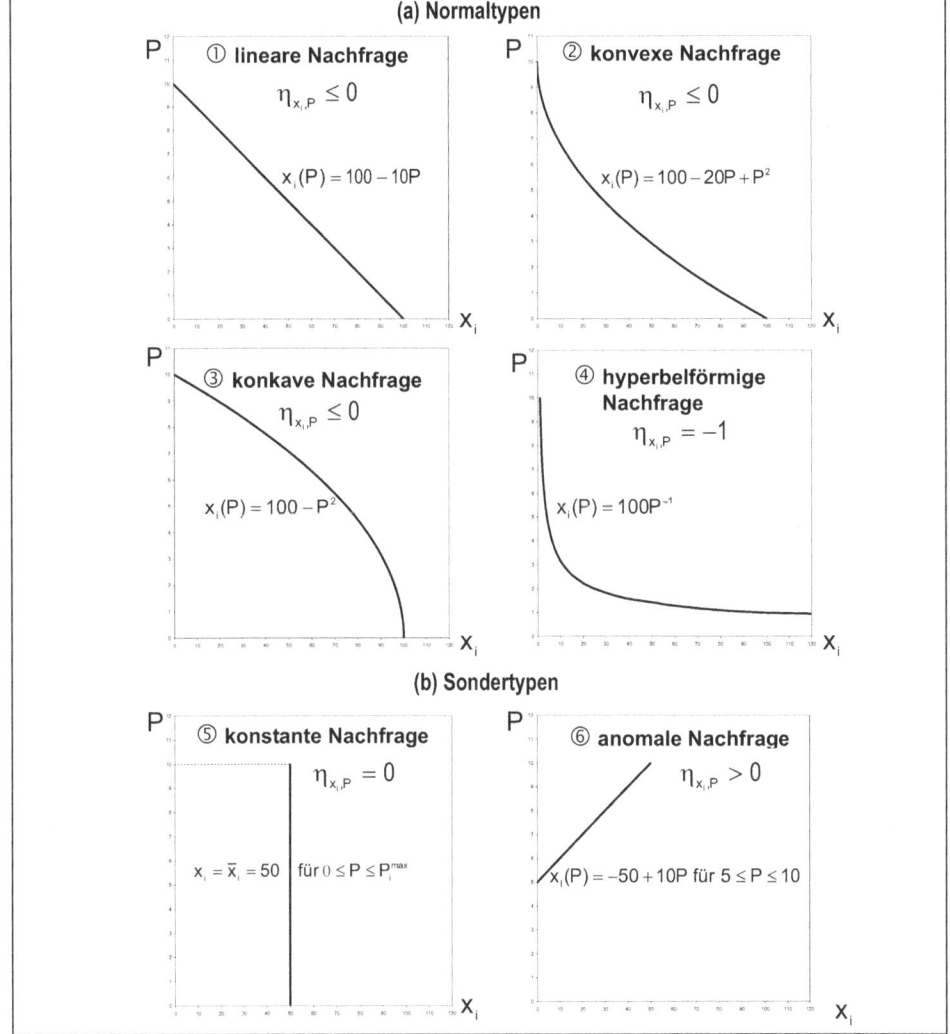

Wir unterscheiden danach als Verlaufstypen **vier Normaltypen und zwei Sondertypen** individueller Nachfragefunktionen bzw. -kurven:

(a) **Normaltypen** mit $dx_i/dP < 0$, d.h. mit „normaler" negativer Mengenreaktion des Nachfragers und einer direkten Preiselastizität von $\eta_{x_i,P} \leq 0$:

① **Typ 1: lineare Nachfrage**

② **Typ 2: konvexe Nachfrage**

③ **Typ 3: konkave Nachfrage**

④ **Typ 4: hyperbelförmige Nachfrage**
aufgrund konstanter monetärer Nachfrage iso-elastisch mit $\eta_{x,P} = -1$;

(b) **Sondertypen**

⑤ **Typ 5: konstante Nachfrage** mit $dx_i/dP = 0$ und $\eta_{x,P} = 0$, d.h. vollkommen preis-unelastische oder starre Nachfrage);

⑥ **Typ 6: anomale Nachfrage** mit $dx_i/dP > 0$ und $\eta_{x,P} > 0$, d.h. mit positiver Mengen- und Ausgabenreaktion des Nachfragers („Veblen-Effekt").

12.2.3 Aggregation der Individualnachfragen

(1) Graphische Aggregation (Horizontaladdition)

Nachdem wir uns insoweit über die mögliche Vielfalt individueller Nachfragefunktionen und -kurven einen bescheidenen Überblick verschafft haben, sind wir nun ausreichend vorbereitet, um die Einzelnachfragen des Marktes zusammenzufassen, d.h. zur **Aggregation der Individualnachfragen zur Marktnachfrage** überzugehen. Auf graphischem Wege geschieht dies einfach dadurch, dass wir bei jedem relevanten Marktpreis die individuellen Nachfragemengen horizontal nach rechts aufaddieren (**Horizontaladdition**).

Welche Ergebnisse wir hierdurch als Marktnachfrage theoretisch erzielen können, zeigen beispielhaft die Abb. 12-3 (für normale lineare Einzelnachfragen) und Abb. 12-4 (für konstante Einzelnachfragen).

(2) Analytische Aggregation

Die mathematisch-analytische Aggregation der individuellen Nachfragefunktionen zur Marktnachfrage hat im Prinzip nur zwei **Ansatzmöglichkeiten**:

(a) Summenformel

Nimmt man ganz unterschiedliche Individualnachfragen an, können diese nur aufsummiert werden und zwar unter Berücksichtigung der preislichen Definitionsbereiche, wenn die **Individualnachfragen preisabhängig** sind, durch

$$x^N = \sum_{i=1}^{N} x_i(P), \qquad [12\text{-}15]$$

bzw. bei **konstanten individuellen Nachfragemengen** durch

$$x^N = \sum_{i=1}^{N} \bar{x}_i. \qquad [12\text{-}16]$$

Sind beide Nachfragetypen vorhanden, müssen gruppenweise beide Formeln angewandt und dann die Teilaggregate aufsummiert werden.

Abb. 12-3: Horizontaladdition normal-linearer Individualnachfragen zur Marktnachfrage

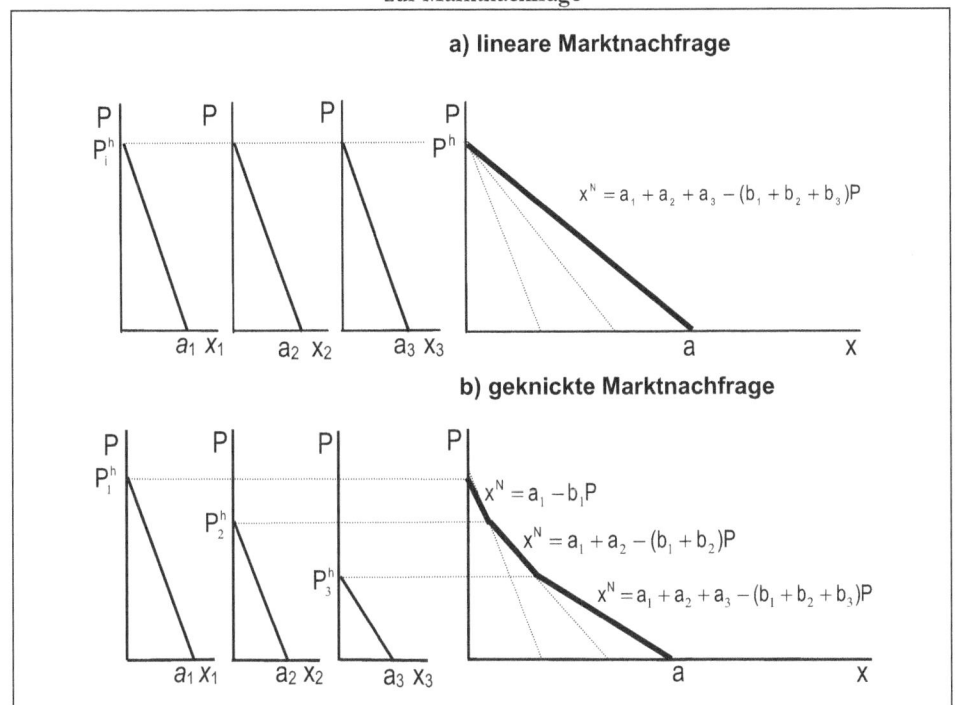

(b) Produktformel

Wird für alle Nachfrager die gleiche individuelle Nachfragefunktion angenommen, ist die **Marktnachfrage** einfach **Einheitsnachfrage mal Nachfragerzahl**. Es gilt

$$x^N(P) = N[x_i(P)] = N(a_i - b_iP) = a_iN - b_iNP = a - bP \qquad [12\text{-}17]$$
$$\text{mit } a = a_iN, \; b = b_iN,$$

wenn die Individualnachfrage preisabhängig (hier z.B. normal-linear) ist, oder

$$x^N = N\overline{x}_i \text{ für } 0 \leq P \leq P_i^{max}, \qquad [12\text{-}18]$$

wenn alle Nachfrager bis zu einem gleichen individuellen Maximalpreis die gleiche konstante Menge nachfragen.

Abb. 12-4: Horizontaladdition konstanter Individualnachfragen zur Marktnachfrage

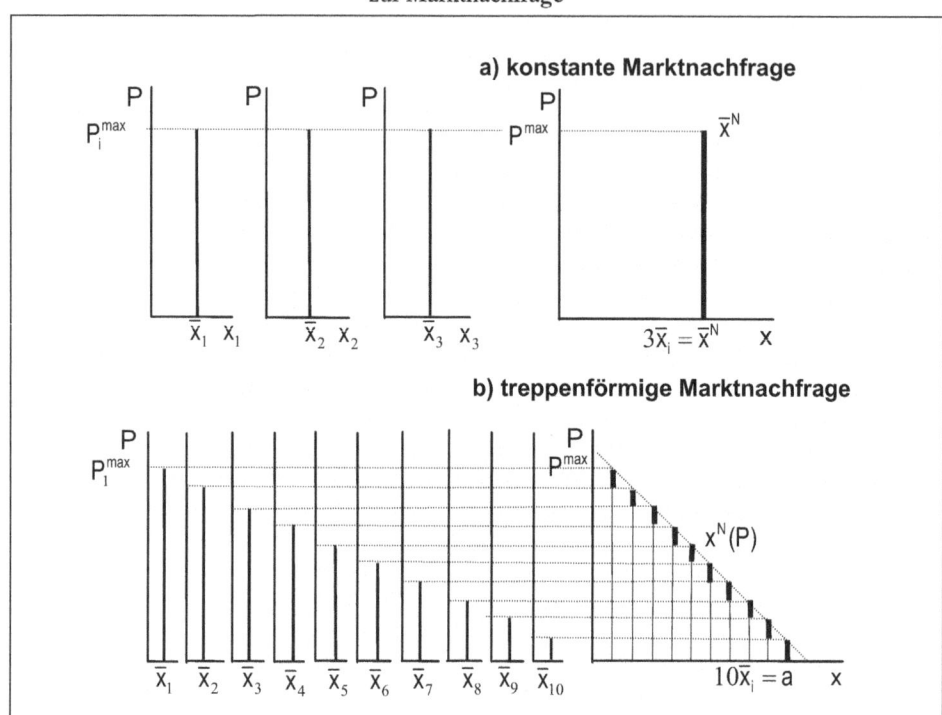

Mit der zusammenfassenden Erkenntnis, dass durch unterschiedliche modelltheoretische Annahmen über die Struktur und Verteilung der individuellen Nachfragefunktionen bzw. -kurven nahezu jede Art und Form der Marktnachfrage zu generieren ist, wollen wir das Kapitel Marktnachfrage zunächst einmal abschließen.

12.3 Marktangebot

12.3.1 Begriff und Determinanten

(1) Begriff

Analog zur Marktnachfrage ist unter **Marktangebot** die **Gesamtheit aller Gütermengen** x^A zu verstehen, die auf einem räumlich und zeitlich abgegrenzten Markt **in Abhängigkeit vom Marktpreis** angeboten wird:

$$x^A = x^A(P).\qquad\qquad [12\text{-}19]$$

Bei vollkommener Konkurrenz besteht dieses Güterangebot annahmegemäß aus einem homogenen Gut, das von sehr vielen kleinen Anbietern produziert wird. Das

Marktangebot ist insofern die **Summe der individuellen Angebotsmengen** x_j **aller aktuellen Anbieter A** des Marktes:

$$x^A = \sum_{j=1}^{A} x_j .\qquad\qquad [12\text{-}20]$$

(2) Determinanten des Marktangebots

sind infolgedessen zunächst (analog zu den Bestimmungsgründen der Marktnachfrage) die

(a) Anbieterzahl A und die

(b) Individualangebote x_j mit ihren Einflussgrößen.

Die individuellen Angebotsmengen eines Anbieters sind nun, wie nachfolgend gezeigt werden wird, wiederum bestimmt durch

① die Gewinnmaximierung (als angenommenes Unternehmensziel),

② den gegebenen Marktpreis (als Umsatz- und Gewinnfaktor),

③ seine individuelle Kostenfunktion (als Gewinnfaktor).

Bei den durch die **Produktionstechnologie** bestimmten Angebotsdeterminanten werden wir eine **linear-homogene Cobb-Douglas-Produktionsfunktion** mit konstanten Skalenerträgen und mit (bei partiellen Produktionselastizitäten von $\alpha = \beta = 0{,}5$) **linear ansteigenden Grenzkosten** annehmen.

Kapazitätsbeschränkungen werden **nicht berücksichtigt**, weil die Annahme gegebener und nicht beeinflussbarer Faktorpreise **vollkommene Konkurrenz auf den Faktormärkten** impliziert, so dass für den einzelnen Anbieter zu diesen Preisen „jede" Faktormenge zu beschaffen ist.

Der in zahlreichen Lehrbüchern im Polypol analysierte **Fall kurzfristig konstanter Grenzkosten** wird ebenfalls bewusst **ausgeklammert**, weil er a) bei vollkommener Konkurrenz die Gewinnmaximierungsbedingungen nicht erfüllbar macht (Ein Optimum ließe sich bei Mengenanpassung allenfalls an der eigentlich nicht existierenden Kapazitätsgrenze erreichen.) und b) die – aufgrund der impliziten Annahme zunehmender Skalenerträge – langfristig sinkenden Grenzkosten überhaupt nicht zum Polypol passen, sondern die klassischen Voraussetzungen für ein „natürliches" Monopol darstellen.

Auf das Beispiel progressiv ansteigender kurzfristiger Grenzkosten, das sich im Rahmen der Cobb-Douglas-Technologie sowohl bei abnehmenden Skalenerträgen als auch bei konstanten Skalenerträgen für $\alpha > \beta$ ergibt, verzichten wir dagegen nur deshalb, weil linear ansteigende Grenzkosten analytisch einfacher zu handhaben sind und progressiv ansteigende Grenzkosten keine zusätzlichen Erkenntnisse bringen.

12.3.2 Individuelle Angebotsfunktionen

(1) Kurzfristige Produktionsfunktion und Kostenfunktionen

Im Falle einer linear-homogenen **Cobb-Douglas-Produktionsfunktion** mit den partiellen Produktionselastizitäten $\alpha = \beta = 0{,}5$ gelten die **kurzfristige partielle Produktionsfunktion**

$$x_j = x_j(L_j, \overline{R}_j) = F_j \overline{R}_j^{0,5} L_j^{0,5} \text{ mit } F_j, R_j, L_j > 0 \qquad [12\text{-}21]$$

und die (inverse) **Arbeitsverbrauchsfunktion**

$$L_j(x_j) = \frac{x_j^2}{F_j^2 \overline{R}_j} \qquad [12\text{-}22]$$

Die **variablen (Lohn-) Kosten** lassen sich durch

$$K_j^V(x_j) = \overline{w}_j L_j(x_j) = \frac{\overline{w}_j x_j^2}{F_j^2 \overline{R}_j} \qquad [12\text{-}23]$$

und die **fixen (Kapital-) Kosten** durch

$$K_j^F = \overline{r}_j \overline{R}_j \qquad [12\text{-}24]$$

angeben. In der Summe ergeben sich daraus die **kurzfristigen Totalkosten**

$$K_j^{kzf}(x_j) = K_j^F + K_j^V(x_j) = \overline{r}_j \overline{R}_j + \frac{\overline{w}_j x_j^2}{F_j^2 \overline{R}_j} \qquad [12\text{-}25]$$

und die **linearen kurzfristigen Grenzkosten**

$$K_{x,j}^{kzf}(x_j) = \frac{2\overline{w}_j x_j}{F_j^2 \overline{R}_j} = K_{xx,j}^{kzf} x_j \text{ mit } K_{xx,j}^{kzf} = \frac{2\overline{w}_j}{F_j^2 \overline{R}_j} = \text{konstant} > 0. \qquad [12\text{-}26]$$

Unter der Annahme von $\overline{r}_j = 0{,}25$, $\overline{R}_j = 1000$, $\overline{w}_j = 200$ und $F_j = 1$ resultieren hieraus zum **Beispiel** folgende **numerischen kurzfristigen Kostenfunktionen**:

Totalkosten: $\quad K_j^{kzf}(x_j) = K_j^F + K_j^V(x_j) = 0{,}25 \cdot 1000 + \dfrac{200 x_j^2}{1^2 \cdot 1000} = 250 + 0{,}2 x_j^2$

Grenzkosten: $\quad K_{x,j}^{kzf}(x_j) = K_{xx,j}^{kzf} x_j = 0{,}4 x_j \text{ mit } K_{xx,j}^{kzf} = 0{,}4 = \text{konst.} > 0$

Ø Fixkosten: $\quad DFK_j^{kzf} = \dfrac{K_j^F}{x_j} = \dfrac{\overline{r}_j \overline{R}_j}{x_j} = \dfrac{250}{x_j},$

Ø variablen Kosten: $\quad DVK_j^{kzf} = \dfrac{K_j^V(x_j)}{x_j} = 0{,}2 x_j$

Ø **Totalkosten:** $\quad DTK_j^{kzf} = \dfrac{K_j^{kzf}(x_j)}{x_j} = DFK_j^{kzf} + DVK_j^{kzf} = \dfrac{250}{x_j} + 0{,}4x_j$

(2) Ermittlung der kurzfristigen individuellen Angebotsfunktion

Gibt man für das entscheidungslogisch zu bestimmende Angebotsverhalten der hier betrachteten Produzenten die **kurzfristige Gewinnmaximierung als Unternehmensziel** vor, stellt sich unter Berücksichtigung der Tatsache, dass der von der Produktions- bzw. Absatzmenge abhängige kurzfristige **Periodengewinn** die Differenz von Erlös und kurzfristigen Kosten ist, folgendes **Maximierungsproblem:**

$$G_j^{kzf}(x_j) = E_j(x_j) - K_j^{kzf}(x_j) \overset{!}{=} \max. \qquad [12\text{-}27]$$

Unterstellt man weiter eine stetige und zweimal differenzierbare Gewinnfunktion mit einem Maximum, folgt hieraus die **erste Gewinnmaximierungsbedingung** (Grenzgewinn = Grenzerlös – Grenzkosten = 0)

$$G_{x,j}^{kzf} = E_{x,j} - K_{x,j}^{kzf} \overset{!}{=} 0 \qquad [12\text{-}28]$$

und die **zweite Gewinnmaximierungsbedingung**

$$G_{xx,j}^{kzf} < 0. \qquad [12\text{-}29]$$

Die erste Bedingung lässt sich auch in der Form

$$E_{x,j} \overset{!}{=} K_{x,j}^{kzf} \quad (\text{Grenzerlös} = \text{Grenzkosten}) \qquad [12\text{-}30]$$

schreiben. Sie gilt als „**allgemeine**" Gewinnmaximierungsbedingung für alle Marktformen (also auch für das Oligopol und Monopol).

Bei vollkommener Konkurrenz gilt nun annahmegemäß aber die Besonderheit, dass der einzelne Anbieter (d.h. seine Produktionskapazität im Verhältnis zum mengenmäßigen Marktvolumen) so klein ist, dass er auf den Marktpreis keinen merklichen Einfluss hat. Der **Marktpreis** ist für ihn **kein Aktionsparameter, sondern ein Datum**. Er kann als **Preisnehmer** bei vorgegebenem Marktpreis nur eine **Mengenanpassung** betreiben.

In erster Konsequenz bedeutet dies eine von dem für ihn gegebenen Markt-preis $P = \overline{P}$ abhängige **lineare Erlösfunktion bzw. -kurve** (vgl. Abb. 12-5 unten):

$$E_j = E_j(x_j) = \overline{P}x_j \;\; \text{mit} \;\; E_{x,j} = \overline{P} \geq 0 \;\; \text{und} \;\; E_{xx,j} = 0 \qquad [12\text{-}31]$$

Aus der allgemeinen Gewinnmaximierungsbedingung [12-30] wird hier infolgedessen die **marktformenspezifische Gewinnmaximierungsbedingung:**

$$\overset{!}{\overline{P}} = K_{x,j}^{kzf} \quad \text{Preis = kurzfristige Grenzkosten} \quad [12\text{-}32]$$

Um seinen Betriebsgewinn zu maximieren, muss der vollkommene Konkurrent also seine Herstell- und Absatzmenge so anpassen, dass die Bedingung **Preis = Grenzkosten** erfüllt ist (vgl. Abb. 12-5 oben im Punkt **C**).

Ersetzt man die rechte Seite gem. [12-26] durch die allgemeine Schreibweise der linearen Grenzkostenfunktion, lautet die **individuelle Gewinnmaximierungsbedingung für einen beliebigen Anbieter j**:

$$\overset{!}{\overline{P}} = K_{x,j}^{kzf} = \frac{2\overline{w}_j}{F_j^2 \overline{R}_j} x_j = K_{xx,j}^{kzf} x_j \quad [12\text{-}33]$$

Wird diese Bedingung nach x_j aufgelöst, erhält man die **individuelle Angebotsfunktion des Anbieters j**, wonach das kurzfristig gewinnmaximale oder **optimale Güterangebot** positiv vom Marktpreis abhängig ist:

$$x_j^{opt}(P) = \frac{P}{K_{xx,j}^{kzf}} \quad \text{mit} \quad \frac{dx_j^{opt}}{dP} = \frac{1}{K_{xx,j}^{kzf}} > 0 \quad \text{kurzfristiges Angebot} \quad [12\text{-}34]$$

Der einzelne Anbieter bietet kurzfristig **umso mehr Güter an, je höher der Marktpreis** ist.

Graphisch betrachtet bedeutet dies: Die **kurzfristige individuelle Angebotskurve** eines vollkommenen Konkurrenten ist **mit seiner vom Ursprung linear ansteigenden kurzfristigen Grenzkostenkurve identisch** (vgl. Abb. 12-5 oben). Da die kurzfristigen variablen Durchschnittskosten nur halb so hoch sind wie die Grenzkosten, wird dabei in jedem Fall auch ein positiver Beitrag zur Deckung der Fixkosten geleistet. Allerdings ist zur Vermeidung permanenter Verluste **langfristig das Minimum der *DTK*-Kurve (Punkt H der Grenzkostenkurve) nicht zu unterschreiten**. Die Schnittpunkte B_1 und B_2 markieren bei diesem Marktpreis die **Gewinnschwellen** oder **Break-Even-Points**. Nur bei Mengen zwischen diesen beiden Punkten werden positive Gewinne erzielt.

12.3 Marktangebot

Abb. 12-5: Kurzfristig gewinnmaximales Angebot bei steigenden Grenzkosten

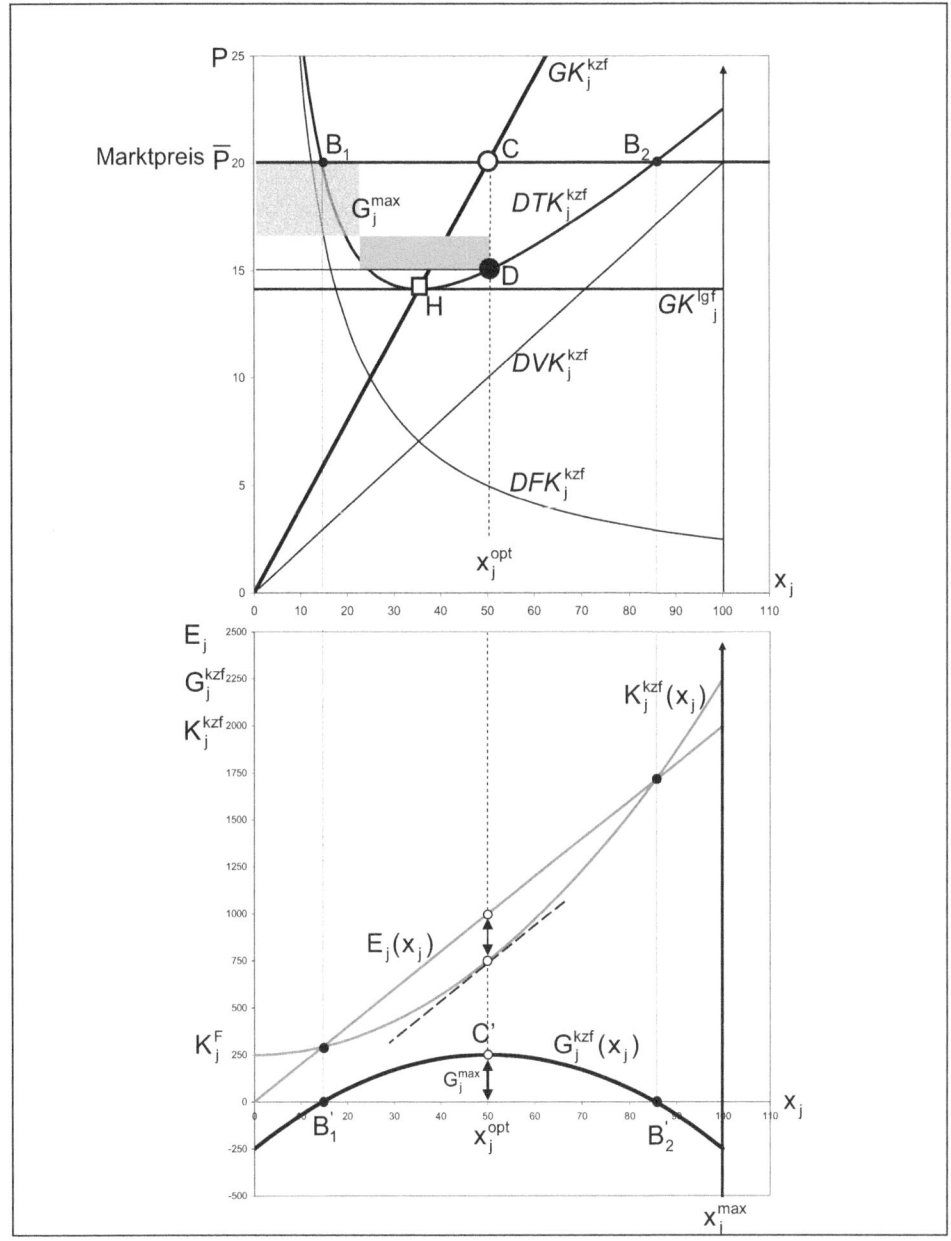

Zahlenbeispiel für die kurzfristige Kostenfunktion $K_j^{kzf}(x_j) = 250 + 0{,}2x_j^2$:

$$K_{xx,j}^{kzf} = 0{,}4 \Rightarrow x_j^{opt} = \frac{P}{K_{xx,j}^{kzf}} = \frac{P}{0{,}4} = 2{,}5P$$

Lösung für den Marktpreis $\overline{P} = 20$

a) ausgehend von der kurzfristigen Gewinngleichung:

$$G_j^{kzf}(x_j) = 20x_j - (250 + 0{,}2x_j^2) \stackrel{!}{=} \max \Rightarrow G_{x,j}^{kzf} = 20 - 0{,}4x_j \stackrel{!}{=} 0 \Rightarrow x_j^{opt} = 50$$

b) durch Einsetzen in [12-34]:

$$x_j^{opt}(\overline{P} = 20) = \frac{\overline{P}}{K_{xx,j}^{kzf}} = \frac{20}{0{,}4} = 50$$

c) Ermittlung des kurzfristig maximalen Gewinns:

$$G_j^{max}(x_j^{opt} = 50) = 20 \times 50 - (250 + 0{,}2 \times 50^2) = 1000 - 750 = 250$$

12.3.3 Kurzfristiges Gesamtangebot des Marktes

(1) Ermittlung des kurzfristigen Gesamtangebots

(a) Graphisch ist die Gesamtangebotskurve durch Horizontaladdition der individuellen Angebotskurven der Anbieter zu ermitteln (vgl. Abb. 12-6):

(b) Analytisch lässt sich bei unterschiedlichen individuellen Angebotsfunktionen (bei gleicher Technologie, aber divergierender Realkapitalausstattung) das Gesamtangebot des Marktes durch folgende **Summenformel** ermitteln:

$$x^A(P) = \sum_{j=1}^{A} x_j^{opt}(P) = \sum_{j=1}^{A} \frac{P}{K_{xx,j}^{kzf}} = \sum_{j=1}^{A} \frac{F_j^2 \overline{R}_j P}{2\overline{w}_j} \qquad [12\text{-}35]$$

Produzieren alle Anbieter mit der gleichen kurzfristigen Produktions- und Grenzkostenfunktion, lässt sich vereinfachend die **Produktformel** anwenden:

$$\boxed{x^A(P) = \frac{AP}{K_{xx,j}^{kzf}} = \frac{AF^2 \overline{R} P}{2\overline{w}} \quad \text{kurzfristiges Gesamtangebot} \qquad [12\text{-}36]}$$

Abb. 12-6: Horizontaladdition preis-elastischer individueller Angebotskurven zum Marktangebot

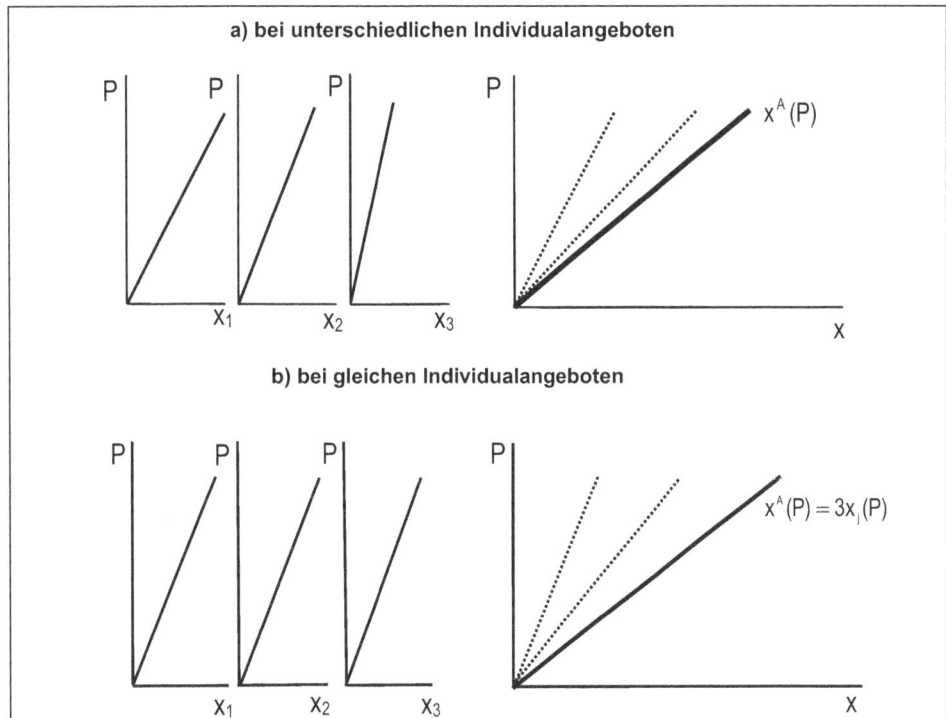

12.4 Marktpreisbildung

12.4.1 Kurzfristiges Marktgleichgewicht

(1) Graphische Lösung

Das **„Marktgleichgewicht"**, d.h. in dem durch einen „markträumenden" Preis sowohl alle Anbieter- als auch alle Nachfragerpläne aufgehen, lässt sich graphisch durch den **Schnittpunkt M der Marktangebots- und Marktnachfragekurve** („Marshall-Punkt") ermitteln (vgl. Abb. 12-7).

(b) Analytische Lösung

Aufstellung der **Gleichgewichtsbedingung**

$$x^A(P) = x^N(P) \Rightarrow \frac{AP}{K_{xx,j}^{kzf}} = N(a_i - b_i P) \qquad [12\text{-}37]$$

Abb. 12-7: Kurzfristiges Marktgleichgewicht bei vollkommener Konkurrenz (Marshall-Diagramm)

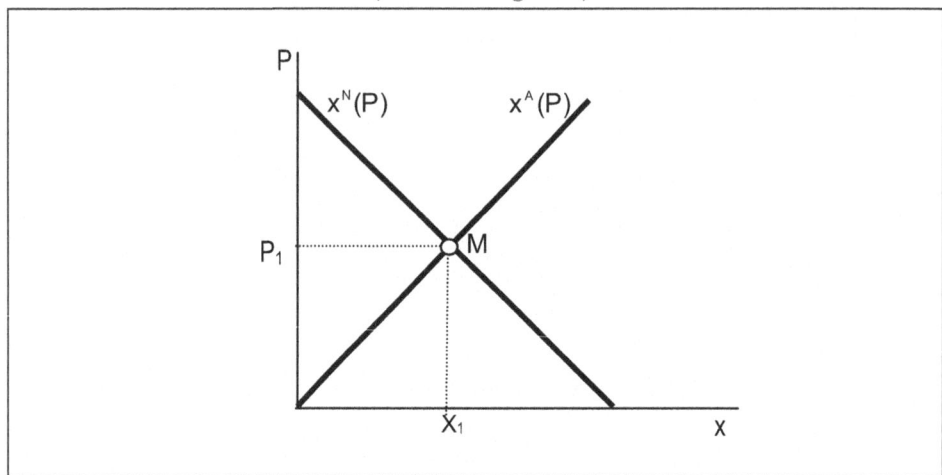

Ermittlung des kurzfristigen Gleichgewichtspreises durch Auflösung [12-37] von nach P:

$$\frac{AP}{K_{xx,j}^{kzf}} = a_i N - b_i NP \bigg| \frac{1}{N}$$

$$\frac{AP}{NK_{xx,j}} = a_i - b_i P \bigg| + b_i P$$

$$b_i P + \frac{AP}{NK_{xx,j}^{kzf}} = a_i$$

$$P \left[b_i + \frac{A}{NK_{xx,j}^{kzf}} \right] = a_i$$

$$P = \frac{a_i}{b_i + \dfrac{A}{NK_{xx,j}^{kzf}}} = \frac{a_i}{b_i + \dfrac{A}{2Nw_j F_j^{-2} \overline{R}_j^{-1}}} \quad \text{kurzfr. Gleichgewichtspreis} \quad [12\text{-}38]$$

Ermittlung der kurzfristigen Gleichgewichtsmenge durch Einsetzen von [12-38] in die Angebotsfunktion [12-36]:

12.4 Marktpreisbildung

$$x = \frac{AP}{K_{xx,j}^{kzf}} = \frac{A}{K_{xx,j}^{kzf}} \left(\frac{a_i}{b_i + \frac{A}{NK_{xx,j}^{kzf}}} \right)$$

$$x = \frac{a_i A}{b_i K_{xx,j}^{kzf} + \frac{A}{N}} = \frac{a_i A}{2b_i w_j F_j^{-2} \overline{R}_j^{-1} + \frac{A}{N}} \quad \text{kurzfr. Gleichgewichtsmenge} \quad [12\text{-}39]$$

Zahlenbeispiel ($a_i = 100$, $b_i = 1$, $A = N = 1000$, $K_{xx,j}^{kzf} = 1$):

Gleichgewichtspreis:

$$P = \frac{a_i}{b_i + \frac{A}{NK_{xx,j}^{kzf}}} = \frac{100}{1 + \frac{1000}{1000 \times 1}} = \frac{100}{2} = 50$$

Gleichgewichtsmenge:

$$x = \frac{A a_i}{b_i K_{xx,j}^{kzf} + \frac{A}{N}} = \frac{1000 \cdot 100}{1 \cdot 1 + \frac{1000}{1000}} = \frac{100.000}{2} = 50.000.$$

12.4.2 Kurzfristige Marktpreisdeterminanten

(1) Graphische Analyse

Welchen Einflüssen der Marktpreis im kurzfristigen Konkurrenzgleichgewicht unterliegt, lässt sich graphisch zeigen, indem man die einzelnen Lageparameter der Marktangebots- und Marktnachfragekurve variiert, d.h. beide Kurven systematisch verschiebt, und den alten mit dem neuen Gleichgewichtspreis vergleicht (komparativ-statische Methode).

Wie sich der Definitionsgleichung für den kurzfristigen Marktpreis [12-38] entnehmen lässt, ist dieser von den drei **Nachfragedeterminanten** Nachfragerzahl N und den individuellen Nachfrageparametern a_i und b_i sowie von den **Angebotsdeterminanten** Anbieterzahl A und der Steigung der Grenzkostenkurve $K_{xx,j}$ abhängig, welche wiederum durch den Lohnsatz w_j, die allgemeine Faktorproduktivität F_j und den Realkapitaleinsatz $\overline{R}_j$ bestimmt wird.

Abb. 12-8: Marktpreisdeterminanten

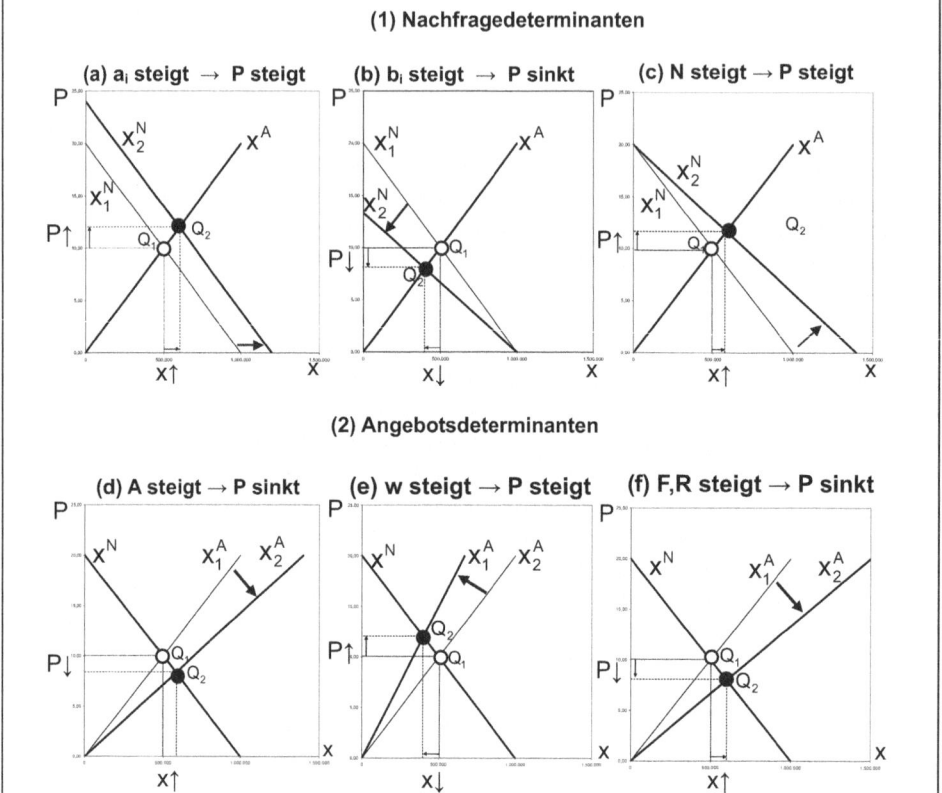

Als **Ergebnis** lässt sich festhalten, dass eine Zunahme der individuellen Sättigungsmenge a_i sowie der Nachfragerzahl N wegen der induzierten **Zunahme der Marktnachfrage** sowie eine Zunahme des Lohnsatzes w wegen der Erhöhung der Grenzkosten bzw. der **Abnahme des Marktangebots** eine **Marktpreiserhöhung** bewirken. Dagegen führen eine Zunahme der individuellen Preisreagibilität b_i wegen der **Abnahme der Marktnachfrage** und eine Erhöhung der allgemeinen Faktorproduktivität F und des Realkapitaleinsatzes R aufgrund der **Zunahme des Marktangebots** eine **Marktpreissenkung** herbei.

(b) Analytische Ermittlung

Mathematisch lassen sich diese Einflüsse auf den kurzfristigen Marktpreis „leicht" durch die Vorzeichen der entsprechenden partiellen Ableitungen der Preisbestimmungsformel [12-38] ermitteln:

① **Nachfragedeterminanten:**

$$P_{a_i} = \frac{\partial P}{\partial a_i} > 0 \ [12\text{-}38a], \ P_{b_i} = \frac{\partial P}{\partial b_i} < 0 \ [12\text{-}38b] \ \text{und} \ P_N = \frac{\partial P}{\partial N} > 0 \qquad [12\text{-}38c]$$

② **Angebotsdeterminanten:**

$$P_A = \frac{\partial P}{\partial A} < 0 \ [12\text{-}38d], \ P_{K_{xx}} = \frac{\partial P}{\partial K_{xx,j}} > 0 \ [12\text{-}38e], \ P_{w_j} = \frac{\partial P}{\partial w_j} > 0 \qquad [12\text{-}38f]$$

$$P_{F_j} = \frac{\partial P}{\partial F_j} < 0 \ [12\text{-}38g] \ \text{und} \ P_{R_j} = \frac{\partial P}{\partial R_j} < 0 \ [12\text{-}38h].$$

Zusammenfassend lassen sich für den **kurzfristigen Marktpreis** bei vollkommener Konkurrenz folgende positiven und negativen Abhängigkeiten von den modellierten Angebots- und Nachfragedeterminanten feststellen:

$$P = P(\overset{\oplus}{a_i}, \overset{(-)}{b_i}, \overset{\oplus}{N}, \overset{\oplus}{w}, \overset{(-)}{F}, \overset{(-)}{R}). \qquad [12\text{-}40]$$

Für die **Gütermenge im kurzfristigen Marktgleichgewicht** ergeben sich über die partiellen Ableitungen der Bestimmungsgleichung [12-39] zum Vergleich die Abhängigkeiten:

$$x = x(\overset{\oplus}{a_i}, \overset{(-)}{b_i}, \overset{\oplus}{N}, \overset{(-)}{w}, \overset{\oplus}{F}, \overset{\oplus}{R}). \qquad [12\text{-}41]$$

12.4.3 Langfristiges Marktgleichgewicht

(1) Tendenzen zum langfristigen Gleichgewicht

Ob ein kurzfristiges Marktgleichgewicht auch auf Lange Sicht Bestand hat oder ob selbst bei gegebener Marktnachfrage ein Anpassungsprozess zu einem hiervon abweichenden Langfristgleichgewicht zu erwarten ist, hängt angebotsseitig von verschiedenen Faktoren ab. Unterstellt man unveränderte produktionstechnische Verhältnisse und sogar Faktorpreise, können sowohl die aktuellen Anbieter als auch potenzielle Anbieter aktiv eine Veränderung der Marktverhältnisse herbeiführen.

So sind **aktuelle Anbieter** langfristig an einer **Optimierung des Faktoreinsatzverhältnisses** interessiert, wenn ihr kurzfristig gewinnmaximaler Angebots- und Produktionsplan noch nicht kostenminimal ist. Sie können aber auch einen **Marktaustritt** durchführen, wenn unter den herrschenden und den zukünftig erwarteten Marktbedingungen die (Opportunitäts-)Kosten des eingesetzten (Eigen-)Kapitals nicht gedeckt werden.

Außerdem kann auf einem Markt ohne Zutrittsbeschränkungen langfristig der **Marktzutritt neuer Anbieter** erfolgen, wenn aufgrund der aktuellen und in Zukunft erwarteten Markt- und Preisentwicklung (höhere) Gewinne erwartet werden (als auf anderen Märkten). Zu dieser Erwartung tragen vor allem (Über-)Gewinne der aktuellen Anbieter auf dem beobachteten Markt bei.

Je nachdem, welche Bedingungen im Kurzfristgleichgewicht vorliegen, sind es also vor allem **zwei Anpassungsprozesse**, die einzeln oder parallel **zum langfristigen Marktgleichgewicht** führen: (1) die Optimierung der Faktoreinsatzverhältnisse und (2) der Austritt alter Anbieter oder der Zutritt neuer Anbieter.

(2) Optimierung des Faktoreinsatzverhältnisses

Im kurzfristigen Unternehmensgleichgewicht sind Überprofite, d.h. Kostensituationen, in denen die kurzfristigen Grenzkosten das kurzfristige *DTK*-Minimum und damit das langfristige Grenzkostenniveau übersteigen, ein Indiz für einen im Vergleich zum kostenminimalen Faktoreinsatz einerseits zu kleinen Realkapitaleinsatz und andererseits für einen zu großen Arbeitseinsatz. D.h. für die festgestellte kurzfristig gewinnmaximale Produktionsmenge ist der **Gewinn durch Kostenminimierung noch weiter zu steigern.** Dazu ist eine **isoquante Faktorvariation bis auf den kostenminimalen Expansionspfad notwendig**. Da der Arbeitseinsatz kurzfristig variabel ist, kommt es entscheidend darauf an, den für diese Produktionsmenge optimalen (= kostenminimalen) Realkapitaleinsatz zu planen und zu realisieren.

Da im **Kostenminimum** die **kurzfristigen Grenzkosten gleich den langfristigen Grenzkosten** sein müssen, lässt sich der optimale Realkapitaleinsatz wie folgt ermitteln:

$$GK_j^{lgf} = GK_j^{kzf}(x_j)$$

$$\frac{2w_j^{0,5}r_j^{0,5}}{F_j} = \frac{2w_j x_j}{F_j^2 \overline{R}_j} \bigg| \cdot R$$

$$\frac{R \, 2w^{0,5}\overline{r}^{0,5}}{F} = \frac{2wx}{F^2 \overline{R}} \bigg| \frac{F}{2w^{0,5}\overline{r}^{0,5}}$$

$$\boxed{R_j^*(x_j) = \frac{w_j^{0,5} x_j}{F_j r_j^{0,5}} = F_j^{-1} w_j^{0,5} r_j^{-0,5} x_j \quad \text{optimaler Realkapitaleinsatz} \quad [12\text{-}42]}$$

Abb. 12-9: Auswirkung des optimalen Realkapitaleinsatzes

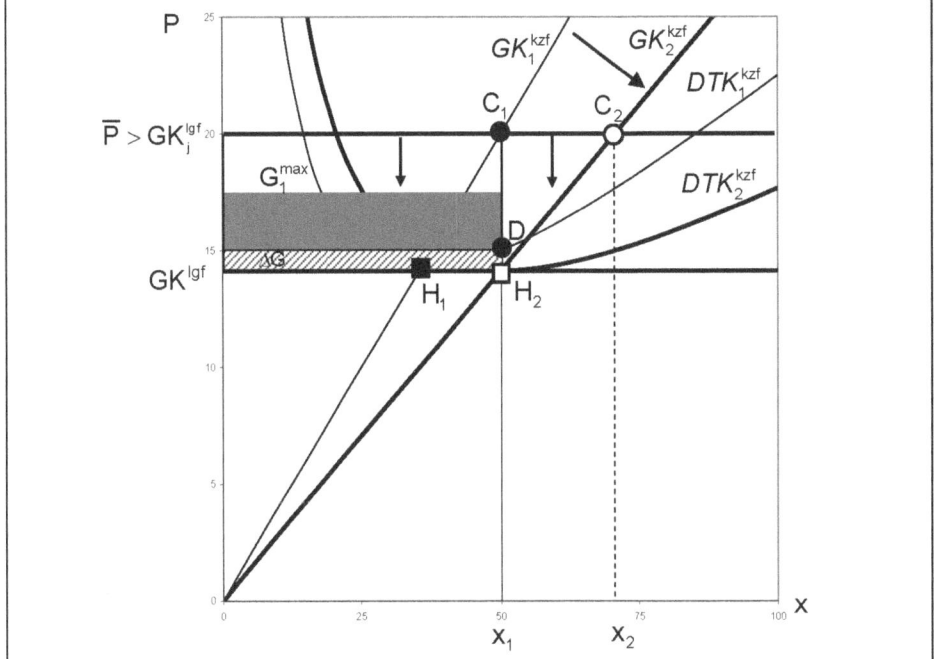

Zahlebeispiel für $x_j = 50, F_j = 1, w_j = 200, r_j = 0{,}25$:

$$R_j^*(x_j = 50) = \sqrt{\frac{200}{0{,}25}} \cdot 50 = 1414$$

Der bisher angenommene Realkapitaleinsatz von $\overline{R} = 1000$ ist also suboptimal und muss auf $R^* = 1414$ erhöht werden. Wird diese kostenminimierende Realkapitalerhöhung vorgenommen, führt dies zwar dazu (vgl. Abb. 12-9), dass die bisherige Angebotsmenge x_1 im neuen Betriebsoptimum H_2 produziert wird. Simultan senkt dies jedoch die kurzfristigen Grenzkosten von GK_1^{kzf} auf $GK2_1^{kzf}$, so dass das bisherige kurzfristige Unternehmensgleichgewicht in C_1 dadurch gestört ist. Bei unverändertem Marktpreis müsste der betrachtete Anbieter nun die Angebotsmenge auf x_2 steigern, um wiederum sein kurzfristiges Gewinnmaximum in C_2 zu realisieren. Der **Marktpreis wird jedoch bei gegebener Marktnachfrage sinken**, weil alle Anbieter in der gleichen Lage waren und durch die parallele Erhöhung des Realkapitaleinsatzes die kurzfristigen Grenzkosten aller Anbieter sinken und infolgedessen das **Gesamtangebot der Branche steigt**. Der Angebotssteigerungsprozess kommt aufgrund des langfristigen Gewinnstrebens der Anbieter erst zum Stillstand, wenn das *DTK*-Minimum bzw. das langfristige Grenzkostenniveau GK^{lgf} aller produzierenden

Unternehmungen erreicht ist (vgl. Abb. 12-10). Im Punkt C^* fallen nun kurz- und langfristiges Unternehmensgleichgewicht zusammen, wobei jedoch der Gewinn auf Null zusammengeschmolzen ist.

Abb. 12-10: Anbieterlage im langfristigen Marktgleichgewicht

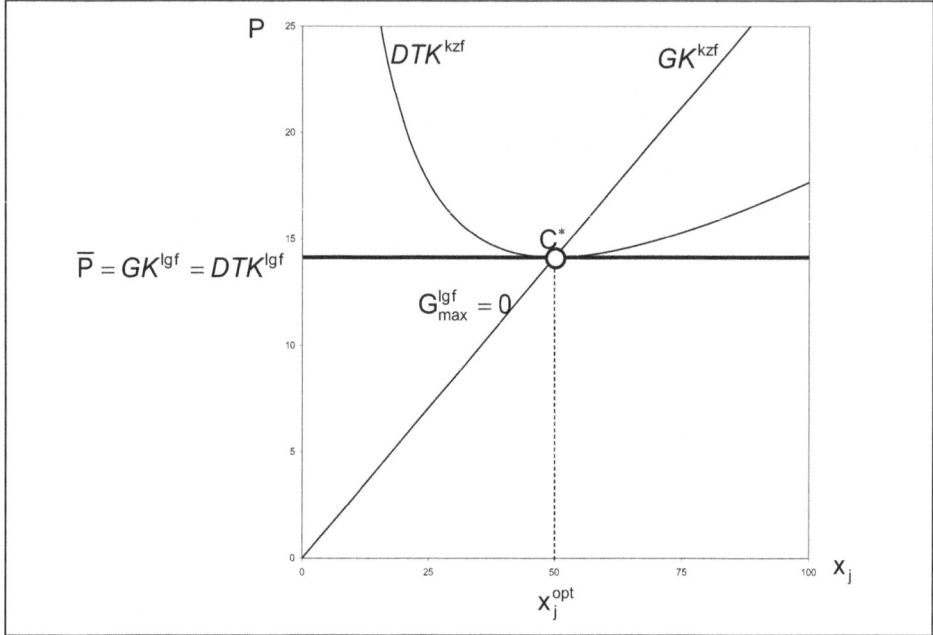

(3) Markzutritt und Marktaustritt

Eine **Verstärkung des Anpassungsprozesses** zum langfristigen Gleichgewicht ergibt sich in einer **Ausgangslage mit (Über-)Profiten** dadurch, dass nicht nur etablierte Anbieter ihren Faktoreinsatz optimieren, sondern auch potenzielle Wettbewerber aufgrund der (noch) lukrativen Gewinnlage einen **Markzutritt** planen und realisieren. Wie wir nämlich im vorgehenden Abschnitt gesehen haben, bewirkt auch eine Zunahme der Anbieterzahl ein Sinken des Marktpreises. Da ein Marktzutritt sich nicht mehr lohnt, wenn der Marktpreis auf das kurz- und langfristige DTK-Minimum bzw. auf die langfristigen Grenzkosten gesunken ist, wird dieser schließlich verebben.

Umgekehrt werden **Marktaustritte** stattfinden, wenn die durch eine (nicht koordinierte) Parallelplanung von Realkapitaloptimierungen alter Anbieter und von Marktzutritten neuer Anbieter bewirkte Angebotssteigerung kurzfristig zu einem **Marktpreis unterhalb des langfristigen Gleichgewichtspreises** führen und damit **kurzfristig Verluste** zu beklagen sind. Der Markt findet so durch eine Reduzierung der Anbieterzahl wieder zum langfristigen Gleichgewicht zurück. Unterstützt wird diese Tendenz wiederum durch das Streben nach Kostenminimierung, weil die verbleibenden Anbieter ihren Realkapitaleinsatz mit der verlustminimierenden Absatzmenge reduzieren werden. Dies wiederum hat eine Erhöhung der Grenzkosten sowie einen Rückgang des Angebots zur Folge, sodass im Zuge einer Preiserhöhung schließlich wieder ein **langfristiges Marktgleichgewicht in Höhe der langfristigen Grenzkosten** erreicht wird.

(4) Bestimmung des langfristigen Gleichgewichts

(a) graphisch

Das langfristige Marktgleichgewicht lässt sich graphisch durch den **Schnittpunkt Q^* der horizontal verlaufenden langfristigen Grenzkostenkurve mit der Nachfragekurve** bestimmen (vgl. Abb. 12-11). Dass im langfristigen Gleichgewicht simultan kurzfristiges Gleichgewicht herrscht, lässt sich daran erkennen, dass die kurzfristige Angebotskurve aller Anbieter x^{A*} ebenfalls durch diesen Schnittpunkt läuft.

Solange noch kein langfristiges Gleichgewicht herrscht, verläuft die kurzfristige Gesamtangebotskurve entweder steiler (vgl. x_1^A) oder flacher (vgl. x_2^A), was zu einem kurzfristig höheren Marktpreis P_1^A bzw. niedrigeren Marktpreis P_2^A als P^* führt.

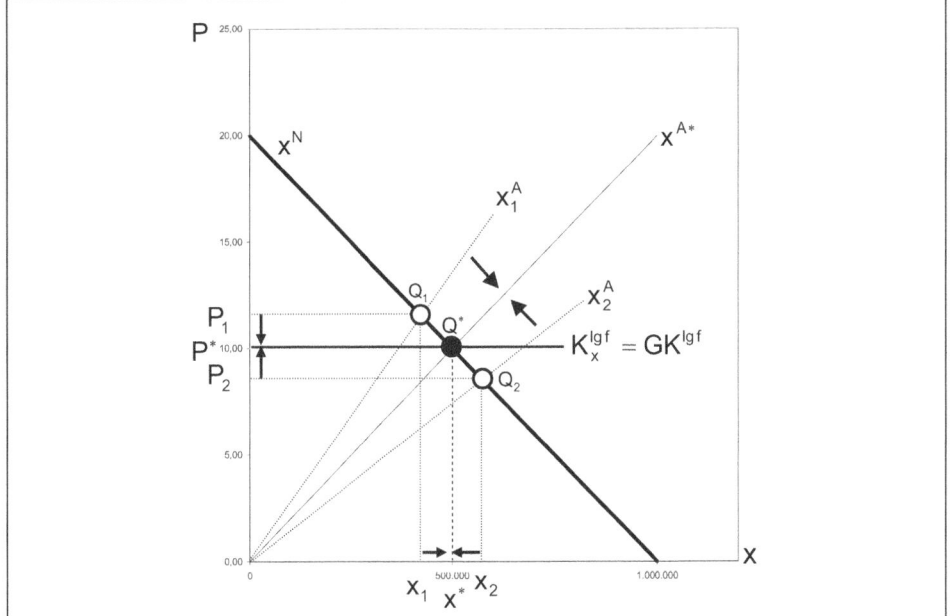

Abb. 12-11: Langfristiges Gleichgewicht bei vollkommener Konkurrenz

Die oben beschriebenen Anpassungsprozesse (Realkapitaloptimierung und Markzutritt bzw. -austritt) bewirken die zum langfristigen Gleichgewicht führende Drehung der kurzfristigen Angebotskurven x_1^A nach unten bzw. x_2^A nach oben auf die durch die langfristig gleichgewichtige Preis-Mengen-Kombination $Q^*(P^*, x^*)$ verlaufende

x^{A^*}-Kurve. Entsprechende Preis- und Mengenanpassungen führen von Q_1 bzw. Q_2 in den Punkt Q^*.

(b) analytisch

Da das langfristige Marktgleichgewicht also (bei hier angenommenen konstanten Skalenerträgen) durch **die konstanten langfristigen Grenzkosten** der Unternehmungen bestimmt ist, **definieren** diese auch **den langfristigen Marktpreis P^***:

$$P^* = K_x^{lgf} = \frac{2w^{0,5}r^{0,5}}{F} \quad \text{langfristiger Marktpreis} \qquad [12\text{-}43]$$

Daraus folgt, dass der langfristige Marktpreis **nur (positiv) von den Faktorpreisen und (negativ) von der allgemeinen Faktorproduktivität abhängt**:

$$P^* = P^*(\overset{\oplus}{w}, \overset{\oplus}{r}, \overset{(-)}{F}). \qquad [12\text{-}44]$$

Bemerkenswerterweise haben **weder die Anbieterzahl noch irgendwelche Nachfrageparameter einen langfristigen Preiseinfluss!**

Durch die Determinanten der Marktnachfrage mitbeeinflusst sind demgegenüber die im langfristigen Marktgleichgewicht erzielten Gütermengen. Dies zeigt sich, wenn man die langfristige Gleichgewichtsmenge durch Einsetzen in die Marktnachfragefunktion [12-17] ermittelt:

$$x^* = x^*(P^*) = a_i N - b_i N P^*$$

$$x^* = a_i N - \frac{2b_i N w^{0,5} r^{0,5}}{F} \quad \text{langfristige Gleichgewichtsmenge} \qquad [12\text{-}45]$$

Die Vorzeichen der partiellen Ableitungen zeigen folgende Abhängigkeiten:

$$x^* = x^*(\overset{\oplus}{a_i}, \overset{(-)}{b_i}, \overset{\oplus}{N}, \overset{(-)}{w}, \overset{(-)}{r}, \overset{\oplus}{F}). \qquad [12\text{-}46]$$

Eine Zunahme der Sättigungsmengen a_i und der Nachfragerzahl N beeinflussen die Marktnachfrage und damit die Gleichgewichtsmenge positiv, während eine Zunahme der Preisreagibilität b_i einen negativen Mengeneffekt auslöst. Die Erhöhung der Faktorpreise w und r wirken sich im Vergleich dazu kosten- und preistreibend und schließlich mengenbeschränkend aus, während die Zunahme der allgemeinen Faktorproduktivität F einen kosten- und preissenkenden und demzufolge mengensteigernden Einfluss hat.

(4) Bedeutung der Anbieterzahl für das Konkurrenzgleichgewicht

Wie wir gerade festgestellt haben, hat die **Anbieterzahl bei konstanten Skalenerträgen auf das langfristige Gleichgewicht bei vollkommener Konkurrenz keinen Einfluss**, obwohl erstaunlicher die Anbieterzahl über Marktzutritte und Marktaustritte den Anpassungsprozess vom kurzfristigen zum langfristigen Marktgleichgewicht wesentlich mitbestimmen kann. Dieser Anpassungsprozess würde aber auch funktionieren, wenn der Markt geschlossen und die Anbieterzahl gegeben wäre. Denn die Produktionstechnologie lässt bei konstanten Skalenerträgen und Störungen des langfristigen Gleichgewichts stets eine langfristige Optimierung der Produktions- und Angebotsmengen mit dem Ergebnis zu, dass **jede Unternehmung auf dem Niveau des langfristigen Marktpreises im Betriebsoptimum** operiert.

Da dies bei konstanten Skalenerträgen unabhängig von der Produktionsmenge gilt, stellt sich die Frage, ob es überhaupt einen Mechanismus gibt, der eine die Marktform erhaltende Anbieterzahl mit dem Zwang zur Mengenanpassung sichert. Denn wenn jeder Anbieter sich einer „unendlich" großen Nachfrage gegenübersieht, könnte er auch ein Betriebsoptimum in einer Größenordnung realisieren, die ihm einen merklichen Einfluss auf den Marktpreis ermöglicht und ihm eine teilmonopolistische oder oligopolistische Marktstellung verschafft. Mit anderen Worten trägt die Tatsache, dass **bei konstanten Skalenerträgen die Unternehmensgröße langfristig kostenneutral zu variieren** ist, nicht gerade zur Stabilität der Marktform bei. Da jede Marktstruktur prozessual aus einem marktbegründenden Monopol entsteht und nicht gleich mit vielen kleinen Anbietern als vollkommene Konkurrenz „vom Himmel fällt", drängt sich vor diesem Hintergrund die Frage auf, wie durch laufende Marktzutritte aus einem prozessualen Monopol über das Zwischenstadium eines homogenen Oligopols überhaupt die Anbieterzahl dermaßen zunehmen kann, dass die oligopolistische Interdependenz schließlich ab einer „kritischen" Anbieterzahl verloren geht. Wir werden diese interessante **Frage des „Übergangs" vom homogenen Oligopol zum homogenen Polypol** im Rahmen der Marktzutrittsanalyse im Kapitel Preisbildung im Oligopol noch einmal aufgreifen.

12.5 Konsumenten- und Produzentenrente

Eine **wohlfahrtsökonomische Interpretation** des Marktgleichgewichts bei vollkommener Konkurrenz besteht in der Feststellung, dass der Gleichgewichtspreis sowohl auf der Nachfrageseite als auch auf der Angebotsseite zu Vorteilen führt.

Die Konsumenten als Nachfrager wären nämlich zum Teil bereit gewesen, einen höheren Preis als den Gleichgewichtspreis für das betrachtete Gut zu zahlen. Denn die erste minimale Nachfrage würde aufgrund der Definition der Marktnachfrage bereits dann entstehen, wenn der Marktpreis gerade nur eine minimale Geldeinheit g_{min} (einen Cent) geringer wäre als der Prohibitivpreis P^h.

Dieser Preis (vgl. Abb.12-12) definiert die individuelle maximale Preisbereitschaft P_i^{max} eines oder mehrerer Nachfrager. Die Differenz zwischen dem individuellen Maximalpreis P_i^{max} und dem tatsächlich gezahlten Marktpreis P^M ist die **individuelle Konsumentenrente** KR_i für diese Mengeneinheit.

$$KR_i = P_i^{max} - P^M \geq 0 \qquad [12\text{-}47]$$

Sinkt der Marktpreis um eine weitere minimale Geldeinheit, akzeptieren weitere Konsumenten diesen Preis usw., sodass die Fläche des Dreiecks $\Delta P^h M P^M$ die gesamte **Konsumentenrente des Marktes** KR^M darstellt.

$$KR^M = \frac{(P^h - P^M)x^M}{2} \qquad [12\text{-}48]$$

Abb. 12-12: Konsumenten- und Produzentenrente

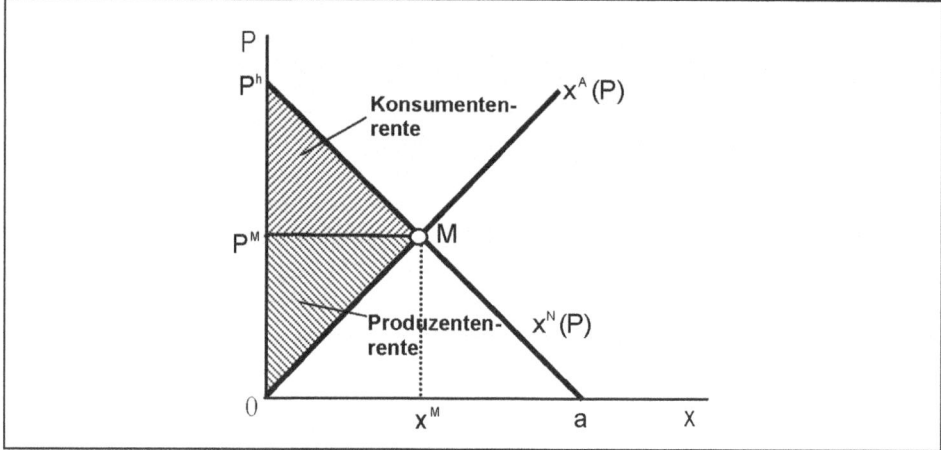

Auch die Produzenten, die bereit wären, ihre Herstellmenge zu einem geringeren Preis als dem herrschenden Marktpreis anzubieten, erzielen eine **individuelle Produzentenrente** PR_j in Höhe der Differenz zwischen dem tatsächlichen Stückerlös P^M und ihrem individuellen Preisminimum P_j^{min}.

$$PR_j = P^M - P_j^{min} \geq 0 \qquad [12\text{-}49]$$

Die Summe aller individuellen Produzentenrenten entspricht der Fläche des Dreiecks $\Delta 0MP^M$, dessen Inhalt die gesamte **Produzentenrente des Marktes** PR^M angibt.

$$PR^M = \frac{P^M x^M}{2} = \frac{E^M}{2} \qquad [12\text{-}50]$$

Sie entspricht in diesem Spezialfall einer durch den Ursprung verlaufenden linearen Gesamtangebotskurve der **Hälfte des Markterlöses** E^M.

12.5 Konsumenten- und Produzentenrente

„Es lässt sich nachweisen, dass beim Gleichgewichtspreis P^M die Summe aus Konsumenten- und Produzentenrente maximal ist und **staatliche Eingriffe in die Preisbildung** somit **wohlfahrtsmindernd** wirken" (Siebke, 2003, S. 84, eigene Hervorhebung). Dies lässt sich am **Beispiel eines staatlichen Mindestpreises** zeigen (vgl. Abb. 12-13). Schreibt der Staat auf dem Markt den Mindestpreis P^S_{min} vor, um die Produzenten zu unterstützen, resultiert daraus zunächst eine **schlechtere Güterversorgung** ($x^S < x^M$). Die **Konsumentenrente** sinkt auf das Dreieck $\Delta P^S_{min} S P^h$. Das Dreieck ΔSTM geht dabei ganz verloren, während das Viereck $P^S_{min} STP^M$ als zusätzliche **Produzentenrente an die Anbieter umverteilt** wird. Dafür verlieren die Produzenten die Rente in dem Dreieck ΔTMU, stehen sich aber offensichtlich aufgrund der Umverteilung per saldo besser als ohne Staatseingriff. Unter dem Strich geht als Folge der schlechteren Güterversorgung und Ressourcenallokation als **gemeinsamer Verlust (soziale Kosten)** das gesamte Dreieck $\Delta SUM = \Delta STM + \Delta MTU$ verloren. (Analoge Wohlstandseffekte entstehen bei staatlichen Höchstpreisen: Umverteilung zu Gunsten der Konsumenten plus soziale Verluste).

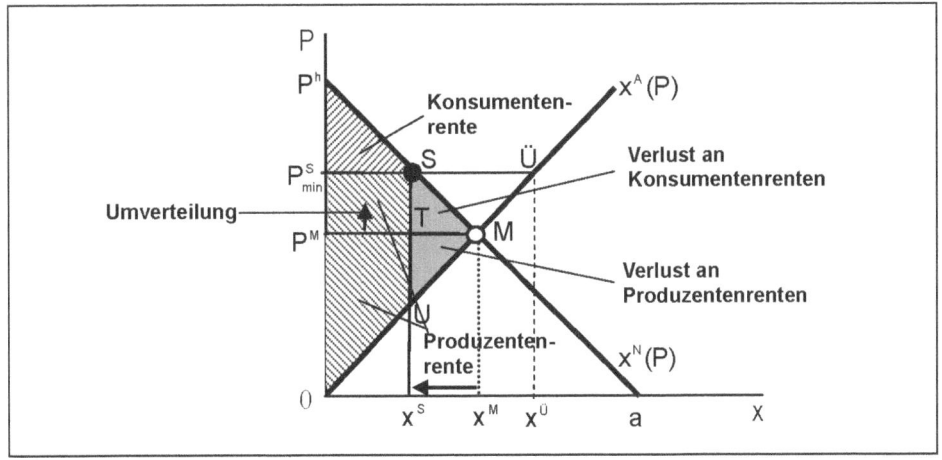

Abb. 12-13: Auswirkung eines staatlichen Mindestpreises

Der **Effizienzverlust des staatlichen Markteingriffes** wird jedoch noch dadurch gesteigert, dass die Produzenten durch den im Vergleich zum Gleichgewichtspreis überhöhten Interventionspreis zu einer **Überschussproduktion** $x^Ü = x^A(P^S_{min})$ angeregt. Beim staatlichen Mindestpreis P^S_{min} ist nämlich die Nachfrage um die Differenz $x^Ü - (x^S = x^N(P^S_{min}))$ kleiner als das Angebot. Da der Staat die Überschussproduktion aufkaufen und lagern oder vernichten muss, entstehen weitere gesellschaftliche Kosten des Staatseingriffes (vgl. ebendort, S 84 ff.).

12.6 Praktische und theoretische Bedeutung der Marktform

Wenn man sich als Student mit dem theoretisch durchaus anspruchsvollen **Modell der vollkommenen Konkurrenz** als Lernstoff auseinandersetzen muss, drängt sich natürlich die Frage nach dem Aussagewert dieser Theorie auf. Denn dass die Vollkommenheitsannahmen **in der Realität nicht vorzufinden** sind, bestreiten ihre theoretischen Verfechter im Normalfall nicht. Auch in der Theorie gilt das homogene Polypol nur als eine **ideale Marktform**, aber bei überzeugten Vertretern immerhin als eine solche, der man sich in der Realität annähern sollte. Außer als ein **normatives Modell der Wettbewerbspolitik** dient die vollkommene Konkurrenz in der Marktformenlehre und insbesondere in der Preis- und Wettbewerbstheorie als **didaktisch wichtiges Referenzmodell**, mit dem die realtypischen Marktformen des Monopols und Oligopols im Vergleich besser herausgearbeitet werden können.

Auch wenn sich die Vollkommenheitskriterien des Modells in der Realität nicht in „Reinkultur" erfüllen lassen, so ist doch die **Mengenanpassung in der Realität eine sehr häufig beobachtbare Verhaltensweise** – überall dort nämlich, wo Anbietern im Markt der Einfluss auf den Marktpreis „von oben" genommen wird. Dies ist für fast alle **Verkaufsstellen der großen Einzelhandelsfilialisten** der Fall, die im Regelfall den Ladenverkaufspreis von der „Zentrale" vorgeschrieben bekommen und insofern im örtlichen Wettbewerb zur Mengenanpassung gezwungen sind. Weiter gilt dies für **Verkäufer von Artikeln mit vertikaler Preisbindung** (Arzneimitteln und Verlagserzeugnissen). Und schließlich für alle **Anbieter von Gütern mit wirksam durch den Staat fixierten Preisen**.

Die in diesen Fällen von den nicht preisautonomen Akteuren notgedrungen zu betreibende Mengenanpassung erklärt zwar nicht die Preisbildung der von ihnen angebotenen Güter (Darüber entscheidet ja der Preisfixierer!), aber das Modell der vollkommenen Konkurrenz vermittelt zumindest das für gewinn- maximierende Mengenanpasser optimale **Motto: „Verkaufe (bei steigenden Grenzkosten) so viel, bis der Preis mit den Grenzkosten übereinstimmt!"**

13 Preisbildung im Monopol

Lernziele — Dieses Kapitel vermittelt:

- welche Preise ein absoluter Monopolist setzt, um seinen Gewinn kurz- und langfristig zu maximieren,
- von welchen Determinanten der Monopolpreis abhängt und
- wie das Monopolgleichgewicht von unterschiedlichen Skalenerträgen beeinflusst wird.

13.1 Kurzbeschreibung der Marktform

Das „**Monopol**" ist abgesehen von dem Mindestmerkmal eines einzigen aktuellen Anbieters keineswegs eine einheitliche definierte Marktform, weil damit durchaus unterschiedliche Zusatzannahmen über das Produktangebot des Monopolisten, die Struktur seiner Nachfrager und über die Markzutrittsmöglichkeiten verbunden sein können. Das „klassische" oder **„absolute" Monopol** ist charakterisiert durch

- einen einzigen aktuellen Anbieter (Monopol);
- viele kleine Nachfrager (Polypson);
- ein (homogenes) Ein-Produkt-Angebot;
- einen geschlossenen Markt (Ausschluss potenzieller Wettbewerber durch staatliche garantierte Marktzutrittsbeschränkung).

13.2 Preis-Absatz-Funktion des Monopolisten

Wenn der betrachtete Monopolist nur ein Produkt anbietet, ist dieses ex definitione „in sich" homogen. Von Qualitätsschwankungen der Produkte (z.B. dem berüchtigten „Montagsauto") wird abgesehen. Insofern lässt sich die für die vollkommene Konkurrenz ermittelte Marktnachfrage ohne Einschränkungen auch auf das Monopol übertragen. Gleichwohl wird die Nachfrage des Monopolisten nicht als seine „Marktnachfrage", sondern als **„Preis-Absatz-Funktion" des Monopolisten** bezeichnet. Damit soll deutlich gemacht werden, dass der **Monopolist** im Unterschied zu den vielen kleinen vollkommenen Konkurrenten **nicht Preisnehmer, sondern Preissetzer** ist. Der **Monopolpreis** ist mit anderen Worten als sein **Aktionsparameter** (unabhängige Variable) und die **Absatzmenge** als sein **Erwartungsparameter** (abhängige Variable) zu begreifen. Die in der lehrbuchmäßigen Monopolanalyse angenommene **Standardform einer linearen monopolistischen Preis-Absatz-Funktion** (vgl. die zugehörige Preis-Absatz-Kurve in Abb. 5-1) lautet entsprechend:

$$x = x(P) = a - bP \text{ für } 0 \leq P \leq P^h = \frac{a}{b} \text{ mit } a > 0 \text{ und } b > 0. \qquad [13\text{-}1]$$

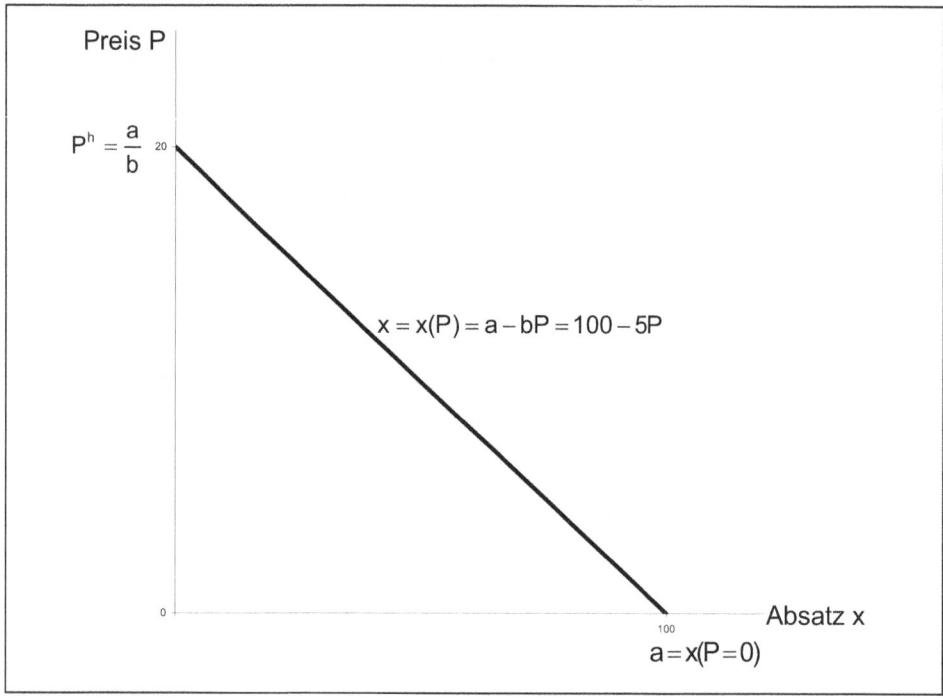

Abb. 13-1: Preis-Absatz-Kurve des Monopolisten

13.3 Erlösfunktion des Monopolisten

Die zu dieser linearen Preis-Absatz-Funktion gehörende **Erlösfunktion** ermitteln wir über die **Definitionsgleichung**

$$E = P \cdot x, \qquad [13\text{-}2]$$

indem wir P durch P(x) ersetzen

$$E(x) = x \cdot P(x), \qquad [13\text{-}3]$$

die Preis-Absatz-Funktion [13-1] nach P auflösen

$$P(x) = \frac{a}{b} - \frac{x}{b} \qquad [13\text{-}4]$$

und das Ergebnis in [13-3] einsetzen. So erhalten wir die (quadratische) **Erlösfunktion**, d.h. den Erlös in Abhängigkeit von der Absatzmenge:

$$E(x) = x\left(\frac{a}{b} - \frac{x}{b}\right) = \frac{ax}{b} - \frac{x^2}{b}.$$ [13-5]

Die zugehörige **Erlöskurve** (vgl. Abb. 13-2) hat die Form einer nach unten geöffneten Parabel („Zuckerhut") und erreicht im Punkte B' einen Extremwert, also das **Erlösmaximum**. Die **erlösmaximale Preis-Mengen-Kombination des Monopolisten B** ermittelt sich dabei wie im Folgenden dargestellt.

13.4 Erlösmaximaler Monopolpreis

Zur Ermittlung des Erlösmaximums im Monopol bilden wir (durch Ableitung nach x) die lineare **Grenzerlösfunktion**, setzen das Ergebnis gleich Null und lösen nach x auf:

$$E_x = \frac{a}{b} - \frac{2x}{b} \stackrel{!}{=} 0 \Rightarrow \frac{a}{b} = \frac{2x}{b}$$ [13-6]

$$\boxed{x^B = \frac{a}{2}} \quad \text{erlösmaximaler Monopolabsatz} \quad [13\text{-}7]$$

Durch Einsetzen von [13-7] in [13-4] lässt sich schließlich der zur Erzielung des Erlösmaximums zu verlangende Preis bestimmen:

$$P = \frac{a}{b} - \frac{a}{2b}$$

$$\boxed{P^B = \frac{a}{2b}} \quad \text{erlösmaximaler Monopolpreis} \quad [13\text{-}8]$$

Zahlenbeispiel ($a = 100$, $b = 5$):

$$x(P) = 100 - 5P \Rightarrow P(x) = 20 - 0{,}2x \Rightarrow E(x) = x(20 - 0{,}2x) = 20x - 0{,}2x^2$$

$$E_x = 20 - 0{,}4x \stackrel{!}{=} 0 \Rightarrow x^B = 50 \Rightarrow P^B = 20 - 0{,}2x^B = 10$$

Abb. 13-2: Erlös, Grenzerlös und Erlösmaximierung im Monopol

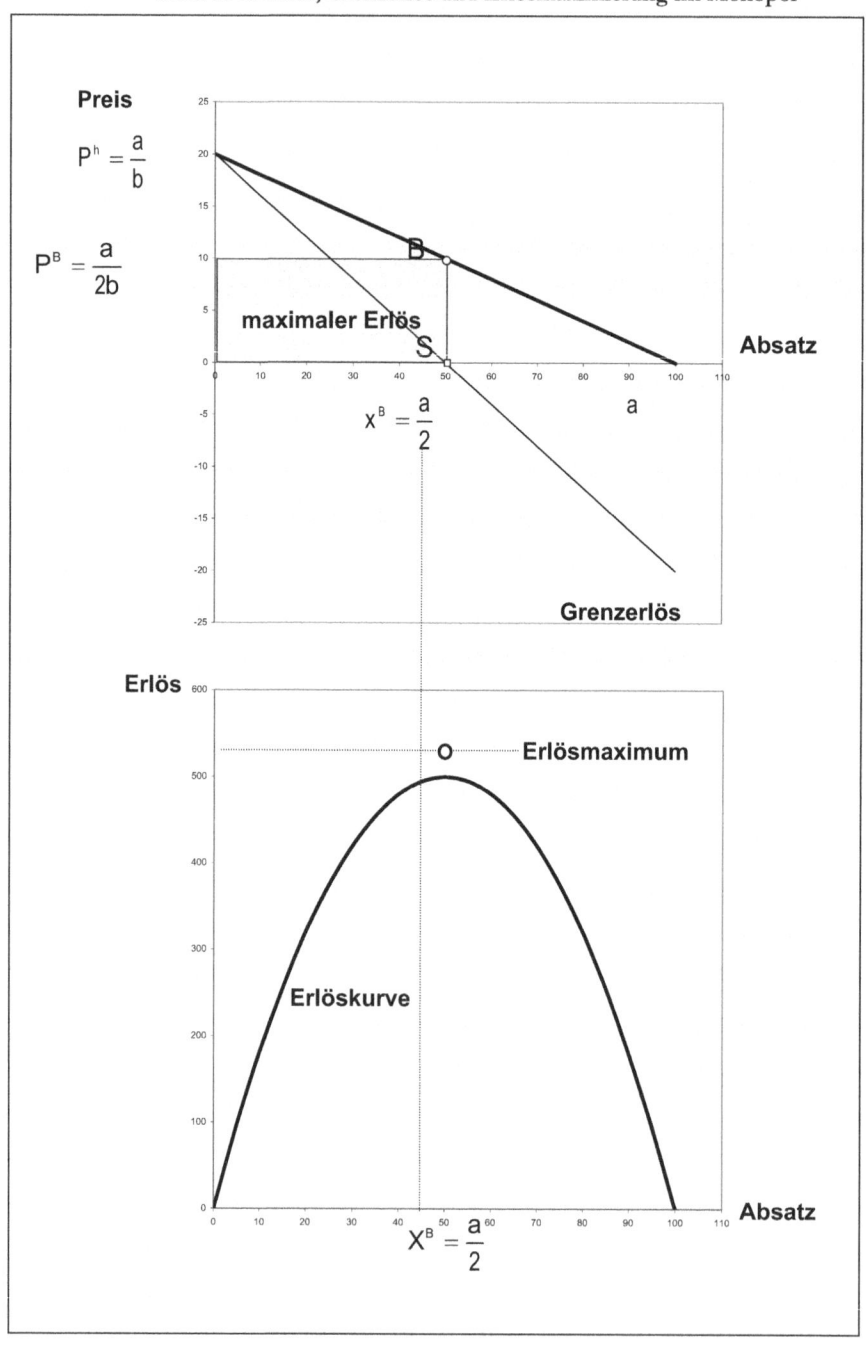

Die **graphische Ermittlung der erlösmaximalen Preis-Mengen-Kombination** vollzieht sich **in zwei Schritten:**

① Im **Schnittpunkt S der Grenzerlöskurve mit der x-Achse** erhält man die **erlösmaximale Menge** x^B, welche die halbe Sättigungsmenge des Monopolmarktes darstellt.

② **Das Lot über S schneidet die Preis-Absatz-Kurve im Punkte B,** zu dem auf der Preisachse ablesbar der **erlösmaximale Monopolpreis** P^B gehört, welcher dem halben Prohibitivpreis entspricht.

13.5 Kurzfristig gewinnmaximale Preispolitik im Monopol

13.5.1 Bei steigenden kurzfristigen Grenzkosten

Bei **Annahme einer linearen kurzfristigen Grenzkostenfunktion**

$$K_x^{kzf}(x) = \overline{K}_{xx}^{kzf} x \text{ mit } \overline{K}_{xx}^{kzf} = \text{konst.} > 0 \qquad [13\text{-}9]$$

lässt sich die zu erfüllende allgemeine Gewinnmaximierungsbedingung

$$E_x \stackrel{!}{=} K_x^{kzf} \text{ (Grenzerlös = Grenzkosten)}, \qquad [12\text{-}30]$$

hier wie folgt spezifizieren:

$$\frac{a}{b} - \frac{2x}{b} = K_{xx}^{kzf} x. \qquad [13\text{-}10]$$

Die aus dieser Gleichgewichtsbedingung herzuleitende **kurzfristig gewinnmaximale Preis-Mengen-Kombination** wird nach ihrem Entdecker, dem französischen Mathematiker, Philosophen und Nationalökonomen **Antoine Augustin Cournot (1801-1877)**, „Cournotscher" Punkt $C(P^C, x^C)$ genannt. Seine Mengenkomponente x^C, die „**Cournot-Menge**" lässt sich durch Auflösung von [13-10] nach x ermitteln:

$$K_{xx}^{kzf} x + \frac{2x}{b} = \frac{a}{b} \Rightarrow x\left(K_{xx}^{kzf} + \frac{2}{b}\right) = \frac{a}{b} \Rightarrow x = \frac{a}{b}\left(\frac{1}{K_{xx}^{kzf} + \frac{2}{b}}\right)$$

$$\boxed{x^C = \frac{a}{2 + bK_{xx}} = \frac{a_i N}{2 + \frac{2b_i Nw}{F^2 \overline{R}}} \quad \text{Cournotmenge bei steigenden GK}} \qquad [13\text{-}11]$$

Diese kurzfristig gewinnmaximale [13-11] ist in die Preisgleichung [13-4] einzusetzen

$$P(x) = \frac{a}{b} - \frac{x}{b} = \frac{a}{b} - \frac{a}{b(2 + bK_{xx}^{kzf})}$$

und bestimmt so den zugehörigen gewinnmaximalen Monopolpreis:

$$P^C = \frac{a}{b} - \frac{a}{2b + b^2 K_{xx}} = \frac{a_i}{b_i} - \frac{a_i}{2b_i + \frac{2b_i^2 N \overline{w}}{F^2 \overline{R}}} \quad \text{Cournotpreis bei steig. GK} \qquad [13\text{-}12]$$

13.5.2 Bei konstanten Grenzkosten

Bei **linearer kurzfristiger Kostenfunktion** und infolgedessen **kurzfristig konstanten Grenzkosten** folgen demgegenüber über die erste Gewinnmaximierungsbedingung

$$\frac{a}{b} - \frac{2x}{b} = K_x \qquad [13\text{-}13]$$

analog die kurzfristig gewinnmaximale Menge

$$x^C = \frac{a}{2} - \frac{bK_x}{2} = \frac{a_i N}{2} - \frac{b_i N \overline{w}}{2F \overline{R}} \quad \text{Cournotmenge bei konstanten GK} \qquad [13\text{-}14]$$

sowie der kurzfristig gewinnmaximale Monopolpreis

$$P^C = \frac{a}{2b} + \frac{K_x}{2} = \frac{a_i}{2b_i} + \frac{\overline{w}}{2F\overline{R}} \quad \text{Cournotpreis bei konstanten GK} \qquad [13\text{-}15]$$

13.5.3 Graphische Bestimmung des Cournot-Punktes

Entsprechend der allgemeinen Gewinnmaximierungsbedingung sind in beiden Fällen die gewinnmaximalen Preis-Mengen-Kombinationen **über den Schnittpunkt S der Grenzerlöskurve mit der ansteigenden bzw. horizontalen Grenzkostenkurve** zu ermitteln (vgl. Abb. 13-3). Die auf S zu errichtende Senkrechte trifft auf der Preis-Absatz-Kurve jeweils auf den gesuchten **Cournotschen Punkt C**. Dieser liegt, solange die Grenzkosten annahmegemäß positiv sind, bemerkenswerter Weise stets **links oberhalb der erlösmaximalen Preis-Absatz-Kombination B**.

13.5 Kurzfristig gewinnmaximale Preispolitik im Monopol

Abb. 13-3: Kurzfristiges Gewinnmaximum im Monopol

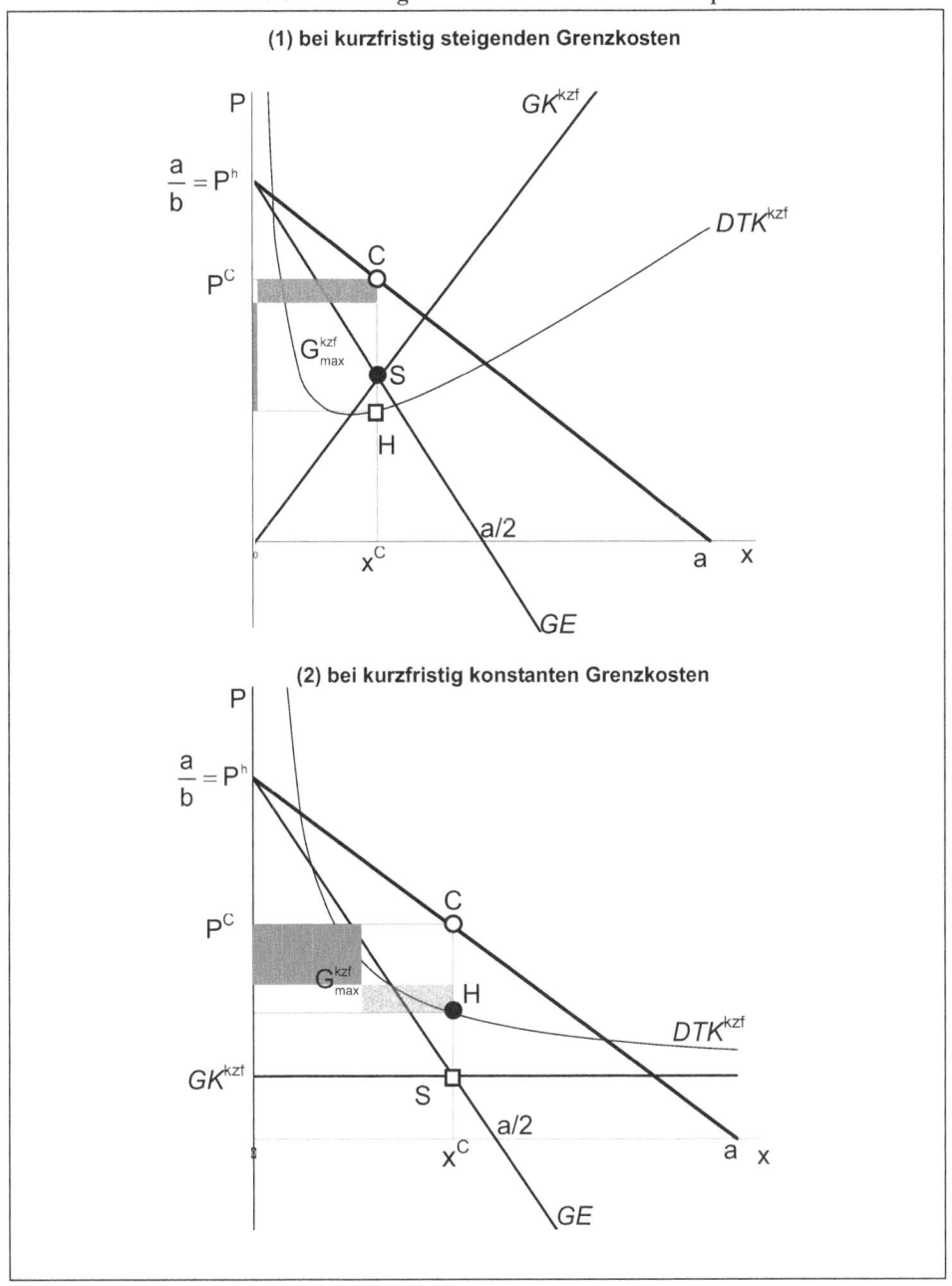

13.5.4 Zahlenbeispiel

(1) für kurzfristig steigende Grenzkosten

$x(P) = 100 - 5P$ Preis-Absatz-Funktion

$E(x) = 20x - \dfrac{x^2}{5}$ Erlösfunktion

$K^{kzf}(x) = 75 + \dfrac{x^2}{3}$ kurzfristige Kostenfunktion

$G^{kzf}(x) = -75 + 20x - \dfrac{8x^2}{15}$ kurzfristige Gewinnfunktion

$P^C = \dfrac{100}{5} - \dfrac{100}{2 \times 5 + 5^2 \times 2/3} = 16{,}25$ gewinnmaximaler Preis

$x^C = \dfrac{100}{2 + 5 \times 2/3} = 18{,}75$ gewinnmaximaler Absatz

$E(P^C, x^C) = 16{,}25 \times 18{,}75 = 304{,}69$ Erlös im Gewinnmaximum

$K^{kzf}(x^C) = 75 + \dfrac{18{,}75^2}{3} = 192{,}19$ kurzfristige Kosten

$G^{max}_{kzf} = 304{,}69 - 192{,}19 = 112{,}5$ kurzfristig maximaler Gewinn

(2) für kurzfristig konstante Grenzkosten

$x(P) = 100 - 5P$ Preis-Absatz-Funktion

$E(x) = 20x - \dfrac{x^2}{5}$ Erlösfunktion

$K^{kzf}(x) = 75 + 10x$ kurzfristige Kostenfunktion

$G^{kzf}(x) = -75 + 10x - \dfrac{x^2}{5}$ kurzfristige Gewinnfunktion

$P^C = \dfrac{100}{2 \times 5} + \dfrac{10}{2} = 10 + 5 = 15$ gewinnmaximaler Preis

$x^C = \dfrac{100}{2} - \dfrac{5 \times 10}{2} = 50 - 25 = 25$ gewinnmaximaler Absatz

$E(P^C, x^C) = 15 \times 25 = 375$ Erlös im Gewinnmaximum

$K^{kzf}(x^C) = 75 + 10 \times 25 = 325$ kurzfristige Kosten

$G^{kzf}_{max} = 375 - 325 = 50$ kurzfristig maximaler Gewinn

13.6 Kurzfristige Preisreaktionen im Monopol

13.6.1 Bei kurzfristig steigenden Grenzkosten

(1) Nachfragedeterminanten des kurzfristigen Monopolpreises, die über den Grenzerlös wirksam werden, sind a_i, b_i und N (vgl. Abb. 13-4). Die Vorzeichen der partiellen Ableitungen in [13-12a] zeigen an, dass der Monopolist seinen kurzfristig gewinnmaximalen Preis erhöhen muss, wenn (c. p.) die individuellen Sättigungsmengen a_i zunehmen, die individuelle Preisreagibilität b_i der Nachfrager nachlässt oder die Nachfragerzahl N steigt. Weil in allen drei Fällen die Monopolnachfrage zunimmt, steigt dabei simultan auch der Monopolabsatz.

$$P^C = \frac{a_i}{b_i} - \frac{a_i}{2b_i + \frac{2b_i^2 Nw}{F^2 \overline{R}}} \quad [6\text{-}12] \Rightarrow P^C = P^C(\overset{\oplus}{a_i}, \overset{-}{b_i}, \overset{\oplus}{N}, \overset{-}{F}, \overset{\oplus}{w}, \overset{-}{R}) \quad [6\text{-}12a]$$

$$x^C = \frac{a_i N}{2 + \frac{2b_i Nw}{F^2 \overline{R}}} \quad [6\text{-}11] \Rightarrow x^C = x^C(\overset{\oplus}{a_i}, \overset{-}{b_i}, \overset{\oplus}{N}, \overset{\oplus}{F}, \overset{-}{w}, \overset{\oplus}{R}) \quad [6\text{-}11a]$$

Abb. 13-4: Monopolpreisdeterminanten bei steigenden Grenzkosten

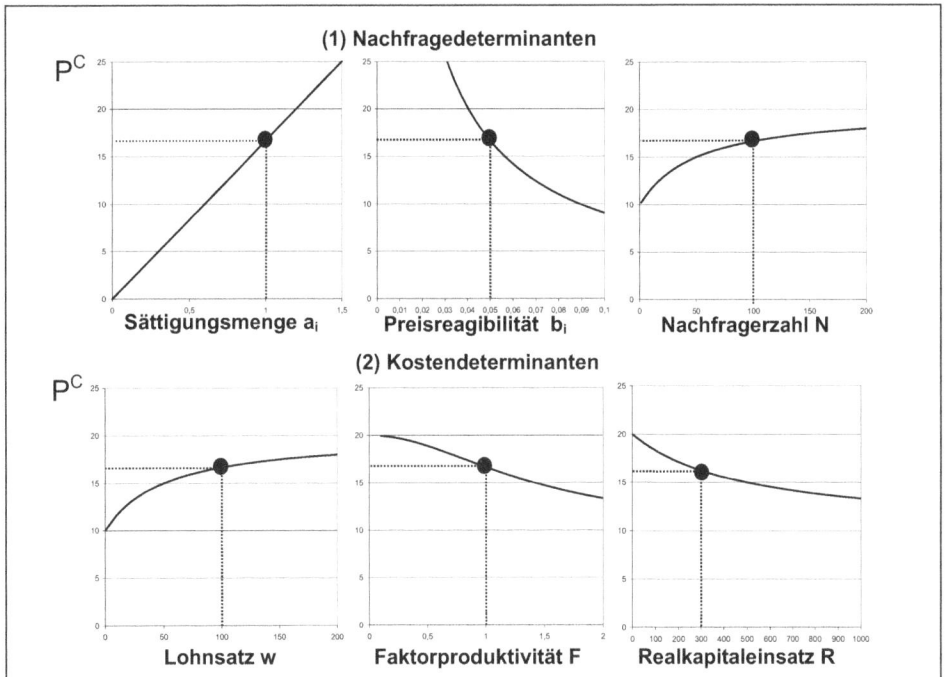

(2) Bei den **Kostendeterminanten** wirken sich über die kurzfristigen Grenzkosten im Vergleich dazu der Lohnsatz w preistreibend und absatzbremsend aus, ein Wachstum der allgemeinen Faktorproduktivität **F** und ein höherer Realkapitalensatz **R** dagegen durch die Senkung der Lohngrenzkosten preisreduzierend und absatzsteigernd.

13.6.2 Bei kurzfristig konstanten Grenzkosten

Bei konstanten Grenzkosten sind mit einer Ausnahme die gleichen **Preisreaktionen** und damit verbundene **Absatzeffekte** festzustellen. Das gilt zumindest für das Vorzeichen und damit die Richtung der Änderung, wobei deren Intensität aber durchaus unterschiedlich ist, wie die graphischen Darstellungen der Parametervariationen (vgl. Abb. 13-6) im Vergleich zeigen.

$$P^C = \frac{a}{2b} + \frac{K_x}{2} = \frac{a_i}{2b_i} + \frac{w}{2F\overline{R}} \quad [13\text{-}15] \Rightarrow P^C = P^C(\overset{\oplus}{a_i},\overset{(-)}{b_i},\overset{(-)}{F},\overset{\oplus}{w},\overset{(-)}{R}) \qquad [13\text{-}15a]$$

$$x^C = \frac{a}{2} - \frac{bK_x}{2} = \frac{a_iN}{2} - \frac{b_iNw}{2F\overline{R}} \quad [13\text{-}14] \Rightarrow x^C = x^C(\overset{\oplus}{a_i},\overset{(-)}{b_i},\overset{\oplus}{N},\overset{\oplus}{F},\overset{(-)}{w},\overset{\oplus}{R}) \qquad [13\text{-}14a]$$

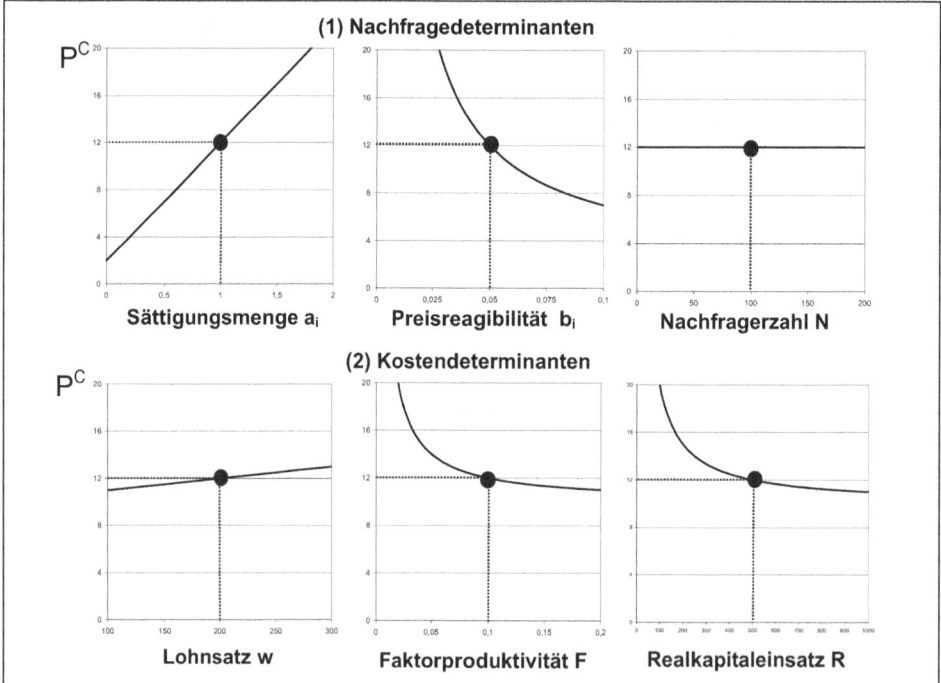

Abb. 13-5: Monopolpreisdeterminanten bei konstanten Grenzkosten

Die angesprochene Ausnahme besteht darin, dass eine steigende (sinkende) Nachfragezahl zwar sowohl bei steigenden als auch konstanten Grenzkosten einen positiven (negativen) Absatzeffekt auslöst, aber nur bei steigenden Grenzkosten auch einen positiven (negativen) Preiseffekt. Eine steigende (sinkende) Nachfragerzahl bewirkt zwar eine Drehung der Nachfragekurve um den konstanten Prohibitivpreis nach außen (innen), der kurzfristig gewinnmaximale Preis bleibt dabei aber unverändert.

13.7 Bestimmung des langfristigen Monopolgleichgewichts

13.7.1 Bei langfristig konstanten Grenzkosten

Wie wir im Kapitel Produktion und Kosten gesehen haben, kann eine kurzfristig vorgenommene partielle Faktorvariation nur bei einer einzigen Ausbringungsmenge die Kosten minimieren, nämlich dort, wo in der Faktoreinsatzebene die horizontale $L(\overline{R})$-Gerade den kostenminimalen Expansionspfad schneidet. D.h. im bisher ermittelten kurzfristigen Monopolgleichgewicht wird nur zufällig mit dem langfristig optimalen Realkapitaleinsatz R^* produziert werden. Die kurzfristig gewinnmaximale Produktionsmenge x^c wird also im Regelfall entweder a) mit zu wenig Realkapital ($R<R^*$) und zu hohen Grenzkosten (vgl. Abb. 13-6.a) oder b) mit zu viel Realkapital ($R>R^*$) und zu niedrigen Grenzkosten produziert werden (vgl. Abb. 13-6.b). In beiden Fällen bedeutet dies den Verzicht auf einen **langfristig höheren Maximalgewinn**, der sich **durch eine kostenminimale Faktorkombination** erzielen lässt.

Graphisch ist das langfristige Gewinnmaximum bei konstanten Skalenerträgen über den Schnittpunkt der Grenzerlöskurve mit der horizontal verlaufenden langfristigen Grenzkostenkurve zu ermitteln. Dies führt auf der Senkrechten nach oben zum langfristigen Cournotpunkt C^*: im Falle a) mit einem niedrigeren Cournot-Preis P^{c^*} und einer höheren Cournot-Menge x^{c^*} als im Kurzfristgleichgewicht C und im Falle b) umgekehrt zu einem höheren Cournot-Preis und einer kleineren Cournotmenge.

Analytisch lässt sich die langfristig optimale Produktionsmenge durch Erfüllung der entsprechenden Bedingung für die langfristige Gewinnmaximierung

$$GE = \frac{a}{b} - \frac{2x}{b} = \frac{2w^{0,5}r^{0,5}}{F} = K_x^{lgf} = GK^{lgf} \qquad [13\text{-}16]$$

und Auflösung dieser Gleichung nach x ermitteln:

$$\boxed{x^{C^*} = \frac{a}{2} - \frac{\overline{K}_x^{lgf}}{b} = \frac{a_i N}{2} - \frac{b_i N w^{0,5} r^{0,5}}{F} \quad \text{langfristige Cournot-Menge} \qquad [13\text{-}17]}$$

Den langfristigen gewinnmaximalen Monopolpreis findet man durch Einsetzen von [13-17] in [13-4]:

$$\boxed{P^{C^*} = \frac{a}{2b} + \frac{\overline{K}_x^{lgf}}{2} = \frac{a_i}{2b_i} + \frac{w^{0,5}r^{0,5}}{2F} \quad \text{langfristiger Cournot-Preis} \qquad [13\text{-}18]}$$

Abb. 13-6: Kurzfristige Monopolgleichgewichte bei suboptimalem Realkapitaleinsatz und langfristig konstanten Grenzkosten

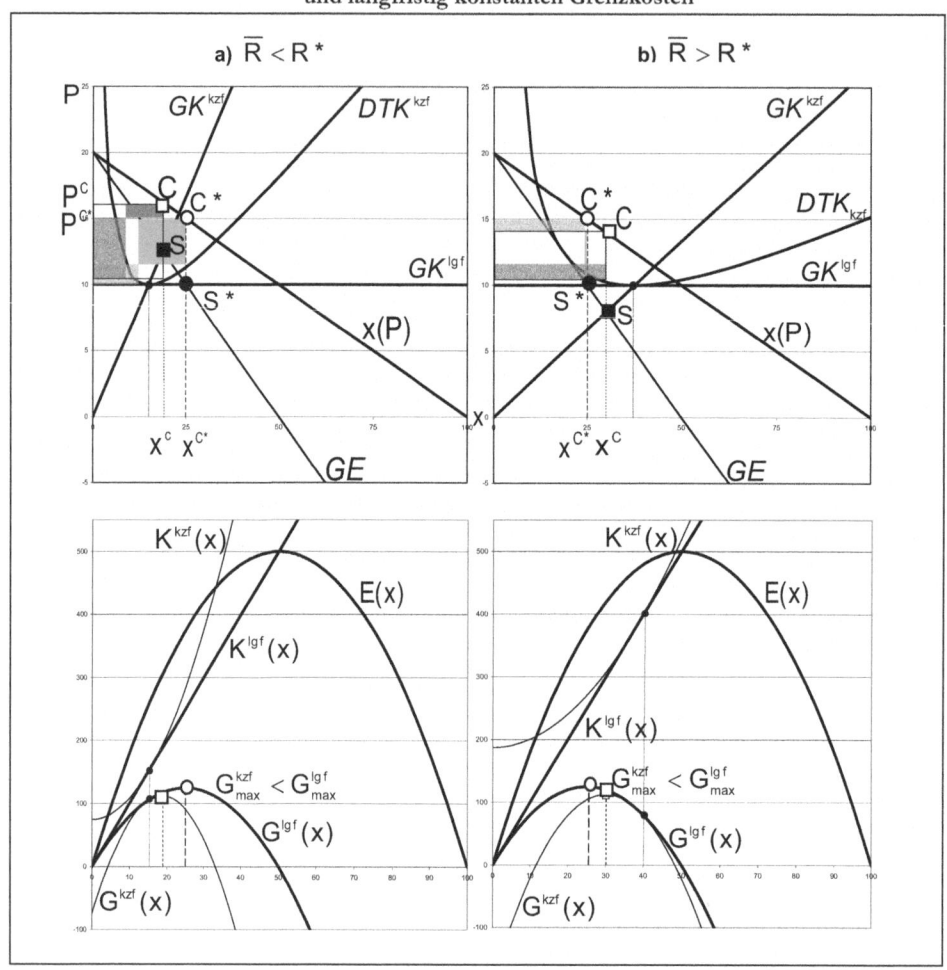

Entscheidender langfristiger Aktionsparameter für dieses simultane Gleichgewicht **ist der kostenminimale Realkapitaleinsatz**, der sich über die in Kap. 10 gefundene Kapitalnachfragefunktion [10-34] bestimmen lässt.

$$R^* = \left(\left(\frac{\beta}{\alpha+\beta}\right)\frac{K^{lgf}(x)}{r}\right) = \frac{0{,}5 K^{lgf}(x)}{r} \text{ für } \alpha = \beta = 0{,}5 \qquad [10\text{-}34]$$

$$R^* = \frac{0,5 K^{lgf}(x)}{r} \bigg| K^{lgf}(x) = \frac{2w^{0,5}r^{0,5}x}{F}$$

$$R^* = \frac{w^{0,5}x}{r^{0,5}F} \bigg| x = x^{C^*} = \frac{a_i N}{2} - \frac{b_i N w^{0,5} r^{0,5}}{F}$$

$$R^* = \frac{w^{0,5}}{r^{0,5}F}\left(\frac{a_i N}{2} - \frac{b_i N w^{0,5} r^{0,5}}{F}\right) \quad\quad [13\text{-}19]$$

$$R^* = 500 \text{ für } F = 1, w = 100, r = 0,25, a_i = 1, b_i = 0,05, N = 100$$

Werden der Realkapitaleinsatz dementsprechend optimiert und die Produktionsfaktoren damit kostenminimal eingesetzt, fallen kurz- und langfristiges Monopolmarktgleichgewicht zusammen. Der Monopolgewinn ist kurz- und langfristig maximiert, was sich darin zeigt, dass sich die kurzfristig ansteigende Grenzkostenkurve mit den langfristigen konstanten Grenzkosten im kurzfristigen *DTK*-Minimum mit der Grenzerlöskurve schneidet (Vgl. Abb. 13-7 oben). Der Monopolist produziert also langfristig im **Betriebsoptimum**.

13.7.2 Bei langfristig sinkenden Grenzkosten (natürliches Monopol)

Analog ist unter den Produktions- und Kostenbedingungen vorzugehen, die sich bei zunehmenden Skalenerträgen und damit langfristig sinkenden Grenzkosten ergeben. Da sich in diesem Fall **economies of large scale** ergeben und bei gegebener Marktnachfrage ein einziger Anbieter kostengünstiger produzieren kann als mehrere und vor allem als viele kleine Anbieter, sind dies die **Voraussetzungen für ein „natürliches" Monopol**.

Geht man von einer kurzfristig linearen Kostenfunktion und demzufolge konstanten kurzfristigen Grenzkosten aus, die z. B. aus einer Cobb-Douglas-Funktion mit den partiellen Produktionselastizitäten $\alpha = \beta = 1$ resultiert, folgt daraus die **langfristige Kostenfunktion**

$$K^{lgf}(x) = \frac{2w^{0,5}r^{0,5}x^{0,5}}{F^{0,5}} \quad\quad [10\text{-}51]$$

mit den **langfristig sinkenden Grenzkosten**

$$GK^{lgf} = K_x^{lgf}(x) = \frac{w^{0,5}r^{0,5}}{F^{0,5}x^{0,5}} > 0 \text{ mit } K_{xx}^{lgf}(x) = -\frac{0,5 w^{0,5}r^{0,5}x^{-1,5}}{F^{0,5}} < 0$$

230 13 Preisbildung im Monopol

Abb. 13-7: Langfristiges Monopolgleichgewicht bei konstanten Grenzkosten

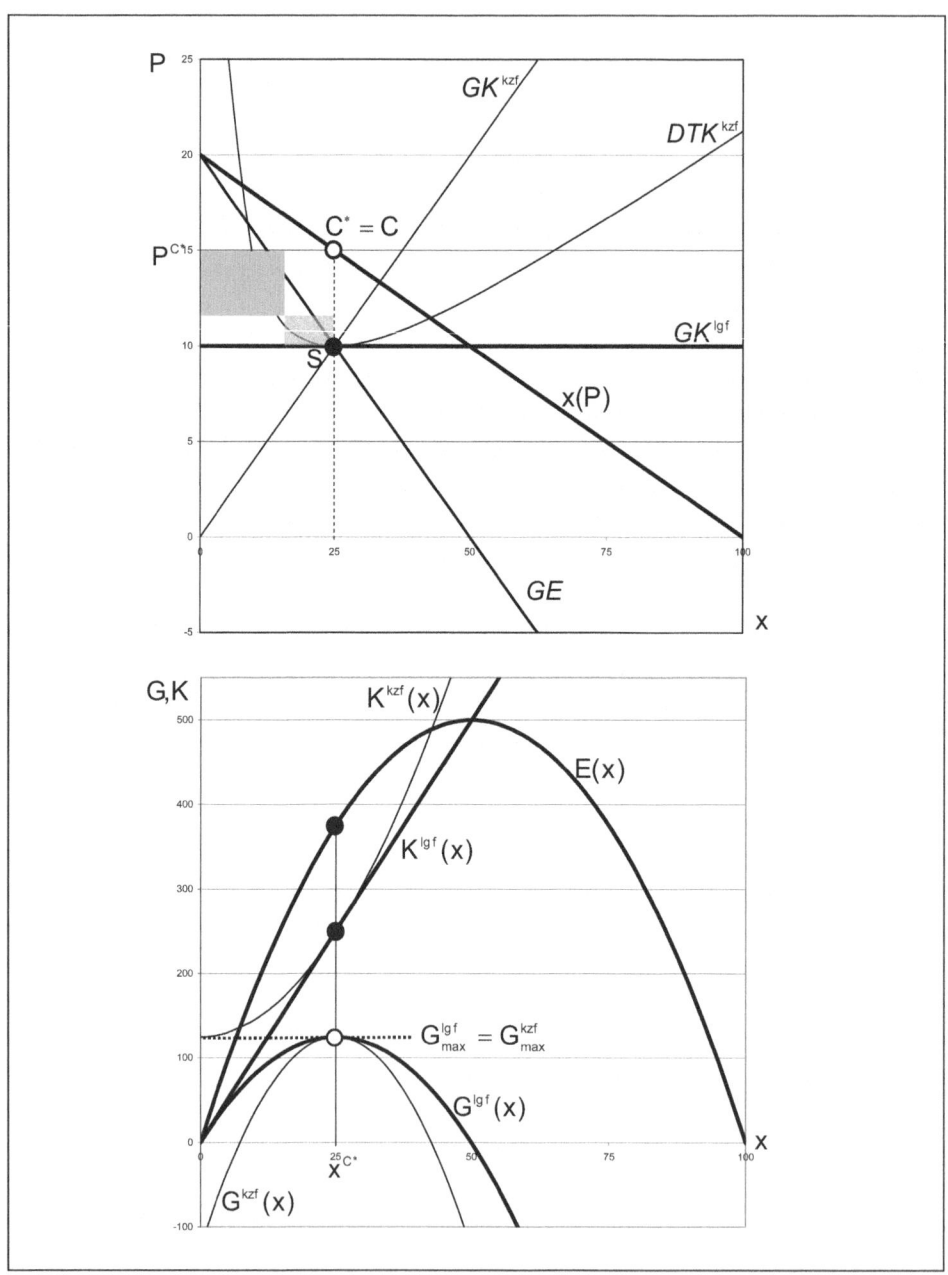

13.7 Bestimmung des langfristigen Monopolgleichgewichts

Die Gewinnmaximierungsbedingung 1. Ordnung im langfristigen Gleichgewicht ist infolgedessen durch

$$GE = \frac{a}{b} - \frac{2x}{b} = \frac{w^{0,5} r^{0,5}}{F^{0,5} x^{0,5}} = K_x^{lgf} = GK^{lgf}$$

erfüllt. Daraus lässt sich durch Auflösung nach x die **kubische Gleichung**

$$y^3 + py + q = 0 \quad \text{mit} \quad y = x^{0,5}, \, p = -\frac{a}{2} = -\frac{a_i N}{2}; \, q = \frac{bc}{2} = \frac{b_i N w^{0,5} r^{0,5}}{2 F^{0,5}}$$

ermitteln. Hierfür ergibt sich im sog. „casus irreducibilis" mit Hilfe trigonometrischer Funktionen (unter drei Lösungen) folgender relevante Lösungswert für die **langfristige Cournotmenge**

$$x^{C^*} = y^2 = \left[2 \sqrt[3]{-\sqrt{\left(\frac{p}{3}\right)^3}} \cos\left(\arccos\left(\frac{q}{6\sqrt{-\left(\frac{p}{3}\right)^3}} \right) \right) \right]^2$$

$$\boxed{x^{C^*} = \left[2 \sqrt[3]{-\sqrt{\left(\frac{-a_i N}{6}\right)^3}} \cos\left(\arccos\left(\frac{b_i N w^{0,5} r^{0,5} F^{-0,5}}{12\sqrt{-\left(\frac{-a_i N}{6}\right)^3}} \right) \right) \right]^2 \quad \textbf{Cournotmenge} \quad [13\text{-}21]}$$

Durch Einsetzen von [13-21] in [13-4] ist schließlich der **langfristige Cournotpreis** zu finden:

$$P^{C^*} = \frac{a}{b} - \frac{x^{C^*}}{b}$$

$$\boxed{P^{C^*} = \frac{a_i}{b_i} - \frac{1}{b_i N} \left[2 \sqrt[3]{-\sqrt{\left(\frac{-a_i N}{6}\right)^3}} \cos\left(\arccos\left(\frac{b_i N w^{0,5} r^{0,5} F^{-0,5}}{12\sqrt{-\left(\frac{-a_i N}{6}\right)^3}} \right) \right) \right]^2 \quad \textbf{Cournotpreis} \quad [13\text{-}22]}$$

Auch hier setzt das langfristige Gleichgewicht natürlich einen optimalen, nämlich **kostenminimalen Realkapitaleinsatz** voraus, der sich wiederum durch

$$R^* = \left(\frac{\beta}{\alpha + \beta}\right) \frac{K^{lgf}(x^{C^*})}{r} = \left(\frac{1}{1+1}\right) \frac{K^{lgf}(x^{C^*})}{r} = \frac{0,5 K^{lgf}(x^{C^*})}{r} \quad \text{für } \alpha = \beta = 1 \quad [10\text{-}34]$$

bestimmen lässt. Wegen des Komplexitätsgrades der Gleichung [13-21] verzichten wir darauf, die langfristig gewinnmaximale Angebots- und Produktionsmenge hier einzusetzen.

Wir beschränken uns stattdessen auf die Visualisierung der Zusammenhänge, in dem wir (analog zum Fall langfristig konstanter Grenzkosten) zunächst in Abb. 13-8 zwei **kurzfristige Monopolgleichgewichte mit suboptimalem Kapitaleinsatz** und in

Abb. 13-9 schließlich das **simultane kurz- und langfristige Monopolgleichgewicht bei optimalem Realkapitaleinsatz** darstellen.

Abb. 13-8: Kurzfristige Monopolgleichgewichte bei suboptimalem Realkapitaleinsatz und langfristig abnehmenden Grenzkosten

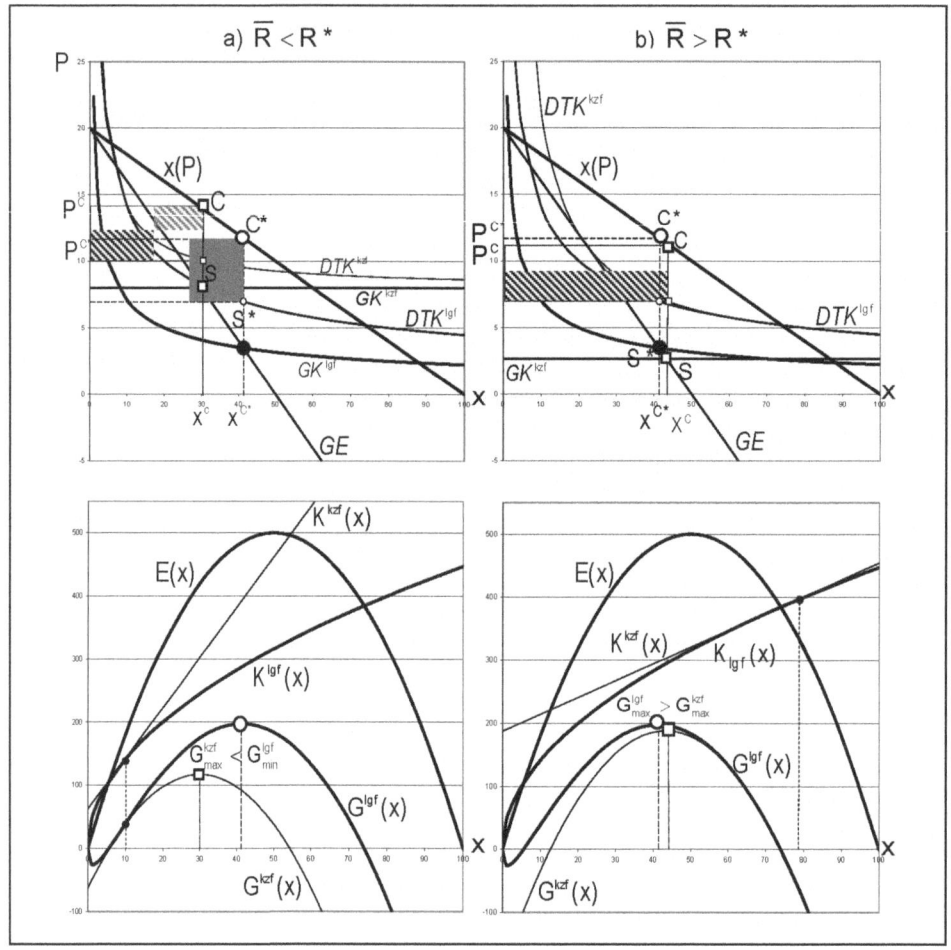

13.7 Bestimmung des langfristigen Monopolgleichgewichts 233

Abb. 13-9: Langfristiges Monopolgleichgewicht bei sinkenden Grenzkosten

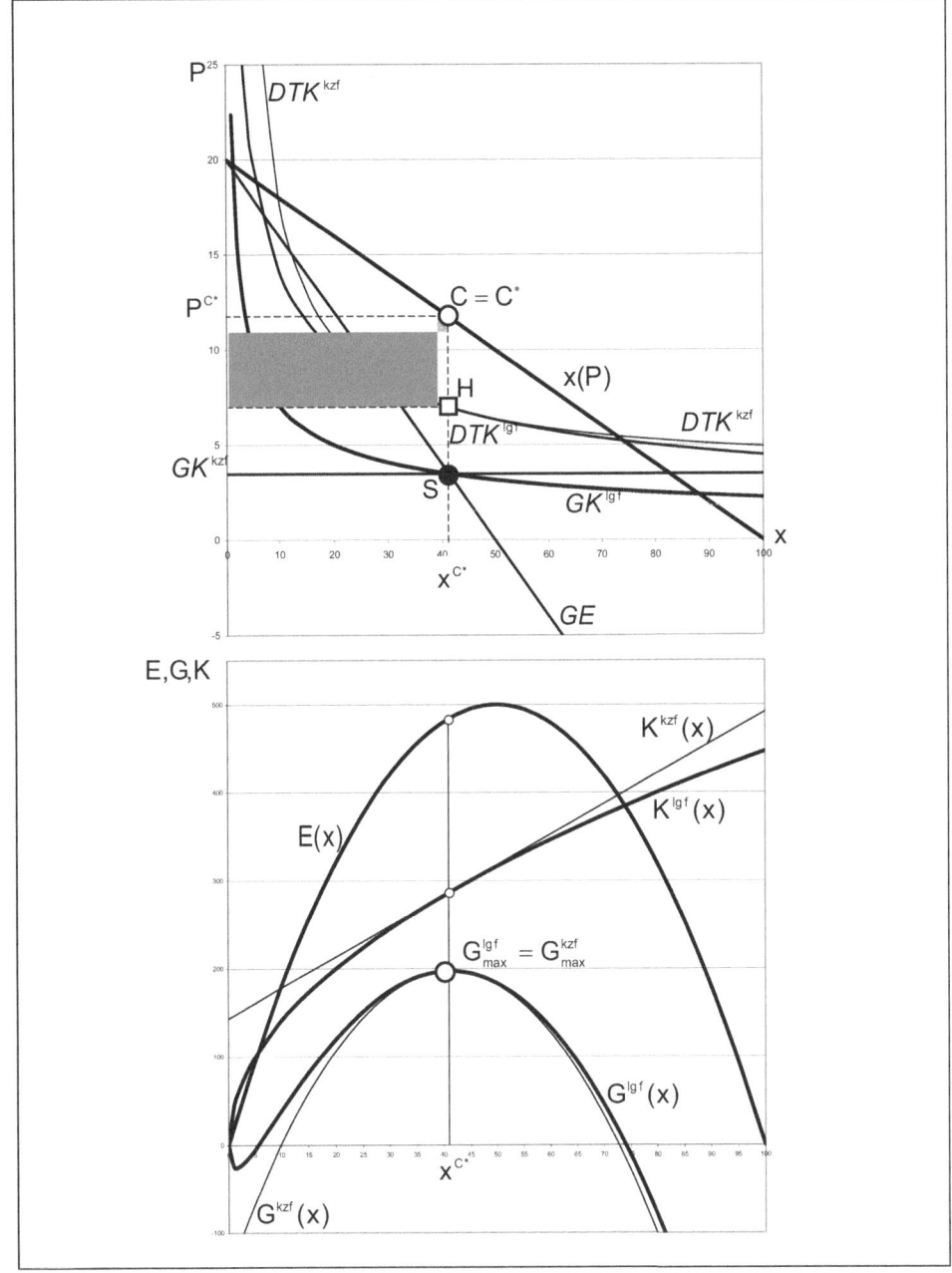

Bei kurzfristig suboptimalem Kapitaleinsatz zeigt sich im Falle a), dass im Vergleich zum langfristig optimalem Monopolpreis bei kurzfristiger Gewinnmaximierung ein zu hoher Preis und im Falle b) R > R* kurzfristig ein zu niedriger Preis verlangt wird. In beiden Fällen lässt sich durch langfristige Optimierung des Faktoreinsatzes und der Preispolitik der Monopolgewinn noch steigern, was Abb. 13-8 verdeutlicht. An dieser Darstellung lässt sich außerdem leicht klar machen, dass der natürliche **Monopolist langfristig umso preisgünstiger** und profitabler produzieren und anbieten kann, **je größer c. p. das Nachfragerpotenzial seines Marktes** ist. Denn jede Drehung der Preis-Absatz- und damit Grenzerlöskurve nach außen führt zwar bei konstanten Grenzkosten zu einem ebenfalls gleich bleibenden Cournotpreis (vgl. den vorhergehenden Abschnitt), bei fallenden Grenzkosten aber eben zu einem niedrigeren gewinnmaximalem Monopolpreis.

Umgekehrt müsste langfristig eine Preisanpassung nach oben vorgenommen werden, wenn z.B. auf einem offenem Monopolmarkt Wettbewerber mit einem homogenen Produktangebot und einem dem zu erwartenden Marktanteil angepassten **kleineren Realkapitaleinsatz (small scale entry)** auftreten würden, wodurch sich die individuellen Preis-Absatzkurven und Grenzerlöskurven (auf Grund des homogenen Produktangebots notwendigerweise) bei gleich hohen Angebotspreisen der Anbieter um den Prohibitivpreis nach innen drehen. Da diese Drehung umso stärker ausfällt, je mehr Anbieter sich den Markt teilen, **verschlechtert sich das Marktergebnis mit steigender Anbieterzahl**, d.h. die langfristig gewinnmaximalen Preise steigen und die Güterversorgung der Nachfrager sinkt.

14 Preisbildung im Oligopol

Lernziele — Dieses Kapitel vermittelt:

- welche unterschiedlichen Preis-Absatz- und Wettbewerbsverhältnisse im homogenen und heterogenen Oligopol herrschen,
- was unterschiedliche Grade der oligopolistischen Interdependenz und Reaktionsverbundenheit für die Preisbildung im Oligopol bedeuten sowie
- welche kurz- und langfristigen Preiseffekte sich vom prozessualen Monopol ausgehend durch den Zutritt neuer Anbieter ergeben.

14.1 Homogenes Oligopol

14.1.1 Kurzbeschreibung der Marktform

- „wenige" (große bis mittlere) Anbieter ($2 \leq A \leq$ „viele");
- „viele" (kleine) Nachfrager;
- homogenes Produktangebot (aus Sicht der Nachfrager, die diesem folglich „indifferent" gegenüberstehen bzw. keine Präferenzen haben);
- vollständige Markttransparenz;
- freier Markzu- und Marktaustritt.

14.1.2 Individuelle Preis-Absatz-Funktionen der Oligopolisten

(1) „Originärnachfrage" (Marktnachfrage oder Absatzpotenzial)

Die maximalen Absatzmöglichkeiten auf einem Markt, auf dem nur ein einziges (bei vollständiger Markttransparenz objektiv und subjektiv) homogenes Gut angeboten wird, kann unter sonst gleichen Bedingungen nicht von der Marktnachfrage eines Ein-Produkt-Monopolisten abweichen. Sie ist, wenn man sich das homogene Oligopol als das Ergebnis des Zutritts mindestens eines weiteren Anbieters auf einem offenen Monopolmarkt vorstellt, die ursprüngliche Nachfrage des prozessualen Monopolisten. In diesem Sinne stellt sie die von jedem einzelnen Oligopolisten nur in einer gedachten Quasi-Monopolsituation auszuschöpfende **„Originärnachfrage"** des betrachteten Produktmarktes dar. Tatsächlich zu realisieren ist dieses maximale Absatzvolumen nur, wenn man die Konkurrenz, was sich in der Regel als relativ schwierig erweist, preispolitisch oder mit anderen Mitteln ausschaltet.

Die für jeden Anbieter j **im homogenen Oligopol ex definitione identische Originärnachfrage** hat insofern das gleiche Volumen und dieselben Determinanten wie die bisher bei vollkommener Konkurrenz verwendete Marktnachfrage bzw. im Monopol verwendete Preis-Absatz-Funktion:

$$x_j^o = a - bP_j = a_i N - b_i N P_j$$

$$\text{mit } a = a_i N, b = b_i N > 0 \text{ und } 0 \leq P_j \leq P_j^h = \frac{a}{b} = \frac{a_i}{b_i} \qquad [14\text{-}1]$$

$$x_1^o = a - bP_1 \text{ für } j = 1 \qquad [14\text{-}2]$$

(2) Preis-Absatz-Funktion bei gleich hohem Konkurrenzpreis

Wenn der betrachtete Oligopolist und seine Konkurrenten k in der betrachteten Periode ausnahmslos den gleichen Preis verlangen, alle Oligopolisten also eine sog. „**parallele" Preispolitik** betreiben, erzielt jeder Anbieter eine **individuelle Preis-Absatz-Funktion**, die einen von der Anbieterzahl abhängigen **Bruchteil der Originärnachfrage** darstellt. Da nämlich die vielen kleinen Nachfrager bei unterschiedslosen Angebotspreisen dem (definitionsgemäß auch gleichen) Produktangebot der Oligopolisten indifferent gegenüberstehen, ist nach dem Gesetz der Wahrscheinlichkeit anzunehmen, dass sich die Gesamtnachfrage des Marktes auf die einzelnen Oligopolisten gleichmäßig aufteilt (vgl. dazu auch Abb. 14-1):

$$\bar{\bar{x}}_j = \bar{\bar{x}}_j(P_j = P_k) = \frac{a}{A} - \frac{b}{A}P_j = a_j - b_j P_j \qquad [14\text{-}3]$$

$$\bar{\bar{x}}_1 = \bar{\bar{x}}_1(P_1 = P_k) = \frac{a}{A} - \frac{b}{A}P_1 = a_1 - b_1 P_1 \text{ für } j = 1 \qquad [14\text{-}4]$$

Im **Spezialfall des Dyopols (A=2)** gilt entsprechend für Anbieter 1

$$\bar{\bar{x}}_1 = \bar{\bar{x}}_1(P_1 = P_2) = \frac{a}{2} - \frac{b}{2}P_1 = a_1 - b_1 P_1 \text{ für } j = 1 \text{ und } k = 2 \qquad [14\text{-}5]$$

bzw. für Anbieter 2

$$\bar{\bar{x}}_2 = \bar{\bar{x}}_2(P_2 = P_1) = \frac{a}{2} - \frac{b}{2}P_2 = a_2 - b_2 P_2 \text{ für } j = 2 \text{ und } k = 1. \qquad [14\text{-}6]$$

Diese Preis-Absatz-Funktionen bedeuten für die einzelnen Anbieter auch **gleiche wert- und mengenmäßige Marktanteile**.

Abb. 14-1: Preis-Absatz-Kurven bei gleich hohem Konkurrenzpreis in Abhängigkeit von der Anbieterzahl

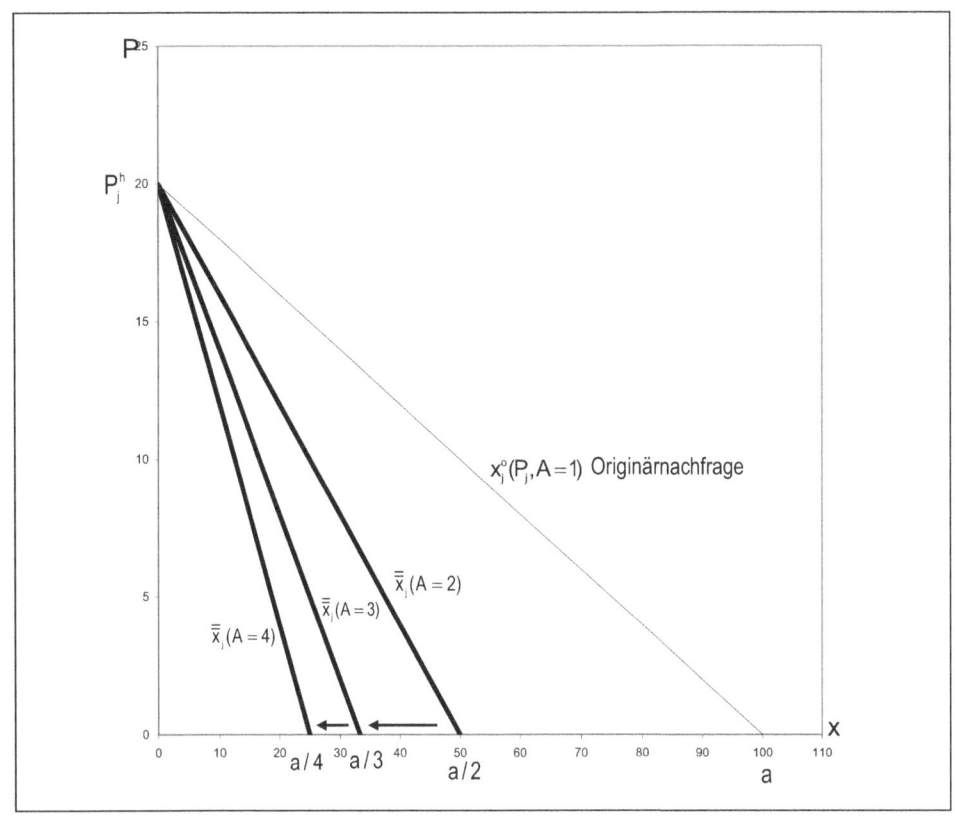

(3) Preis-Absatz-Funktion bei konstantem Konkurrenzpreis

Variiert ein Anbieter (theoretisch) seinen Preis allein, während die Konkurrenten ihn auf einem einheitlichen Niveau festhalten, ist bei vollständiger Preistransparenz und rationalem Verhalten mit drei unterschiedlichen Nachfragereaktionen und Absatzeffekten zu rechnen:

Seine **individuelle Absatzmenge** ist (vgl. Abb. 14-2 für den Dyopolfall)

① **die halbe Originärnachfrage bei gleich hohem Konkurrenzpreis:**

Verlangt Anbieter 1 (A_1) den gleichen Preis wie Anbieter 2 (A_2) erzielt er im Punkt $Q_1(P_{11} = \overline{P}_2, \overline{\overline{x}}_{11})$ eine Preis-Mengen-Kombination auf der oben definierten individuellen Preis-Absatz-Funktion [14-5] $\overline{\overline{x}}_1(P_1 = P_2)$, welche ihm die Hälfte der Originärnachfrage $x_1^o(P_1)$ und einen **Marktanteil von 50%** sichert. In der gleichen Absatzlage, nämlich im Punkt $Q_2(\overline{P}_2 = P_{11}, \overline{\overline{x}}_{21})$ auf seiner Preis-Absatz-Funktion [14-6] $\overline{\overline{x}}_2(P_2 = P_1)$, befindet sich Konkurrent A_2.

② **Null, wenn sein Preis höher ist als der Konkurrenzpreis:**

Setzt er seinen **Preis nur um einen Cent höher** an als sein Wettbewerber, „landet" er mit Null-Absatz im Punkt $R_1(P_{12} > \overline{P}_2, x_{12} = 0)$ auf der Preisachse, wobei dieser Punkt wohlgemerkt (wegen des um einen Cent höheren Preises) links oberhalb von Q_1 liegt. D.h. er verliert durch seine „Selbstverdrängungsstrategie" mit einem Schlag seinen gesamten Absatz an A_2. Dieser kann, weil er nicht „mitzieht", in dem bei unveränderter Preisforderung auf der gleichen Höhe wie Q_2 liegenden Punkte $R_2(\overline{P}_2 < P_{12}, x_{22} = x_2^0)$ mit einem **Marktanteil von 100%** seine ganze Originär- nachfrage alleine ausschöpfen. Da A_1 durch die aus seiner Sicht „**negative Binnenfluktuation**" von A_1 nach A_2 ($BFL_{1-}^{1\to2}$) alle seine Kunden und Nachfrage an A_2 verloren hat, genießt dieser nach Übernahme der aus seiner Sicht gleich großen „**positiven Binnenfluktuation**" von A_1 nach A_2 ($BFL_{2+}^{2\to1}$) das Traumergebnis der Quasi-Monopolsituation.

Abb. 14-2: Preis-Absatz-Kurve bei konstantem Konkurrenzpreis (totale oligopolistische Interdependenz)

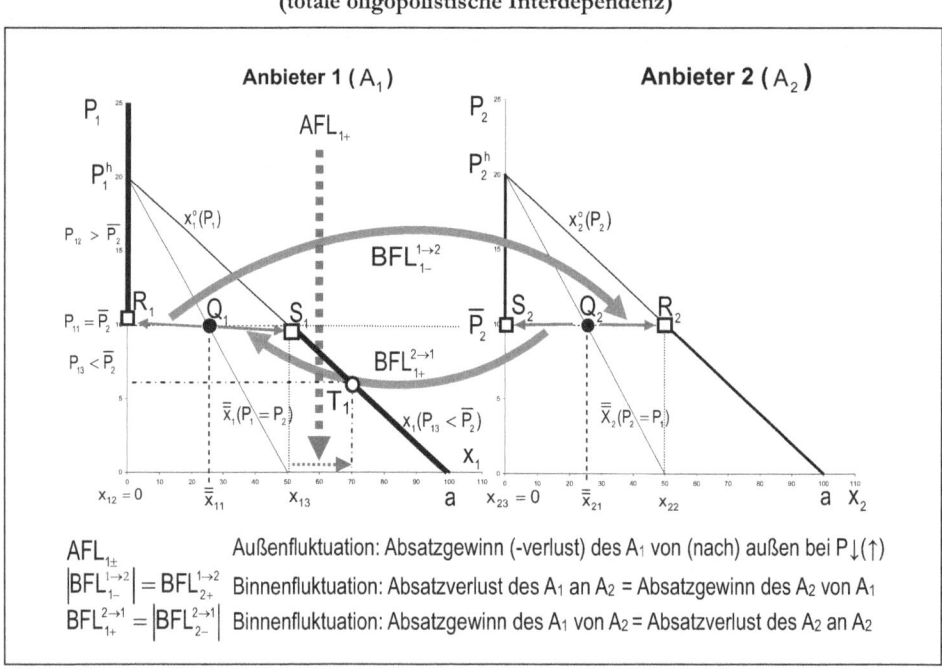

③ **gleich der Originärnachfrage, wenn er den Konkurrenzpreis unterbietet:**

Setzt A_1 seinen **Verkaufpreis** auch nur **einen Cent unter dem geltenden Konkurrenzpreis** an, gewinnt er mit einem Schlage den gesamten Absatz des A_2 hinzu. Außerdem weckt er durch seine Preissenkung auch ein Quäntchen preislatente Originärnachfrage, weil er sich auf dieser mit einem Cent nach rechts unten in den Punkt S_1 „bewegt". Da diese Zusatznachfrage nicht von A_2 stammen und insofern

14.1 Homogenes Oligopol

keine Binnenfluktuation sein kann, muss sie dem Markt von außen zufließen. Er erzielt insgesamt also einen Absatzgewinn, der sowohl aus positiver Binnenfluktuation von A_2 nach A_1 ($BFL_{1+}^{2\to 1}$) als auch aus **positiver Außenfluktuation** (AFL_{1+}) besteht. Deutlicher als bei einer minimalen Preissenkung um einen Cent zeigt sich dieser Absatzgewinn von außen, wenn er den Preis stärker auf P_{14} herabsetzt und damit auf der Originärnachfragekurve den Punkt $T_1(P_{14}, x_{14})$ erreicht.

Unabhängig von der Höhe der Preisunterbietung durch A_1 bewirkt diese, dass sich A_2, wenn er an seinem Preis $\overline{P}_2$ festhält, in den auf der gleichen Höhe wie Q_2 liegenden Punkt $S_2(\overline{P}_2 > P_{13}, x_{23} = 0)$, d.h. mit Null-Absatz auf die Preisachse verdrängt sieht.

Aus diesen Zusammenhängen, die bei minimalen Preisunterschieden eine totale Binnenfluktuation auslöst und in der Preistheorie als „**totale oligopolistische Interdependenz**" bezeichnet wird, folgt eine **dreiteilige individuelle Preis-Absatz-Funktion bei konstantem Konkurrenzpreis**

(a) in allgemeiner Form:

$$x_j = x_j(P_j, \overline{P}_k) = \begin{cases} 0 & \text{für } P_j > \overline{P}_k \\ \overline{\overline{x}}_j = a_j - b_j P_j = \dfrac{a}{A} - \dfrac{b}{A} P_j & \text{für } P_j = \overline{P}_k \\ x_j^\circ = a - b P_j & \text{für } P_j < \overline{P}_k \end{cases} \qquad [14\text{-}7]$$

(b) im homogenen Dyopol (bei a=10.000, b=100)

für Anbieter 1:

$$x_1 = x_1(P_1, \overline{P}_2) = \begin{cases} 0 & \text{für } P_1 > \overline{P}_2 \\ \overline{\overline{x}}_1 = a_1 - b_1 P_1 = \dfrac{a}{2} - \dfrac{b}{2} P_1 = 5.000 - 50 P_1 & \text{für } P_1 = \overline{P}_2 \\ x_1^\circ = a - b P_1 = 10.000 - 100 P_1 & \text{für } P_1 < \overline{P}_2 \end{cases} \qquad [14\text{-}7a]$$

für Anbieter 2:

$$x_2 = x_2(P_2, \overline{P}_1) = \begin{cases} 0 & \text{für } P_2 > \overline{P}_1 \\ \overline{\overline{x}}_2 = a_2 - b_2 P_2 = \dfrac{a}{2} - \dfrac{b}{2} P_2 = 5.000 - 50 P_2 & \text{für } P_2 = \overline{P}_1 \\ x_2^\circ = a - b P_2 = 10.00 - 100 P_2 & \text{für } P_2 < \overline{P}_1 \end{cases} \qquad [14\text{-}7b]$$

14.1.3 Cournot-Preise und -Mengen bei paralleler Preispolitik

Bevor wir die Preisbildung im homogenen Oligopol näher analysieren, soll zunächst geklärt werden, wie die kurz- und langfristig gewinnmaximalen Preise und Mengen für dyopolistische Preis-Absatz-Funktionen zu ermitteln sind.

(1) Für **Preise oberhalb des Konkurrenzpreises** ($P_j > P_k$) entfällt die Fragestellung, da Absatz und Umsatz generell Null sind und ein **konstanter Verlust in Höhe der Fixkosten** entsteht.

(2) Für **Preise unterhalb des Konkurrenzpreises** ($P_j < P_k$) gilt die mit der Monopolnachfrage identische Originärnachfrage, so dass **alle für das Monopol ermittelten gewinnmaximalen Preis-Mengen-Kombinationen** unabhängig von der Anbieterzahl **auch im homogenen Oligopol gültig** sind.

(3) Bei **paralleler Preispolitik** ($P_j = P_k$) sind die individuellen oligopolistischen **Preis-Absatz-Funktionen ein von der Anbieterzahl abhängiger Bruchteil der Originärnachfrage**. D.h. die Nachfrageparameter **a** und **b** (Sättigungsmenge und Preisreagibilität der Nachfrager) in den für das Monopol geltenden Preis- und Mengenbestimmungsformeln (vgl. Kapitel 13) sind **lediglich durch die individuellen von der Anbieterzahl A abhängigen Absatzparameter $a_j = a/A$ und $b_j = b/A$ zu ersetzen,** worauf wir hier aber verzichten möchten.

Daraus ergeben sich je nach Verlauf der kurz- oder langfristigen Grenzkostenkurven die in Tab. 14-1 zusammengefassten **Abhängigkeiten der Cournot-Preise und -Mengen von der Anbieterzahl**.

Tab. 14-1: Abhängigkeit der Cournot-Preise und -Mengen bei paralleler Preispolitik in Abhängigkeit von der Anbieterzahl

Grenzkostenverlauf \ Anbieterzahl	ΔA	A↑	A↓
(1) konstante Grenzkosten	P_j^c	→	→
	x_j^c	↓	↑
(2) Steigende Grenzkosten	P_j^c	↓	↑
	x_j^c	↓	↑
(3) sinkende Grenzkosten	P_j^c	↑	↓
	x_j^c	↓	↑

Diese Abhängigkeiten ergeben sich bei gegebenen Grenzkosten dadurch, dass sich die Grenzerlöskurven mit steigender Anbieterzahl nach innen drehen.

14.1.4 Gleichgewichtsmodelle im homogenen Oligopol

Die **totale oligopolistische Interdependenz im homogenen Oligopol** und die (wie wir sehen werden) mehr oder weniger **abgeschwächte Interdependenz im heterogenen Oligopol** führen zu einem gemeinsamen Charakteristikum, das weder im Monopol noch bei vollkommener Konkurrenz zum Tragen kommt: Der oligopolistische Anbieter kann seine Angebotspläne nicht ohne Rücksicht auf das erwartete Verhalten seiner Konkurrenten aufstellen und diese wiederum nicht, ohne bei ihren Planungen seine erwarteten Aktionen und Reaktionen zu berücksichtigen. Aus der oligopolistischen Interdependenz folgt die **„oligopolistische Reaktionsverbundenheit"**.

Da im homogenen Oligopol alle präferenzbildenden oder „heterogenisierenden" Aktionsparameter (also insbesondere produkt- und kommunikationspolitische Maßnahmen) ex definitione nicht in Betracht kommen, bleiben nur die **Aktionsparameter Preis oder Menge** übrig. „Oder", weil man eine bestimmte Preis-Mengen-Kombination auf der relevanten Preis-Absatz-Funktion nur erzielen kann, indem man entweder den Preis oder die Menge festlegt. Wählt man den Preis als Aktionsparameter wird die abgesetzte Menge zum Erwartungsparameter und umgekehrt. Insofern unterscheidet man in der Oligopoltheorie **Preis- und Mengenstrategien** bzw. **Preis- und Mengenmodelle**. In beiden Fällen hat man, da das Entscheidungsproblem der Oligopolisten einem Gewinnverteilungsspiel mit mindestens zwei oder mehr (aber „wenigen") Spielern mit gegenseitiger Erfolgsabhängigkeit und -behinderung gleicht, eine eigene (mathematische) **Spieltheorie** entwickelt.

Unabhängig von der grundsätzlichen Spielart (Mengen- oder Preisstrategie) spielt in der modernen Spieltheorie als fundamentales Lösungskonzept das nach dem amerikanischen Spieltheoretiker und Nobelpreisträger **John Nash** benannte **„Nash-Gleichgewicht"** eine entscheidende Rolle. Hierunter versteht man ein oligopolistisches Gleichgewicht in Form einer **Strategiekombination, von der kein Oligopolist durch einen Alleingang abweichen möchte.** Dieses Konzept lag letztlich auch schon den traditionellen **Dyopollösungen von Cournot** (Mengenmodell) und **von Joseph Bertrand** (Preismodell von 1883) zu Grunde.

Da in der praktischen Abatzpolitik (auf Konsumgütermärkten wegen der gesetzlichen Preisauszeichnungspflicht) Mengenstrategien kaum eine Rolle spielen, beschränken wir uns hier auf die Behandlung des Bertrand-Gleichgewichts, das zugleich ein Nash-Gleichgewicht darstellt und daher häufig auch als **Bertrand-Nash-Gleichgewicht** bezeichnet wird.

14.1.5 Bertrand-Nash-Gleichgewicht bei konstanten Grenzkosten

Im traditionellen **Bertrand-Dyopol-Modell** werden neben symmetrischen Nachfrageverhältnissen auch **gleich hohe konstante Grenzkosten** größer Null ($\overline{K}_{x1} = \overline{K}_{x2} > 0$), aber **keine Fixkosten und Kapazitätsbeschränkungen** angenommen. Da es sich um **Ein-Perioden-Spiel** handelt, in dem die Preisentscheidungen durch die Akteure simultan getroffen werden müssen, ist (obwohl von Fixkosten abstrahiert wird) von kurzfristigen Grenzkosten auszugehen. Es handelt sich außerdem um ein **nicht-kooperatives Spiel**, in dem jeder Spieler eine **kurzfristige Gewinnmaximierung** auf Kosten des Gegenspielers betreibt.

Aufgrund des homogenen Angebots gelten bei Erwartung einer bestimmten Preisstrategie des Konkurrenten jeweils die durch [14-7a] und [14-7b] definierten individuellen Preis-Absatz-Funktionen. Daraus ergeben sich zum Beispiel aus der **Perspektive des Anbieters A_1** in Abhängigkeit von der Relation zum erwarteten Konkurrenzpreis folgende Gewinnmöglichkeiten: **(a)** Für alle Preise $P_1 > P_2$ ist der **Gewinn Null**, da er keinen Absatz erzielt. **(b)** Bei gleichen Preisen $P_1 = P_2$ teilt er sich mit A_2 die Originärnachfrage und auch der hieraus resultierende **Gewinn entspricht dem des Konkurrenten**. **(c)** Schließlich kann er bei einem Preis $P_1 < P_2$ allen originären Absatz auf sich vereinigen und den **originären oder Quasi-Monopolgewinn** für sich verbuchen. Im Falle (b) und (c) ist ein Verlust nur unter der Bedingung zu vermeiden, dass die Differenz zwischen Preis und Grenzkosten nicht negativ ist, also $P_1 - \overline{K}_{x1} \geq 0$ ist.

$$G_1 = G_1(P_1, P_2) = \begin{cases} 0 & \text{für } P_1 > \overline{P}_2 \\ \overline{\overline{G}}_1 = \overline{\overline{x}}_1(P_1 - \overline{K}_{x1}) \gtreqless 0 & \text{für } P_1 = \overline{P}_2 \\ G_1^0 = x_1^0(P_1 - \overline{K}_{x1}) \gtreqless 0 & \text{für } P_1 < \overline{P}_2 \end{cases} \qquad [14\text{-}8]$$

Dies bedeutet für die gewinnmaximale Preisstrategie des A_1, dass er (1) in keinem Fall einen höheren Preis setzen darf als A_2, (2) den Konkurrenten zur Erzielung des Quasi-Monopol-Absatzes und Gewinnes am besten um eine minimale Preiseinheit (um einen Cent) unterbietet und (3) der Preis die Grenzkosten nicht unterschreiten darf, um Verlusten vorzubeugen. Da A_1 bei rationalem Verhalten das Gleiche von A_2 erwarten kann, gibt es nur eine Preiskonstellation, bei der keine Preisunterbietung des Konkurrenten und kein Verlust zu befürchten ist: bei einem gemeinsamen **Preis auf Grenzkostenniveau**. Dies führt zwar nur zu einem **Nullgewinn**, stellt aber für beide Anbieter gleichwohl ein **Nash-Gleichgewicht** dar, da sich der Gewinn bei einer alleinigen Preiserhöhung nicht verbessern lässt und bei einer weiteren Preissenkung negativ wird. Im sog. **Betrand-Nash-Gleichgewicht** kommt also auf einem Oligopolmarkt erstaunlicherweise ein **Ergebnis** zustande **wie bei vollkommener Konkurrenz** („Bertrand-Paradoxon").

In Abb. 14-3 sind die Zusammenhänge durch simultane Darstellung der Preis-Absatz- und Preis-Gewinn-Kurven veranschaulicht. Die **Bertrand-Lösung** mit $P_1^B = P_2^B = \overline{K}_x$ **(Bertrandpreis = Grenzkosten)** ist gekennzeichnet durch die auf Höhe der horizontalen Grenzkostenkurve liegenden **Preis-Mengen-Kombination** B_j auf der bei gleich hohen Preisen geltenden Preis-Absatz-Kurve $\overline{\overline{x}}_j(P_1 = P_2)$. Den dazugehörigen Nullgewinn markiert der Punkt B_j^G auf der bei paralleler Preispolitik geltenden (fett gedruckten) Gewinnkurve $\overline{\overline{G}}_j(P_j)$. Bei einem höheren Preis hätte das Risiko eines Nullabsatzes und damit auf der Senkrechten oberhalb von B_j^G allenfalls die Chance auf einen Nullgewinn bestanden. Bei einer gelungenen Preisunterbietung dagegen wäre jeder Anbieter mit 100% Marktanteil zwar auf der Originärnachfrage $x_j^o(P_j)$, aber auf der Quasi-Monopol-Gewinnkurve $G_j^o(P_j)$ nur in der Verlustzone gelandet.

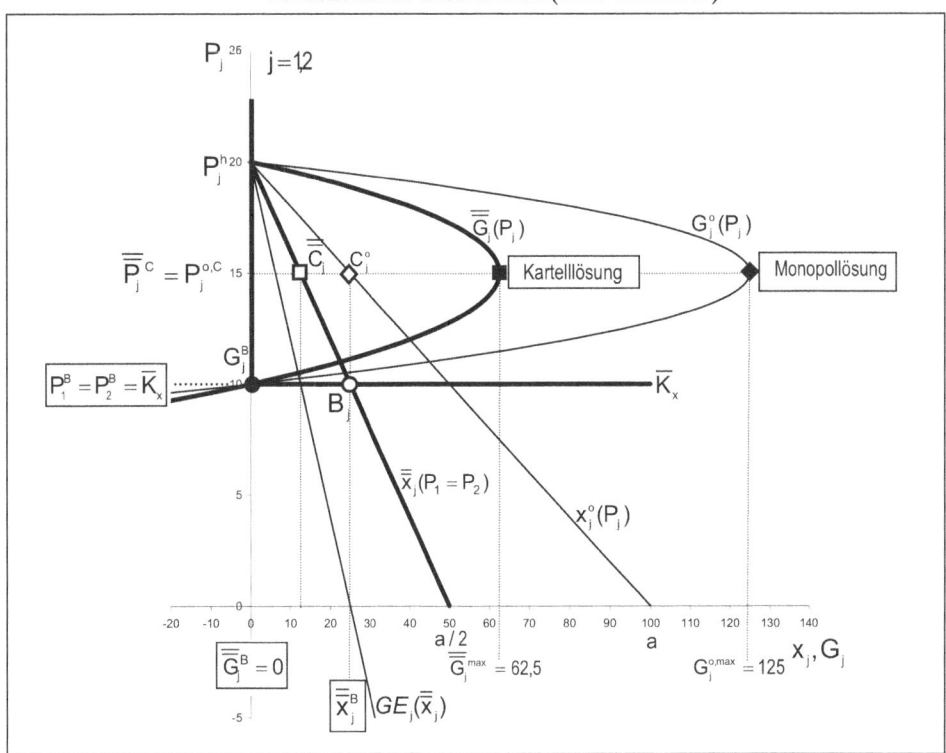

Abb. 14-3: Bertrand-Gleichgewicht im symmetrischen homogenen Dyopol bei konstanten Grenzkosten (ohne Fixkosten)

14.1.6 Kooperationslösung und Gefangenendilemma

Welche individuellen gewinnmaximalen Preise und Gewinne sich (statt eines unattraktiven Nullgewinns) durch eine **kooperative Lösung (Kartelllösung)** (mit vertraglicher Vereinbarung) durchsetzen ließen, zeigt in Abb. 14-3 der gemeinsame Cournot-Punkt $\overline{\overline{C}}_j$ mit dem maximalen Gewinn $\overline{\overline{G}}_j^{max}$ (von 62,5) an. Als **kurzfristig gewinnmaximaler Kartellpreis** müsste der Preis $\overline{P}_j^{\,C}$ festgesetzt werden. Dieser ist ceteris paribus **identisch mit dem kurzfristig gewinnmaximalen (Quasi-) Monopolpreis**. Nur ist der individuelle Gewinn im Preiskartell nur halb so groß wie der (Quasi-) Monopolgewinn $G_j^{o,max}$ (in Höhe von 125).

In einem **kooperativen Ein-Perioden-Spiel** gibt es allerdings das **Problem des Gefangenendilemmas**. Denn für beide Spieler besteht ein Anreiz, den Kooperationspartner dadurch zu „verraten", dass man den vereinbarten Kartellpreis gegen die Absprache leicht unterbietet (das Kartell also platzen lässt), um damit einen fast doppelt so hohen (Quasi-) Monopolgewinn zu erzielen.

Die **Spielsituation des Gefangenendilemmas** ist ursprünglich folgende: „Zwei Männer, die zusammen ein Verbrechen begangen haben, das man ihnen jedoch nicht nachweisen kann, werden in separaten Zellen verhört. Jeder der beiden kann gestehen und damit den anderen verraten oder seine Teilnahme bestreiten. Gesteht einer der Gauner, kommt er selbst als Kronzeuge frei und der andere wird streng bestraft. Gesteht keiner, müssen beide wegen eines kleineren, nachweisbaren Verstoßes eine Zeitlang im Gefängnis bleiben. Gestehen beide, erhalten sie eine mittlere Strafdauer. Obwohl es für beide besser wäre, zu schweigen, werden sie aus Furcht vor dem Verrat des anderen und der damit verbundenen Strafe gestehen" (Wied-Nebbeling/Schott, 2005, S. 245).

Zurück zur **Kartelloption**: Da das Spiel nur eine Periode dauert, kann keiner der Kontrahenten diesen Vertragsbruch durch Androhung einer Sanktion verhindern. Die **Kooperationslösung** stellt insofern **kein Gleichgewicht** dar. Das Spiel endet bei gegenseitigem Misstrauen über die Vertragstreue des Partners in dem Dilemma, dass beide den Preis auf Grenzkostenniveau festsetzen, um eine erfolgreiche Preisunterbietung des anderen zu verhindern. **Der geheime Preiswettbewerb** der Mitglieder des „Kartells" **führt** also bei konstanten Grenzkosten **zum Bertrand-Gleichgewicht mit Nullgewinn**.

Die folgende (für unser graphisch dargestelltes Zahlenbeispiel geltende) **Auszahlungsmatrix** stellt die für die Tendenz zum Bertrand-Gleichgewicht verantwortlichen Gewinnmöglichkeiten der Dyopolisten tabellarisch dar. Der für jeden Anbieter mögliche Kartellgewinn von 62,5 (vgl. unten rechts) würde sich durch minimale Unterbietung des Kartellpartners (mit 124) fast auf den maximalen Monopolgewinn (von 125) steigern lassen, während der „Verratene" mit Nullgewinn leer ausgehen würde. Um dies zu verhindern, werden beide im gegenseitigen Unterbietungswettbewerb mit ihrem Preis auf das Grenzkostenniveau gezwungen. Dieses zu unterschreiten, macht andererseits für beide auch keinen Sinn, so dass sie auch aus der entgegengesetzten **Verlustecke** (oben links) zum Bertrand-Gleichgewicht tendieren.

Tab. 14-2: Auszahlungsmatrix bei konstanten Grenzkosten und ohne Fixkosten

A₁ \ A₂	$P_{21} < K_{x12}$ zu niedrig	$P_{22} = P_2^B = K_{x12}$ niedrigst	$K_{x2} < P_{23} < \overline{\overline{P}}_2^C$ mittel	$P_{24} = \overline{\overline{P}}_2^C$ höchst
$P_{11} < K_{x1}$ zu niedrig	<0;<0	<0;0	<0;0	<0;0
$P_{12} = P_1^B = K_{x1}$ niedrigst	0;<0	0;0 Bertrand-lösung	0;0	0;0
$K_{x1} < P_{12} < \overline{\overline{P}}_2^C$ mittel	0;<0	0;0	0-124;0-124	124;0
$P_{13} = \overline{\overline{P}}_2^C$ höchst	0;<0	0;0	0;124	62,5;62,5 Kartell

14.1.7 Bertrand-Nash-Gleichgewicht bei steigenden Grenzkosten

Wie Abb. 14-4 zeigt, sind die **Gewinnverhältnisse** im homogenen Dyopol bei steigenden Grenzkosten **komplizierter**. Während die dyopolistische und quasi-monopolistische Gewinnkurve bei gleich hohen konstanten Grenzkosten denselben Cournot-Preis und die gleichen Schnittpunkte mit der Preisachse aufweisen, liegt der **gewinnmaximale Parallelpreis im Dyopol** deutlich **niedriger als im Quasi-Monopol**. Außerdem reicht das Fenster für positive Gewinne bei paralleler Preispolitik der Dyopolisten weiter nach unten als der Preisspielraum für eine erfolgreiche Preisunterbietung. Infolgedessen schneiden sich die beiden Gewinnkurven im Punkt G_j^B, wobei die dyopolistische Gewinnkurve steiler verläuft als die quasi-monopolistische. Dies bedeutet, dass sich ab dem zugehörigen Preis $P_j^B = P_1^B = P_2^B$ eine Preisunterbietung des Konkurrenten nicht nur nicht mehr lohnt, sondern sogar zu einer Gewinneinbuße führt. Der Punkt $\overline{B}_j$ auf der dyopolistischen Preis-Absatz-Kurve $\overline{\overline{x}}_j(P_1 = P_2)$ markiert insofern das **Bertrand-Nash-Gleichgewicht mit positivem Gewinn**, das im Alleingang zu verlassen beide Spieler nur schlechter stellen würde. Denn bei einer isolierten Preiserhöhung sinken Absatz und Gewinn auf Null, während eine Preisunterbietung auf die flachere Quasi-Monopol-Gewinnkurve und damit zu absoluten Gewinnverlusten führen würde. Im Unterschied zum Fall konstanter Grenzkosten gilt hier allerdings, dass der **Bertrandpreis größer** ist **als die Grenzkosten** ($P_j^B > K_x$).

Jedoch lässt sich mit der gleichen Argumentation wie zuvor zeigen, dass in dem grau unterlegten Preisbereich **alle Parallelpreise unterhalb von** $P_1^B = P_2^B$ ebenfalls **Nash-Gleichgewichte** mit nicht negativem Gewinn darstellen. Dabei ist der Fall Preis = Grenzkosten ($\overline{\overline{P}}_j = K_x$) eingeschlossen. Es besteht aber für beide Anbieter keine Veranlassung, die Preisunterbietung bis hinunter auf das Grenzkostenniveau zu „übertreiben", da eine **preispolitische Unterschreitung der Bertrandlösung** wegen des damit verbundenen Gewinnrückganges in jedem Fall **nachteilig** wäre.

Abb. 14-4: Bertrand-Gleichgewicht im symmetrischen homogenen Dyopol bei steigenden Grenzkosten und ohne Fixkosten

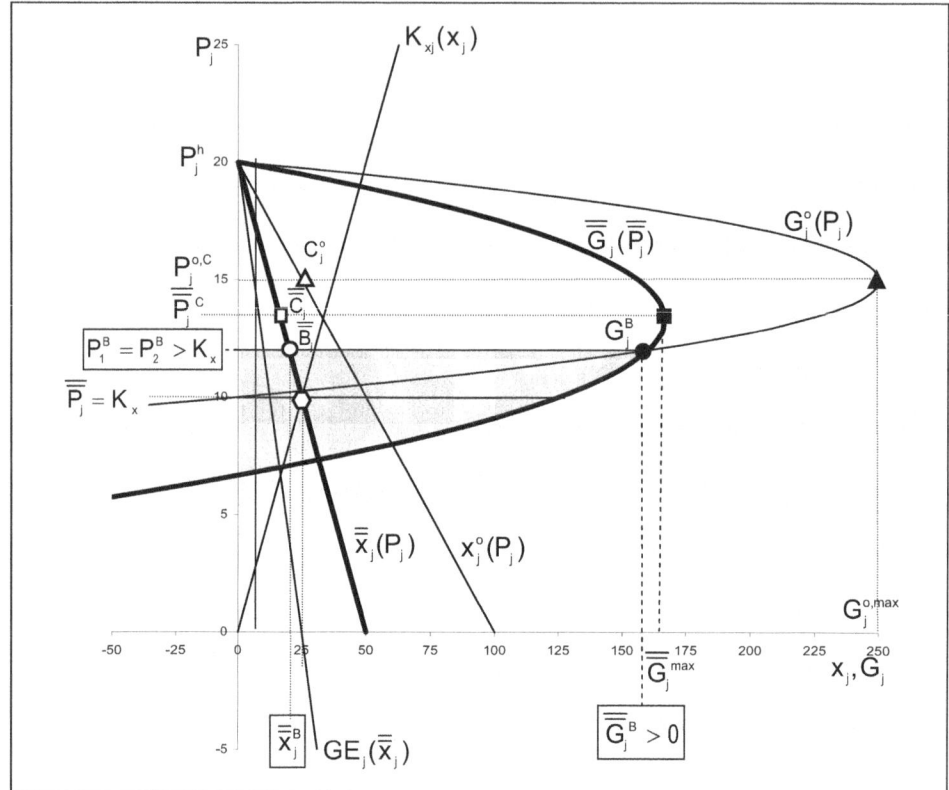

Im Unterschied zum Fall konstanter Grenzkosten, bei dem die Anbieterzahl keinen Einfluss auf den Bertrandpreis hat, gilt hier: Der **Bertrand-Gleichgewichtspreis nimmt** bei gegebener Grenzkostenkurve **mit zunehmender Anbieterzahl ab**, weil sich der Gipfel der Dyopol-Gewinnkurve und damit der den Bertrandpreis bestimmende Schnittpunkt mit der Quasi-Monopol-Gewinnkurve nach links unten verlagert.

14.1.8 Einfluss von Fixkosten auf die Bertrand-Lösung

Bleibt zu prüfen, ob die bisherigen Modellergebnisse auch einer Fixkostenbelastung standhalten. **Bei konstanten Grenzkosten und fixen Kosten** (vgl. Abb. 14-5) würde ein Preis P_j^A in Höhe der Grenzkosten sowohl bei erfolgreicher Preisunterbietung als auch bei gleich hohen Preisen unweigerlich zu Verlusten in Höhe von G_j^A führen, weil nur gerade die variablen Stückkosten gedeckt würden. Wenn man unterstellt, dass beide Anbieter im Unterbietungsfalle nur einen minimalen Übergewinn von Null akzeptieren ($G_j^o = 0$), kommt als „**Bertrand-Lösung**" hierfür nur der oberhalb der

Grenzkosten liegende Preis $P_j^B > \overline{K}_x$ in Frage. Dieser führt aber zu beiderseitigen Verlusten in Höhe von $\overline{\overline{G}}_j^B < 0$. Da die **bilaterale Verlustfalle** vorauszusehen ist, wird sich jedoch trotz eines die Grenzkosten übersteigenden Preises kein Spieler auf einen von vorneherein **ruinösen Preiswettbewerb** einlassen. Da beide Anbieter an einem solchem „Erfolg" nicht interessiert sind, kann von einem Bertrand-Gleichgewicht nicht die Rede sein kann.

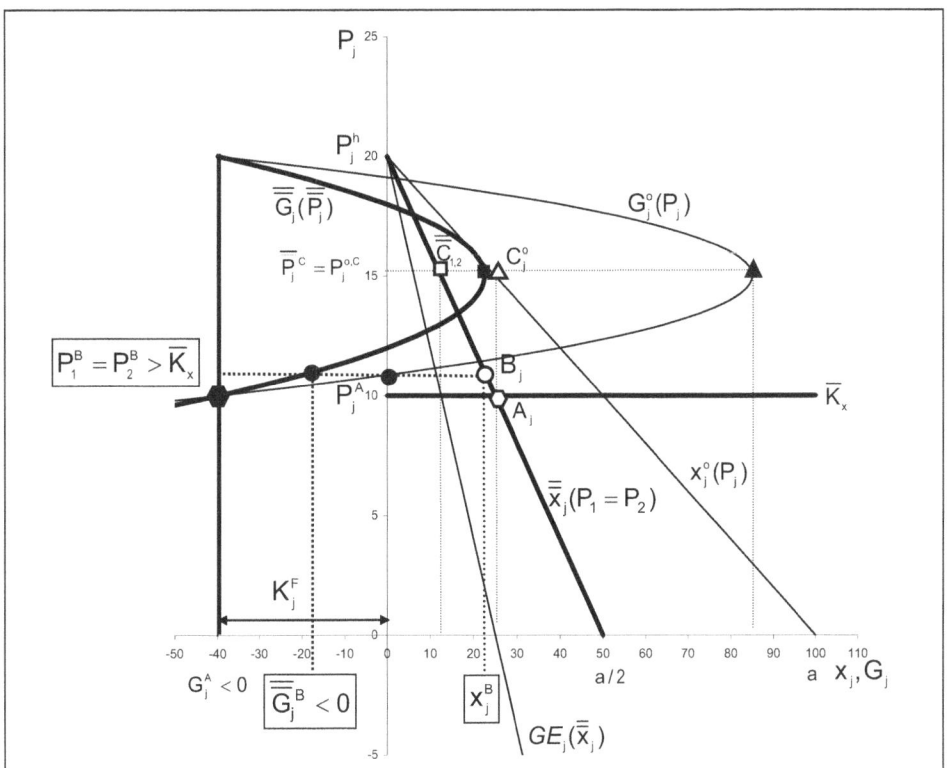

Abb. 14-5: „Bertrand-Gleichgewicht" im homogenen Dyopol mit gleich hohen Grenz- und Fixkosten

Statt ein **nicht-kooperatives Spiel mit Verlustgarantie** zu beginnen, werden sich die Kontrahenten eher auf die **allein Gewinn versprechende Kooperationslösung, d.h. auf ein Preiskartell einigen.** Noch günstiger wäre es allerdings, den Konkurrenten durch eine **Nichtteilnahmeprämie**, die kleiner ist als der halbe Monopolgewinn, aus dem Spiel bzw. Markt zu halten.

Bei steigenden Grenzkosten können (nicht zu hohe) Fixkosten dagegen zu einem für beide Seiten akzeptablen Ergebnis mit Preisen oberhalb der Grenzkosten und positivem Gewinn führen (vgl. Abb.14-6).

Abb. 14-6: Bertrand-Gleichgewicht im symmetrischen homogenen Dyopol bei steigenden Grenzkosten und Fixkosten

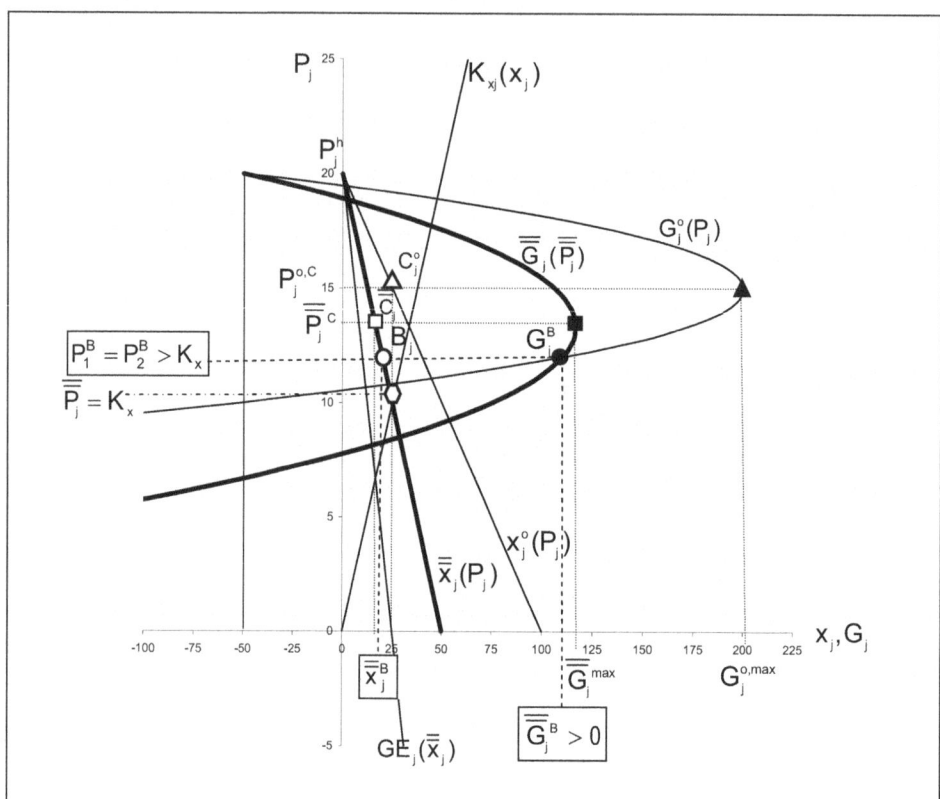

Mit steigender Fixkostenbelastung (vgl. Abb. 14-7) **schrumpfen jedoch die Gewinnmöglichkeiten der Bertrand-Lösung** im Grenzfall auf einen Gewinn von Null (vgl. Abb. 14-7.a)) zusammen. Schließlich sind im gleichgewichtigen Preiswettbewerb nur noch Verluste zu erzielen (vgl. Abb. 14-6. b)). Im letzteren Fall lohnt es sich für keinen Anbieter unter Wettbewerbsbedingungen noch auf dem Markt aufzutreten, während ein Alleinanbieter eine attraktive Gewinnchance hätte. Die einzige **Alternative zu einem Marktverzicht** wäre in diesem Falle eine **Kooperationslösung**, da die dyopolistische Gewinnkurve bei der hier angenommenen Fixkostenbelastung gerade noch ein Maximum mit Nullgewinn zulässt. Die Kartelllösung stellt jedoch insofern kein Gleichgewicht dar, als eine „verräterische" Unterbietung des vereinbarten Kartellpreises sich erst bei dem für beide Seiten ruinösen Bertrandpreis nicht mehr lohnt.

Abb. 14-7: Bertrand-Lösungen bei steigenden Grenzkosten und unterschiedlichen Fixkosten

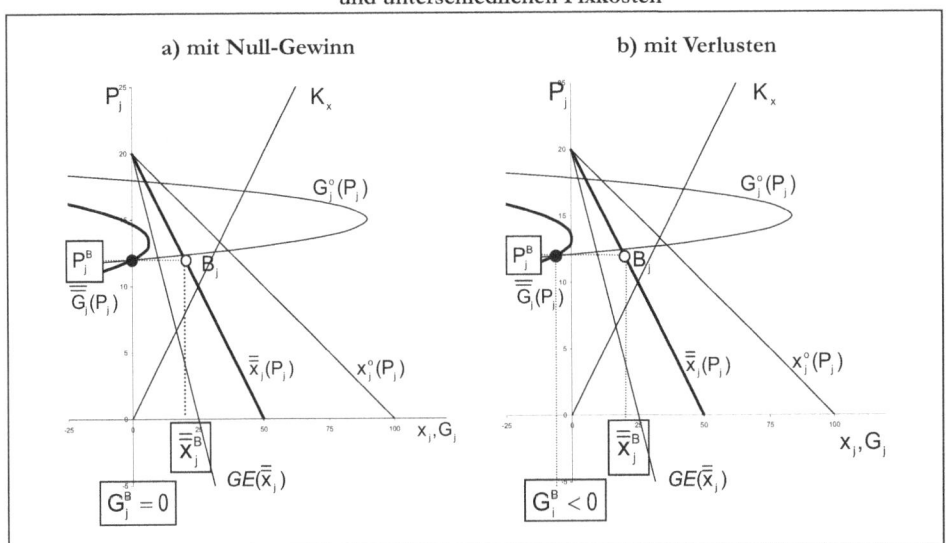

14.1.9 Kein Nash-Gleichgewicht bei ungleichen Grenzkosten

Ein völlig anderes Modellergebnis erzielt man, wenn (wiederum ohne Fixkosten) unterschiedliche Grenzkosten der Dyopolisten angenommen werden. Bei **konstanten Grenzkosten** führt beispielsweise der **Kostenvorteil des Anbieters 1** ($\overline{K}_{x1} < \overline{K}_{x2}$) dazu (vgl. Abb. 14-8), dass dieser zur Verhinderung einer Unterbietung (mit Null-Gewinn und -absatz) seinen Preis nach „Bertrand-Manier" mindestens auf das Grenzkostenniveau $\overline{K}_{x2}$ seines Konkurrenten senken muss. **Anbieter 2** sieht sich ebenso mit seinem Preis auf seine Grenzkosten hinunter gezwungen, womit er im Punkt Q genau **Nullgewinn** erzielt bzw. Verluste gerade noch vermeiden kann, während sein kostengünstigerer Konkurrent Gewinne erzielt. Für **Anbieter 1** als **Kostenführer** sind jedoch durch eine **Preisunterbietung um nur einen Cent** noch größere **(Quasi-Monopol-) Gewinne erzielbar**, während sein **Gegenspieler** nunmehr **in die Verlustzone** geraten würde, wollte er dem Preisführer folgen. Um ein Verlustgeschäft zu vermeiden, wird dieser jedoch bei Kostentransparenz auf den für ihn ruinösen Preiswettbewerb verzichten und damit sowohl auf Absatz und als auch auf eine entsprechende Produktion. Anbieter 1 hingegen kann sich zwar der Konsequenz des drohenden Preiswettbewerbs nicht entziehen und vor allem nicht einfach den für ihn gewinnmaximalen Monopolpreis verlangen. Dennoch kann er durch den **Verdrängungspreis** P_1^V im Punkt V_1 der Originärnachfrage 100 % Marktanteil und im Punkt G_1^V seiner originären Gewinnkurve $G_1^o(P_1)$ etwa zwei Drittel des maximalen Monopolgewinnes ausschöpfen. Da Anbieter 2 durch die Preispolitik des „Quasi-Monopolisten" letzten Endes gar nicht aktiv ins Marktgeschäft eingreifen und nur die **Rolle eines potenziellen Wettbewerbers** übernehmen kann, ist der **Verdrängungspreis** auch als ein **marktzutrittsverhindernder Preis** zu interpretieren.

Abb. 14-8: „Bertrand-Gleichgewicht" im homogenen Dyopol bei unterschiedlichen konstanten Grenzkosten und ohne Fixkosten

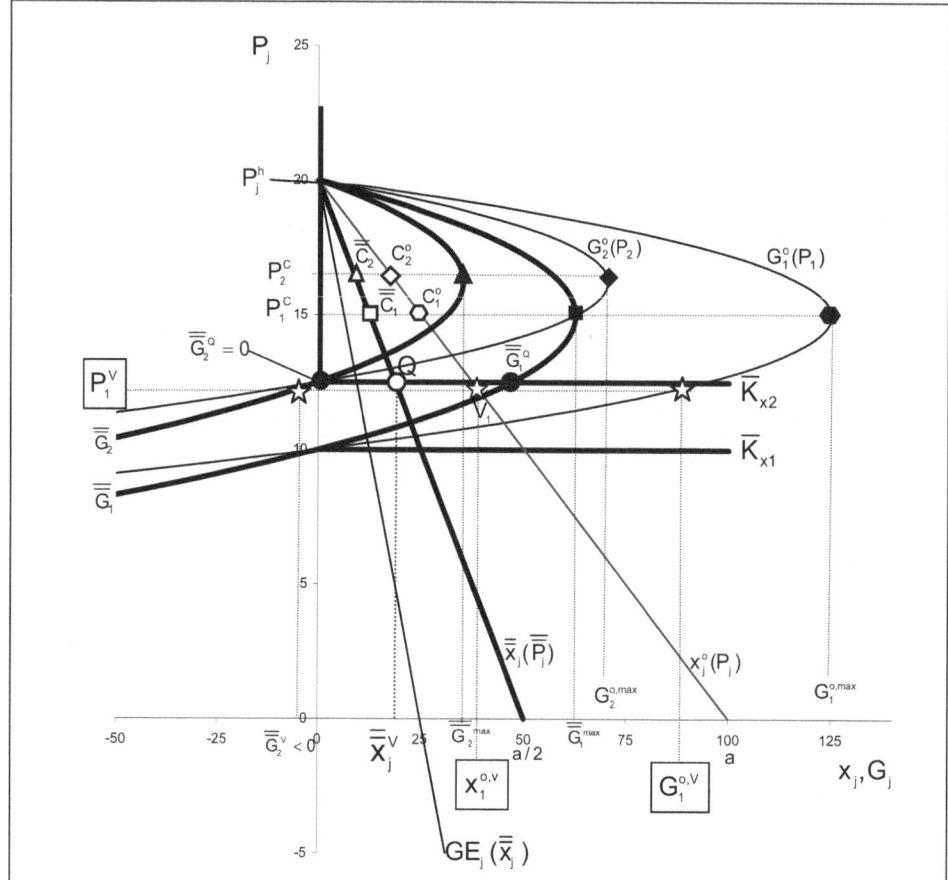

Gleichwohl stellt dieses Marktmodell **kein Musterbeispiel für die „Contestable Market Theory"** dar (vgl. Abschnitt 17.2.4), da der Monopolist zwar durch den potenziellen Wettbewerb zur Unterschreitung des gewinnmaximalen Preises gezwungen wird, aber nicht auf Durchschnitts- und Grenzkostenniveau wie bei vollkommener Konkurrenz. Wie wir in Abschnitt 14.1.12 sehen werden, ist dieses Wettbewerbsergebnis jedoch vor allem durch die restriktive Annahme des Einperiodenspiels bedingt.

14.1.10 Zwischenbilanz und Kritik des Bertrand-Modells

Wie unser Modellvergleich gezeigt hat, ist das **Bertrand-Paradoxon** mit dem **„Bilderbuchergebnis" Oligopolpreis = Grenzkosten** wie bei vollkommnerer Konkurrenz nur durch **sehr restriktive Annahmen** (konstante Grenzkosten, keine Fixkosten) zu gewährleisten. Denn **bei steigenden Grenzkosten und bei Berücksichtigung von Fixkosten** liegen die **Bertrandpreise über den Grenzkosten**, aber immerhin **unter Kartell- und Monopolpreisniveau.** Zum Teil führt die Fixkostenbelastung auch zu ruinösen Wettbewerbsgleichgewichten (stets bei konstanten Grenzkosten und bei steigenden Grenzkosten bei entsprechend hohen Fixkosten), die bei rationalem Verhalten nur einen **Marktverzicht** – zumindest den Verzicht auf einen homogenen Oligopolmarkt – nahe legen und letztlich ein **Marktversagen** darstellen.

Gemessen an der Realität **äußerst restriktiv** ist außerdem die **Konstruktion des Einperiodenspiels,** so dass sich die Frage stellt, wie sich das Bertrand-Gleichgewicht im realistischeren **Mehrperiodenspiel** bewährt. Dabei stellt sich insbesondere die Grundsatzfrage, ob sich die Spieler im Bewusstsein mehrerer Spielrunden nicht **eher kooperativ als nicht-kooperativ** verhalten werden.

Für **Mehrperiodenspiele mit bekanntem Ende**, bietet die Spieltheorie als Lösungsmethode die **Rückwärtsinduktion** an. Sie fragt zunächst danach, wie sich die Oligopolisten in der letzten Periode verhalten. Da sie danach für das Abweichen von einer Preisabsprache keine Sanktionen mehr zu erwarten haben, ist für die Akteure klar, dass in der letzten Spielrunde keine Kooperation zustande kommt. Damit ist aber auch keine Sanktion für einen Bruch der Kartellvereinbarung in der vorletzten Runde möglich. Da sich aber eine Kooperation ohne Bestrafung nicht durchsetzen lässt, verhalten sich die Anbieter auch in der vorletzten Periode nicht kooperativ und aus gleichem Grund auch nicht in jeder weiteren Periode zuvor. „**Das einzige Nash-Gleichgewicht eines Mehrperiodenspiels mit bekanntem Ende ist dasjenige des Einperiodenspiels**" (Wied-Nebbeling/Schott, 2005, S. 246). Das heißt, dass die bisher ermittelten Bertrand-Nash-Gleichgewichte im Prinzip auch in Oligopolmodellen mit endlichem Zeithorizont Gültigkeit haben. Allerdings müsste man in solchen Modellen die unterschiedliche Fristigkeit von Kostenfunktionen und die kostenminimierenden Anpassungsreaktionen der Oligopolisten berücksichtigen, da im Regelfall ein Anbieter mit kurzfristig konstanten Grenzkosten langfristig sinkende und ein Anbieter mit kurzfristig steigenden Grenzkosten langfristig konstante Grenzkosten in seine Angebotsentscheidung einbeziehen muss.

Anders werden in der Spieltheorie **unendliche Mehrperiodenspiele oder Mehrperiodenspiele mit unbekanntem Ende** beurteilt. Bei unbegrenztem Zeithorizont wird in der neueren Spieltheorie eher eine **Tendenz zur Kooperationslösung** gesehen. Dies entspricht auch der Intuition, die sich angesichts der im Kollektivmonopol erzielbaren Gewinne schwer unterdrücken lässt, obwohl man sich auch dem rationalen Kalkül des Gefangenendilemmas kaum entziehen kann. Ein neueres, selbst in Spielexperimenten mit endlichen Spielrunden gut getestetes Verhaltensprinzip mit kooperativem Ergebnis ist die **Tit-for-Tat-Methode** (nach dem Motto „Wie Du mir, so ich Dir"!). Danach versucht ein Spieler (in der ersten Periode) durch Setzung des gewinnmaximalen Gruppenpreises bei den anderen Spielern Vertrauen für eine Kooperation zu schaffen. Verhalten sich die anderen genauso, ist die **Basis für eine**

längerfristige Kooperation geschaffen. Verlangen die anderen den Bertrandpreis, kommt umgekehrt keine Kooperation zustande.

Hauptkritikpunkt an der statischen Bertrandlösung im homogenen Oligopol ist die Tatsache, dass die **Realitätsgeltung des Modells** ganz offensichtlich **durch die Annahme simultaner Einmal-Preisentscheidungen** für Oligopolisten mitpolypsonistischer Nachfrage **stark eingeschränkt** ist. Das Entscheidungs- und Wettbewerbsmodell passt allenfalls für das einmalige Preisangebot bei öffentlichen oder privaten Ausschreibungswettbewerben mit monopsonistischer Nachfrage.

Auf Konsumgütermärkten (mit vielen kleinen Nachfragern) sind die Anbieter (homogener und heterogener) Produkte nach deren Markteinführung permanent mit einer Preisforderung bei einer (durch die Preisauszeichnungspflicht) sowohl für die Nachfrager als auch für die Mitbewerber weitgehenden Preistransparenz **zu einer die gesamte Planperiode wirksamen Preisunterbietung kaum in der Lage**.

14.1.11 Ein Tankstellen-Dyopol als realistisches Beispiel

Um sich ein realistisches Bild von der Entscheidungssituation in einem homogenen Dyopol zu machen, stelle man sich zum **Beispiel** an einem Verkehrskreisel direkt hintereinander liegend **zwei freie Tankstellen mit quasi „gleichem" Standort** vor, die für die Kunden aus allen Richtungen kommend gleich leicht anzufahren sind.

Vor Ort herrscht eine **vollständige Preistransparenz**, da die Kraftstoffpreise auf großen elektronisch gesteuerten Anzeigetafeln für jeden Autofahrer im Kreisverkehr gleich gut sichtbar sind, ebenso für das Personal der benachbarten Konkurrenz.

Die Kunden vertrauen den Kraftstoff-DIN-Normen und halten die von beiden Tankstellen angebotenen **Kraftstoffe** für **identisch**. Auch in der Zeitung ist zu lesen, was die tankenden Kunden gelegentlich mit eigenen Augen sehen, der Kraftstoff wird von dem gleichen Großhändler angeliefert und stammt aus der gleichen nahe gelegen Raffinerie. Sie halten die angebotenen **Produkte** jedenfalls, und das ist entscheidend, für **subjektiv homogen**. Die Tankstellen-Shops gehören „zufällig" dem gleichen Franchise-System mit völlig identischem Sortiment und gleichen Preisen an.

Beide Tankstellen haben **gleiche Öffnungszeiten** (24 Stunden) und auch so viele Zapfsäulen, dass die Kunden selbst dann nur **zu vernachlässigende Wartezeiten** in Kauf nehmen müssen, wenn sie alle bei einer Tankstelle tanken (würden). Wegen der bereits angesprochenen Nähe zur Beschaffungsquelle und aufgrund ausreichend großer Lagertanks haben beide Tankstellen auch in der Regel **keine Lieferengpässe**. Schließlich ist auch das **Service-Personal gleich freundlich und kompetent**. Die nächsten Tankstellen liegen so weit entfernt, dass sie als alternative Tankmöglichkeit für die Kraftstoffkunden nicht in Frage kommen.

Zusammenfassend liegt also ein räumlich abgegrenzter Dyopolmarkt vor, der durch das Fehlen sachlicher, räumlicher, zeitlicher und persönlicher Präferenzen **alle Homogenitätsbedingungen erfüllt**, auf dem vollständige Preistransparenz und keine Kapazitätsbeschränkungen herrschen. Wenn man von der übrigen Markttransparenz absieht, handelt es sich also um ein **nahezu vollkommenes Tankstellen-Dyopol**.

Schließlich hat keiner der Tankstellenbetreiber die Absicht (geäußert), sein **Geschäft** in absehbarer Zeit zu schließen, so dass beide Anbieter davon ausgehen, **auf unbestimmte Zeit** diesen Standort miteinander teilen zu müssen.

Unter diesen Konkurrenzverhältnissen ist in der Realität tagtäglich und wöchentlich **folgende Preisbildung zu beobachten:**

(1) **Bei Preisunterbietungen** um nur einen Cent ist ein **sofortiger totaler Absatzverlust** der teuren Tankstelle festzustellen.

(2) Es dauert aufgrund der unmittelbaren Reaktion der „Fahrkundschaft" und des sofort spürbaren Nullabsatzes in der Regel **nur wenige Minuten bis zur preisangleichenden Konkurrenzreaktion**, da die hohe Preistransparenz (Ein Blick auf die Preisanzeigentafel des Konkurrenten genügt!) die Ursache für den Umsatzeinbruch augenblicklich identifizierbar macht.

(3) Aufgrund der beinahe „unendlich hohen Reaktionsgeschwindigkeit" der Oligopolisten lassen Preisunterbietungen letztendlich **keine Wettbewerbsvorteile und Quasi-Monopolgewinne** erwarten. Ihnen muss daher auch nicht wie im Bertrand-Ein-Perioden-Modell bis auf die Grenzkosten als Preisuntergrenze hintergehend vorgebeugt werden. Nicht die Preis-Absatz-Funktion bei konstantem Konkurrenzpreis, sondern **nur die konjekturale Preis-Absatz-Funktion bei gleich hohen Konkurrenzpreisen** bildet daher neben der Kostenstruktur die **Kalkulationsgrundlage** für Gewinn- und Verlustmöglichkeiten.

(4) Insofern muss es nicht verwundern, dass es bei starker Nachfrage (an Wochenenden, Feiertagen und in Urlaubszeiten) „ohne Schwierigkeiten" zu **parallelen Erhöhungen der Tankstellenpreise, aber auch zu parallele Preissenkungen** bei wieder nachlassender Nachfrage (klassische zeitliche Preisdifferenzierung) kommt.

(5) Auch **steigende oder sinkende Wiederbeschaffungspreise** für Kraftstoffe (am maßgeblichen Rotterdamer „Spot"-Markt) **schlagen kurzfristig auf die Abgabepreise durch** (Anpassung der Preise an die veränderten Grenzkosten).

Zusammenfassend ist eine **parallele Preispolitik mit einer gewinnorientierten Preisanpassungsdynamik** sowohl nach unten als auch nach oben zu beobachten. D.h. obwohl jeder der Konkurrenten den anderen durch Konstanthaltung seines Preises an einer alleinigen Preiserhöhung hindern kann (Wegen des völligen Marktanteilsverlustes muss sie umgehend wieder zurückgenommen werden!), kommt es durch Abgabe entsprechender **Preissignale nach dem Muster der Tit-for-Tat-Methode** immer wieder zu gemeinsamen **„Benzinpreisrunden"**. Dabei übernimmt ein Anbieter häufig eine **barometrische Preisführerschaft**, es kommen aber auch **wechseln-**

de **Preisführerschaften** vor. Die Vermutung, es könne sich um eine Beschränkung des Preiswettbewerbs durch abgesprochenes Verhalten handeln (**Kartellhypothese**), ist zwar für Außenstehende nahe liegend, aber durchaus **nicht zwingend**. Denn wenn die Erwartung der Konkurrenten auf eine positive Gewinnauswirkung einer gemeinsamen Preiserhöhung übereinstimmt oder „**stillschweigendes Einverständnis**" über die Rationalität einer Preiserhöhung herrscht, kann es sich bei dem höheren parallelen Preisniveau durchaus auch um ein **kooperatives Nash-Gleichgewicht** handeln.

Dieses kann bei symmetrischer Nachfrage einfach darin bestehen, dass **a) bei gleichen Grenzkosten (Kostensymmetrie)** der Anbieter der „herrschende" **Preis für beide gewinnmaximal** ist und sowohl ein höherer als auch ein niedriger Parallelpreis individuelle Gewinnverluste nach sich ziehen würde (vgl. die Auszahlungsmatrix in Tab. 14-3.a). Die Möglichkeit, einen höheren (Quasi-Monopol-)Gewinn durch Preisunterbietung zu erzielen, wird wie erläutert durch den Preisanpassungszwang des Mitbewerbers vereitelt.

Liegen **b) unterschiedliche Grenzkosten (Kostenasymmetrie) vor, setzt der Kostenführer**, d.h. der Dyopolist mit den niedrigeren Grenzkosten **seinen (niedrigeren) gewinnmaximalen Preis durch** (vgl. die Auszahlungsmatrix in Tab. 14-3.b). Konkret heißt dies, dass er seinen (aufgrund steigender Gewinne) kooperativen Mitspieler von unten (durch Tit for Tat) an diesen Preis heranführt, nach Erreichen seines Cournotpreises die von seinem Konkurrenten angestrebten weiteren Preiserhöhungen wegen der damit verbundenen Gewinneinbußen aber einfach nicht mitmacht. Liegt der Ausgangspreis andererseits über seinem Cournotpreis, kann er seinen (innerlich widerstrebenden) Mitspieler durch Preissenkung auf das von ihm angestrebte Preisniveau „herunterführen". Um ein **Nash-Gleichgewicht** handelt es sich natürlich **für den Preisführer (kraft Kostenführerschaft)**, der sich im Gewinnmaximum befindet, aber **auch für den widerstrebenden Preisfolger**, da sich dieser sowohl bei einer alleinigen Preiserhöhung als auch bei einer erzwingbaren gemeinsamen Preissenkung nur einen geringeren Gewinn einhandeln würde.

Tab. 14-3: Kooperatives Nash-Gleichgewicht im homogenen Dyopol

a) bei gleichen Grenzkosten

A 1 (Führer) \ A 2 (Folger)	$P_2 = P_1$
$P_{11} = P_1^c = P_2^c$	+50, +50
$P_{21} > P_1^c = P_2^c$	<50, <50
$P_{23} < P_1^c = P_2^c$	<50, <50

b) bei ungleichen Grenzkosten

A 1 (Führer) \ A 2 (Folger)	$P_2 = P_1$
$P_{11} = P_1^c < P_2^c$	+50, +30
$P_{12} = P_2^c > P_1^c$	<50, >30
$P_{13} < P_1^c < P_2^c$	<50, <30

Allerdings drängt sich bei **Kostenasymmetrie** die Frage auf, warum der Kostenführer seinen Konkurrenten nicht zu verdrängen versucht, wenn ihm dies aufgrund geringerer Grenzkosten doch möglich zu sein scheint (vgl. Abb. 14-8). Dies trifft zwar bei Fehlen von Fixkosten zu, nicht aber in jedem Fall bei Existenz von Fixkosten, da bei Einsatz von Cobb-Douglas-Produktionstechnologien geringere (Lohn-)Grenzkosten durch höhere Fixkosten des Kapitaleinsatzes verursacht sein können, so dass eine **Verdrängungsstrategie nur bedingt möglich** ist. Außerdem ist aus gleichem Grund zu berücksichtigen, dass ein kurzfristiger (Lohn-) Grenzkostennachteil auch durch einen langfristig höheren Kapitaleinsatz ausgeglichen werden kann, da sich dieser positiv auf die Arbeitsproduktivität auswirkt (vgl. Kapitel 10).

14.1.12 Preisbildungsprozesse bei Marktzutritt

(1) Spieltheoretische Vorüberlegungen

Sieht sich in einem **Mehrperiodenspiel** ein **Alleinanbieter** auf einem offenen Markt (mit unbeschränkten Marktzutritts- und Marktaustrittsmöglichkeiten) **mit einem Neuankömmling konfrontiert**, der ein **homogenes Konkurrenzprodukt zum gleichen Preis** anbietet und damit einen homogenen Dyopolmarkt generiert, entsteht für den etablierten Anbieter zunächst ein kurzfristiges Reaktionsproblem. Es stellt sich für ihn die Ausgangsfrage, ob er a) seinen bisherigen Preis beibehalten oder b) einen Preiskampf beginnen soll. Um dieses Entscheidungsproblem zu lösen, prüft er mit Hilfe des folgenden (in der Spieltheorie für **sequenzielle Spiele**) entwickelten **Entscheidungsbaums** vom **Startpunkt A** ausgehend die von der jeweiligen Gegenreaktion des Markteindringlings abhängigen Gewinnmöglichkeiten und ermittelt dann die für ihn **gewinnträchtigste oder dominante Strategie**.

In unserem Beispiel (vgl. Abb. 14-9) reagiert der neue Anbieter 2 am **Entscheidungsknoten B** auf die **a) Preisbeibehaltung des alten Anbieters 1** entweder mit der Strategie **aa) Preisakzeptanz** oder mit einer (mitzumachenden) **ab) Preissenkung**. Wenn sich Anbieter 1 alternativ für einen **b) Preiskampf** entscheidet, hat Anbieter 2 am **Entscheidungsknoten C** entweder die Option **ba) Preisduldung** oder die Möglichkeit zum **bb) Marktaustritt**.

Abb. 14-9: Kurzfristiger Preisentscheidungsbaum eines Monopolisten beim Marktzutritt eines homogenen Wettbewerbers

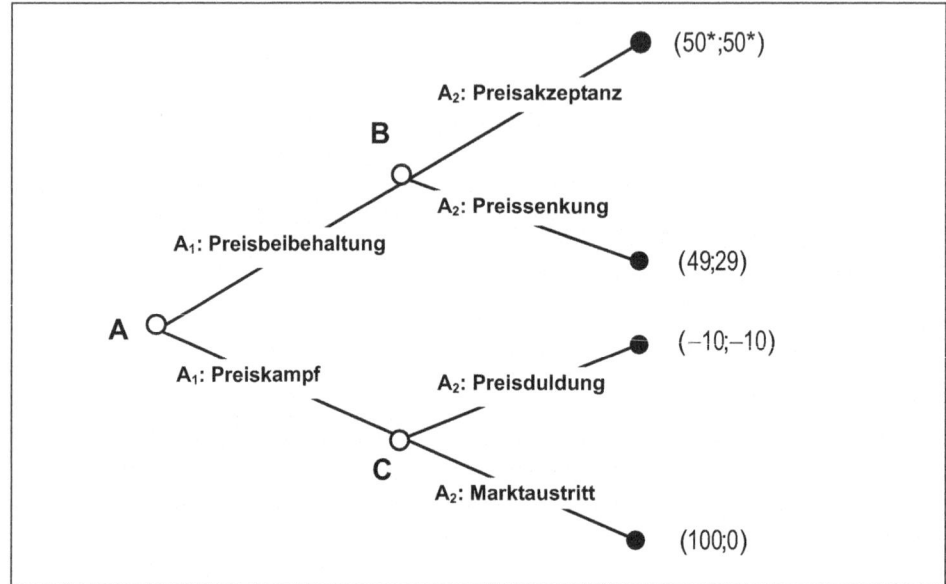

In dem dargestellten Beispiel, das Kostensymmetrie für beide Spieler voraussetzt, stellen die mit Stern versehenen maximalen Gewinnaussichten für beide Anbieter die **dominante Strategie** dar: **Preisbeibehaltung** (des bisherigen Optimalpreises) durch Anbieter 1 **und Preisakzeptanz** von Anbieter 2. Denn einerseits braucht der etablierte Anbieter nicht mit einer Preisunterbietung des Markteinsteigers zu rechnen, da er diese mit beiderseitigem Gewinnverlust in jedem Fall durch eine parallele Preissenkung neutralisieren müsste. Andererseits erweist sich bei „Waffengleichheit" jeder für beide gleich große Verluste bringende **Preiskampf** als **leere Drohung**, so dass ein Marktaustritt von Anbieter 2 bei gleicher Verlustduldungsfähigkeit nicht wirklich erwartet werden kann. Alles spricht also dafür, dass sich der ehemalige Monopolist mit dem Marktzutritt abfindet und versucht, das Beste daraus zu machen.

Da sich allerdings in diesem Zusammenhang jedes Zahlenbeispiel „überzeugend" mit dem gewünschten Ergebnis konstruieren lässt, halten wir uns lieber an die im homogenen Oligopol zwingend vorgegebenen nachfragetheoretischen und grundsätzlich möglichen kostentheoretischen „Fakten".

(2) Marktzutritt bei steigenden Skalenerträgen

Zur Erinnerung bedeuten steigende Skalenerträge langfristig sinkende Grenzkosten und (in unserem linearen Standardfall) kurzfristig konstante Grenzkosten, wobei das Niveau der Grenzkosten (negativ) vom Realkapitaleinsatz abhängt. Unterstellt man für den etablierten (Monopol-) **Anbieter 1**, dass er sich vor dem Marktzutritt des

Anbieters 2 **im langfristigen Gleichgewicht** befunden hat, stimmen für ihn der kurz- und langfristige Cournot-Preis überein. Das bedeutet, dass er für seine voll ausgeschöpfte Originärnachfrage und entsprechende Produktionsmenge den **Realkapitaleinsatz kostenminimierend optimiert** hat.

Der neu in den Markt eintretende **Anbieter 2** geht rationaler Weise bei seiner Absatz- und Produktionsplanung von vorneherein davon aus, dass für ihn mit homogenem Produktangebot und gleichem Preis **nur noch die Hälfte der Originärnachfrage erzielbar** ist. Diese hängt aber wiederum von dem sich nach Marktzutritt einstellenden parallelen Preisniveau der Dyopolisten ab. Wenn Anbieter 2 annimmt, dass er auf dem Markt langfristig Fuß fassen kann, wird er sich mit seiner Produktions- und Kostenplanung auf den nach seinem Markzutritt geltenden **Gleichgewichtspreis bei Kooperation** einstellen. Dieser liegt aber, da beide Anbieter nur noch die halbe Originärnachfrage auf sich ziehen können, höher als der von Anbieter 1 bisher geforderte Monopolpreis. Denn für eine geringere Produktionsmenge werden die **kurzfristigen Grenzkosten** bei Kostenminimierung notwendigerweise **steigen.** Da der optimale Kapitaleinsatz für einen geringeren Planabsatz aber abnimmt, kommt **Anbieter 2** durch **geringere Fixkosten** im relevanten Preisbereich auf eine **günstigere kurzfristige Gewinnkurve** als Anbieter 1 (vgl. Abb. 14-10). Aus diesem Grunde fällt es ihm leicht, den bisherigen Monopolpreis im Falle der Beibehaltung durch Anbieter 1 kurzfristig zu akzeptieren, da er bei diesem Preis „paradoxerweise" in Punkt D_2 **mehr Gewinn** erzielt als sein Mitbewerber. Da sein kurz- und langfristiger Cournot-Preis höher liegt als der herrschende Marktpreis, kommt für Anbieter 2 beim Markteintritt **keine Preisunterbietung** in Frage und schon gar nicht der Versuch einer **Nullabsatz und Verlust** bringenden **Preisanhebung**. Vielmehr wird der Newcomer darauf vertrauen, dass sein Konkurrent sich an das neue **langfristige kooperative Dyopolgleichgewicht** im Punkte $C_{1,2}^*$ der fett gezeichneten langfristigen Gewinnkurve anpasst. Diese **Anpassungsstrategie für Anbieter 1** bedeutet a) die Bereitschaft zu dem für beide Anbieter langfristig optimalen (höheren) Kooperationspreis und b) die Optimierung, d.h. drastische Reduzierung des Kapitaleinsatzes im Hinblick auf eine mehr als halbierte Produktionsmenge.

Abb. 14-10: Preisstrategien und Gewinneffekte im homogenen Dyopol
(Perspektive des Anbieters 1 nach Marktzutritt des Anbieters 2)

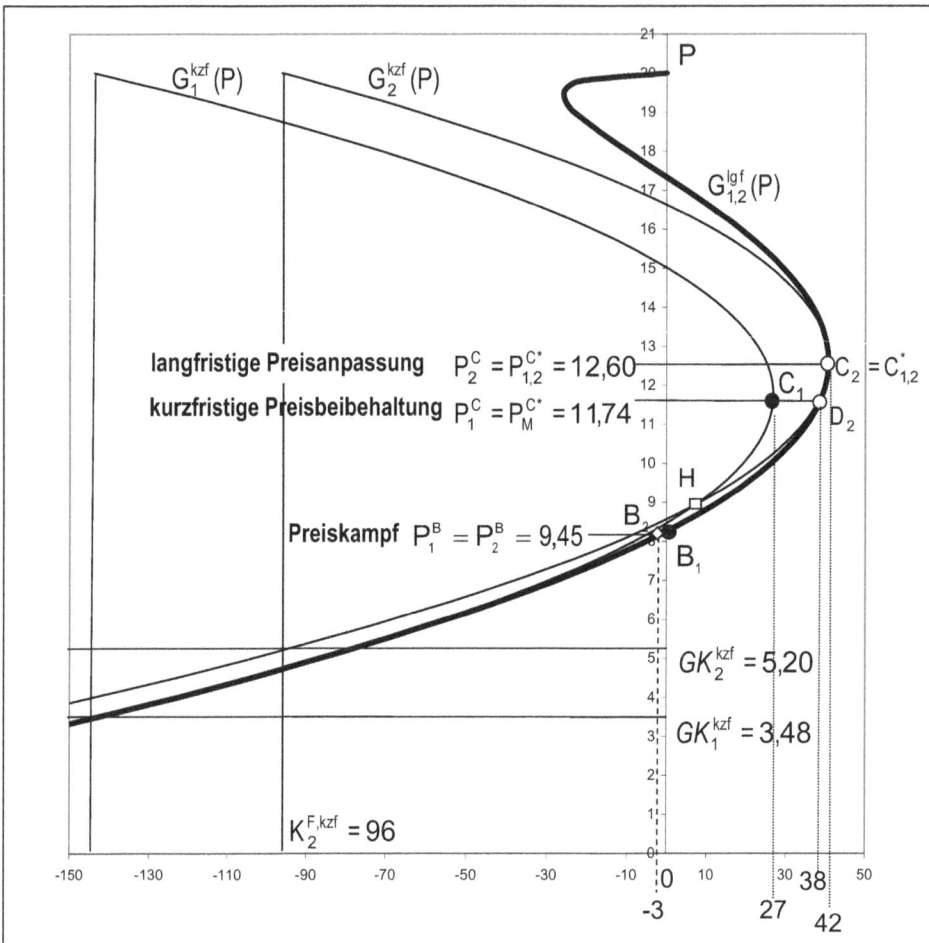

Ein **Preiskampf als Alternativstrategie für Anbieter 1** bietet sich auf den ersten Blick insofern an, als er **niedrigere kurzfristige Grenzkosten** besitzt **als Anbieter 2**. Eine Verdrängungsstrategie macht jedoch nur Sinn, wenn sie so lange durchzuhalten ist, bis dem Konkurrenten die finanzielle Luft ausgeht. Der Vergleich der kurzfristigen Gewinnkurven beider Anbieter zeigt zwar, das Anbieter 1 unterhalb des Schnittpunktes H einen leichten Gesamtkosten- und Gewinnvorteil hat, so dass er mit dem **Kampfpreis** $P_1^B = P_2^B$ im Punkt B_1 seiner kurzfristigen Gewinnkurve gerade noch einen Nullgewinn erzielt, während Anbieter 2 auf seiner links daneben liegenden kurzfristigen Gewinnkurve im Punkt B_2 **nur leichte Verluste** einstecken müsste. Abgesehen davon, dass er diese möglicherweise eine Weile durchzuhalten vermag, kann der Neuling sich durch mehr Kapitaleinsatz notfalls in die gleiche Kosten- und Gewinnlage bringen wie der etablierte Anbieter. Ein **Preiskampf** ist für diesen insofern **keine Gewinn versprechende Option** und verursacht **hohe Opportunitätskosten im Vergleich zur Kooperationslösung**, wie sich auch dem nachfolgenden Entscheidungsbaum entnehmen lässt.

Abb. 14-11: Langfristige Dyopolstrategien nach Marktzutritt

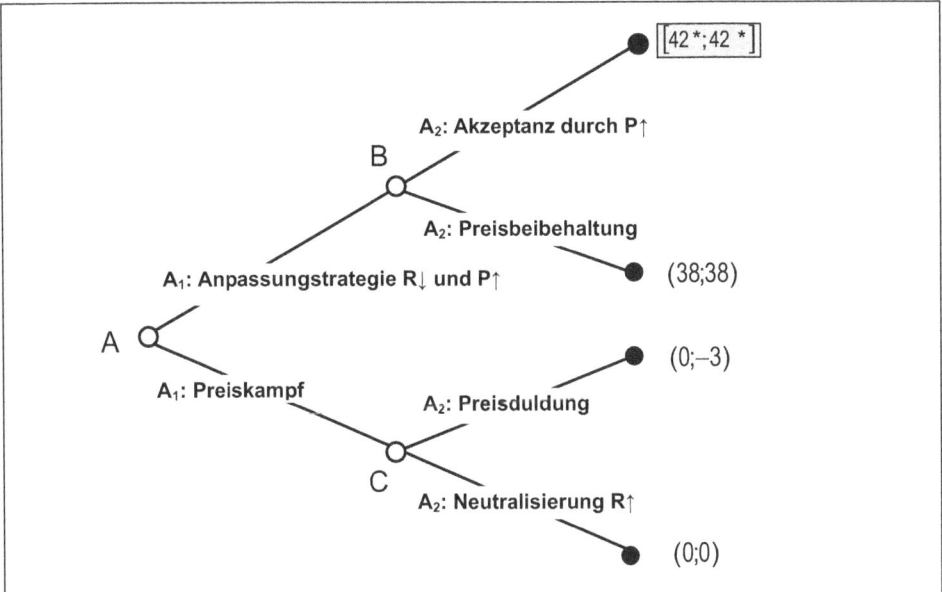

Dieses ist insofern ein **bemerkenswertes Ergebnis**, als **steigende Skalenerträge** eigentlich die **Voraussetzung für ein natürliches Monopol** bilden, der ehemalige Monopolist gleichwohl nicht in der Lage ist, den langfristigen Kostenvorteil zur Abwehr eines zweiten Anbieters zu nutzen. Vor allem ist im Vorgriff auf eine wettbewerbpolitische Beurteilung **im homogenen Dyopol ein schlechteres Marktergebnis festzustellen als im Monopol**, da der **Marktpreis steigt** und die **Güterversorgung sinkt**. Dies lässt sich am besten im traditionellen Preis-Mengen-Diagramm (vgl. Abb. 14-12) verdeutlichen.

Abb. 14-12: Marktergebnis im Monopol und homogenen Dyopol bei steigenden Skalenerträgen im Vergleich

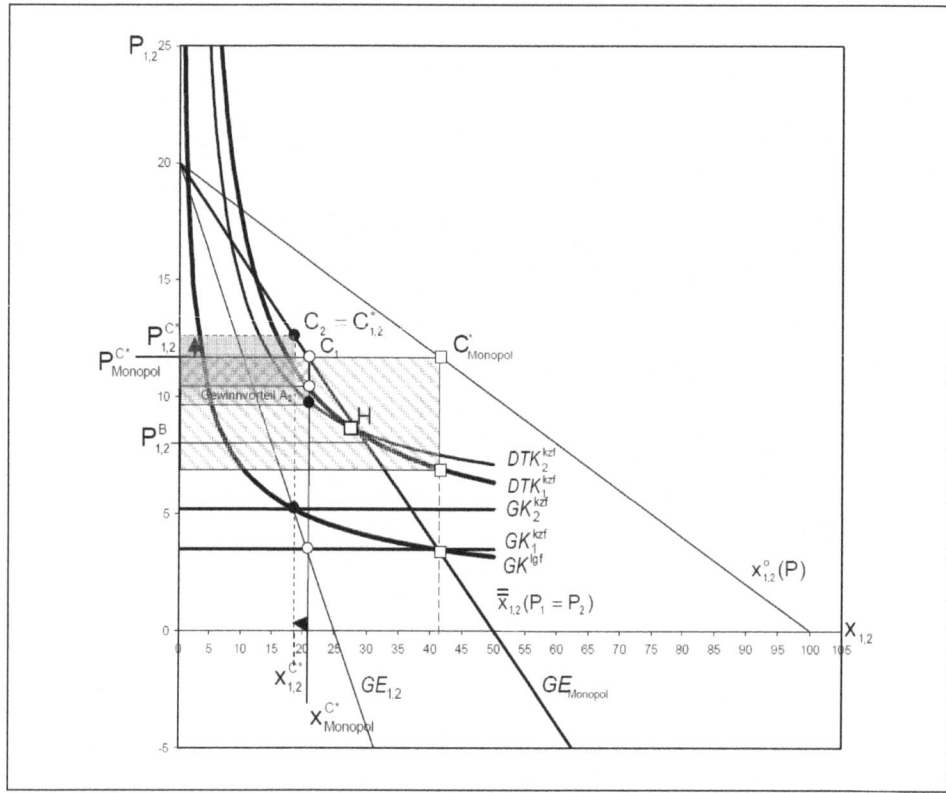

Abschließend stellt sich die **Frage**, ob **mit steigender Anbieterzahl** ein weiterer **Verlust der Vorteile des natürlichen Monopols** zu erwarten ist. Die Antwort hängt natürlich von der im Einzelfall vorliegenden Absatz- und Kostenkonstellation ab. **Bei gegebener Marktnachfrage** ist bei steigenden Skalenerträgen in jedem Fall damit zu rechnen, dass **zusätzliche Marktzutritte ab einer „bestimmten" Anbieterzahl nicht mehr lohnen**. In unserem Zahlenbeispiel ist der Markt bereits mit zwei Anbietern „gesättigt", da ein dritter Anbieter (ein „Tripolist") weder kurz- noch langfristig mit einem positiven Gewinn rechnen kann (vgl. Abb. 14-13). Würde er nämlich auftreten, hätten die beiden etablierten Anbieter weder bei Beibehaltung ihres kurzfristig gewinnmaximalen Preises $P_{1,2}^C$ noch bei langfristig optimaler Anpassungsstrategie (Preiserhöhung plus Realkapitalreduzierung) eine Chance auf nicht-negative Gewinne. Dies gilt aber auch für den potenziellen Wettbewerber, obwohl keine Marktzutrittsbeschränkungen vorliegen. Gleichwohl wird aus Gewinngründen sein Marktzutritt verhindert, da die **Produktionsbedingungen zunehmender Skalenerträge eine Marktzutrittsbarriere** darstellen. Zur Verhinderung des Marktzutritts bedarf es in diesem Falle nicht einmal eines Preiskampfes, da dieser von allen Beteiligten nur in der Verlustzone geführt werden könnte.

Abb. 14-13: Kurz- und langfristig marktzutrittsverhindernde Gewinnlage bei steigenden Skalenerträgen

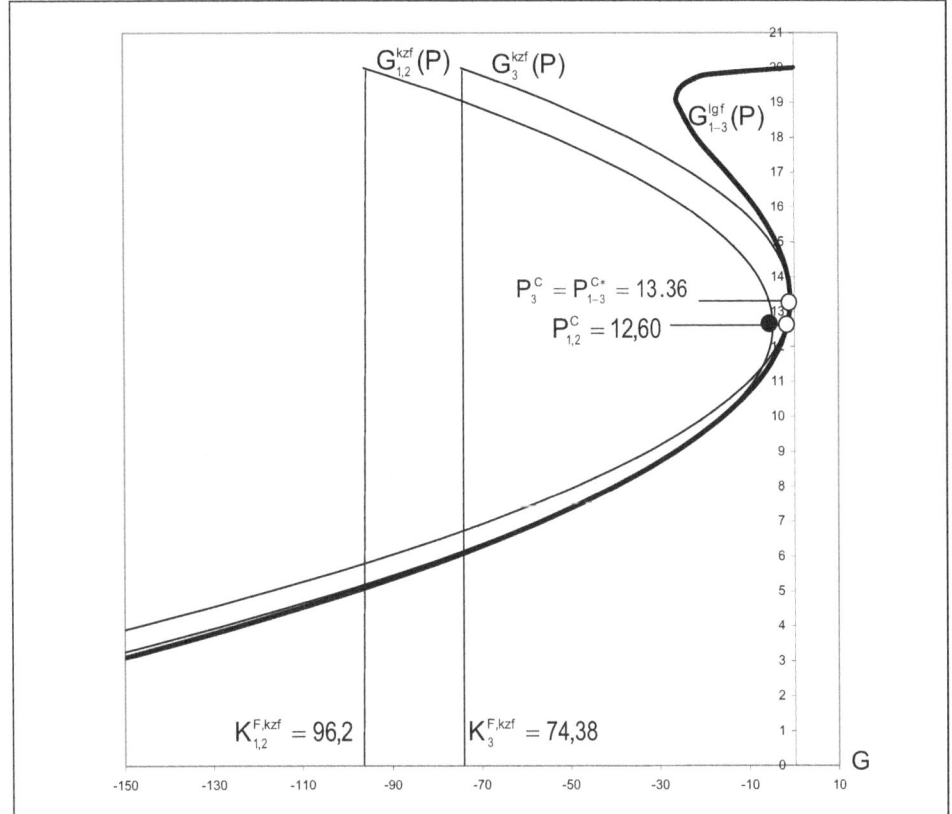

(2) Marktzutritt bei konstanten Skalenerträgen

Bei konstanten Skalenerträgen sind die Zusammenhänge kurzfristig komplizierter, langfristig aber klarer, da die **Grenzkosten kurzfristig** (annahmegemäß linear) **ansteigend und langfristig konstant** sind. Dies bedeutet nämlich, dass die durch einen Markzutritt ausgelöste Aufteilung der Originärnachfrage (c.p.) zwar auf den kurzfristig gewinnmaximalen Preis der Anbieter Einfluss hat, nicht aber auf den langfristigen (kooperativen) Gleichgewichtspreis. Welche preisabhängigen Gewinnbedingungen wiederum vom Monopol ausgehend nach dem Marktzutritt eines zweiten Anbieters herrschen, zeigt Abb. 14-14.

Abb. 14-14: Preisstrategien und Gewinneffekte im homogenen Dyopol nach einem Marktzutritt bei konstanten Skalenerträgen

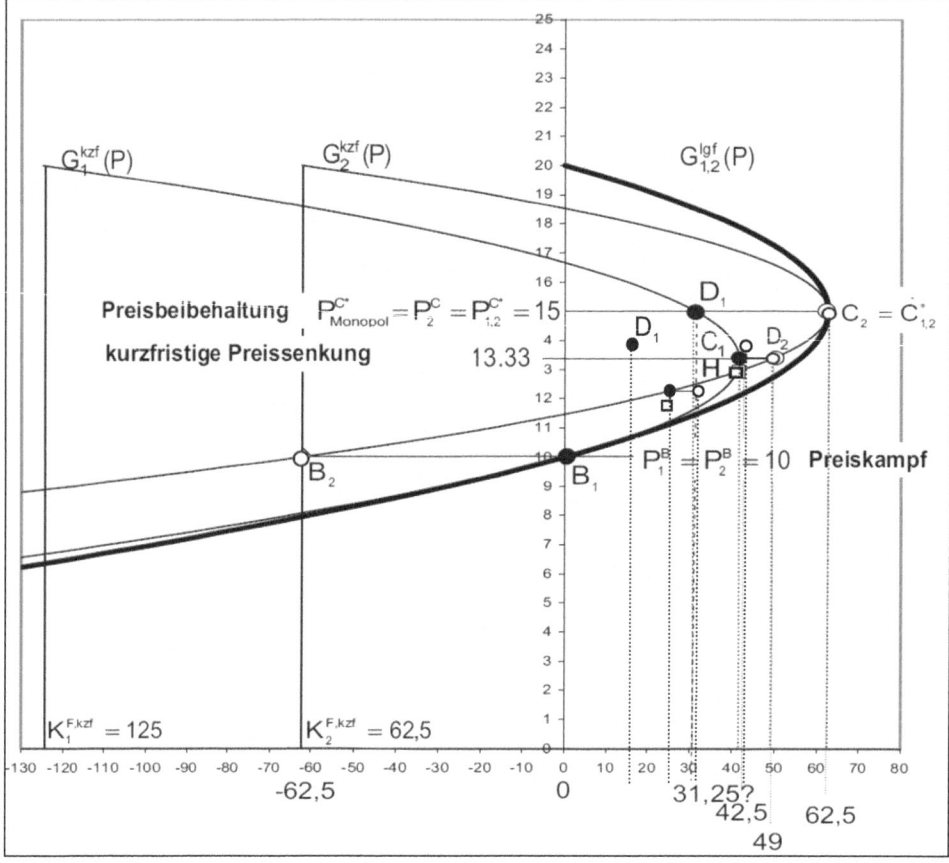

Wie bei increasing returns to scale gilt auch hier, dass der **Newcomer** einen **Gewinnvorteil** hat, wenn er zum gleichen Preis, aber kostenminimierend mit einem (seinem Marktanteil von 50 % angepassten) **nur halb so großen Realkapitaleinsatz und Fixkostenblock** wie der ehemalige Alleinanbieter in das Marktgeschehen eingreift. Während er auf seiner kurz- und langfristigen Gewinnkurve im Punkt $C_2 = C_{1,2}^*$ bereits das langfristige Gewinnmaximierungsgleichgewicht realisiert, befindet sich der **Altanbieter 1** im Punkte D_1 seiner kurzfristigen Gewinnkurve **in einer schlechteren Gewinnposition**, weil er mit einem noch auf den doppelt so großen Monopolabsatz zugeschnittenen Kapitaleinsatz nicht kostenminimal produziert. Außerdem ist sein kurzfristig gewinnmaximaler Preis auf P_1^c wegen der Halbierung seiner Grenzerlöse deutlich gesunken. Insofern könnte er sich durch eine entsprechende Preissenkung kurzfristig im gewinnmaximalen Punkt C_1 besser stellen. **Anbieter 2** müsste ihm zwar mit Gewinnverlust folgen, könnte im Punkt D_2 seiner kurzfristigen Gewinnkurve jedoch **nach wie vor mehr Gewinn** für sich verbuchen.

Für Anbieter 1 scheint dagegen die Karte **Preiskampf** zu stechen, da er mit dem **Kampfpreis** $P_1^B = P_2^B$ im Punkt B_1 seiner kurzfristigen Gewinnkurve gerade **noch keine roten Zahlen** schreiben müsste, während er **Anbieter 2** im Punkte B_2 kurzfristig **beträchtliche Verluste** zufügen könnte. Letztendlich macht es jedoch keinen Sinn so aufzutrumpfen, weil für seinen Gegner notfalls (unter Verletzung des Kostenminimierungsgrundsatzes) durch eine Verdoppelung des Realkapitaleinsatzes **Kosten- und Gewinngleichheit** herzustellen ist.

Eine **langfristige Gewinnverbesserung** ist **für Anbieter 1** nur durch eine **Preisbehaltung und Halbierung des Realkapitaleinsatzes** zu erreichen. Die langfristige optimale, d.h. kostenminimale und gewinnmaximale **Anpassung** des ehemaligen Monopolisten an die neue Absatzlage des Dyopols führt bei der zu erwartenden **Preisakzeptanz des Mitbewerbers** in das für beide Anbieter vorteilhafte **langfristige kooperative Gleichgewicht**.

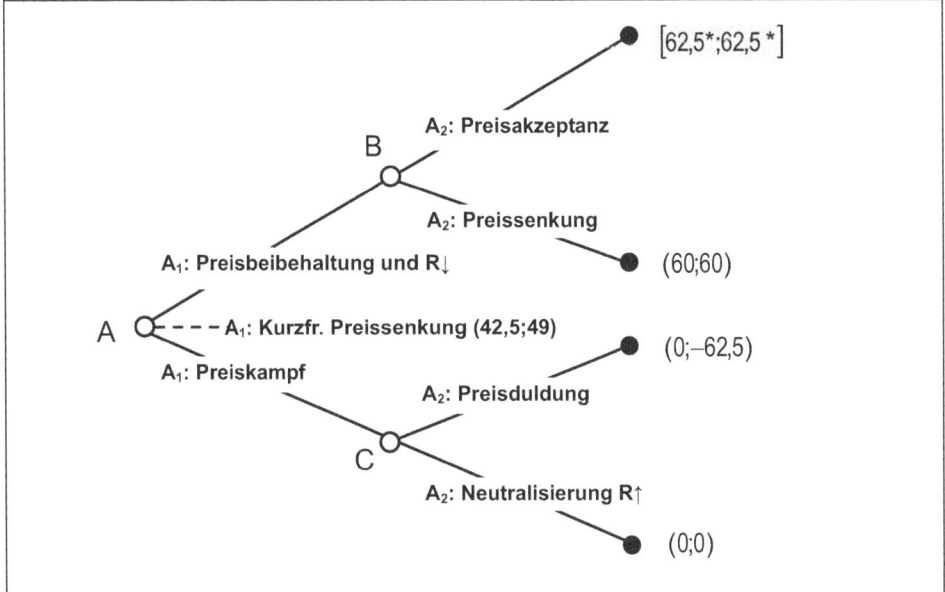

Abb. 14-15: Dyopolstrategien nach Marktzutritt bei konstanten Skalenerträgen

Eine für beide Anbieter **düstere Perspektive** ergibt sich allerdings dadurch, dass der **Marktzutritt weiterer Anbieter** nach gleichem Procedere **nicht aufzuhalten** ist, da die Fixkostenbelastung mit abnehmendem Marktanteil der Oligopolisten ebenfalls sinkt. **Konstante Skalenerträge erlauben** eben eine **betriebsgrößenneutrale Kostenstruktur.** Solange sich die neuen und alten Anbieter an die **Tit for Tat- „Spielregel"** halten, den langfristigen Gleichgewichtspreis nicht zu unterschreiten, werden die **Einzelgewinne mit zunehmender Anbieterzahl zwar absolut kleiner, aber in jedem Fall** (für 1000 Anbieter vgl. Abb. 14-16) **positiv** bleiben.

Abb. 14-16: Lang- und kurzfristige Gewinnkurve eines Anbieters bei 1000 Anbietern

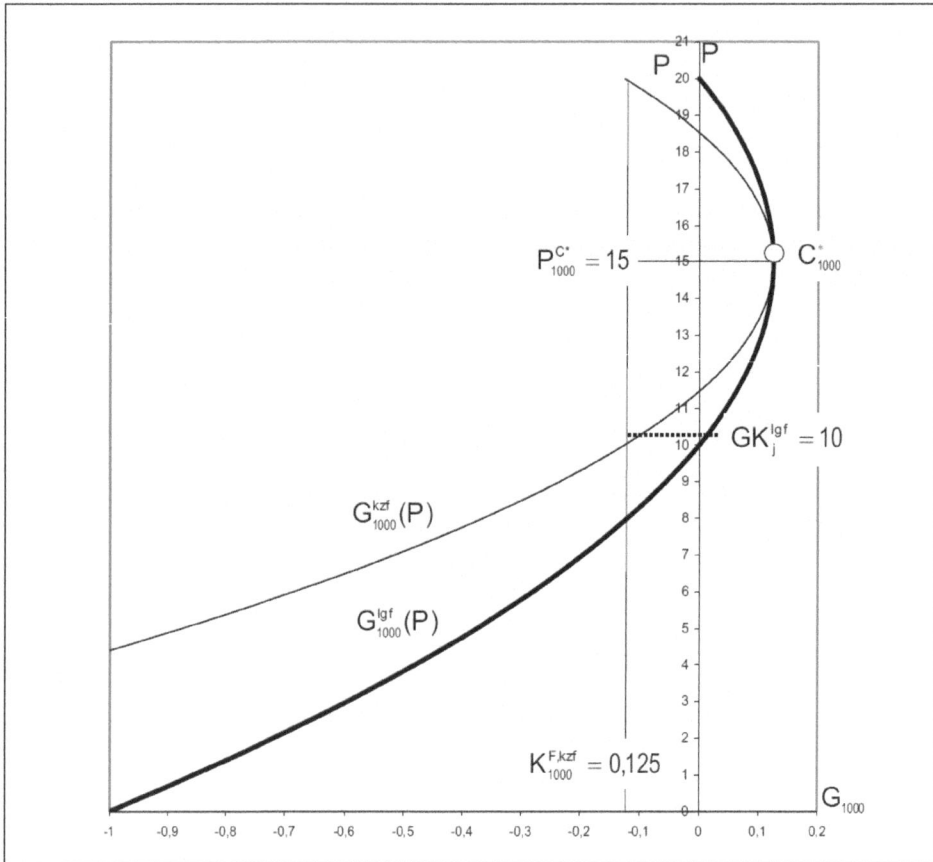

Die **Gefahr von Preiskämpfen zur Abwehr neuer Anbieter** wird im Übrigen **mit zunehmender Marktbesetzung** immer **geringer**, da die Kostenstrukturen der alten und neuen Anbieter immer weniger divergieren und die Basis für einen Verdrängungswettbewerb zunehmend schwindet, wenn man von nicht marktbedingten „Kriegskassen" absieht.

Schließlich kann der Markt bei constant returns so viele Anbieter aufnehmen, dass einem **Übergang vom** „engen" Oligopol über ein „weites" Oligopol zum „**Polypol**" nichts im Wege zu stehen scheint. Wir finden jedoch (noch) **keine Antwort auf die Frage,** warum die „vielen" Oligopolisten nun plötzlich von der Preisstrategie **zur Mengenanpassung übergehen und der Marktpreis** von der langfristig gewinnmaximalen Kooperationsgleichgewichtshöhe **auf das langfristige Grenzkostenniveau fallen sollte.** Auch „viele" Anbieter befinden sich nämlich „dort oben" in einem kooperativen **Nash-Gleichgewicht**, da eine alleinige **Preiserhöhung** wegen der Fixkostenbelastung **Verluste** und eine isolierte **Preissenkung** wegen des Nachziehens der Konkurrenten **absolute Gewinneinbußen** bewirkt. Das Argument, diese würden preislich nicht reagieren, weil der „kleine" Polypolist im Falle der Preisunterbietung aufgrund unzureichender Kapazität gar keine positive Binnenfluktuation zusätzlich bedienen könne, vermag nicht zu überzeugen. Denn solange man bei vollkommener Konkurrenz auf dem Arbeitsmarkt gegebene Faktorpreise und ein vollkommen elastisches Angebot unterstellt, kann ein einzelner Anbieter sich im Zuge der partiellen Faktorvariation auch „jede Menge" Arbeit beschaffen, so dass **Kapazitätsbeschränkungen** einen **„deus ex machina"** darstellen.

Das **langfristige Marktergebnis bei konstanten Skalenerträgen** entwickelt sich **in Abhängigkeit von der Anbieterzahl** (dargestellt bis in das „weite" homogene Oligopol von 20 Anbietern) wie in Abb. 14-17 zusammengefasst.

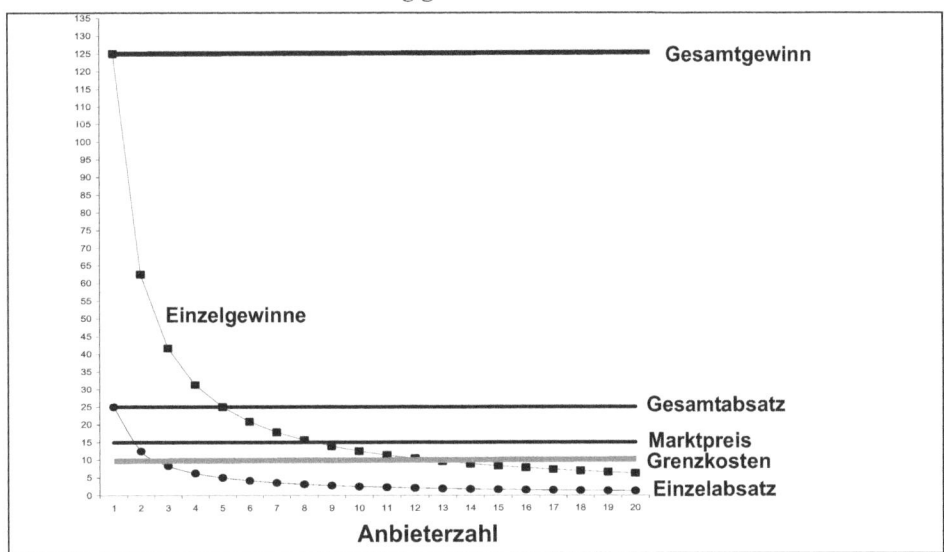

Abb. 14-17: Langfristiges Marktergebnis bei konstanten Skalenerträgen in Abhängigkeit von der Anbieterzahl

14.2 Heterogenes Oligopol

14.2.1 Kurzbeschreibung der Marktform

- „wenige" (große bis mittlere) Anbieter ($2 \leq A \leq$ „viele")
- „viele" (kleine) Nachfrager
- heterogenes Produktangebot (aus Sicht der Nachfrager, die für eines der Produkte unabhängig vom Preis eine Präferenz haben, d.h. bei gleich hohen Preisen ein Produktangebot vorziehen)

14.2.2 Preis-Absatz-Funktionen im heterogenen Dyopol

(1) Vorbemerkungen

Für die Marktform des heterogenen Oligopols und ihre preistheoretischen Modelle sind im Vergleich mit dem homogenen Oligopol drei Eigenschaften charakteristisch: (1) ihre größeren Realitätsnähe, (2) weitere preispolitische Spielräume der Anbieter und (3) eine **Vielfalt theoretisch möglicher Preis-Absatz-Funktionen** (vgl. Piekenbrock, 1978 und 1980), die sich aus den unzähligen Kombinationsmöglichkeiten heterogener Angebots- und Nachfragestrukturen ergeben.

Wir beschränken uns hier vereinfachend auf **lineare Preis-Absatz-Funktionen im Dyopol**, die seit E.H. **Chamberlin**s *„Theory of Monopolistic Competition"* (1936) die Lehrbücher beherrschen und vor allem von E. Heuss in seiner *„Allgemeinen Markttheorie"* (1965) weiterentwickelt und von Hilke *„Statische und dynamische Oligopolmodelle"* (1973) entscheidend formalisiert wurden.

(2) Allgemeine Formulierung

Im Unterschied zum **homogenen Oligopol**, bei dem aus der sachlichen, räumlichen, zeitlichen und persönlichen Homogenität der Angebote eine **Indifferenz der Nachfrager** und bei Preisdifferenzen eine **totale Binnenfluktuation** folgt, wird **im heterogenen Oligopol** davon ausgegangen, dass von den Möglichkeiten zur sachlichen, räumlichen, zeitlichen und persönlichen Heterogenität der Angebote **mindestens ein Heterogenitätsmerkmal** vorliegt, das zu einer **Präferenz der Nachfrager** führt und bei Preisunterschieden wegen der mit Preisäquivalenten bewerteten Präferenzbindung (im modernen Marketing würde man von „Kundenbindung" sprechen) nur eine **eingeschränkte Binnenfluktuation** auslöst.

In der ursprünglichen Formulierung einer dyopolistischen Preis-Absatz-Funktion beispielsweise für Anbieter 1 wurde neben den bekannten Nachfrageparametern a_1 und b_1 nur der durch einen um eine Einheit höheren (niedrigeren) Preis des Anbieter 2 ausgelöste Absatzgewinn (Absatzverlust) in Höhe von c_2 ausgewiesen.

Hieraus resultierte die **allgemeine Definition einer dyopolistischen Preis-Absatz-Funktion** in Form von

$$x_1(P_1, P_2) = a_1 - b_1 P_1 + c_2 P_2 \text{ mit } a_1 > 0, b_1 > 0, c_2 > 0 \qquad [14\text{-}8]$$

Dies bedeutet (nachweisbar mithilfe der Vorzeichen der partiellen Ableitungen), dass der Absatz des Anbieters 1 negativ von seinem eigenen Preis abhängt (= negative direkte Preiselastizität der Nachfrage) und positiv vom Preis des konkurrierenden Anbieters 2 (= positive Kreuzpreiselastizität).

(3) Unterscheidung zwischen Außen- und Binnenfluktuation

Da eine alleinige Preiserhöhung (Preissenkung) von Anbieter 1 aber sowohl eine negative (positive) Außenfluktuation als auch eine Binnenfluktuation zu Gunsten (zu

Lasten) von Anbieter 2 bewirkt, hat Hilke (1973, S. 44 ff.) den undifferenzierten Absatzreaktionskoeffizienten b_1 konsequenterweise in einen **Außenfluktuationskoeffizienten** m_1 und **Binnenfluktuationskoeffizienten** c_1 aufgespalten:

$$b_1 = m_1 + c_1 \text{ mit } m_1 > 0, c_1 > 0 \qquad [14\text{-}9]$$

Die **modifizierte dyopolistische Preis-Absatz-Funktion** für Anbieter 1 lautet entsprechend

$$x_1(P_1, P_2) = a_1 - (m_1 + c_1)P_1 + c_2 P_2 = a_1 - m_1 P_1 - c_1 P_1 + c_2 P_2 \qquad [14\text{-}10]$$

(4) Quantifizierung der Fluktuationseffekte

Die Koeffizienten m_1, c_1 und c_2 erlauben nun alle aus der Perspektive des Anbieters durch Variation des eigenen Preises oder Konkurrenzpreises ausgelösten positiven oder negativen **Absatzeffekte verursachungsgemäß zu quantifizieren** (vgl. zur graphischen Veranschaulichung Abb. 14-18):

a) positive Außenfluktuation bei paralleler Preissenkung

$$AFL_1^+ = \Delta x_1 = -m_1 \Delta P_1 > 0 \text{ für } \Delta P_1 = \Delta P_2 < 0 \qquad [14\text{-}11]$$

b) negative Außenfluktuation bei paralleler Preiserhöhung

$$AFL_1^- = \Delta x_1 = -m_1 \Delta P_1 < 0 \text{ für } \Delta P_1 = \Delta P_2 < 0 \qquad [14\text{-}12]$$

c) positive Binnenfluktuation bei alleiniger Preissenkung

$$BFL_{2 \to 1}^+ = \Delta x_1 = -c_1 \Delta P_1 > 0 \text{ für } \Delta P_1 < 0, \Delta P_2 = 0 \qquad [14\text{-}13]$$

d) negative Binnenfluktuation bei alleiniger Preiserhöhung

$$BFL_{1 \to 2}^- = \Delta x_1 = -c_1 \Delta P_1 < 0 \text{ für } \Delta P_1 > 0, \Delta P = 0 \qquad [14\text{-}14]$$

Abb. 14-18: Außen- und Binnenfluktuation im heterogenen Dyopol

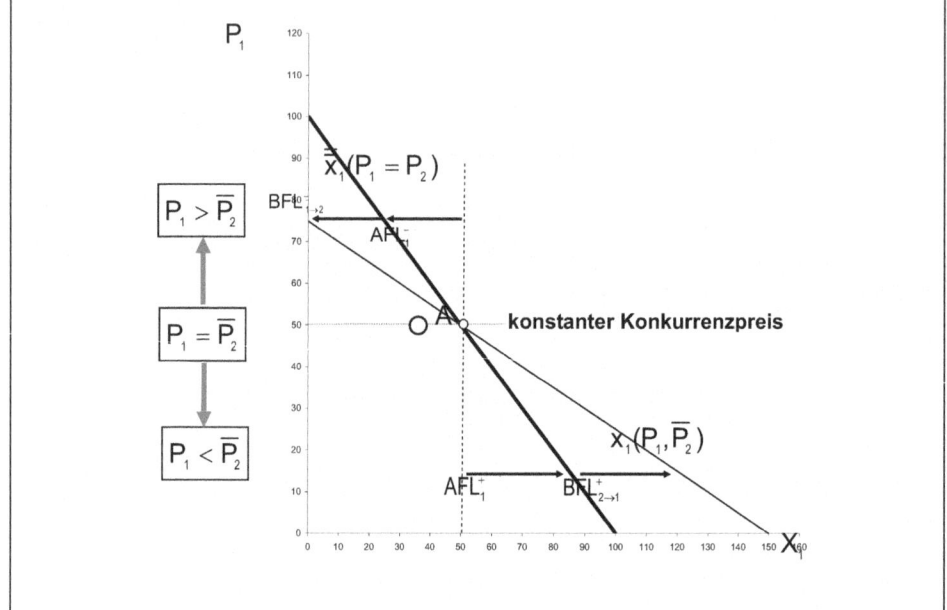

(5) Preis-Absatz-Funktion bei paralleler Preispolitik

Wie Abb. 14-18 zeigt, wird bei Variation gleich hoher Preise $\bar{\bar{x}}_1(P_1 = P_2)$ keine Binnenfluktuation, sondern **nur Außenfluktuation** ausgelöst. Den Grund hierfür liefern die Präferenzen der Nachfrager, die bei **Preisegalität** natürlich nur ihr „Lieblingsprodukt" kaufen. Insofern kann man die Preis-Absatz-Funktion für gleiche Preise auch als **„Präferenznachfrage"** bezeichnen.

Formal wird in der allgemeinen dyopolistischen Preis-Absatz-Funktion eine Binnenfluktuation dadurch ausgeschaltet, dass man die beiden Koeffizienten c_1 und c_2 gleich groß setzt. Der Binnenfluktuationssaldo wird dann bei gleichen Preisen der Dyopolisten Null und die **Preis-Absatz-Funktion verkürzt** sich auf den Ausdruck

$$\bar{\bar{x}}(P_1 = P_2) = a_1 - m_1 P_1 \text{ für } c_1 = c_2 \qquad [14\text{-}15]$$

Die zugehörige Preis-Absatz-Kurve hat auf der Mengen-Achse den Abschnitt a_1, welcher die beim parallelen Nullpreis nachgefragte individuelle Sättigungsmenge des Anbieters 1 angibt. Ihre negative Steigung ist bestimmt durch $dx_1/dP_1 = -m_1$, entspricht also der positiven (negativen) Außenfluktuation bei einer Preiserhöhung (Preissenkung) um eine Einheit. Die Präferenznachfragekurve verläuft demnach umso flacher, je größer m_1 ist.

14.2 Heterogenes Oligopol

(6) Preis-Absatz-Funktionen bei konstantem Konkurrenzpreis

Wie sich die durch Preisdifferenzen ausgelöste Binnenfluktuation auf den Absatz der Dypolisten auswirkt, zeigt sich, wenn Anbieter 1 den Preis variiert, während Anbieter 2 ihn konstant hält. Die Preis-Absatz-Funktion [14-10] wird dann zu

$$x_1(P_1, \overline{P}_2) = a_1 + c_2\overline{P}_2 - (m_1 + c_1)P_1.\qquad [14\text{-}16]$$

In dieser Gleichung sind die beiden ersten Glieder $a_1 + c_2\overline{P}_2$ konstant und bilden beim Nullpreis des betrachteten Anbieters die **vom Konkurrenzpreis positiv abhängige Sättigungsmenge** der Funktion und den Abschnitt der zugehörigen Preis-Absatz-Kurve auf der x-Achse. Der **Konkurrenzpreis** $\overline{P}_2$ wirkt dabei als **Lageparameter.** Ein höherer (niedrigerer) konstanter Preis des Anbieters 2 verschiebt die Kurve parallel nach rechts (links).

Der Klammerausdruck $(m_1 + c_1)$ besteht aus der Summe des Außen- und Binnenfluktuationskoeffizienten und zeigt an, wie stark der Absatz bei der Erhöhung (Senkung) des Preises des allein agierenden Anbieters 1 um eine Einheit insgesamt abnimmt (zunimmt). Er entspricht der negativen Steigung $dx_1/dp_1 = -(m_1 + c_1)$ der Preis-Absatz-Kurve bei konstantem Konkurrenzpreis, die offensichtlich um die Binnenfluktuation flacher verläuft als die Preis-Absatz-Kurve bei gleich hohem Konkurrenzpreis (vgl. Abb. 14-18).

Der **Prohibitivpreis** dieser Funktion lässt sich bestimmen, indem man [14-16] Null setzt und nach P_1 auflöst.

$$a_1 + c_2\overline{P}_2 - (m_1 + c_1)P_1 = 0 \Rightarrow (m_1 + c_1)P_1 = a_1 + c_2\overline{P}_2$$

$$P_1^h(\overline{P}_2) = \frac{a_1}{m_1 + c_1} + \frac{c_2\overline{P}_2}{m + c_1} \quad \text{mit} \quad \frac{dP_1^h}{dP_2} = \frac{c_2}{m + c_1} > 0 \qquad [14\text{-}17]$$

Er ist **positiv vom Konkurrenzpreis abhängig**.

(7) Kernnachfrage (beim konstanten Konkurrenzpreis von Null)

Eine **spezielle Funktion** unter den Preis-Absatz-Funktionen bei konstantem Konkurrenzpreis lässt sich für den Fall definieren, dass der Wettbewerber den theoretisch niedrigsten Preis in Höhe von Null verlangt. Sie lässt sich als **„Kernnachfrage"** in dem Sinne interpretieren, dass sie den „harten" Kern der Nachfrage bildet, mit dem Anbieter 1 auch **bei schärfstem Preiswettbewerb** rechnen kann. Insofern stellt sie eine **individuelle Minimalnachfrage** dar.

$$x_1^K(P_1, \overline{P}_2 = 0) = a_1 - (m_1 + c_1)P_1 \qquad [14\text{-}18]$$

Die Sättigungsmenge dieser Funktion entspricht mit a_1 derjenigen der Präferenznachfrage. Die Kernnachfragekurve hat daher den gleichen Achsenabschnitt wie die Preis-Absatz-Kurve bei paralleler Preispolitik, verläuft aber flacher (wie alle Preis-Absatz-Kurven bei konstantem Konkurrenzpreis).

(8) Individuelle Originärnachfrage

Schon im homogenen Oligopol hatten wir das Konstrukt der Originärnachfrage kennengelernt. Dort war sie mit der Monopolnachfrage oder Marktnachfrage identisch. Im heterogenen Oligopol hat die Originärnachfrage eine andere Qualität, weil es „die" Gesamtnachfrage eines Marktes, die sich die aktuellen Anbieter teilen müssen, nicht gibt. Vielmehr ergibt sich die Gesamtnachfrage des Marktes erst durch das Zusammenzählen aller Präferenznachfragen der heterogenen Anbieter. Diese Summe entspricht aber nicht unbedingt der Nachfrage, die einem betrachteten Anbieter verbleiben würde, wenn man sich die Konkurrenzprodukte „wegdenkt" und er sich mit seinem Produktangebot allein auf dem Markt befinden würde. Da die Präferenzen der Nachfrager auf einer heterogenen Bedürfnisstruktur beruhen, ist damit zu rechnen, dass ein Markt durch ein heterogenes Angebot preis- und mengenmäßig stärker ausgeschöpft werden kann als durch ein Monopolangebot, so dass die **Marktnachfrage regelmäßig größer** ist **als eine individuelle Originärnachfrage**.

Die Originärnachfrage eines Anbieters ist im Vergleich zu seiner Präferenznachfrage um die Nachfragemengen größer, die er bei gleichen Preisen an die Konkurrenz verliert, weil deren Käufer eine Präferenz für die Konkurrenzprodukte haben. Fallen die konkurrierenden Angebote in der Quasi-Monopol-Situation gedanklich weg, müssen sich diese ehemals abtrünnigen Nach-frager unter Verlust ihrer Präferenzbindung wieder umorientieren oder auf einen Kauf des Restangebotes ganz verzichten.

Solange die vorgezogenen Konkurrenzprodukte aber zu akzeptablen Preisen angeboten werden, sind die **Präferenzbindungen** ihrer Käufer nur **durch einen Preisvorteil zu überwinden**. Geht man zum Beispiel im Dyopol von gleich hohen Preisen der Anbieter aus, befinden sich beide im Ausgangspunkt ihrer Präferenznachfrage (vgl. Abb. 14-16). Senkt nun Anbieter 1 bei konstantem Preis des Konkurrenten aktiv seinen Preis, bietet er den Präferenznachfragern des Anbieters 2 einen „**Vorzugspreis**" an, der sie mit zunehmender Preissenkung immer mehr zum Anbieterwechsel motiviert. Den damit verbundenen Absatzgewinn haben wir als **positive Binnenfluktuation** von Anbieter 2 zu Anbieter 1 bezeichnet. Hat der Konkurrent durch Preisunterbietung sämtliche Nachfrage verloren, ist das **Binnenfluktuationspotenzial ausgeschöpft**. Anbieter 1 hat dann seine **Originär- oder Maximalnachfrage erreicht**.

Anbieter 1 kommt passiv zu seiner Originärnachfrage, wenn Anbieter 2 von gleich hohen Preisen ausgehend, **seinen Preis allein**, d.h. bei konstantem Konkurrenzpreis, sukzessive **erhöht**. Die nun einsetzende **negative Binnenfluktuation** in Richtung Anbieter 1 steigert dessen Absatz so lange, bis der von ihm gebotene Preisvorteil so groß wird, dass die **Präferenzbindung** sämtlicher **bisherigen Käufer von Anbieter 2 überwunden** wird und diese nun alle bei Anbieter 1 kaufen. Anbieter 2 erzielt spiegelbildlich gesehen ab einem bestimmten Preis, dem Prohibitivpreis seiner Preis-Absatz-Funktion gar **keine Nachfrage mehr**, so dass **Anbieter 1 nun als Alleinverkäufer** seine Originärnachfrage erreicht hat. Insofern besteht zwischen der

Ausgangsmenge bei gleich hohen Preisen und der originären Absatzmenge ein exakter quantitativer Zusammenhang, der durch die Sättigungsmengen der Präferenznachfrage und die Fluktuationskoeffizienten beider Anbieter bestimmt wird.

Dies lässt sich mit Hilfe jeder Preis-Absatz-Funktion bei konstantem Konkurrenzpreis zeigen, am besten aber mit der **Kernnachfrage des Anbieters 2** (vgl. dazu Abb. 14-19), die durch

$$x_2^K(P_2, \overline{P_1} = 0) = a_2 - (m_2 + c_2)P_2 \qquad [14\text{-}19]$$

definiert ist. Deren **Prohibitivpreis** ist zu ermitteln, indem man die Gleichung gleich Null setzt und nach dem Preis auflöst:

$$x_2^K = a_2 - (m_2 + c_2)P_2 = 0 \Rightarrow P_2^{K,h} = \frac{a_2}{m_2 + c_2} > 0$$

Multipliziert man diesen Grenzpreis mit dem Binnenfluktuationskoeffizienten c_2 erhält man die zusätzliche Absatzmenge, die Anbieter 1 beim Preis von Null vom Anbieter 2 maximal hinzugewinnen kann, weil dessen Absatz beim Prohibitivpreis genau auf Null schrumpft. Da Anbieter 1 beim gemeinsamen Ausgangspreis von Null bereits die Sättigungsmenge a_1 erzielte, bilden diese und der von Anbieter 2 gewonnene Mehrabsatz seine originäre Sättigungsmenge a_1^o:

$$a_1^o = a_1 + c_2 P_2^{Kh} = a_1 + c_2\left(\frac{a_2}{m_2 + c_2}\right) = a_1 + \frac{a_2 c_2}{m_2 + c_2} \qquad [14\text{-}20]$$

Der **Steigungskoeffizient b_1^o der Originärnachfrage** lässt sich über den Prohibitivpreis der Präferenznachfrage ermitteln, der genauso groß sein muss wie der **Prohibitivpreis der Originärnachfrage**, weil ab diesem Preis weder Außen- noch Binnenfluktuation mehr stattfinden kann.

$$P_1^h = P_1^{o,h} = \frac{a_1}{m_1} = \frac{a_1^o}{b_1^o} = \frac{a_1 + \dfrac{a_2 c_2}{m_2 + c_2}}{b_1^o} \qquad [14\text{-}21]$$

$$b_1^o = \frac{m_1\left(a_1 + \dfrac{a_2 c_2}{m_2 + c_2}\right)}{a_1} \qquad [14\text{-}22]$$

Abb. 14-19: Zusammenhang zwischen der durch Preiserhöhungen des Anbieter 2 ausgelösten Binnenfluktuation und der Originärnachfrage des Anbieters 1

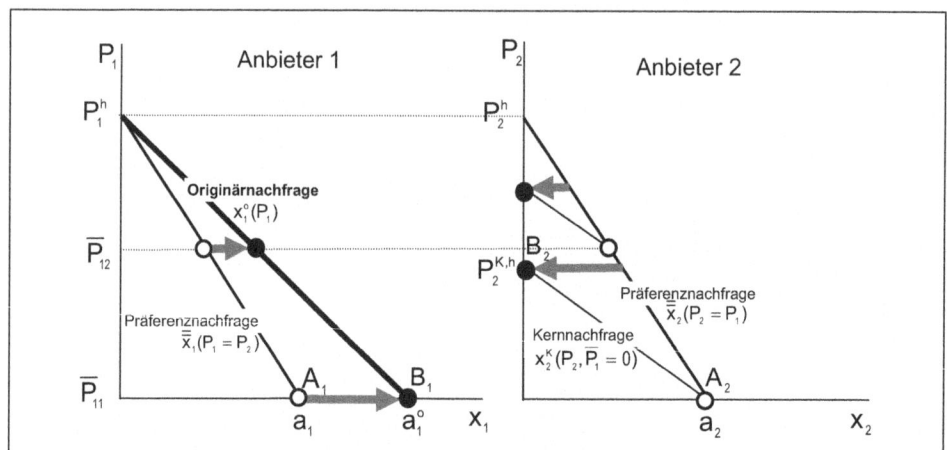

Die **Originärnachfrage** des Anbieters 1 lautet also zusammenfassend.

$$x_1^o(P_1) = a_1^o - b_1^o P_1 = a_1 + \frac{a_2 c_2}{m_2 + c_2} + \frac{\left[m_1 \left(a_1 + \frac{a_2 c_2}{m_2 + c_2} \right) \right]}{a_1} P_1 \quad [14\text{-}23]$$

(8) Zahlenbeispiel für Preis-Absatz-Funktionen im symmetrischen heterogenen Dyopol

Annahmen: $a_1 = a_2 = 100, m_1 = m_2 = 1$ und $c_1 = c_2 = 1$

Die **Preis-Absatz-Funktionen von Anbieter 1** (analog für Anbieter 2) lauten:

Präferenznachfrage:

$$\overline{\overline{x}}_1(P_1 = P_2) = 100 - P_1 \text{ für } 0 \leq P_1 \leq P_1^h = 100$$

Preis-Absatz-Funktion bei konstantem Konkurrenzpreis:

$$x_1(P_1, \overline{P}_2) = 100 + \overline{P}_2 - 2P_1 \text{ für } 0 \leq P_1 \leq P_1^h = (100 + \overline{P}_2)/2$$

$$x_1(P_1, \overline{P}_2 = 40) = 140 - 2P_1 \text{ für } 0 \leq P_1 \leq P_1^h = 70$$

Kernnachfrage:

$$x_1(P_1, \overline{P} = 0) = 100 - 2P_1 \text{ für } 0 \leq P_1 \leq P^h = 50$$

Originärnachfrage:

$$x_1^o(P_1) = 150 - 1{,}5P_1 \text{ für } 0 \leq P_1 \leq P^h = 50$$

Das Zahlenbeispiel ist in Abb. 14-20 graphisch dargestellt. Der Bereich zwischen der (minimalen) Kernnachfrage und der (maximalen) Originärnachfrage des Anbieters 1, wird als **Konkurrenzzone** bezeichnet, weil der **Preiswettbewerb** sich nur in diesen Grenzen abspielen kann.

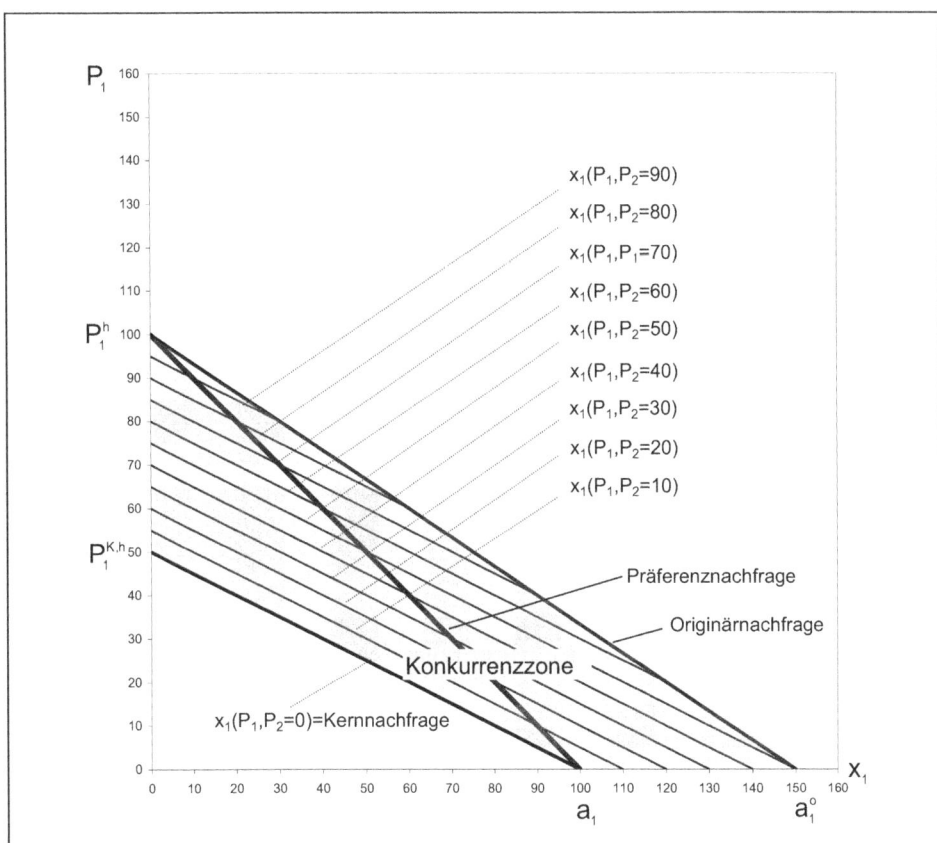

Abb. 14-20: Preis-Absatz-Funktionen im symmetrischen heterogenen Dyopol

Bezüglich der eingezeichneten **Schar von Preis-Absatz-Kurven bei konstantem Konkurrenzpreis** ist darauf hinzuweisen, dass diese in unserem Zahlenbeispiel für alle Konkurrenzpreise $50 < P_2 < 100$ dort eine **Knickstelle** aufweisen, wo sie auf die Originärnachfrage treffen. Die zu diesem Knick gehörigen Grenzpreise des Anbieters 1 führen jeweils zur totalen Verdrängung des Wettbewerbers und ihn selbst dadurch ins Quasi-Monopol. Die „Knickstellen-Preise" markieren also die **preispolitische**

Verdrängungs- und Monopolgrenze. Umgekehrt stellt jede **Egalisierung oder Überschreitung der Prohibitivpreise** eines Preisakteurs eine **Selbstverdrängung** dar.

14.2.3 Optimale Reaktion auf einen gegebenen Konkurrenzpreis

(1) Vorbemerkungen

Anders als im homogenen Oligopol, besteht **im heterogenen Oligopol** wegen der begrenzten Binnenfluktuation **kein Zwang zu gleichen Preisen**. Die Präferenzbindung ihrer Nachfrager erlaubt es den Anbietern, auch höhere Preise zu verlangen als die Konkurrenz, ohne den gesamten Absatz zu verlieren.

Dies drückt sich in den auch bei konstantem Konkurrenzpreis (wie im Monopol) geneigten individuellen Preis-Absatz-Kurven aus (vgl. Abb. 14-20), auf denen jeder Oligopolist seinen kurz- und langfristigen Gewinn (wie ein Monopolist) in der Erwartung maximieren kann, dass der Konkurrent an dem „gegebenen" Preis festhält.

(2) Optimale kurzfristige Reaktion bei konstanten Grenzkosten

Bei gegebenem Preis des Anbieters 2 sowie konstanten Grenzkosten $\overline{K}_{x1}$ und gegebenen Fixkosten K_1^F lautet die zu maximierende Gewinnfunktion des Anbieters 1 in Abhängigkeit von den Preisen P_1 und P_2

$$G_1(P_1,P_2) = P_1[(a_1 + c_2 P_2 - (m_1 + c_1)P_1] - K_1^F - \overline{K}_{x1}[(a_1 + c_2 P_2 - (m_1 + c_1)P_1] =$$
$$a_1 P_1 + c_2 P_2 P_1 - (m_1 + c_2)P_1^2 - K_1^F - a_1\overline{K}_{x1} - c_2 P_2 \overline{K}_{x1} + (m_1 + c_2)P_1 \overline{K}_{x1} \stackrel{!}{=} \max \quad [14\text{-}24]$$

und die 1. Gewinnmaximierungsbedingung

$$\frac{\partial G_1}{\partial P_1} = a_1 + c_2 P_2 - 2(m_1 + c_2)P_1 + (m_1 + c_2)\overline{K}_{x1} \stackrel{!}{=} 0. \quad [14\text{-}25]$$

Nach P_1 aufgelöst erhält man die **Cournotpreise des Anbieters 1 in Abhängigkeit vom Konkurrenzpreis** oder auch seine **„Reaktionsfunktion"**:

$$2(m_1 + c_2)P_1 = a_1 + c_2 P_2 + (m_1 + c_2)\overline{K}_{x1} \stackrel{!}{=} 0$$

$$P_1 = \frac{a_1 + c_2 P_2 + (m_1 + c_2)\overline{K}_{x1}}{2(m_1 + c_2)}$$

$$P_1^C(P_2) = \underbrace{\frac{a_1 + (m_1 + c_2)\overline{K}_{x1}}{2(m_1 + c_2)}}_{=\gamma_1 > 0} + \underbrace{\frac{c_2}{2(m_1 + c_2)}}_{=\delta_1 > 0} P_2 \quad \text{mit} \quad \frac{\partial P_1}{\partial P_2} = \frac{c_2}{2(m_1 + c_2)} > 0 \quad [14\text{-}26]$$

14.2 Heterogenes Oligopol

Zur Vereinfachung ersetzen wir den ersten Bruch durch γ_1 und den zweiten durch δ_1, so dass sich die Reaktionsfunktion auf

$$P_1^C(P_2) = \gamma_1 + \delta_1 P_2 \text{ mit } \gamma_1 > 0 \text{ und } \delta_1 > 0 \qquad [14\text{-}27]$$

reduziert. Das bedeutet insoweit, dass **der gewinnmaximale Preis des Anbieters 1 positiv vom Preis des konkurrierenden Anbieters 2 abhängt**.

Für den Grenzfall, dass der Konkurrenzpreis Null ist, reduziert sich der Optimalpreis auf den **Cournot-Preis der Kernnachfrage von Anbieter 1**

$$P_1^{C,K}(P_2 = 0) = \gamma_1 > 0. \qquad [14\text{-}27a]$$

Im P_1-P_2-Diagramm (vgl. Abb. 14-21) setzt der Graph der Funktion [14-25], die so genannte „**Reaktionsgerade**" des Anbieters 1 beim Nullpreis des Konkurrenten $P_2 = 0$ mit dem Cournotpreis der Kernnachfrage $P_1^{C,K}$ als Achsenabschnitt auf der P_1-Achse an und steigt dann mit Zunahme von P_2 linear nach rechts oben an.

Analog lässt sich die **Reaktionsfunktion des Anbieters 2** durch

$$P_2^C(P_1) = \frac{a_2 + (m_2 + c_1)\overline{K}_{x2}}{2(m_2 + c_1)} + \frac{c_1}{2(m_2 + c_1)} P_1$$

$$\text{mit } \frac{\partial P_2}{\partial P_1} = \delta_2 = \frac{c_1}{2(m_2 + c_1)} > 0 \qquad [14\text{-}28]$$

oder vereinfacht durch

$$P_2^C(P_1) = \gamma_2 + \delta_2 P_1 \text{ mit } \gamma_2 > 0 \text{ und } \delta_2 > 0 \qquad [14\text{-}29]$$

angeben, wobei der **Cournot-Preis für die Kernnachfrage von Anbieter 2**

$$P_2^{C,K}(P_1 = 0) = \gamma_2. \qquad [14\text{-}30]$$

ist. Um die **Reaktionsgerade des Anbieters 2** im P_1-P_2-Diagramm zu bestimmen, benötigen wir die **inverse Funktion** von [14-29]:

$$P_2^C(P_1) = \gamma_2 + \delta_2 P_1 \Rightarrow \delta_2 P_1 = P_2^C - \gamma_2$$

$$P_1(P_2^C) = -\frac{\gamma_2}{\delta_2} + \frac{P_2}{\delta_2} \qquad [14\text{-}29a]$$

Auch sie verläuft von einem negativen Abschnitt auf der P_1-Achse ausgehend (in Abb. 14-20 nicht eingezeichnet), aber **mit einer größeren Steigung als die Reaktionsgerade des Anbieters 1** linear nach rechts oben, weil der Cournotpreis P_2^C von P_1 positiv abhängig ist. Der Achsenabschnitt dieser Geraden auf der P_2-Achse, d.h. der Cournot-Preis der Kernnachfrage des Anbieters 2, bleibt natürlich durch [14-29] bestimmt.

14.2.4 Bertrand-Nash-Gleichgewicht bei konstanten Grenzkosten

Da die beiden linearen Reaktionsgeraden im P_1-P_2-Diagramm aufeinander zu laufen (vgl. Abb. 14-21), markiert ihr **Schnittpunkt B ein simultanes Gleichgewicht mit identischen Cournot-Preisen $P_1^B = P_2^B$ beider Anbieter.**

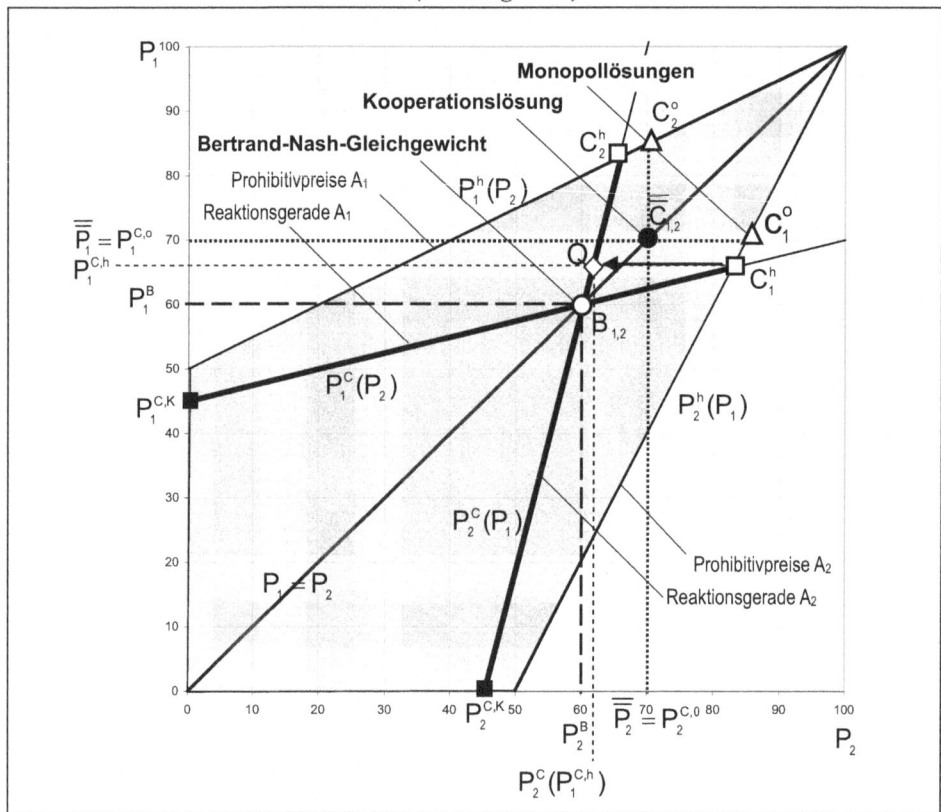

Abb. 14-21: Gleichgewichtslösungen im symmetrischen heterogenen Dyopol (Preisdiagramm)

Dieses **Wettbewerbsgleichgewicht** ist in einem nicht-kooperativen Einperiodenspiel gleichbedeutend mit einem **Bertrand-Nash-Gleichgewicht**, von dem keiner der beiden Anbieter einseitig abweichen möchte. Da diese Gleichgewichtslösung für den Bertrand-(Preis)-Wettbewerb von Launhard und Hotelling entdeckt wurde, wird es in der Literatur auch als **Launhard-Hotelling-Lösung** bezeichnet.

Auch im folgenden P_1-x_1-Diagramm (vgl. Abb.14-22) ist die Reaktionsgerade zwischen den Eckpunkten C_1^K auf der Kernnachfrage und C_1^h auf der Originärnachfrage (nach rechts oben ansteigend) erkennbar.

14.2 Heterogenes Oligopol

Analytisch lassen sich die **Bertrand-Wettbewerbspreise** über die beiden Reaktionsfunktionen bestimmen: Zunächst P_2^B durch Gleichsetzen von [14-27] und [14-29a] und Auflösung nach P_2 und dann P_1^B durch Einsetzen von P_2^B in [14-27].

$$\gamma_1 + \delta_1 P_2 = -\frac{\gamma_2}{\delta_2} + \frac{P_2}{\delta_2} \Rightarrow \gamma_1 + \frac{\gamma_2}{\delta_2} = \frac{P_2}{\delta_2} - \delta_1 P_2 \Rightarrow \frac{\gamma_1 \delta_2 + \gamma_2}{\delta_2} = \frac{1 - \delta_1 \delta_2}{\delta_2} P_2$$

$$P_2^B = \frac{\gamma_1 \delta_2 + \gamma_2}{1 - \delta_1 \delta_2} \qquad [14\text{-}31]$$

$$P_1^B = \gamma_1 + \delta_1 P_2^B = \gamma_1 + \delta_1 \left(\frac{\gamma_1 \delta_2 + \gamma_2}{1 - \delta_1 \delta_2} \right) \qquad [14\text{-}32]$$

Diese **allgemeine Lösung** für das Gleichgewicht im Bertrandwettbewerb **gilt sowohl bei Symmetrie als auch bei Asymmetrie** (d.h. bei unterschiedlich hohen konstanten und steigenden Grenzkosten und/oder unterschiedlichen Preis-Absatz-Parametern).

Im **Symmetriefall** gelten natürlich **gleich hohe Bertrandpreise**, wodurch die **Lösung** wesentlich **einfacher** zu bestimmen ist:

$$P^B = \gamma + \delta P^B \Rightarrow (1 - \delta) P^B = \gamma$$

$$P^B = \frac{\gamma}{1-\delta} = \frac{\dfrac{a + (m+c)\overline{K}_x}{2(m+c)}}{1 - \dfrac{c}{2(m+C)}} = \frac{\dfrac{a + (m+c)\overline{K}_x}{2(m+c)}}{\dfrac{2m+c}{2(m+C)}} = \frac{a + (m+c)\overline{K}_x}{2m+c} \qquad [14\text{-}33]$$

Zahlenbeispiel zu Abb. 14-21 und Abb. 14-22:
Annahmen: $a_{1,2} = 100, m_{1,2} = 1, c_{1,2} = 1, K_{1,2}^F = 400$ und $\overline{K}_{x1,2} = 40$:

$$\gamma_{1,2} = \frac{100 + (1+1)40}{2(1+1)} = 45 \text{ und } \delta_{1,2} = \frac{1}{2(1+1)} = 0{,}25$$

Abb. 14-22: Gleichgewichtslösungen im symmetrischen heterogenen Dyopol (Preis-Mengen-Diagramm für Anbieter 1)

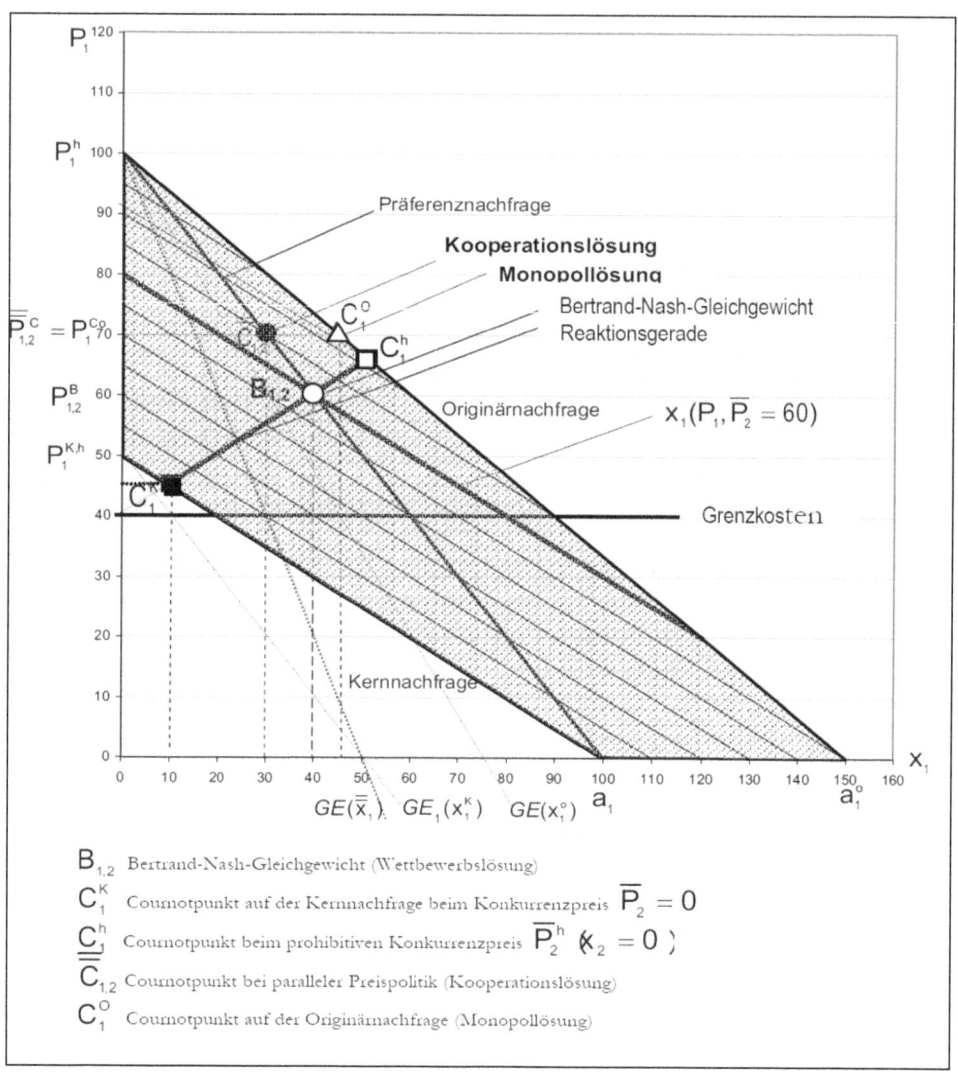

$P_1^C(P_2) = \gamma_1 + \delta_1 = 45 + 0{,}25 P_2$ und

$P_2^C(P_1) = \gamma_2 + \delta_2 = 45 + 0{,}25 P_1$

$\Rightarrow 0{,}25 P_1 = -45 + P_2^C \Rightarrow P_1 = -180 + 4 P_2 \Rightarrow 45 + 0{,}25 P_2 = -180 + 4 P_2$

$\Rightarrow 3{,}75 P_2 = 225 \Rightarrow$

$P_2^B = 60 \Rightarrow P_1^B = 45 + 0{,}25 \cdot 60 = 60$

$x_1^B = 100 + P_2^B - 2P_1^B = 100 + 60 - 2 \cdot 60 = 40$

$x_2^B = 100 + P_1^B - 2P_2^B = 100 + 60 - 2 \cdot 60 = 40$

$G_{1,2}^B = P_{1,2}^B x_{1,2}^B - (K_{1,2}^F + \overline{K}_{x1,2} x_{1,2}^B) = 2.400 - (400 + 1600) = 400$

Im **Symmetriefall** gelten natürlich **gleich hohe Bertrandpreise**, wodurch die **Lösung** wesentlich **einfacher** zu bestimmen ist:

$P^B = \gamma + \delta P^B \Rightarrow (1-\delta)P^B = \gamma$

$$P^B = \frac{\gamma}{1-\delta} = \frac{\dfrac{a+(m+c)\overline{K}_x}{2(m+c)}}{1-\dfrac{c}{2(m+C)}} = \frac{\dfrac{a+(m+c)\overline{K}_x}{2(m+c)}}{\dfrac{2m+c}{2(m+C)}} = \frac{a+(m+c)\overline{K}_x}{2m+c} \qquad [14\text{-}33]$$

Zahlenbeispiel zu Abb. 14-21 und Abb. 14-22:
Annahmen: $a_{1,2} = 100, m_{1,2} = 1, c_{1,2} = 1, K_{1,2}^F = 400$ und $\overline{K}_{x1,2} = 40$:

$\gamma_{1,2} = \dfrac{100+(1+1)40}{2(1+1)} = 45$ und $\delta_{1,2} = \dfrac{1}{2(1+1)} = 0{,}25$

$P_1^C(P_2) = \gamma_1 + \delta_1 = 45 + 0{,}25 P_2$ und

$P_2^C(P_1) = \gamma_2 + \delta_2 = 45 + 0{,}25 P_1$

$\Rightarrow 0{,}25 P_1 = -45 + P_2^C \Rightarrow P_1 = -180 + 4P_2 \Rightarrow 45 + 0{,}25 P_2 = -180 + 4P_2$

$\Rightarrow 3{,}75 P_2 = 225 \Rightarrow$

$P_2^B = 60 \Rightarrow P_1^B = 45 + 0{,}25 \cdot 60 = 60$

$x_1^B = 100 + P_2^B - 2P_1^B = 100 + 60 - 2 \cdot 60 = 40$

$x_2^B = 100 + P_1^B - 2P_2^B = 100 + 60 - 2 \cdot 60 = 40$

$G_{1,2}^B = P_{1,2}^B x_{1,2}^B - (K_{1,2}^F + \overline{K}_{x1,2} x_{1,2}^B) = 2.400 - (400 + 1600) = 400$

14.2.5 Kooperationsgleichgewicht bei paralleler Preispolitik

Auch im heterogenen Oligopol sind kooperative Lösungen in der **Bandbreite von stillschweigender Übereinkunft** (tacit collusion) in nicht-kooperativen Spielen **bis hin zu vertraglichen Vereinbarungen (Preiskartellen)** nicht auszuschließen, obwohl **die zusätzlichen Gewinnmöglichkeiten** im Vergleich zum nicht-kooperativen

Bertrand-Nash-Gleichgewicht (zumindest bei konstanten Grenzkosten) **nicht so attraktiv** sind (vgl. Abb. 14-22) wie im homogenen Oligopol. Insofern ist der Anreiz zur Kooperation sicherlich schwächer.

Die analytische Bestimmung der Kooperationslösung bei paralleler Preispolitik geht wiederum von der Zielfunktion aus. Die zu maximierende **Gewinnfunktion bei gleich hohen Preisen** im heterogenen Dyopol lautet unter Berücksichtigung der speziellen Preis-Absatz-Funktion [14-16] **für Anbieter 1**:

$$G_1(P_1 = P_2) = P_1(a_1 - m_1 P_1) - \left[K_1^F + \overline{K}_{x1}(a_1 - m_1 P_1)\right]$$
$$= a_1 P_1 - m_1 P_1^2 - K_1^F - a_1 \overline{K}_{x1} + m_1 \overline{K}_{x1} P_1 \overset{!}{=} \max \qquad [14\text{-}23]$$

und die 1. Gewinnmaximierungsbedingung

$$\frac{\partial G_1}{\partial P_1} = a_1 - 2m_1 P_1 + m_1 \overline{K}_{x1} \overset{!}{=} 0 \qquad [14\text{-}24]$$

Hieraus resultiert durch Auflösung nach P_1 über

$$2m_1 P_1 = a_1 + m_1 \overline{K}_{x1}$$

die **gewinnmaximale Kooperationslösung**:

$$\overline{\overline{P}}_1^{\,c} = \frac{a_1 + m_1 \overline{K}_{x1}}{2m_1} = \frac{a_1}{2m_1} + \frac{\overline{K}_{x1}}{2} = \frac{P_1^h}{2} + \frac{\overline{K}_{x1}}{2} \qquad [14\text{-}25]$$

sowie

$$\overline{\overline{x}}_1^{\,c} = a_1 - m_1 \overline{\overline{P}}_1^{\,c} = a_1 - m_1\left(\frac{a_1}{2m_1} + \frac{\overline{K}_{x1}}{2}\right) = \frac{a_1}{2} - \frac{m_1 \overline{K}_{x1}}{2} \qquad [14\text{-}26]$$

Formal betrachtet unterscheidet sich diese Lösung nicht von der **Monopollösung**. Die **Cournot-Preise** bei Kooperation bzw. im Kartell und für die Originärnachfrage sind (bei konstanten Grenzkosten) sogar **identisch**, die **Cournotmenge im Monopol** natürlich **größer als im Dyopol**, da $m_1 < b_1^o$ ist.

$$P_1^{oc} = \frac{a_1^o}{2b_1^o} + \frac{\overline{K}_{x1}}{2} = \frac{P_1^h}{2} + \frac{\overline{K}_{x1}}{2} \text{ sowie}$$

$$x_1^{oc} = \frac{a_1^o}{2} - \frac{b_1^o \overline{K}_{x1}}{2}$$

Dies gilt natürlich nicht für die Gesamtmenge, da die **Summe der** bei paralleler Preispolitik bedienten **Präferenznachfragen** in jedem Fall **größer** ist als **eine der beiden Originärnachfragen**.

Zahlenbeispiel (ebenfalls in Abb. 14-21 und 14-22 dargestellt) für die

a) Kooperationslösung

$$\overline{\overline{P}}_1^C = \frac{100}{2 \cdot 1} + \frac{40}{2} = 50 + 20 = 70$$

$$\overline{\overline{x}}_1^C = \frac{100}{2} - \frac{1 \cdot 40}{2} = 50 - 20 = 30$$

$$\overline{\overline{G}}_{1,2} = \overline{\overline{P}}_{1,2}^C \overline{\overline{x}}_{1,2}^C - (\overline{K}_{1,2}^F + \overline{K}_{x1,2} \overline{\overline{x}}_{1,2}^C)$$

$$G_{1,2}^B = 70 \cdot 30 - (400 + 40 \cdot 30) = 2.100 - (400 + 1200) = 500$$

(b) Monopollösung

$$P_1^{oC} = \frac{100}{2 \cdot 1} + \frac{40}{2} = 50 + 20 = 70$$

$$x_1^{oC} = \frac{150}{2} - \frac{1,5 \cdot 40}{2} = 75 - 30 = 45$$

$$G_{1,2}^o = P_{1,2}^{oC} x_{1,2}^{oC} - (K_{1,2}^F + \overline{K}_{x1,2} x_{1,2}^{oC})$$

$$G_{1,2}^B = 70 \cdot 45 - (400 + 40 \cdot 45) = 3.150 - (400 + 1800) = 950$$

14.2.6 Gewinnvergleich und Stackelberg-Lösung?

Abb. 14-23 zeigt die preisabhängigen **Gewinnpotenziale** von Anbieter 1 im direkten Vergleich. Die bei Ausschöpfung der Präferenznachfrage durch parallele Preispolitik erzielbare Gewinnkurve $\overline{G}(P_1 = P_2)$ wird natürlich durch die (Quasi-)Monopolgewinnkurve $G_1^o(P_1 = P_2)$ deutlich übertroffen, weil die Originärnachfrage um ein bestimmtes Vielfaches (nämlich um genau a_1^o / m_1, d.h. in unserem Zahlenbeispiel um das 150/100 =1,5-fache) größer ist als die Präferenznachfrage. Ohne Fixkostenbelastung wären auch die beim gleich hohen Cournot-Preis $\overline{\overline{P}}_1^C = P_1^o$ zu verbuchenden Maximalgewinne im Monopol um dieses Vielfache größer.

Die im **Bertrand-Wettbewerb** entlang der Reaktionsgeraden geltende Gewinnkurve $G_1[P_1^C(P_2)]$ zwischen dem Cournotpreis der Kernnachfrage $P_1^{C,K}$ und dem Cournotpreis $P_1^{C,h}$ (vgl. dazu auch Abb. 14-21 und 14-22), beginnt für Anbieter 1 bei schärfsten Preiswettbewerb des Anbieters 2 ($P_2 = 0$) im Punkt C_1^h im Verlustbereich, schneidet (im Symmetriefall) das Bertrand-Nash-Gleichgewicht im Punkte $B_{1,2}$ und steigt danach aber weiter an, bis sie im Punkt C_1^h schließlich auf die Originärgewinnkurve trifft. Das bedeutet, dass es oberhalb des Bertrandpreises P_1^B noch höhere Gewinnchancen gäbe, wenn man den Wettbewerber zu einem höheren Preis ($P_2 > P_2^B$) bewegen könnte.

Abb. 14-23: Gewinnkurven im symmetrischen heterogenen Dyopol

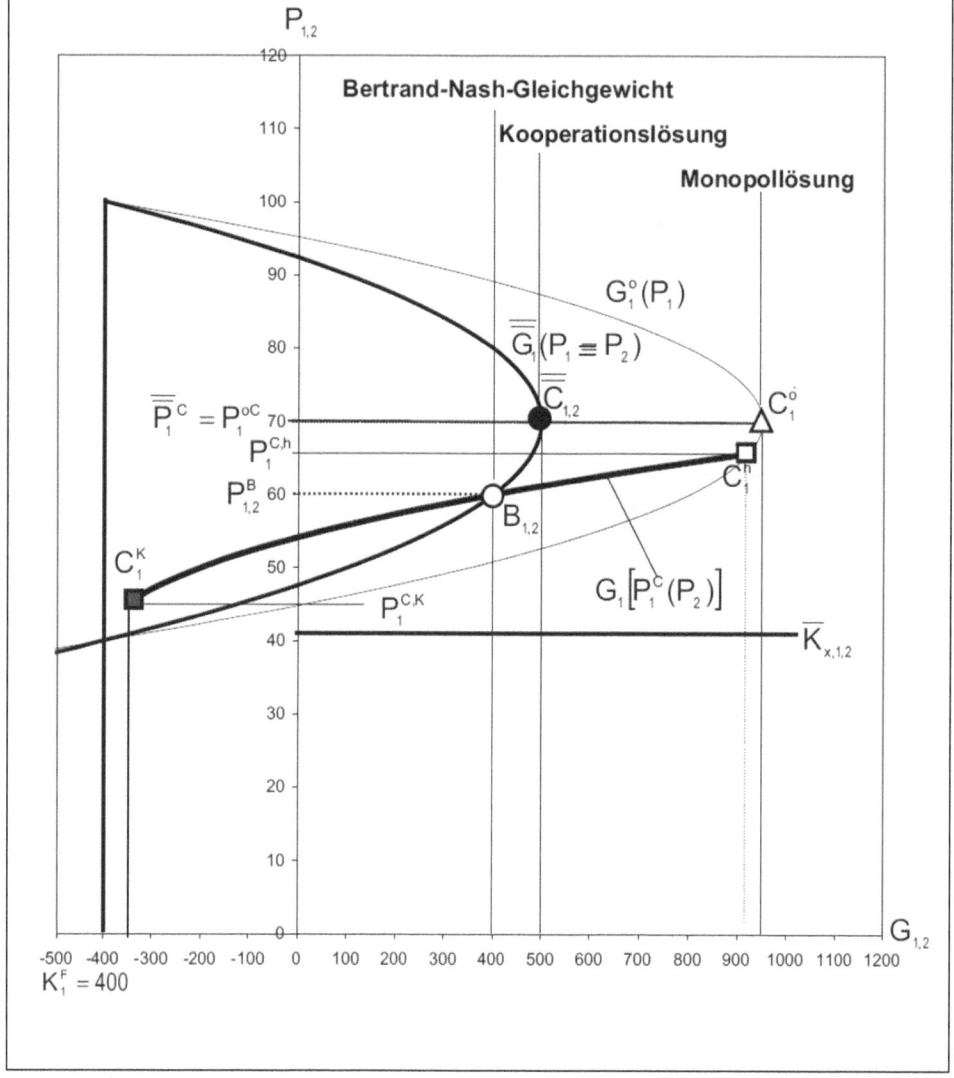

Insofern stellt sich die Frage, ob im Bertrand-Preis-Dyopol analog zum (hier nicht dargestellten) Cournot-Mengen-Dyopol eine **„Stackelberg-Lösung"** gibt. Diese nach dem deutschen Nationalökonomen **H. von Stackelberg** benannte Dyopollösung nimmt ein **sequenzielles Handeln** an, bei dem **ein Anbieter** in einem zweistufigen Einperiodenspiel einen **First-Mover-Vorteil** hat. Wenn z.B. Anbieter 1 in dieser Position seine maximalen Gewinne kalkuliert, wird er eine positive Abhängigkeit vom Konkurrenzpreis feststellen. Wenn er nun seinen Preis zuerst (auch dem Konkurrenten) bekannt machen und sein **Konkurrent** darauf nur als **Second Mover**

reagieren kann, hat er offensichtlich die Möglichkeit, seinen Preis genau so hoch festzusetzen, dass letzterer mit einem für ihn selbst gewinnmaximalen Preis reagieren muss. **Anbieter 1** nimmt in diesem Falle eine **Unabhängigkeitsposition** ein, während **Anbieter 2** in die **Abhängigkeitsposition** gedrängt wird.

Idealerweise müsste Anbieter 1 seinen Gegenspieler in Abb. 14-21 in den Punkt C_1^h drängen können. Wenn er jedoch selbst den dazu gehörigen Preis $P_1^{C,h}$ verlangt, wird ihn Anbieter 2 mit dem optimalen Reaktionspreis $P_2^c(P_1^{C,h})$ unterbieten, so dass dieser sich im Punkt **Q** besser stellt als Anbieter 1 und sogar einen höheren Gewinn als im Bertrand-Gleichgewicht erzielt. Anbieter 1 gerät dort selbst ins individuelle Ungleichgewicht und würde so im Gegensatz zur Stackelberg-Lösung in einem Zwei-Stufen-Spiel einen **First-Mover-Nachteil** erleiden, während Anbieter 2 einen **Second-Mover-Vorteil** erlangen würde. Wenn es weitere Spielrunden gibt, führt die gegenseitige Preisreaktion allerdings in einem „Zick-Zack-Prozess" in das stabile Bertrand-Gleichgewicht.

15 Faktormärkte

> **Lernziele** — Dieses Kapitel vermittelt:
>
> - welche Arten von Faktormärkten es gibt,
> - am Beispiel Arbeitsmarkt, wovon die Faktornachfrage der Unternehmungen kurz- und langfristig abhängt,
> - wodurch ein Arbeitsmarkgleichgewicht bestimmt ist,
> - wie durch Mindestlöhne Arbeitsmarktungleichgewichte und Arbeitslosigkeit entstehen und
> - wie die Arbeitsnachfragen im Polypol und Monopol aus den Marktgleichgewichten abzuleiten sind und im Vergleich aussehen.

15.1 Arten von Faktormärkten

Faktormärkte sind Märkte, auf denen **Produktionsfaktoren als Bestands- oder Stromgrößen angeboten und nachgefragt** werden und sich die bisher als „gegeben" angenommenen **Faktorpreise** bilden. Nach Faktorenarten unterscheidet man **Arbeitsmärkte, Bodenmärkte und Real- oder Sachkapitalmärkte**.

Der Faktor **Arbeit als Bestandsgröße** umfasst volkswirtschaftlich betrachtet das **Arbeitskräftepotenzial des Inlands** (einschließlich der möglichen Einpendler aus dem Ausland) bzw. betriebswirtschaftlich den **Personalbestand einer Unternehmung**. Davon zu unterscheiden ist der Faktor **Arbeit als Stromgröße**, d.h. die von diesem Arbeitskräftepotenzial bzw. Personalbestand **innerhalb einer Periode ex post abgegebenen oder ex ante nutzbaren Arbeitsleistungen gemessen in Stunden** (z.B. Arbeitsvolumen pro Jahr). Da Arbeitsleistungen nach Art und Qualität unterschiedlich sein können, existieren für in dieser Hinsicht gleiche Arbeitsleistungen jeweils verschiedene **homogene Arbeitsmärkte**, auf denen Arbeitsstunden mit einem **Stundenlohn als Faktorpreis** angeboten und nachgefragt werden. Da selten einzelne Arbeitsstunden angeboten und nachgefragt werden, sondern im Regelfall Arbeitsverträge mit einzelnen Personen geschlossen werden, die eine bestimmte vertragliche Mindestarbeitszeit pro Periode festlegen, sind **Bestands- und Stromgrößenarbeitsmärkte kaum auseinander zu halten**. Die Unternehmen können (von der relativ flexiblem **Mehrarbeits- und Teilzeitnachfrage** abgesehen) die Nachfrage nach der Strömgröße Arbeit in der Regel nur noch über die Bestandsgröße Personal mit einer kontrahierten **Normalarbeitszeit** (häufig die tarifliche Arbeitszeit) als kleinster Mengeneinheit dosieren. Der **Stundenlohn** als Faktorpreis wird dabei in der Regel **durch das** (Monats-) **Gehalt** als Entgelt für die kontrahierte Arbeitszeit **ersetzt**. Dabei kann gleichwohl ein kontrahierter Stundenlohn als Berechnungsgrundlage dienen (Gehalt = Stundenlohn x kontrahierte Arbeitszeit).

Das **Realkapital als Bestandsgröße** ist das gesamte Produktivvermögen einer Volkswirtschaft oder Unternehmung, das sich aus Produktionsanlagen und -geräten (Gebäuden, Maschinen, Computern usw.) zusammensetzt. In den Produktionsprozess geht jedoch nur die **Stromgröße Realkapitalnutzung** ein, so dass der die Produktionskosten mitbestimmende **Preis des Faktors Realkapital** nicht dem Kaufpreis des Realkapitalgutes als Bestandsgröße (z.B. einer Maschine) entspricht, sondern dem **Nutzungspreis des Realkapitalgutes pro Periode**. Dies sind für den Nichteigentümer die **Miet- oder Leihgebühren** für das Produktionsmittel **oder** für den Eigentümer **Abschreibungen plus Zinsopportunitätskosten** der alternativen Anlage des Kaufpreises der Realkapitalgüter auf dem Kapitalmarkt.

Der **Faktor Boden** als Bestandsgröße schließlich umfasst volkswirtschaftlich die gesamte für Produktivzwecke nutzbare Bodenfläche, betriebswirtschaftlich die der gesamten (u. U. mehrgeschossigen) Betriebsfläche zugrunde liegende Bodenfläche. Auch hier ist der **Bodenbestandsmarkt** als Immobilienmarkt mit dem **Bodenpreis als Faktorpreis** zu unterscheiden von dem **Bodennutzungsmarkt** mit der tatsächlichen oder kalkulatorischen **Miete, Grundrente oder Pacht** als Faktorpreis.

Wie Produktmärkte können Faktormärkte einerseits eine **polypolistische, oligopolistische oder monopolistische Angebotsstruktur** bzw. eine **polypsonistische, oligopsonistische oder monopsonistische Nachfragestruktur** andererseits aufweisen. Außerdem können sie **vollkommen oder unvollkommen, Kartell- oder Wettbewerbsmärkte** und im **Marktzutritt offen oder beschränkt** sein.

Da die auf Faktormärkten gehandelten Güter, keinem „Endzweck", sondern zur Herstellung von Vor-, Zwischen- oder Endprodukten dienen, wird die **Nachfrage der Unternehmungen nach Produktionsfaktoren** durch die Angebots- und Produktionspläne für die herzustellenden Güter bestimmt, die sich wiederum an deren Nachfrage orientiert. In diesem Sinne wird die Nachfrage nach Produktionsfaktoren auch als **abgeleitete Nachfrage** bezeichnet.

Das **Angebot von Produktionsfaktoren** wird sowohl von Haushaltungen als auch Unternehmungen bereitgestellt. Während die **Haushalte** insbesondere die Primärfaktoren **Arbeit und Boden** anbieten, sind **Unternehmungen** die Anbieter des produzierten Produktionsmittels **Realkapital**. Die Einkommen, die aus der von Ihren Eigentümern zur Verfügung gestellten Produktionsfaktoren **Arbeit, Boden und Realkapital** entstehen, aus Sicht der Unternehmung die Kosten Ihrer Beschaffung und Nutzung, sind die bekannten **Einkommensarten Lohn, Grundrente und Zins**.

Da wir in diesem Rahmen keinen detaillierten Überblick über alle Faktormärkte geben können, beschränken wir uns auf den für die Gewinnerzielung der Unternehmungen und für die Einkommenserzielung der Haushalte besonders wichtigen **Arbeitsmarkt als Beispiel**.

15.2 Beispiel Arbeitsmarkt

15.2.1 Arbeitsnachfrage bei vollkommener Konkurrenz

(1) Ermittlung der gewinnmaximalen Arbeitsnachfrage eines Anbieters

Die Annahme vollkommener Konkurrenz soll sich sowohl auf den Absatzmarkt der Arbeitsnachfrager als auch auf den Arbeitsmarkt selbst beziehen. D.h. weder hat eine einzelne auf dem Arbeitsmarkt nachfragende Unternehmung Einfluss auf den Lohnsatz, noch hat ein einzelner Anbieter von Arbeitsleistungen Einfluss auf die Lohnbildung.

Die gesamte **Arbeitsnachfrage eines homogenen Polypols** ist die **Summe der gewinnmaximalen Einzelnachfragen** der Anbieter. Sie lässt sich sowohl aus der kurzfristigen als auch der langfristigen Gewinnfunktion des Polypolisten herleiten, wenn man bei den Produktionskosten die Arbeitskosten durch den **Arbeitsstundeneinsatz L** und den **nomineller Stundenlohn w** explizit ausweist. Unterstellt man für einen Zwei-Faktoren-Ansatz die **kurzfristige Produktionsfunktion** $x = x(L, \overline{R})$, so lässt sich bei gegebenem Lohnsatz $w = \overline{w}$ folgende c. p. allein vom Arbeitseinsatz abhängige **Zielfunktion** (= Umsatz − variable Arbeitskosten − fixe Kapitaleinsatzkosten) aufstellen:

$$G(L) = \overline{P}x(L,\overline{R}) - \overline{w}L - \overline{r}\overline{R} \stackrel{!}{=} \max \text{ mit } x_L > 0, x_{LL} < 0 \qquad [15\text{-}1]$$

Zur **Ermittlung des kurzfristig gewinnmaximalen Arbeitseinsatzes** setzen wir den vom Arbeitseinsatz abhängigen Grenzgewinn (1. Ableitung der Gewinnfunktion nach L) gleich Null:

$$G_L = \overline{P}x_L - \overline{w} = 0 \quad . \qquad [15\text{-}2]$$

Hieraus lassen sich **drei weitere Formulierungen der Gewinnmaximierungsbedingung** 1. Ordnung herleiten:317

$$\boxed{\overline{P} = \frac{\overline{w}}{x_L}} \quad \textbf{Preis = Lohngrenzkoste} \qquad [15\text{-}2a]$$

Diese spezielle Gewinnmaximierungsbedingung der vollkommenen Konkurrenz haben wir **bei der Ermittlung der individuellen Güterangebotsfunktion der Polypolisten bereits kennengelernt** (Sie muss natürlich auch in diesem Zusammenhang erfüllt sein!). Daneben muss aber auch gelten:

$$\frac{\overline{w}}{\overline{P}} = x_L \quad \text{Reallohn = Grenzprodukt der Arbeit} \qquad [15\text{-}2b]$$

oder

$$\overline{w} = \overline{P}x_L \quad \text{Nominallohn = Wertgrenz- o. Grenzerlösprodukt} \qquad [15\text{-}2c]$$

Bei einem gegebenem Reallohn (= gegebener Nominallohn dividiert durch den gegebenen Marktpreis) ist für den vollkommenen Konkurrenten nur das Arbeitsvolumen kurzfristig gewinnmaximal, bei dem der Reallohn dem Grenzprodukt der Arbeit gleich ist. Dieses **optimale Arbeitsvolumen** $L_1^d(w/P)_1$ (in Abb. 15-1 oben über den Schnittpunkt C der horizontalen Reallohngeraden mit der Grenzproduktivitätskurve nach unten feststellbar) wird er also **bei kurzfristiger Gewinnmaximierung** nachfragen.

Setzt er weniger Arbeit ein (z.B. L_2 unter Punkt A), so könnte er auf Grund eines noch **positiven Grenzgewinnes** ($G_L = x_L(L_2) - (\overline{w}/\overline{P})_1 > 0$) seinen Gewinn durch zusätzliche Beschäftigung noch steigern, wie sich an der Gewinnkurve (vgl. Abb. 15-1 unten) ablesen lässt. Wenn er umgekehrt „zu viel" Arbeitsstunden nachfragen würde (z.B. L_3 unter Punkt B), so könnte er wegen des bereits **negativen Grenzgewinns** ($G_L = x_L(L_3) - (\overline{w}/\overline{P})_1 < 0$) seinen Gewinn absolut erhöhen, wenn er auf die „Überbeschäftigung" von vorneherein verzichten oder gegebenenfalls Arbeit durch Personalabbau und/oder Arbeitszeitverkürzung wieder „freisetzen" würde.

Bei einem höheren (niedrigeren) Reallohn gilt das Gleiche. Da der Schnittpunkt mit der fallenden **Grenzproduktivitätskurve** in diesem Fall jedoch weiter links oben (rechts unten liegen) würde, muss er dann allerdings weniger (mehr) Arbeitsstunden nachfragen. Mit anderen Worten ist seine **Arbeitsnachfrage negativ vom Reallohn abhängig** und seine **Arbeitsnachfragekurve mit der Grenzproduktivitätskurve** (bei partieller Variation des Faktors Arbeit) **identisch**. Dabei wirkt sich ein höherer Reallohn nicht nur auf die Arbeitsnachfrage negativ aus, sondern auf die gesamte Gewinnkurve, da sich diese mit dem Ergebnis eines deutlichen geringeren Maximalgewinns nach unten links verschiebt (vgl. Abb. 15-2).

Abb. 15-1: Grenzproduktivitäts- und Arbeitsnachfragekurve im Zusammenhang mit Gewinn und Grenzgewinn bei gegebenem Reallohn

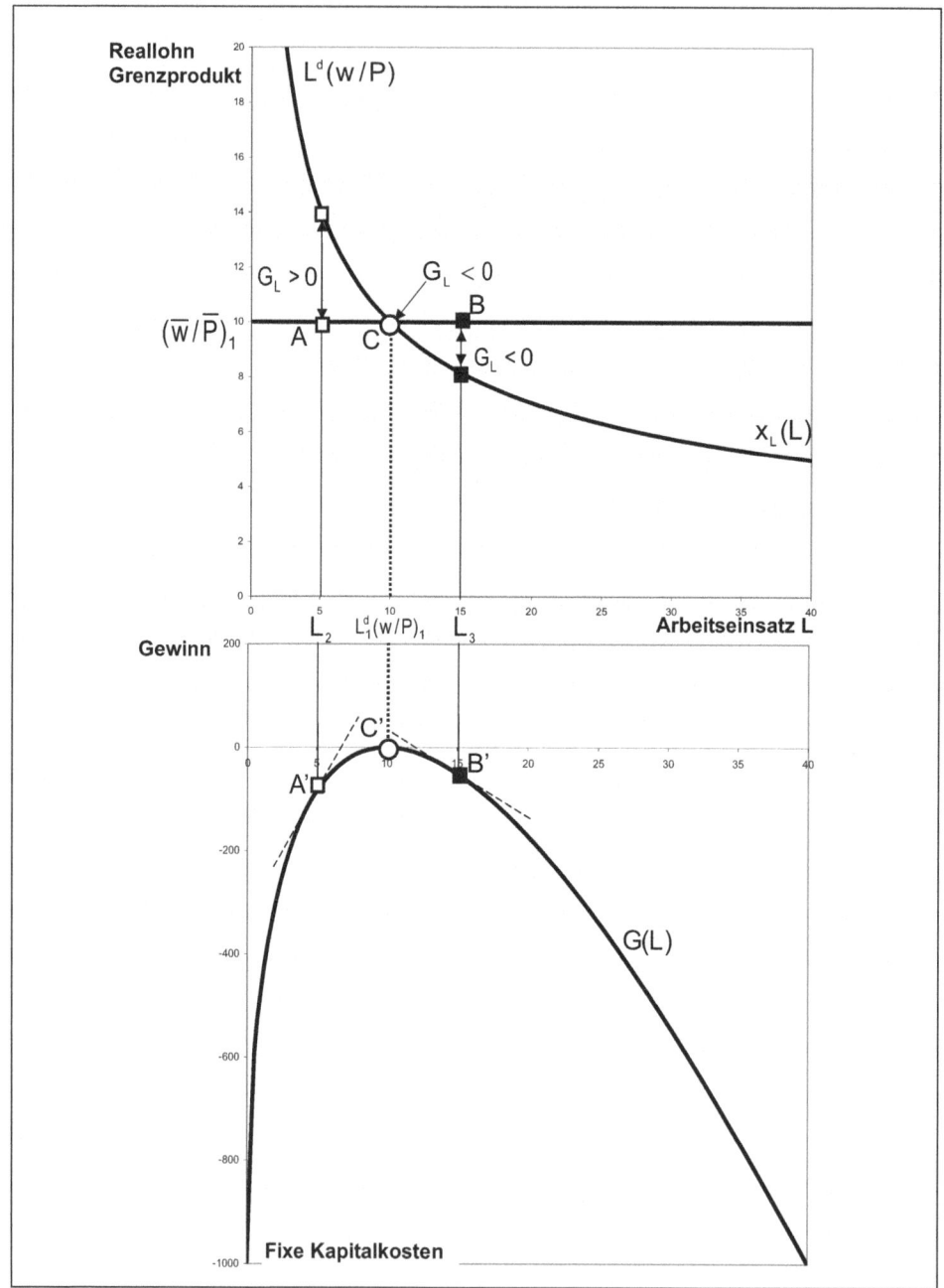

15.2 Beispiel Arbeitsmarkt

Abb. 15-2: Auswirkung des Reallohnes auf Arbeitsnachfrage und Gewinn

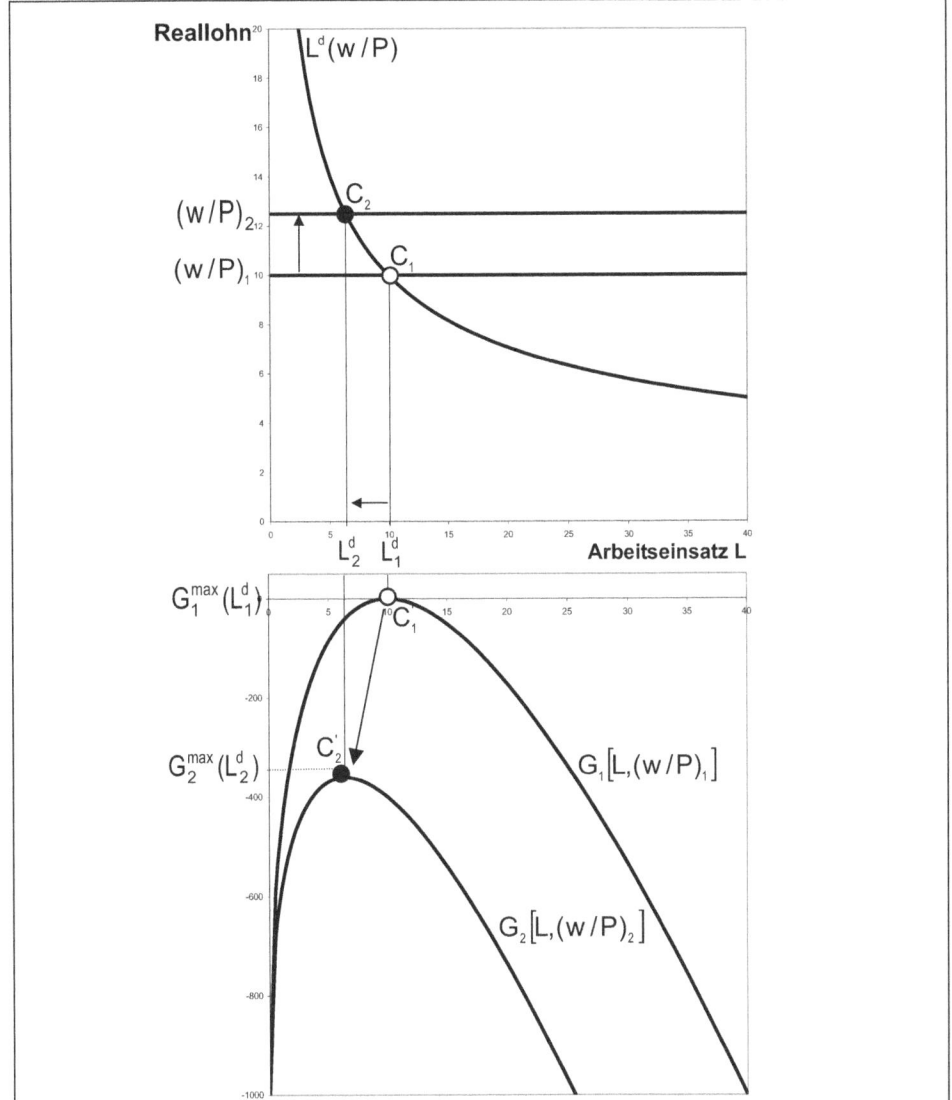

Dass in Abb. 15-1 lediglich ein **kurzfristig maximaler Gewinn von Null** realisiert werden kann, ist kein Zufall, sondern **Ergebnis eines simultan angenommenen langfristigen Gewinnmaximums**. Das heißt in dem dargestellten numerischen Beispiel ist der **Marktpreis identisch mit den langfristigen Grenzkosten**, so dass weder ein positiver noch ein negativer Gewinn erzielt wird bzw. für das vom Eigentümerunternehmer eingesetzte Realkapital gerade nur die Opportunitätskosten abgedeckt sind. Mit anderen Worten wird im Vergleich zur alternativen Kapitalmarktanlage kein „Überprofit", sondern lediglich ein **„Normalprofit" erzielt** wird.

Diese **Zusammenhänge** sind übrigens (unter Verwendung der Gleichgewichtsbedingung [15-2c]) wie in vielen Lehrbüchern (vgl. Pindyck/Rubinfeld, S. 677 ff.) statt für Reallöhne **auch für Nominallöhne** als unabgängige Variable **im w-L-Diagramm darstellbar**. Da der **Nominallohnsatz w** im Optimum dem Grenzerlösprodukt oder Wertgrenzprodukt $Px_L(L)$ gleich sein muss, ist die **Arbeitsnachfrage** in Abhängigkeit vom Nominallohn dann **ein durch den Marktpreis bestimmtes Vielfaches des realen Grenzproduktes**. Infolgedessen ist jede Arbeitskräftenachfragekurve jedoch **nur für einen einzigen Marktpreis als Lageparameter gültig**, d.h. sie ist bei höherem (niedrigerem) Marktpreis nach oben (unten) zu verschieben. Der **Vorteil der reallohnabhängigen Arbeitsnachfragekurve** ist demgegenüber, dass ihre **Lage von Preisänderungen unabhängig** ist und Lohn- und Preisvariationen über Reallohnänderungen als Bewegungen auf der gleichen Nachfragekurve darstellbar sind. (Für ein gegebenes Preisniveau von $\overline{P}=1$ haben beide Arbeitsnachfragekurven natürlich einen identischen Verlauf.)

Eine konkrete **Arbeitsnachfragefunktion** erhält man natürlich nur, wenn eine spezielle Produktionsfunktion angenommen wird. Gilt zum **Beispiel** die **Cobb-Douglas-Funktion** $x = FL^{0,5}R^{0,5}$ (mit konstanten Skalenerträgen), lautet die Gewinnmaximierungsbedingung

$$\frac{w}{P} = x_L = 0{,}5FL^{-0,5}R^{0,5},$$

wofür wir nach L aufgelöst die **reallohnabhängige Arbeitsnachfrage**

$$L^d = L^d(w/P) = 0{,}25F^2R(w/P)^{-2} \qquad [15\text{-}3]$$

erhalten. Der Reallohn lässt sich aber auch „auflösen", so dass **allgemein** gilt:

$$L^d = L^d(w,P,F,R) = 0{,}25F^2RP^2w^{-2} \qquad [15\text{-}4]$$

Die Vorzeichen der partiellen Ableitungen zeigen, dass die **Arbeitsnachfrage a) negativ vom Nominallohn abhängig** ist, aber **b) positiv vom Marktpreis, c) positiv von der allgemeinen Faktorproduktivität** und **d) positiv vom Realkapitaleinsatz**:

$$L_w = -0{,}5F^2RP^2w^{-3} < 0 \qquad [15\text{-}4a]$$

$$L_P = 0{,}5F^2RPw^{-2} > 0 \qquad [15\text{-}4b]$$

$$L_F = 0{,}5FRP^2w^{-2} > 0 \qquad [15\text{-}4c]$$

$$L_R = 0{,}25F^2P^2w^{-2} > 0 \qquad [15\text{-}4d]$$

Die **Hochzahlen** in der allgemeinen Arbeitsnachfragefunktion verraten abgesehen von der Richtung des Einflusses auch die Wirkungsintensität der einzelnen Parameter, da sie die **partiellen Arbeitsnachfrageelastizitäten** darstellen:

15.2 Beispiel Arbeitsmarkt

$\eta_{L^d,w} = -2 < 0$ Nominallohnelastizität der Arbeitsnachfrage [15-5a]

$\eta_{L^d,P} = 2 > 0$ Marktpreiselastizität der Arbeitsnachfrage [15-5b]

$\eta_{L^d,F} = 2 > 0$ Produktivitätselastizität der Arbeitsnachfrage [15-5c]

$\eta_{L^d,R} = 1 > 0$ Realkapitalelastizität der Arbeitsnachfrage [15-5d]

(2) Ermittlung der Gesamtarbeitsnachfrage des Polypols

Unterstellt man wegen der auf vollkommenen Märkten gegebenen vollständiger Markttransparenz, dass alle Anbieter des Marktes die gleiche Produktionstechnologie anwenden und für die gleiche Absatzmenge im Kostenminimum gleich viel Realkapital einsetzen, lässt sich **Gesamtarbeitsnachfrage** graphisch durch **Horizontaladdition der einzelnen Nachfragekurven**, analytisch durch Multiplikation der individuellen Arbeitsnachfragefunktionen $L_j^d(w/P)$ mit der Anbieterzahl A ermitteln:

$$L^D = L^D(w/P) = AL_j^d(w/P) = 0{,}25AF_j^2R_j(w/P)^{-2} \qquad [15\text{-}6]$$

Zahlenbeispiel (für A=2500, F=1 und R=4000):

$$L^D = L^D(w/P) = 2500 \cdot 0{,}25 \cdot 1^2 \cdot 4000(w/P)^{-2} = \frac{2.500.00}{(w/P)^2}$$

und im Spezialfall für P=1:

$$L^D = L^D(w/P) = 2500 \cdot 0{,}25 \cdot 1^2 \cdot 4000w^{-2} = \frac{2.500.00}{w^2}$$

15.2.2 Gleichgewicht auf einem vollkommenen Arbeitsmarkt

Das **Gleichgewicht auf einem vollkommenen Arbeitsmarkt** für die homogene (Fach-)Arbeitsleistung, welche die Produktionsunternehmen des betrachteten vollkommenen Gütermarktes nachfragen, wird im Zusammentreffen mit den insgesamt von „vielen kleinen" Haushalten angebotenen Arbeitsleistungen gebildet. Wie wir in Kap. 9 festgestellt haben, kann im Unterschied zur Arbeitsnachfrage der Unternehmen nicht mit einer einheitlichen Reaktion der Arbeitsnachfrage der Haushalte auf steigende Reallöhne gerechnet werden. Dies bedeutet, das bei der Horizontaladdition der Arbeitsangebotskurven aller Haushaltes „alles" **möglich** ist: **ein bei steigendem Reallohn** per saldo **a) zunehmendes, b) abnehmendes und c) konstantes Arbeitsangebot**. Zur Vereinfachung können wir daher ein **vollkommen reallohnunelastisches Arbeitsangebot** annehmen:

$$L^S = \overline{L}^S \qquad [15\text{-}7]$$

Über die **Gleichgewichtsbedingung auf dem Arbeitsmarkt** (Arbeitsangebot = Arbeitsnachfrage)

$$\overline{L}^S = L^D(w/P) = 0{,}25 A F_j^2 R_j (w/P)^{-2} \qquad [15\text{-}8]$$

und Auflösung nach dem Reallohn

$$(w/P)^2 = 0{,}25 A F_j^2 R_j \overline{L}^{S-1}$$

erhält man den **Gleichgewichtsreallohn** $(w/P)*$:

$$(w/P)* = 0{,}25^{0{,}5} A^{0{,}5} F_j R_j^{0{,}5} \overline{L}^{S-0{,}5} \qquad [15\text{-}9]$$

Bei diesem Reallohn herrscht **Arbeitsmarktgleichgewicht,** da insgesamt **das Arbeitsangebot gleich der Arbeitsnachfrage** ist und **keine Arbeitslosigkeit** herrscht.

Abb. 15-3: Gleichgewicht auf dem vollkommenen Arbeitsmarkt

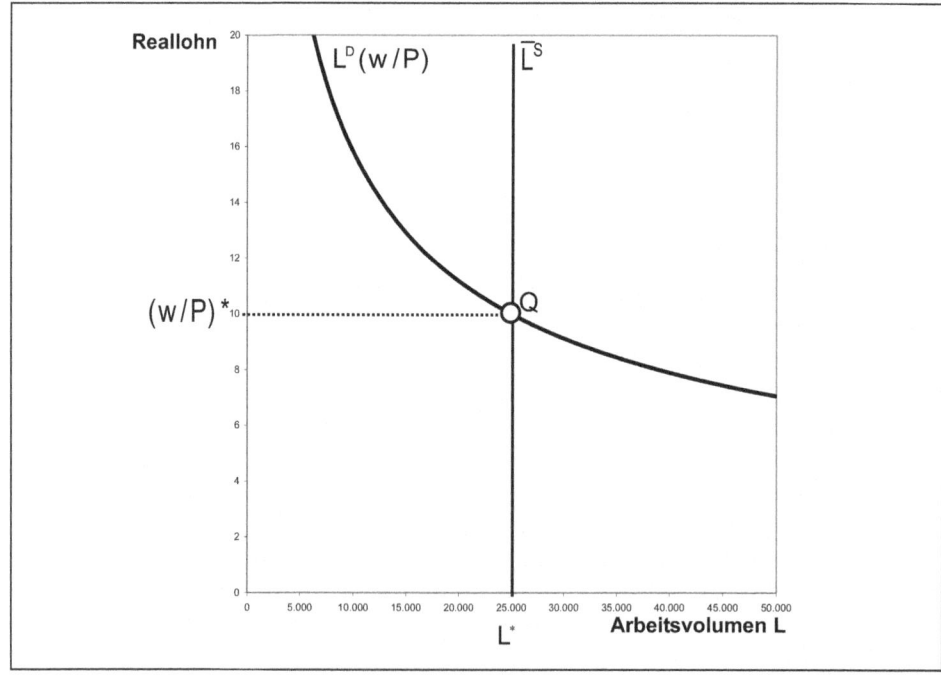

In unserem **Zahlenbeispiel** (ergänzt durch die Annahme $\overline{L}^S = 25.000$) ergibt sich daraus der **markträumende Gleichgewichtsreallohn** in Höhe von

$$(w/P)* = 0{,}25^{0{,}5} \cdot 2500^{0{,}5} \cdot 1 \cdot 4000^{0{,}5} \cdot 25.000^{-0{,}5} = 10$$

D.h. in unserem Zahlenbeispiel ist der Arbeitsmarkt beim Reallohn von 10 (Gütereinheiten) im Gleichgewicht.

Das im Arbeitsmarktgleichgewicht angebotene und nachgefragte Arbeitsvolumen beträgt

$$L^D(w/P) = 40) = \overline{L}^S = 25.000 \,.$$

Wie die Bestimmungsgleichung [15-9] für den **Gleichgewichtsreallohn** zeigt, wird dieser durch eine zunehmende Zahl der Arbeit beschaffenden Unternehmungen A, die Steigerung der allgemeinen Faktorproduktivität F und des Realkapitaleinsatzes R positiv, durch eine Erhöhung des Arbeitsangebots $\overline{L}^S$ dagegen negativ beeinflusst.

$$(w/P)* = (w/P)* \left[\overset{\oplus}{A}, \overset{\oplus}{F_j}, \overset{\oplus}{R_j}, \overset{(-)}{\overline{L}^S} \right] \qquad [15\text{-}10]$$

15.2.3 Ungleichgewicht und Arbeitslosigkeit durch Mindestlöhne

Eine einfache **Erklärung für Arbeitslosigkeit** bietet dieses Modell, wenn man der **Frage** nachgeht, **was denn ein Arbeitsmarktgleichgewicht verhindern kann**. Eigentlich nur ein staatlicher oder ein kartellmäßigen **Eingriff in die Lohnbildung**, durch den ein vom Gleichgewichtsreallohn nach oben abweichender **Mindestlohn oder** ein nach unten abweichender **Höchstlohn** vorgeschrieben wird.

Da letzteres kaum praktiziert wird, konzentrieren wir uns auf die **Problematik eines** durch den Staat festgesetzten **gesetzlichen Mindestlohnes** $\overline{w}_{min}^G$ oder eines **tariflichen Mindestlohnes** $\overline{w}_{min}^T$, der durch bilaterale kollektive Arbeitsmarktmonopole (Gewerkschaft und Arbeitgeberverband) tarifvertraglich vereinbart wird. Um auf dem Arbeitsmarkt („zugunsten" der Arbeitnehmer) Einkommenswirksamkeit zu erzielen, wird dieser **in der Regel höher angesetzt als der Gleichgewichtslohn**.

In Abb. 15-4 ist die **Wirkung eines Mindestlohnes**, der zwar nominell festgelegt wird, aber **bei gegebenem Preisniveau** auch real feststeht, dargestellt. Er führt oberhalb des Gleichgewichtsreallohnes dazu, dass weniger Arbeit nachgefragt als angeboten wird und in der Differenz **Arbeitslosigkeit** L^a entsteht:

$$L^a = \overline{L}^S - L_j^D(\overline{w}_{min}/\overline{P}) < 0 \text{ mit } \overline{w}_{min} = w_{min}^{G,T} > (w/P)* \qquad [15\text{-}10]$$

Abb. 15-4: Arbeitsmarktungleichgewicht durch Mindestlöhne

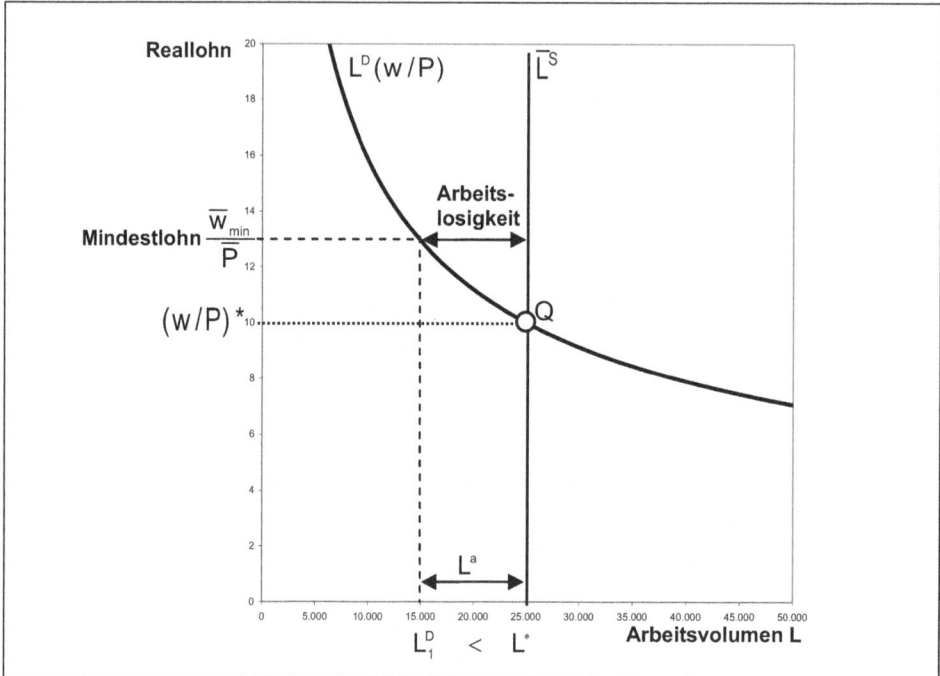

Gewinner des Mindestlohnes sind also nur diejenigen (nach wie vor) **Beschäftigten**, die ohne Kürzung ihrer gewünschten Arbeitszeit ein höheres Realeinkommen erzielen können. **Verlierer** alle, **die ihren Arbeitsplatz ganz verlieren (Totalarbeitslosigkeit)** oder eine **Zwangskürzung ihrer gewünschten Arbeitszeit (Teilarbeitslosigkeit)** durch Kurzarbeit oder Reduzierung gewollter Überstunden hinnehmen müssen.

15.2.4 Das Modell der abgeleiteten Arbeitsnachfrage

(1) Herleitung aus dem Gleichgewicht bei vollkommener Konkurrenz

Vorteil der vorstehenden reallohnbezogenen Arbeitsmarktanalyse ist, dass sie sozusagen eine Perspektive „über alle Gütermärkte hinweg" einnimmt, ohne sich auf ein bestimmtes für den betrachteten Produktmarkt geltendes Nominallohn- oder Güterpreisniveau festlegen zu müssen. Ebenso bleiben die speziellen **Nachfrage- oder Preis-Absatz-Verhältnisse des Produktes unberücksichtigt,** obwohl sie das Verhältnis von Nominallohn und Güterpreis mitbestimmen. Dieser partialanalytische Nachteil lässt sich dadurch vermeiden, dass man die gewinnmaximierende Beschaffung des Produktionsfaktors Arbeit aus der marktspezifischen Güternachfrage herleitet.

Dieser Ansatz fragt im ersten analytischen Schritt (a) nach der für alle Anbieter des betrachteten Absatzmarktes eines Produktes bei kurz- oder langfristiger Gewinnmaximierung und unterschiedlich hohen Nominallöhnen geplanten Produktionsmenge und (b) nach dem dafür kurz- oder langfristig notwendigen Verbrauch des Faktors Arbeit. Der **Kurzfristverbrauch** wird **für einen gegebenen Realkapitaleinsatz und einen variablen Arbeitseinsatz** berechnet, der **Langfristverbrauch unterliegt** demgegenüber **dem Kostenminimierungsgrundsatz**.

Bei vollkommener Konkurrenz bedeutet dies, dass die individuelle Planperspektive verlassen und stattdessen bei gegebener Gesamtnachfrage des Marktes a) die kurzfristige und b) die langfristige Gleichgewichtsmenge in Abhängigkeit vom Nominallohnsatz ermittelt wird. Diese Gütermengen werden in die a) kurzfristige und b) langfristige Faktorverbrauchsfunktion eingesetzt. Dadurch gewinnt man entsprechend eine a) kurzfristige und b) langfristige Arbeitsnachfragefunktion, die zusammen mit der Arbeitsangebotsfunktion das Arbeitsmarktgleichgewicht beeinflusst.

Geht man wiederum von der linar-homogenen Cobb-Douglas-Produktionsfunktion $x = FL^{0,5}R^{0,5}$ aus, resultiert daraus die **kurzfristige Arbeitsverbrauchsfunktion**

$$L_{kzf}(x) = F^{-2}\overline{R}^{-1}x^2 \qquad [15\text{-}11]$$

In dieser Funktion wird x durch die vom **Nominallohnsatz** w beeinflusste Bestimmungsgleichung für die Gleichgewichtsmenge [12-34] ersetzt und ergibt die **kurzfristige Arbeitsnachfragefunktion:**

$$\boxed{L_{kzf}^{D,Pol}(w) = F^{-2}\overline{R}^{-1}\left[\frac{Aa_i}{b_i 2F^{-2}\overline{R}^{-1}w + AN^{-1})}\right]^2} \qquad [15\text{-}12]$$

Im **langfristigen Marktgleichgewicht** wird der **Marktpreis durch die** bei konstanten Skalenerträgen **langfristig konstanten Grenzkosten**

$$P = K_x^{lgf} = 2w^{0,5}r^{0,5}F^{-1} \qquad [15\text{-}13]$$

bestimmt, so dass sich durch Einsetzen in die Marktnachfragefunktion die **langfristige Gleichgewichtsmenge** bestimmen lässt:

$$x^* = a_iN - b_iNP = a_iN - b_iNK_x^{lgf} = a_iN - 2b_iNF^{-1}r^{0,5}w^{0,5}. \qquad [15\text{-}14]$$

Die **langfristige Arbeitsnachfragefunktion** erhält man, indem man x^* in die **langfristige Arbeitsverbrauchsfunktion** einsetzt und hierin den optimalen Realkapitaleinsatz R^* ebenfalls durch x^* definiert (vgl. [12-37]):

$$L_{lgf}(x^*) = \frac{x^{*2}}{F^2R^*}\Big|R^* = F^{-1}r^{-0,5}w^{0,5}x^*$$
$$L_{lgf}(x^*) = \frac{x^*}{Fr^{-0,5}w^{0,5}} \qquad [15\text{-}15]$$

$$L_{lgf}(w) = \frac{a_i N - 2b_i NF^{-1} r^{0,5} w^{0,5}}{Fr^{-0,5} w^{0,5}} = \frac{a_i N}{Fr^{-0,5} w^{0,5}} - \frac{2b_i NF^{-1} r^{0,5} w^{0,5}}{Fr^{-0,5} w^{0,5}}$$

$$L_{lgf}(w) = \frac{a_i N r^{0,5}}{Fr^{-0,5} w^{0,5}} - \frac{2b_i Nr}{F^2}$$

$$L_{lgf}^{D,Pol}(w) = \frac{a_i N r^{0,5}}{F w^{0,5}} - \frac{2b_i Nr}{F^2} = \frac{a r^{0,5}}{F w^{0,5}} - \frac{2br}{F^2} \qquad [15\text{-}16]$$

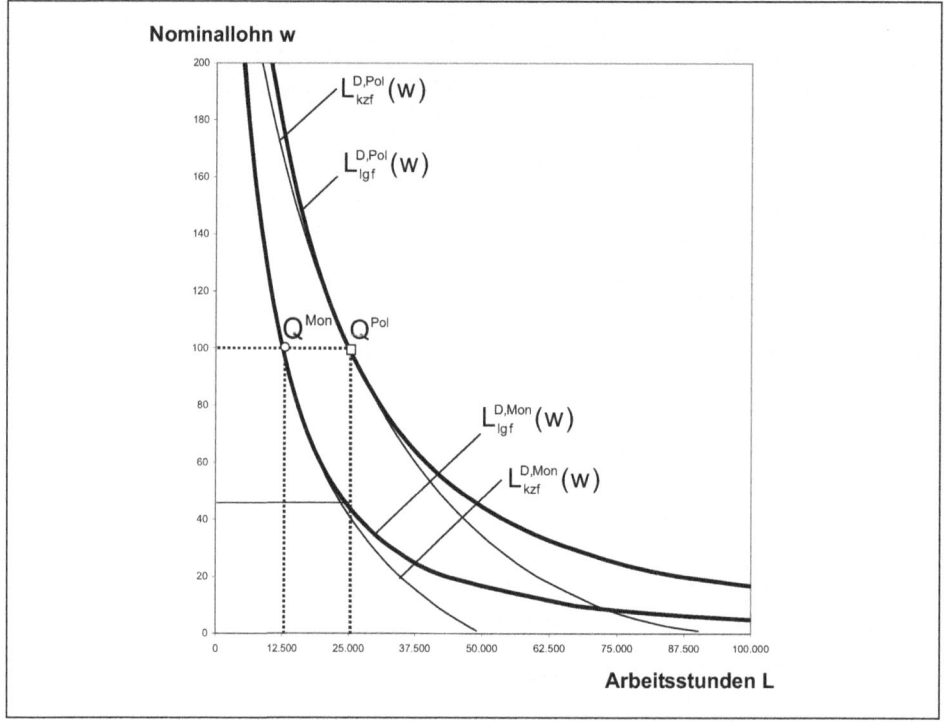

Abb. 15-5: Abgeleitete kurz- und langfristige Arbeitsnachfragefunktionen bei vollkommener Konkurrenz und im Monopol

Wie Abb. 15-4 zeigt, verläuft die **kurzfristige Arbeitsnachfragekurve** $L_{kzf}^{D,Pol}(w)$ im Polypol unterhalb des simultanen kurz- und langfristigen Ausgangsgleichgewichtes (im Punkte A^{Pol}) etwas steiler und oberhalb etwas flacher als die **langfristige Arbeitsnachfragekurve** $L_{lgf}^{D,Pol}(w)$, während sich beide im simultanen Gleichgewicht gerade tangieren.

15.2 Beispiel Arbeitsmarkt

(2) Herleitung aus dem Monopolgleichgewicht

Im Monopol ist **analog vorzugehen.** Zur Bestimmung der kurzfristigen Arbeitsnachfrage des Monopolisten ist die **Cournotmenge** x^c bei steigenden Grenzkosten

$$x^c = \frac{a}{2 + bK_{xx}} = \frac{a_i N}{2 + \dfrac{2b_i Nw}{F^2 \overline{R}}} \qquad [13\text{-}11]$$

in die **kurzfristige Arbeitsverbrauchsfunktion** [15-11]

$$L(x) = F^{-2}\overline{R}^{-1} x^{c2},$$

einzusetzen, so dass sich die **kurzfristige Arbeitsnachfragefunktion des Monopolisten** ergibt:

$$L_{kzf}^{D,Mon}(w) = F^{-2}\overline{R}^{-1}\left(\frac{a_i N}{2 + 2b_i F^{-2}\overline{R}^{-1}}\right)^2 \qquad [15\text{-}17]$$

Bei kostenminimalem Faktoreinsatz ist die **langfristige Gleichgewichtsmenge** x^{c^*} des Monopolisten

$$x^{c^*} = \frac{a}{2} - \frac{\overline{K}_x^{lgf}}{b} = \frac{a_i N}{2} - \frac{b_i N w^{0,5} r^{0,5}}{F} \qquad [13\text{-}17]$$

wiederum in die **langfristige Faktorverbrauchsfunktion** [15-15] einzusetzen

$$L_{lgf}^D(x^{c^*}) = \frac{x^{c^*}}{Fr^{-0,5}w^{0,5}}$$

$$L_{lgf}^D(w) = \frac{0,5 a_i N - b_i N F^{-1} r^{0,5} w^{0,5}}{Fr^{-0,5}w^{0,5}},$$

womit die **langfristige Arbeitsnachfragefunktion im Monopol**

$$L_{lgf}^{D,Mon}(w) = \frac{0,5 a_i N}{Fr^{-0,5}w^{0,5}} - \frac{b_i Nr}{F^2} = \frac{0,5 a}{Fr^{-0,5}w^{0,5}} - \frac{br}{F^2} \qquad [13\text{-}17]$$

lautet.

Wie sich in Abb. 15-4 erkennen lässt, ist die Arbeitsnachfrage **des Monopolisten im langfristigen Gleichgewicht nur halb so groß wie bei vollkommener Konkurrenz.** Dies lässt sich auf die Tatsache zurückführen, dass bei langfristig konstanten Grenzkosten die **Gleichgewichtsmenge im Polypol gleich der Marktnachfrage** ist, während der **Monopolist** sich jeweils an dem Schnittpunkt der Grenzkosten mit der Grenzerlöskurve orientiert, die **nur die Hälfte der Marktnachfrage** umfasst.

Welcher gleichgewichtige Nominallohn sich unter diesen Bedingungen auf dem Arbeitsmarkt bildet, hängt von dem Markteinfluss ab, den man dem betrachteten Monopolisten zuordnet. Ist er nur **ein kleiner einflussloser Nachfrager auf einem vollkommenen Arbeitsmarkt** bildet sich der Nominallohn durch ein normales Konkurrenzmarktgleichgewicht (im Schnittpunkt der Angebots- und Nachfragekurve auf dem Arbeitsmarkt) und der **Gleichgewichtslohn** stellt **für den Monopolisten** (wie bisher stillschweigend angenommenen) **ein Datum** für seine Kostenfunktionen dar.

Ist er alleiniger Nachfrager auf dem betrachteten Arbeitsmarkt, während das Angebot polypolistisch strukturiert ist, ist er bei gegebenem Arbeitsangebot **als Monopsonist auf dem Arbeitsmarkt in der Lage, den Nominallohn zu bestimmen.**

16 Marktunvollkommenheiten: Marktversagen und Staatseingriffe

Lernziele — Dieses Kapitel vermittelt:

- welche Beeinträchtigungen des Allokationsmechanismus von „Marktunvollkommenheiten" ausgehen,
- wie durch sie im Vergleich zur Referenzsituation der vollkommenen Konkurrenz die Markteffizienz gestört wird,
- welche Marktlösungen ihrer Abschwächung oder Beseitigung dienen und
- wo Marktversagen staatliche Eingriffe rechtfertigen und erfordern.

16.1 Arten von „Marktunvollkommenheiten"

In der **Marktformenlehre** versteht man unter **„vollkommenen" Märkten** solche, die die **fünf Vollkommenheitskriterien** der sachlichen, räumlichen, zeitlichen und persönlichen Homogenität sowie der vollständigen Markttransparenz erfüllen. **„Marktunvollkommenheiten"** bestehen dann umgekehrt, wenn entweder bei einigen oder allen Marktteilnehmern **Präferenzen** vorliegen und/oder wenn **unvollständige Markttransparenz** herrscht. Die erste Gruppe von Unvollkommenheitskriterien findet in der Preis- und Wettbewerbstheorie in allen Marktmodellen Berücksichtigung, bei denen sachliche, räumliche, zeitliche oder persönliche **Heterogenitätsmerkmale** angenommen werden. Traditionellerweise beschränkt man sich dabei auf Marktformen mit **Produktheterogenität** wie das heterogene Mehr-Produkt-Monopol, heterogene Oligopol und die Monopolistische Konkurrenz (*monopolistic competiton* nach *E.H. Camberlin* oder *imperfect competition* nach *J. Robinson*) oder aber mit **räumlicher Heterogenität** (räumliche Oligopolmodelle nach *Launhardt* und *Hotelling*). Persönliche und zeitliche Heterogenitäten spielen demgegenüber eine untergeordnet Rolle.

In der **Allokationstheorie** wird der Begriff **„Unvollkommenheiten"** demgegenüber auf bestimmte **Ursachen von „Marktversagen"** im Sinne einer **Beeinträchtigung der marktwirtschaftlichen Allokation** angewendet. Hierunter versteht man letzten Endes **alle Abweichungen vom allgemeinen Gleichgewicht bei vollkommener Konkurrenz**, so dass als **„Vollkommenheitskriterien"** zunächst alle jene Merkmale gelten können, die für eine effiziente Allokation im Sinne der **Pareto-Optimalität des Konkurrenzgleichgewichts** sorgen.

Nach Sohmen (1976, S. 70f., eigene Hervorhebungen) ist zunächst „*Vollkommene Konkurrenz auf einem Markt* ... durch zwei Merkmale gekennzeichnet:

1. **reine Mengenanpassung** seitens aller Marktteilnehmer (Konsumenten wie Produzenten) an die Marktpreise, die ein einzelner Anbieter oder Nachfrager durch sein Verhalten **mangels Marktmacht** nicht beeinflussen kann;

2. **freier Marktzugang**. Damit ist die Abwesenheit künstlicher Zugangsschranken zu einem Wirtschaftszweig bzw. Beruf gemeint.

Ein *allgemeines Gleichgewicht* bei vollkommener Konkurrenz erfordert darüber hinaus die Erfüllung der folgenden zusätzlichen Bedingungen:

3. alle Konsumenten verwirklichen ihr **Nutzmaximum**,

4. alle Unternehmen verwirklichen ihr **Gewinnmaximum**. Kein Wirtschaftssubjekt verspürt deshalb eine Neigung, seine augenblicklichen Dispositionen zu ändern. Es gilt überdies, dass

5. auf allen Märkten die **angebotenen gleich den nachgefragten Mengen** sind."

6. Als weitere Voraussetzung muss ein **vollständiges System von Eigentumsrechten** existieren, so dass unfreiwillige und ungewünschte Transaktionen unterbleiben (vgl. Weimann, 1996, S. 230 ff.).

„Werden diese **Bedingungen verletzt** kann es zu einem allokativen **Marktversagen** kommen, das unter Berücksichtigung aller Konsequenzen **staatlichen Handlungsbedarf** begründen kann, der über die Bereitstellung des institutionellen Rahmens für eine effiziente Selbststeuerung hinausgeht" (Berg/Cassel/Hartwig, 2003, S. 192, eigene Hervorhebung).

Als „Unvollkommenheiten" im Sinne von Ursachen für eine ineffiziente Allokation und damit Marktversagen werden insbesondere **(1) externe Effekte**, **(2) asymmetrische Information** und **(3) Marktmacht** hervorgehoben.

16.2 Externe Effekte

16.2.1 Begriff und Arten „externer Effekte"

„**Externe Effekte**" äußern sich außerhalb eines Marktes bei „unbeteiligten" Wirtschaftssubjekten durch **Kosten (negative externer Effekte)** oder **Nutzen (positive externe Effekte)**, die durch die Produktion oder durch den Konsum von Gütern verursacht werden. Da Kosten oder Nutzen sowohl bei Produzenten als auch bei Konsumenten auftreten können, unterscheidet man **externe Konsum- und Produktionseffekte** (vgl. Beispiele in Abb. 16-1).

Tab. 16-1: Beispiele für externe Konsum- und Produktionseffekte

Ursache \ Wirkung	Produktion	Konsum
Produktion negativer externer Effekt	Industrielle Meeres- verschmutzung mindert Fischfangerträge	Industrielle Meeresver- schmutzung belastet Fisch- produkte
Produktion positiver externer Effekt	Bienenhonigherstellung erhöht den Ertrag der Obstbauern	Abraumhalde eines Bergwerks wird zur Skipiste
Konsum negativer externer Effekt	Wanderer mindern Ertrag einer Jagdgenossenschaft	Zigarettenkonsum im Lokal schädigt Nichtraucher
Konsum positiver externer Effekt	Skifahrer steigern Ertrag des Hotelgewerbes	privates Tiergehege erfreut Familien mit Kindern

Außerdem sind **pekuniäre externe Effekte**, die über den Preis- und Marktmechanismus wirken, abzugrenzen von **technologischen externen Effekten**, die in eine Nutzen- und Produktionsfunktion eingehen (vgl. Wied-Nebbeling/Schott, 2005, S. 280 f.).

Wir beschränken uns hier auf technologische Externalitäten. Als **Beispiel für einen externen Effekt, der in die Nutzenfunktion eingeht**, nehmen wir an, dass Haushalt 1 in seinem Garten Schatten spendende Bäume angepflanzt hat. Der benachbarte Haushalt 2 kann sich darüber freuen oder ärgern. Das Umgekehrte gilt für den Haushalt 1, der sich über die vom Haushalt 2 angepflanzte Hecke freuen oder ärgern kann. Wenn nicht wechselseitige Gleichgültigkeit über die Anpflanzungen des anderen Haushalts besteht, sind diese jeweils ein Argument in der Nutzenfunktion jedes Haushaltes:

$$U_1 = U_1(x_1, x_2) \quad \text{bzw.} \quad U_2 = U_2(x_2, x_1) \qquad [16\text{-}1]$$

Bei einem **positiven externen Effekt** erhöht sich der Nutzen des Haushalts 1 durch den in beiderseitigem Interesse liegenden Sichtschutz durch x_2, d.h. der **„Kreuzgrenznutzen"** ist **positiv**:

$$\frac{\partial U_1}{\partial x_2} > 0. \qquad [16\text{-}1a]$$

Würde sich Haushalt 2 über die Baumbepflanzung ärgern, weil sie ihm Licht und Sonne nimmt und im Herbst Laub in seinen Garten fällt, bedeutet dies einen **negativen externen Effekt** bzw. **negativen Kreuzgrenznutzen**:

$$\frac{\partial U_2}{\partial x_1} < 0.$$ [16-1b]

Externe Effekte dieser (bilateralen) Art lassen sich durch staatliche Marktinterventionen nicht regeln, weil dafür kein Markt existiert. Wohl aber sind **Staatseingriffe durch ordnungsrechtliche Auflagen** (z. B. Mindestabstände von der Grundstückgrenze für Baumbepflanzungen) denkbar oder **Verhandlungslösungen** mit **Abstandzahlungen** für die Unterlassung negativer externer Effekte (s. unten).

16.2.2 Internalisierung externer Effekte (nach Pigou und Coase)

In der **Produktion** sind vor allem negative externe Effekte bedeutsam, die in Form von **Umweltschäden soziale Kosten** verursachen, bei der Marktpreisbildung aber nicht berücksichtigt werden. Nehmen wir als **Beispiel** an, dass eine Vielzahl von Textilfärbereien mit Schadstoffen belastete Abwässer ableitet, deren Beseitigung durch die kommunalen Kläranlagen Kosten verursacht, die bei linear ansteigenden Grenzkosten mit der Menge der gefärbten Textilien zunehmen. Dafür werden die Färbereien über eine Abwassergebührenpauschale hinaus aber nicht zur Kasse gebeten. Die Färbereien selbst produzieren ebenfalls mit ansteigenden linearen Grenzkosten. Insofern fallen gesamtwirtschaftlich betrachtet für das Färben von Textilien **soziale Grenzkosten** K_x^{soz} an, die um die **externen Grenzkosten** K_x^{ext} der Abwasserklärung größer sind als die **privaten Grenzkosten** K_x^{prv} der Färbereien:

$$K_x^{soz} = K_x^{prv} + K_x^{ext} = K_{xx}^{prv}x + K_{xx}^{ext}x = (K_{xx}^{prv} + K_{xx}^{ext})x = K_{xx}^{soz}x$$ [16-2]

Da **die externen Grenzkosten bei der Preisbildung nicht berücksichtigt** werden, ergibt sich im Konkurrenzpreisgleichgewicht (vgl. Abb. 16-2) eine **suboptimale Preis-Mengen-Kombination** (P_1, x_1) mit einem zu niedrigen Marktpreis und einer zur hohen Produktionsmenge im Vergleich zu dem optimalen Marktergebnis (P^*, x^*).

In diesem Fall kann das **Marktversagen** durch **dreierlei Staatseingriffe** behoben werden: Erstens wiederum durch **Umweltauflagen**, die den Unternehmungen die Selbstklärung der Abwässer oder maximale Grenzwerte für die Abwasserbelastung vorschreiben. Zweitens könnte man den Unternehmen offene **Pigou-Subventionen** für das Unterlassen der Abwasserbelastung zahlen. Drittens könnte der Beitrag jedes Unternehmens zur Abwasserbelastung mit einer **Pigou-Steuer** belegt werden (Homburg, 2007, S. 181).

„Im Vergleich zur Auflagenpolitik haben Pigou-Subventionen und Pigou-Steuern den Vorteil, dass sie *Produktionseffizienz* sichern, denn jedes Unternehmen wählt bei vorgegebenen Preisen den kostengünstigsten Produktionsplan, wenn es sich gewinnmaximierend verhält. Eine Auflagenpolitik vermag dies nicht zu leisten, weil sie unterschiedliche Schadensvermeidungskosten der Unternehmen unberücksichtigt lässt" (ebendort).

Bei richtiger Bemessung kann die **Pigou-Subvention** die Effizienz genauso sichern wie die Pigou-Steuer, nur hat sie den **Nachteil**, dass das erforderliche **Subventionsvolumen durch verzerrende Steuern aufgebracht** werden muss, während die Pigou-Steuer zur Senkung anderer verzerrender Steuern verwendet werden kann (vgl. ebendort).

Die **Pigou-Steuer** kann in zweifacher Weise ausgestaltet werden **a) als Mengensteuer** (pro Stück, Kilogramm oder Liter) oder **b) als Wertsteuer** (als prozentualer Auf- oder Abschlag von Wertgrößen). Als **Mengensteuer** wird sie mit einem festen Steuerbetrag $\overline{T}^*$ pro Mengeneinheit so erhoben, dass genau die optimale Preis-Mengenkombination erzielt wird. Die steuerinduzierte Marktangebotsfunktion ist dann durch

$$x_{2a}^A(P) = \frac{A(P - \overline{T}^*)}{K_{xx}^{prv}} \qquad [16\text{-}3]$$

definiert. Das steuertechnische Problem der Mengensteuer liegt darin, den absoluten Betrag der Mengensteuer festzulegen, die genau der Differenz zwischen dem optimalen Gleichgewichtspreis und den privaten Grenzkosten bei Produktion der optimalen Gleichgewichtsmenge entsprechen muss (in Abb. 16-2 also der Strecke M^*Q).

Im Falle einer (Netto-)**Wertsteuer** werden die privaten Grenzkosten mit einem festen prozentualem Aufschlagssteuersatz θ (theta) besteuert, der dem Größenverhältnis der marginalen externen Grenzkosten zu den marginalen privaten Grenzkosten entspricht, so dass die Unternehmungen unter dem (Bruch-) Strich mit den marginalen sozialen Grenzkosten kalkulieren müssen:

$$x_{2b}^A(P) = \frac{AP}{K_{xx}^{soz}} = \frac{AP}{K_{xx}^{prv}(1+\theta)} \quad \text{mit} \quad \theta = \frac{K_{xx}^{ext}}{K_{xx}^{prv}} \qquad [16\text{-}4]$$

In beiden Fällen werden den Unternehmungen die externen Kosten durch Steuern auferlegt, so dass eine **Internalisierung der externen Kosten** stattfindet. (Zum Einfluss der **Mehrwertsteuer** auf die Monopol- und Oligopolpreisbildung vergleiche Piekenbrock, 2007.)

Abb. 16-1: Wirkung einer Pigou-Steuer bei vollkommener Konkurrenz

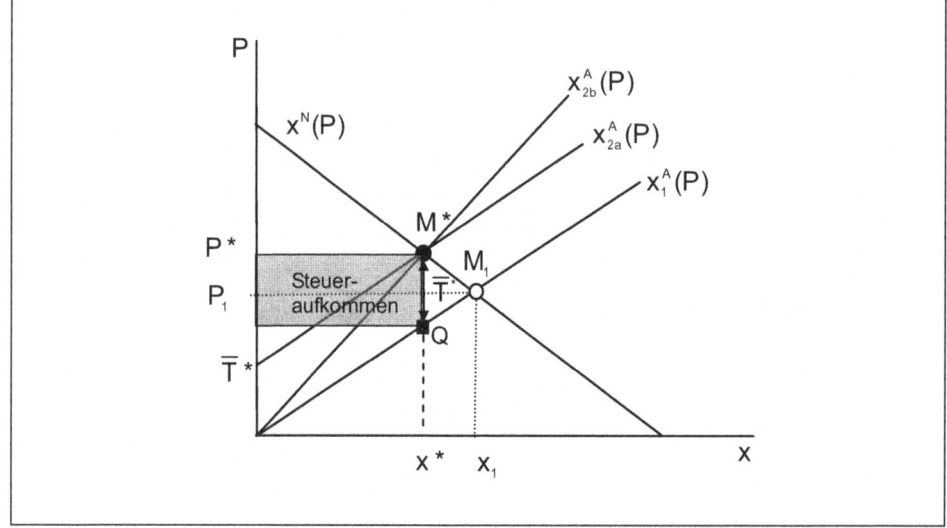

Zeitgleich mit Pigou schlug Knight (1924) statt eines staatlichen Eingriffs die **Schaffung exklusiver Eigentumsrechte (property rights)** für Güter vor, die stärker genutzt werden, als es ihren gesellschaftlichen Knappheitsrelationen entspricht. **Coase** (1960) greift diesen Ansatz später mit einem **Internalisierungsmodell** auf, das **auf freiwilliger Vereinbarung** basiert. „Entscheidend für eine effiziente **Verhandlungslösung** ist die Existenz eindeutiger Eigentumsrechte (exklusive property rights). Dabei ist es unerheblich, ob die Eigentumsrechte dem Absender eines externen Effekts oder seinem Empfänger zugestanden werden. In beiden Fällen wird der Effekt in den wirtschaftlichen Überlegungen der Betroffenen Berücksichtigung finden, so dass ein identisches effizientes Verhandlungsergebnis zustande kommt.

Angenommen, durch die Produktion eines Gutes x leitet ein Unternehmen A Schadstoffe in einen Fluss, dessen verschmutztes Wasser die Produktion eines anderen Unternehmens B beeinträchtigt. A scheint somit als Verursacher eines externen Effektes dem B einen Schaden zuzufügen, mit der Konsequenz, dass er entweder die umweltbeeinträchtigende Produktion einstellen, Umweltschutzinvestitionen durchführen oder dem B einen Schadensersatz leisten muss. Ist A dazu rechtlich verpflichtet (**Schädigerhaftung**), wird er die für ihn günstigste Variante wählen. Sie besteht darin, dem B das Recht auf Schadstoffemission abzukaufen, solange der dafür pro Schadenseinheit zu leistende Kompensationsbetrag geringer ist als die zusätzlichen Kosten, die ihm durch eine Produktionseinschränkung oder zusätzliche Umweltschutzmaßnahmen entstünden" (Hartwig, 2003, S. 144).

In Abb. 16-2 verläuft die **Grenzvermeidungskostenkurve des Unternehmens A** von rechts unten nach links oben ansteigend, weil eine zunehmende Vermeidung der Umweltbelastung in Richtung Null (Dort fallen bei höchster Umweltqualität der

Produktion gar keine externen Kosten mehr an!) immer aufwendiger wird. Die GVK$_A$-Kurve bildet zugleich seine marginale Bereitschaft für **Kompensationszahlungen** an Unternehmung B ab. Diese **Grenzzahlungsbereitschaft** entspricht dem, was an Grenzvermeidungskosten anfallen würde. Das Unternehmen B wird umgekehrt eine Kompensationszahlung für Schadstoffbelastungen so lange akzeptieren, wie der pro Schadenseinheit erhaltene Betrag die Einbußen oder Grenzkosten der Umweltschadensbeseitigung deckt. Da die Schadensbeseitigungskosten aufgrund technisch immer aufwendiger Verfahren überproportional ansteigen, verläuft die **Grenzschadenskostenkurve GSK$_B$ des Unternehmens B** von links nach rechts oben ansteigend.

Abb. 16-2: Verhandlungslösung nach Coase

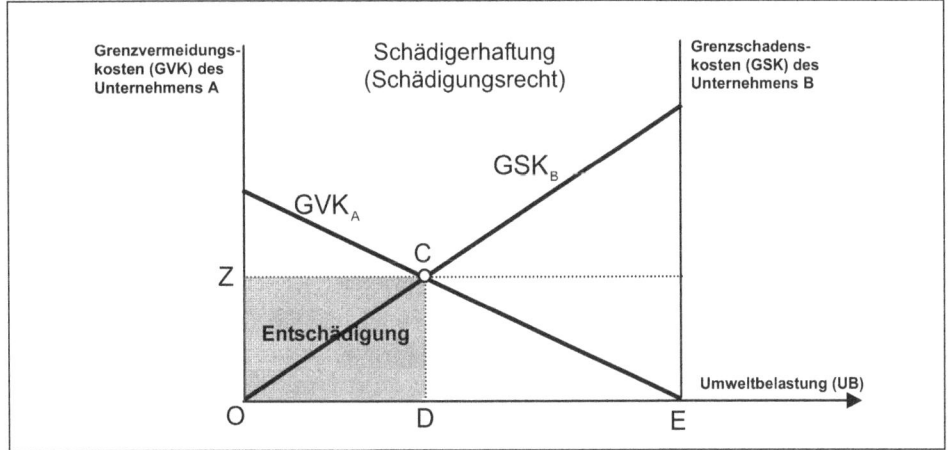

Quelle: Darstellung in Anlehnung an Hartwig, 2003, S. 145

Das für beide **optimale Verhandlungsergebnis** ist eine **Kompensationszahlung pro Schadenseinheit in Höhe von Z**, da im Punkte C (dem „Coase-Gleichgewicht") für beide Seiten **Entschädigungsbereitschaft** besteht. Die von A zu zahlende und von B akzeptierte **Entschädigungssumme** entspricht damit dem Rechteck OZCD. Als „Gegenleistung" darf das Unternehmen A Schadstoffe in Höhe von D in den Fluss einleiten. Eine höhere Schadstoffbelastung würde B nicht akzeptieren, weil seine Kostenbelastung größer wäre als die Entschädigung. Und auch A wäre dazu nicht bereit, weil dann eine Schadensvermeidung für ihn kostengünstiger wäre als die Entschädigung.

Ein **gleiches Verhandlungsergebnis** erzielt man, wenn man dem verursachenden Unternehmen A das Nutzungsrecht am sauberen Flusswasser (**Schädigungsrecht**) einräumt. Die Inanspruchnahme des Wasserverschmutzungsrechtes führt dann zu Kosten bei Unternehmen B, so dass dieses dem Unternehmen A Kompensationszahlungen pro reduzierter Schadstoffeinheit bis zur Höhe der externen Grenzkosten dafür anbieten wird, die Produktion zu verringern oder Umweltschutzmaßnahmen durchzuführen. In einer Verhandlung werden sich beide wiederum auf den Kompensationssatz **Z** und die Gesamtkompensationszahlung **OZCD** einigen. Die Schadstoffreduktion beträgt dann in Abb. 16-2 der Strecke **ED**.

Als **Ergebnis** ist festzustellen, dass die **Verhandlungslösung unabhängig von der Zuordnung der Eigentumsrechte** ist und außerdem **allokationsneutral,** da die **gleiche Schadstoffemission** resultiert (vgl. ebendort, S. 144 ff.).

„Bei eindeutig zugeordneten Eigentumsrechten gelingt die Internalisierung externer Effekte auf freiwilliger Basis. Der Staat hat lediglich für die Etablierung und Sicherung eines funktionsfähigen Rechtssystems zu sorgen. Dauerhafte negative Externalitäten sind dann das Resultat ungenügend definierter Eigentumsrechte und daher weniger ein Kennzeichen von Marktversagen als von Staatsversagen (Demsetz, 1967)" (ebendort, S. 146).

Hindernisse für eine Verhandlungslösung können jedoch sein:

- **Informationsdefizite** über die Zurechenbarkeit und die Grenzkosten externer Effekte;
- **Transaktionskosten,** die im Zusammenhang mit der Anbahnung, Aushandlung, Durchführung und Kontrolle der Vereinbarungen entstehen;
- **Trittbrettfahrerverhalten** der Geschädigten, die bei Schädigerhaftung durch Übertreibung ihrer individuellen Schadensbelastung einen möglichst hohen Anteil an der Kompensationszahlung erzielen wollen oder bei Schädigungsrecht ihre Belastung untertreiben, um einen möglichst geringen Anteil an der Kompensationszahlung leisten zu müssen. Analoge Überlegungen können die Schädiger anstellen, so dass mangels gegenseitigen Vertrauens keine Lösung zustande kommt.
- **Strategisches Verhalten** der Inhaber von Rechtstiteln. Z.B. können die Eigentümer des Schädigungsrechts versuchen, möglichst hohe Schäden zu verursachen, um ihre Verhandlungsposition gegenüber den Geschädigten zu verbessern. Bei Schadenshaftung neigen die Geschädigten zur Übertreibung, um mehr Kompensationszahlungen aushandeln zu können (vgl. ebendort, S. 146 f.).

16.2.3 Öffentliche Güter

Ein **Spezialfall positiver externer Effekte** sind „öffentliche Güter", (z.B. Landesverteidigung, Polizeischutz, Umweltschutz, Straßenbeleuchtung usw.) die im Unterschied zu privaten Gütern durch **Nichtausschließbarkeit und Nichtrivalität im Konsum** charakterisiert sind. „**Nicht ausschließbar**" heißt zum Beispiel, dass man **aus technischen Gründen** einem (bestimmten) nächtlichen Passanten nicht die Nutznießung einer Straßenbeleuchtung vorenthalten kann, **oder aus Kostengründen** einem (bestimmten) Benutzer einer öffentlichen Straße nicht die Überquerung einer Brücke. „**Nicht rivalisierend**" ist ein Konsum dann, wenn es keine zusätzlichen Kosten verursacht einen zusätzlichen Konsumenten für ein Gut zuzulassen, beispielsweise einen zusätzlichen Einwohner einer Stadt den kommunalen Umweltschutz in Anspruch zu nehmen (vgl. Wied-Nebbeling/Schott, 2005, S. 289).

Die **Problematik** ist: „Wenn niemand vom Konsum des öffentlichen Gutes ausgeschlossen werden kann, ist auch **niemand bereit, einen Preis für den Gebrauch des Gutes zu entrichten**. Wir haben damit ein **Trittbrettfahrer-problem (Free-Rider-Problem)**. Jeder versucht, seine Zahlungsbereitschaft für das öffentliche Gut zu verschleiern, in der Hoffnung, dass die anderen Interessenten dies nicht tun. ... Ist das Gut erst einmal produziert, so haben auch die Trittbrettfahrer die Möglichkeit, das öffentliche Gut zu konsumieren, ohne einen Beitrag zu seiner Bereitstellung geleistet zu haben. Da jeder die gleiche Anreizstruktur vorfindet, wird das **Gut überhaupt nicht produziert**. Bei öffentlichen Gütern tritt deshalb **Marktversagen** ein" (ebendort, S. 290).

Zur Bereitstellung öffentlicher Güter ist also eine **Staatsintervention notwendig**, die darin besteht, dass der Staat diese übernimmt und entweder durch Steuern finanziert oder von seinen Bürgern Preise verlangt, die ihren Zahlungsbereitschaften entsprechen. Wenn der Staat diese in Erfahrung bringen könnte, ließe sich theoretisch sogar die optimale Gütermenge ermitteln und ein Pareto-Optimum erzielen. Realistischerweise ist jedoch davon auszugehen, dass die Nutznießer ihre Preisbereitschaften verschleiern, „um einen möglichst geringen Kostenbeitrag leisten oder als Trittbrettfahrer gar nichts bezahlen zu müssen" (ebendort, S. 291).

16.3 Asymmetrische Information

16.3.1 Bedeutung der Information für die Marktteilnehmer

Die für „vollkommene" Modellmärkte angenommene vollständige Markttransparenz hat, sofern sie denn unrealistischer Weise vorliegt, die für die Entscheidungsprobleme der Marktteilnehmer vereinfachende Konsequenz, von sicheren Ereignissen ausgehen zu können. **In der Realität** muss man jedoch davon ausgehen, dass **nicht alle entscheidungsrelevanten Informationen verfügbar** sind, weil a) es nicht möglich ist, sie zu erhalten (z.B. über das ungewisse Verhalten der Konkurrenz) oder b) sie informationstechnisch zu verarbeiten oder weil c) die Beschaffung „aller" Informationen „zu hohe" Kosten verursacht. Infolgedessen müssen **Entscheidungen unter Unsicherheit** getroffen werden.

„Die Entscheidungsunsicherheit besteht darin, dass Ereignisse lediglich mit einer bestimmten Wahrscheinlichkeit und nicht mit Sicherheit eintreten" (Wied-Nebbeling/Schott, 2005, S. 293). Konsequenz für die Konsumenten ist zum Beispiel, dass ihre Nutzenfunktionen bei Unsicherheit anders, nämlich als **Risikonutzenfunktionen** zu definieren sind, in die **unterschiedliche Grade der Risikoaversion** einfließen.

Für das Entscheidungskalkül der Marktbeteiligten ist es in diesem Zusammenhang von Bedeutung, ob es sich um **öffentliche Informationen** oder um **private Informationen** handelt. „Im ersten Fall sind die Informationen grundsätzlich unter Aufwendung von **Suchkosten** erhältlich bei privaten Informationen jedoch nicht. Diese stehen nur einem Teil der Marktteilnehmer zur Verfügung – die **Informationsverteilung ist asymmetrisch**" (ebendort).

16.3.2 Effekte asymmetrischer Information

„Bei privater Information treten **Probleme opportunistischen Verhaltens** auf ..., wenn die besser informierte Marktseite ihren Informationsvorsprung zum eigenen Vorteil nutzt. Besteht die **Informationsasymmetrie** bereits **vor der Markttransaktion**, so kommt es aufgrund der Erwartung opportunistischen Verhaltens zu **adverser Selektion (Negativauslese)**. Entsteht die Informationsasymmetrie erst **nach der Markttransaktion**, so setzt sich die schlechter informierte Marktseite einem **moralischen Risiko (moral hazard)** aus, dem Risiko unmoralischen Handelns durch die besser informierte Marktseite" (ebendort, S. 294, eigene Hervorhebung).

16.3.3 Adverse Selektion

(1) Das „Lemons"-Problem (Beispiel Gebrauchtwagenmarkt)

Die problematischen Konsequenzen einer **Informationsasymmetrie vor Vertragsabschluss** hat *Akerlof* (1970) anhand des Gebrauchtwagenmarktes verdeutlicht. Das „Lemons"-Problem (oder auf deutsch das „Saure-Gurken"-Problem) liegt darin, dass der Gebrauchtwagenverkäufer im Regelfall private Informationen über die Qualität der angebotenen Fahrzeuge besitzt, die dem Käufer nicht zu Verfügung stehen. Nur der Verkäufer kann daher gute Autos („**plums**") von schlechten Autos („**lemons**") unterscheiden. Wenn die Gebrauchtwagen für den Interessenten äußerlich keine Qualitätsunterschiede erkennen lassen, haben die **Käufer vor dem Kauf** (außer durch eine Probefahrt, die technische Mängel aber für einen Laien kaum erkennen lässt) ohne weitere besondere und Kosten verursachende Kontrollmaßnahmen **keine Möglichkeit zur Ermittlung der Fahrzeugqualität**. Umgekehrt sind vorhandene **Qualitätsinformationen von den Verkäufern schwer glaubhaft zu machen**, weil unabhängig von der tatsächlichen Qualität jeder ein hohes Qualitätsniveau behaupten könnte.

Da nun der **Käufer** keinen Unterschied zwischen Plums und Lemons feststellen kann, wird er sich einen **Erwartungswert über die Gebrauchtwagenqualität** bilden, der **zwischen guter und schlechter Qualität** liegt, und ist entsprechend nur bereit, einen **mittleren Maximalpreis** zu bezahlen, obwohl er bereit wäre, für eine tatsächlich gute Qualität mehr zu bezahlen.

Die **Halter guter Autos**, deren Qualität und Wert über dem Mittelwert liegen, haben unter diesen Bedingungen allerdings **kein Interesse, ihre Fahrzeuge „unter Wert" zu verkaufen**. Für die Anbieter von Gebrauchtwagen unterdurchschnittlicher Qualität ist es aber **umgekehrt** besonders **attraktiv**, ihre **lemons „über Wert" zu verkaufen**. Letzten Endes werden also **nur noch lemons angeboten**, was man bereits als

Marktversagen interpretieren kann. Bei Fortsetzung des Prozesses der Negativauslese kann es sogar zum völligen **Marktzusammenbruch** kommen.

(2) Lösungsmöglichkeiten

Um das Problem zu lösen, gibt es sowohl Ansatzmöglichkeiten auf der Verkäufer- als auch der Käuferseite und/oder durch private und staatliche Maßnahmen zur Beseitigung der Informationsasymmetrie oder zum Ausgleich der Risiken.

(a) Signaling

Eine **Möglichkeit für die Anbieter** guter Gebrauchtwagen ist das Signalisieren der überdurchschnittlichen Qualität durch ein (DEKRA/TÜV-) **Gebrauchtwagen-Siegel** oder **Qualitätszertifikate** unabhängiger Sachverständiger oder eines „Dritten", der ein positives Qualitätsimage besitzt und mit seinem „Namen" für Qualität bürgt (z.B. verbürgt sich der Hersteller eines Automobiles durch die Setzung und Einhaltung von Gebrauchtwagen-Qualitätsstandards für die Gebrauchtwagen seiner Vertragshändler). Die Kosten dieser vertrauensbildenden Maßnahmen übernimmt zunächst der Verkäufer. Sie können sich aber wegen der höheren Preisakzeptanz des Kunden durchaus lohnen. Auch durch **Marken** lässt sich beim Kunden die notwendige Reputation aufbauen, denn „eine der Funktionen von Marken ist, dem Kunden die Unsicherheit über die Qualität des Produkts zu nehmen" (Weizsäcker, 2004, S. 8).

(b) Screening

Eine weitere Möglichkeit liegt in der **Initiative des Kunden**, der sein Informationsdefizit durch die **Hinzuziehung eines Kfz-Experten** oder durch einen **Werkstatt-Check auf seine Kosten** abzubauen versucht.

(c) Self-Selection

Wird dem Kunden die Wahl zwischen Kaufverträgen mit unterschiedlichen Gebrauchtwagengarantien (ein **Vertragsmenü**) geboten, so kann er **Plums mit kostenloser oder kostengünstiger Garantie** erwarten, da der Verkäufer eine günstige Risikokalkulation nur bei relativ guter Fahrzeugqualität anbieten kann. Umgekehrt werden **Lemons** aus gleichem Grund **nur ohne oder mit teurem Garantie-Vertrag** angeboten. Auf diese Weise kann der Verkäufer die schlechten und die guten Qualitätsrisiken offenbaren, während der Käufer das Preis-Leistungs-Verhältnis für Gebrauchtwagen selbst besser einschätzen und wählen kann.

(d) Handelsmittler

Für den Käufer besteht unter Umständen auch die Möglichkeit, **gegen Provision einen spezialisierten Dritten**, z.B. einen professionellen und sachverständigen Fahrzeugvermittler einzuschalten, der die angebotenen Gebrauchtwagen vor dem beauftragten Kauf einer gründlichen **Qualitätskontrolle** unterzieht.

(e) Staatliche Intervention

Der Staat kann im Rahmen des Verbraucherschutzes durch einen allgemeinen oder auch produktspezifischen **gesetzlichen Gewährleistungsanspruch** des Käufers und durch die **gesetzliche Produkthaftung** des Verkäufers das Risiko von Informationsasymmetrien mindern. Auch **staatliche Zertifizierungen, Mindeststandards und Vorschriften zur Klassifizierung von Produktqualitäten** sind geeignet, das Angebots- und Nachfrageverhalten auf Märkten mit schlechter Qualitätstransparenz zu normalisieren. Eine weitere mögliche Maßnahme ist die an der Ursache der mangelnden Markttransparenz ansetzende **staatliche Förderung von Warentests** (vgl. „Stiftung Warentest"), die allerdings bei Gebrauchtwaren wegen der notwendigen Einzelfall-Qualitätskontrollen nicht durchführbar sind.

(3) Weitere Beispiele für adverse Selektion

mit Informationsvorteilen einer Marktseite vor Vertragsabschluss sind:

(a) Versicherungsmärkte

Auf dem Markt für Versicherungen (Krankenversicherungen, Kfz-Versicherungen usw.) herrscht Informationsasymmetrie zwischen den Versicherern und den Versicherten, da der **Versicherungsnehmer über seine Risikomerkmale besser informiert ist als der Versicherer.** Aufgrund des Unwissens des Versicherers über das persönliche Risiko der Versicherungsnehmer werden Versicherungsverträge mit einheitlicher **Prämie für Durchschnittsrisiken** angeboten. (Wenn alle Kunden als ein „Pool" die gleichen Konditionen erhalten, spricht man auch von einem **„gepoolten" Markt**.) Kunden mit geringen Risiken schließen infolgedessen entweder keine Versicherungsverträge ab oder kündigen sie. Die Risikostruktur der Versicherten verschlechtert sich und die Versicherungsprämien müssen erhöht werden. Infolgedessen steigen weitere Versicherte mit relativ guten Risiken aus, so dass **nur Verträge für schlechte Risiken angeboten** werden (Adverse Selection) und wegen der höheren Versicherungskosten **schließlich gar keine Versicherungsangebote mehr** erfolgen.

Die **Marktanpassung** erfolgt über **Signaling** der Versicherungsnehmer (z.B. freiwillige Selbstauskunft und medizinische Untersuchung) und Screening der Versicherungsgeber (z.B. **Selbstauskunftspflichten** in den Versicherungsanträgen). Außerdem bieten Versicherungen im Rahmen von **Self-Selection** verschiedene **Tarife und Prämien mit differenziertem Leistungsangebot** und unterschiedlich hohen **Selbstbeteiligungen** an. Die Wahl eines bestimmten Tarifes lässt dann für den Versicherungsgeber Schlüsse auf die Risikozugehörigkeit eines Versicherten zu (vgl. hierzu Stiglitz/ Rothschild, 1976).

Als **staatliche Intervention** liegt in diesem Fall eine **gesetzliche Versicherungspflicht** mit einer dem Risikodurchschnitt angepassten Durchschnittsprämie nahe, wodurch jedoch die geringeren Risiken benachteiligt, die höheren Risiken bevorteilt werden. Eine aus Datenschutzgründen umstrittene, aber wirksame Maßnahme zur Beseitigung der Informationsasymmetrie im Bereich der Krankenversicherung wäre der „gläserne" Versicherte, der in der Kfz-Haftpflicht und Kasko-Versicherung über die Einstufung in unterschiedliche Schadens- und Prämienklassen selbstverständlich ist.

(b) Arbeitsmärkte

Auf einem Arbeitsmarkt herrscht **Informationsasymmetrie vor der Einstellung eines neuen Mitarbeiters,** wenn der Arbeitgeber die Leistungsfähigkeit der Stellenbewerber nicht kennt. Die beobachtbaren Eigenschaften der Bewerber (Alter, Geschlecht, Familienstatus, Herkunft etc.) reichen im Regelfall für eine Beurteilung nicht aus. Der Arbeitgeber bietet infolgedessen einen **Durchschnittslohn** für den Erwartungswert einer durchschnittlichen Arbeitsproduktivität an. In der Folge bewerben sich vor allem Arbeitnehmer mit unterdurchschnittlicher Produktivität, so dass auch hier eine **negative Personalauslese** stattfindet.

Maßnahmen gegen die Informationsdefizite der Arbeitskräftenachfrager sind ein z. T. kostenintensives **Signaling** der Kandidaten über Zertifikate (Schulzeugnisse, Berufsausbildung, Diplome, Arbeitszeugnisse etc.). Für den Arbeitgeber bieten sich als **Screening-Instrumente** Bewerbungsgespräche, Einschaltung von Personalberatern, Eignungstests, Assessment-Center, Praktikantenverträge, verlängerte Probezeiten usw. an. Im Rahmen des **Self-Selecting** sind leistungsorientierte (außer- und übertarifliche) Löhne und Gehälter, Akkord- oder Stücklöhne, Leistungsprämien und „Effizienzlöhne" (mit leistungssteigernder Arbeitsmotivation) einsetzbar.

Staatliche Maßnahmen sind ein differenziertes und gestuftes Schul- und Berufsqualifizierungs- und Zertifizierungssystem (staatliche und staatlich anerkannte Abschlüsse), Unterstützung der Personalauswahl durch die staatliche Arbeitsvermittlung, flexible Probezeiten und ein zurückhaltendes Kündigungsschutzrecht sowie der Verzicht auf gesetzliche Lohnvorschriften, die eine leistungsgerechte Lohnbildung erschweren.

Ein **weiteres Beispiel** für Informationsasymmetrie und Adverse Selektion sind **Kreditmärkte**.

16.3.4 Moral Hazard

Mit „**Moral Hazard**" ist das Problem angesprochen, dass sich ein Kontrahent nach Vertragsabschluss „unmoralisch" verhält. Zum Beispiel geht ein Versicherter ein höheres Schadensrisiko ein als vorher (**ex ante Moral Hazard**) oder er erhöht einen Schaden nach seinem Eintritt (**ex post Moral Hazard**). In beiden Fällen ist also das **Risiko** eines Individuums **nach dem Vertragsabschluss größer** als vor dem Vertragsabschluss, wenn er die Wahrscheinlichkeit und/oder das Ausmaß des Schadens beeinflussen kann. Beides lässt sich durch **Selbstbeteiligungstarife** vermeiden oder zumindest mindern.

Zum **Beispiel** besteht das **Moral-Hazard-Problem** bei einer (privaten oder gesetzlichen) **Arbeitslosenversicherung** darin, dass ein Versicherter seine Arbeitslosigkeit bewusst herbeiführt, um seine „Leistungsansprüche" durchsetzen zu können und auch die Suchanstrengungen Arbeitsloser abnehmen, um in den „vollen Genuss" der Leistungen zu kommen.

Gegenmaßnahmen sind u. a. Mindestbeschäftigungszeiten, Leistungssätze mit abschreckenden Einkommensverlusten („Selbstbeteiligung") und Höchstleistungszeiten.

Drastischere Beispiele: „Der Versicherungsnehmer zündet möglicherweise sein Haus an, um die Versicherungssumme aus der Feuerversicherung zu kassieren, oder meldet sein Fahrrad als gestohlen, um sein abgenutztes Fahrrad auf Kosten der Versicherung zu ersetzen" (Wied-Nebbeling/ Schott, 2005, S. 312).

16.3.5 Das Prinzipal-Agent-Problem

Bei asymmetrischer Information zweier Marktseiten, auf denen sich ein **Auftraggeber (Prinzipal)** und ein **Auftragnehmer (Agent)** gegenüberstehen, ist regelmäßig der **Agent** (z.B. Arbeitnehmer, Kreditnehmer oder Versicherungsnehmer) über seine vertraglichen Leistungen **besser informiert als der Prinzipal** (Arbeitgeber, Kreditgeber oder Versicherungsgeber). Von dem Agenten wird angenommen, dass er seinen Informationsvorsprung zu Lasten des Prinzipals **opportunistisch** ausnutzt. Bei asymmetrischer Information **vor Vertragsabschluss** kann es aufgrund der Erwartung opportunistischen Verhaltens zur geschilderten **adversen Selektion** kommen, **nach Vertragsabschluss** zu **Moral Hazard**. „In diesem Fall wird zwischen **versteckter Information** (engl.: ‚hidden information') und **verstecktem Handeln** (engl.: ‚hidden action') unterschieden, je nachdem, ob der Agent nachträglich Informationen erlangt, die der Prinzipal nicht hat, oder ob die Handlungen des Agenten nicht direkt vom Prinzipal beobachtet werden können. Im Fall opportunistischen Verhaltens vor Vertragsabschluss handelt es sich dagegen immer um ein Problem versteckter Information. ... Da der Prinzipal um die Problematik opportunistischen Verhaltens weiß, versucht er den Vertrag mit dem Agenten so zu gestalten, dass dieser aus Eigeninteresse die Ziele des Prinzipals befolgt" (ebendort, S. 313), ihn also für seine Interessen „einzuspannen".

16.4 Marktmacht und natürliche Monopole

16.4.1 Preispolitische Marktmacht

Im Zusammenhang mit effizienter Allokation wird der relativ weite soziologische Marktmachtbegriff nach Max Weber (vgl. Kapitel 11) eingeengt auf die Preispolitik. Unter „Marktmacht" im engeren preispolitischen Sinne wird hier die **Fähigkeit eines einzelnen Marktteilnehmers** („individuelle" Marktmacht) **oder einer Gruppe von Marktteilnehmern** („kollektive" Marktmacht) verstanden, **den Marktpreis** (als Einheits- oder Durchschnittspreis) **zu beeinflussen**. Diese Fähigkeit zur „Preisbeeinflussung", „Preisaktion und -reaktion", „Preissetzung" oder auch „Preispolitik" steht im Gegensatz zur **Ohnmacht des vollkommenen Konkurrenten**, der den Marktpreis (ausgenommen im Kollektiv) als **„Preisnehmer"** eben gerade nicht beeinflussen, sondern nur seine Angebotsmenge dem „herrschenden" Marktpreis anpassen kann. Bei allen von der vollkommenen Konkurrenz abweichenden Marktformen ist insofern **Marktmacht** gegeben, als die Marktteilnehmer **auf allen heterogenen Märkten und homogenen Oligopol- und Monopolmärkten** eine mehr oder weniger große Möglichkeit besitzen, den Marktpreis (auch gegen den Widerstand anderer Marktteilnehmer) zu beeinflussen.

Das allokative Marktversagen ist jedoch nicht schon durch diese Fähigkeit begründet, sondern durch die („missbräuchliche") **Ausnutzung von Marktmacht,** die zu einem von der vollkommenen Konkurrenz (möglicherweise oder regelmäßig) abweichenden Marktpreis führt. Bei vollkommener Konkurrenz bildet sich der Marktpreis in Höhe der Grenzkosten, **auf Märkten mit Marktmacht kann im Regelfall ein höherer Marktpreis durchgesetzt werden.**

Der **Lernersche Monopolgrad** (Lerner, 1933) misst die Ausnutzung preispolitischer Monopolmacht, in dem er die Differenz zwischen Preis und Grenzkosten auf den Preis bezieht (vgl. Siebke, 2003, S. 91):

$$MPG^{Lerner} = \frac{P - K_x}{P} \qquad [16\text{-}5]$$

Nur **in (theoretischen) Ausnahmefällen** und unter relativ restriktiven Annahmen sorgt aktueller oder potenzieller Preiswettbewerb (z. B. im Bertrand-Gleichgewicht und auf Contestable Markets) für **Preise auf Grenzkostenniveau**.

Wenn der **Effizienzvergleich mit der vollkommenen Konkurrenz** nicht jedoch nicht von vorneherein „hinken" soll, müssen sowohl die Nachfrage als auch die Kosten größenneutral zu teilen sein. Für die Nachfrage gilt dies nur bei Produkthomogenität, so dass sich das homogene Polypol nur sinnvoll mit dem (Ein-Produkt-)Monopol und mit dem homogenen Oligopol vergleichen lässt. In diesen Marktformen gilt (für das gleiche Produkt), dass die gegebene **Marktnachfrage die Summe der Individualnachfragen aller Anbieter** ist, weil die Individualnachfrage als der von der Anbieterzahl abhängige Bruchteil der Marktnachfrage definiert ist.

$$x(P) = \sum_{j=1}^{A} x_j(P) = A \cdot x_j(P) = A\left[\frac{x(P)}{A}\right] = x(P) \text{ für } 1 \leq A \leq \infty \qquad [16\text{-}6]$$

Bezüglich der Kosten dürfen keine Skalenvorteile oder -nachteile vorliegen, so dass die gleiche vom Monopolisten oder den Oligopolisten zusammen produzierte Menge zu den gleichen Kosten produzierbar ist wie bei vollkommener Konkurrenz. D.h. die **Kostenfunktionen** müssen **additiv** in dem Sinne sein, dass die Gesamtkosten einer Güterproduktion in mehreren (z.B. zwei) Betrieben nicht größer ist als die Gesamtkosten der Produktion dieses Gutes in einem Betrieb:

$$K(x_1 + x_2) = K(x_1) + K(x_2),\qquad[16\text{-}7]$$

was **bei konstanten Skalenerträgen** der Fall ist.

Außerdem macht es keinen Sinn, kurzfristige Marktgleichgewichte und insbesondere Kostenfunktionen miteinander zu vergleichen, da diese nur im Falle des simultanen langfristigen Gleichgewichts kostenminimal sind.

16.4.2 Wohlfahrtsverluste im Monopol und homogenen Oligopol

Als abschreckende **Beispiele allokativer Ineffizienz** durch Marktmacht gelten das **Monopol und Oligopol**. Vergleicht man unter der Annahme beliebiger **Teilbarkeit der Marktnachfragefunktionen** (bei Produkthomogenität) und der **Additivität der Kostenfunktionen** (bei konstanten Skalenerträgen) die Effizienz des Monopols mit der Effizienz der vollkommenen Konkurrenz, spricht der **Wohlstandsverlust des Monopols** gemessen an dem **Rückgang der Konsumentenrente** eindeutig für die vollkommene Konkurrenz.

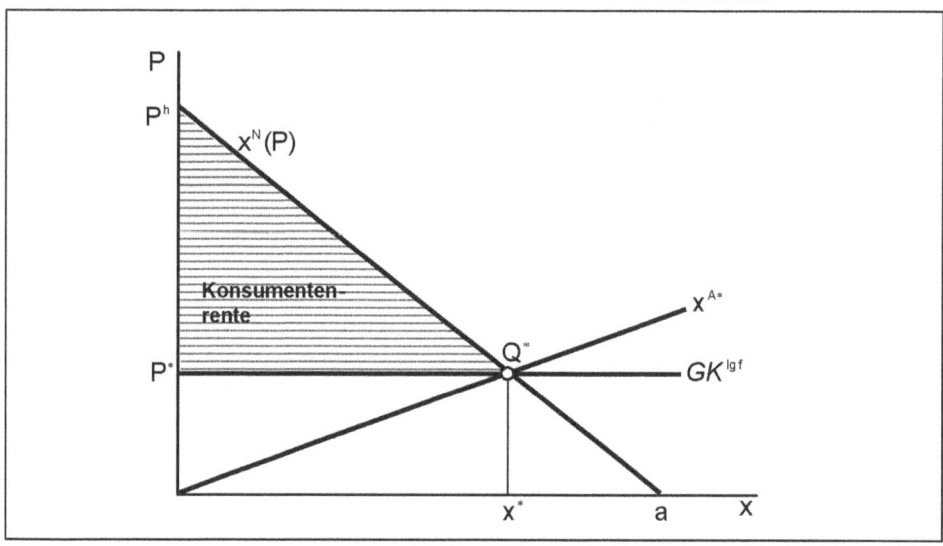

Abb. 16-3: Konsumentenrente bei vollkommener Konkurrenz

Während bei vollkommener Konkurrenz (vgl. Abb. 16-3) das gesamte **Dreieck** $\Delta P^*Q^*P^h$ oberhalb der langfristig konstanten Grenzkosten **Konsumentenrente** umfasst und die **Produzentenrente Null** ist, schrumpft die Konsumentenrente im Monopol (vgl. Abb. 16-5) auf das Dreieck $\Delta P^{C*}C^*P^h$. Der größte Teil der den Konsumenten verloren gegangenen Rente wird durch die Ausnutzung der preispolitischen **Marktmacht des Monopolisten** – nämlich die Fähigkeit, den oberhalb der Grenzkosten liegenden Cournotpreis festzusetzen – in **Monopolgewinn** (Viereck $P^*SC^*P^{C*}$) umgewandelt. Von diesem **Umverteilungseffekt** abgesehen liegt der eigentliche **wohlstandsökonomische Verlust** („dead weight loss") in dem **Dreieck**

16.4 Marktmacht und natürliche Monopole

ΔC^*SQ^*, das die **allokative Ineffizienz** des Monopols darstellt. Dieses sog. **„Harberger Dreieck"** ist Folge der monopolistischen Marktmacht, die zu einer Mengeneinschränkung von x^* auf x^{C*} und damit zu einer **Verzerrung des gesamtwirtschaftlichen Ressourceneinsatzes** führt.

Ein weiteres Problem ist, dass Monopole **wegen des fehlenden Wettbewerbsdruckes** ihre **Kosten nicht konsequent minimieren**, so dass es zu überhöhten Grenzkosten und damit zu weiteren Wohlstandsverlusten kommt. Von Leibenstein (1966) wurde dieses Phänomen als **X-Ineffizienz** bezeichnet (vgl. Kerber, 2003, S. 304 f.).

Gleiche Wohlstandsverluste gemessen am Harberger-Dreieck **verursachen homogene Oligopole**, wenn sie sich (unter Ausschaltung des Preiswettbewerbs) preispolitisch kooperativ verhalten, was vom stillschweigenden Einverständnis bis zum (verbotenen) vertraglich vereinbarten **Preiskartell** reichen kann. Denn bei langfristig konstanten Grenzkosten und gleicher Marktnachfrage resultiert im Oligopol der gleiche Preis wie im Monopol. Der einzige Unterschied zur Darstellung in Abb. 16-4 besteht darin, dass jeder Oligopolist nur einen seinem Marktanteil entsprechenden **Bruchteil des Monopolgewinnes als individuelle Produzentenrente** erzielt.

Abb. 16-4: Wohlstandsverlust im Monopol

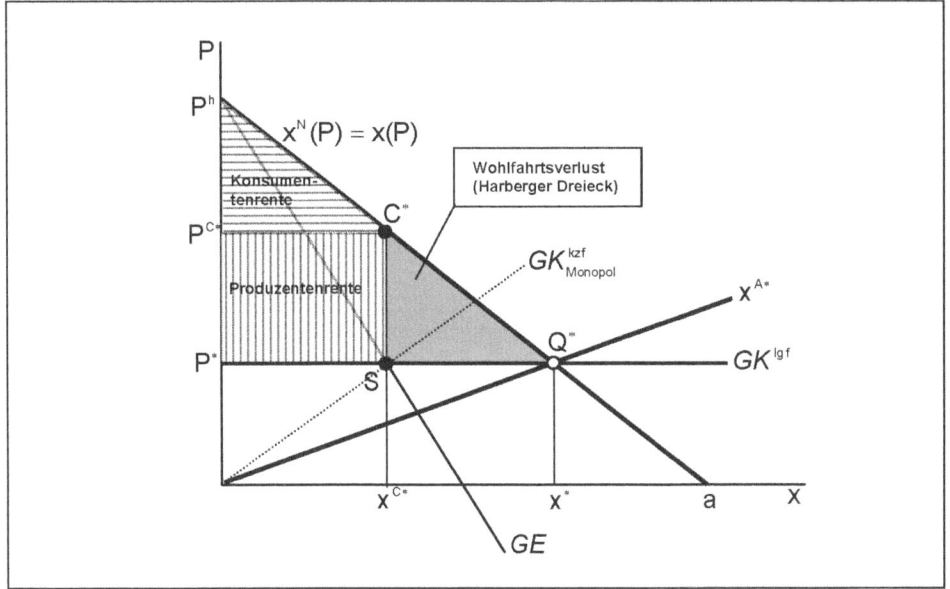

Um dieses Marktversagen des Monopols zu verhindern und den Marktpreis dem bei vollkommener Konkurrenz anzugleichen oder zumindest anzunähern, existieren folgende **Eingriffsoptionen für den Staat**:

(1) Gewährleistung des freien Marktzutritts und -austritts

Soweit die Monopolsituation auf einer privaten oder staatlichen **Marktzutrittsbeschränkung** beruht, kann der Staat durch **Sicherung des freien Marktzutritts und -austritts** dafür sorgen, dass zusätzliche Anbieter in den durch (Über-)Profite gekennzeichneten Markt eintreten und den Monopolisten durch aktiven **Preiswettbewerb der Marktneulinge** zur Preissenkung zwingen, wozu bei homogenem Produktangebot (vgl. Kapitel 14) jeder Wettbewerber bei ausreichender Kapazität in der Lage ist. Der **Idealfall** wäre ein **Bertrand-Wettbewerb** mit einem **Preis auf Grenzkostenniveau**, kann jedoch bei steigenden Grenzkosten und Fixkosten (vgl. Kapitel 14) nicht erwartet werden.

Selbst wenn kein Marktzutritt stattfindet, kann der Staat auf die **preissenkende Wirkung potenziellen Wettbewerbs** setzen. Wenn keine Sunk Costs vorhanden sind, könnte nach der **Theorie bestreitbarer Märkte** (Contestable Markets) sogar damit gerechnet werden, dass der etablierte Anbieter zur Abwehr potenzieller Wettbewerber den **Monopolpreis auf Grenzkostenniveau** senkt.

Wenn ein in den Markt eintretender Anbieter aufgrund der Additivität der Kostenfunktionen keine Kostennachteile hat, sondern kurzfristig sogar Vorteile, weil er beim Markteintritt bereits nur mit 50% des Realkapitaleinsatzes des Monopolisten operiert, ist **eher mit Marktzutritten als mit erfolgreicher Abwehr potenzieller Wettbewerber zu rechnen.**

Ob nach dem Marktzutritt eher ein **oligopolistischer Preiswettbewerb in Richtung Grenzkosten** oder sogar darunter (**ruinöser Preiswettbewerb**) einsetzt **oder** ob man sich auf dem ursprünglichen Monopolpreisniveau und gewinnmaximalen Kartellpreisniveau „arrangiert" – „Das ist hier die Frage"! Aus spieltheoretischer spricht bei nicht von vorneherein begrenzter Zahl der Markt- und Spielperioden mehr für die **pessimistische Erwartung**, dass sich ein **kooperatives Gleichgewicht auf Monopolpreisniveau** einstellt.

Um ein kollektiv-monopolistisches Preisniveau im homogenen Oligopol zu verhindern, müssten auf jeden Fall eine wirksame **Preismissbrauchskontrolle und Anti-Kartellpolitik** betrieben werden.

Da das **Marktergebnis bei erfolgreicher Oligopolpreiskontrolle** aufgrund der additiven Kostenfunktionen **nicht besser ist als im erfolgreich regulierten Monopol**, könnte man auch die ketzerische Ausfassung vertreten, dass ein Monopol für die staatliche **Preisaufsichtbehörde** einfacher und kostengünstiger zu kontrollieren ist als ein „enges" oder „weites" (homogenes) Oligopol (vgl. Kapitel 17).

(2) Gründung eines staatlichen Konkurrenzunternehmens

Um ein Monopolergebnis oder ein kooperatives Spielergebnis im Oligopol zu verhindern und das gewünschte Preisverhalten der Gegenspieler zu erzwingen, gibt es unter den getroffenen Annahmen (theoretisch) ein ganz **einfaches und wirksames In-**

strument. Der Staat braucht nur mit einem unter staatlicher Leitung stehenden Unternehmen einen Spieler „einzuschleusen", der als **staatlicher Außenseiter und Wettberber** ein „kooperatives " Preisverhalten nicht nur nicht mitmacht, sondern den Angebotspreis aktiv auf das langfristige Grenzkostenniveau herunterkonkurriert. Dies könnte bei homogenem Wettbewerb jede andere Privatunternehmung auch bewirken, nur überwiegt bei dieser das gewinnmaximierende Eigeninteresse, das in einem völlig rationalen ökonomischen Kalkül die Überprofitlösung der Nullgewinnlösung vorzieht.

Das **Prinzipal-Agent-Problem des Staates** (als Prinzipal) ist „nur", für die Leitung des Unternehmens eine Geschäftsführung (als Agenten) zu finden, der die staatliche Zielsetzung ohne staatliche Beihilfe, d.h. mit einer Nullgewinnvorgabe, im Manager- und Unternehmerwettbewerb mit der notwendigen unternehmerischen Führungskompetenz und Motivation (ohne eine in diesem Fall „ziehende" Gewinnbeteiligung) durchzusetzen in der Lage ist. Auch **gegen Staatsunternehmen** wird aus diesem Grunde häufig der **Vorwurf der X-Ineffizienz** erhoben. Dass die staatliche Unternehmung aufgrund mangelnder Leistungsfähigkeit die Rolle des Niedrigpreisführers nicht erfüllen kann, Verluste produziert und **schließlich auf staatliche Beihilfen angewiesen** ist, lässt sich wohl kaum ausschließen.

(3) Staatliche Preisregulierung

Auch eine **direkte** Preisintervention des Staates durch **Festsetzung eines staatlichen Höchstpreises** auf einem (homogenen) Monopol- oder Oligopolmarkt **in Höhe der langfristigen Grenzkosten**, könnte zum Ziel führen. Die dadurch entstehenden Wohlstandsgewinne (vgl. Abb. 16-6) stellen eine Marktergebnislage her, als ob vollkommene Konkurrenz herrschen würde (**„Als-ob-Wettbewerb"**).

Damit der Monopolist die größere Absatzmenge x^* allerdings ohne Verlust produzieren kann, ist eine (optimale) **Realkapitalerhöhung und Senkung der kurzfristigen Grenzkosten** notwendig, die er aber im eigenen Interesse zur Gewährleistung einer kostenminimalen Produktion und Kostendeckung durchführen wird.

Hauptproblem dieses Eingriffes dürfte sein, sich **die notwendigen Informationen** über die Kostenstruktur der regulierten Unternehmung(en) zu beschaffen. Diese als Marktteilnehmer selbst zu gewinnen, ist natürlich der Vorteil der in den Wettbewerb geschickten Staatsunternehmung. Ohne diese ist die staatliche Regulierungsbehörde auf **Gutachten** externer Institutionen und auf **„Auskunftspflichten"** der regulierten Unternehmen mit zweifelhaftem Informationswert angewiesen. Die **Gefahr**, dass die faktischen Grenzkosten über- oder unterschätzt werden und den regulierten Unternehmen Überprofite oder Verluste „verordnet" werden, lässt sich nicht von der Hand weisen. Im ersten Fall werden die betroffenen Unternehmen dies „überleben". Im zweiten droht der **Zusammenbruch des Marktes durch Staatsversagen**, weil ein privatwirtschaftliches Engagement bei langfristigen Verlusten nicht erwartet werden kann.

Abb. 16-5: Wohlstandsgewinn durch Preisregulierung im Monopol

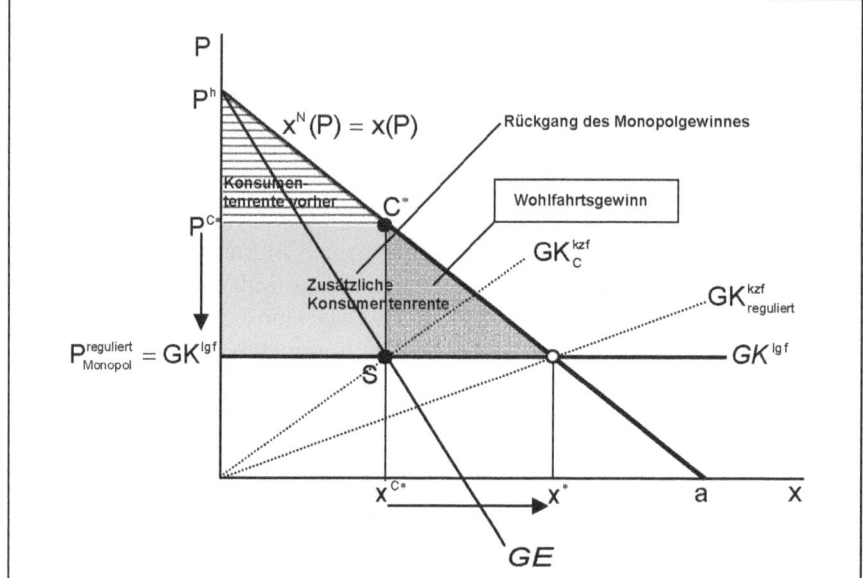

(4) Zerschlagung des Monopolunternehmens

„Hardliner" aus dem Lager des **Marktstruktur-Interventionismus** werden die „Zerlegung" des Monopolbetriebes oder der Oligopolbetriebe durch zwangsweise Unternehmensteilung in so viele (gleich große) Kleinbetriebe fordern, wie sie zum Funktionieren der vollkommenen Konkurrenz für erforderlich halten. **Bei additiven Kostenfunktionen** wäre dies **auch ohne Effizienzverluste möglich**, allerdings wird der Staat bei der Durchsetzung einer solchen (wettbewerbsrechtlich zu verankernden) Dekonzentration mit entsprechenden „Zerschlagungskosten" rechnen müssen. Zugleich müsste, wenn die „atomistischen" Marktverhältnisse dies nicht erzwingen, **Mengenanpassung an einen staatlich festgesetzten Marktpreis** verordnet werden.

Andererseits fragt sich, ob ein so drastischer und eigentumsrechtlich problematischer Staatseingriff in Erwägung gezogen werden sollte, wenn **auf einem offenen Markt mit Überprofiten** ein **Zustrom zusätzlicher Anbieter ohnehin zu erwarten** ist. Das eigentliche Problem besteht jedoch darin, die „vielen" Anbieter zu einem Verhalten zu veranlassen, das dem Modell der vollkommenen Konkurrenz entspricht.

16.4.3 Natürliche Monopole und Oligopole

Die bisherigen Überlegungen galten für Produktionstechnologien und additive Kostenfunktionen, die sich ohne Einfluss auf die langfristig konstanten Grenzkosten beliebig teilen lassen und mit jeder Betriebsgröße und damit jeder Anbieterzahl vereinbar sind. Jede preispolitische Fähigkeit, allein oder gemeinsam mit anderen Anbietern einen Marktpreis über den Grenzkosten durchzusetzen (Marktmacht), führt in diesem Fall im Vergleich zur vollkommenen Konkurrenz zu allokativen Ineffizienzen oder Wohlfahrtsverlusten.

Bei zunehmenden Skalenerträgen jedoch hat der **vollkommene Konkurrenzmarkt** von vornherein einen **Effizienz- und Kostennachteil**, da die zu vergleichenden **Kostenfunktionen subadditiv** sind:

$$K(x_1 + x_2) < K(x_1) + K(x_2) \qquad [16\text{-}8]$$

Hier hat das **Monopol** aufgrund der **Degression der langfristigen Grenzkosten** (Nur kurzfristig sind die Grenzkosten konstant!) sowohl gegenüber dem Oligopol als auch (letzteres) gegenüber dem Polypol „**natürliche" Vorteile**. Die Aufteilung von Konsumenten- und Produzentenrente im natürlichen Monopol zeigt Abb. 16-6.

Der **Wohlfahrtsverlust des natürlichen (homogenen) Dyopols** im Vergleich zum natürlichen Monopol lässt sich in Abb. 16-7 am schwarzen Dreieck $\Delta TC^*_{Monopol} C^*_{1+2}$ ablesen. Ein dritter Anbieter würde in dem dargestellten Beispiel, wie die langfristige DTK-Kurve zeigt, aufgrund der Größenvorteile gar nicht mehr (mit nicht-negativem Gewinn) in den Markt passen. **Zur Vermeidung von Wohlfahrtsverlusten** durch mehr als einen Anbieter wäre es aus staatlicher Sicht also sinnvoll, den **Marktzutritt absolut zu beschränken** (z.B. durch Vergabe eines staatlichen Monopolrechtes). Jedenfalls macht es unter diesen Bedingungen **keinen Sinn, Marktzutrittsbeschränkungen zu bekämpfen**: „Marktzutritt in einem solchen Markt mag aus Effizienzgründen dann gar nicht viel Sinn machen, weil durch die Vermehrung der Anzahl der Anbieter Economies of Scale verloren gehen. Es mag also eine Situation bestehen, bei der man sich aus Sicht des nationalen Wohlstandes einen Marktzutritt herkömmlicher Art gar nicht wünschen möchte. ... Sind wir in diesem Fall wirklich unzufrieden darüber, dass kein Marktzutritt stattfindet?" (Weizsäcker, 2004, S. 14).

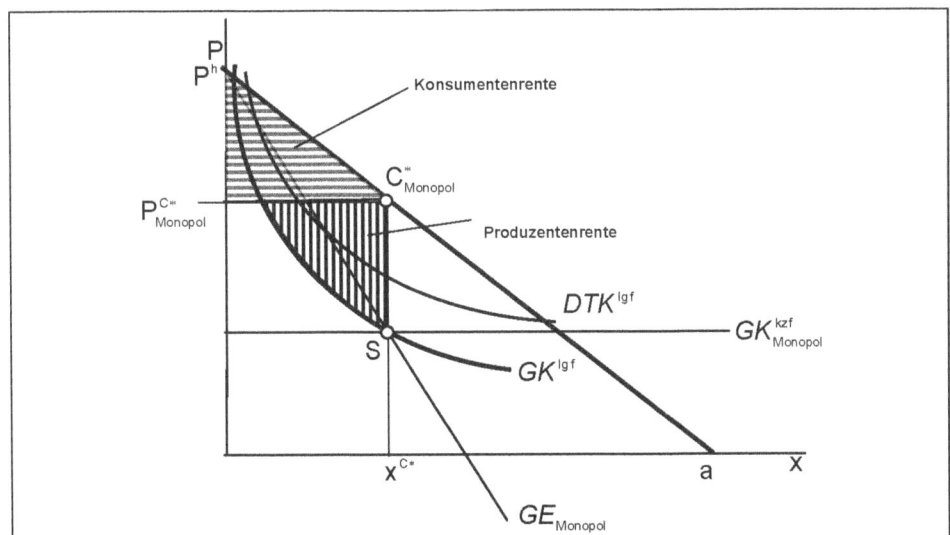

Abb. 16-6: Konsumenten- und Produzentenrente im natürlichen Monopol

Abb. 16-7: Vorteile des natürlichen Monopols gegenüber einem Dyopol

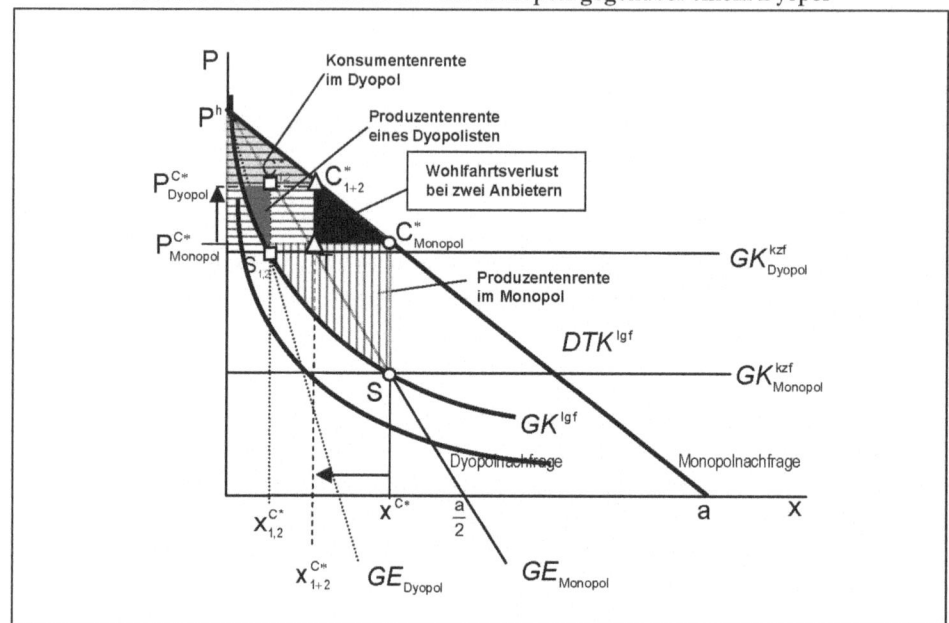

Abb. 16-8: Wohlfahrtsgewinn durch kostendeckenden Höchstpreis

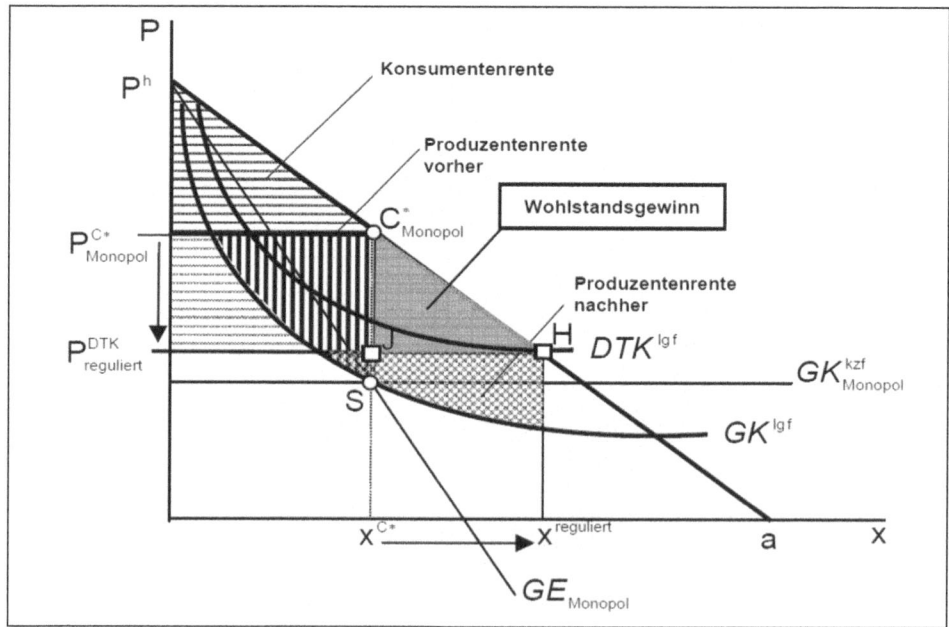

16.4 Marktmacht und natürliche Monopole

Abb. 16-9: Wohlfahrtsgewinn durch Grenzkostenpreis

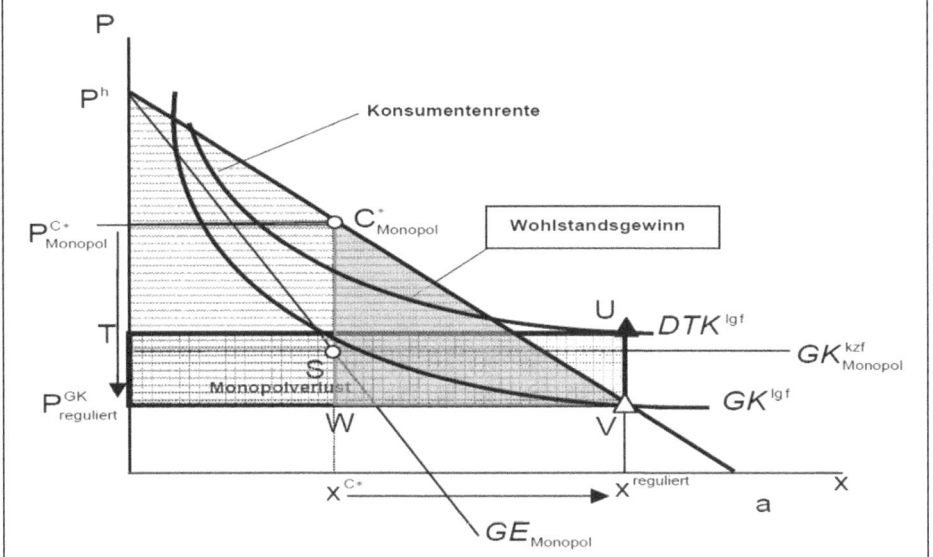

Abgesehen davon ließen sich **durch eine staatliche Preisregulierung** die Effizienzvorteile des Alleinanbieters in **Wohlstandsgewinne** umwandeln, indem man „staatlich anerkannten" natürlichen Monopolisten einen **Höchstpreis unterhalb seines langfristigen Cournotpreises** vorschreibt. Da die langfristige Stückkostenkurve oberhalb der langfristigen Grenzkostenkurve verläuft, ist dies, ohne den Monopolisten in die Verlustzone zu treiben, nur bis zum Preis $P^{DTK}_{reguliert}$ möglich (vgl. Abb. 16-8). Bei diesem Höchstpreis deckt der Monopolist im Schnittpunkt H seiner langfristigen Stückkostenkurve mit der Marktnachfrage gerade noch seine Kosten. Der dadurch erzielbare **Wohlstandsgewinn** ist durch das (dunkle) Dreieck ΔC^*HJ gekennzeichnet.

Ein **noch größerer Wohlstandsgewinn** (vgl. $\Delta WVC^*_{Monopol}$) ließe sich über einen staatlichen **Höchstpreis in Höhe der langfristigen Grenzkosten** des Monopolisten im Schnittpunkt mit der Marktnachfrage erzielen (vgl. Abb. 16-9) geben sich jedoch aufgrund des negativen Stückgewinnes in Höhe der Strecke UV „ansehnliche" **Verluste** im Umfang des Rechteckes $TUVP^{GK}_{reguliert}$.

Diese wird man aber den Eigentümern des privatwirtschaftlichen Monopols nicht zumuten können: Sie werden die Produktion unter diesen Bedingungen einstellen. Aufgrund dieser **„Grenzkosten-Paradoxie"** (vgl. Schröder, 2006, S. 8) bleibt dem Staat bei Grenzkostenpreisen nur eine **Subventionierung aus Steuermitteln** übrig, wobei steuerliche Eingriffe in Märkte den Allokationsmechanismus ebenfalls stören können. Insofern ist die „weichere" Lösung des staatlich fixierten Nullgewinn-Preises vorzuziehen.

Das **Hauptproblem** für den Staat (als externer Marktbeobachter und Preisfixierer) besteht sowohl beim Kostendeckungs- als auch beim Grenzkostenpreis aber auch hier in der exakten **„Preisfindung" der Monopolaufsichtsbehörde**. Zur Lösung dieses Informationsproblems wird auch die Übernahme „natürlicher" Monopole durch **Staatsmonopole** vorgeschlagen, für die es „natürlich eine leichte Übung" ist, über das interne Rechnungswesen die zur Festsetzung dieser Marktpreise notwendigen Stückkosten- bzw. Grenzkostenfunktionen bzw. -kurven zu ermitteln. Die Schnittpunkte dieser Kostenkurven mit der Marktnachfrage müssen durch „trial und error" auf dem Markt gefunden werden. Gegen „natürliche" Staatsmonopole spricht aber wiederum die **Gefahr der X-Ineffizienz**.

16.5 Marktversagen und Staatsversagen

„Allokatives **Marktversagen** ist nur eine **notwendige, aber keine hinreichende Bedingung für wirtschaftspolitische Maßnahmen**. Letzteres würde nur gelten, wenn der Staat in der Lage wäre, mit seinen Eingriffen effizientere Ergebnisse hervorzubringen als der mit den genannten Mängeln behaftete marktwirtschaftliche Koordinationsmechanismus" (Berg/Cassel/ Hartwig, 2003, S. 209). Folgende **Gründe** sprechen jedoch gegen die Allgemeingültigkeit dieser Bedingung:

(1) Interventionskosten
Die Staatseingriffe verursachen verschiedene Kosten der Informationsbeschaffung und -verarbeitung, Sach- und Personalkosten der wirtschaftspolitischen Entscheidungsträger sowie der Eingriffsbehörden und Beschwerdegerichte, Kontrollkosten und eventuell Subventionsaufwendungen.

(2) Informationsdefizite
Die politischen Entscheidungsträger und Exekutivorgane maßen sich häufig ein Wissen über die eingriffsrelevanten Informationen an, das sie aufgrund privater Information überhaupt nicht besitzen, z. B. über die Höhe externer Effekte, über Zahlungsbereitschaften und Kostenstrukturen betroffener privater Wirtschaftssubjekte und die Nutzeffekte ihrer Maßnahmen.

(3) Wissenslücken
Unvollständiges Wissen über die Wirkungszusammenhänge zwischen Zielen, Trägern und Mitteln der Wirtschaftspolitik machen die Zielerfolge unsicher und lassen sogar negative Auswirkungen nicht ausschließen.

(4) Interessenseinflüsse
Bei der Diagnose von Marktversagen lassen sich die verantwortlichen Politiker und Bürokratien nicht selten von partikularen Interessen leiten (**Lobbyismusproblem**),

die nicht unbedingt das Interesse der Gesellschaft an einer effizienten Allokation widerspiegeln.

(5) Politikrestriktionen

Nationale und internationale Regeln und Kompetenzeinschränkungen können den adäquaten Einsatz wirtschaftspolitischer Eingriffe zur Beseitigung oder Minderung von Marktversagen begrenzen.

„Im **Ergebnis** können die negativen Effekte staatlicher Eingriffe nicht nur deren positive Wirkungen übertreffen. Der negative Gesamteffekt einer Maßnahme kann größer sein als die Konsequenzen des Marktversagens, das man mit ihrem Einsatz korrigieren möchte. Der Staatseingriff führt letztlich zu einer **Verschlechterung**. Es kommt zum **Staatsversagen**, weshalb Eingriffe in die marktwirtschaftliche Allokation nicht schon selten bei einem Marktversagen, sondern erst dann sinnvoll sind, wenn dadurch mit einer wesentlichen Verbesserung gerechnet werden kann" (ebendort, S. 209 f., eigene Hervorhebung).

17 Wettbewerbspolitik und Wettbewerbstheorie

> **Lernziele** — Dieses Kapitel vermittelt:
>
> - welche Bedeutung und welchen Inhalt „Wettbewerb" für eine marktwirtschaftliche Ordnung und für die Wettbewerbsordnungen gestaltende „Wettbewerbspolitik" hat.
> - wo die Wettbewerbspolitik ansetzen kann, um den Wettbewerb zu normieren;
> - worin sich die wichtigsten wettbewerbspolitischen Konzeptionen unterscheiden und
> - welches Wettbewerbsrecht die deutsche und europäische Wettbewerbspolitik charakterisiert.

17.1 Wettbewerb und Wettbewerbspolitik

17.1.1 Bedeutung des Wettbewerbsprinzips

Das **Fundament einer marktwirtschaftlichen Ordnung** ist nach herrschender Vorstellung **nicht ein minimales Marktprinzip**, dem schon mit bilateralen Monopolen genüge getan wäre, **sondern das** anspruchsvollere **Wettbewerbsprinzip.** Wenn es als dezentrale Organisation wirtschaftlicher Entscheidungen auf beiden Marktseiten gelten soll, muss Wettbewerb zwischen (mindestens zwei) Anbietern und Wettbewerb zwischen (mindestens zwei) Nachfragern herrschen.

Die **Bedeutung des Wettbewerbs** hebt *Walter Eucken* dadurch hervor, dass er in seiner Unterscheidung zwischen den konstituierenden und regulierenden Prinzipien der Wirtschaftspolitik die **Wettbewerbsordnung** als **konstituierendes Prinzip** definiert. „Sie umschreibt die Rahmenbedingungen, den wirtschaftspolitischen Stellenwert des Wettbewerbs in der Wirtschaftsordnung. Die Vielzahl von wettbewerbspolitischen Einzelregelungen, die auch den Tätigkeitsbereich und die laufenden Einzelaktivitäten der für die Wettbewerbspolitik zuständigen staatlichen Institutionen umfassen, können dem Bereich der regulierenden Prinzipien zugeordnet werden" (Aberle, 1980. S. 73).

Die Grundüberzeugung von der positiven **Wirkung des (freien) Wettbewerbs** beruht zweifellos auf dem Begründer des Klassischen Liberalismus *Adam Smith*, für den

Konkurrenz **wie eine „invisible hand"** die Einzelinteressen der Wirtschaftssubjekte so koordiniert, dass sie dem Gemeinwohl dienen.

Was unter **„Wettbewerb"** zu verstehen ist – Neoklassiker verstehen darunter im engeren Sinne das Modell der „vollkommenen Konkurrenz" oder „perfect competition" –, soll zunächst geklärt werden.

17.1.2 Wettbewerbsdefinitionen

Begreift man den **Markt als „soziales Beziehungsnetz"** (Albert, 1964, S. 392), lassen sich (wie in Kap. 11 dargelegt) horizontale und vertikale Marktbeziehungen mit aktuellen oder potenziellen Teilnehmern der gleichen Marktseite (Anbieter- oder Nachfragerbeziehungen) bzw. mit solchen der Marktgegenseite (Anbieter-Nachfrager-Beziehungen oder Tauschbeziehungen) unterscheiden. Von einer **„Wettbewerbsbeziehung"** sprechen wir (mit Willeke, 1973, S. 12) dann, sofern a) eine **horizontale Marktbeziehung** vorliegt und b) „hinzukommt, dass die betreffenden **Anbieter (oder Nachfrager)** – unter Ausnutzung eines ihnen zur Verfügung stehenden Handlungsspielraums (…) – *selbständig* entscheiden und handeln." Dabei setzt die Marktbeziehung wiederum eine identifizierte gegenseitige (merkliche oder unmerkliche) **Erfolgsabhängigkeit** voraus, die über die funktionale Austauschbarkeit der angebotenen und nachgefragten Güter hergestellt wird. Insofern ist „Wettbewerb" zusammenfassend „das Abhängigsein des eigenen Erfolgs von der Existenz anderer selbständiger Anbieter oder Nachfrager bei Identifizierung dieses Abhängigseins" (ebendort).

Dies ist insofern ein **relativ weiter Wettbewerbsbegriff**, als er sowohl die vollkommene Konkurrenz als auch die Marktformen des (geschlossenen und offenen) Oligopols und selbst des offenen Monopols einschließt, solange das Selbstständigkeitskriterium für die aktuellen oder potenziellen Anbieter oder Nachfrager gegeben ist.

Eine eingeschlossene, aber **vergleichsweise enge Definition** reduziert „Wettbewerb" auf „das selbständige Streben von Marktteilnehmern, vor anderen selbständigen Marktteilnehmern der gleichen Marktseite zum Zuge zu kommen. Insoweit ist **Wettbewerb eine ‚agonistische' Beziehung"** (ebendort, S. 13, eigene Hervorhebung), welche die Erfahrung oder zumindest Erwartung einer (merklichen) gegenseitigen Erfolgsbehinderung bedingt und in der Folge auch ein **Rivalitätsbewusstsein**. Von daher wäre es konsequent, verschärfend sogar von einer **„antagonistischen"** Beziehung auszugehen.

Der (ant)agonistische Wettbewerbsbegriff ist aber – und hierin zeigt sich auch seine Enge – **mit der Denkweise eines vollkommenen Konkurrenten**, der sich nur anonymen Marktkräften ausgesetzt fühlt und mit der „Schicksalsgemeinschaft" seiner Mitbewerber eher ein „kollegiales" Verhältnis pflegt, eigentlich gar **nicht vereinbar**. Statt eines aktiven „Wettkampfgeistes" (spirit of competition) beseelt ihn eher eine passive (Mengen-) Anpassungsmentalität. Böse Zungen apostrophieren die vollkommene Konkurrenz daher auch als **"Schlafmützenkonkurrenz"**.

In der **Spieltheorie**, die zur theoretischen Begründung der Wettbewerbspolitik zunehmend herangezogen wird, würde man **Wettbewerb** im Sinne einer antagonistischen Beziehung als ein **nicht-kooperatives Spiel mit gegenseitiger Erfolgsbehinderung** einstufen, während ein von vorneherein **kooperatives Spiel** wegen der Aufgabe des Selbstständigkeitspostulates **nicht mehr** als **Wettbewerb** bezeichnet werden könnte. Allerdings bedeutet das Gefangenendilemma letztendlich wieder einen „Rückfall" in eine antagonistische Wettbewerbsbeziehung. Ein gravierendes **Abgrenzungsproblem** sehen wir in diesem Zusammenhang bezüglich der weiten Wettbewerbsdefinition dann, wenn in einem nicht-kooperativen Spiel ohne direkte Kommunikation aufgrund der eigenen Einsicht in die langfristige Vorteilhaftigkeit einer Strategie **„stillschweigendes" Einverständnis** und eine durchaus **selbstständige Entscheidung für eine „kooperative" Lösung** zustande kommt. **Im engeren Sinne** könnte man dieses kooperative Verhalten dagegen **nicht mehr** als **Wettbewerb** bezeichnen, weil das Streben (durch Preisunterbietung oder Leistungsüberbietung) vor dem Spielpartner zum Zuge zu kommen, offensichtlich einem rationalen Gewinnkalkül geopfert wurde.

Selbstverständlich setzt (selbstständiges) Wettbewerbsverhalten die Entscheidungsfreiheit zu diesem Verhalten, also **Wettbewerbsfreiheit**, voraus. Dies ist jedoch insofern erwähnenswert, weil es einen andauernden Streit über die **Bedeutung und Notwendigkeit eines „freien" Wettbewerbs als wettbewerbspolitische Norm** gibt.

17.1.3 Wettbewerbspolitik und ihre Beziehung zur Wettbewerbstheorie

Gestaltungsobjekt der **„Wettbewerbspolitik"** als Teil der staatlichen Wirtschaftspolitik, insbesondere der Ordnungspolitik, ist die **„Wettbewerbsordnung"**. Sie setzt auf der Grundlage einer **wettbewerbspolitischen Konzeption** in Form von Verboten, Geboten und Ausnahmen einen konkreten **Rechtsrahmen (Wettbewerbsrecht)**, der den gewünschten **Spielraum für das** Wettbewerbsverhalten definiert. Die Einhaltung dieser ordnungspolitischen **Mittel** wird durch spezielle Exekutivorgane (Minister, Kartellämter und -gerichte) überwacht, die neben dem (Wettbewerbs-)Gesetzgeber die **Träger der Wettbewerbspolitik** bilden.

Eine **wettbewerbspolitische Konzeption** „umfasst **theoretische Aussagen** über Marktstrukturen, Wettbewerbsprozesse und Wettbewerbsergebnisse, **außerdem wettbewerbspolitische Grundsätze**. Unter den wettbewerbspolitischen Grundsätzen wollen wir die Summe der auf Marktstrukturen, Wettbewerbsprozesse bezogenen Normen und der daraus abgeleiteten Vorschläge für wettbewerbspolitische Maßnahmen verstehen" (Willeke, 1973, S. 14).

Die zur Begründung und Fundierung wettbewerbspolitischer Grundsätze herangezogenen theoretischen Aussagen werden als **Wettbewerbstheorie im engeren Sinne** bezeichnet. Unterschiedliche Wettbewerbstheorien stellen die im Rahmen wettbewerbspolitischer Konzeptionen als Kern entwickelten **normativen Referenzsituationen** dar. Diese sind „als ein theoretisches Modell zu verstehen, durch das bei einer bestimmten Marktstruktur bestimmte Wettbewerbsprozesse und Wettbewerbsergebnisse abgebildet werden. Sie (die Referenzsituation) muss zweifellos der Bedingung genügen, in sich schlüssig zu sein, sie **braucht** aber **nicht unbedingt** der Bedingung genügen, **voll realisierbar zu sein**. Denn auch ohne volle Realisierbarkeit kann sie mithelfen, Sachverhalte, die als Abweichungen zu interpretieren sind, zu beurteilen und wettbewerbspolitische Entscheidungen daran zu orientieren – sei es, dass diese Abweichungen nicht überwindbar sind, obwohl das wünschbar wäre, sei es, dass man solche Abweichungen ganz bewusst anstrebt" (ebendort, S. 15).

Eine **Wettbewerbstheorie im weiteren Sinne**, die wirtschaftlichen Wettbewerb außerhalb normativer Referenzsituationen zum Gegenstand hat und Wettbewerb im Rahmen einer allgemeinen Markttheorie „einfach nur" wissenschaftlich beschreibt und analysiert, hat daneben auch – vor allem in der Preistheorie – Tradition und Bedeutung.

17.1.4 Ansatzpunkte wettbewerbspolitischer Normierungen

Kriterien, an denen wettbewerbspolitische Normierungen grundsätzlich ansetzen können, sind nach Willeke das „Wie", d.h. die Art und Weise, und das „Ergebnis" des Wettbewerbs (vgl. 1973, S. 15 ff.).

(1) Das **„Wie" des Wettbewerbs** umfasst die Wettbewerbsfreiheit, die Wettbewerbshandlungen und die Wettbewerbsintensität:

(a) **„Wettbewerbsfreiheit"** ist der „**Spielraum** der einzelnen Wettbewerber **für selbständige Entscheidungen und Handlungen**". – „Wenn und soweit man Wettbewerb will, will man notwendigerweise Wettbewerbsfreiheit, da die **Wettbewerbsfreiheit begrifflich vom ‚Wettbewerb' gar nicht zu trennen** ist. Dabei ist es völlig gleichgültig, ob die Wettbewerbsfreiheit als ein ‚ökonomischer' oder ‚außerökonomischer' Sachverhalt angesehen wird. – Es hat deshalb auch wenig Sinn, die Wettbewerbsfreiheit als ‚außerökonomisch' zu bezeichnen und die wettbewerbspolitische Konzeption als ausschließlich ‚ökonomische' Konzeption formulieren zu wollen, um auf diese Weise die Wettbewerbsfreiheit aus der Analyse herauszudefinieren oder vor die Klammer zu setzen. Man kann in einer wettbewerbspolitischen Konzeption nicht den Wettbewerb berücksichtigen wollen, die darin begrifflich implizierte Wettbewerbsfreiheit aber nicht" (ebendort, S. 16 f., eigene Hervorhebung).

(b) **Wettbewerbshandlungen** können ebenso Ansatzpunkte wettbewerbspolitischer Normierungen sein. Der Art nach zu unterscheiden ist der **Wettbewerb mit den** bekannten **Aktionsparametern**: Preis, Produktqualität, Werbung, Produkt- und Verfahrensinnovation, Marktzutritt, Aufkauf einer Konkurrenzunternehmung etc.

(c) Mit der **„Wettbewerbsintensität"** sowohl **im Sinne der Schnelligkeit**, mit der Wettbewerbshandlungen aufeinander folgen, **als auch im Sinne des Ausmaßes von Parameteränderungen** lässt sich beschreiben, wie der durch die Wettbewerbsfreiheit verfügbare Handlungsspielraum durch den Einsatz der Wettbewerbsparameter faktisch ausgefüllt wird.

(2) **Die „Ergebnisse" des Wettbewerbs** als mögliche Ansatzpunkte wettbewerbspolitischer Normierungen entstehen durch den **„Marktmechanismus bei Wettbewerb" oder kurz „Wettbewerbsprozess"**. „Da jedoch der Wettbewerb nach Umfang der Wettbewerbsfreiheit, nach Art der Wettbewerbshandlungen und nach seiner Intensität weiter differenzierbar ist, können vom Wettbewerb – oder genauer vom ... Wettbewerbsprozess – kaum stets die gleichen Marktergebnisse erwartet werden" (ebendort, S. 20). Bei den insoweit offenen Ergebnissen des Wettbewerbsprozesses lassen sich **individuelle und gesamtwirtschaftliche Wettbewerbsergebnisse** unterscheiden.

(a) Individuelle Wettbewerbsergebnisse

Die für die einzelnen Marktteilnehmer unmittelbar relevanten Ergebnisse lassen sich einteilen in die für die Marktteilnehmer der Marktgegenseite (hier: für die Nachfrager) und in die für die Wettbewerber selbst (hier: für die Anbieter). Der Wettbewerb zwischen Anbietern bedeutet logisch zwingend eine vorteilhafte **„Auswahlfreiheit" für die Nachfrager**, d.h. die Freiheit zur Wahl zwischen mehreren konkurrierenden Anbietern und deren Angebotskonditionen. Sie eröffnet sich formal immer dann, wenn mindestens zwei aktuelle Anbieter von ihrer Wettbewerbsfreiheit Gebrauch machen. Die im Wettbewerbsprozess resultierende **Angebotsvielfalt** (Zahl und Unterschiedlichkeit der Angebote) ist jedoch nicht durch den Wettbewerbsprozess determiniert.

Ein weiteres positives Ergebnis für die Nachfrageseite ergibt sich, wenn der Wettbewerb zu **Leistungssteigerungen** aus Sicht der Nachfrager führt, sich also ein **„Leistungswettbewerb"** entwickelt. Dieser kann sich beispielsweise in einer Verbesserung der **Produktqualität** oder **Steigerung der Angebotsmenge bei gleichem Preis** sowie der **gleichen Produktqualität oder Angebotsmenge bei niedrigerem Preis**, unter dem Strich also in einem besseren **Preis-Leistungsverhältnis** äußern. Nicht ausschließbar kann der Wettbewerbsdruck aber auch (bei Informationsasymmetrie) zu einer für Nachfrager nicht durchschaubaren Qualitätsverschlechterung führen.

„Prinzipiell gilt das gleiche auch für die konkurrierenden Anbieter. Sie erwarten von ihren (internen oder externen) Wettbewerbshandlungen zwar stets individuelle Vorteile, und sie erzielen diese auch, wenn und soweit sie sich als Wettbewerber zur ihrem Vorteil durchzusetzen vermögen. Unbestreitbar kann dieser Versuch aber auch fehlschlagen. Dies gilt selbst dann, wenn wir einmal einschränkend unterstellen, alle

Wettbewerber wären bestrebt gewesen, ausschließlich durch Aktivitäten, die von den Nachfrager als Leistungssteigerung angesehen werden („Leistungswettbewerb") ihre Position zu verbessern; denn eine relativ geringe Leistungssteigerung kann schon dazu führen, dass der betreffende Wettbewerber aus dem Markt ausscheiden muss" (ebendort, S. 22). Insofern lässt sich nicht der Schluss ziehen, „der Wettbewerb (ist) für die Marktteilnehmer auch insgesamt ökonomisch vorteilhaft" (Hoppmann, 1967, S. 81). Welche normativen Konsequenzen hieraus zu ziehen sind, ist eine andere Frage.

(b) Gesamtwirtschaftliche Wettbewerbsergebnisse

Unabhängig von der individuell gegebenen oder nicht gegebenen Vorteilhaftigkeit des Wettbewerbs können die Ergebnisse des Wettbewerbs aus überindividueller Perspektive gesamtwirtschaftlich (positiv oder negativ) beurteilt werden. Die für die Gesamtwirtschaft positiven Wettbewerbsergebnisse werden auch als **„Funktionen des Wettbewerbs"**, derjenige Wettbewerb, welcher diese Funktionen erfüllt, als **„funktionsfähiger Wettbewerb"** bezeichnet.

Ein gesamtwirtschaftlicher Effekt, der sich aus den individuellen Vor- oder Nachteilen ergibt, ist die **primäre Einkommensverteilung**. Sofern sich der Leistungswettbewerb durchsetzt, ist diese Verteilung funktional und personell **tendenziell leistungsgerecht**.

Der **Wettbewerb als „Entdeckungsverfahren"** (Hayek, 1968, S. 7) dient nicht nur den einzelnen Marktteilnehmern zur Informationsgewinnung, sondern ist auch ein kaum zu übertreffendes **Instrument zur Steigerung des volkswirtschaftlichen Informationsniveaus**.

Die Umsetzung der im Wettbewerbsprozess gewonnenen Informationen in Entscheidungen und Handlungen, die einzelwirtschaftliche Vorteile bringen sollen, steuert über positive und negative Sanktionen, d.h. durch den **Sanktions- und Selektionsmechanismus des Wettbewerbs** sowohl die **Koordinierung der Wirtschaftspläne** und **Allokation der Produktionsfaktoren**. So dient der Wettbewerb der ökonomischen Zielsetzung der Wettbewerbspolitik „**Maximierung des Wohlstands durch optimale Allokation der Ressourcen**" (Sohmen, 1971, S. 116).

Der Wettbewerb um den Erfolg bei der Marktgegenseite ist außerdem Motor für die Entwicklung und Durchsetzung leistungssteigernder **Produkt- und Verfahrensinnovationen**, die wiederum Voraussetzung für ein langfristiges **Wachstum der realen Pro-Kopf-Einkommen** der Bevölkerung sind.

Schließlich übt der Wettbewerb eine **soziale Kontrolle von Marktmacht** aus. Dem steht allerdings die ständige Neigung der Beteiligten gegenüber, sich dem Realitätsdruck des Wettbewerbs durch Beschränkung und Aufhebung des Wettbewerbs mehr oder weniger zu entziehen, die sog. **„propensity to monopolize"**.

Sofern diese Ergebnisse „als gewollt bezeichnet und dadurch zu gesamtwirtschaftlichen *Zielen* der Wettbewerbspolitik gemacht werden, erscheint der **Wettbewerb** als brauchbares ‚**Instrument**' zur Realisierung dieser Ziele" (Willeke, 1973, S. 26).

17.2 Wettbewerbspolitische Konzeptionen

17.2.1 Konzeptionen des freien Wettbewerbs

(1) Wettbewerbsfreiheit ohne Spielregeln (klassisches Konzept)

Die freie Konkurrenz als **unbeschränkter Wettbewerb mit Freiheit als Ziel in sich** war die ursprüngliche **Konzeption des klassischen Liberalismus**. (vgl. Aberle, 1980, S. 22) In diesem Konzept hat der Begriff der „Wettbewerbsfreiheit" den denkbar weitesten Inhalt. „Die Wettbewerbsfreiheit der (aktuellen und potentiellen) Wettbewerber soll(.) durch nichts weiter begrenzt sein als durch die Tatsache, dass sie mit den jeweils anderen Wettbewerbern rechnen müssen. Es gibt hier also keine ‚von außen' hineinwirkende Behinderungen der Wettbewerbsfreiheit, sondern nur eine für alle gleich wirkende ‚endogene' Begrenzung in der Weise, dass der Spielraum jedes einzelnen durch die Ausnutzung der Spielräume seitens der anderen Wettbewerber begrenzt ist" (Willeke, 1973, S. 32). Wettbewerbsfreiheit bedeutet hier eine „**relative Freiheit zu Wettbewerb**" (Hoppmann, 1967, S. 80). Der Verzicht auf äußere Einschränkungen der Wettbewerbsfreiheit beinhaltet auch, dass es **keine staatlichen Spielregeln für den Wettbewerb** gibt.

(2) Wettbewerbsfreiheit mit Spielregeln (neoklassisches Konzept)

Die alltägliche Erfahrung zeigt jedoch, dass die **endogene Kontrollfunktion des Wettbewerbs nicht ausreichend** ist, um z.B. heimliche Qualitätsverschlechterungen von Produkten, indirekte Preiserhöhungen durch versteckte Verkleinerung von Mengeneinheiten oder irreführende Werbung zu verhindern.

Will man durch eine externe Kontrolle derartige Wettbewerbspraktiken unterbinden, bieten sich **staatliche Wettbewerbsbegrenzungen in Form von „Spielregeln"** an, „die dem Wettbewerb einen ordnenden Rahmen geben und ihn insoweit ‚kanalisieren', ‚reinigen' oder schützen und die für *alle* Wettbewerber in *gleicher* Weise gelten, die aber im übrigen den Wettbewerbern einen für interne und / oder externe Wettbewerbshandlungen ‚hinreichenden' Entscheidungs- und Handlungsspielraum belassen" (Willeke, 1973, S. 33). Durch solche **„rules of the game"** sollte aber möglichst die **„intensity of competition"** nicht leiden (vgl. Edwards, 1949, S. 2). Um zu verhindern, dass der Staat unter dem Etikett „Spielregeln" darüber hinausgehende **Wettbewerbsbeschränkungen** erlässt, wird empfohlen, den Begriff der „Spielregel" restriktiv zu interpretieren und sich auf „negative" Spielregeln (Festlegung nicht statthafter Handlungen) zu beschränken (vgl. Willeke, 1973, S. 34 ff.).

Die unter Berücksichtigung der Spielregeln verbleibende Wettbewerbsfreiheit kann sinnvoll als **„begrenzte" Wettbewerbsfreiheit** bezeichnet werden. (ebendort, S. 35). Als **normative Begründung** eines solchen freien Wettbewerbs wird **a) der Eigenwert der begrenzten Wettbewerbsfreiheit und b) die erwarteten positiven Wettbewerbsergebnisse** angeführt.

Alle **Abweichungen vom freien Wettbewerb**, die sog. **„Wettbewerbsbeschränkungen"**, sind aufgrund dieser Begründung zunächst einmal grundsätzlich zu vermeiden oder, wenn dies nicht möglich ist, in ihrer (negativen) Auswirkung zu kompensieren. Dies gilt jedenfalls so lange, wie zwischen der Wettbewerbsfreiheit und den gewünschten Wettbewerbsergebnissen gemäß der **Non-Dilemma-These kein Zielkonflikt** auftritt. Kann man dies entsprechend der Dilemma-These nicht ausschließen, bleibt zu prüfen, wo solche Zielkonflikte zu erwarten sind und wie man sie in einer vernünftigen **Güterabwägung (rule of reason)** zwischen der durch Wettbewerbsbeschränkungen erzielbaren **Marktergebnisverbesserung** und dem damit verbundenen **Verlust an Wettbewerbsfreiheit** lösen kann.

(3) Typen von Wettbewerbsbeschränkungen

Ob und wie in einer wettbewerbspolitischen Konzeption des freien Wettbewerbs mit Wettbewerbsbeschränkungen umzugehen ist, hängt entscheidend von ihrer Abgrenzung ab. In der folgenden Tab. 17-1 sind die drei möglichen Typen von Wettbewerbsbeschränkungen nach **Franz-Ulrich Willeke** (1973, S. 44 ff.) mit ihren Definitionsmerkmalen und Beispielen synoptisch dargestellt. Diese Typisierung ist im Vergleich zu Erich Hoppman, einem weiteren deutschen Vertreter der Konzeption des freien Wettbewerbs, relativ rigoros als letzterer „natürliche Hindernisse" erstens „durchgehen" lässt und zweitens keine „korrigierbaren" natürlichen Hindernisse identifiziert: „Solange lediglich natürliche Hindernisse vorliegen, ist der Wettbewerb zwar unvollkommen im Sinne einer Abweichung vom statischen Modell, aber er ist ein freier, unbeschränkter Wettbewerb". (Hoppmann, 1966, S. 160).

Tab. 17-1: Typen von Wettbewerbsbeschränkungen nach Willeke

Typ	Kriterien	Beispiele
(1) natürliche WBB	a) Behinderung einer gewünschten Wettbewerbshandlung; b) Beschränkungssachverhalt nicht auf irgendwelche bewusst auf Wettbewerbsbehinderungen abzielende Entscheidungen irgendeiner Person oder Institution zurückzuführen; c) Beschränkung nicht zu beseitigen;	• unterschiedliche Begabungen von Wettbewerbern; • unterschiedliche klimatische Bedingungen; • economies of large scale;
(2) korrigierbare WBB	a) wie bei (1); b) wie bei (1); c) Beschränkung (insbesondere durch den Staat) zu beseitigen;	• unterschiedliche Kenntnisse von Wettbewerbern; • unvollkommene Markttransparenz;
(3) willkürliche WBB	a) wie bei (1); b) Beschränkungssachverhalt ist auf irgendwelche bewusst auf Wettbewerbsbehinderungen abzielende Entscheidungen irgendeiner Person oder Institution (auch des Staates) zurückzuführen; c) Beschränkung (insbesondere durch den Staat) zu beseitigen;	• gezielte Verdrängungsstrategien marktmächtiger Unternehmungen; • Preisabsprachen; • staatlich zugelassener Gebietsschutz; • legalisierter Patentschutz; • staatliche Lizenzen;

Die natürlichen Wettbewerbsbeschränkungen sind entsprechend der obigen Definition in jeder wie auch sonst ausgestalteten wettbewerbspolitischen Konzeption **als Faktum hinzunehmen**. Obwohl eine **Ursachenbehebung nicht möglich** ist, könnte man jedoch die Auswirkungen natürlicher Wettbewerbsbehinderungen durch eine **kompensierende Wettbewerbspolitik** auszugleichen versuchen.

Dagegen lassen die **restlichen Wettbewerbsbeschränkungen** grundsätzlich auch eine „Kausaltherapie" zu. „Der Vertreter einer Konzeption des freien Wettbewerbs muss eine alle bestehenden korrigierbaren und willkürlichen Wettbewerbsbeschränkungen aufhebende Kausaltherapie fordern; hilfsweise muss er auf voll kompensierenden Maßnahmen bestehen, soweit sich herausstellen sollte, dass die geplante Kausaltherapie wegen politischer oder sonstiger Widerstände scheitert" (ebendort, S.47).

(3) Das neoklassische Konzept des funktionsfähigen Wettbewerbs

In dem von **Erich Hoppmann** vertretenen Konzept (Hoppmann, 1966, S. 160 ff.) wird der **freie Wettbewerb** negativ definiert durch das **Fehlen willkürlicher bzw. künstlicher Wettbewerbshemmnisse**, „die ihre Ursache in staatlichen Maßnahmen oder in unternehmerischen Praktiken" haben. Gegenüber willkürlichen Wettbewerbsbeschränkungen wird eine eindeutige **normative Grundentscheidung** gefällt: Sind sie a) vom Staat verursacht, besteht die „Wettbewerbspolitik in der **Unterlassung staatlicher Wettbewerbsbeschränkungen**". Sind sie b) durch unternehmerische Praktiken verursacht, müssen „Maßnahmen zur Beseitigung solcher Wettbewerbsbeschränkungen" ergriffen werden. Die „wettbewerbspolitischen Instanzen" haben die Aufgabe, „die **Wettbewerbsfreiheit gegen restriktive Unternehmerpraktiken zu schützen**" (eigene Hervorhebung).

Die **normative Begründung** für das neoklassische Konzept des funktionsfähigen Wettbewerbs leitet sich einerseits aus der per se gewünschten **Wettbewerbsfreiheit**, andererseits aus den zu erwartenden **positiven Wettbewerbsergebnissen** (insbesondere wirtschaftlichem Fortschritt) ab. Dabei entsteht nach Auffassung Hoppmanns bei der gleichzeitigen Realisierung beider Ziele kein Dilemma (**Non-Dilemma-These**): „Wird der Wettbewerb in seiner ganzen Totalität als ein zeitlicher Prozess gesehen, dann gibt es prinzipiell zwischen freiem Wettbewerb und wirtschaftlichem Fortschritt kein Dilemma. ... Er ist also nicht nur in gewissen Fällen, sondern generell ein nützliches Instrument, um gute ökonomische Ergebnisse zu erzielen. ... Funktionsfähig ist der Wettbewerb demnach, wenn er frei und damit dynamisch ist" (Hoppmann, 1966, S. 264 f.).

Für die **praktische Wettbewerbspolitik** lässt Hoppmann „mit guten Gründen" gewisse Abstriche zu: „Wettbewerbsfreiheit, d.h. der unbeschränkte Wettbewerb, ist zwar wettbewerbspolitische Norm. Das besagt jedoch nicht, dass eine völlig ‚reine' Wettbewerbsfreiheit realisiert werden soll. **Freiheit des Wettbewerbs** (unbeschränkter Wettbewerb) **soll lediglich der Zielsetzung nach tendenziell angestrebt werden**". (ebendort, S. 175). Um sein wissenschaftliches Konzept für die Wettbewerbspolitik praktikabel zu machen führt er eine „**Generalklausel**" ein, **nach der der Wettbewerb „nicht wesentlich beschränkt** sein darf", wenn „ein gewisses Ausmaß und gewisse Formen von Wettbewerbsbeschränkunkungen" toleriert werden sollen (ebendort, S. 177). Die Frage, ob eine bestimmte **Wettbewerbsbeschränkung wesentlich oder nicht wesentlich** ist, bürdet der praktischen Wettbewerbspolitik allerdings ein **erhebliches Streitpotenzial** auf.

(4) Konzeption mit einer generellen Vermutung zugunsten des freien Wettbewerbs

Im Unterschied zu Hoppmann geht **Willeke** im Sinne einer abgeschwächten Dilemma-These von der Feststellung aus, „auch **bei freiem Wettebewerb** seien die **Wettbewerbsergebnisse nicht eindeutig determiniert**, so dass eine differenzierende Normierung der Wettbewerbsergebnisse möglich ist" (Willeke, 1973, S. 60). Für die von ihm vertretene wettbewerbspolitische Konzeption gelten die folgenden beiden **Grundsätze**: „1) Es wird *vermutet*, dass die sich auf den Märkten abspielenden Wettbewerbsprozesse und die sich daraus ergebenden **Wettbewerbsergebnisse im Regelfall eher ohne als mit Wettbewerbsbeschränkungen** als **hinreichend positiv** gelten können. 2) Der im Wettbewerb realisierbaren **Wettbewerbsfreiheit** wird ein

Eigenwert zuerkannt, so dass geplante Wettbewerbsbeschränkungen mit dieser Norm zu konfrontieren sind" (ebendort, S. 61).

Die **Vermutung zugunsten des freien Wettbewerbs** bedeutet konkret, „dass Wettbewerbsbeschränkungen grundsätzlich nicht zulässig sind: **Sämtliche Wettbewerbsbeschränkungen** haben als **Ausnahmen** zu gelten: Bei den natürlichen Wettbewerbsbeschränkungen, ..., soll nur im Ausnahmefall auf eine **Kompensationspolitik**, bei den korrigierbaren Wettbewerbsbeschränkungen soll nur im Ausnahmefall auf eine **Kausaltherapie** verzichtet werden. Und willkürliche Wettbewerbsbeschränkungen sollen nur im Ausnahmefall erhalten bleiben oder neu zugelassen werden.

Durch die Vermutung zugunsten des freien Wettbewerbs soll die **Hauptbeweislast** ... stets demjenigen aufgebürdet werden, der eine neue Wettbewerbsbeschränkung – zu wessen Gunsten auch immer – durchsetzen oder erreichen möchte, dass eine bislang bestehende Wettbewerbsbeschränkung erhalten bleibt. Wir sprechen in diesem Zusammenhang von „Haupt"-Be-weislast, weil de facto neben dem Versuch des Interessierten, die relativen **Vorteile einer Wettbewerbsbeschränkung nachzuweisen**, immer auch die **Prüfung durch die Kontrollbehörde** – pars pro toto: „Kartell"-Behörde – treten muss. Schließlich entspricht es unserer ... Konzeption, dass alle aufgrund gesetzlicher Ausnahmeklauseln erteilten Genehmigungen ausschließlich *befristet* ausgesprochen werden, so dass die an den betreffenden Wettbewerbsbeschränkungen Interessierten in bestimmten Abständen immer wieder gezwungen werden, im Sinne der Hauptbeweislast den Beweis für die (relativ) positiven Auswirkungen der Wettbewerbsbeschränkungen zu führen" (ebendort, S. 61 f.).

17.2.2 Vollkommene Konkurrenz als normatives Referenzmodell

Während im klassischen Liberalismus der unbeschränkte Wettbewerb als ein sich selbst steuernder Mechanismus mit der Fähigkeit, sich bei exogenen Störungen optimal anzupassen, gesehen wurde, wurde der Wettbewerb in der neoklassischen allgemeinen **Gleichgewichtstheorie der vollkommenen Konkurrenz (perfect competition)** immer weniger als dynamischer Wettbewerbsprozess gesehen. Als **Gegenmodell zum Monopol** wurde sie als ein **idealer Gleichgewichtszustand** mit verschiedenen wünschenswerten Eigenschaften modelliert (vgl. Kerber, 2003, S. 302 f.).

„Nach dem ersten Hauptsatz der Wohlfahrtsökonomik führt eine vollständig dezentralisierte Marktwirtschaft dann zur **effizienten Allokation in der Gesamtwirtschaft**, wenn auf allen Güter- und Faktormärkten die Bedingungen des Modells der vollständigen Konkurrenz erfüllt sind. Hierzu gehören eine atomistische Struktur der Anbieter- und Nachfragerseite (mit Mengenanpasserverhalten), homogene Güter, vollständige Markttransparenz, freier Marktzutritt und Markaustritt, keine Transaktionskosten und die Nichtexistenz von Skalen und Verbundvorteilen. Wettbewerb wird folglich in der neoklassischen Mikroökonomie mit den Bedingungen identifiziert, die gegeben sein müssen, damit in einer vollständig dezentralisierten Wirtschaft aus den am eigenen Gewinn bzw. Nutzen orientierten Optimierungsentscheidungen der Individuen ein **pareto-optimaler Gesamtzustand** entsteht (effiziente Allokation). Folglich kann kein Individuum in der Gesellschaft mehr besser gestellt werden, ohne ein anderes schlechter zu stellen. Diese Eigenschaften erklären, weshalb das Modell der vollständigen Konkurrenz trotz seiner unrealistischen Annahmen als ein so **zentrales normatives Referenzmodell** angesehen wird" (ebendort, S. 303, eigene Hervorhebungen).

Kritikpunkte am Referenzmodell der vollkommenen Konkurrenz:

1) Aufgrund der **unrealistischen Annahmen**, d.h. wegen der in der Realität nicht zu vermeidenden Marktunvollkommenheiten, „wird quasi **auf jedem realen Markt die effiziente Allokation verfehlt**, so dass praktisch auf allen Märkten ein Wettbewerbsversagen zu diagnostizieren wäre" (ebenda, S. 305).

2) Die Existenz von **economies of scale** und eine (auch aus Nachfragersicht wünschenswerte) **Produktheterogenität** stehen **im Widerspruch zum Referenzmodell** und verlangen eine eigene normative Entscheidung.

3) Der **statische Charakter des Modells** berücksichtigt weder den prozessualen Charakter eines vorstoßenden und auf- oder überholenden Wettbewerbs.

4) **Produkt- und Verfahrensinnovationen** und die Problematik imitieren-den Wettbewerbs, der die Anreize zur Innovation lähmen kann, werden vom Modell der vollkommenen Konkurrenz **nicht erfasst**.

17.2.3 Funktionsfähiger Wettbewerb (Workable Competition)

Als Reaktion auf das als unrealistisch angesehene ideale Referenzmodell der vollkommenen Konkurrenz wurde in den USA Ende der 1930er Jahre von der **Harvard School** ein alternativer Ansatz zur Analyse realer Markt- und Wettbewerbsprozesse entwickelt, der als **„Workable Competition"** (Funktionsfähiger Wettbewerb) bezeichnet wird. In Deutschland wurde dieser Ansatz von **Erhard Kantzenbach** (1967) mit seinem **Konzept der optimalen Wettbewerbsintensität** weiterverfolgt.

Tab. 17-2: Struktur-Verhaltens-Ergebnis-Paradigma

Quelle: Kerber, 2003, S. 307

„Die **Grundidee der Workable Competition** besteht darin, die Vorstellung eines vollkommenen Wettbewerb (perfect competition) aufzugeben und stattdessen Wettbewerbsprozesse pragmatisch mit Hilfe einer gegenüber dem Marktformenschema wesentlich offeneren **Systematik von Marktstruktur, Marktverhalten und Marktergebnis** zu untersuchen" (Kerber, 2003, S. 306; eigene Hervorhebung, vgl. hierzu Abb. 17-2). Dabei ist die „**Marktstruktur**" im Vergleich zur Marktform um einige wettbewerbsrelevante Merkmale angereichert. Dies ist insofern von Bedeutung als das wettbewerbstheoretische Programm darauf hinaus läuft, in dem unterstellten **Wirkungszusammenhang zwischen Marktstruktur, -verhalten und -ergebnis** „diejenigen Marktstrukturen zu identifizieren, die sich besonders positiv oder negativ auf den Wettbewerb erweisen. Solche wettbewerbsförderlichen bzw. wettbewerbsbeschränkenden Marktstrukturen könnten dann als Kriterien für die praktische Wettbewerbspolitik dienen, zum Beispiel bei der Beurteilung von Unternehmenszusammenschlüssen in der Fusionskontrolle" (ebendort, S. 307).

Im **Konzept der optimalen Wettbewerbsintensität** von Kantzenbach wird das **„weite" Oligopol** als wettbewerbspolitische Referenzsituation eines funktionsfähigen Wettbewerbs vorgeschlagen, weil diese Marktstruktur die optimale Wettbewerbsintensität sichere. Diese orientiert sich am „**Grad der Erfüllung der dynamischen Wettbewerbsfunktionen** (Erhöhung der Anpassungsflexibilität der Produktionsstrukturen und Förderung des technischen Fortschritts).

Diese **Referenzsituation des weiten Oligopols** lässt sich wie folgt kennzeichnen:
- begrenzte, wenn auch relativ große Zahl von Anbietern, die in einer gewissen Reaktionsverbundenheit stehen;
- mäßige Produktdifferenzierung;
- mäßig beschränkte Markttransparenz;
- etwa gleiche Stärke der Oligopolisten;
- Bereitschaft der Wettbewerber (Oligopolisten), bei ihren Strategien Wettbewerb zu erhalten, also auf Handeln im gegenseitigen Einvernehmen (Abstimmung, Koordination) zu verzichten. ...

Bei homogenen oder heterogenen Polypolen sei mit einer zu geringen, bei engen Oligopolen mit einer zu hohen potenziellen Wettbewerbsintensität zu rechnen; letztere führe über gegenseitiges Einverständnis ... zu einer künstlichen Beschränkung der (effektiven) Wettbewerbsintensität. **Die Wettbewerbspolitik soll**, um diese optimale Wettbewerbsintensität zu sichern, über- und unteroptimale Wettbewerbsstrukturen beeinflussen und **möglichst Marktformen des weiten Oligopols fördern**" (Aberle, 1980, S. 39).

Als **Hauptkritikpunkt** wird von Vertretern der Konzeption des freien Wettbewerbs bemängelt, dass die **Wettbewerbsfreiheit** nicht nur im Zielkatalog **als „außerökonomisches" Ziel ausgeklammert** wird, sondern **auch** (insbesondere ein freier Marktzutritt) **als Marktstrukturkriterium unberücksichtigt** bleibt (vgl. Willeke, S. 16 und 71 f.).

17.2.4 Sonstige Wettbewerbstheorien und -konzepte

(1) Theorie der Contestable Markets
Die Theorie „angreifbarer" Märkte wurde Anfang der 80er Jahre von W. J. Baumol, J. C. Panzar und R. D. Willig (1982) entwickelt und stellt ein **Modell des „vollkommenen potenziellen Wettbewerbs"** dar, das unabhängig von der Anbieterzahl zum gleichen Preisniveau führt wie bei vollkommener Konkurrenz.

„Ein **Markt** gilt dann als **vollkommen angreifbar (contestable), wenn die Kosten sowohl des Markteintritts als auch des Marktaustritts null** sind. Entscheidend ist dafür, dass beim Markteintritt keine irreversiblen Investitionen und damit **keine sunk costs** auftreten. Möchte zum Beispiel ein Einzelhändler in den Markt eintreten und mietet ein Ladenlokal (mit kurzen Kündigungsfristen) und stattet dieses mit Standardregalen aus, die leicht wieder weiterzuverkaufen sind, so sind seine sunk costs gering. Ausgehend von allen sonstigen Annahmen des Modells der vollständigen Konkurrenz kann die Theorie der Contestable Markets zeigen, dass bei Nichtexistenz von Kosten des Markteintritts und Marktaustritts **die etablierten Anbieter ihre Preise auf das Durchschnittkostenniveau senken müssen**, selbst wenn es sich dabei um ein enges Oligopol handelt. Denn bei Setzung eines Preises über den Durchschnittskosten wäre ein ‚Hit-and-run-entry' möglich, d. h. dass potenzielle Konkurrenten schnell in den Markt eintreten und bei Preissenkungen der etablierten Anbieter genauso schnell und kostenlos wieder austreten könnten. Zentrale Konsequenz dieses Ansatzes ist, dass das **Ergebnis des Modells der vollständigen Konkurrenz**, nämlich Durchschnittskostenpreise, Gewinnlosigkeit der Anbieter und das Realisieren der effizienten Allokation, auch dann erreicht wird, wenn keine atomistischen Anbieterstrukturen sondern die auf vielen Märkten beobachtbaren Oligopole vorliegen.

Wettbewerbspolitisch folgt aus der Theorie der Contestable Markets, dass nun das Bestehen von Marktzutritts- und Marktsaustrittsschranken zu einem zentralen Beurteilungskriterium wird, weil bei Vorliegen der vollkommenen Angreifbarkeit eines Marktes die Höhe der **Unternehmenskonzentration irrelevant** wird. **Potenzieller Wettbewerb könnte** dann **den aktuellen Wettbewerb vollständig ersetzen.**

Das Zentrale **Problem** dieses Ansatzes liegt allerdings darin, dass eine solch **vollkommene Angreifbarkeit faktisch in keinem einzigen Markt vollständig gegeben** ist. Beispielsweise stellt die fast immer für einen Markteintritt notwendige Werbung irreversible Investitionen dar" (Kerber, 2003, S. 312, eigene Hervorhebung).

Außerdem ist diese **Theorie auch spieltheoretisch angreifbar**, da sie in einem Mehrperiodenspiel von dem oder den etablierten Anbieter(n) verlangt, den Periodengewinn von Anfang an zur Abwehr von Marktzutritten auf Null zu reduzieren, wodurch der **Gegenwartswert ihrer Gewinne** als langfristiges Gewinnmaß a priori ebenfalls auf **Null** sinken müsste. Würde sich jeder Akteur dagegen vor und nach einem Marktzutritt mit permanent positiven Periodengewinnen als aktueller Monopolist oder Oligopolist kooperativ und gewinnmaximierend verhalten, wäre der **Gegenwartswert der Gewinne in jedem Fall positiv.**

Schließlich sind (bei steigenden Skalenerträgen) **natürliche Monopol- und Oligopolmarktkonstellationen** denkbar, bei denen trotz fehlender Marktzutritts- oder Marktaustrittskosten die laufenden Produktionskosten von jedem Anbieter bei gewinnmaximaler Preispolitik mehr als gedeckt werden, im Falle eines einzigen Marktzutrittes wegen der für alle Anbieter sinkenden Marktanteiles aber nicht mehr. In diesem Fall eines mit Anbietern voll besetzten Marktes, droht **trotz freien und kostenlosen Marktzutritts kein potenzieller Wettbewerb**, da die nur noch zu erzielenden **Verluste eine Marktzutrittsbarriere** darstellen. Für den oder die etablierten Anbieter bedeutet dies, dass sie sich preispolitisch nicht anders verhalten müssen als auf einem geschlossenen Markt.

(2) Effizienzkonzept der Chicago School

Die **Chicago School** (insbes. Stigler, 1968) geht davon aus, dass Konzentrationsprozesse durch internes und externes Unternehmenswachstum auf der **Ausnutzung von Skalenvorteilen** beruhen. Dabei entsteht ein wohlfahrtsökonomisches Abwägungsproblem oder **Trade-off zwischen erhöhter Marktmacht und Effizienzgewinnen** (Williamson, 1968). Allerdings wird die oligopolistische Marktmacht bei unbeschränktem Marktzutritt als kein gravierendes Problem angesehen, da „nach Auffassung der Chicago-School **nur effiziente Marktstrukturen und Verhal-**

tensweisen überleben können" (Kerber, 2003, S. 311). „Die wettbewerbspolitischen Folgerungen der Chicago School sind gravierend: Auch wenn sie nicht für eine Abschaffung der Wettbewerbspolitik plädiert, so sollte sie ihrer Meinung nach aber nur sehr zurückhaltend in die Marktprozesse eingreifen, denn jede wettbewerbspolitische Intervention trägt die Gefahr in sich, dass hierdurch effiziente Strukturen und Verhaltensweisen, durch die Skalen- und Verbundvorteile realisiert werden können, verhindert werden (Staatsversagen). … **Effizienzargumentationen** im Sinne der Chicago School haben sich … **auch in den europäischen Wettbewerbspolitiken** stark ausgebreitet und die Argumente des Konzepts des funktionsfähigen Wettbewerbs teilweise erheblich relativiert und oft wesentlich ergänzt" (ebendort).

17.3 Grundzüge der deutschen und europäischen Wettbewerbspolitik

17.3.1 Vor- und Entstehungsgeschichte

Die Geschichte der modernen Wettbewerbspolitik beginnt mit der Entwicklung des US-amerikanischen Antitrustrechts Ende des 19. Jahrhunderts. „Die Einführung des **Sherman Act (1890),** des **Clayton Act (1914)** und des **Federal Trade Commision Act (1914)**, mit denen gegen aufeinander abgestimmte Verhaltensweisen und Kartelle (restraints from trade) und gegen die Monopolisierung von Märkten vorgegangen wurde, legten die Grundlage für ein sich im Laufe des 20. Jahrhunderts stark ausdifferenzierendes **US-amerikanisches Wettbewerbsrecht**, das eine Vorreiterrolle für die Sicherung des Wettbewerbs spielte und dem somit teilweise bis heute **Vorbildfunktion** zukommt.

Im Gegensatz zu den USA wurden **Kartelle im Deutschen Reich** vor und während des II. Weltkrieges dadurch gefördert, dass sie **vom Reichsgericht als Ausdruck der Vertragsfreiheit grundsätzlich erlaubt** wurden und im Rahmen der zentral gelenkten Kriegswirtschaft sogar ein **Zwangskartellgesetz** (1933) eingeführt wurde.

„In **Europa** dagegen setzte die Etablierung von wirkungsvollen Wettbewerbspolitiken erst **nach dem II. Weltkrieg** ein, wobei vor allem **Deutschland und Großbritannien** eine vergleichsweise **aktive Wettbewerbspolitik** betrieben. Erst **seit Mitte der 1980er Jahre** setzt sich das bereits (mit dem Kartellverbot gem. Art. 81 und dem Missbrauchsverbot gem. Art. 82 EVG) seit 1958 bestehende europäische Wettbewerbsrecht als das zunehmend dominierende **Wettbewerbsrecht in Europa** durch" (Kerber, 2003, S. 323).

17.3.2 Träger der Wettbewerbspolitik

(1) Träger der deutschen Wettbewerbspolitik

Da sich die praktische Wettbewerbspolitik als Ordnungspolitik in der Hauptsache auf gesetzliche Instrumente stützt, tragen **alle drei Staatsgewalten wettbewerbspolitische Verantwortung:** (a) der **Bundestag und Bundesrat (Legislative)** für die politische Gestaltung und Formulierung der Wettbewerbsgesetze, (b) die **Kartellsenate am Bundesgerichtshof und den obersten Landesgerichten (Judikative)** für das Wettbewerbsbeschwerde- und Spruchrecht und (c) die **Kartellbehörden (Exekutive),** die entsprechend ihren Befugnissen die Einhaltung der wettbewerbsrechtlichen Vorschriften gewährleisten.

Die **Bundesregierung** als **Hauptträger der deutschen Wettbewerbspolitik** sorgt für die Einhaltung, Überprüfung und Weiterentwicklung der wettbewerbspolitischen Grundsätze und Rechtsnormen in Deutschland und wirkt an der Einhaltung und Gestaltung der europäischen Wettbewerbspolitik mit.

Der **Bundesminister für Wirtschaft und Technologie als verantwortlicher Fachminister**, der die Bundesrepublik auch politisch gegenüber der Kommission als europäischer Wettbewerbsbehörde vertritt, ist federführend bei den von der Bundesregierung eingebrachten Gesetzesentwürfen zur Novellierung des deutschen Wettbewerbsrechts sowie deren Anpassung an europäische Rechtsvorschriften. Direkt in die exekutive Wettbewerbspolitik eingeschaltet ist der Minister jedoch nur durch die **Ministererlaubnis im Rahmen der Zusammenschlusskontrolle**, ansonsten liegt die wettbewerbsrechtliche Exekutive in Händen der übrigen Kartellbehörden.

Kartellbehörden in Deutschland sind gem. § 48 Abs. 1 GWB das **1) Bundeskartellamt** als selbständige Bundesbehörde mit Sitz in Bonn, **2)** das **Bundesministerium für Wirtschaft und Technologie** und die nach Landesrecht zuständigen obersten Landesbehörden (ausnahmslos die Wirtschaftsministerien bzw. Wirtschaftssenatsverwaltungen der 16 Bundesländer als sog. **3) Landeskartellbehörden.** Die Zuständigkeiten sind im GWB geregelt, wobei gegebenenfalls diejenige Landeskartellbehörde eingeschaltet wird, in deren Gebiet die betroffenen Unternehmen ihren Sitz haben. Reicht die Wirkung des wettbewerbsbeschränkenden oder diskriminierenden Verhaltens oder einer Wettbewerbsregel über das Gebiet eines Landes hinaus, nimmt das Bundeskartellamt die gesetzlichen Aufgaben und Befugnisse wahr.

Für die Mitwirkung an Verfahren der Kommission der Europäischen Gemeinschaft oder der Wettbewerbsbehörden anderer Mitgliedstaaten der Europäischen Gemeinschaft ist **ausschließlich das Bundeskartellamt zuständig.**

Als wettbewerbspolitisches **Beratungsorgan** erstellt gem. §§ 44-47 GWB die aus fünf unabhängigen und fachkundigen Mitgliedern (seit 1973) bestehende **Monopolkommission** alle zwei Jahre ein **Gutachten**, in dem sie den Stand und die absehbare Entwicklung der **Unternehmenskonzentration** in der Bundesrepublik Deutschland **beurteilt**, die Anwendung der Vorschriften über die **Zusammenschlusskontrolle würdigt** sowie **zu aktuellen wettbewerbspolitischen Fragen Stellung nimmt**

(2) Träger der europäischen Wettbewerbspolitik

Hauptträger der Europäischen Wettbewerbspolitik ist die **Europäische Kommission mit der Generaldirektion „Wettbewerb",** die über ähnliche Befugnisse verfügt wie das Bundeskartellamt (Auskunfts- und Untersagungsrechte, Bußgeldverhängung). Eine gerichtliche Überprüfung der Entscheidungen der Kommission kann durch Anrufung des Europäischen Gerichts erster Instanz und des Europäischen Gerichtshofs überprüft werden.

17.3.3 Deutsches Wettbewerbsrecht

(1) Das Gesetz gegen Wettbewerbsbeschränkungen (GWB, 2005)

Nach dem II. Weltkrieg wurde unter dem Einfluss der Alliierten und dem Ordoliberalismus der Freiburger Schule durch das **Gesetz gegen Wettbewerbsbeschränkungen (GWB)** im Jahre **1957** u. a. ein allgemeines **Kartellverbot** (mit Ausnahmen) und eine Missbrauchsaufsicht **über marktbeherrschende Unternehmen eingeführt**. Im Rahmen ständiger Novellierungen und Anpassungen an das europäische Wettbewerbsrecht folgten **1973** die **Zusammenschlusskontrolle** und die **Bildung der Monopolkommission.**

Das mehrfach novellierte **GWB in der Fassung vom 15. Juli 2005** regelt in seinen sechs Teilen in der Hauptsache das Verbot von (willkürlichen) Wettbewerbsbeschränkungen im Sinne der Konzeption des freien Wettbewerbs, so dass man die Wettbewerbsfreiheit als **Schutzobjekt des GWB** ansehen darf.

Da das Gesetz in verschiedenen Ausnahmeregelungen eine **Güterabwägung (rule of reason)** zwischen Wettbewerbsbeschränkungen und der Verbesserung der Wettbewerbsbedingungen oder der Wettbewerbsergebnisse vornimmt, kann von der impliziten **Akzeptanz der Dilemma-These** ausgegangen werden.

Obwohl in der Begründung des Gesetzes auf die Referenzsituation der vollkommenen Konkurrenz Bezug genommen wurde, lassen die wettbewerbsrechtlichen Vorschriften jedoch **keinerlei Marktstruktur-Interventionismus zugunsten des homogenen Polypols** erkennen. Auch verschiedene nachträglich eingeführte Begünstigungen kleiner und mittlerer Unternehmen lassen sich kaum in dieser Richtung interpretieren.

(2) Hauptregelungsbereiche des GWB

Eine **Gesamtübersicht** über den Aufbau und Einzelvorschriften des GWB als „Grundgesetz des Wettbewerbs" vermittelt Tab. 17-3, die Hauptregelungsbereiche werden nachfolgend beschrieben.

(a) Das **allgemeine Kartellverbot** gem. § 1 GWB mit der Möglichkeit zur bedingten Gruppenfreistellung gem. europäischem Wettbewerbsrecht (Artikel 81 Abs. 3 des EG-Vertrags) und zur bedingten **Freistellung von Mittelstandskartellen**.

Tab. 17-3: Regelungen des Gesetzes gegen Wettbewerbsbeschränkungen

1. Teil: Wettbewerbsbeschränkungen	
1. Abschnitt	**Wettbewerbsbeschränkende Vereinbarungen, Beschlüsse und abgestimmte Verhaltensweisen**
	§ 1 Verbot wettbewerbsbeschränkender Vereinbarungen (Kartellverbot)
	§ 2 Freigestellte Vereinbarungen
	§ 3 Mittelstandskartelle
	§§ 4-18 (weggefallen)
2. Abschnitt	**Marktbeherrschung, wettbewerbsbeschränkendes Verhalten**
	§ 19 Missbrauch einer marktbeherrschenden Stellung
	§ 20 Diskriminierungsverbot, Verbot unbilliger Behinderung
	§ 21 Boykottverbot, Verbot sonstigen wettbewerbsbeschränkenden Verhaltens
3. Abschnitt	**Anwendung des europäischen Wettbewerbsrechts**
	§ 22 Verhältnis zu Art. 81 und 82 des EG-Vertrages
	§ 23 (weggefallen)
4. Abschnitt	**Wettbewerbsregeln**
	§ 24 Begriff, Antrag auf Anerkennung
	§ 25 Stellungnahme Dritte
	§ 26 Anerkennung
	§ 27 Veröffentlichung von Wettbewerbsregeln, Bekanntmachungen
5. Abschnitt	**Sonderregeln für bestimmte Wirtschaftsbereiche**
	§ 28 Landwirtschaft
	§ 29 Energiewirtschaft
	§ 30 Preisbindung bei Zeitungen und Zeitschriften
	§ 31 (weggefallen)
6. Abschnitt	**Befugnisse der Kartellbehörden, Sanktionen**
	§ 32 Abstellung und nachträgliche Feststellung von Zuwiderhandlungen
	§ 32a Einstweilige Maßnahmen
	§ 32b Verpflichtungszusagen
	§ 32c Kein Anlass zum Tätigwerden
	§ 32d Entzug der Freistellung
	§ 32e Untersuchungen einzelner Wirtschaftszweige und einzelner Arten von Vereinbarungen
	§ 33 Unterlassungsanspruch, Schadensersatzpflicht
	§ 34 Vorteilsabschöpfung durch die Kartellbehörde
	§ 34a Vorteilsabschöpfung durch Verbände und Einrichtungen
7. Abschnitt	**Zusammenschlusskontrolle**
	§ 35 Geltungsbereich der Zusammenschlusskontrolle
	§ 36 Grundsätze für die Beurteilungen von Zusammenschlüssen
	§ 37 Zusammenschluss
	§ 38 Berechnung der Umsatzerlöse und der Marktanteile
	§ 39 Anmelde- und Anzeigepflicht
	§ 40 Verfahren der Zusammenschlusskontrolle
	§ 41 Vollzugsverbot, Entflechtung
	§ 42 Ministererlaubnis
	§ 43 Bekanntmachungen
8. Abschnitt	**Monopolkommission**
	§ 44 Aufgaben
	§ 45 Mitglieder
	§ 46 Beschlüsse, Organisation, Rechte und Pflichten der Mitglieder
	§ 47 Übermittlung statistischer Daten

Fortsetzung Tab. 17-3

2.Teil: Kartellbehörden	
1. Abschnitt	Allgemeine Vorschriften (§§ 48-50)
2. Abschnitt	Bundeskartellamt (§§ 51-53)
3.Teil: Verfahren	
1. Abschnitt	Verwaltungssachen (§§ 54-80)
2. Abschnitt	Bußgeldverfahren (§§ 81-86)
3. Abschnitt	Vollstreckung (§ 86a)
4. Abschnitt	Bürgerliche Rechtsstreitigkeiten (§§ 87-89a)
5. Abschnitt	Gemeinsame Bestimmungen (§§ 90-95, 96 weggefallen)
4. Teil: Vergabe öffentlicher Aufträge	
1. Abschnitt	Vergabeverfahren (§§ 97-101)
2. Abschnitt	Nachprüfungsverfahren (§§ 102-124)
3. Abschnitt	Sonstige Regelungen (§§ 124-129)
5. Teil: Anwendungsbereich des Gesetzes	
§ 130	Unternehmen der öffentlichen Hand, Geltungsbereich
6. Teil: Übergangs- und Schlussbestimmungen	
§ 131	Übergangsbestimmungen

Verschiedene **europäische Gruppenfreistellungsverordnungen** (GVO) sind in diesem Zusammenhang auch in Deutschland wirksam, z.B. die Spezialisierungs-GVO 2658/2000, Forschungs- und Entwicklungs-GVO 2659/ 2000 sowie die allgemeine Schirm-GVO 2790/1999 und die branchenspezifische Kfz-GVO 1400/2002, die von dem grundsätzlichen Verbot vertikaler Vereinbarungen im Vertrieb freistellen und beispielsweise Franchise-Systeme und Vertragshändlersysteme regeln.

Mittelstandskartelle, d.h. gem. § 3 GWB „Vereinbarungen zwischen miteinander im Wettbewerb stehenden Unternehmen und Beschlüsse von Unternehmensvereinigungen, die die **Rationalisierung wirtschaftlicher Vorgänge** durch zwischenbetriebliche Zusammenarbeit zum Gegenstand haben", werden **vom Verbot des § 1 freigestellt**, „wenn 1. dadurch der Wettbewerb auf dem Markt nicht wesentlich beeinträchtigt wird und 2. die Vereinbarung dazu dient, die Wettbewerbsfähigkeit kleiner und mittlerer Unternehmen zu verbessern". Zur **Steigerung der Wettbewerbsfähigkeit kleinerer und mittlerer Unternehmen (KMU)** sind **Kooperationen** „z.B. dann geeignet, wenn eine Ausweitung der Produktion oder Erhöhung ihrer Qualität, Verbreiterung des Sortiments, Verkürzung der Lieferwege oder -fristen, rationelle Gestaltung der Einkaufs- oder Vertriebsorganisation oder eine gemeinsame Werbemaßnahme angestrebt wird" (Bundeskartellamt, 2007, S.16).

(b) Das **Missbrauchsverbot bei Marktbeherrschung** (§ 19 GWB), richtet sich gegen die missbräuchliche Ausnutzung einer marktbeherrschenden Stellung **durch ein oder mehrere Unternehmen**.

Ein „**Missbrauch**" liegt nach Absatz 4 insbesondere vor, wenn ein marktbeherrschendes Unternehmen als Anbieter oder Nachfrager

1) die **Wettbewerbmöglichkeiten anderer Unternehmen** in einer für den Wettbewerber erheblichen Weise ohne sachlich gerechtfertigten Grund **beeinträchtigt**;

2) **Entgelte** oder sonstige Geschäftsbedingungen **fordert, die von denjenigen abweichen, die sich bei wirksamen Wettbewerb** mit hoher Wahrscheinlichkeit **ergeben würden**; hierbei sind insbesondere die Verhaltensweisen von Unternehmen auf vergleichbaren Märkten mit wirksamem Wettbewerb zu berücksichtigen (**Vergleichsmarktkonzept**);

3) **ungünstigere Entgelte** oder sonstige Geschäftsbedingungen **fordert als auf vergleichbaren Märkten** von gleichartigen Abnehmern;

4) **sich weigert**, einem anderen Unternehmen gegen angemessenes Entgelt **Zugang zu den eigenen Netzen** oder anderen Infrastruktureinrichtungen **zu gewähren**, wenn es dem anderen Unternehmen aus rechtlichen oder tatsächlichen Gründen ohne die Mitbenutzung nicht möglich ist, auf dem vor- oder nachgelagerten Markt als Wettbewerber des marktbeherrschenden Unternehmens tätig zu werden.

(c) Diskriminierungs- und Behinderungsverbot

Das **Verbot von Diskriminierungen und unbilligen Behinderungen** (§ 20 GWB) gilt sowohl für marktbeherrschende Unternehmungen als auch für Unternehmen mit überlegener Marktmacht:

1) Marktbeherrschende Unternehmungen und (vom Kartellverbot freigestellte) Vereinigungen von miteinander in Wettbewerb stehenden Unternehmungen, die Preise binden, dürfen ein anderes **Unternehmen weder unbillig behindern noch unterschiedlich behandeln.**

2) **Dies gilt auch für Unternehmen und Vereinigungen von Unternehmen, soweit von ihnen kleine und mittlere Unternehmen** als Anbieter oder Nachfrager **abhängig sind.**

3) Marktbeherrschende Unternehmungen und (vom Kartellverbot freigestellte) Vereinigungen von miteinander in Wettbewerb stehenden Unternehmungen dürfen ihre Marktstellung nicht dazu ausnutzen, **andere Unternehmen dazu aufzufordern oder zu veranlassen, ihnen ohne sachlich gerechtfertigten Grund Vorteile zu gewähren.**

4) Unternehmen mit gegenüber kleinen und mittleren Wettbewerbern überlegener Marktmacht dürfen ihre **Marktmacht nicht dazu ausnutzen**, solche **Wettbewerber unbillig zu behindern**. Eine „**unbillige Behinderung**" liegt **insbesondere vor, wenn ein Unternehmen Waren** oder gewerbliche Leistungen nicht nur gelegentlich **unter Einstandspreis anbietet**, es sei denn, dies ist sachlich gerechtfertigt.

(d) Boykottverbot und Verbot sonstigen wettbewerbsbeschränkenden Verhaltens

Unternehmungen und Vereinigungen von Unternehmen dürfen gem. § 21 GWB

1) **nicht** andere Unternehmen in der Absicht bestimmte Unternehmen unbillig zu beeinträchtigen, **zu Liefersperren oder Bezugssperren auffordern;**
2) **keine Nachteile androhen oder zufügen** und **keine Vorteile versprechen oder gewähren**, um sie zu einem Verhalten zu veranlassen, das nicht zum Gegenstand einer vertraglichen Bindung gemacht werden darf;
3) andere Unternehmungen **nicht dazu zwingen, einer (freigestellten) Vereinbarung beizutreten** oder sich mit anderen Unternehmen zusammenschließen oder in der Absicht, den Wettbewerb zu beschränken, **sich im Markt gleichförmig zu verhalten.**
4) Schließlich ist es **verboten**, einem Anderen **wirtschaftlichen Nachteil zuzufügen**, weil er ein Einschreiten der Kartellbehörde beantragt oder angeregt hat.

(e) Anerkennung von Wettbewerbsregeln

„**Wettbewerbsregeln**" sind gem. § 24, Abs. 2 GWB „Bestimmungen, die das Verhalten von Unternehmen im Wettbewerb regeln zu dem Zweck, einem den Grundsätzen des lauteren oder der Wirksamkeit eines leistungsgerechten Wettbewerb zuwiderlaufenden Verhalten im Wettbewerb entgegenzuwirken und ein diesen Grundsätzen entsprechendes Verhalten im Wettbewerb anzuregen."

Wirtschafts- und Berufsvereinigungen können bei der Kartellbehörde einen **Antrag auf Anerkennung von Wettbewerbsregeln** stellen. Die anerkannten Wettbewerbsregeln haben den **Charakter staatlich anerkannter freiwilliger Spielregeln** für den Wettbewerb, die für alle an der Vereinigung beteiligten Unternehmen in gleicher Weise gelten sollen, deren Einhaltung aber im **Unterschied zu staatlichen Spielregeln** nicht durch Sanktionsmittel erzwungen werden kann. Die Anerkennung durch die Kartellbehörde sichert jedoch, dass sie keine rechtswidrigen Wettbewerbsbeschränkungen enthalten.

(f) Sonderregelungen für die Landwirtschaft

Für Vereinbarungen landwirtschaftliche Erzeugerbetriebe und deren Vereinigungen **gilt das Kartellverbot des § 1 GWB nicht,** sofern sie keine (horizontale) Preisbindung enthalten und den Wettbewerb nicht ausschließen (§ 28, Abs. 1 GWB). **Außerdem gilt § 1 nicht für vertikale Preisbindungen**, die die Sortierung, Kennzeichnung oder Verpackung von landwirtschaftlichen Erzeugnissen betreffen.

(g) Vertikale Preisbindungen

§ 1 GWB gilt nicht für vertikale Preisbindungen, durch die ein Unternehmen, das **Zeitungen und Zeitschriften** herstellt, die Abnehmer dieser Erzeugnisse rechtlich oder wirtschaftlich bindet, bei der Weiterveräußerung bestimmte Preise zu vereinbaren oder ihren Abnehmern die gleiche Bindung bis zur Weiterveräußerung an den letzten Verbraucher aufzuerlegen (§ 30, Abs. 1 GWB).

Das **Bundeskartellamt kann** jedoch von Amts wegen oder auf Antrag eines gebundenen Abnehmers **die Preisbindung für unwirksam erklären und die Anwendung einer neuen** gleichartigen **Preisbindung verbieten**, wenn 1. die Preisbindung **missbräuchlich** gehandhabt wird oder 2. die Preisbindung oder ihre Verbindung mit anderen Wettbewerbsbeschränkungen geeignet ist, die gebundenen **Waren zu verteuern** oder ein **Sinken ihrer Preise zu verhindern** oder ihre **Erzeugung oder ihren Absatz zu beschränken** (§ 30 Abs. 3 GWB).

Die **Preisbindung für Bücher** als weitere Ausnahme schreibt das **Buchpreisbindungsgesetz** vom 2. September 2002 vor. „Das Gesetz dient dem Schutz des Kulturgutes Buch. Die Festsetzung verbindlicher Preise beim Verkauf an Letztabnehmer sichert den Erhalt eines breiten Buchangebots. Das gewährleistet zugleich, dass dieses Angebot für eine breite Öffentlichkeit zugänglich ist, indem es die Existenz einer großen Zahl von Verkaufsstellen fördert" (§ 1 Buchpreisbindungsgesetz, 2002).

(h) Zusammenschlusskontrolle

Die **deutsche Zusammenschlusskontrolle** gilt für Unternehmungen, die im letzten Geschäftsjahr vor dem Zusammenschluss weltweit Umsatzerlöse von mehr als 500 Millionen Euro und mindestens ein beteiligtes Unternehmen im Inland Umsatzerlöse von mehr als 25 Millionen Euro erzielt haben.

Eine **ausschließlich europäische Zusammenschlusskontrolle** durch die Kommission der Europäischen Gemeinschaft findet nach den Kriterien der EG-Verordnung Nr. 4064/89 in ihrer jeweils geltenden Fassung statt.

Ein „**Zusammenschluss**" liegt gem. § 37 GWB vor bei 1. **Erwerb des Vermögens** eines anderen Unternehmens ganz oder zu einem wesentlichen Teil; 2. **Erwerb der unmittelbaren oder mittelbaren Kontrolle** durch ein oder mehrere Unternehmen; 3. **Erwerb von Anteilen** an einem anderen Unternehmen, wenn die Anteile allein oder zusammen mit sonstigen, dem Unternehmen bereits gehörenden Anteilen a) 50 vom Hundert oder b) 25 vom Hundert des Kapitals oder der Stimmrechte des anderen Unternehmens erreichen; 4. **Jede sonstige Verbindungen** von Unternehmen, auf Grund deren ein oder mehrere Unternehmen unmittelbar oder mittelbar einen wettbewerblich erheblichen Einfluss auf ein anderes Unternehmen ausüben können.

Anmelde- und Anzeigepflicht: Zusammenschlüsse sind gem. § 39 GWB **vor dem Vollzug** beim Bundeskartellamt mit vorgeschriebenen Angaben **anzumelden**. Die am Zusammenschluss beteiligten Unternehmen haben den **Vollzug unverzüglich anzuzeigen**.

Ein **Vollzugsverbot** gilt gem. § 41 GWB, solange ein Zusammenschluss nicht vom Bundeskartellamt freigegeben ist. Bei Vorliegen wichtiger Gründe kann auf Antrag eine **Befreiung vom Vollzugsverbot** erteilt werden. Ein **vollzogener Zusammenschluss**, der die Untersagungsvoraussetzungen erfüllt, **ist aufzulösen („Entflechtung"),** wenn nicht eine Ministererlaubnis gem. § 42 erteilt wird (s. unten).

Gem. § 36 GWB, Abs. 1 gilt für die **deutsche Zusammenschlusskontrolle** der **Untersagungsgrundsatz:** „**Ein Zusammenschluss, von dem zu erwarten ist, dass er eine marktbeherrschende Stellung begründet oder verstärkt,** ist vom Bundeskartellamt **zu untersagen,** es sei denn, die beteiligten Unternehmen weisen nach, dass durch den Zusammenschluss auch Verbesserungen der Wettbewerbsbedingungen eintreten und dass die Verbesserungen die Nachteile überwiegen."

Ein vom Bundeskartellamt untersagter Zusammenschluss kann gem. § 42 GWB auf Antrag vom Bundesminister für Wirtschaft und Technologie erlaubt werden (**Ministererlaubnis**), „wenn im Einzelfall die **Wettbewerbsbeschränkung von gesamtwirtschaftlichen Vorteilen** des **Zusammenschlusses aufgewogen** wird oder der Zusammenschluss durch ein **überragendes Interesse der Allgemeinheit** gerechtfertigt ist. Hierbei ist auch die Wettbewerbsfähigkeit der beteiligten Unternehmen auf Märkten außerhalb des Geltungsbereiches dieses Gesetzes zu berücksichtigen. Die Erlaubnis darf nur erteilt werden, wenn durch das Ausmaß der Wettbewerbsbeschränkung die marktwirtschaftliche Ordnung nicht gefährdet wird."

(i) Regelung der Vergabe öffentlicher Aufträge

Das GWB regelt im vierten Teil (§§ 97-105) das **Vergabeverfahren für öffentliche Aufträge** für die Beschaffung von Waren, Bau- und Dienstleistungen nach Maßgabe der Vorschriften **im Wettbewerb und im Wege transparenter Vergabeverfahren.**

Dabei gelten gem. § 97 folgende **allgemeine Grundsätze:**

1) **Gleichbehandlung der Teilnehmer** am Vergabeverfahren, es sei denn eine Benachteiligung ist auf Grund des GWB ausdrücklich geboten oder gestattet.
2) **Mittelständische Interessen** sind vornehmlich durch Teilung der Aufträge in Fach- und Teillose angemessen **zu berücksichtigen.**
3) **Aufträge** werden **an fachkundige, leistungsfähige und zuverlässige Unternehmen** vergeben.
4) Der **Zuschlag** wird **auf das wirtschaftlichste Angebot** erteilt.

Das **Vergabeverfahren** öffentlicher Aufträge erfolgt a) offen, b) nicht offen, c) durch Verhandlungen oder d) im wettbewerblichen Dialog. Auf weitere Details kann hier nicht eingegangen werden, zu erwähnen bleibt jedoch die Möglichkeit der **Nachprüfung** der Auftragsvergabe **durch** spezielle **Vergabekammern** des Bundes und der Länder.

(j) Befugnisse und Sanktionen der Kartellbehörde

Die Kartellbehörde kann gem. § 32 GWB **Unternehmen oder Vereinigungen von Unternehmungen verpflichten, eine Zuwiderhandlung** gegen Vorschriften des

GWB und gegen Artikel 81 und 82 des Vertrages zur Gründung der EG **abzustellen**. Soweit ein berechtigtes Interesse besteht kann sie eine **Zuwiderhandlung feststellen**, nachdem diese beendet ist. In dringenden Fällen, wenn die Gefahr eines ernsten, nicht wieder gutzumachenden Schadens für den Wettbewerb besteht, **einstweilige Maßnahmen anordnen**.

Bieten Unternehmen an, Verpflichtungen einzugehen, die geeignet sind, die ihnen von der Kartellbehörde nach vorläufiger Beurteilung mitgeteilten Bedenken auszuräumen, so kann die Kartellbehörde die **Verpflichtungszusagen für bindend erklären**.

Haben **Vereinbarungen, Beschlüsse** von Unternehmensvereinigungen **oder aufeinander abgestimmte Verhaltensweisen**, die unter eine europäische Gruppenfreistellungsverordnung fallen, in einem Einzelfall mit den Vorschriften **unvereinbare Wirkungen auf einem Gebiet im Inland**, das alle Merkmale eines gesonderten Marktes aufweist, so kann die Kartellbehörde den **Rechtsvorteil der Gruppenfreistellung** in diesem Gebiet **entziehen**.

Lassen starre Preise oder andere Umstände vermuten, dass der Wettbewerb im Inland möglicherweise eingeschränkt oder verfälscht ist, können das Bundeskartellamt und die obersten Landesbehörden die **Untersuchung eines bestimmten Wirtschaftszweiges oder** – Sektor übergreifend – **einer bestimmten Art von Vereinbarungen** durchführen.

Bei vorsätzlichen oder fahrlässigen Verstößen gegen das GWB oder Art. 81 oder 82 des EG-Vertrages kann die Kartellbehörde die **Abschöpfung des wirtschaftlichen Vorteils anordnen** und dem Unternehmung die Zahlung eines entsprechenden Geldbetrages auferlegen sofern der wirtschaftliche Vorteil nicht durch Schadensersatzleistungen oder die Verhängung der Geldbuße oder die Anordnung des Verfalls abgeschöpft ist.

Ordnungswidrigkeiten können die Kartellbehörden gem. § 81, Abs. 4 mit einer **Geldbuße bis zu einer Million Euro** ahnden.

(k) Verfahrensrechte und -pflichten der Kartellbehörden

Die Kartellbehörde leitet ein **Verfahren qua Amt oder auf Antrag** ein. Macht ein Beteiligter die örtliche oder sachliche Unzuständigkeit der Kartellbehörde geltend, kann die Kartellbehörde eine **Vorabentscheidung über die Zuständigkeit** treffen. An Verfahren von obersten Landesbehörden ist auch das Bundeskartellamt beteiligt.

Die Kartellbehörde hat den Beteiligten **Gelegenheit zur Stellungnahme zu geben**. Auf Antrag oder qua Amt kann sie auch eine **mündliche Verhandlung durchführen**, alle **Ermittlungen führen** und alle **Beweise erheben**, die erforderlich sind. Die Kartellbehörde kann in diesem Zusammenhang u.a. auch **Auskünfte verlangen** und **Beweismittel beschlagnahmen**. Im Rahmen der Zusammenschlusskontrolle kann sie **bis zur endgültigen Entscheidung auch einstweilige Anordnungen treffen**.

17.3 Grundzüge der deutschen und europäischen Wettbewerbspolitik

(1) Rechtsbeschwerdeinstanzen

Gegen Verfügungen der Kartellbehörde kann Rechtsbeschwerde eingelegt werden. Über die Beschwerde entscheidet das für den Sitz der Kartellbehörde **zuständige Oberlandesgericht,** in Verfahren der Zusammenschlusskontrolle ausschließlich das für den Sitz des Bundeskartellamts zuständige Oberlandesgericht. Gegen Beschlüsse des Beschwerdegerichts findet die (zulässige) Rechtsbeschwerde beim **Bundesgerichtshof** statt. Sowohl an den zuständigen Oberlandesgerichten als auch am Bundesgerichtshof werden spezielle **Kartellsenate** gebildet.

(3) Das Gesetz gegen den unlauteren Wettbewerb (UWG, 2004)

Das aus dem Jahre 1909 stammende „Gesetz gegen den unlauteren Wettbewerb" in der novellierten Fassung vom 3. Juli 2004 (UWG, 2004) hat eine grundsätzlich andere Zielsetzung als das GWB. **Schutzobjekt ist** nicht der freie Wettbewerb, sondern **der „lautere" Wettbewerb:** „Dieses Gesetz dient dem Schutz der Mitbewerber, der Verbraucherinnen und der Verbraucher sowie der sonstigen Marktteilnehmer vor unlauterem Wettbewerb. Es schützt zugleich das Interesse der Allgemeinheit an einem unverfälschten Wettbewerb" (§ 1 UWG). Das UWG enthält überwiegend **negative staatliche „Spielregeln",** die für alle Wettbewerber in gleicher Weise gelten: „**Unlautere Wettbewerbshandlungen,** die geeignet sind, den Wettbewerb zum Nachteil der Mitbewerber, der Verbraucher oder der sonstigen Marktteilnehmer nicht nur unerheblich zu beeinträchtigen, **sind unzulässig**" (§ 2 UWG).

„**Unlauter" im Sinne des Gesetzes** (§ 4) handelt beispielsweise, wer (Wettbewerbshandlungen vornimmt, die geeignet sind)

1. die **Entscheidungsfreiheit** der Verbraucher oder sonstiger Marktteilnehmer durch Ausübung von Druck, in menschenverachtender Weise oder durch sonstigen unangemessenen unsachlichen Einfluss **zu beeinträchtigen;**
2. die **geschäftliche Unerfahrenheit** von Kindern oder Jugendlichen, die Leichtgläubigkeit, die **Angst** oder die **Zwangslage** von Verbrauchern **auszunutzen;**
3. den **Werbecharakter von Wettbewerbshandlungen verschleiert;**
4. bei **Verkaufsförderungsmaßnahmen** wie Preisnachlässen, Zugaben oder Geschenken die Bedingungen für ihrer Inspruchnahme **nicht klar und deutlich** angibt;
5. bei **Preisausschreiben oder Gewinnspielen** mit Werbecharakter die Teilnahmebedingungen **nicht klar und deutlich** angibt
6. oder die **Teilnahme** daran **von dem Erwerb einer Ware oder** der Inanspruchnahme **einer Dienstleistung abhängig macht;**
7. die Kennzeichen, Waren, Dienstleistungen, Tätigkeiten oder persönlichen oder geschäftlichen Verhältnisse eines **Mitbewerbers herabsetzt oder verunglimpft;**
8. **über Mitbewerber unwahre und schädigende Behauptungen verbreitet;**

9. Waren oder Dienstleistungen anbietet, die eine **Nachahmung der Waren oder Dienstleistung eines Mitbewerbers** sind, wenn er a) eine vermeidbare Täuschung der Abnehmer über die betriebliche Herkunft herbeiführt, b) die Wertschätzung der nachgeahmten Ware oder Dienstleistung unangemessen ausnutzt oder beeinträchtigt oder c) die für die Nachahmung erforderlichen Kenntnisse oder Unterlagen unredlich erlangt hat;

10. **Mitbewerber gezielt behindert**;

11. einer **gesetzlichen Vorschrift zuwiderhandelt**, die auch dazu bestimmt ist, im Interesse der Marktteilnehmer das Marktverhalten zu regeln.

Darüber hinaus ist gem. §§ 4-7 UWG eine **irreführende, vergleichende und unzumutbar belästigende Werbung unlauter.**

Die **Rechtsfolgen eines UWG-Verstoßes** reichen von Ansprüchen auf **Beseitigung** oder **Unterlassung** und **Schadenersatzpflicht** über Gewinnabschöpfungsmöglichkeiten bis zu **Geld- und Freiheitsstrafen** für strafbare Werbung, Verrat von Geschäfts- und Betriebgeheimnissen, Verwertung anvertrauter Vorlagen oder Vorschriften und für das Verleiten und Erbieten zum Verrat.

17.3.4 Europäisches Wettbewerbsrecht

Das Europäische Wettbewerbsrecht verfolgt gem. Art. 3g EG-Vertrag (EGV) die Zielsetzung, ein „System (zu errichten), das den Wettbewerb innerhalb des Binnenmarkts vor Verfälschung schützt". Es beruht auf **vier Säulen,** von denen die ersten **drei auch im deutschen Wettbewerbsrecht verankert** sind: **(1) Kartellverbot** (mit Ausnahmen), **(2) Missbrauchsverbot** für marktbeherrschende Unternehmen und **(3) Fusionskontrolle.**

Die vierte Säule **(4) Bekämpfung staatlicher Wettbewerbsbeschränkungen** (vgl. Abb. 14-4) ist gewissermaßen eine **„Integrationssäule",** da sie das **Ziel der Marktintegration** verfolgt. Sie richtet sich gegen staatliche Wettbewerbsbeschränkungen und -verzerrungen, die von den Mitgliedstaaten durch unterschiedliche staatliche Monopole, Monopolrechte, Bevorzugung öffentlicher Unternehmen, Zulassung von Ausnahmebereichen, staatliche Subventionen und Beihilfen ausgehen.

Die **Zuständigkeitsabgrenzung gegenüber den nationalen Wettbewerbspolitiken** der Mitgliedstaaten ist unterschiedlich geregelt. „Im Bereich der **Fusionskontrolle** besteht eine **klare Kompetenzabgrenzung** zwischen der Europäischen Kommission („die Kommission") und den Mitgliedstaaten. Die Kommission verfügt über die ausschließliche Zuständigkeit für die Überprüfung ..., sofern der Umsatz der an dem Zusammenschluss beteiligten Unternehmen die Schwellenwerte gemäß Artikel 1 Absatz 2 oder 1 Absatz 3 FKVO (Fusionskontroll-Verordnung) erreicht. Unterhalb dieser Umsatzschwellen liegende Zusammenschlüsse verbleiben in der Zuständigkeit der Mitgliedstaaten gemäß den jeweiligen nationalen Bestimmungen zur Fusionskontrolle. Ein **Verweisungssystem** ermöglicht jedoch unter gewissen Voraussetzungen die Überprüfung von Zusammenschlüssen, die unterhalb der FKVO-Schwellenwerte liegen durch die Kommission und umgekehrt" (European Competition Authorities, 2005, S. 2).

Tab. 17-4: Schwerpunkte des deutschen und europäischen Wettbewerbsrechts

Regelung	Gesetz gegen Wettbewerbs-beschränkungen (GWB)	Europäisches Wettbewerbs-recht
Kartellverbot mit Freistellungs-möglichkeiten	§ 1 GWB Kartellverbot (seit 1957) § 2 Freigestellte Vereinba-rungen § 3 Mittelstandskartelle	Art. 81 EGV: Kartellverbot mit Ausnahmen (seit 1958)
Missbrauchsverbot für marktbe-herrschende Unternehmen	§ 19 GWB	Art. 82 EGV (seit 1958)
Fusionskontrolle	§§ 35-43 GWB (seit 1973)	Fusionskontrollverordnung (seit 1989) z.Zt. gem. FKVO 139/04
Bekämpfung staatlicher Wettbe-werbsbeschränkungen	-	Art. 86 EGV: Staatliche Monopo-le und öffentliche Unternehmun-gen Art. 87 ff. EGV: Beihilfekontrolle Cassis-de-Dijon-Recht-sprechung des EuGH: Durchset-zung der Grundfreiheiten durch wechselseitige Anerkennung von Regulierungen

Quelle: Kerber, 2005, S. 324 mit eigener Aktualisierung

Im Rahmen des Kartellverbots und der Missbrauchskontrolle gibt es übergreifende Zuständigkeiten, wenn sich die Wettbewerbsbeschränkung auf den Handel zwischen den Mitgliedstaaten auswirken kann (**Zwischenstaatlichkeitsklausel**), wobei **im Konfliktfall das europäische Recht Vorrang** hat. Ansonsten können die europäi-schen Wettbewerbsvorschriften auch dezentral sowohl von den nationalen Wettbe-werbsbehörden (wie das Bundeskartellamt) als auch den nationalen Gerichten (im Rahmen von Zivilverfahren) angewandt werden (vgl. Kerber, 2003, S. 325).

Um das Europäische Wettbewerbsrecht lückenlos durchzusetzen wurde eigens das **Europäische Wettbewerbsnetz (ECN)** geschaffen, in dem die Europäische Kom-mission und die nationalen Wettbewerbsbehörden der EU-Mitgliedsstaaten sich ge-genseitig über neue Fälle und Entscheidungen informieren, Nachprüfungen koordi-nieren und gegenseitig unterstützen sowie Beweismittel austauschen. „Wichtigstes **Ziel des ECN ist, dass das europäische Wettbewerbsrecht in der gesamten EU einheitlich angewandt wird**" (EU-Kommission, 2005, S. 6).

Literaturverzeichnis

Afhüppe, S. (2000): Gewollter Reichtum. Max Weber: Die protestantische Ethik, in: Herz, W. (Hrsg.): ZEIT-Bibliothek der Ökonomie. Die Hauptwerke der wichtigsten Ökonomen, Stuttgart, S. 61-64

Akerlof, G. A. (1970): The Market for „Lemons", in: Quarterly Journal of Economics, Vol. 84, S. 488-500

Albert, H. (1964): Markt und Organisation: Der Marktmechanismus im sozialen Kräftefeld, in: Systeme und Methoden in den Wirtschafts- und Sozialwissenschaften, Tübingen 1964, wieder abgedr. in ders.: Marktsoziologie und Entscheidungslogik, Ökonomische Probleme in soziologischer Perspektive, Soziologische Texte, Band 36, Neuwied am Rhein und Berlin

Arrow, K. J., Chenery, H. B., Minhas, B. S., Solow, R. M. (1961): Capital-labor substitution and economic efficiency. Review of Economics and Statistics 43, S. 225-250

Arrow, K. J. (1969): The Organization of Economic Activity: Issues Pertinent to the Choice of Market versus Nonmarket Allocation, in: The Analysis and Evaluation of Public Expenditure. The PBB System. Joint Economic Committee. Vol. 1 Washington, S. 47-64

Arrow, K. J., Debreu, G. (1954): Existence of an Equilibrium for a Competitive Economy, Econometrica, Vol. 22 (1954), S. 265-290

Bauer, H. H. (1989): Marktabgrenzung, Berlin

Baumol, W. J., J. C. Panzar, R. D. Willig (1982): Contestable markets an the theory of industry structure, New York

Baßeler, U., Heinrich, J., Utecht, B. (2006), Grundlagen und Probleme der Volkswirtschaft, 18. Aufl., Stuttgart

Berndt, A., Goldschmidt, N. (2000): „Wettbewerb als Aufgabe" – Leonhard Mikschs Beitrag zur Ordnungstheorie und -politik, Reihe des Instituts für Allgemeine Wirtschaftsforschung, Abteilung Mathematische Ökonomie der Albert-Ludwigs-Universität Freiburg im Breisgau, Nr. 24

Bofinger, P. (2003): Grundzüge der Volkswirtschaftslehre: eine Einführung in die Wissenschaft von Märkten, München

Brost, M. (2000): Immer alles im Lot. Jean-Baptist Say: Traité d'Économie Politique, in: Herz, W. (Hrsg.): ZEIT-Bibliothek der Ökonomie. Die Hauptwerke der wichtigsten Ökonomen, Stuttgart, S. 11-14

Buchpreisbindungsgesetz (2002), Artikel 1 des Gesetzes zur Regelung der Preisbindung bei Verlagserzeugnissen vom 2.September 2002, BGBl. I/2002, 3448 ff. in Kraft getreten am 1. Oktober 2002

Bundeskartellamt (2007): Merkblatt des Bundeskartellamtes über Kooperationsmöglichkeiten für kleine und mittlere Unternehmen, Berlin, Stand März 2007

Cassel, G. (1918): Theoretische Sozialökonomie, Leipzig

Coase, R. H. (1960): The problem of social cost, in: Journal of Law and Economics, Vol. 3, S. 1-44

Coase, R. H. (1937): The Nature of the Firm, in: Economica. N.S., Vol. 4, S. 386-405

Cobb, C.W., Douglas, P.H. (1928): A Theory of Production. American Economic Review, Papers and Proceedings 19, S. 139-165

Demsetz, H. (1967): Toward a theory of property rights, in: American Economic review, papers and proceedings, Vol. 57, S. 3437-359

Eucken, W. (1952): Grundsätze der Wirtschaftspolitik, 6, Aufl., Tübingen 1990

Europäische Kommission (2005): Europäische Wettbewerbspolitik und die Verbraucher, Luxemburg

European Competition Authorities (2005): Grundsätze für die Anwendung von Artikel 4 Absatz 5 und Artikel 22 der Europäischen Fusionskontrollverordnung durch die nationalem Wettbewerbsbehörden der ECA

Gabisch, G. (2003): Haushalte und Unternehmen, in: D. Bender u. a. (Hrsg.), Vahlens Kompendium der Wirtschaftstheorie und Wirtschaftspolitik, Band 2, 8., überarbeitete Auflage, München, S. 1-61,

GWB (2005), Gesetz gegen Wettbewerbsbeschränkungen in der Fassung vom 15. Juli 2005 (BGBl. I, S. 2114), zuletzt geändert durch Artikel 7 Abs. 11 des Gesetzes vom 26. März 2007 (BGBl. I, S. 358)

Gilibert, G. (1989): Francois Quesnay (1694-1774), in: Starbatty, J. (Hrsg.): Klassiker des ökonomischen Denkens, Bd. I; München, S. 114-133

Hartwig, K.-H. (2003): Umweltökonomie, in: D. Bender u. a. (Hrsg.), Vahlens Kompendium der Wirtschaftstheorie und Wirtschaftspolitik, Band 2, 8., überarbeitete Auflage, S. 127-169, München

Hayek, F. A. (1968): Der Wettbewerb als Entdeckungsverfahren, Kieler Vorträge, Neue Folge Nr. 56, Kiel

Heine, M., Herr, H. (2003): Volkswirtschaftslehre: eine paradigmenorientierte Einführung in die Mikro- und Makroökonomik, 3. Aufl. München

Heuß, E. (1965): Allgemeine Markttheorie, Tübingen-Zürich

Hicks, J. (1937): Mr. Keynes and the ‚Classics': A Suggested Interpretation, in: Econometrica, Vol. 5, S147-159

Hilke, W. (1973): Statische und dynamische Oligopolmodelle. Ein Beitrag zur Entscheidungstheorie in Oligopolsituationen, Wiesbaden

Homburg, S. (2008): Allgemeine Steuerlehre, München

Hoppmann, E. (1966): Workable Competition als wettbewerbspolitisches Konzept, in: Theoretische und institutionelle Grundlagen der Wirtschaftspolitik, Theodor Wessels zum 65. Geburtstag, Berlin

Hoppmann, E. (1967): Wettbewerb als Norm der Wettbewerbspolitik, in: ORDO, Bd. 18

Kantzenbach, E. (1967): Die Funktionsfähigkeit des Wettbewerbs, Wirtschaftspolitische Studien aus dem Institut für Europäische Wirtschaftspolitik der Universität Hamburg, Heft 1, hrsg. Von H. Jürgensen, 2. Aufl., Göttingen

Kerber, W. (2003): Wettbewerbspolitik, in: D. Bender u. a. (Hrsg.), Vahlens Kompendium der Wirtschaftstheorie und Wirtschaftspolitik, Band 2, 8., überarbeitete Auflage, S. 297-361, München

Kirsch, G. (1983): Neue Politische Ökonomie, Düsseldorf

Knies, C.G.A.: (1850): Die Statistik als selbständige Wissenschaft. Zur Lösung des Wirrsals in der Theorie und Praxis dieser Wissenschaft, Kassel

Kolb, G. (2004): Geschichte der Volkswirtschaftslehre, Dogmenhistorische Positionen des ökonomischen Denkens, 2., überarb. Aufl., München

Kruse, A. (1959): Geschichte der volkswirtschaftlichen Theorien, Berlin

Külp, B. (1982): Art. Wohlfahrtsökonomik I: Grundlagen, in: HdWW, Bd. 9, S.469-486
Kurz, H. D. (1996): Das System der natürlichen Freiheit, in: Piper, N. (Hrsg.): Die Großen Ökonomen: Leben und Werk der wirtschaftswissenschaftlichen Vordenker, 2., überarb. Aufl., Stuttgart, S. 29-36
Lachmann, W. (2006): Volkswirtschaftslehre 1, Grundlagen, 5., überarb. Aufl., Berlin Heidelberg New York
Leibenstein, H. (1966): Allocative efficiency vs. „X-efficiency", in: American Economic Review, Vol. 56, S. 392-415
Leube, K. R. (1993): Das Ich und der Wert, in: DIE ZEIT Nr. 23 vom 4. Juni 1993
Lerner, A. P. (1933): The concept of monopoly and the measurement of monopoly, in: Review of Economic Studies, 1, S. 157-175; deutsche Übersetzung in: A. E. Ott (Hrsg.): Preistheorie, Köln 1965, S. 225-245
Lipsey, R. G., Lancaster K. (1956): The General Theory of Second Best, in: The Review of Economic Studies, Vol. 24, No. 1 (1956-157), S. 11-32
Mankiw, N. G. (2004): Grundzüge der Volkswirtschaftslehre, 3. Aufl., Stuttgart
Marx, K. (1867): Das Kapital. Kritik der Politischen Ökonomie. – Erster Band. Buch I: Der Produktionsprocess des Kapitals. Hamburg (Faksimile-Ausgabe: Düsseldorf 1988)
Menger, C. (1871): Grundsätze der Volkswirtschaftlehre, Wien
Müller-Armack, A. (1981): Genealogie der Sozialen Marktwirtschaft. Frühschriften, 2. Aufl., Bern und Stuttgart
Modigliani, F. (1944): Liquidity Preference and the Theory of Interest and Money, Econometrica, Vol 12. S. 45-88
Münnich, S. (2001): Max Weber – Leben und Werk. Abrufbar unter httpp://www.wiwi.uni-frankfurt.de/profs/schefold/docs/mweber-lang.pdf, Stand 12.03. 2008
Neumann, M. (2002): Neoklassik, in: Issing, O. (Hrsg.): Geschichte der Nationalökonomie, 4., überarb. und erg. Aufl., München, S. 131-168
Nipperdey, C. (1960): Wirtschaftsverfassung und Bundesverfassungsgericht, Köln, Berlin, München
Oltmanns, T. (1996): Die Weisheit des Auktionators, in: Piper, N. (Hrsg.): Die Großen Ökonomen: Leben und Werk der wirtschaftswissenschaftlichen Vordenker, 2., überarb. Aufl., Stuttgart, S. 63-68
Ott, A.E., Winkel, H. (1985), Der Methodenstreit, in: Dies.: Geschichte der theoretischen Volkswirtschaftslehre, Göttingen, S. 271-285
Phelps, E. S., (1961): The golden rule of accumulation: A fable for growthmen, in: American Economic Review 51, S. 638-643
Piekenbrock, D. (1978): Preisabsatzfunktionen und Preisautonomien bei heterogenem Wettbewerb: Untersuchungen auf der Grundlage eines feldpsychologischen Marktmodells (Diss. Heidelberg), Frankfurt a. M.

Piekenbrock, D. (1980): Zur Entwicklung der Theorie autonomer Preisintervalle. Ein modelltheoretischer und dogmenhistorischer Überblick auf der Grundlage eines heterogenen Dyopols, in: Jahrbücher für Nationalökonomie und Statistik, Bd. 191/1, S. 19-51

Piekenbrock, D. (2007): Optimale Preisreaktion des Einzelhandels auf die Erhöhung der Mehrwertsteuer, in: Studium Duale, Jahrbuch der Berufsakademie Mannheim 2006, Mannheim 2007, S. 161-177

Piekenbrock, D. (2009): Gabler Kompakt-Lexikon Volkswirtschaftslehre, 3. Aufl., Wiesbaden

Pindyck, R.S., Rubinfeld, D.L. (2003): Mikroökonomie, 5. Aufl., München

Popper, K. (1945/1992): Die offene Gesellschaft und ihre Feinde, Bd. I: Der Zauber Platons, Tübingen

Pribam, K. (1998): Geschichte des ökonomischen Denkens. 1. Bd., Frankfurt/Main

Rieter, H. (2002): Historische Schulen, in: Issing, O. (Hrsg.): Geschichte der Nationalökonomie, 4., überarb. und erg. Aufl., München, S. 131-168

Rüßmann, H. (1994): Einführung in das Recht, Skript zur Vorlesung für den Fachbereich Wirtschaftswissenschaft im SS 1994, X. Rechtsinstitute in einer sozialen Marktwirtschaft, http://ruessmann.jura.uni-sb.de/rw20/wiwieinf/wx.htm

Schefold, B. (2003): Beiträge zur ökonomischen Dogmengeschichte, Stuttgart

Schinzinger, F. (2002): Vorläufer der Nationalökonomie, in: Issing, O. (Hrsg.): Geschichte der Nationalökonomie, 4., überarb. und erg. Aufl., München, S. 15-35

Schröder, G. (2006): Preise auf Grenzkostenniveau – optimal, aber unmöglich? Angebotsseitige Subadditivität und nachfrageseitige Nicht-Rivalität als Kehrseiten derselben Medaille – das Beispiel Fernsehprogramme, Diskussionspapier 04/06 der Universität Bayreuth, Rechts- und Wirtschaftswissenschaftliche Fakultät, Wissenschaftliche Diskussionspapiere, Bayreuth

Schumann, J., Meyer, U., Ströbele, W. (1999): Grundzüge der mikroökonomischen Theorie, 7. Aufl., Berlin

Schumann, J. (2002): Wohlfahrtsökonomik, in: Issing, O. (Hrsg.): Geschichte der Nationalökonomie, 4., überarb. und erg. Aufl., München, S. 226-250

Siebke, J. (2003): Preistheorie, in: D. Bender u. a. (Hrsg.), Vahlens Kompendium der Wirtschaftstheorie und Wirtschaftspolitik, Band 2, 8., überarbeitete Auflage, S. 63 -125, München

Sohmen, E. (1971): Wettbewerbskonzeptionen und Wirtschaftspolitik, in: Verstehen und Gestalten der Wirtschaft, Festgabe für Friedrich A. Lutz zum 70. Geburtstag am 29. Dezember 1971, Tübingen

Sohmen, E. (1976): Allokationstheorie und Wirtschaftspolitik, 2.Aufl., Tübingen 1992

Solow, R. M. (1956): A contribution to the theory of economic growth, in: Quarterly Journal of Economics 70, S. 65-94

Sombart, W. (1929): Economic Theory and Economic History, in: European History Review, (2(1), January

Spiethoff, A. (1949): Anschauliche und reine volkswirtschaftliche Theorie und ihr Verhältnis zueinander, in: Salin, E. (Hrsg.): Synopsis. Festgabe für Alfred Weber in Honour.

Starbatty, J. (2005): Vorlesung Geschichte Wirtschaftspolitischer Konzeptionen (Theoriegeschichte), SS 2005

Stigler, G.J.: (1968): The economies of scale, in: Journal of Law and Economics, 1, S. 54-71

Stiglitz, J./Rothschild M.(1976): Equilibrium In Competitive Insurance Markets: An Essay On The Economics Of Imperfect Information, The Quarterly Journal of Economics, Vol.90, No. 4, S. 629-649

Thieme, H. J. (2003): Wirtschaftssysteme, in: D. Bender u. a. (Hrsg.), Vahlens Kompendium der Wirtschaftstheorie und Wirtschaftspolitik, Band 1, 8., überarbeitete Auflage, S. 1 ff. München

UWG (2004), Gesetz gegen den unlauteren Wettbewerb in der Fassung vom 3. Juli 2004 (BGBl. I/2004, Nr. 32 vom 7.7.2004, S. 1414 ff. zuletzt geändert durch Artikel 5 des „Gesetzes über die Durchsetzung der Verbraucherschutzgesetze bei innergemeinschaftlichen Verstößen" vom 21. Dezember 2006, BGBl. I/2006, S. 3367 in Kraft ab 29.12. 2006

Varian, H.R. (1994): Mikroökonomie, 3. Aufl., München und Wien

Weber, M. (1903/1973): Roscher und Knies und die logischen Probleme der Historischen Nationalökonomie (1903), in: ders.: Gesammelte Aufsätze zur Wissenschaftslehre, 4. Aufl., Tübingen 1973, S. 3-145

Weber, M. (1904/1973): Die „Objektivität" sozialwissenschaftlicher und sozialpolitischer Erkenntnis (1904), in: Winckelmann, J. (Hrsg.): Max Weber, Gesammelte Aufsätze zur Wissenschaftslehre, Tübingen 1973, 146-214

Weimann, J. (1996): Wirtschaftspolitik. Allokation und kollektive Entscheidung, Berlin

Weizsäcker, C. C., von (1962): Wachstum, Zins und optimale Investitionsquote, Basel

Weizsäcker, C. C., von (2004): Marktzutrittsschranken, Referat auf der Tagung der Arbeitsgruppe Wettbewerb des Wirtschaftspolitischen Ausschusses des Vereins für Socialpolitik in Münster am 16. März 2004, Reprints of the Max Planck Institute for Research on Collective Goods, Bonn 2004/10

Wentzel, B. (1999): Der Methodenstreit. Europäische Hochschulschriften, Frankfurt am Main

Wied-Nebbeling, S. und H. Schott (2005): Grundlagen der Mikroökonomik, 3. Auflage, Berlin Heidelberg New York

Wicksell, K. (1913): Vorlesungen über Nationalökonomie auf Grundlage des Marginalprinzips, Theoretischer Teil, 1. Bd. Jena, Neudruck 1969

Winckelmann, J. (Hrsg.) (1973): Max Weber, Gesammelte Aufsätze zur Wissenschaftslehre, Tübingen, 1-145

Willeke, F.-U. (1973): Grundsätze wettbewerbspolitischer Konzeptionen, Wirtschaft und Gesellschaft, Bd. 8, hrsg. von N. Kloten und F. Neumark, Tübingen

Willeke, F.-U. (1980): Wettbewerbspolitik, Tübingen

Williamson. O.E. (1968): Economics as an antitrust defense: The welfare trade-offs, in: American Economic Review, Vol. 58, S. 18-36

Zank, W. (1996): Lob der Enthaltsamkeit, in: Piper, N. (Hrsg.): Die Großen Ökonomen: Leben und Werk der wirtschaftswissenschaftlichen Vordenker, 2., überarb. Aufl., Stuttgart, S. 44-49

Abbildungsverzeichnis

Abb. 1-1: Maximal- und Minimalprinzip 4
Abb. 1-2: Nutzen als notwendige Bedingung 5
Abb. 1-3: Sättigung bei stetigen Nutzenfunktionen 8
Abb. 1-4: Sättigung bei unteilbaren (ganzzahligen) Gebrauchgütern 9
Abb. 1-5: Nutzenfunktionen bzw. -kurven ohne Sättigungsgrenzen 10
Abb. 1-6: Grenze zwischen relativ freien und knappen Gütern 12
Abb. 3-1: Lineare Kostenkurve mit Fixkosten 27
Abb. 4-1: Produktionsfunktion für Gut 1 und Gut 2 30
Abb. 4-2: Ermittlung der Transformationskurve 31
Abb. 4-3: Strategien zum Umgang mit der Güterknappheit 32
Abb. 4-4: Konsumverzicht als Wachstumsstrategie 34
Abb. 5-1: Wirtschaftssysteme und Wirtschaftsordnungen 36
Abb. 5-2: Planabstimmung in der Zentralverwaltungswirtschaft 37
Abb. 5-3: Planabstimmung in der Marktwirtschaft 39
Abb. 8-1: Mikroökonomische Blickwinkel 86
Abb. 8-2: Optimierungsproblem des Haushalts 87
Abb. 9-1: Abbildung der partiellen Nutzenfunktion für Gut 1 92
Abb. 9-2: Abgrenzung des Lösungsraumes durch die Budgetgerade 93
Abb. 9-3: Nutzengebirge und Indifferenzkurven 95
Abb. 9-4: Präferenzstruktur des Haushalts 96
Abb. 9-5: Indifferenzkurve als Grenze 97
Abb. 9-6: Graphische Bestimmung des Haushaltsgleichgewichts (Tangentenlösung) 98
Abb. 9-7: Tangenten- und/oder Randlösungen 101
Abb. 9-8: Bogen- und Punktelastizität 103
Abb. 9-9: Nachfragekurven „substitutiver" Güter 105
Abb. 9-10: Randlösungen und „Tangentenlösung" bei vollkommenen Substituten 107
Abb. 9-11: Zusammenhang zwischen dem optimalen Konsumplan für Gut 1 und 2 108
Abb. 9-12: Nachfragekurven unabhängiger Güter 109
Abb. 9-13: Nachfragekurven „komplementärer" Güter 110
Abb. 9-14: Anomale Nachfragereaktion bei Giffen-Gütern 111
Abb. 9-15: Positive Einkommensabhängigkeit der Nachfrage beider Güter 113
Abb. 9-16: Negative Einkommensabhängigkeit der Nachfrage nach Gut 1 113
Abb. 9-17: Keine Einkommensabhängigkeit der Nachfrage nach Gut 1 114
Abb. 9-18: Dualer Lösungsansatz für das Haushaltsgleichgewicht 115
Abb. 9-19: Nutzengebirge mit Sättigungsmengen 120
Abb. 9-20: Graphische Herleitung einer normalen Nachfragekurve 121
Abb. 9-21: Graphische Bestimmung der optimalen Arbeits- und Freizeit 124
Abb. 9-22: Graphische Bestimmung des optimalen Arbeitsangebots 126
Abb. 10-1: Graph einer Produktionsfunktion als Produktionsgebirge 131
Abb. 10-2: Arten von Faktorvariationen 131
Abb. 10-3: Partielle Faktorvariationen 132
Abb. 10-4: Positive und abnehmende Grenzerträge 133
Abb. 10-5: Positive und konstante Grenzerträge 134
Abb. 10-6: Positive und zunehmende Grenzerträge 134
Abb. 10-7: Durchschnittliche Arbeitsproduktivitäten 135
Abb. 10-8: Graphische Ermittlung von Grenz- und Durchschnittsprodukten 136

Abb. 10-9: Isoquantenverläufe bei unterschiedlichem Homogenitätsgrad 139
Abb. 10-10: Graphische Bestimmung der Minimalkostenkombination 143
Abb. 10-11: Kurz- und langfristige Kosten bei konstanten Skalenerträgen 149
Abb. 10-12: Punktuelle Kostenminimalität kurzfristiger Kostenfunktionen 150
Abb. 10-13: Kurzfristige Kostenkurven bei konstanten Skalenerträgen 151
Abb. 10-14: Kurz- und langfristige Kosten bei zunehmenden Skalenerträgen 154
Abb. 10-15: Kurzfristige Kostenkurven bei zunehmenden Skalenerträgen 155
Abb. 10-16: Kurz- und langfristige Kosten bei abnehmenden Skalenerträgen 159
Abb. 10-17: Kurzfristige Kostenkurven bei abnehmenden Skalenerträgen 160
Abb. 11-1: Zusammenfassung der notwendigen Abgrenzungsmerkmale 165
Abb. 11-2: Elementare Marktbeziehungen 166
Abb. 11-3: Symmetrische und asymmetrische Tauschbeziehungen 167
Abb. 11-4: Symmetrische und asymmetrische Anbieterbeziehungen 168
Abb. 11-5: Wettbewerbsbeziehungen zwischen Anbietern oder Nachfragern 169
Abb. 11-6: Frontal- und Parallelwettbewerb zwischen Anbietern 170
Abb. 11-7: Direkte und indirekte Tauschbeziehungen 171
Abb. 11-8: Direkte und indirekte Anbieterbeziehungen 172
Abb. 11-9: Sachliche Marktabgrenzung (Kühlschrankbeispiel) 176
Abb. 11-10: Zeitliche Marktabgrenzung 179
Abb. 11-11: Räumliche Marktabgrenzung: Beschaffungspreisansatz 180
Abb. 11-12: Räumliche Marktabgrenzung über Marktlücken 181
Abb. 11-13: Marktformen nach der Anbieterzahl (oder Nachfragerzahl) 182
Abb. 12-1: Individuelle Nachfragekurve 190
Abb. 12-2: Typen individueller Nachfragekurven 193
Abb. 12-3: Horizontaladdition normal-linearer Individualnachfragen 195
Abb. 12-4: Horizontaladdition konstanter Individualnachfragen 196
Abb. 12-5: Kurzfristig gewinnmaximales Angebot bei steigenden Grenzkosten ... 201
Abb. 12-6: Horizontaladdition preis-elastischer individueller Angebotskurven 203
Abb. 12-7: Kurzfristiges Marktgleichgewicht bei vollkommener Konkurrenz 204
Abb. 12-8: Marktpreisdeterminanten 206
Abb. 12-9: Auswirkung des optimalen Realkapitaleinsatzes 209
Abb. 12-10: Anbieterlage im langfristigen Marktgleichgewicht 210
Abb. 12-11: Langfristiges Gleichgewicht bei vollkommener Konkurrenz 211
Abb. 12-12: Konsumenten- und Produzentenrente 214
Abb. 12-13: Auswirkung eines staatlichen Mindestpreises 215
Abb. 13-1: Preis-Absatz-Kurve des Monopolisten 218
Abb. 13-2: Erlös, Grenzerlös und Erlösmaximierung im Monopol 220
Abb. 13-3: Kurzfristiges Gewinnmaximum im Monopol 223
Abb. 13-4: Monopolpreisdeterminanten bei steigenden Grenzkosten 225
Abb. 13-5: Monopolpreisdeterminanten bei konstanten Grenzkosten 226
Abb. 13-6: Kurzfristige Monopolgleichgewichte bei suboptimalem Realkapitaleinsatz und langfristig konstanten Grenzkosten 228
Abb. 13-7: Langfristiges Monopolgleichgewicht bei konstanten Grenzkosten 230
Abb. 13-8: Kurzfristige Monopolgleichgewichte bei suboptimalem Realkapitaleinsatz und langfristig abnehmenden Grenzkosten 232
Abb. 13-9: Langfristiges Monopolgleichgewicht bei sinkenden Grenzkosten 233
Abb. 14-1: Preis-Absatz-Kurven bei gleich hohem Konkurrenzpreis in Abhängigkeit von der Anbieterzahl 237
Abb. 14-2: Preis-Absatz-Kurve bei konstantem Konkurrenzpreis 238
Abb. 14-3: Bertrand-Gleichgewicht im symmetrischen homogenen Dyopol bei konstanten Grenzkosten (ohne Fixkosten) 243
Abb. 14-4: Bertrand-Gleichgewicht im symmetrischen homogenen Dyopol bei steigenden Grenzkosten und ohne Fixkosten 246

Abb. 14-5: „Bertrand-Gleichgewicht" im homogenen Dyopol mit gleich hohen
Grenz- und Fixkosten 247
Abb. 14-6: Bertrand-Gleichgewicht im symmetrischen homogenen Dyopol bei
steigenden Grenzkosten und Fixkosten 248
Abb. 14-7: Bertrand-Lösungen bei steigenden Grenzkosten und unterschiedlichen
Fixkosten..249
Abb. 14-8: „Bertrand-Gleichgewicht" im homogenen Dyopol bei unterschiedlichen
konstanten Grenzkosten und ohne Fixkosten 250
Abb. 14-9: Kurzfristiger Preisentscheidungsbaum eines Monopolisten beim
Marktzutritt eines homogenen Wettbewerbers 256
Abb. 14-10: Preisstrategien und Gewinneffekte im homogenen Dyopol (Perspektive des
Anbieters 1 nach Marktzutritt des Anbieters 2) 258
Abb. 14-11: Langfristige Dyopolstrategien nach Marktzutritt......................................259
Abb. 14-12: Marktergebnis im Monopol und homogenen Dyopol bei steigenden
Skalenerträgen im Vergleich...260
Abb. 14-13: Kurz- und langfristig marktzutrittsverhindernde Gewinnlage bei steigenden
Skalenerträgen 261
Abb. 14-14: Preisstrategien und Gewinneffekte im homogenen Dyopol nach
einem Marktzutritt bei konstanten Skalenerträgen 262
Abb. 14-15: Dyopolstrategien nach Marktzutritt bei konstanten Skalenerträgen 263
Abb. 14-16: Lang- und kurzfristige Gewinnkurve eines Anbieters bei 1000 Anbietern...264
Abb. 14-17: Langfristiges Marktergebnis bei konstanten Skalenerträgen in Abhängigkeit
von der Anbieterzahl..265
Abb. 14-18: Außen- und Binnenfluktuation im heterogenen Dyopol..........................268
Abb. 14-19: Zusammenhang zwischen der durch Preiserhöhungen des Anbieter 2
ausgelösten Binnenfluktuation und der Originärnachfrage des Anbieters 1 272
Abb. 14-20: Preis-Absatz-Funktionen im symmetrischen heterogenen Dyopol 273
Abb. 14-21: Gleichgewichtslösungen im symmetrischen heterogenen Dyopol
(Preisdiagramm) 276
Abb. 14-22: Gleichgewichtslösungen im symmetrischen heterogenen Dyopol
(Preis Mengen-Diagramm für Anbieter 1)...278
Abb. 14-23: Gewinnkurven im symmetrischen heterogenen Dyopol 282
Abb. 15-1: Grenzproduktivitäts- und Arbeitsnachfragekurve 288
Abb. 15-2: Auswirkung des Reallohnes auf Arbeitsnachfrage und Gewinn................289
Abb. 15-3: Gleichgewicht auf dem vollkommenen Arbeitsmarkt................................292
Abb. 15-4: Arbeitsmarktungleichgewicht durch Mindestlöhne...................................294
Abb. 15-5: Abgeleitete kurz- und langfristige Arbeitsnachfragefunktionen 296
Abb. 16-1: Wirkung einer Pigou-Steuer bei vollkommener Konkurrenz 304
Abb. 16-2: Verhandlungslösung nach Coase..305
Abb. 16-3: Konsumentenrente bei vollkommener Konkurrenz 314
Abb. 16-4: Wohlstandsverlust im Monopol 315
Abb. 16-5: Wohlstandsgewinn durch Preisregulierung im Monopol..........................318
Abb. 16-6: Konsumenten- und Produzentenrente im natürlichen Monopol..............319
Abb. 16-7: Vorteile des natürlichen Monopols gegenüber einem Dyopol 320
Abb. 16-8: Wohlfahrtsgewinn durch kostendeckenden Höchstpreis 320
Abb. 16-9: Wohlfahrtsgewinn durch Grenzkostenpreis...320

Tabellenverzeichnis

Tab. 1-1:	Güterarten	14
Tab. 2-1:	Makro-, meso- und mikroökonomische Perspektiven der VWL	16
Tab. 2-2:	Fragestellungen und Teilgebiete der Mikroökonomie	17
Tab. 2-3:	Fragestellungen und Teilgebiete der Mesoökonomie	18
Tab. 2-4:	Fragestellungen und Teilgebiete der Makroökonomie	18
Tab. 3-1:	Kosten in Abhängigkeit von der Produktionsmenge	26
Tab. 6-1:	Staatsaufgaben im Minimal- oder Nachtwächterstaat	45
Tab. 6-2:	Elemente der Wirtschaftsordnung im Grundgesetz	46
Tab. 6-3:	Eckpunkte der nationalen und europäischen Wettbewerbsordnung	48
Tab. 6-4:	Säulen der Sozialen Sicherung durch den Staat	49
Tab. 10-1:	Produktionsergebnisse in Tabellenform	130
Tab. 11-1:	Marktformen nach Anbieter- und Nachfragerzahl	183
Tab. 11-2:	Marktformen nach Anbieterzahl und Produktmerkmal	183
Tab. 11-3:	Vollkommene und unvollkommene Märkte	185
Tab. 14-1:	Abhängigkeit der Cournot-Preise und -Mengen bei paralleler Preispolitik in Abhängigkeit von der Anbieterzahl	240
Tab. 14-2:	Auszahlungsmatrix bei konstanten Grenzkosten und ohne Fixkosten	245
Tab. 16-1:	Beispiele für externe Konsum- und Produktionseffekte	301
Tab. 17-1:	Typen von Wettbewerbsbeschränkungen nach Willeke	332
Tab. 17-2:	Struktur-Verhaltens-Ergebnis-Paradigma	336
Tab. 17-3:	Regelungen des Gesetzes gegen Wettbewerbsbeschränkungen	342
Tab. 17-4:	Schwerpunkte des deutschen und europäischen Wettbewerbsrechts	351

Symbolverzeichnis

α	Produktionselastizität des Faktors Arbeit	DFK	Durchschnittliche Fixkosten
β	Produktionselastizität des Faktors Realkapital	DTK	Durchschnittliche Total- oder Stückkosten
$\eta_{y,x}$	Elastizität (**y** abhängige, **x** unabhängige Variable)	DVK	Durchschnittliche variable Kosten
λ	Skalenniveau oder Lagrange-Multiplikator	e	Entfernungseinheit
		e^B	Beschaffungsentfernung
Λ	Lagrange-Funktion	E	Erlös
π	durchschnittliche Arbeitsproduktivität	E_x	Grenzerlös (*GE*)
		F	allgemeine Faktor-produktivität
ρ	durchschnittliche Kapitalproduktivität	G	Gewinn
θ	Aufschlagssteuersatz	$\overline{\overline{G}}_j$	Gewinn bei paralleler Preispolitik
a	Sättigungsmenge der Gesamtnachfrage	G_j^o	(originärer) Gewinn im Quasi-Monopol
a_i	individuelle Sättigungsmenge	G^{kzf}	kurzfristiger Gewinn
A	Anbieterzahl	G^{lgf}	langfristiger Gewinn
b	Preisreagibilität der Gesamtnachfrage	G_x	Grenzgewinn (*GG*)
		h^A	Arbeitszeit in Stunden
b_i	individuelle Preisreagibilität	h^F	Freizeit in Stunden
c_j	Binnenfluktuationskoeffizient des Anbieters **j**	h^T	tarifliche Arbeitszeit in Stunden
C	Cournot-Punkt	H	Homogenitätsgrad
DG	Durchschnitts- oder Stückgewinn	i	Index für die Nachfrager eines Marktes

Symbolverzeichnis

j	Index für die Anbieter eines Marktes	T	Tangentenlösung oder Transformationskurve
K	(Total- oder Gesamt-)Kosten	$\bar{T}$	Mengensteuer pro Stück
K^{kzf}	kurzfristige Kosten	U	Nutzen
K^{lgf}	langfristige Kosten	U_x	Grenznutzen
K^F	Fixkosten	w	Nominallohn je Arbeitsstunde
K^V	variable Kosten	x	Gütermenge
K_x	Grenzkosten (GK)	x_i	individuelle Nachfragemenge
K_{xx}	Steigung der Grenzkostenkurve	x^A	Angebotsmenge
L	Arbeitseinsatz in Stunden	x^C	gewinnmaximale Cournot-Menge
L^d	Arbeitsnachfrage	x^N	Nachfragemenge
L^s	Arbeitsangebot	x_j^o	Originärnachfrage des Anbieters j
m_j	Außenfluktuationskoeffizient des Anbieters j	x_j^K	Kernnachfrage des Anbieters j
M	Budget (Mittel in Kapitel 1)	$\bar{\bar{x}}_j$	Absatz des Anbieters j bei parallelen Preisen
N	Nachfragerzahl		
P	Güter- oder Marktpreis	y	Realeinkommen
P^C	Cournot-Preis	Y	Nominaleinkommen
P^h	Prohibitivpreis der Gesamtnachfrage	z_x	1. partielle Ableitung von z nach x
P_i^h	individueller Prohibitivpreis	z_{xx}	2. partielle Ableitung von z nach x
P^{max}	Maximalpreis der Gesamtnachfrage	z_{xy}	Kreuzableitung von z_x nach y
P_i^{max}	maximale individuelle Preisbereitschaft	Z	Zielwert
r	Realkapitalnutzungskosten pro Einheit		
R	Realkapitaleinsatz (oder Randlösung)		
R^*	optimaler Realkapitaleinsatz		

Stichwortverzeichnis

A

Abgaben 86
Abgrenzungsproblem 182
Abhängigkeitsposition 283
Ableitung 26
  _ erste 26
  _ Kreuzableitung 26
  _ zweite 26
Absatzgebiet 179
Absatzpotenzial 235
Abschreibungen 33, 285
Abstandzahlungen 302
Abstimmung 337
adverse Selection 310, 312
Aggregation
  _ von Individualnachfragen 194
Aggregationsstufe 17
Akkumulationstheorie 64
Aktionsparameter 90, 95, 217, 328
  _ selbstständiger Einsatz 169
Albertus Magnus 53
Alleinanbieter 173
Alleinnachfrager 173
Alleinsteuer 59
Allgemeininteresse 347
Allokation 20
  _ der Produktionsfaktoren 329
  _ der Ressourcen 329
  _ effiziente 334
  _ inefiziente 90
  _ marktwirtschaftliche 323
  _ optimale 329
Allokationspolitik 20
Allokationsproblem
  _ intertemporales 33
Allokationstheorie 18, 299
Allokationsziel 32
als Launhard-Hotelling-Lösung 276
Als-Ob-Wettbewerb 317

Alternativsubstitution 100
Analyse
  _ dynamische 25
  _ evolutorische 25
  _ komparativ-statische 25
  _ statische 25
Anbieterbeziehungen 165
  _ symmetrische 167
Anbietergruppe 167
Anbieterstandort 164
Anbieterverhalten 184
Anbieterzahl 181, 197, 212, 213, 234, 240, 260, 264, 265
Angebot 54, 163
Angebotsfunktion
  _ individuelle 200
  _ kurzfristige individuelle 199
Angebotskurve
  _ kurzfristige individuelle 200
Angebotspolitik 184
Angebotsreaktionen 43
  _ anomale 43
Angebotstheorie 127
Angebotsvielfalt 328
Anmeldepflicht 346
Anpassungsflexibilität 336
Anpassungsmentalität 326
Anpassungsstrategien 31
Antimonopol-Politik 44
Antithese 22
Anzeigepflicht 346
Arbeit 128
Arbeiterklasse 64
Arbeitgeberverband 293
Arbeitsangebot 122, 291
  _ maximales 125
  _ Reallohnabhängigkeit 125
Arbeitsangebotskurve 125
Arbeitsangebotsplan
  _ optimaler 86
Arbeitsangebotstheorie 17

Arbeitseinkommen 38, 122
_ nominelles 122
_ reales 122
Arbeitseinsatz 286
_ kurzfristig gewinnmaximaler 286
Arbeitskräfteangebot 61
Arbeitskräfteeinsatz 29
Arbeitskräftepotential 29, 284
Arbeitsleistung 54, 284
Arbeitslosenquote 79
_ natürliche 80
Arbeitslosenversicherung 312
Arbeitslosigkeit 31, 292, 293
Arbeitsmarkt 286
_ gesamtwirtschaftlicher 79
Arbeitsmärkte 311
Arbeitsmarktgleichgewicht 25, 291, 292, 293
Arbeitsmarktmonopole 293
Arbeitsmarktpolitik 44
Arbeitsmarktungleichgewicht 293
Arbeitsnachfrage 286, 290
_ abgeleitete 294
_ im Monopol 297
_ im Polypol 297
Arbeitsnachfragefunktion 290, 295
_ kurzfristige 295
_ langfristige 295
Arbeitsnachfragekurve 287
Arbeitsnachfrageelastizitäten 290
Arbeitsproduktivität 33, 75
_ durchschnittliche 135
Arbeitsstundeneinsatz 286
Arbeitsteilung 15, 35, 51
_ gesellschaftliche 52
Arbeitsteilung,
_ wirtschaftliche 52
Arbeitsvariation 132
Arbeitsverbrauchsfunktion 198
_ kurzfristige 295
_ langfristige 295
Arbeitsverträge 284
Arbeitsvolumen
_ optimales 287
Arbeitszeit 29, 33, 125, 294
_ tarifliche 125
Arbeitszeitflexibilisierung 125

Arbeitszeitregime 125
Arbeitszeitverkürzung 287
Arbeitszeitwahl 125
Aristoteles 52
Armut 60
Arrow, Kenneth J. 73
Auflagen
_ ordnungsrechtliche 302
Auflagenpolitik 302
Aufträge
_ öffentliche 347
_ Vergabeverfahren 347
Augustinus 53
Auktionator 72
Ausfuhrverbot 56
Auslastungsziel 31
Aussagen 22
_ normative 22
_ wissenschaftliche 23
Außenfluktuationskoeffizient 267
Außenhandel 55
Außenhandelslehre
_ merkantilistische 57
Außenhandelspolitik 19
Außenhandelstheorem 61
Außenhandelstheorie 19
Außenhandelsüberschüsse 57
Außenseiter 317
Außenwirtschaft 16, 19
Außenwirtschaftstheorie
_ monetäre 57, 80
Austauschbarkeit
_ funktionale 100, 106, 175
Auswahlfreiheit 40, 328
Auszahlungsmatrix 244
Aversion 6
Axiome 21

B

Bastard-Keynesianimus 79
Becher, J.J. 58
Bedarf 5
_ maximaler 9
_ unendlicher 9
Bedarfsdeckung 12

Bedarfsmengen 9
Bedarfsträger 5, 9
Bedürfnis 5
Bedürfnisbefriedigung 5
Behinderungen 344
Behinderungsverbot 344
Beihilfen
  _ staatliche 317
Bentham, Jeremy 68
Bertrand, Joseph 241
Bertrand-Dyopol-Modell 242
Bertrand-Gleichgewicht 244
Bertrand-Lösung 243
Bertrand-Nash-Gleichgewicht 241, 276
Bertrand-Paradoxon 242
Bertrandpreis 243
Bertrand-Wettbewerb 316
Bertrand-Wettbewerbspreis 277
Beschaffungsfreiheit 40
Beschaffungspreisansatz 179
Beschaffungsreichweite 179
Beschaffungszeitansatz 180
Beschäftigung 79
Beschäftigungspolitik 19
Beschäftigungsstand
  _ hoher 47
Beschäftigungstheorie 19
Bestandsgröße 284
Besteuerung 20
bestreitbare Märkte 316
Betriebsoptimum 213, 229
Betriebswirtschaftlehre 20
Betriebswirtschaftslehre 16, 88
Bevölkerungsfalle 60
Bevölkerungsvermehrung 57, 61
Bevölkerungswachstum 75
Beziehung
  _ agonistische 325
  _ antagonistische 325
Beziehungsnetz
  _ ökonomisches 164, 165
  _ soziales 164, 165
Bezugsscheine 38
Bezugssperren 345
Bildungsinvestitionen 33, 87
Binnenfluktuation 238
  _ eingeschränkte 266

Binnenfluktuationskoeffizient 267
Binnenfluktuationspotenzial 270
Binnensektor 17
Binnenwirtschaft 16
Boden 29, 285
Bodenbestandsmarkt 285
Bodennutzungsmarkt 285
Bodenpreise 285
Bodin, Jean 80
Bogenelastizität 102
Böhm, Franz 42
Bolschewismus 64
Boykottverbot 344
Break-Even-Point 200
Bruttoinvestitionen 33
Buchpreisbindungsgesetz 346
Budgetänderungen 102
Budgetbeschränkung 93
Budgetfunktion 94
Budgetgerade 93
Budgetminimierung 114, 117
Bullionismus 57
Bundeskartellamt 340
Bundesministerium für Wirtschaft 340
Bundesverfassungsgericht 46
Bürgerschutz 45
Buridanus, Johannes 54

C

Calvin, Johannes 56
Cambridge Schule 71
Cassel, Gustav 72
CES-Produktionsfunktion 129
ceteris-paribus-Klausel 24, 72
ceteris-paribus-Methode 62
Chicago School 338
Chicago-Schule 81
Clark, John B. 75
Clayton Act 339
Coase, Ronald 76
Coase-Gleichgewicht 305
Coase-Verhandlungslösung 304
Cobb, Charles C. 75
Cobb-Doufglas-Funktion
  _ linear-Homogene 140
Cobb-Douglas-Funktion 75, 140

_ numerische 146
Cobb-Douglas-Nutzenfunktion 114
Cobb-Douglas-Produktionsfunktion 129, 197, 295
Cobb-DouglasTechnologie 144
Colbert, Jean Baptiste 57
Colbertismus 57
constant returns to scale 138
Contestable Market Theory 250
Contestable Markets 316, 337
Cournot, Antoine Augustin 23, 221
Cournotmenge
_ langfristige 231
Cournot-Menge 221
Cournotpreis 222
_ langfristiger 231
Cournotpreise 274
Cournot-Preise 240
Cournotscher Punkt 221

D

Darstellung
_ graphische 26
_ mathematische 26
_ tabellarische 26
_ verbale 25
Darstellungsmethoden 25
dead weight loss 314
Debreu, Gérard 73
decreasing returns to scale 138
Deduktion 21
deficit spending 78
Dekonzentration 318
der kostenminimalen Produktionsmenge 145
Deutsche Bundesbank 81
Dialektik 22
Differential
_ totales 96, 99
Differentialquotient 103
Differenzenquotient 103
Dilemma-These 331, 341
Dirigismus 56
diseconomies of scale 158
Diskriminierungen 344
Diskriminierungsverbot 344
Distribution 20

Distributionspolitik 20
Dogmengeschichte 22, 50, 61, 71
_ Antike 51
Domizilprinzip 164
Douglas, Paul 75
Drei-Güter-Fall
_ unechter 107
Drohung 256
Dualität 146
Dualitätsprinzip 146
Duopol 182
Dupuit, Juvénal 68
Durchschnittslohn 311
Durchschnittsprodukte
_ graphische Herleitung 136
Durchschnittsproduktivitäten 135
Dyopol 23, 182, 319
_ homogenes 236, 239
_ natürliches 319

E

economies of large scale 156, 229
economies of scale 335
Economies of Scale 319
Edelmetallreserven 57
Effekte, externe 74, 300
_ Internalisierung 43, 302
_ Konsumeffekte 300
_ Kosteninternalisierung 303
_ negative 300
_ pekuniäre 301
_ positive 300
_ Preisbildung 302
_ Produktionseffekte 300
_ technologische 301
effizient
_ technisch 128
Effizienzgewinne 338
Effizienznachteil 319
Effizienzverlust 215
Effizienzvorteile 321
Eigeninteresse 43
Eigentum 46
_ privates 40
Eigentümerunternehmer 289

Eigentums- und Verfügungsrechte 71
Eigentumsordnung 46, 76
Eigentumsrechte 12, 38, 300, 304
Eigenwert 334
Einfluss 166
_ bilateraler 167
_ Einzeleinfluss 167
_ merklicher 166
_ ökonomischer 166
_ unmerklicher 166
Einkommen
_ permanentes 82
_ verfügbares 86
Einkommensarten 285
Einkommenserzielung 86
Einkommens-Konsum-Kurve 102
Einkommens-Konsum-Kurven 112
Einkommensumverteilung 73
Einkommensverteilung 20, 75, 329
_ egalitäre 73
_ funktionale 75
_ primäre 329
Einkommensverwendung 40, 86
Einperiodenspiel 251
Ein-Perioden-Spiel 242
_ kooperatives 244
Ein-Produkt-Angebot 217
Ein-Produkt-Monopol 183
Ein-Produkt-Unternehmung 127
Einvernehmen
_ gegenseitiges 337
Einverständnis
_ gegenseitiges 337
_ stillschweigendes 254, 326
Einzelwirtschaft 3
Einzelwirtschaften 17
Elastizität 72
Elastizitäten
_ partielle 103
Elastizitätskoeffizient 102
Elastizitätswert 102
Empirismus 21
Energie 29
Entdeckungsverfahren 329
Entflechtung 347
Entschädigungsbereitschaft 305
Entschädigungssumme 305

Entscheidungsbaum 255
Entscheidungsknoten 255
Entscheidungsproblem 93
Entscheidungsprobleme 16
Entscheidungsprozesse
_ kollektive 76
Entscheidungstheorie 164, 178
Entscheidungsunsicherheit 307
Entsparen 87
Entwicklungsprozeß
_ historischer 64
Erbschaft 87
Erfolgsbehinderung 325
Erhard, Ludwig 44
Erkenntnisobjekt 15
Erlösfunktion 218
Erlöskurve 219
Erlösmaximum 219
Erwartungsparameter 95, 218
Erwartungswert 308
Erwerbsstreben 56
Ethik
_ christliche 53
_ Nikomachiche 53
_ protestantische 67
Eucken, Walter 15, 42, 43, 71
Europäische Gerichte 341
Europäische Wettbewerbsnetz 351
Europäische Zentralbank 81
Europäischen Gemeinschaft 340
_ Kommission 340
Ex-ante-Analyse 24
Existenzminimum 61
Expansionpfad
_ isokliner 144
Expansionspfad 145, 208
Exportsektor 17
Ex-post-Analyse 24
Ex-Post-Identität 81

F

Fahrstrahlwinkel 136
Faktorangebot 39
Faktoranpassungskurve 144
Faktoreinkommen 38
Faktoreinsatz

_ kostenminimaler 145
Faktoreinsatzebene 130
Faktoreinsatzverhältnis 128
  _ konstantes 138
  _ Optimierung 207
Faktorelastizität 137
Faktorkombination
  _ kostenminimale 88, 142, 227
Faktorleistungen 38
Faktormärkte 39, 284
Faktornachfrage 39, 88, 89
  _ kostenminimale 89
Faktornachfragetheorie 17, 89
Faktorpreise 88, 142, 284
Faktorpreisrelation 145
Faktorpreisrelationen 89
Faktorproduktivität 290
  _ allgemeine 129
Faktorvariation 131
  _ isokline 131
  _ isoquante 131, 208
  _ partielle 131
  _ proportionale 131, 138
Faktorverbrauchsfunktion 147
Faktorverbrauchswert 140
Falsifikation 21, 22
Federal Trade Commision Act 339
Fehlallokation 90
Finanzpolitik 19, 20
Finanztheorie 19, 20
Finanzverfassung 46
Finanzwissenschaft 20
Firmenmarkt 162
First-mover-Nachteil 283
First-mover-Vorteil 282
fiscal policy 20
Fisher, Irving 81
Fishersche Verkehrsgleichung 81
Fiskalpolitik 20, 78
Fixkosten 141, 242
  _ durchschnittliche 141
Fixkostenbelastung 248
Fixkostenblock 262
Fixkostenerhöhung, 156
Fluktuationseffekte 267
Fortschritt
  _ sozialer 44

_ technischer 33
Fourier, Charles 63
Frachtkosten 180
Franko-Preise 179
free-rider-problem 307
Freiburger Imperativ 44
Freiburger Schule 42, 341
Freihandel 59
Frei-Haus-Preise 179
Freiheit 43, 63, 330
  _ relative 330
  _ wirtschaftliche 38, 40
Freizeitnachfrage 125
Freizeitnutzen 88, 122
Friedman, Milton 81
Frontalwettbewerb 170, 171
Frühkapitalismus 67
Frühsozialisten 63
Fühlbarkeitsschwelle 166
Fusionskontrolle 336, 350
Fusionskontroll-Verordnung 350

G

Garantie-Vertrag 309
Gebrauchtwagenmarkt 308
Gebrauchtwagen-Siegel 309
Gedankenexperiment 24
Gefangenendilemma 244, 326
Gegenleistung 54
Gegenrevolution
  _ monetaristische 80
Gegenwartswert
  _ von Gewinnen 338
Gehalt 285
Geld 54
  _ Kaufkraft 54
  _ Metallgehalt 54
  _ Substanzwert 54
Geldeinheit 99
Geldlehre 54
Geldmarktgleichgewicht 25
Geldmarktmodell 79
Geldmarktzins 59
Geldmenge 55
Geldmengenwachstum
  _ potenzialorientiert 80

_ verstetigtes 80
Geldnachfrage 78
Geldnachfragetheorie 81
Geldordnungspolitik 19
Geldpolitik 18
  _ potenzialorientierte 81
  _ wirkungslose 78
Geldprozesspolitik 20
Geldstrom 40
Geldtheorie 18
Geldumlauf 80
Geldvermögenseffekt 78
Geldwertstabilisierung 43
Geldwirtschaft 178
Gemeineigentum 52, 64
Genussausgleichsgesetz 99
Gerechtigkei
  _ soziale 44
Gerechtigkeitsgebot 53
Gesamtangebot
  _ kurzfristiges 202
Gesamtarbeitsnachfrage 291
Gesamtkosten 141
Gesamtnachfrage 187
Gesamtnutzen 95
Gesamtwirtschaft 16, 18
Gesamtwohl 43
Gesellschaftsinteresse 59
Gesellschaftsmodelle 63
Gesellschaftssystem 36
Gesetz 6
  _ abnehmender Bodengrenzerträge 60
  _ der Bevölkerungsfalle 60
  _ gegen den unlauteren Wettbewerb *Siehe* UWG
  _ gegen Wettbewerbsbeschränkungen *Siehe* GWB
  _ vom abnehmenden Grenznutzen 6
Gesetz gegen den unlauteren Wettbewerb 349
Gesetz gegen Wettbewerbsbeschränkungen 341
Gewährleistung 310
Gewährleistungsanspruch 310
Gewalt
  _ zentralstaatliche 38
Gewerbeförderung 57
Gewerbefreiheit 48
Gewerkschaft 293

Gewinnfunktion 280
Gewinnkurve 287
Gewinnmaximierung 23, 89, 127, 197
  _ kurzfristige 199
Gewinnmaximierungsbedingung 199
Gewinnmaximum 300
  _ langfristiges 289
Gewinnquote
  _ gesamtwirtschaftliche 75
Gewinnschwelle 200
Gewinnstreben 53
Giffen-Güter 111
Giffen-Paradoxon 111
Gleichgewich
  _ oligopolistisches 241
Gleichgewicht 24
  _ allgemeines 62, 73, 300
  _ außenwirtschaftliches 47
  _ gesamtwirtschaftliches 25
  _ kooperatives 316
  _ Stabilität 25
Gleichgewichtsanalyse 24, 89
Gleichgewichtsbedingung 203
Gleichgewichtskonzept 25
Gleichgewichtsmenge 72, 204, 212
Gleichgewichtsmodelle
  _ im homogenen Oligopol 241
Gleichgewichtspreis 72
  _ kurzfristiger 204
Gleichgewichtsreallohn 292, 293
Gleichgewichtstheorie 69
  _ allgemeine 24, 69, 89
Gleichungssystem
  _ wallrasianisches 72
Globalsteuerung 80
Goldene Regel der Kapitalakkumulation 75
Gossen, Hermann Heinrich 6, 68
Gossensches Gesetz
  _ erstes 6
  _ zweites 68, 99
Grenzbetrachtung 23
Grenzerlösfunktion 219
Grenzerlösprodukt 287
Grenzertrag 23
Grenzerträge 29, 132
  _ abnehmende 133
  _ konstante 133

_ zunehmende 134
Grenzgewinn 288
Grenzkosten 23, 25, 141, 302
  _ externe 302
  _ konstante 242
  _ langfristige 156, 211, 289, 319
  _ linear ansteigende 197
  _ private 302
  _ soziale 302
Grenzkosten-Paradoxie 321
Grenzkostenpreis 242
Grenzkostensenkung 156
Grenznutzen 6, 23, 69
  _ abnehmender 7, 92, 97
  _ von Null 7
  _ zunehmender 7
Grenznutzen-)Schule 22
Grenznutzenanalyse 68
Grenznutzenlehre 68, 69
Grenznutzcnschule
  _ Cambridger Richtung 70
  _ Lausanner 69
  _ österreichische 22
  _ Wiener 69
Grenznutzenverhältnis) 99
Grenzprodukt 136
Grenzprodukt der Arbeit 287
Grenzprodukte 132
  _ graphische Herleitung 136
Grenzproduktionstheorie 23
Grenzproduktivitäten 132
Grenzproduktivitätskurve 287
Grenzproduktivitätstheorie der Verteilung 75
Grenzrate der Substitution 99, 123, 124
Grenzrate der technischen Substitution 142
Grenzschadenskostenkurve 305
Grenzvermeidungskosten 305
Grenzvermeidungskostenkurve 304
Grenzzahlungsbereitschaft 305
Größennachteile 158
Größenvorteile 156, 319
Großmann-Doerth, Hans 42
Grundgesetz 36, 46
Grundrechte 47
  _ freiheitliche 47
Grundrente 285
Grundsätze

  _ staatlicher Wirtschaftspolitik 44
  _ wettbewerbspolitische 327
Gruppenfreistellung 341
Gruppenfreistellungsverordnungen 343
Gut 5
  _ absolut freies 11
  _ homogenes 187
  _ relativ freies 11
Güter 177, 183
  _ anthropogene 13
  _ freie 10
  _ heterogene 183
  _ homogene 106, 183
  _ inferiore 112
  _ knappe 3, 9
  _ kollektive 41
  _ komplementäre 100, 177
  _ öffentliche 306
  _ Stückgüter 7
  _ substitutive 104, 177
  _ superiore 112
  _ unabhängige 177
Güterabwägung 331, 341
Güterangebot 88
  _ optimales 89, 200
Güterangebotstheorie 17, 89
Güterarten 13
Güterbündel 94
Güterknappheit 15, 30
Gütermarktgleichgewicht 25
Gütermarktmodell 79
Gütermengenkombination
  _ nutzenmaximale 93, 98
  _ optimale 32, 98
Güternachfragetheorie 17
Güternutzen 88, 122
Güterproduktion 15
  _ volkswirtschaftliche 29
Güterstrom 40
Güterverfügbarkeitsraum 30
Güterversorgungsproblem 30
GWB
  _ Geschichte 341
  _ Hauptregelungsbereiche 341
  _ Schutzobjekt 341

H

Haftung 43
Handel 56
  _ Funktionen 55
Handelsmittler 309
Handelsüberschüsse 57
Handlungsbedarf
  _ staatlicher 300
  _ wirtschaftspolitischer 18
Handlungsempfehlungen 22
Harberger Dreieck 315
Harvard School 335
Hauptunternehmensziel 89, 127
Haushalt 91
  _ Arbeitsangebot 122
  _ Ein-Personen-Haushalt 91
  _ Mehr-Personen-Haushalt 91
Haushalte 85
  _ öffentliche 85
  _ private 85
Haushaltsbudget 122
Haushaltseinkommen 104
Haushaltsentscheidung 91
Haushaltsgleichgewicht 25, 93
  _ Bestimmung 98
  _ partielles 86
  _ Reallohnabhängigkeit 125
  _ totales 86
Haushaltsoptimum 124
Haushaltstheorie 17, 85
  _ Problemstellungen 86
Hayek, Friedrich 42
Heterogenität 299
  _ persönliche 299
  _ räumliche 299
  _ sachliche 299
  _ zeitliche 299
Heterogenitätsmerkmal 266
Heterogentitätsmerkmale 299
Hicks, John 78
Hicks, John R. 74
hidden action 312
hidden information 312
Hildebrand, Bruno 65

Historische Schule
  _ ältere 65
  _ deutsche 22
  _ jüngere 65
  _ jüngste 66
  _ Vorläufer 64
Historismus 65
Hochkapitalismus 67
Höchstlohn 293
Höchstpreis
  _ staatlicher 321
Höchstpreisvorschriften 186
Hochzahlen 129
Höhenlinien 95
Homo oeconomicus 23
Homogenitätsbedingungen 184, 187
Homogenitätsgrad 139
Homunculus 23
Horizontaladdition
  _ von Individualnachfragen 194
Humanismus
  _ ökonomischer 43
Humanitätsprinzip 43
Humankapital 29, 33, 40, 87
Humankapitalstock 33
Hume, David 57, 80

I

Idealstaat 52
Idealtypen 67
Importsektor 17
Importverbot 56
increasing returns to scale 138
Indifferenzgerade 100
Indifferenzkreise 101
Indifferenzkurve 95
Indifferenzkurven 70
  _ Alternativverläufe 99
  _ Konkavität 100
  _ Konvexität 100
  _ Linearität 100
  _ Rechwinkligkeit 100
  _ Zirkularität 101
Indifferenzlinie 96
Indifferenzlinien
  _ kreisförmige 119

Individualangebote 197
Individualethik 53
Individualismus 23
 _ methodologischer 71
Individualnachfrage 188
Individualnachfragen
 _ Grundtypen 192
Individualprinzip 43
Induktion 21
Industrialisierung 56
Ineffizienz
 _ allokative 314
Inflation 80
Inflationsrate 79
Information
 _ asymmetrische 300, 307
 _ öffentliche 307
 _ private 307
 _ versteckte 312
Informationsasymmetrie 308
 _ vor Vertragsabschluss 308
Informationsdefizite 306, 322
Informationsverteilung 308
Informationsvorsprung 308
Infrastruktur 57
Innovation 335
input 88, 128
Input-Output-Tabelle 130
Institutionen 36
intensity of competition 330
Interdependenz 174, 184
 _ allgemeine 175
 _ gesamtwirtschaftliche 175
 _ oligopolistische 184, 239, 241
Interdependenzgrad 174
Interesseneinflüsse 322
Intervention 43
 _ staatliche 310
Interventionismus 56
Interventionskosten 322
Interventionspolitik 90
Investieren 59
Investitionen
 _ irreversible 337
Investitionsgüterproduktion 33
Investitionsquote
 _ optimale 33

Investitionstätigkeit 33
invisibel hand 59, 325
IS-LM-Modell 78
Isokostengerade 142
Isoquante 99
Isoquanten 130, 142

J

Jevons, William Stanley 70
Just, von Johann Heinrich Gottlieb 58

K

Kaldor, Nicholas 74
Kaldor-Hicks-Kriterium 75
Kameralistik
 _ wissenschaftliche 58
Kameralwissenschaften 58
Kapazitätsbeschränkungen 197, 242, 265
Kapital
 _ konstantes 64
Kapitalakkumulation 34, 64
Kapitalausstattung 33
Kapitaleinsatz
 _ kostenminimaler 145
Kapitalgüter 33
Kapitalismus 64
 _ Entwicklungsphasen 66
Kapitalismusgeist 56
Kapitalisten 64
Kapitalproduktivität
 _ durchschnittliche 136
Kapitalstock 33
Kapitalvariation 132
Kartell
 _ Gebietskartell 170
 _ Preiskartell 170
Kartellbehörde 334, 340
 _ Befugnisse 347
 _ Sanktionen 347
 _ Verfahrensrechte und -pflichten 348
Kartellbeziehung 171
Kartellbeziehungen 170
Kartelle 339
 _ im Deutschen Reich 339

Kartelllösung 243
Kartellpreis 244
　_ kurzfristig gewinnmaximlaer 244
Kartellpreisniveau 316
Kartellpreispolitik 90
Kartellsenate 340
Kartelltheorie 90
Kartellverbot 339, 341, 350
　_ allgemeines 341
Kaufkraft 175
Kaufkraftausfall 77
Kaufkraftsubstitution 175
Kaufkraftverbund 175
Kaufkraftwettbewerb 175
Kausaltherapie 332
Kernnachfrage 269
Kettenbeziehung 177
Kettenbeziehungen 171
Kettenreaktion 172
Keynes, John Maynard 77
Keynessche Lehre 77
Kirchenväter 53
Klassicher Liberalismus 59
Klassifizierungsvorschriften 310
Klassik 23, 59
Knappheit 13
　_ absolute 9
　_ relative 10
Knappheitsproblem 29
Knappheitsreduktion 33
Knickstelle 273
Knies, Carl Gustav Adolf 65
Kommunismus 52, 61
　_ aristokratischer 52
Kompensation 90
Kompensationsbetrag 304
Kompensationskriterien 74
Kompensationspolitik 334
Kompensationssatz 306
Kompensationszahlungen 305
Konjunktur 77
Konjunkturphasen 67
Konjunkturpolitik 18, 44
Konjunkturtheorie 18
Konkurrenz 59
　_ monopolistische 90
　_ vollkommene 43, 47, 90

Konkurrenzbewusstsein 184
Konkurrenzgleichgewicht 213, 300
Konkurrenzpreis 237
Konkurrenzpreisgleichgewicht 302
Konkurrenzreaktionen 184
Konkurrenzunternehmen
　_ staatliches 316
Konkurrenzzone 273
konstante Skalenerträge 295
Konsum 86
Konsum pro Kopf
　_ maximaler 75
Konsumausgaben 38, 40, 93
Konsumentenkredit 87
Konsumentenrente 68, 72, 214, 314, 319
Konsumentensouveränität 40
Konsumgüter 38
Konsumgüteranbieter 40
Konsumgüterangebote 92
Konsumgüterhersteller 40
Konsumgütermärkte 39
Konsumgüternachfrage 92
Konsumgüterpreise 93
Konsumgüterpreisniveau 122
Konsumgüterproduktion 33
Konsumieren 40
Konsummenge 6
Konsumnachfrageplan
　_ optimaler 86
Konsumquote 112
Konsumverzicht 33
Konsumverzichtsquote 33
Konsumwahl
　_ freie 40
Kontrollbehörde 334
Kontrolle
　_ soziale 329
Kontrollkosten 322
Konvexität 97
Konzentrationsprozess 338
Konzeption
　_ wettbewerbspolitische 326
Kooperationen 343
Kooperationslösung 244, 248
　_ in heterogenen Dyopol 280
Koordination 16, 337
Koordinationssystem 35

Koordinierung
  _ der Wirtschaftspläne 329
Kosten 54, 88, 127, 140, 141
  _ durchschnittliche variable 141
  _ fixe 25, 141
  _ marginale 141, *Siehe* Grenzkosten
  _ minimale 141, 145
  _ soziale 215, 302
  _ variable 25, 141
  _ versunkene 141
Kostenarten 140
Kostenasymmetrie 254
Kostenbegriffe
  _ fundamentale 140
Kostenbudget 88, 142
Kostenführer 249
Kostenführerschaft 254
Kostenfunktion 25, 140, 144, 197
  _ lanfristige 144
  _ lineare 25
Kostenfunktionen 89, 198
  _ additive 313, 318
  _ bei abnehmenden Skalenerträgen 156
  _ bei konstanten Skalenerträgen 146
  _ bei zunehmenden Skalenerträgen 152
  _ kurzfristige 141, 147, 198
  _ langfristie 146
  _ langfristige 141
  _ subadditiv 319
Kostenminimalität
  _ punktuelle 152
Kostenminimierung 127, 143, 208
Kostenminimierungsprinzip 88
Kostennachteil 319
Kostenneutralität 213
Kosten-Nutzen-Analyse 68
Kostenrestriktion 142
Kostenstruktur
  _ betriebsgrößenneutral 264
  _ komplexe 158
Kostensymmetrie 254
Kostentheorie 17, 140
Kostenvorteile
  _ komparative 61
Kreditfinanzierungsplan 87
Kreditkauf 55
Kreditwirtschaft 56

Kreislaufmodel 58
Kreislaufmodell 38, 39
Kreuzgrenznutzen 301
Kreuzpreiselastizität 177
Krisentheorie 64
Kurzarbeit 294
kurzfristige 286
Kurzfriststrategien 31

L

Lagrange-Funktion 115, 117, 123
Lagrange-Methode 114
laissez faire-Marktwirtschaft 41
Laissez-faire-Liberalismus 60
Laissez-FaireLiberalismus 59
Laissez-Faire–Liberalismus 42
Landeskartellbehörden 340
Landwirtschaft 57
langfristige Kostenfunktion 145
Langfriststrategien 32
Lebenshaltungskosten 40
Lebewesen
  _ politisches 52
Leihgebühren 285
Leistung 54
Leistungssteigerungen 328
Leistungsüberbietung 326
Leistungswettbewerb 174, 328
Leitbild
  _ des freien Wettbewerbs 47
lemons 308
Lemons-Problem 308
Lenkung 35
  _ dezentrale 35
  _ zentrale 35
Lenkungsmodelle 36
Lernprozesse 25
Liberalismus
  _ klassischer 43, 330
Liberalsozialismus 64
Liefersperren 345
Linkskeynesianismus 79
Liquiditätsfalle 78
Liquiditätspräferenz 77
List, Friedrich 64
Lobbyismusproblem 322

Locke, John 80
Lohn 54, 285
Lohnbildung 286, 293
Lohnflexibilität 78
Lohnquote
_ gesamtwirtschaftliche 75
Lohnrigidität 79
Lösung
_ innere 99
_ kooperative 243
Lösungsansatz
_ dualer 114
Lösungsraum 93
Luther, Martin 55

M

Macht 43
Machtdefinition 173
Machtmittel 174
Makroaggregat 16
Makroökonomie 16, 18, 19, 25
Malthus, Thomas Robert 60
Malynes, Gerard de 57
Mangelbeseitigung 5
Manufakturen
 staatliche 57
Marginalanalyse 23
Markabgrenzung
_ persönliche 177
Marken 309
Markt 165
_ geschlossener 217, 338
_ offener 255
Marktabgrenzung 89, 162, 164, 165, 174, 175, 176, 177, 178, 179, 180, 181
_ persönliche 165, 174
_ räumliche 165, 174
_ sachliche 165, 174
_ zeitliche 165, 174, 178
Marktabgrenzungskriterien 174
Marktangebot 196
_ Determinanten 196
Marktanteile 236
Marktaustritt 207, 210, 255, 337
Marktaustrittskosten 337

Marktbegriff 162
_ nowendige Begriffsmerkmale 162
Marktbeziehung 168
_ horizontale 325
Marktbeziehungen 89, 165, 167
_ aktuelle 173
_ asymmetrische 166
_ direkte 170
_ elementare 165
_ Grundtypen 165
_ horizontale 165, 167
_ indirekte 170
_ potenzielle 173
_ symmerische 166
_ vertikale 165
Marktbeziehungsnetz 165
Marktbeziehungsnetze 171
Marktdefinition 162
_ allgemeine 165
_ betriebswirtschaftliche 162
_ volkswirtschaftliche 162
Märkte 17, 178, 181
_ angreifbare 337
_ gegenwärtige 178
_ gesamtwirtschaftliche 25
_ geschlossene 185
_ idealtypische 181, 185
_ kartellierte 186
_ modelltheoretische 178
_ nicht regulierte 186
_ offene 43, 185
_ realtypische 181, 185
_ staatlich regulierte 186
_ temporär unvollkommene 184
_ unvollkommene 184
_ vergangene 178
_ vollkommene 184
_ zukünftige 178
Markteinfluss 298
Markteingriffe 90
_ staatliche 85
Markteintritt 337
Markteintrittskosten 337
Marktende 178
Marktentwicklungen 164
Marktergebnis 89, 164, 234, 259, 336
_ optimales 302

Marktformen 23, 89, 181
Marktformenlehre 17, 181
Marktforschung 178
Marktgebiet 179
Marktgegenseite 165
Marktgleichgewicht 203, 295
　_ allgemeines 72
　_ kurzfristiges 295
　_ langfristiges 207, 211
　_ partielles 25, 72, 89
　_ totales 89
Marktgrenze
　_ rechtliche 180
　_ wirtschaftsgeographische 180
Marktinnovation 185
Marktintegration 350
Marktlücke 179
Marktmacht 47, 173, 187, 300, 312, 329, 338
　_ Ausnutzung 174
　_ gleichgewichtige 174
　_ individuelle 312
　_ kollektive 312
　_ oligopolistische 338
　_ preispolitische 312
　_ Richtungen 173
　_ überlegene 344
Marktmachtbeziehungen 173
Marktmachtquellen 174
Marktmechanismus 35, 73, 328
Marktmodelle 181
Marktmorphologie 181
Marktnachfrage 187, 195, 235, 270, 297
　_ Determinanten 187, 188
Marktperiode 164
Marktphase 178
Marktplatz 164
Marktpreis 54, 187, 199, 290
　_ für Geld 55
　_ langfristiger 212
Marktpreisbildung 203
Marktpreisdeterminanten
　_ kurzfristige 205
Marktprinzip 324
Marktprozess 89
Marktraum 164
Marktsaustrittsschranken 338
Marktstruktur 89, 164, 336

Marktstruktur-Interventionismus 318, 341
Marktstrukturkriterium 337
Marktteilnehmer 163, 177
Markttheorie 17, 71, 85, 89, 162, 164, 165, 181, 183, 266, 327
　_ allgemeine 89, 162
Markttransaktion 308
Markttransparenz 184, 187, 291, 299, 337
　_ unvollständige 184, 299
　_ vollständige 23, 184, 299
Marktunterbrechung 178
Marktunvollkommenheiten 299
Marktveranstaltungen 178
Marktverhalten 89, 164, 336
Marktversagen 13, 43, 90, 251, 299, 300, 302, 306, 307, 313, 315, 322, 323
Marktversagenstheorie 90
Marktverzicht 248
Marktwirtschaf
　_ soziale 42
Marktwirtschaft 35, 38
　_ freie 40, 42, 81
　_ ohne Sozialbindung 47
　_ soziale 36
Marktzugang
　_ freier 300
Marktzugehörigkeitsdenken 184
Marktzusammenbruch 309, 317
Marktzutritt 173, 208, 256, 316, 319
Marktzutrittsbarriere 260, 338
Marktzutrittsbeschränkung 185, 316
Marktzutrittsbeschränkungen 187
Marktzutrittsschranken 338
Markzutritt 210
　_ freier 338
　_ kostenloser 338
Marshall, Alfred 71
Marshall-Punkt 203
Marxismus 64
Mathematik
　_ für Wirtsachaftswissenschaftler 27
Maximalpreis 308
Maximalprinzip 4, 88, 114
Mehrarbeit 125
Mehrarbeitsnachfrage 284
Mehrperiodenspiel 251, 338
Mehr-Produkt-Monopol 183

Mehrwert 64
Mengenanpassung 79, 199, 216, 265, 300, 318
Mengenaustausch 96
Mengenmodelle 241
Mengenreaktion 177
Mengenregulierungen 186
Mengensteuer 303
Mengenstrategien 241
Mengenverhalten 90
Menger, Carl 66
Merkantalismus
 _ deutscher *Siehe* Kameralismus
Merkantilismus 56
 _ englischer 57
 _ französischer 56
Mesoökonomie 16, 17, 18
Messeplatz 164
Metatheorie 21
Methode
 _ historische 65
 _ induktive 55, 64
 _ marginalanalytische 23
 _ naturwissenschaftliche 24
Methoden 27
 _ mathematische 27
 _ ökonometrische 28
 _ statistische 27
Methodenstreit 66, 69
 _ älterer 22
 _ jüngerer 22
Methodenvielfalt 21
Methodik
 _ der Volkswirtschaftlehre 66
Methodologie 21
 _ der Volkswirtschaftslehre 67
 _ empirische 21
 _ rationalistische 21
 _ synthetische 21
Miete 285
Mietgebühren 285
Mikroeinheit 16
Mikroökonomie 16, 17, 25
 _ Einführung 85
Miksch, Leonhard 43
Mill, John Stuart 62
Mindestarbeitszeit 284

Mindestlohn 293
 _ gesetzlicher 293
 _ tariflicher 293
Mindestpreis
 _ staatlicher 215
Mindestpreisvorschriften 186
Mindeststandards 310
Minimalkostenkombination 145
 _ Bestimmung 141
Minimalnachfrage 269
Minimalprinzip 4, 114, 128
Minimalstaat 45
Minimimalkostenkombination 88
Ministererlaubnis 340, 347
Missbrauch 343
Missbrauchsaufsicht 341
Missbrauchsverbot 339, 343
 _ für marktbeherrschende Unternehmen 350
Misselden, Edward 57
Mitbestimmung 44
 _ betriebliche 44
Mittelalter 54
Mittelstandskartelle 341, 343
mixed economies 35
mixed economy 42
Modelle 178
 _ Mehr-Perioden-Modelle 178
 _ ökonometrische 28
Modellplatonismus 23
Modigliani, Franco 79
Molina, Luis de 55
Monetarismus 80
 _ neoquantitätstheoretischer 81
Monopol 23, 181, 184, 217, 314
 _ absolutes 185, 217
 _ beschränktes 182
 _ bilaterales 182
 _ Ein-Produkt-Monopol 183
 _ Mehr-Produkt-Monopol 183
 _ natürliches 229, 259, 319, 338
 _ prozessuales 185, 235
 _ reguliertes 316
Monopolabsatz
 _ erlösmaximaler 219
Monopolaufsicht 43
Monopolaufsichtsbehörde 322

monopolgleichgewicht
  _ langfristiges 227
Monopolgleichgewicht 297
Monopolgrad
  _ Lernerscher 313
Monopolgrenze
  _ preispolitische 274
Monopolisierung 339
Monopolist 173
Monopolkommission 340, 341
Monopollösung 280
Monopolpreis 217
  _ erlösmaximaler 219
Monopolpreisdeterminanten 225
Monopolpreisniveau 316
Monopolpreispolitik
  _ kurzfristige 221
Monopolpreisreaktionen
  _ kurzfristige 225
Monopolpreistheorie 90
Monopolrecht 319
  _ staatliches 319
Monopson 182
  _ beschränktes 182
Monopsonist 298
moral hazard 308
Moral Hazard 311
  _ ex ante 311
  _ ex post 311
Müller-Armack, Alfred 44
Mun, Thomas 57
Mustervorhersage 181

N

Nachfrage 54, 163, 189
  _ aktuelle 191
  _ anomale 194
  _ gesamtwirtschaftliche 77, 78
  _ hyperbelförmige 194
  _ konkave 193
  _ konstante 194
  _ konvexe 193
  _ lineare 193
  _ monetäre 191
  _ Normaltypen 193

  _ preislatente 191
  _ Sondertypen 194
Nachfrage eines Haushaltes 188
Nachfrageelastizitäten 102, 116, 118
  _ direkte Preiselastizität 104
  _ Einkommenselastizität 104
  _ Einkommenselastizitäten 103
  _ Kreuzpreiselastizität 104
  _ Preiselastizitäten 103
Nachfragefunktion 189
Nachfragefunktionen 102
  _ Hicksche 117
  _ Marshallsche 115
Nachfragegesetz 105
Nachfragekurve 189
  _ fast lineare 121
  _ isoelastische 109
  _ lineare 121
Nachfragekurven 102
  _ Einkommens-Konsum-Kurven 102
  _ Preis-Konsum-Kurven 102
  _ preisubahängier Güter 108
  _ substitutiver Güter 104
Nachfragekurven: 110
Nachfragemengen
  _ maximale 93
Nachfragerbeziehungen 165
  _ symmetrische 167
Nachfragereaktion
  _ anomale 111
  _ gleichgerichtete 110
  _ parallele 110
Nachfragereaktionen 102
Nachfragerpotenzial 234
Nachfragersicht 183
Nachfragerstandort 164
Nachfragerzahl 182, 188
Nachfragetheorie 103, 127
Nachtwächterstaat 45
Nash, John 241
Nash-Gleichgewicht 241
  _ kooperatives 254
Nationalökonomie 16, 50, 51, 64, 65, 66
Naturgesetze
  _ ökonmischer Entwicklungen 65
Naturgüter 13
Naturrecht 52

Naturrechtsordnung 52
Naturrechtsphilosophie 58
Negativauslese 308
Neo-Historismus 66
Neoklassik 70
Neoklassische Synthese 78
Neoklassischen Synthese 78
Neoliberalismus 43
Neomarxismus 64
Nettoinvestitionen 33
Nettowohlfahrtsgewinn 75
Neue Institutionenökonomik 71, 76
Neue Keynesianische Makroökonomie 79
Neue Politische Ökonomie 71, 76
New Welfare Economics 74
n-Faktor-Fall 143
Nichtausschließbarkeit 306
Nichttrivialität 306
Nichtsubstituierbarkeit 128
Nichtteilnahmeprämie 247
Niveaufaktor 129
Nomialohnsatz 295
Nominaleinkommen 122
Nominallohn 79, 123, 287, 290
Non-Dilemma-These 331, 333
Norm
  _ wettbewerbspolitische 326
Normalarbeitszeit 284
Normalprofit 290
Normalreaktion 105, 189
Normen 36
Notation
  _ von Ableitungen 26
Nutzen 5
  _ kardinaler 69
  _ ordinaler 70
Nutzenänderung 96
Nutzendifferenzen 94
Nutzenfunktion 6
  _ intertemporale 76
  _ kardinale 94
  _ ordinale 92, 94
  _ partielle 97
  _ stetige 7
Nutzengebirge 95
Nutzengewinn 95
Nutzenindex 98

Nutzenkurve 97
Nutzenkurven 7
Nutzenmaximierung 23, 72, 86, 93, 114
Nutzenmaximierungsproblem 123
Nutzenmaximum 7
Nutzenniveau 95
Nutzenrangordnung 94
Nutzensubstitution 175
Nutzensummen 94
Nutzentheorie 6, 17, 69
Nutzenverlust 95
Nutzmaximum 300
Nutzungspreis 285
Nutzungsrechte 12

O

Ökonometrie 28
ökonomisches Prinzip 4
Old Welfare Economics 73
Oligopol 183, 184, 314
  _ bilaterales 182
  _ enges 264, 316, 337
  _ heterogenes 183, 265
  _ homogenes 183, 235
  _ natürliches 338
  _ weites 264, 316, 336
Oligopol, 182
Oligopolpreiskontrolle 316
Oligopolpreistheorie 90
Oligopoltheorie 241
Oligopson 182
Opportunitätskosten 5, 31, 141, 259
Optimalbedingung 144
Optimalprinzip 4
Optimalreaktion
  _ dyopolistische 274
Ordnung
  _ marktswirtschaftliche 47
  _ marktwirtschaftliche 44, 324
  _ natürliche 58
Ordnungsformen
  _ spontane 36
Ordnungspolitik 19, 44, 326, 339
Ordoliberalismus 42, 341
Originärnachfrage 235, 270
output 88, 128

Outputmaximierung 142, 143
Owen, Robert 63

P

Pacht 285
Parallelwettbewerb 169, 171
Pareto, Vilfredo 69
Pareto-Optimalität 74, 300, 335
Pareto-Optimum 307
Partialanalyse 24, 72
perfect competition 325
Personalabbau 287
Personalbestand 284
Phasenschema 65
Phelps, Edmund S. 75
Phillipskurve
 _ modifizierte 79
Phillips-Kurve 79
 _ kurzfristige 80
 _ langfristige 80
Physiokratie 58
Pigou, Arthur Cecil 73
Pigou-Effekt 78
Pigou-Steuer 74, 302
Pigou-Subventionen 74, 302
Planabstimmung 37, 39
Planauflagen 35, 37
Planbehörde 35, 37
Planerfüllungsprinzip 37
Planperiode 93
Planung
 _ zentrale 37
Planungshorizont 164
Planungsmodelle 36
Planvorschriften 38
Planwirtschaft 37
 _ zentrale 47
Platon 51
plums 308
Politikrestriktionen 323
Polypol 23, 182, 184, 187, 264
 _ heterogenes 183, 337
 _ homogenes 183, 337, 341
Polypolpreistheorie 90
Polypson 182, 187
Popper

 _ Karl 22
Portfolio Selection 87
Postkeynesianismus 79
Potenzialwachstum 33
potenzieller Wettbewerb 316
Präferenzbindung 266, 270
Präferenzenstruktur 125
Präferenznachfrage 268, 272
Präferenzordnung 96, 106
Präferenzskalen 69
Präferenzstruktur 96
Preis
 _ gerechter 53, 54, 55
 _ marktzutrittsverhindernder Preis 249
 _ prohibitiver 190
Preis-Absatz-Funktion 217
 _ bei gleich hohem Konkurrenzpreis 236
 _ bei konstantem Konkurrenzpreis 237
 _ bei paralleler Preispolitik 268
Preis-Absatzfunktionen
 _ oligopolistische 235
Preis-Absatz-Funktionen 266
 _ bei konstantem Konkurrenzpreis 269
 _ dyopolistische 240, 266
Preis-Absatz-Kurve 218
Preisakzeptanz 309
Preisänderungen 102
Preisanpassungsdynamik 253
Preisaufsichtbehörde 316
Preisbeibehaltung 255
Preisbildung 55, 89, 175
 _ im heterogenen Oligopol 265
 _ im homogenen Oigopol 240
 _ im Monopol 217
 _ im Oligopol 235
Preisbildungsprozeß 72
Preisbindung
 _ für Bücher 346
 _ für Zeitungen und Zeitschriften 345
 _ vertikale 345
 _ vetikale 216
Preisduldung 255
Preisegalität 268
Preiseinfluss 89
Preiselastizität 192
Preisfolger 254
Preisführerschaft

_ barometrische 253
_ wechselnde 254
Preisgerechtigkeit 54
Preisintervention
_ staatliche 317
Preiskampf 255
Preiskämpfe 264
Preiskartell 279
Preis-Konsum-Kurve 102
Preis-Leistungsverhältnis 328
Preis-Mengen-Kombination
_ erlösmaximale 221
_ kurzfristig gewinnmaximale 221
Preismissbrauchskontrolle 316
Preisnehmer 199
Preisniveau 290
Preisniveaustabilität 79
Preispolitik
_ gewinnmaximale 338
_ parallele 236, 268
Preisregulierung 321
_ im Monopol 317
_ staatliche 317, 321
Preissetzer 217
Preissignale 253
Preisstrategien 241
Preissystem
_ funktionsfähiges 43
Preistheorie 17, 89, 181, 327
Preisunterbietung 239, 252, 326
Preisverhalten 90
Preisverhältnis 99
Preisvorteil 270
Preiswettbewerb 90, 169, 269, 273, 316
_ geheimer 244
_ oligopolistischer 316
_ ruinöser 247, 316
Primärverteilung 45
Prinzipal-Agent-Problem 312
_ des Staates 317
Prinzipal-Agent-Theorie 76
Prinzipien
_ konstituierende 43
_ regulierende 43
Privateigentum 38, 43, 46, 52, 54, 59, 61
Produktangebot 235
_ heterogenes 266

_ homogenes 235
Produktbeschaffenheit 183
Produktdifferenzierung 337
Produkteinschätzung 183
Produkthaftung 310
Produktheterogenität 299, 335
Produkthomogenität
_ objektive 187
_ subjektive 187
Produktinnovation 185, 335
Produktinnovationen 329
Produktion 88, 127
_ Finanzierung 55
Produktionsanlagen 285
Produktionseffizienz 302
Produktionselastizität 137
_ des Faktors Arbeit 137
_ des Faktors Kapital 137
_ partielle 75, 137
Produktionsergebnis 128
Produktionsfaktoren 88
_ Eigenschaften 128
_ Limitationalität 128
_ Substitutionalität 128
_ Teilbarkeit 128
Produktionsfunktion 29, 128
_ kurzfristige 198
_ kurzfristige partielle 198
_ Leontiefsche 129
_ limitational 128
_ linear-limitational 128
_ makroökonomische 75
_ neoklassische 75, 79, 130
_ numerische 129
_ partielle 132
_ substitutionale 129
Produktionsfunktionen 88
Produktionsgebirge
_ Draufsicht 130
_ Schrägbild 130
Produktionskosten 25, 40, 88
Produktionskosten. 140
Produktionsmenge 128
Produktionsmengen 25
Produktionsmöglichkeiten 31
Produktionsmöglichkeitskurve 30
Produktionspotenzial

_ gesamtwirtschaftliches 33
Produktionstechnologie 75, 88, 128, 197, 291
Produktionstheorie 17, 88, 128
Produktionszweige 32
Produktivitätsfortschritt 33
Produktpolitik 90
Produktqualität 328
Produzentenrente 72, 214, 314, 319
Prognose 24
Prognosezeitraum 164
Prohibitivpreis 120, 190
Pro-Kopf-Einkommen 329
propensity to monopolize 329
property rights 304
Property Rights
_ exklusive 304
Property-Rights-Ansatz 76
Protektionismus 56
_ Handelsprotektionismus 57
Prozess
_ dialektischer 22
Prozesspolitik 44
Prozesspoli-tik 19
Public Choice 76
Punktelastizität 103

Q

Qualitätsimage 309
Qualitätsinformation 308
Qualitätskontrolle 309
Qualitätstransparenz 310
Qualitätsunterscheide 308
Qualitätsverschlechterung 328
Qualitätszertifikate 309
Quantitätstheorie 55
_ moderne 81
Quantitätstheorie des Geldes 80
Quasi-Monopolgewinn 242
Quesnay, Francois 58

R

Randlösung 100, 119
Rationalisierung 343
Rationalismus 21, 62

_ kritischer 22
Rationalprinzip 3, 4
Rationierungstheorie 79
Reaktionsfunktion 274
Reaktionsgerade 275
Reaktionsverbundenheit
_ oligopolistische 184, 241
Real-Balance-Effekt 78
Realeinkommen 122
Realeinkommens-Freizeit-Funktion 123
Realeinkommens-Freizeit-Gerade 123
Realkapital 128, 285
Realkapital, 29
Realkapitaleinsatz 290, 295
_ kostenminimaler 228
_ optimaler 208, 232, 257, 295
_ suboptimaler 232
Realkapitalgut 285
Realkapitalnutzung 285
Realkasseneffekt 78
Reallohn 61, 123, 287, 291
Reallohnerhöhung 125
Realtypen 67
Realzins 75
Rechtsbeschwerdeinstanzen 349
Rechtsstaatsprinzip 46
Referenzmodell
_ normatives 335
Reformatoren 55
Residenzprinzip 164
Ressourcen
_ knappe 13
Restknappheit 13
Revisionismus 64
Ricardo, David 60
Risiko
_ moralisches 308
Risikoaversion 307
Risikokalkulation 309
Risikonutzenfunktionen 307
Rivalitätsbewusstsein 325
Robinson, Joan 79
Röpke, Wilhelm 43
Roscher, Wilhelm 65
Rückwärtsinduktion 251
rule of reason 331, 341
rules of the game 330

Rüstow, Alexander 43

S

Sachkapitalinvestitionen 33
Sachkapitalstock 33
Sachverständigenrat zur Begutachtung der gesamtwirtschaftlichen Entwicklung 81
Salamanca
  _ Schule 55
  _ Universität 55
Sättigung 92, 101
Sättigungsgesetz 6
Sättigungsgrenze 7
Sättigungsmenge 30, 120, 189, 221
Sättigungspreis 13
Sättigungspunkt 7, 30
Saure-Gurken-Problem 308
Say, Jean-Baptiste 61
Saysches Theorem 62
Schadensbeseitigungskosten 305
Schadensersatz 304
Schadensvermeidung 305
Schadensvermeidungskosten 303
Schädigerhaftung) 304
Schädigungsrecht 305
Schadstoffbelastung 305
Schadstoffbelastungen 305
Schadstoffemission 304
Schadstoffreduktion 306
Schenkung 88
Schlafmützenkonkurrenz 326
Schlaraffenland 12
Schmoller, Gustav von 66
Scholastik 53, 55
Screening 309, 310, 311
Seckendorff, von V.L. 58
Second-mover-Vorteil 283
Sektoren 39
Selbstständigkeitskriterium 325
Selbststeuerung 300
Selbstverdrängung 274
Selektion
  _ adverse 308
Self-Selecting 311
Self-Selection 309, 310
Sherman Act 339

Sicherheit
  _ äußere 45
  _ innere 45
Signaling 309, 310, 311
Skalenelastizität 140
Skalenerträge
  _ abnehmende 138
  _ konstante 138, 213, 265, 314
  _ steigende 256
  _ zunehmende 138, 260, 319
Skalenerträgen
  _ konstante 261
Skalenvorteile 338
Smith, Adam 59
Solow, Robert M. 75
Solow-Wachstumsmodell 75
Sombart, Werner 66
Sonderregelungen
  _ für die Landwirtschaft 345
Sonnenfels, von J. 58
SotzialeSicherung
  _ staatliche Bismarck-Säule 48
soziale Sicherung 44
Soziale Sicherung 48
  _ bürger- und zivilgesellschaftliche Säule 48
  _ Familiensäule 48
  _ private Vorsorgesäule 48
  _ staatliche Beveridge-Säule 48
  _ staatliche Säulen 48
Sozialer Liberalismus 62
soziales Beziehungsnetz 325
Sozialgesetzbuch 48
Sozialisierung 64
Sozialismus 63, 64
  _ utopischer 63
  _ wissenschaftlicher 64
Soziallehre
  _ christliche 53
Sozialpolitik 44
Sozialprinzip 43
Sozialstaatsgebot 47
Sozialstaatsprinzip 36, 42, 46
Sozialversicherung 45
Sparen 40, 59, 86
Sparquote 33, 75
  _ optimale 75
Spätkapitalismus 67

Spezialisierung 15
Spiel
　_ kooperatives 326
　_ nicht-kooperatives 242, 326
　_ sequenzielles 255
Spielregeln 90, 186
　_ freiwillige 345
　_ staatliche 345
Spieltheorie 90, 241, 326, 338
Spiethoff, Arthur 67
spirit of competition 325
Staat
　_ starker 43
Staatsaufgaben 60
Staatseingriffe 60, 90, 215, 302, 322
Staatseinnahmen 57
Staatsintervention 307
Staatsinterventionen 90
Staatsmonopole 322
Staatsschatz 57
Staatsunternehmen 317
Staatsversagen 90, 306, 317, 323, 339
Staatswirtschaftslehre 58
Stabilisierung 20
Stabilität
　_ des Preisniveaus 47
Stabilitätsgesetz 47
Stackelberg, Heinrich von 282
Stackelberg-Lösung 281
Standortnetze 172
Standortpolitik 90
Startpunkt 255
Statistik
　_ induktive 27
steigende Skalenerträgen 338
Steuerpolitik
　_ Folgen einer falschen 62
Steuerreform 57
Stiftung Warentest 310
Strategie
　_ dominante 255
strategisches 306
Streckenelastizität 102
Stromgröße 284
Strukturkrisen 18
Strukturmerkmale 181
Strukturpolitik 18, 19

Strukturwandel 18, 80
Stückkosten 88, 141, 161
Stufenschema 65
Stundenlohn 284
　_ nomineller 286
　_ realer 123
Stundenlohnsatz 122
Stundenproduktivität 135
Subsistenzwirtschaft 35
Subsituierbarkeit 92
Substitute 175
　_ vollkommene 106
Substitution 97, 175
　_ Grenzrate der 175
　_ periphere 99
Substitutionselastizität 128
Substitutionskriterien 175
Substitutionslücke 177
Substitutionsprinzip 70
Subventionierung 321
Suchkosten 307
Sully, Duc de 56
sunk costs 141, 337
Sunk Costs 316
Symmetrieannahme 136
Symmetriefall 145, 279
Syndikalismus 64
Synthese 22
System
　_ kulturelles 36
　_ politisches 36

T

Tableau économique 58
tacit collusion 279
Tangentenlösung 98, 142
　_ Kritik 119
Tangentenwinkel 136
Tangentialbedingung 115, 117, 143
Tankstellen-Dyopol 252
Tarifvertragsrecht 45
Tâtonnement 72
Tausch 54
Tauschbeziehung 163, 166
Tauschbeziehungen 165, 173
　_ aktuelle 172

_ asymmetrische 166
_ direkte 170
_ entgangene 173
_ indirekte 170
_ marktlatente 173
_ potenzielle 173
_ symmetrische 166
Tauschmittler 170
Tauschobjekt 163
Tauschsubjekt 163
Tautologie 81
Technik 66
technischen Fortschritt 75
technischer Fortschritt 336
Teilarbeitslosigkeit 294
Teilbarkeit 7, 92
Teilzeit 125
Teilzeitnachfrage 284
Theorem 61
    _ der komparativen Kosten 61
Theorie
    _ der Liiquiditätspräferenz 77
    _ der Verfügungsrechte 76
    _ der Wahlakte 74
    _ vorläufig gültige 22
Theorie der Unternehmung 85, 127
Theorie des Haushalts 85, 91
These 22
Thomas von Aquin 54
Thünen, von, Johann Heinrich 23
Tit for Tat-Methode 251, 253
Tit for Tat-Spielregel 264
Totalanalyse 24
Totalarbeitslosigkeit 294
totales Differential 142
Totalkosten 25, 141
    _ durchschnittliche 141
Totalmodell 79
Trade off 79
Trade-off 338
Transaktionskosten 76, 306
Transaktionskosten-Ansatz 76
Transferleistungen 20
Transferzahlungen 86
Transformationskurve 30
Transmissionsprozess 82
Treffprinzip 164

Trittbrettfahrer 307
Trittbrettfahrer-problem 307
Trittbrettfahrerverhalten 306
Turgot, Jaques 59

U

Überbevölkerun 60
Überprofit 290
Überprofite 318
Übersättigung 92
Überschneidungsverbot 97
Überschuss
    _ wirtschaftlicher 51
Überschussproduktion 215
Überstunden 294
Umlauf-geschwindigkeit 80
Umverteilung 43
Umverteilungspolitik 44, 45
Umweltauflagen 302
Umweltbelastung 304
Umweltbewusstsein 63
Umweltqualität 304
Umweltschäden 302
Umweltschadensbeseitigung 305
Umweltschutzinvestitionen 304
Unabhängigkeitsposition 283
Unersättlichkeit 9
Ungüter 5
Unsicherheit 307
Unterbeschäftigungsgleichgewicht
    _ keynesianisches 79
Unternehmen 85
    _ kleine und mittlere 341, 343
    _ marktbeherrschende 343
Unternehmensgleichgewicht 23, 25
Unternehmensgröße 213
Unternehmenskonzentration 338, 340
Unternehmenstheorie 16, 17, 85, 127
    _ Problemstellungen 88
Unternehmenswachstum
    _ externes 338
    _ internes 338
Unternehmenszusammenschlüsse 336
Unvollkommenheitskriterien 299
Utilitarismus 68
utility 5

V

Veblen-Effekt 194
Verbraucherschutz 310
Verdrängungsgrenze
  _ preispolitische 274
Verdrängungspreis 249
Verdrängungsstrategie 255
Verdrängungswettbewerb 264
Verelendung 64
Verelendungstheorie 64
Verfahrensinnovationen 329, 335
Verfassung 36
Verfügbarkeit 5, 9
Verfügbarkeitsgrenze 30
Verfügbarkeitskonflikt 30
Verfügungsgewalt 12
Verfügungsrechte 38
Vergleichsmarktkonzept 344
Verhalten
  _ aufeinander abgestimmtes 339
  _ gleichförmiges 345
  _ kooperatives 90
  _ monopolistisches 184
  _ nicht-kooperatives 90
  _ ökonomisches 53
  _ oligopolistisches 184
  _ opportunistisches 308
  _ polypolistisches 184
  _ suboptimales 4
  _ wettbewerbsbeschränkendes 344
  _ wirtschaftliches 5
Verhaltensweisen 184
Verhandlungslösung 302, 304, 306
Verifikation 22
Verlustfalle 247
Verlustzone 249
Vermögensaufteilung
  _ Optimierung 81
Vermögenseinkommen 88
Vermögensplan 87
Vermögensverteilung 20
Verschuldungseffekt 78
Versicherungsmärkte 310
Versicherungspflicht

  _ gesetzliche 310
Verteilung 15
  _ funktional 329
  _ personell 329
Verteilungspolitik 18
Verteilungsproblem 12, 61
Verteilungstheorie 18
  _ neoklassische 75
Verteilungsziel 52
Vertragsfreiheit 43, 46, 339
Vertragsmenü 309
Verwaltungslehre 58
Volkswirtschaft 3, 16, 17, 18, 24, 29, 31, 32, 33,
  34, 35, 58, 64, 65, 75
Volkswirtschaftlichen Gesamtrechnung 58
Volkswirtschaftslehre 3, 15, 16, 17, 18, 20, 21,
  22, 23, 27, 50, 51, 88
  _ Methoden 21
Vollauslastung 31
Vollbeschäftigung 29, 78
Vollbeschäftigungsgleichgewicht
  _ neoklassisches 79
Vollbeschäftigungsmechanismus 78
vollkommene Konkurrenz 90, 187, 242, 286,
  314, 325, 341
  _ Charakteristika 187
Vollkommene Konkurrenz 300
vollkommenen Konkurrenz 334
Vollkommenheitskriterien 184, 299
Vollzugsverbot 346

W

Wachstum 33, 329
  _ permanentes 34
Wachstumspfad 34
Wachstumspolitik 19
Wachstumsrate 75
Wachstumstheorie 19
  _ neoklassische 75
Wachstumsziel 32
Wachsum
  _ stetiges und angemessenes 47
Wahlfreiheit 92
Währungspolitik 43
Walras, Léon 69
Wandel

_ historischer 21
Warentests 310
Wasserverschmutzungsrecht 305
Wechselkurse 55
Weizsäcker
　_ Carl Christian von 75
Welfare Economics 73
Weltföderation 64
Welt-geldmenge 57
Weltökonomie 64
Weltwirtschaft 3, 16
Weltwirtschaftskrise 77
Werbepolitik 90
Wert 5, 54
Wertäquivalenz 54
Wertgrenzprodukt 287
Wertlehre
　_ subjektive 55, 69, 72
Wertsteuer 303
Wertsubstitution 177
Wertungen
　_ subjektive 22
Werturteile 67
　_ versteckte subjektive 23
Werturteilsfreiheit 23, 67
Werturteilsstreit 67
Wettbewerb 324, 325
　_ aktueller 90, 338
　_ freier 47
　_ Frontalwettbewerb 170
　_ funktionsfähiger 90, 329, 335
　_ imitierender 335
　_ lauterer 349
　_ Leistungswettbewerb 174
　_ Parellelwettbewerb 169
　_ potenzieller 90, 173, 185, 337
　_ überholender 335
　_ unbeschränkter 330
　_ unlauterer 349
　_ vorstoßender 335
　_ wirksamer 344
Wettbewerber
　_ aktuelle 185
　_ potenzieller 249
Wettbewerbs- 44
Wettbewerbsbegrenzungen 330
Wettbewerbsbeschränkung

_ unwesentliche 333
_ wesentliche 333
Wettbewerbsbeschränkungen 169, 185, 187, 330
　_ korrigierbare 332
　_ natürliche 332
　_ private 186
　_ staatliche 186, 333, 350
　_ Typen 331
　_ willürliche 332
Wettbewerbsbeziehung 169, 325
　_ zwischen Anbietern 169
　_ zwischen Nachfragern 169
Wettbewerbsdefinitionen 325
Wettbewerbsdruck 315
Wettbewerbsergebnisse
　_ gesamtwirtschaftliche 328, 329
　_ individuelle 328
Wettbewerbsfähigkeit 343
　_ internationale 57
Wettbewerbsfreiheit 40, 327, 337
　_ als Schutzobjekt 341
　_ begrenzte 331
　_ mit Spielregeln 330
　_ ohne Spielregeln 330
Wettbewerbsfreiheit, 326
Wettbewerbsfunktionen
　_ dynamische 336
Wettbewerbsgesetze 340
Wettbewerbsgleichgewicht
　_ im heterogenen Dyopol 276
Wettbewerbshandlungen 327
Wettbewerbsintensität 327
　_ optimale 335
　_ potenzielle 337
Wettbewerbsordnung 90, 324, 326
　_ europäische 47
　_ funktionsfähige 43
　_ nationale 47
Wettbewerbsparameter 328
Wettbewerbspolitik 44, 90, 324, 326
　_ deutsche 339
　_ europäische 339, 340
　_ exekutive 340
　_ kompensierende 332
　_ nationale 350

_ praktische 333, 336, 339
_ Träger 326, 339
_ Ziele 330
Wettbewerbsprinzip 42, 324
Wettbewerbsprozess 328
Wettbewerbsrech
_ deutsches 340
Wettbewerbsrecht 326, 350
_ deutsches 341
_ europäisches 339, 350
_ US-amerikanisches 339
Wettbewerbsregeln 345
Wettbewerbssystem 38
Wettbewerbstheorie 17, 90, 181
_ im engeren Sinne 90, 327
_ im weiteren Sinne 90, 327
Wettbewerbsverhalten 326
Wettkampfgeist 325
Wicksell, Knut 75
Wicksell-Cobb-Douglas-Funktion 140
Wicksell-Cobb-Douglas-Produktionsfunktion 75
Wicksell-Johnson-Theorem 140
Wicksteedt, Philip H. 75
Widerlegung 21
Widerspruchsfreiheit 22
Wirkungskennziffer 102
Wirkungszusammenhang 24
Wirtschafsstatistik
_ deskriptive 27
Wirtschaft 3, 5, 13, 35, 37, 47, 58
_ arbeitsteilige 54
_ kapitalistische 38, 64
_ reale 80
Wirtschaften
_ im funktionalen Sinne 3
_ im insitutionellen Sinne 3
Wirtschaftlichkeitsprinzip 3, 4
Wirtschaftsablauf 16
Wirtschaftsaggregate 3
Wirtschaftseinheit 16
Wirtschaftsförderung 51
Wirtschaftsforschung
_ empirische 24, 66
Wirtschaftsfreiheit 46
Wirtschaftsgeschichte 15, 24, 66
Wirtschaftsgesinnung 66

Wirtschaftsgestalten
_ Typologie 66
Wirtschaftsgüter 13
Wirtschaftsordnung 35, 36, 42, 47, 66, 76
_ Abgabenordnung 49
_ Arbeitsmarktordnung 49
_ Arbeitsschutz 49
_ Betriebsverfassung 49
_ der Bundesrepublik Deutschland 42
_ der ehemaligen DDR 45
_ Finanzmarktordnung 49
_ Geld- und Währungsordnung 49
_ Mitbestimmung 49
_ Sozialordnung *Siehe* Soziale Sicherung
_ Umweltschutz 49
_ Unternehmensrecht 49
_ Verbraucherschutz 49
_ Wettbewerbsordnung 47
Wirtschaftsoziologie 67
Wirtschaftspläne 16
Wirtschaftspolitik 19, 90, 322, 326
_ angebotsorientierte 62
_ Konstanz 43
_ merkantilistische 56
_ nachfrageorientierte 77
_ staatliche 90
_ theoretische 18, 19, 22
Wirtschaftsregionen 17, 18
Wirtschaftssektor 18
Wirtschaftssektoren 17, 58
Wirtschaftsstatistik 24, 66
Wirtschaftsstruktur 18
Wirtschaftsstufen 64
Wirtschaftssubjekte 16
Wirtschaftssystem 35, 36
Wirtschaftstheorie 18, 19
_ neoklassische 23
Wirtschaftsubjekt
_ privates 91
Wirtschaftsverfassung
_ im engeren Sinne 36
_ im weiteren Sinne 36
Wirtschaftswissenschaften 15
Wissen
_ technologisches 29
Wissenschaftstheorie 21
Wissenslücken 322

Wohlfahrtsökonomie 71
_ neoklassische 73
Wohlfahrtsökonomik 22, 334
Wohlfahrts-ökonomik des Zweitbesten 74
Wohlfahrtstheorie
_ Haupsätze 74
Wohlfahrtsverluste 319
Wohlstand
_ nationaler 57
Wohlstandsamaximierung 329
Wohlstandsgewinn 321
Wohlstandsgewinne 321
Wohlstandssteigerungskriterien 73
Wohlstandsverluste 90, 215, 314
Workable Competition 335
Wucher 55

X

Xenophon 51
X-Ineffizienz 315, 317, 322

Z

Zahlungsbilanzausgleichsmechanismus 57
Zahlungsbilanzpolitik 19
Zeit
_ historische 25
_ knappe 99

_ physikalische 25
Zeitgeist 67
Zeitperiode 25
Zeitproblem 25
Zeitpunkt 25
Zentralisierung 57
Zentralverwaltung 58
Zentralverwaltungswirtschaft 35, 37
Zertifizierungen
_ staatliche 310
Ziel
_ außerkönomisches 337
Zielkonflikt 79, 331
Ziel-Mittel-Rationalität 4, 22, 23
Zins
_ Gründe 54
_ Unfruchtbarkeitsargument 54
Zinsopportunitätskosten 285
Zinsverbot 53, 55, 56
_ kanonisches 55
Zugabenverordnung 48
Zusammenbruchstheorie 64
Zusammenschluss 346
Zusammenschlusskontrolle 340, 341, 346
_ deutsche 346
_ europäische 346
Zwangskartellgesetz 339
Zwei-Faktoren-Ansatz 128, 132
Zwei-Güter-Fall 29, 104
Zwei-Güter-Modell 92
Zwischenstaatlichkeitsklausel 351

The manufacturer's authorised representative in the EU is Springer Nature Customer Service Centre GmbH, Europaplatz 3, 69115 Heidelberg, Germany. If you have any concerns regarding our products, please contact ProductSafety@springernature.com

Printed and bound by CPI Group (UK) Ltd, Croydon, CR0 4YY
23/03/2026
02076668-0019